Traité sur les apparitions des esprits et sur les vampires ou les revenants de Hongrie, de Moravie, etc.

Augustin Calmet ; Scipione Maffei

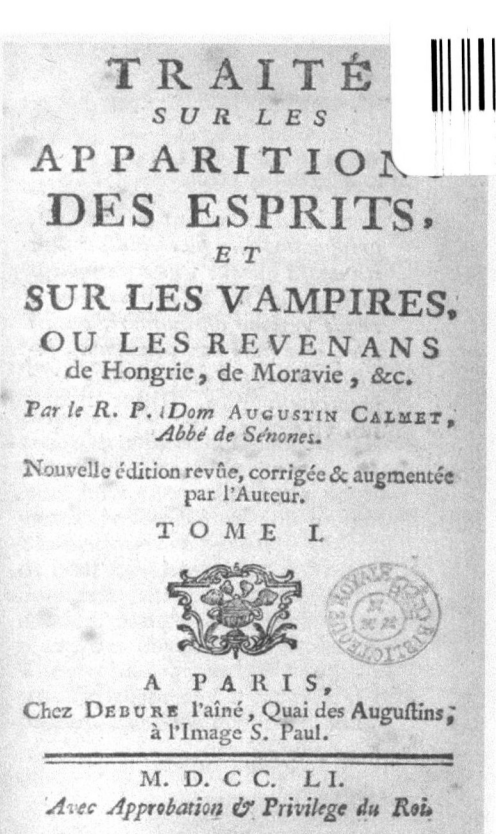

© 2024, Augustin Calmet, Scipione Maffei (domaine public)
Édition : BoD · Books on Demand GmbH, In de Tarpen 42, 22848 Norderstedt (Allemagne)
Impression : Libri Plureos GmbH, Friedensallee 273, 22763 Hamburg (Allemagne)
ISBN : 978-2-3225-5369-3
Dépôt légal : Novembre 2024

TABLE DES CHAPITRES

Contenus dans ce premier Volume.

Préface.

Chapitre. I. *Apparitions des bons Anges prouvées par les Livres de l'Ancien Teſtament,*

Chap. II. *Apparitions des bons Anges prouvées par les Livres du Nouveau Teſtament,*

Chap. III. *Sous quelle forme les bons Anges ont-ils apparu,*

Chap. IV. *Sentimens des Juifs, des Chrétiens, des Mahométans & des Orientaux ſur les Apparitions des bons Anges,*

C̲h̲a̲p̲. V. *Sentimens des Grecs & des Romains ſur les Apparitions des bons Génies,*

C̲h̲a̲p̲. VI. *Des Apparitions des mauvais Anges prouvées par l'Ecriture : ſous quelle ferme ont-ils apparu,*

C̲h̲a̲p̲. VII. *De la Magie,*

C̲h̲a̲p̲. VIII. *Objections contre la réalité de la Magie*

C̲h̲a̲p̲. IX. *Réponſe aux Objections,*

C̲h̲a̲p̲. X. *Examen du fait de Hocque, Magicien,*

C̲h̲a̲p̲. XI. *Magie des Egyptiens & des Chaldéens,*

C̲h̲a̲p̲. XII. *Magie chez les Grecs & les Romains,*

C̲h̲a̲p̲. XIII. *Exemples qui prouvent la réalité de la Magie,*

C̲h̲a̲p̲. XIV. *Effets de la Magie, ſelon les Poëtes,*

C̲h̲a̲p̲. XV. *Des Oracles des Payens,*

C̲h̲a̲p̲. XVI. *La certitude de l'évenement prédit n'eſt pas toujours une preuve que la prédiction vienne de Dieu,*

C̲h̲a̲p̲. XVII. *Raiſons qui peuvent perſuader que la plûpart des anciens Oracles n'étoient que des ſupercheries des Prêtres & des Prêtreſſes, qui feignoient d'être inſpirés de Dieu,*

C̲h̲a̲p̲. XVIII. *Des Sorciers & Sorcieres,*

C̲h̲a̲p̲. XIX. *Exemples de Sorciers & Sorcières ſoi-diſant tranſportés au Sabbat,*

C̲h̲a̲p̲. XX. *Hiſtoire de Louis Gaufrédi, & de Magdelaine de la Palud, avoués Sorciers & Sorcieres par eux-*

mêmes,

Chap. XXI. *Raisons qui prouvent la possibilité du transport des Sorciers & Sorcieres au Sabbat,*

Chap. XXII. *Suite du même sujet,*

Chap. XXIII. *Obsessions & Possessions du Démon,*

Chap. XXIV. *Vérité & réalité des Possessions & Obsessions du Démon prouvées par l'Ecriture,*

Chap. XXV. *Exemples de Possessions réelles causées par le Démon,*

Chap. XXVI. *Suite du même sujet,*

Chap. XXVII. *Objections contre les Obsessions & Possessions du Démon. Réponse aux Objections,*

C̲h̲a̲p̲.̲ ̲X̲X̲V̲I̲I̲I̲.̲ *Suite des Objections contre les Poſſeſſions, & des Réponſes aux Objections,*

C̲h̲a̲p̲.̲ ̲X̲X̲I̲X̲.̲ *Eſprits folets, ou Eſprits familiers,*

C̲h̲a̲p̲.̲ ̲X̲X̲X̲.̲ *Autres exemples d'Eſprits folets,*

C̲h̲a̲p̲.̲ ̲X̲X̲X̲I̲.̲ *Eſprits qui gardent les tréſors,*

C̲h̲a̲p̲.̲ ̲X̲X̲X̲I̲I̲.̲ *Autres exemples de tréſors cachés, & gardés par de bons ou de mauvais Eſprits,*

C̲h̲a̲p̲.̲ ̲X̲X̲X̲I̲I̲I̲.̲ *Spectres qui apparoiſſent, & qui prédiſent des choſes futures & cachées,*

C̲h̲a̲p̲.̲ ̲X̲X̲X̲I̲V̲.̲ *Autres Apparitions de Spectres,*

C̲h̲a̲p̲.̲ ̲X̲X̲X̲V̲.̲ *Examen de l'Apparition d'un prétendu Spectre,*

C̲h̲a̲p̲.̲ ̲X̲X̲X̲V̲I̲.̲ *Spectres qui infeſtent les maiſons,*

C̲h̲a̲p̲.̲ ̲X̲X̲X̲V̲I̲I̲.̲ *Autres exemples de Spectres qui infeſtent certaines maiſons,*

C̲h̲a̲p̲.̲ ̲X̲X̲X̲V̲I̲I̲I̲.̲ *Effets prodigieux de l'imagination dans ceux ou celles qui croyent avoir commerce charnel avec le Démon,*

C̲h̲a̲p̲.̲ ̲X̲X̲X̲I̲X̲.̲ *Retour & Apparitions des Ames après la mort du corps prouvées par l'Ecriture,*

C̲h̲a̲p̲.̲ ̲X̲L̲.̲ *Apparitions des Eſprits prouvées par l'Hiſtoire,*

C̲h̲a̲p̲.̲ ̲X̲L̲I̲.̲ *Autres exemples d'Apparitions,*

C̲h̲a̲p̲.̲ ̲X̲L̲I̲I̲.̲ *Apparitions d'Eſprits qui impriment leur main ſur des habits, ou ſur du bois,*

Chap. XLIII. Sentiment des Juifs, des Grecs & des Latins, sur les Morts qui sont demeurés sans sépulture,

Chap. XLIV. Examen de ce que les Morts qui reviennent demandent ou révèlent aux vivans,

Chap. XLV. Apparitions d'hommes vivans à d'autres hommes vivans, absens & fort éloignés,

Chap. XLVI. Raisonnemens sur les Apparitions,

Chap. XLVII. Objections contre les Apparitions, & réponses aux Objections,

Chap. XLVIII. Autres Objections & réponses,

Chap. XLIX. Les secrets de la Physique & de la Chymie pris pour choses surnaturelles,

CHAP. L. *Concluſion du Traité ſur les Apparitions,*

CHAP. LI. *Maniere d'expliquer les Apparitions,*

CHAP. LII. *Difficulté d'expliquer la maniere dont ſe font les Apparitions, quelque ſyſtême que l'on propoſe ſur ce ſujet,*

Fin de la Table des Chapitres du Tome Premier.

TABLE DES CHAPITRES

Contenus dans ce ſecond Volume.

PRÉFACE.

CHAPITRE. I. *La Réſurrection d'un mort eſt l'ouvrage de Dieu ſeul,*

Chap. II. *Résurrection de gens qui n'étoient pas vraiment morts,*

Chap. III. *Résurrection d'un homme enterré depuis trois ans, ressuscité par S. Staniflas,*

Chap. IV. *Un homme réellement mort peut-il paroître en son propre corps,*

Chap. V. *Résurrection, ou Apparition d'une fille morte depuis quelques mois,*

Chap. VI. *Femme tirée vivante de son tombeau,*

Chap. VII. *Revenans ou Vampires de Moravie,*

Chap. VIII. *Morts de Hongrie qui sucent le sang des vivans,*

CHAP. IX. *Récit d'un Vampire, tiré des Lettres Juives, Lettre 137,*

CHAP. X. *Autres exemples de Revenans. Continuation du Glaneur,*

CHAP. XI. *Raiſonnement de l'Auteur des Lettres Juives ſur Les Revenans,*

CHAP. XII. *Suite du raiſonnement du Glaneur Hollandois,*

CHAP. XIII. *Récit tiré du Mercure galant de 1693. & 1694. ſur les Revenans,*

CHAP. XIV. *Conjectures du Glaneur de Hollande,*

CHAP. XV. *Autre lettre ſur les Revenans,*

CHAP. XVI. *Veſtiges prétendus du Vampiriſme dans l'Antiquité,*

C̲ʜ̲ᴀ̲ᴘ̲.̲ ̲X̲V̲I̲I̲.̲ *Revenans dans les pays Septentrionaux,*

C̲ʜ̲ᴀ̲ᴘ̲.̲ ̲X̲V̲I̲I̲I̲.̲ *Revenans en Angleterre,*

C̲ʜ̲ᴀ̲ᴘ̲.̲ ̲X̲I̲X̲.̲ *Revenans au Pérou,*

C̲ʜ̲ᴀ̲ᴘ̲.̲ ̲X̲X̲.̲ *Revenans dans la Laponie,*

C̲ʜ̲ᴀ̲ᴘ̲.̲ ̲X̲X̲I̲.̲ *Retour d'un homme mort depuis quelques mois,*

C̲ʜ̲ᴀ̲ᴘ̲.̲ ̲X̲X̲I̲I̲.̲ *Excommuniés qui ſortent des Egliſes,*

C̲ʜ̲ᴀ̲ᴘ̲.̲ ̲X̲X̲I̲I̲I̲.̲ *Autres exemples des Excommuniés rejettés hors de la terre Sainte,*

C̲ʜ̲ᴀ̲ᴘ̲.̲ ̲X̲X̲I̲V̲.̲ *Exemple d'un Martyr excommunié rejetté hors de la terre,*

C̲h̲a̲p̲. XXV. *Homme rejetté hors de l'Eglise pour avoir refuse de payer la dîme,*

C̲h̲a̲p̲. XXVI. *Exemples de personnes qui ont donné des signes de vie après leur mort, & qui se sont retirées par respect pour faire place à de plus dignes,*

C̲h̲a̲p̲. XXVII. *Gens qui vont en pélerinage après leur mort,*

C̲h̲a̲p̲. XXVIII. *Raisonnement sur les Excommuniés qui sortent des Eglises,*

C̲h̲a̲p̲. XXIX. *Les Excommuniés pourrissent-ils en terre,*

C̲h̲a̲p̲. XXX. *Exemples pour montrer que les Excommuniés ne pourrissent point, & apparoissent aux vivans,*

C̲h̲a̲p̲. XXXI. *Exemples de ces retours des Excommuniés,*

Chap. XXXII. *Broucolaque exhumé en préſence de Monſieur de Tournefort,*

Chap. XXXIII. *Le Démon a-t-il pouvoir de faire mourir, puis de rendre la vie à un mort,*

Chap. XXXIV. *Examen du ſentiment, qui veut que le Démon puiſſe rendre le mouvement à un corps mort,*

Chap. XXXV. *Exemples de Fantômes qui ont apparu vivans, & ont donné pluſieurs ſignes de vie,*

Chap. XXXVI. *Dévouement pour faire mourir, pratiqué par les Payens,*

Chap. XXXVII. *Exemples de dévouement parmi les Chrétiens,*

Chap. XXXVIII. *Exemples de perſonnes qui ſe ſont promis de ſe donner après leur mort des nouvelles de* l'autre monde,

Chap. XXXIX. Extrait des Ouvrages politiques de M. l'Abbé de S. Pierre,

Chap. XL. Divers ſystêmes pour expliquer le retour des Revenans,

Chap. XLI. Divers exemples de perſonnes enterrées encore vivantes,

Chap. XLII. Exemples de perſonnes noyées, qui ſont revenues en ſanté,

Chap. XLIII. Exemples de femmes qu'on a crûes mortes, & qui ſont revenues,

Chap. XLIV. Peut-on faire l'application de ces exemples aux Revenans de Hongrie,

C̲h̲a̲p̲. XLV. *Morts qui mâchent comme des porcs dans leurs tombeaux, & qui dévorent leur propre chair,*

C̲h̲a̲p̲. XLVI. *Exemple singulier d'un Revenant de Hongrie,*

C̲h̲a̲p̲. XLVII. *Raisonnement sur cette matiere,*

C̲h̲a̲p̲. XLVIII. *Les Vampires ou Revenans sont-ils véritablement morts,*

C̲h̲a̲p̲. XLIX. *Exemple d'un nommé Curma renvoyé au monde,*

C̲h̲a̲p̲. L. *Exemples de personnes qui s'extasient quand elles veulent, & qui demeurent sans aucun sentiment,*

C̲h̲a̲p̲. LI. *Application de ces exemples aux Vampires,*

C̲h̲a̲p̲. LII. *Examen du sentiment, qui veut que le Demon fascine les yeux de ceux à qui les Vampires apparoissent,*

CHAP. LIII. *Exemples de Reſſuſcités, qui racontent ce qu'ils ont vû dans l'autre vie,*

CHAP. LIV. *Les traditions des Payens ſur l'autre vie viennent des Hebreux & des Egyptiens,*

CHAP. LV. *Exemples de Chrétiens reſſuſcités & renvoyés au monde. Viſion de Vetin Moine d'Augie,*

CHAP. LVI. *Viſion de Bertholde rapportée par Hincmar Archevêque de Reims,*

CHAP. LVII. *Viſion de S. Furſi,*

CHAP. LVIII. *Viſion d'un Proteſtant d'Yorck, & autres,*

CHAP. LIX. *Concluſion de cette Diſſertation,*

C͟h͟a͟p͟. LX. *Impossibilité morale que les Revenans sortent de leurs tombeaux,*

C͟h͟a͟p͟. LXI. *Ce qu'on raconte des corps des Excommuniés qui sortent de l'Eglise, est sujet à de très-grandes difficultés,*

C͟h͟a͟p͟. LXII. *Remarques sur la Dissertation touchant l'Esprit revenu à S. Maur des Fossés,*

C͟h͟a͟p͟. LXIII. *Dissertation d'un Anonyme, sur ce qu'on doit penser de l'apparition des Esprits, à l'occasion de l'aventure arrivée à S. Maur en 1706,*

Lettre de Monsieur le Marquis Maffei sur la Magie,

Lettre du R. P. Dom Calmet à M. Debure,

Fin de la Table des Chapitres
du Tome second.

Tome I : Texte sur une seule page

—

Tome II : Texte sur une seule page

PRÉFACE.

LE grand nombre d'Auteurs qui ont écrit sur les Apparitions des Anges, des Démons & des Ames séparées du corps, ne m'est pas inconnu ; & je ne présume pas assez de ma capacité, pour croire que j'y réussirai mieux qu'ils n'ont fait, & que j'enchérirai sur leurs lumieres & sur leurs découvertes. Je sens bien que je m'expose à la critique, & peut-être à la risée de bien des Lecteurs, qui regardent cette matiere comme usée & décriée dans l'esprit des Philosophes, des Savans, & de plusieurs Théologiens : je ne dois pas compter non plus sur l'approbation du peuple, que son peu de discernement empêche d'être Juge compétent dans cette matiere. Mon but n'est point de fomenter la superstition, ni d'entretenir la vaine curiosité des Visionnaires, & de ceux qui croyent sans examen tout ce qu'on leur raconte, dès qu'ils y trouvent du merveilleux & du furnaturel. Je n'écris que pour des efprits raifonnables & non prévenus, qui examinent les chofes férieufement & de fang froid ; je ne parle que pour ceux, qui ne donnent leur confentement aux vérités connues, qu'avec maturité, qui fçavent douter dans les chofes incertaines, fufpendre leur jugement dans les chofes douteufes, & nier ce qui eft manifeftement faux.

Pour les prétendus Efprits forts, qui rejettent tout pour fe diftinguer & pour fe mettre au-deffus du commnun, je les laiffe dans la fphere de leur élévation : ils penferont de mon ouvrage ce qu'ils jugeront à propos ; & comme il n'eft pas fait pour eux, apparemment ils ne prendront pas la peine de le lire.

Je l'ai entrepris pour ma propre inftruction, & pour me former à moi-même une idée jufte de tout ce qu'on dit fur les Apparitions des Anges, du Démon, & des Ames féparées du corps. J'ai voulu voir jufqu'à quel point cette matiere étoit certaine ou incertaine, vraie ou fauffe, connue ou inconnue, claire ou obfcure.

Dans ce grand nombre de faits & d'exemples que j'ai ramaffés, j'ai tâché d'apporter du choix, & de n'en pas entaffer une trop grande multitude, de peur que dans le trop grand nombre d'exemples, les douteux ne nuififfent aux certains, & qu'en voulant trop prouver, je ne prouvaffe abfolument rien. Il s'en rencontrera même entre ceux que j'ai cités, qui ne trouveront pas aifément créance parmi plusieurs Lecteurs ; & je consens qu'ils les tiennent comme non rapportés.

Je les prie cependant de faire un juste discernement des faits & des exemples, après quoi ils pourront avec moi porter leur jugement, affirmer, nier, ou demeurer dans le doute.

Il m'a paru très-important par le respect que tout homme doit à la vérité, & par la vénération qu'un Chrétien & un Prêtre doit à la Religion, de détromper le monde de l'opinion qu'il a sur les Apparitions, s'il les croit toutes vraies ; ou de l'instruire, & de lui montrer la vérité & la réalité d'un grand nombre, s'il les croit toutes fausses. Il est toujours honteux de se tromper ; & il est dangereux en fait de Religion, de croire légerement, de demeurer volontairement dans le doute, ou de s'entretenir sans raison dans la superstition & dans l'illusion : c'est déja beaucoup de sçavoir douter sagement, & de ne porter pas ses jugemens au-delà de ses connoissances.

Je n'ai jamais eu la pensée de traiter à fond la matiere des Apparitions ; je n'en ai traité, pour ainsi dire, que par hazard & par occasion. Mon premier & principal objet a été de parler des *Vampires* de Hongrie. En ramassant mes matériaux sur ce sujet, il s'en est trouvé beaucoup qui concernoient les Apparitions ; leur grand nombre causoit de l'embarras à ce traité des Vampires. J'en ai détaché une partie, & en ai composé cette Dissertation sur les Apparitions ; il en reste encore un bon nombre que j'aurois pû en détacher, & mettre plus d'ordre & de suite dans ce Traité. Bien des gens ont pris ici l'accessoire pour le principal, & ont fait plus d'attention à la premiere partie, qu'à la feconde, qui étoit toutefois la premiere & la principale dans mon deffein.

Car j'avoue que j'ai toujours été fort frappé de ce qu'on raconte des Vampires, ou des Revenans de Hongrie, de Moravie, de Pologne, des Broucolaques de Grece, des Excommuniés qu'on dit qui ne pourriffent point : j'ai crû devoir y donner toute l'attention dont je fuis capable ; & j'ai jugé à propos de traiter cette matiere dans une Differtation particuliere. Après avoir bien étudié la chofe, & m'en être fait inftruire autant que j'ai pû, j'y ai trouvé peu de folidité & peu de certitude ; ce qui joint aux avis de quelques perfonnes fages & refpectables que j'ai confultées, m'avoit fait entierement abandonner mon deffein, & renoncer à travailler fur un fujet qui fouffre tant de contradictions, & renferme tant d'incertitude.

Mais regardant la chofe fous un autre afpect, j'ai repris la plume, réfolu de détromper le Public, fi je trouvois que ce qu'on en dit fût abfolument faux, faifant voir que tout ce qu'on débite fur ce fujet eft incertain, & qu'on doit être très-réfervé à prononcer fur ces Vampires, qui ont fait tant de bruit dans le monde depuis un certain tems, & qui partagent encore aujourd'hui les efprits, même dans les pays qui font le théatre de leur prétendu retour & de leurs Apparitions : ou de montrer que ce qu'on a dit & écrit fur ce fujet, n'eft pas deftitué de probabilité, & que la matiere du Retour des Vampires eft digne de l'attention des curieux & des Savans, & mérite qu'on l'étudie férieufement, qu'on examine les faits qu'on en rapporte, & qu'on en approfondiffe les caufes, les circonftances & les moyens.

Je vais donc examiner cette queftion en Hiftorien, en Philofophe, en Théologien. Comme Hiftorien, je tâcherai de découvrir la vérité des faits ; comme Philofophe, j'en examinerai les caufes & les circonftances ; enfin les lumieres de la Théologie m'en feront tirer des conféquences par rapport à la Religion. Ainfi je n'écris point dans l'efpérance de convaincre les Efprits forts & les Pyrrhoniens, qui ne conviennent pas de l'exiftence des Revenans, des Vampires, ni même des Apparitions des Anges, des Démons & des Ames, ni pour intimider les Efprits foibles & crédules, en leur racontant des Apparitions extraordinaires. Je ne compte pas auffi guérir les Superftitieux de leurs erreurs, ni le peuple de fes préventions, pas même de corriger les abus qui naiffent de cette créance peu éclairée, ni de lever tous les doutes qu'on peut former fur les Apparitions : je prétends encore moins m'ériger en Juge & en Cenfeur des ouvrages & des fentimens des autres, ni me diftinguer, me faire un nom, ou me divertir en répandant de dangereux doutes fur une chofe qui regarde la Religion, & dont on pourroit tirer de fâcheufes conféquences contre la certitude des Ecritures, & contre les dogmes inébranlables de notre créance. Je la traiterai auffi folidement & auffi férieufement qu'elle le mérite ; & je prie Dieu de me donner les lumieres néceffaires pour le faire avec fuccès.

J'exhorte mon Lecteur à diftinguer ici les faits racontés d'avec la maniere dont ils font arrivés. Le fait peut être certain, & la maniere très-inconnue. L'Ecriture nous raconte certaines Apparitions d'Anges & d'Ames séparées du corps : ces exemples sont indubitables, & fondés sur la révélation des saintes Lettres ; mais la maniere dont Dieu a operé ces résurrections, ou dont il a permis ces Apparitions, est cachée dans ses secrets. Il nous est permis de les examiner, d'en rechercher les circonstances, de proposer quelques conjectures sur la maniere dont le tout s'est passé ; mais il y auroit de la témérité de décider sur une matiere, que Dieu n'a pas jugé à propos de nous révéler. J'en dis autant à proportion des Histoires rapportées par des Auteurs sensés, contemporains & judicieux, qui racontent simplement les faits sans entrer dans l'examen des circonstances, ni dans la maniere dont les choses sont arrivées, & dont peut-être ils n'étoient pas bien informés eux-mêmes.

On m'a déja objecté, que je citois des Poëtes & des Auteurs peu accrédités, pour soutenir une chose aussi sérieuse & aussi contestée que les Apparitions des Esprits : ces sortes d'autorités, dit-on, sont plus propres â rendre douteuses les Apparitions, qu'à établir leur vérité.

Mais je cite ces Auteurs comme témoins de l'opinion des peuples ; & je compte que ce n'est pas peu, dans l'extrême licence d'opinions qui regne aujourd'hui dans le monde parmi ceux mêmes qui font profession du Christianisme, que de montrer que les anciens Grecs & Romains pensoient que les Ames étoient immortelles, qu'elles subsistoient après la mort du corps, & qu'il y avoit une autre vie, où elles recevoient la récompenſe de leurs bonnes actions, ou le châtiment de leurs crimes.

Ces ſentimens qu'on voit dans les Poëtes, ſont auſſi rapportés dans les Peres de l'Egliſe, & dans les Hiſtoriens Payens & Chrétiens ; mais comme ils n'ont pas prétendu leur donner du poids, ni les approuver en les rapportant, on ne doit pas m'imputer non plus de les vouloir autoriſer. Par exemple, ce que j'ai rapporté des *Manes* ou *Lares*, de l'évocation des Ames après la mort du corps, de l'avidité de ces Ames à venir ſucer le ſang des animaux immolés, de la figure de l'Ame ſéparée du corps, de l'inquiétude des Ames qui n'ont point de repos que leur corps ne ſoit mis en terre ; de ces ſuperſtitieuſes ſtatuës de cire dévouées & conſacrées ſous le nom de certaines perſonnes, à qui les Magiciens prétendoient donner la mort, en brûlant ou piquant leurs effigies faites en cire ; du tranſport des Sorciers & Sorcières par les airs, & de leurs aſſemblées au Sabbat ; tout cela eſt rapporté & dans les Philoſophes, & dans les Hiſtoriens payens, auſſi bien que dans les Poëtes.

Je ſçais ce que les uns & les autres valent, & j'en fais le cas qu'ils méritent ; mais je crois qu'il eſt important en traitant cette matiere, de faire connoître aux Lecteurs les anciennes ſuperſtitions, les opinions vulgaires, les préjugés des peuples, pour les réfuter & pour ramener les figures à la vérité, en les dégageant de ce que la Poëſie a pû y ajoûter pour l'embelliſſement du Poëme, & pour l'amuſement du Lecteur.

De plus je ne rapporte ordinairement ces sortes de choses qu'à propos de certains faits avoués par des Historiens & par d'autres Auteurs sérieux & raisonnables, & quelquefois plutôt pour l'ornement du discours, ou pour égayer la matiere, que pour en tirer des preuves certaines & des conséquences nécessaires pour le dogme, ou pour certifier les faits, & pour donner du poids à mon récit.

Je sçais le peu de fond que l'on doit faire sur ce que dit Lucien sur cette matiere : il n'en parle que pour s'en railler. Philostrate, Jamblique & quelques autres ne méritent pas plus de considération ; aussi ne les citai-je que pour les réfuter, ou pour faire voir jusqu'à quel point on a poussé la vaine & ridicule crédulité sur ces matieres, dont les plus sensés d'entre les Payens se sont mocqués eux-mêmes.

Les conséquences que je tire de toutes ces Histoires & de ces fictions poëtiques, & la maniere dont j'en parle dans le cours de cette Dissertation, justifie assez, que je n'estime & ne donne pour vrai & pour certain, que ce qui l'est en effet ; & que je ne prétends point en imposer à mon Lecteur, en racontant bien des choses que moi-même je regarde comme fausses, ou comme très-douteuses, ou même comme fabuleuses. Mais cela ne doit point préjudicier au dogme de l'immortalité de l'Ame, & à celui d'une autre vie, ni à la vérité de certaines Apparitions rapportées dans l'Ecriture, ou constatées d'ailleurs par de bons témoignages.

La premiere édition de cet ouvrage s'étant faite en mon absence, & sur une copie peu correcte, il s'y est glissé bon nombre de fautes d'impression, & même d'expressions & de phrases louches & suspendues : j'ai tâché d'y remédier dans une seconde édition, & d'éclaircir les endroits qu'on m'a averti de demander explication, de corriger ce qui pourroit offenser les Lecteurs scrupuleux, & de prévenir les mauvaises conséquences qu'on pourroit tirer de ce que j'ai dit. J'ai même enchéri dans cette troisiéme édition. J'en ai retranché plusieurs endroits ; j'en ai supprimé quelques-uns ; j'en ai ajouté & corrigé d'autres : j'ai profité des avis que l'on m'a donnés ; & j'ai répondu aux objections qui m'ont été faites.

On s'est plaint de ce que je ne prends pas parti, & de ce que je ne me décide pas sur plusieurs difficultés que je propose, & que souvent je laisse mon Lecteur dans l'incertitude.

Je ne me défends pas beaucoup sur ce reproche ; j'aurois beaucoup plus sujet de me justifier, si je m'étois déterminé sans une parfaite connoissance de cause à un parti, au hazard d'embrasser l'erreur, & de tomber dans un plus grand inconvénient. Il est de la sagesse de suspendre son jugement, jusqu'à ce qu'on soit parvenu à la vérité bien connue.

On m'a aussi averti, que certaines personnes avoient fait des plaisanteries de quelques faits que j'ai rapportés. Si je les ai rapportés comme certains, & qu'ils donnent juste lieu à la plaisanterie, je passe condamnation ; mais si je les ai cités comme fabuleux & comme faux, ils ne sont pas matiere de plaisanterie : *falsum non est de ratione faceti.*

Il y a certaines gens qui se plaisent à tourner les choses les plus sérieuses en badineries, qui n'épargnent ni le sacré ni le profane. Les Histoires de l'Ancien & du Nouveau Testament, les Cérémonies les plus sacrées de notre Religion, les Vies des Saints les plus respectables, ne sont point à l'abri de leurs fades plaisanteries.

On m'a fait des reproches de ce que je rapporte plusieurs Histoires fausses, plusieurs faits douteux, plusieurs évenemens fabuleux : il est vrai ; mais je ne les donne que pour ce qu'ils sont : j'ai déclaré plusieurs fois que je n'en étois point garand, que je les rapportois pour en faire connoître le faux, le ridicule, & pour leur ôter le crédit qu'ils pourroient avoir dans l'esprit du peuple ; & si je ne me suis pas beaucoup étendu à les réfuter, j'ai crû devoir laisser à mon Lecteur le plaisir de le faire, & lui supposer assez de bon sens & de suffisance pour en porter lui-même son jugement, & en faire le mépris que j'en fais moi-même : ce feroit faire trop d'honneur à certaines choses, que de les réfuter sérieusement.

Une autre objection, mais plus sérieuse, c'est, dit-on, que ce que je dis des illusions du démon porte coup contre les vraies Apparitions rapportées dans l'Ecriture, comme contre les autres soupçonnées de fausseté.

Je réponds que les conséquences que l'on tire des principes ne sont bonnes, que quand les choses sont égales, & que les sujets & les circonstances sont les mêmes : sans cela point d'application de principes. Les faits auxquels s'applique mon raisonnement sont rapportés par des Auteurs de petite autorité, par des Historiens ordinaires, n'ayant aucun caractere qui mérite une créance au-dessus de l'humaine. Je puis sans donner atteinte à leur personne, ni à leur mérite, avancer qu'ils peuvent avoir été mal informés, prévenus, trompés ; que l'esprit de séduction peut avoir été de la partie ; que les sens, l'imagination, la superstition ont pû faire prendre pour vrai ce qui n'étoit qu'apparent.

Mais pour les Apparitions rapportées dans les saintes Ecritures, elles empruntent leur autorité infaillible des Auteurs sacrés & inspirés qui les ont écrites ; elles sont vérifiées par les évenemens qui les ont suivis, par l'exécution des prédictions qui ont été faites plusieurs siecles auparavant, & qui ne pouvoient être faites, ni prévûes, ni exécutées, ni par l'esprit humain, ni par les forces de l'homme, pas même par l'Ange de ténebres.

Je suis assez peu touché du jugement que l'on a porté de ma personne & de mes intentions, dans la publication de ce Traité. Quelques-uns ont crû, que je l'avois fait pour détruire le sentiment commun & populaire des Apparitions, & pour le traduire en ridicule ; & je reconnois, que ceux qui liront cet Ouvrage avec attention & sans prévention, y remarqueront plus de raisons de douter de ce que le peuple croit sur cette matiere, qu'ils n'en verront pour favoriser l'opinion contraire. Si j'ai traité ce sujet sérieusement, ce n'est que dans ce qui concerne les faits, où la Religion & la vérité des Ecritures est intéressée : ceux qui sont indifferens, je les ai abandonnés à la censure des personnes sensées, & à la critique des Sçavans & des Esprits philosophes.

Je déclare que je tiens pour vraies toutes les Apparitions rapportées dans les Livres sacrés de l'Ancien & du Nouveau Testament, sans prétendre toutefois qu'il ne soit pas permis de les expliquer, & de les réduire à un sens naturel & vraisemblable, en retranchant le trop grand merveilleux qui pourroit choquer les personnes éclairées. Je crois qu'en cela je dois appliquer le principe de S. Paul[1] : *la lettre tue, & l'esprit vivifie.*

Quant aux autres Apparitions & visions rapportées dans des Auteurs Chrétiens, ou Juifs, ou Payens, j'en fais autant que je puis le discernement, & j'exhorte mes Lecteurs à en faire de même ; mais je blâme & désapprouve la critique outrée de ceux qui nient tout, & qui forment des difficultés sur tout, pour se distinguer par leur prétendue force d'esprit, & pour s'autoriser à nier tout, & à contester les choses les plus certaines, & généralement tout ce qui tient du miraculeux, & ce qui paroît au-dessus des loix ordinaires de la nature. S. Paul permet d'examiner & d'éprouver tout : *omnia probate* ; mais il veut qu'on s'en tienne à ce qui est bon & vrai : *quod bonum est tenete*[2].

1. ↑ *IJ. Cor. iij.* 16.
2. ↑ *I. Theſſal. v.* 210

TRAITÉ

SUR LES APPARITIONS DES ANGES, DES DÉMONS, ET DES AMES DES DÉFUNTS.

Tout le monde parle d'Apparitions d'Anges, de Démons, & d'ames séparées du corps. La réalité de ces Apparitions passe pour constante parmi plusieurs personnes, tandis que plusieurs autres s'en moquent, & les traitent de rêveries. Je me suis déterminé à traiter cette matiere pour voir à quel point de certitude on peut la porter. Je partagerai cette Dissertation en quatre parties. Dans la premiere, je parlerai des bons Anges ; dans la seconde, des Apparitions des mauvais Anges ; dans la troisiéme, des Apparitions des ames des trépassés ; & dans la quatriéme, des Apparitions d'hommes vivans à d'autres hommes vivans, absens, éloignés, & à l'insçû de ceux qui apparoissent. J'y joindrai par occasion quelque chose sur la Magie, les Sorciers & les Sorcieres ; sur le Sabbat, sur les Oracles, sur les obsessions & possessions du Démon.

CHAPITRE PREMIER.

Apparitions des bons Anges prouvées par les livres de l'Ancien Testament.

Les Apparitions de bons Anges sont fréquentes dans les livres de l'Ancien Testament : celui qui fut mis à l'entrée du Paradis terrestre[1] étoit un Chérubin armé d'un glaive flamboyant ; ceux qui apparurent à Abraham, & qui lui promirent la naissance d'un fils[2] ; ceux qui apparurent à Loth, & lui prédirent la ruine de Sodome, & des autres Villes criminelles[3] ; celui qui parla à Agar dans le désert[4], & lui ordonna de retourner dans la maison d'Abraham, & de demeurer soumise à Sara sa maîtresse ; ceux qui apparurent à Jacob allant en Mésopotamie, qui montoient & descendoient l'échelle mystérieuse[5] ; celui qui lui enseigna la maniere de faire naître de ſes brebis des moutons de différentes couleurs[6] ; celui qui lutta contre Jacob à ſon retour de la Méſopotamie[7], étoient des Anges de lumiere, & bienfaiſans, de même que celui qui parla à Moïſe dans le buiſſon ardent à Horeb[8], & qui lui donna les Tables de la Loi ſur le mont Sinaï. Cet Ange qui prend ordinairement le nom de Dieu, & agit en ſon nom, & avec ſon autorité[9] ; qui ſervit de guide aux Hébreux dans le déſert, caché dans une nuée ſombre & obſcure pendant le jour, & brillante pendant la nuit ; celui qui parla à Balaam, & qui menaça de tuer ſon âneſſe[10] ; celui enfin qui combattit contre Satan pour le corps de Moïſe[11] : tous ces Anges étoient ſans doute des bons Anges.

Il faut porter le même jugement de celui qui ſe préſenta en armes à Joſué dans la plaine de Jéricho[12], & qui ſe déclara chef de l'armée du Seigneur ; on croit avec raiſon, que c'étoit l'Ange S. Michel. Celui qui ſe fit voir à la femme de Manué[13] pere de Samſon, puis à Manué lui-même, & lui prédit la naiſſance de Samſon. Celui qui annonça à Gédéon qu'il délivreroit Iſrael de la ſervitude des Madianites[14]. L'Ange Gabriel apparut à Daniel à Babylone[15] ; & Raphael conduiſit le jeune Tobie à Ragès de Médie[16]. La prophétie du Prophete Zacharie eſt remplie de viſions d'Anges[17]. Dans les Livres de l'Ancien Teſtament on nous décrit le Trône du Seigneur poſé ſur les Chérubins ; & on nous repréſente le Dieu d'Iſrael ayant devant ſon Trône ſept Anges principaux[18], toujours prêts à exécuter ſes ordres ; & quatre Chérubins chantant ſes louanges, & adorant sa Sainteté souveraine, le tout faisant une espece d'allusion à ce qu'on voyoit dans la Cour des anciens Rois de Perse[19], où il y avoit sept principaux Officiers, qui voyoient la face du Roi, qui s'approchoient de sa personne, & qu'on appelloit les yeux & les oreilles du Roi.

---

1. ↑ Genes. iij. 24.
2. ↑ Genes. xviij 1, 2, 3.
3. ↑ Genes. xix.
4. ↑ Genes. xxj. 17.
5. ↑ Genes. xxviij. 12.
6. ↑ Genes. xxxj. 10. 11.
7. ↑ Genes. xxxij.
8. ↑ Exod. iij. 6. 7.
9. ↑ Exod. iij. iv.
10. ↑ Num. xxij. xxiij.
11. ↑ Jud. 9.
12. ↑ Josué, v. 13.
13. ↑ Judic. xvij.
14. ↑ Judic. vj vij.
15. ↑ Dan, viij. 16. ix. 21.
16. ↑ Tob. v.
17. ↑ Zach. v. 9. 10. 11. &c.
18. ↑ Ps. xvij. 10 lxxix. 2. &c.
19. ↑ Dan. vij. 10. 3. Reg. xij. 19. Tob. xij. Zach. iv. 10. Apoc. j. 4.

CHAPITRE II.

Apparitions des bons Anges prouvées par les Livres du Nouveau Teſtament.

Les livres du Nouveau Teſtament ſont de même remplis de faits qui prouvent les Apparitions des bons Anges. L'Ange Gabriel apparoît à Zacharie pere de Jean-Baptiſte, & lui prédit la future naiſſance du Précurſeur[1]. Les Juifs qui virent ſortir Zacharie du Temple, après y avoir demeuré plus long-tems qu'à l'ordinaire, ayant remarqué qu'il étoit devenu muet, ne douterent pas qu'il n'y eût eu quelque Apparition d'Ange. Le même Gabriel annonça à Marie la future naiſſance du Meſſie[2]. Jeſus étant né à Béthleem, l'Ange du Seigneur apparut aux Paſteurs pendant la nuit[3], & leur déclara que le Sauveur du monde étoit né à Béthléem. Il y a tout lieu de croire que l'étoile qui apparut aux Mages en Orient, & qui les conduiſit droit à Jéruſalem, & de là à Béthléem, étoit dirigée par un bon Ange[4]. S. Joſeph fut averti par un Eſprit céleſte de ſe retirer en Egypte avec la mere & l'enfant Jeſus, de peur que Jeſus ne tombât entre les mains d'Hérode, & ne fût enveloppé dans le maſſacre des Innocens. Le même Ange informa Joſeph de la mort du Roi Hérode, & lui dit de retourner dans le pays d'Iſrael.

Après la tentation de Jesus-Christ au désert, les Anges vinrent lui servir à manger[5]. Le démon tentateur dit à Jesus-Christ que Dieu a commandé à ses Anges de le conduire, & d'empêcher qu'il ne se heurtât contre la pierre ; ce qui est tiré du Pseaume xcij. & qui prouve la créance des Juifs sur l'article des Anges gardiens. Le Sauveur confirme la même vérité[6], en disant que les Anges des enfans voient sans cesse la face du Pere céleste. Au jugement dernier les bons Anges feront la séparation des justes[7], les conduiront au royaume des Cieux, & précipiteront les méchans dans le feu éternel.

A l'agonie de Jesus-Christ dans le Jardin des Oliviers, un Ange descendit du Ciel pour le consoler[8]. Après sa résurrection les Anges apparurent aux Saintes Femmes, qui étoient venues à son tombeau pour l'embaumer[9] : dans les Actes des Apôtres, ils apparurent aux Apôtres dès que Jesus-Christ fut monté au Ciel ; & l'Ange du Seigneur vint ouvrir les portes de la prison, où étoient enfermés les Apôtres, & les mit en liberté[10]. Dans le même livre, S. Etienne nous apprend que la Loi a été donnée à Moïse par le ministere des Anges[11] ; par conséquent ce sont des Anges qui lui ont apparu à Sinaï & à Horeb, & qui lui ont parlé au nom de Dieu comme ses Ambassadeurs, & comme revêtus de son autorité : aussi le même Moïse parlant de l'Ange du Seigneur, qui devoit introduire Israel dans la terre promise, dit que le nom de Dieu est en lui[12] ; & *est nomen meum in illo.*

S. Pierre étant en prison, en est délivré par un Ange[13], qui le conduisit à la longueur d'une rue, puis disparut. S. Pierre frappant à la porte du logis, où étoient les Freres, on ne pouvoit se persuader que ce fût lui : on crut que c'étoit son Ange qui frappoit & parloit. S. Paul instruit dans l'école des Pharisiens, pensoit comme eux sur le sujet des Anges ; il en croyoit l'existence contre les Saducéens[14], & supposoit qu'ils pouvoient apparoître. Lorsque cet Apôtre ayant été arrêté par les Romains, raconta au peuple assemblé la maniere dont il avoit été renversé à Damas, les Pharisiens qui se trouverent présens, répondirent à ceux qui crioient contre lui : que sçavons-nous, si un Ange ou un Esprit ne lui a pas parlé ? *Si Spiritus locutus est ei, aut Angelus* ? S. Luc dit, qu'un Macédonien (apparemment l'Ange de la Macédoine) apparut à S. Paul, & le pria de venir annoncer l'Evangile dans ce pays.

S. Jean dans l'Apocalypse parle des sept Anges, qui présidoient aux Eglises d'Asie. Je sçais que ces sept Anges sont les Evêques de ces Eglises ; mais la tradition Ecclésiastique veut, que chaque Eglise ait son Ange tutélaire. Dans le même livre de l'Apocalypse sont racontées diverses Apparitions des Anges : toute l'Antiquité Chrétienne les a reconnues ; la Synagogue les a reconnues de même ; ensorte que l'on peut avancer, que rien n'est plus certain que l'existence des bons Anges, & leurs Apparitions.

Je range au nombre des Apparitions, non-seulement celles des bons ou des mauvais Anges, & des Ames des Défunts qui se font voir aux vivans, mais aussi celles des vivans, qui se font voir aux Anges ou aux Ames des Trépassés : soit que ces Apparitions se fassent en songe, dans le sommeil, ou dans la veille ; soit qu'elles se manifestent à tous ceux qui sont présens, ou seulement aux personnes à qui Dieu juge à propos de les manifester. Par exemple, dans l'Apocalypse[15] S. Jean vit les quatre animaux, & les vingt-quatre Vieillards qui étoient vêtus d'habits blancs, & portoient des couronnes d'or sur leurs têtes, & étoient assis sur des Trônes autour de celui du Tout-Puissant, & qui se prosternoient devant le Trône de celui qui vit éternellement, & jettoient leurs couronnes à ses pieds.

Et ailleurs : je vis quatre Anges qui étoient debout sur les quatre coins du monde[16], qui tenoient les quatre-vents, & les empêchoient de souffler sur la terre ; puis je vis un autre Ange, qui se levoit du côté de l'Orient, & qui cria aux quatre Anges qui avoient ordre de nuire à la terre & à la mer : ne faites aucun mal, ni à la terre, ni à la mer, ni aux arbres, jusqu'à ce que nous ayons imprimé un signe sur le front des Serviteurs de Dieu ; & j'ouis que le nombre de ceux qui avoient reçû ce signe, étoit de cent quarante-quatre mille. Ensuite je vis une troupe innombrable de gens de toutes Nations, de Tribus, de Peuples & de Langues, qui étoient debout devant le Trône du Très-Haut vêtus de robes blanches, & ayant des palmes à la main.

Et dans le même Livre[17] S. Jean après avoir décrit la Majesté du Trône de Dieu, & les adorations que lui rendent les Anges & les Saints prosternés devant lui, un des Anciens lui dit : ceux que vous voyez couverts de robes blanches, font ceux qui ont fouffert de grandes épreuves & de grandes afflictions, & qui ont lavé leurs robes dans le Sang de l'Agneau : c'eft pourquoi ils font devant le Trône de Dieu, & le feront nuit & jour dans fon Temple ; & celui qui eft affis fur le Trône, régnera fur eux, & l'Ange qui eft au milieu du Trône, les conduira aux fontaines de l'eau vive. Et encore : j'ai vû fous l'Autel de Dieu les ames de ceux qui ont été mis à mort[18] pour la défenfe de la parole de Dieu, & pour le témoignage qu'ils lui ont rendu ; ils crioient à haute voix, difant : jufqu'à quand, Seigneur, ne vengerez-vous pas notre fang contre ceux qui font fur la terre, &c.

Toutes ces Apparitions, & plufieurs autres femblables, que l'on pourroit rapporter tirées tant des livres Saints, que des Hiftoires autentiques, font de véritables Apparitions, quoique ni les Anges, ni les Martyrs dont il eft parlé dans l'Apocalypfe, ne foient pas venus fe préfenter à S. Jean ; mais qu'au contraire cet Apôtre ait été tranfporté en efprit au Ciel, pour y voir ce que nous venons de raconter. Ce font des Apparitions, qu'on peut appeler paffives de la part des Anges & des SS. Martyrs, & actives de la part du S. Apôtre qui les voit.

---

1. ↑ Luc. j. 10. 11. 12. &c.
2. ↑ Luc. j. 26. 27. &c.
3. ↑ Luc. ij. 9. 10.
4. ↑ Matth. ij. 13. 14.
5. ↑ Matth. iv. 6. 11.
6. ↑ Matth. xviij. 16.
7. ↑ Matth. xiij. 45. 46.
8. ↑ Luc. xxij. 43.

9. ↑ Matth. xxviij. Joan. x.
10. ↑ Act. v. 19.
11. ↑ Act. vij. 30. 35.
12. ↑ Exod. xxiij. 21.
13. ↑ Act. xij. 8. 9.
14. ↑ Rom. j. 18. 1. Cor. iv. 9. vj. 3. xij. 7. Galat. iij. 19. Act. xxiij. 9. Act. xvj. 9. Apoc. j. 11.
15. ↑ Apoc. iv. 4. 10.
16. ↑ Apoc. vij. 1. 2. 3. 9. &c.
17. ↑ Apoc. vij. 13. 14.
18. ↑ Apoc. vj. 9. 10.

CHAPITRE III.

Sous quelle forme les bons Anges ont-ils apparu ?

La maniere la plus ordinaire dont les bons Anges apparoiſſent dans l'Ancien & dans le Nouveau Teſtament, eſt ſous la forme humaine : c'eſt ſous cette forme qu'ils ſe ſont fait voir à Abraham, à Loth, à Jacob, à Moïſe, à Joſué, à Manué pere de Samſon, à David, à Tobie, aux Prophetes ; & dans le Nouveau Teſtament ils ont apparu ſous la même forme à la Sainte Vierge, à Zacharie pere de S. Jean-Baptiſte, à Jeſus-Chriſt après ſon jeûne de 40 jours, & au même dans le jardin des Oliviers dans ſon agonie : ils ſe montrent de même aux Saintes Femmes après la réſurrection du Sauveur. Celui qui apparut à Joſué[1] dans la plaine de Jéricho, ſe montra apparemment ſous la forme d'un Guerrier, puiſque Joſué lui demanda : êtes-vous des nôtres, ou de nos Ennemis ?

Quelquefois ils ſe cachent ſous quelque forme, qui n'a nul rapport à la figure humaine, comme celui qui apparut à Moïſe dans le buiſſon ardent[2], & qui conduiſit les Iſraélites dans le déſert ſous la forme d'une colonne de nuée obſcure & épaiſſe pendant le jour, & lumineuſe pendant la nuit[3]. Le Pſalmiſte nous dit, que Dieu ſe ſert de ſes Anges comme d'un vent subtil & d'un feu brûlant, pour exécuter ses ordres[4]. Les Chérubins dont il est souvent parlé dans l'Ecriture, & qui sont dépeints comme servant de Trône à la Majesté de Dieu, étoient des figures Hiéroglyphiques, à peu près comme les Sphinx des Egyptiens : ceux qui sont décrits dans Ezéchiel[5], sont comme des animaux composés de la figure de l'homme, ayant les aîles d'un aigle, les pieds d'un bœuf ; leurs têtes étoient composées de la figure du visage de l'homme, de celle d'un bœuf, d'un lion & d'un aigle ; deux de leurs aîles étoient étendues vers leurs semblables, & deux autres leur couvroient tout le corps ; ils étoient brillans comme des charbons ardens, comme des lampes allumées, comme le Ciel enflammé, lorsqu'il lance des éclairs. C'étoit un spectacle terrible à voir.

Celui qui apparut à Daniel[6] étoit différent de ceux que nous venons de décrire : il étoit sous la forme d'un homme couvert d'une robe de lin, ayant sur les reins une ceinture d'or très-fin ; son corps étoit aussi brillant que la pierre Chrysolithe, sa face éclatante comme un éclair ; ses yeux jettoient un feu comme une lampe enflammée, ses bras & tout le bas de son corps ressembloient à l'airain fondu dans la fournaise, sa voix étoit bruyante comme celle d'une multitude de personnes.

S. Jean dans l'Apocalypse[7] vit autour du Trône du Très-Haut quatre animaux, qui étoient sans doute quatre Anges : ils étoient couverts de quantité d'yeux devant & derriere. Le premier ressembloit à un lion ; le second à un bœuf ; le troisiéme avoit la forme comme d'un homme ; & le quatriéme reſſembloit à un aigle ayant les aîles éployées : chacun d'eux avoit ſix aîles, & ils ne ceſſoient de crier nuit & jour ; Saint, Saint, Saint, le Seigneur Dieu Tout-puiſſant, qui étoit, qui eſt, & qui doit venir.

L'Ange qui fut mis à l'entrée du Paradis terreſtre, étoit armé d'une épée brillante[8], de même que celui qui apparut à Balaam[9], & qui menaçoit de le tuer lui & ſon âneſſe ; & apparemment celui qui ſe fit voir à Joſué dans la plaine de Jéricho[10], & l'Ange qui apparut à David diſpoſé à frapper tout Iſraël. L'Ange Raphaël conduiſit le jeune Tobie à Ragès ſous une forme humaine de voyageur[11]. L'Ange qui ſe fit voir aux Saintes femmes au ſépulcre du Sauveur, qui renverſa la groſſe pierre qui fermoit l'entrée du tombeau, & qui s'aſſit deſſus, avoit le viſage éclatant comme un éclair, & les habits blancs comme la neige[12].

Dans les Actes des Apôtres[13] l'Ange qui les tira de priſon, & leur dit d'aller hardiment prêcher Jeſus-Chriſt dans le Temple, leur apparut de même ſous la forme humaine. La maniere dont il les tira du cachot eſt toute miraculeuſe : car les Princes des Prêtres ayant envoyé pour les faire comparoître en leur préſence, ceux qui furent envoyés trouverent les priſons bien fermées, les Gardes bien éveillés ; mais ayant fait ouvrir les portes, ils trouverent la priſon vuide. Comment un Ange a-t-il pû ſans ouverture, ni ſans fracture des portes, tirer ainſi des hommes de priſon, ſans que ni les Gardes, ni les Géoliers s'en ſoient apperçûs ? La choſe eſt au-deſſus des forces connues de la nature ; mais elle n'eſt pas plus impoſſible, que de voir notre Sauveur après sa résurrection revêtu de chair & d'os, comme il le dit lui-même, sortir de son sépulcre sans l'ouvrir, & sans en arracher les sceaux[14], entrer dans une chambre où étoient ses Apôtres sans en ouvrir les portes[15], & parler aux Disciples allant à Emmaüs sans se faire connoître à eux, puis après leur avoir ouvert les yeux, disparoître, & se rendre invisible[16]. Pendant les quarante jours qu'il demeura sur terre jusqu'à son Ascension, il but & mangea avec eux, il leur parla, il leur apparut ; mais il ne se fit voir qu'aux témoins préordonnés du Pere éternel pour rendre témoignage à sa résurrection.

L'Ange qui apparut au Centenier Corneille, homme Payen, mais craignant Dieu, lui parla, répondit à ses demandes, lui découvrit des choses inconnues, & qui furent suivies de l'exécution.

Quelquefois les Anges, sans prendre aucune figure sensible, donnent des preuves de leur présence par des voix intelligibles, par des inspirations, par des effets sensibles, par des songes, par des révélations de choses inconnues, futures ou passées ; quelquefois en frappant d'aveuglement, ou répandant un esprit de vertige & de stupidité dans l'esprit de ceux à qui Dieu veut faire sentir les effets de sa colere : par exemple, il est dit dans l'Ecriture que les Israélites n'entendirent aucune parole distincte, & ne virent aucune figure à Horeb, lorsque Dieu parla à Moïse, & lui donna sa Loi :[17] *non vidistis aliquam simlitudinem in die, quâ locutus est vobis Dominus in Horeb.* L'Ange qui voulut frapper de mort l'ânesse de Balaam, ne fut pas d'abord apperçû par ce Prophete[18]. Daniel fut le feul qui vit l'Ange Gabriel, qui lui révéla le myftere des grands Empires, qui devoient fe fuccéder les uns aux autres[19] : l'*orrò viri, qui mecum erant, non viderunt ; fed terror nimius irruit fuper eos.*

Lorfque le Seigneur parla pour la premiere fois à Samuel, & lui prédit les maux dont il devoit frapper la maifon du Grand Prêtre Héli, ce jeune Prophete ne vit aucune figure fenfible : il ouit feulement une voix, qu'il prit d'abord pour celle du Grand Prêtre Héli, n'ayant pas encore l'habitude de diffinguer la voix de Dieu de celle d'un homme. Les Anges qui tirerent Loth & fa famille de Gomorre & de Sodome, furent d'abord apperçûs fous une forme humaine par les citoyens de cette ville ; mais enfuite les mêmes Anges les frapperent d'aveuglement, & les empêcherent de trouver la porte de Loth, où ils vouloient entrer de force. Les Anges n'apparoiffent donc pas toujours fous une forme fenfible, ni fous une figure uniforme ; mais ils donnent des preuves de leur préfence par une infinité de manieres différentes, par des infpirations, des voix, des prodiges, des effets miraculeux, des prédictions du futur, & d'autres chofes cachées & impénétrables à l'efprit humain.

S. Cyprien raconte, qu'un Evêque Africain étant tombé malade pendant la perfécution, demandoit avec inftance qu'on lui donnât le Viatique : en même tems il vit comme un jeune homme d'un air majeftueux & brillant, d'un éclat fi extraordinaire, que les yeux des mortels ne l'auroient pû voir fans frayeur ; toutefois il n'en fut point troublé. Cet

Ange lui dit comme en colere, & d'une voix menaçante : vous craignez de ſouffrir, vous ne voulez pas ſortir de ce monde ; que voulez-vous que je vous faſſe ? Ce bon Evêque comprit que ces paroles le regardoient de même que les autres Chrétiens, qui craignoient la perſécution & la mort. L'Evêque leur parla, les encouragea, & les exhorta à s'armer de force contre les tourmens dont ils étoient menacés : il reçut la Communion, & mourut en paix. On trouvera dans les Hiſtoires une infinité d'autres Apparitions d'Anges ſous une forme humaine.

---

1. ↑ Joſué v. 19.
2. ↑ Exod. iij. 3. 44.
3. ↑ Exod. xiij. xiv.
4. ↑ Pſal. ciij. 4.
5. ↑ Ezech. I. 4. 6.
6. ↑ Dan. x. 5.
7. ↑ Apoc. iv. 7. 8.
8. ↑ Geneſ. iij. 24.
9. ↑ Num. xxij. 22. 23.
10. ↑ I. Par. xxj. 16.
11. ↑ Tob. v. 5.
12. ↑ Matth. xxviij. 30.
13. ↑ Act. v.
14. ↑ Matth. xxviij. 1. 2.
15. ↑ Joan. xix. 20.
16. ↑ Luc. xxiij. 15. 16. 17. &c.
17. ↑ Deut. iv. 15.
18. ↑ Num. xij. 22. 23.
19. ↑ Dan. x. 7. 8.

CHAPITRE IV.

Sentimens des Juifs, des Chrétiens, des Mahométans & des Orientaux ſur les Apparitions des bons Anges.

APrès tout ce que nous venons de rapporter des livres de l'Ancien & du Nouveau Teſtament, on ne peut diſconvenir que le commun des Juifs, les Apôtres, les Chrétiens & leurs Diſciples n'ayent crû communément les Apparitions des bons Anges. Les Saducéens qui nioient l'exiſtence & les Apparitions des Anges, étoient conſiderés par le commun des Juifs comme des Hérétiques, & comme ſoutenant une doctrine erronée. Jeſus-Chriſt dans l'Evangile les a réfutés. Les Juifs d'aujourd'hui croyent à la lettre ce qui eſt raconté dans l'Ancien Teſtament des Anges qui ont apparu à Abraham, à Loth, aux autres Patriarches. C'étoit la créance des Phariſiens & des Apôtres du tems de notre Sauveur, comme on le voit par les écrits des Apôtres, & par l'Evangile.

Les Mahométans croyent comme les Juifs & comme les Chrétiens, que les bons Anges apparoiſſent quelquefois aux hommes ſous une forme humaine ; qu'ils ont apparu à Abraham & à Loth ; qu'ils ont puni les habitans de Sodome ; que l'Archange Gabriel a apparu à Mahomet[1],

& lui a révélé ce qu'il débite dans son Alcoran ; que les Génies sont d'une nature mitoyenne entre l'homme & l'Ange[2] ; qu'ils boivent, qu'ils mangent, qu'ils engendrent, qu'ils meurent, qu'ils prévoient les choses futures. Par une suite de ce principe, ils croyent qu'il y a des Génies mâles & fémelles ; que les mâles, à qui les Perses donnent le nom de *Dives*, sont mauvais, fort laids & malfaisans, faisant la guerre aux *Peris*, qui sont les fémelles. Les Rabins veulent que ces Génies soient nés d'Adam seul, sans le concours de sa femme Eve, ni d'aucune autre femme, & qu'ils sont ce que nous appellons Esprits follets.

L'antiquité de ces opinions touchant la corporéité des Anges paroît dans plusieurs Anciens, qui trompés par l'autorité du livre apocryphe qui passoit sous le nom *d'Enoch*, ont expliqué des Anges ce qui est dit dans la Genese[3] : que les Enfans de Dieu ayant vû les filles des hommes, furent épris de leur beauté, les épouserent, & en engendrerent les Géans. Plusieurs des anciens Peres[4] ont embrassé ce sentiment, qui est aujourd'hui abandonné de tout le monde, à l'exception de quelques nouveaux, qui ont voulu faire revivre l'opinion de la corporéité des Anges, des Démons & des Ames : sentiment qui est absolument incompatible avec celui de l'Eglise Catholique, qui tient que les Anges sont d'une nature entiérement dégagée de la matiere.

Je reconnois que dans leur système la matiere des Apparitions s'expliqueroit plus commodément : il est plus aisé de concevoir qu'une substance corporelle apparoisse, &

se rende sensible à nos yeux, que non pas une substance purement spirituelle ; mais il n'est pas question ici de raisonner sur une question philosophique, sur laquelle il est libre de proposer différentes Hypotheses, & de choisir celle qui expliqueroit plus plausiblement les apparences, & qui répondroit d'une maniere plus satisfaisantes aux questions qu'on pourroit faire, & aux objections qu'on pourroit former contre les faits & contre la maniere proposée.

La question est résolue, & la matiere décidée. L'Eglise & les Ecoles Catholiques tiennent que les Anges, les Démons & les Ames raisonnables sont dégagées de toute matiere : la même Eglise & les mêmes Ecoles tiennent pour certain, que les bons & les mauvais Anges, & les Ames séparées du corps, apparoissent quelquefois par la volonté ou par la permission de Dieu ; il faut s'en tenir là : quant à la maniere d'expliquer ces Apparitions, il faut sans perdre de vûe le principe certain de l'immatérialité de ces substances, les expliquer suivant l'analogie de la Foi Chrétienne & Catholique, reconnoître de bonne foi, qu'il y a dans cette matiere des profondeurs que nous ne pouvons pas sonder, & captiver notre esprit & nos lumieres sous l'obéissance que nous devons à l'autorité de l'Eglise, qui ne peut errer, ni nous tromper.

Les Apparitions des bons Anges, des Anges gardiens, sont fréquentes dans l'Ancien comme dans le Nouveau Testament. Lorsque l'Apôtre S. Pierre fut sorti de prison par le ministere d'un Ange, & qu'il vint frapper à la porte de la maison où étoient les Freres, on crut que c'étoit son Ange, &

non pas lui qui frappoit, *Illi autem dicebant, Angelus ejes eſt*[5] ; & lorſque Corneille le Centenier prioit Dieu dans ſa maiſon, un Ange (apparemment ſon bon Ange) lui apparut, & lui dit d'envoyer querir Pierre qui étoit alors à Joppé[6]. Saint Paul veut que dans l'Egliſe les femmes ne paroiſſent dans l'aſſemblée que le viſage couvert d'un voile, à cauſe des Anges, *propter Angelos*[7] ; ſans doute par reſpect pour les bons Anges, qui préſident à ces aſſemblées. Le même S. Paul raſſure ceux qui étoient comme lui en danger d'un naufrage preſque certain, en leur diſant que ſon Ange lui a apparu[8], & l'a aſſuré qu'ils arriveroient à bon port.

Dans l'Ancien Teſtament nous voyons de même pluſieurs Apparitions d'Anges, qu'on ne peut guere expliquer que des Anges gardiens ; par exemple, celui qui apparut à Agar dans le déſert, & lui ordonna de retourner dans la maiſon d'Abraham ſon Maître, & de demeurer ſoumiſe à Sara ſa Maîtreſſe[9] ; & l'Ange qui apparut à Abraham, comme il étoit prêt d'immoler Iſaac ſon fils, & lui dit que Dieu étoit content de ſon obéiſſance [10] ; & lorſque le même Abraham envoie ſon ſerviteur Eliézer en Méſopotamie, pour demander une femme à ſon fils Iſaac, il lui dit que le Dieu du Ciel, qui lui a promis de lui donner la terre de Chanaan, enverra ſon Ange[11] pour diſpoſer toutes choſes ſelon ſes deſirs. On pourroit multiplier les exemples de pareilles Apparitions des Anges tutélaires tîrés de l'Ancien Teſtament : mais la choſe ne demande pas un plus grand nombre de preuves.

Dans la nouvelle Alliance les Apparitions des bons Anges, des Anges gardiens, ne font pas moins fréquentes dans les Hiftoires les plus autentiques ; il y a peu de Saints, à qui Dieu n'ait accordé de pareilles graces : on peut citer en particulier Sainte Françoife, Dame Romaine du feiziéme fiécle, qui voyoit fon Ange gardien qui lui parloit, l'inftruifoit, la corrigeoit.

---

1. ↑ Alcor. Surat. 6. &c. 53.
2. ↑ D'Herbelot, Bibl. Orient. Perith. Dïve. Idem, pag. 243. & 785.
3. ↑ Genef. vj. 2.
4. ↑ Jofeph. Antiquit. lib. I. c. 4. Philo, de Gigantib. Juftin. Apol. Tertul. de animâ. Vide Commentatores in Genef. iv.
5. ↑ Act. xij. 15.
6. ↑ Act. x. 2. 3.
7. ↑ I. Cor. xj. 10.
8. ↑ Act. xxvij. 21. 22.
9. ↑ Genef. xvj. 7.
10. ↑ Genef. xxij. II. 17.
11. ↑ Genef. xxiv. 7.

CHAPITRE V.

Sentimens des Grecs & des Romains sur les Apparitions des bons Génies..

Jamblique Disciple de Porphyre[1] est celui des Auteurs de l'Antiquité qui a traité plus à fond la matiere des Génies, & de leurs Apparitions. Il semble à l'entendre discourir qu'il connoît & les Génies, & leurs qualités, & qu'il a avec eux un commerce intime & continuel. Il prétend que les yeux sont réjouis par les Apparitions des Dieux ; que celles des Archanges sont terribles : celles des Anges sont plus douces. Mais lorsque les Démons & les Héros apparoissent, ils inspirent de l'effroi ; les Archontes qui président à ce monde, font une impression de douleur, & en même tems d'épouvante. L'Apparition des Ames n'est pas tout-à-fait si désagréable que celle des Héros. Il y a de l'ordre & de la douceur dans les Apparitions des Dieux, du trouble & du désordre dans celles des Démons, & du tumulte dans celles des Archontes.

Lorsque les Dieux se font voir, il semble que le Ciel, le soleil & la lune aillent s'anéantir ; on croiroit que la terre ne peut résister à leur présence. A l'Apparition d'un Archange, il y a tremblement dans quelque partie du monde ; elle est précédée d'une lumiere plus grande que celle qui accompagne les Apparitions des Anges : elle eſt moindre à l'Apparition d'un Démon ; elle diminue encore, lorſque c'eſt un Héros qui ſe fait voir.

Les Apparitions des Dieux ſont très-lumineuſes ; celles des Anges & des Archanges le ſont moins ; celles des Démons ſont obſcures, mais moins que celles des Héros. Les Archontes qui préſident à ce qu'il y a dans le monde de plus brillant, ſont lumineux ; mais ceux qui ne ſont occupés que des choſes matérielles, ſont obſcurs. Lorſque les Ames apparoiſſent, elles reſſemblent à une ombre. Il continue dans ſa deſcription de ces Apparitions, & entre dans un détail ennuyeux ſur tout cela : on diroit à l'entendre qu'il y a entre lui, les Dieux, les Anges, les Démons & les Ames ſéparées du corps, une liaiſon intime & habituelle. Mais tout cela n'eſt que l'ouvrage de ſon imagination : il n'en ſavoit pas plus qu'un autre ſur une matiere qui eſt au-deſſus de la portée des hommes. Il n'avoit jamais vû d'Apparitions des Dieux, ni des Héros, ni des Archontes ; à moins qu'on ne diſe que ce ſont de véritables Démons, qui apparoiſſent quelquefois aux hommes. Mais d'en faire le diſcernement, comme le prétend faire Jamblique, c'eſt une pure illuſion.

Les Grecs & les Romains ont reconnu comme les Hébreux & les Chrétiens deux ſortes de Génies, les uns bons & bien-faiſans, les autres mauvais & portant au mal. Les Anciens croyoient même que chacun de nous recevoit des Dieux en naiſſant un bon & un mauvais Génie : le bon nous portoit au bien, & le mauvais au mal : le premier nous procuroit du bon-heur & des proſpérités ; & le ſecond nous engageoit dans de mauvaiſes rencontres, nous inſpiroit le déréglement, & nous jettoit dans les derniers malheurs.

Ils aſſignoient des Génies non-ſeulement à chaque perſonne, mais auſſi à chaque maiſon, à chaque ville, à chaque Province. Horat. lib. I. Epiſt 7. v. 94.

Quod te per Genium, dextramque
Deoſque Penates,
Obſecro & obteſtor.

Et Stac. lib. 5. Syl. I. v. 73.

—— *Dum cunctis ſupplex advolveris aris,*
Et mitem Genium Domini prœſentis adoras.

Ces Génies étoient cenſés de bons Génies, des Génies benins[2], & dignes du culte de ceux qui les invoquent. On les repréſentoit quelquefois ſous la figure d'un ſerpent, quelquefois ſous la forme d'un enfant ou d'un jeune homme. On leur offroit des fleurs, de l'encens, des gâteaux, du vin : *funde merum Genio*[3]. On juroit par le nom des Génies[4] : *villicus jurat per Genium meum, ſe omnia feciſſe.* C'étoit un grand crime de ſe parjurer après avoir juré par le Génie de l'Empereur, dit Tertullien[5] : *Citiùs apud vos per omnes Deos, quàm per unicum Genium Cœſaris perjuratur.* L'on voit aſſez ſouvent dans les médailles l'inſcription, *Genium populi Romani* ; & quand on abordoit dans un pays, on ne manquoit pas d'en saluer & d'en adorer le *Génie*, & de lui offrir des Sacrifices. Ils en usoient de même, lorsqu'ils quittoient une Province ; ils en baisoient la terre avec respect[6].

> *Troja, vale, rapimur, clamant ; dans oscula terræ Troades.*

Enfin il n'y avoit ni Royaume, ni Province, ni Ville, ni Maison, ni Porte, ni Edifices publics & particuliers, qui n'eussent leur Génie[7].

> *Quamquam cur Genium Romæ mihi fingitis unum ?*
> *Cùm portis, domibus ; thermis, stabulis soleatis*
> *Assignare suos Genios ?*

Nous avons vû ci-devant ce que Jamblique nous apprend des Apparitions des Dieux, des Génies, des bons & des mauvais Anges, des Héros, & des Archontes qui président au gouvernement de ce monde.

Homere le plus ancien des Ecrivains Grecs, & le plus célébre Théologien du Paganisme, rapporte plusieurs Apparitions, tant des Dieux que des Héros, & des hommes décédés : dans l'Odyssée[8] il représente Ulysse qui va consulter le Devin Tirésias ; & ce Devin ayant préparé une fosse pleine de sang pour évoquer les Manes, Ulysse tire son épée pour les empêcher de venir boire ce sang dont elles sont altérées, & dont on ne vouloit pas qu'elles goûtassent, avant que d'avoir répondu à ce qu'on demandoit d'elles. Ils croyoient auſſi que les ames n'étoient point en repos, & qu'elles rodoient autour de leurs cadavres, tandis que leurs corps n'étoient pas inhumés.

Après même qu'ils étoient enterrés, on leur offroit à manger, ſur-tout du miel, comme ſi ſortant du tombeau, elles venoient goûter de ce qui leur étoit offert[9]. Ils étoient perſuadés que les Démons aimoient la fumée des ſacrifices, la mélodie, le ſang des victimes, le commerce des femmes ; qu'ils étoient attachés pour un tems à certains lieux, & à certains édifices qu'ils infeſtoient : ils croyoient que les ames ſéparées du corps groſſier & terreſtre, conſervoient après la mort un corps plus ſubtil & plus délié, ayant la forme de celui qu'elles avoient quitté ; que ces corps étoient lumineux, & ſemblables aux aſtres ; qu'elles conſervoient de l'inclination pour les choſes qu'elles avoient aimées pendant leur vie ; que ſouvent elles apparoiſſoient autour de leurs tombeaux.

Pour ramener tout ceci à la matiere que nous traitons ici, c'eſt-à-dire aux Apparitions des bons Anges, nous pouvons dire, que de même que l'on rapporte aux Apparitions des bons Anges les Eſprits tutélaires des Royaumes, des Provinces, des Peuples, & de chacun de nous en particulier ; par exemple, le Prince du Royaume des *Perſes*, ou l'Ange de cette nation, qui réſiſta à l'Archange Gabriel pendant vingt & un jours, comme il eſt dit dans Daniel[10] ; l'Ange de la Macédoine, qui apparut à S. Paul[11], & dont nous avons parlé ci-devant ; l'Archange S. Michel, qui eſt conſidéré comme le chef du peuple de Dieu & des armées d'Israel[12], & les Anges Gardiens députés de Dieu pour nous conduire & nous garder tous les jours de notre vie : ainsi nous pouvons dire que les Grecs & les Romains Gentils croyoient que certaines especes d'Esprits, qu'ils croyoient bons & bienfaisans, protégeoient les Royaumes, les Provinces, les Villes, & les Maisons particulieres.

Ils leur rendoient un culte superstitieux & idolâtre, comme à des Divinités domestiques : ils les invoquoient, leur offroient des especes de sacrifices & d'offrandes d'encens, de gâteaux, de miel, de vin, &c. mais non des sacrifices sanglans. [13] *Forsitan quis quærat, quid causæ sit, ut merum fundendum sit Genio, non hostiam faciendam putaverint... Scilicet ut die natali munus annale Genio solverent, manum à cæde ac sanguine abstinerent.*

Les Platoniciens enseignoient, que les hommes charnels & voluptueux ne pouvoient voir leurs Génies, parce que leur esprit n'étoit pas assez épuré, ni assez dégagé des choses sensibles : mais les hommes sages, modérés, tempérans, qui s'appliquoient aux choses sérieuses & sublimes, les voyoient ; comme Socrate, qui avoit son Génie familier qu'il consultoit, qu'il écoutoit, qu'il voyoit au-moins des yeux de l'esprit.

Si les Oracles de la Grece & des autres pays sont mis au nombre des Apparitions du mauvais Esprit, l'on peut aussi y rappeller les bons Esprits qui ont annoncé les choses futures, & ont assisté les Prophetes & les hommes inspirés tant de l'Ancien que du Nouveau Testament. L'Ange Gabriel fut envoyé à Daniel[14] pour l'instruire sur la vision des quatre grandes Monarchies, & ſur l'accompliſſement des ſeptante ſemaines qui devoient mettre fin à la captivité. Le Prophete Zacharie dit expreſſément que *l'Ange qui paroit en lui*[15], lui révéla ce qu'il avoit à dire ; & il le répete en cinq ou ſix endroits. S. Jean dans l'Apocalypſe[16] dit de même, que Dieu lui envoya ſon Ange pour lui inſpirer ce qu'il avoit à dire aux Egliſes. Ailleurs[17] il fait encore mention de l'Ange qui lui parloit, & qui prit en ſa préſence les dimenſions de la Jéruſalem céleſte. Et S. Paul aux Hébreux[18] : ſi ce qui a été prédit par les Anges doit paſſer pour certain ; *ſi enim qui per Angelos dictus eſt ſermo, factus eſt firmus, &c.*

De tout ce que nous venons de dire il réſulte, que les Apparitions des bons Anges ſont non-ſeulement poſſibles, mais auſſi très-réelles ; qu'ils ont ſouvent apparu, & ſous diverſes formes ; que les Hébreux, les Chrétiens, les Mahométans, les Grecs, les Romains les ont crûes ; que lorſqu'ils n'ont pas apparu ſenſiblement, ils ont donné des preuves de leur préſence en pluſieurs manieres différentes. Nous examinerons ailleurs de quelle façon on peut expliquer la maniere des Apparitions, tant des bons que des mauvais Anges, & des Ames ſéparées du corps.

---

1. ↑ Jamblic. lib. 2. cap. 3. & 4.
2. ↑ Antiquité expliquée, T. I.
3. ↑ Perſeus, Satyr, II. v. 3.
4. ↑ Senec. Epiſt. 12.
5. ↑ Tertull. Apolog. c. 23.
6. ↑ Ovid. Métamorph. lib. 13. v. 421.

7. ↑ Prudent. contra Symnach.
8. ↑ Odyſſ. xj. ſub fin. vid. Horat. lib. I. Satyr. 8. &c.
9. ↑ Virgil. Æneid. 1 6. de Palinutno & Miſeo. Auguſt. Serm. 15. de SS. & quæſt. 5. in Deut. l. 5. c. 43. vide Spemer. de leg. Hebræor. Ritual.
10. ↑ Dan. x. 13.
11. ↑ Act. xvj. 9.
12. ↑ Joſué. v. 13. Dan. x. 13. 21. xij. I. Jud. v. 6. Apoc. xij. 7.
13. ↑ Cenſorin. de die natali, c. a. Vide Taffin de anno ſæcul.
14. ↑ Dan. viij. 16. ix. 21.
15. ↑ Zach. I. 10. 13. 14. 19. ij. 3. 4. iv. I. 4. 5. v. 5. 10.
16. ↑ Apoc. j. I.
17. ↑ Apoc. x. 8. 9. & xj. I. 2. 3. &c.
18. ↑ Heb. ij. 2.

CHAPITRE VI.

Des Apparitions des mauvais Anges prouvées par l'Ecriture : fous quelle forme ont-ils apparu ?

LES livres de l'Ancien & du Nouveau Teſtament & les Hiſtoires ſacrées & profanes ſont remplies d'Apparitions des mauvais Eſprits. La premiere, la plus fameuſe & la plus fatale Apparition de Satan, eſt celle de ce mauvais Eſprit à Eve la premiere femme[1] ſous la figure du ſerpent, qui ſervit d'organe à cet Eſprit ſéducteur pour la tromper & l'induire au péché. Depuis ce tems-là il a toujours affecté de paroître ſous cette forme plûtôt que ſous une autre : auſſi dans l'Ecriture il eſt allez ſouvent nommé *l'ancien ſerpent*[2] ; & il eſt dit, que le dragon infernal combattit contre la femme, qui figuroit l'Egliſe ; que l'Archange Saint Michel le vainquit, & le précipita du haut du Ciel. Il a ſouvent apparu aux ſerviteurs de Dieu ſous la figure d'un dragon, & il s'eſt fait adorer par les Infideles ſous cette forme en un grand nombre d'endroits : à Babylone, par exemple, on adoroit un dragon vivant[3], à qui Daniel donna la mort, en lui faiſant avaller une boule compoſée d'ingrédiens mortels. Le ſerpent étoit conſacré à Apollon Dieu de la Médecine & des Oracles. Les Payens avoient une forte de divination par le moyen des ferpens, qu'ils nommoient *Ophiomanteia*.

Les Egyptiens, les Grecs & les Romains adoroient les ferpens, & les regardoient comme quelque chofe de divin[4]. On fit venir à Rome le ferpent d'Epidaure, à qui l'on rendit des honneurs divins. Les Egyptiens tenoient les viperes pour des Divinités[5]. Les Ifraélites adorerent le ferpent d'airain, que Moïfe avoit élevé dans le défert[6], & qui fut dans la fuite mis en pieces par le S. Roi Ezéchias. S. Auguftin[7] affure que les Manichéens tenoient le ferpent pour le Chrift, & difoient, que cet animal avoit ouvert les yeux à Adam & à Eve par le mauvais confeil qu'il leur donna. On voit prefque toujours la figure du ferpent dans les figures magiques[8] *d'Abraxas & d'Abrachadabra*, qui étoient en vénération parmi les anciens hérétiques Bafilidiens, qui de même que les Manichéens reconnoiffoient deux principes de toutes chofes, l'un bon, l'autre mauvais. *Abraxa* en Hébreu fignifie *ce mauvais principe*, ou le pere du mal, *ab-ra-achad-ab-ra*, le *pere du mal, le feul pere du mal*, ou le feul mauvais principe.

S. Auguftin[9] remarque, que nul animal n'a été plus fujet à éprouver les effets des enchantemens & de la magie, que le ferpent, comme pour le punir d'avoir féduit la premiere femme par fon impofture.

Pour l'ordinaire toutefois le Démon à pris la forme humaine pour tenter les hommes : c'eft ainfi qu'il apparut à Jefus-Chrift dans le défert[10] ; qu'il le tenta, & lui dit de changer les pierres en pain pour fe raffafier ; qu'il le transporta au haut du Temple, & lui fit voir tous les Royaumes du monde, dont il lui promit la jouissance. L'Ange qui lutta contre Jacob à Mahanaïm[11] au retour de son voyage de Mésopotamie, étoit un mauvais Ange, selon quelques Anciens : d'autres, comme Severe Sulpice[12] & quelques Rabins, ont crû que c'étoit l'Ange d'Esaü qui étoit venu pour combattre Jacob ; mais la plûpart croyent que c'étoit un bon Ange : & comment Jacob auroit-il voulu lui demander sa bénédiction, s'il l'eût crû un mauvais Ange ? Mais de quelque maniere qu'on le prenne, il n'est pas douteux que le Démon n'ait apparu sous la forme humaine.

On raconte plusieurs Histoires anciennes & modernes, qui nous apprennent que le Démon a apparu à ceux qu'il a voulu séduire, ou qui ont été assez malheureux pour l'invoquer, & pour faire pacte avec lui, sous la figure d'un homme d'une taille au-dessus de l'ordinaire, vêtu de noir, d'un abord disgracieux, faisant mille belles promesses à ceux à qui il se manifestoit, mais promesses toujours trompeuses, & jamais suivies d'un effet réel : je veux même croire qu'elles voyoient ce qui ne subsistoit que dans leur idée troublée & dérangée.

On voit à Molsheim[13] dans la Chapelle de S. Ignace en l'Eglise des P P. Jésuites une Inscription célebre, qui contient l'Histoire d'un jeune Gentilhomme Allemand, nommé *Michel Louis*, de la famille de *Boubenhoren*, qui ayant été envoyé assez jeune par ses parens à la Cour du Duc de Lorraine pour apprendre la langue Françoise, perdit au jeu de Cartes tout son argent. Réduit au désespoir, il résolut de se livrer au Démon, ſi ce mauvais Eſprit vouloit ou pouvoit lui donner de bon argent : car il ſe doutoit qu'il ne lui en fourniroit que de faux & de mauvais. Comme il étoit occupé de cette penſée, tout d'un coup il vit paroître devant lui comme un jeune homme de ſon âge, bien fait, bien couvert, qui lui ayant demandé le ſujet de ſon inquiétude, lui préſenta ſa main pleine d'argent, & lui dit d'éprouver s'il étoit bon. Il lui dit de le venir retrouver le lendemain.

Michel retourne trouver ſes Compagnons qui jouoient encore, regagne tout l'argent qu'il avoit perdu, & gagne tout celui de ſes Compagnons. Puis il revient trouver ſon Démon, qui lui demanda pour récompenſe trois gouttes de ſon ſang qu'il reçut dans une coquille de gland ; puis offrant une plume à Michel, il lui dit d'écrire ce qu'il lui dicteroit. Il lui dicta quelque termes inconnus qu'il fit écrire ſur deux billets différens[14], dont l'un demeura au pouvoir du Démon, & l'autre fut mis dans le bras de Michel au même endroit d'où le Démon avoit tiré du ſang. Et le Démon lui dit : je m'engage de vous ſervir pendant ſept ans, après leſquels vous m'appartiendrez ſans réſerve.

Le jeune homme y conſentit, quoiqu'avec horreur, & le Démon ne manquoit pas de lui apparoître jour & nuit ſous diverſes formes, & de lui inſpirer diverſes choſes inconnues & curieuſes, mais toujours tendantes au mal. Le terme fatal des ſept années approchoit, & le jeune homme avoit alors environ vingt ans. Il revint chez ſon pere : le Démon auquel il s'étoit donné, lui inſpira d'empoiſonner ſon pere & ſa mere, de mettre le feu à leur Château, & de ſe tuer ſoi-même. Il essaya de commettre tous ces crimes : Dieu ne permit pas qu'il y réussit, le fusil dont il vouloit se tuer ayant fait faute jusqu'à deux fois, & le venin n'ayant pas opéré sur ses pere & mere.

Inquiet de plus en plus, il découvrit à quelques Domestiques de son pere le malheureux état où il se trouvoit, & les pria de lui procurer quelques secours. En ce même tems le Démon le saisit, & lui tourna tout le corps en arriere, & peu s'en fallut qu'il ne lui rompît les os. Sa mere qui étoit de l'hérésie de Suenfeld & qui y avoit engagé son fils, ne trouvant dans sa Secte aucun secours contre le Démon qui le possédoit, ou l'obsédoit, fut contrainte de le mettre entre les mains de quelques Religieux. Mais il s'en retira bientôt & s'enfuit à l'Islade, d'où il fut ramené à Molsheim par son frere, Chanoine de Wirsbourg, qui le remit entre les mains des P. P. de la Société. Ce fut alors que le Démon fit de plus violens efforts contre lui, lui apparoissant sous la forme d'animaux féroces. Un jour entr'autres le Démon sous la forme d'un homme sauvage & tout velu jetta par terre une cédule ou pacte différent du vrai qu'il avoit extorqué du jeune homme, pour tâcher sous cette fausse apparence de le tirer des mains de ceux qui le gardoient, & pour l'empêcher de faire sa confession générale. Enfin on prit jour au 20 Octobre 1603, pour se trouver en la Chapelle de S. Ignace, & y faire rapporter la véritable cédule contenant le pacte fait avec le Démon. Le jeune homme y fit profession de la Foi Catholique & Orthodoxe, renonça au Démon, & reçut la Sainte Eucharistie. Alors jettant des cris horribles, il dit qu'il voyoit comme deux boucs d'une grandeur démesurée, qui ayant les pieds de devant enhaut, tenoient entre leurs ongles chacun de leur côté l'une des cédules ou pactes. Mais dès qu'on eut commencé les Exorcismes, & invoqué le nom de S. Ignace, les deux boucs s'enfuirent, & il sortit du bras ou de la main gauche du jeune homme, presque sans douleur & sans laisser de cicatrice, le pacte qui tomba aux pieds de l'Exorciste.

Il ne manquoit plus que le second pacte qui étoit resté au pouvoir du Démon. On recommença les Exorcismes, on invoqua S. Ignace, & on promit de dire une Messe en l'honneur du Saint : en même tems parut une grande Cigogne difforme, malfaite, qui laissa tomber de son bec cette seconde cédule, & on la trouva sur l'Autel.

Le Pape Paul V. fit informer de la vérité de tous ces faits par les Commissaires Députés, sçavoir M. Adam Suffragant de Strasbourg, & George Abbé d'Altorf, & un grand nombre d'autres témoins qui furent interrogés juridiquement, & qui assurerent que la délivrance de ce jeune homme étoit dûe principalement après Dieu à l'intercession de S. Ignace.

La même Histoire est rapportée un peu plus au long dans un Livre intitulé : *De Vitâ & Instituto Sancti Ignatii Societatis fundatoris Libri quinque, ex Italica R. P. Danielis Bartoli S. J. Romæ edito, Latinè reducti à P. Ludovico Janin ex eâdem Societate. Lugduni sumptibus Laurentii Anisson, an.* M.DCLXV. *cum Privilegio.*

Mélanchton reconnoît[15] qu'il a vû plusieurs Spectres, & a discouru & conversé plusieurs fois avec eux ; & Jérôme Cardan assure, que son pere Fassius Cardanus voyoit les Démons quand il vouloit, apparemment en forme humaine.

Les mauvais Esprits apparoissent aussi quelquefois sous la figure d'un lion, ou d'un chien, ou d'un chat, ou de quelqu'autre animal, comme d'un taureau, d'un cheval, ou d'un corbeau : car les prétendus Sorciers & Sorcieres racontent, qu'au Sabbat on le voit de plusieurs formes différentes, d'hommes, d'animaux, d'oiseaux ; soit qu'il prenne la forme de ces animaux, ou qu'il se serve des animaux mêmes comme d'instrumens pour tromper ou pour nuire ; ou qu'il affecte simplement les sens & l'imagination de ceux qu'il a fascinés, & qui se sont donnés à lui : car dans toutes les Apparitions du Démon, on doit toujours être en garde, & se défier de ses ruses & de sa malice. S. Pierre[16] nous dit que Satan est toujours autour de nous comme un lion rugissant, qui cherche à nous dévorer ; & S. Paul en plus d'un endroit[17] nous avertit de nous défier des pieges du Diable, & de nous tenir en garde contre lui.

Sulpice Severe[18] dans la vie de Saint Martin rapporte quelques exemples de personnes trompées par des Apparitions du Démon, qui se transformoit en Ange de lumiere. Un jeune homme de très-grande condition nommé Clarus, & qui fut dans la suite élevé à l'Ordre de Prêtrise, s'étant donné à Dieu dans un Monastere, s'imagina d'avoir commerce avec les Anges ; & comme on ne vouloit pas l'en croire, il dit que la nuit suivante Dieu lui donneroit un habit blanc, avec lequel il paroîtroit au milieu d'eux. En effet fur le minuit tout le Monaſtere fut comme agité de grands tremblemens, la cellule du jeune homme parut toute brillante de lumiére, & on ouit comme le bruit de pluſieurs perſonnes qui alloient, qui venoient, & qui parloient.

Après cela étant ſorti de ſa cellule, il montra aux Freres la tunique dont il étoit couvert : c'étoit une étoffe d'une blancheur admirable, brillante comme la pourpre, & d'une fineſſe ſi extraordinaire, qu'on n'avoit rien vû de ſemblable, & que perſonne ne pouvoit dire de quelle matiere elle étoit tiſſue.

On paſſa le reſte de la nuit à chanter des Pſeaumes en action de graces : le matin on le voulut mener à S. Martin ; il réſiſta tant qu'il put, diſant qu'on lui avoit expreſſément défendu de paroître en ſa préſence. Comme on le preſſoit d'y venir, cette tunique diſparut aux yeux des aſſiſtans ; ce qui fit juger que tout cela n'étoit qu'une illuſion du Démon.

Un autre Solitaire ſe laiſſa perſuader qu'il étoit Elie, & un autre qu'il étoit S. Jean l'Evangéliſte. Un jour le Démon voulut ſéduire S. Martin lui-même, s'étant apparu à lui ſous un habit royal, portant en tête un riche diadême orné d'or & de pierreries, ayant la chauſſure dorée, & tout l'appareil d'un grand Prince. Adreſſant la parole à Martin, il lui dit : reconnois-moi, Martin ; je ſuis J. C. qui voulant deſcendre en terre, ai réſolu premierement de me manifeſter à toi. S. Martin ſe tut d'abord craignant quelque ſurpriſe ; & le fantôme lui ayant répeté qu'il étoit le Chriſt, Martin répondit : Monſeigneur Jeſus n'a pas dit qu'il viendroit vêtu de la pourpre, & orné de diadême ; je ne le reconnoîtrai pas, à moins qu'il ne paroiſſe en la forme dans laquelle il a ſouffert la mort, & à moins que je ne le voie avec les ſtigmates de ſa Croix & de ſa Paſſion.

A ces mots le Démon diſparut ; & Sulpice Severe aſſure, qu'il tient de la bouche même de S. Martin ce qu'il en raconte en cet endroit. Il dit un peu auparavant, que Satan ſe montroit quelquefois à lui ſous la forme de Jupiter, ou de Mercure, ou de Vénus, ou de Minerve, & on l'entendoit quelquefois qui faiſoit de grands reproches à Martin, de ce qu'il avoit converti & régénéré par le Baptême tant de grands pécheurs. Mais le Saint le mépriſoit, le chaſſoit par le ſigne de la Croix, & lui répliquoit, que le Baptême & la Pénitence effacent tous les péchés dans ceux qui ſe convertiſſent ſincérement.

Tout cela prouve, d'un côté la malice, les fraudes, l'envie du Démon contre les Saints ; & de l'autre ſa foibleſſe, & l'inutilité de ſes efforts contre les vrais ſerviteurs de Dieu, & qu'il n'eſt que trop vrai qu'il apparoît ſouvent ſous une forme ſenſible.

On voit dans les Hiſtoires des Saints, qu'il s'eſt quelquefois caché ſous la forme d'une femme, pour tenter des Solitaires, & les engager dans le déſordre ; quelquefois ſous la figure d'un Voyageur, d'un Prêtre, d'un Religieux, d'un *Ange de lumiere*[19], pour ſéduire les ames ſimples, & les induire dans l'erreur : car tout lui eſt bon, pourvû qu'il exerce ſa malice & ſa haine contre les hommes.

Lorſque Satan parut devant le Seigneur au milieu des Saints Anges, & qu'il lui demanda la permiſſion de tenter Job[20], & d'éprouver ſa patience dans ce que le Saint homme avoit de plus cher, il s'y préſenta ſans doute dans ſon état naturel comme un ſimple Eſprit, mais rempli de rage contre les Saints, & dans toute la difformité de ſon péché & de ſa révolte.

Mais lorſqu'il dit dans les Livres des Rois qu'il *fera un Eſprit de menſonge dans la bouche des faux Prophetes*[21] ; & que Dieu lui permet d'exécuter ſa mauvaiſe volonté : *decipies & prœvalebis ; egredere & fac ita* ; on ne doit pas s'imaginer qu'il ſe ſoit fait voir corporellement aux yeux des faux Prophetes du Roi Achab : il leur inſpira ſeulement le menſonge, ils le crurent, & le perſuaderent au Roi.

On peut mettre parmi les Apparitions de Satan les mortalités, les guerres, les tempêtes, les calamités publiques & particulieres que Dieu envoie aux Nations, aux Provinces, aux Villes, aux familles, à qui le Tout-puiſſant fait reſſentir les effets terribles de ſa colere & de ſa juſte vengeance. Ainſi l'Ange exterminateur fait mourir les premiers nés des Egyptiens[22]. Le même Ange frappe de mort les Habitans des Villes criminelles de Sodome & de Gomorre[23]. Il en uſe de même envers Onar, qui commettoit une action abominable[24]. *Le méchant ne cherche que la diviſion & les querelles*, dit le Sage ; & *l'Ange cruel ſera envoyé contre lui*[25]. Et le Pſalmiſte parlant des plaies dont le Seigneur frappa l'Egypte, dit qu'il envoya contre ce pays des Anges malfaisans[26] : *immissiones per Angelos malos.*

Lorsque David eut fait faire par un esprit de vanité le dénombrement de son peuple, Dieu lui fit voir un Ange placé sur Jérusalem, disposé à la frapper & à la perdre[27]. Je ne décide pas si c'étoit un bon ou un mauvais Ange, puisqu'il est certain que quelquefois le Seigneur emploie les bons Anges pour exercer sa vengeance contre les méchans. Mais on croit que ce fut le Démon qui mit à mort cent quatre-vingt-cinq mille hommes de l'armée de Sennacherib[28]. Et dans l'Apocalypse[29] ce sont de même des Anges malfaisans, qui répandent sur la terre des phioles remplies du vin de la colere de Dieu, & y causent tous les fleaux énoncés dans ce saint livre.

Nous mettons au nombre des Apparitions & des opérations de Satan les faux Christs, les faux Prophetes, les Oracles des Payens, les Magiciens, les Sorciers & Sorcieres, ceux qui sont inspirés par l'esprit de Python, les obsessions & possessions des Démons ; ceux qui se mêlent de prédire l'avenir, & dont les prédictions sont quelquefois suivies de l'effet ; ceux qui font des pactes avec le Démon pour découvrir des trésors, & pour s'enrichir ; ceux qui usent de maléfices pour faire une diligence extraordinaire ; les Démons incubes & succubes, les évocations par la voie de la Magie, les enchantemens, les dévouemens à la mort ; les supercheries des Prêtres Idolâtres, qui feignoient que leurs Dieux bûvoient & mangeoient, & recherchoient le commerce des femmes. Tout cela ne peut être que l'ouvrage de Satan, & doit être mis au rang de ce que l'Ecriture appelle *les profondeurs de Satan*[30]. Nous en dirons quelque chose dans la suite de ce Traité.

---

1. ↑ Genes. iij. I. 23.
2. ↑ Apoc. xij. 9. xxix. 2.
3. ↑ Dan. xiv. 25. 26.
4. ↑ Sap. xj. 16.
5. ↑ Ælian. Hist. animal.
6. ↑ Num. xxj. 4. Reg. xviij. 4.
7. ↑ Aug. Tom. viij. p. 28. 284.
8. ↑ Ab-racha *pater* mali *ou pater* malus.
9. ↑ August. de Genes. ad lit. l. 2. c. 18.
10. ↑ Matth. iv. 9. 10. &c.
11. ↑ Genes. xxxij. 24. 25.
12. ↑ Sever. Sulpit. Hist. Sac.
13. ↑ Petite ville de l'Electorat de Cologne, sur une riviere de même nom.
14. ↑ Il y avoit en tout dix lettres, la plupart Grecques, mais qui ne formoient aucun sens. On les voyoit à Molsheim dans le tableau qui représente ce miracle.
15. ↑ Lib. de animâ.
16. ↑ I. Pet. iij. 8.
17. ↑ Ephés. vj. II. I. Tim. iij. 7.
18. ↑ Sulpit. Sever. vit. S. Martin. c. 15.
19. ↑ II. Corinth. xj. 14.
20. ↑ Job. I. 6. 7. 8.
21. ↑ 3. Reg. xxij. 21.
22. ↑ Exod. xj. 6.
23. ↑ Genes. xviij. 13. 14.
24. ↑ Genes. xxxviij.
25. ↑ Prov. xvij. II.
26. ↑ Psal. lxxvij. 49.
27. ↑ II. Reg. xxiv. 16.
28. ↑ IV. Reg. xix. 35.
29. ↑ Apoc. viij. 7. 8. &tc.
30. ↑ Apoc. ij. 24.

CHAPITRE VII.

De la Magie.

BIen des gens regardent tout ce qu'on dit de la Magie, des Magiciens, des Sortilèges, des Maléfices, comme des fables, des illusions, & des effets de l'imagination de certains esprits foibles, qui sottement prévenus de l'excessif pouvoir du Démon, lui attribuent mille choses qui sont purement naturelles, mais dont les raisons physiques leur sont inconnues, ou qui sont les effets de la subtilité de certains charlatans, qui font métier d'en imposer aux simples. On appuie ces sentimens de l'autorité des principaux Parlemens du Royaume, qui ne reconnoissent ni Magiciens, ni Sorciers, & qui ne punissent jamais ceux qui sont accusés de Magie ou de Sorcellerie, à moins qu'ils ne soient convaincus de quelques autres crimes. Qu'enfin plus on punit, & plus on recherche les Magiciens & les Sorciers, plus il s'en trouve dans un pays ; & qu'au contraire on a l'expérience, que dans les lieux où on ne les croit point, il ne s'en trouve point, & que le moyen le plus efficace pour déraciner cette fantaisie, c'est de la mépriser, & de la négliger.

On dit que les Magiciens eux-mêmes & les Sorciers, lorsqu'ils tombent entre les mains des Juges & des

Inquisiteurs, sont souvent les premiers à soutenir, que la Magie & la Sorcellerie ne sont que des imaginations, & des effets de la prévention & des erreurs populaires. Sur ce pied-là Satan se détruiroit lui-même, & renverseroit son Empire, s'il dècrioit ainsi la Magie dont il est l'auteur & le soutien. Si ce sont les Magiciens qui de leur chef, & indépendamment du Démon, font cette déclaration, ils se trahissent de gayeté de cœur, & ne font pas leur cause meilleure, puisque les Juges nonobstant leur désaveu, les poursuivent, & les punissent toujours sans miséricorde, bien persuadés que ce n'est que la crainte du supplice & l'espérance de l'impunité qui les font parler.

Mais ne seroit-ce pas plutôt une ruse du malin Esprit[1], qui s'efforce de rendre douteuse la réalité de la Magie, pour mettre à couvert des supplices ceux qui en sont accusés, & pour en imposer aux Juges, & leur faire croire que les Magiciens ne sont que des insensés ou des hypocondriaques, plus dignes de compassion que de châtiment. Il faut donc toujours revenir à l'examen du fond de la question, & prouver que la Magie n'est pas une chimere, ni un être de raison, puisqu'on ne peut faire aucun fond, ni tirer aucun argument certain pour ou contre la réalité de la Magie, ni de l'opinion des prétendus Esprits forts, qui la nient, parce qu'ils le jugent à propos, & que les preuves du contraire ne leur paroissent pas démonstratives ; ni de la déclaration du Démon, des Magiciens ou des Sorciers, qui soutiennent que la Magie & la Sorcellerie ne sont que des effets d'une imagination troublée, ou d'un esprit sottement & vainement prévenu ; que ces déclarations ne font produites que par la crainte des fupplices de la part de ceux qui les font, ou par une foupleffe du malin Efprit, qui veut couvrir fon jeu, & jetter de la poudre aux yeux des Juges & des témoins, en leur faifant croire que ce qu'ils regardent avec tant d'horreur, ce qu'ils pourfuivent avec tant de vivacité, n'eft rien moins qu'un crime puniffable.

Il faut donc prouver la réalité de la Magie par l'Ecriture fainte, par l'autorité de l'Eglife, & par le témoignage des Ecrivains les plus férieux & les plus fenfés ; & enfin montrer qu'il n'eft pas vrai que les Parlemens les plus fameux ne reconnoiffent ni Sorciers ni Magiciens.

Les Téraphims que Rachel Epoufe de Jacob enleva furtivement de la maifon de fon Pere Laban[2], étoient fans doute des figures fuperftitieufes, à qui la famille de Laban rendoit un culte femblable à peu près à celui que les Romains rendoient à leurs Dieux domeftiques *Penates & Lares*, & qu'ils confultoient fur l'avenir. Jofué[3] dit bien clairement que Tharé Pere d'Abraham a adoré des Dieux étrangers dans la Méfopotamie. Et dans les Prophetes Ofée[4] & Zacharie, les Septante traduifent *Téraphims* par des *Oracles*. Zacharie & Ezéchiel[5] montrent que les Chaldéens & les Hébreux confultoient ces *Téraphims* pour connoître l'avenir.

D'autres croyent que c'étoient des Talifmans ou préfervatifs. Tout le monde convient que c'étoient des figures fuperftitieufes, que l'on confultoit pour fçavoir des chofes inconnues & futures.

Le Patriarche Joseph parlant à ses propres freres suivant l'idée qu'on avoit de lui dans l'Egypte, leur dit[6] : ne sçavez-vous point qu'il n'y a pas dans tout le pays un homme qui m'égale dans l'art de deviner, & de prédire les choses futures ? Et l'Officier du même Joseph ayant trouvé dans le sac de Benjamin la coupe de Joseph qu'il y avoit cachée exprès, leur dit[7] ; c'est la coupe dont mon Maître se sert pour découvrir les choses secretes.

Les Magiciens de Pharaon imiterent par le secret de leur art les vrais miracles de Moïse ; mais n'ayant pû comme lui produire des moucherons, ils furent contraints d'avouer que le doigt de Dieu étoit dans ce que Moïse avoit fait jusqu'alors[8].

Après la sortie des Hébreux de l'Egypte, Dieu défend expressément à son peuple toutes sortes de Magie & de Divination[9] : il condamne à mort les Magiciens, & ceux qui usent de sortiléges ; *Maleficos non patieris vivere*[10].

Le Devin Balaam étant invité par le Roi Balac pour venir dévouer les Hébreux, Dieu lui mit dans la bouche des bénédictions au lieu de malédictions[11] ; & ce mauvais Prophete parmi les bénédictions qu'il donne à Israel, dit qu'il n'y a parmi eux ni augure, ni divination, ni magie : *non est augurium in Jacob, nec divinatio in Israel.*

Du tems des Juges l'Idole de Michas étoit consultée comme une espece d'Oracle[12]. Gédéon fit dans sa maison & dans sa ville un Ephod accompagné d'une figure superstitieuse, qui fut pour sa maison & pour tout le peuple un sujet de scandale & de chûte[13].

Les Israélites alloient quelquefois consulter Belzebub Dieu d'Accaron[14] pour sçavoir s'ils releveroient de leurs maladies. L'Histoire de l'évocation de Samuel par la Magicienne d'Endor[15] est connue. Je sçais qu'on forme sur cette Histoire des difficultés : je n'en concluerai ici autre chose, sinon que cette femme passoit pour Magicienne, que Saul la tenoit pour telle, & que ce Prince avoit exterminé les Magiciens de ses Etats, du moins il ne permettoit pas qu'ils y exerçassent leur art.

Manassé Roi de Juda[16] est blâmé pour avoir introduit l'Idolâtrie dans son royaume, & en particulier d'y avoir souffert les Devins, les Aruspices, & ceux qui se mêlent de prédire l'avenir : *observavit auguria, & fecit Pythones, & Aruspices multiplicavit*. Le Roi Joas au contraire détruisit toutes ces superstitions[17].

Le Prophete Isaïe qui vivoit dans ce même tems, dit qu'on voudra persuader aux Juifs captifs à Babylone de s'adresser comme les autres Nations aux Devins & aux Magiciens ; mais qu'ils doivent rejetter ces pernicieux conseils, & laisser ces abominations aux Gentils qui ne connoissent pas le Seigneur. Daniel[18] parle des Magiciens des Chaldéens, & de ceux qui se mêloient parmi eux d'interpréter les songes, & de prédire l'avenir.

Dans le Nouveau Testament, les Juifs accusent Jesus-Christ de ne chasser les Démons qu'au nom de Belzébud

Prince des Démons[19] ; mais il les réfute, en diſant qu'étant venu pour détruire l'Empire de Belzébud, il n'étoit pas croyable que Belzébud fît des prodiges pour renverſer ſon propre Empire. S. Luc parle de Simon le Magicien, qui avoit pendant long-tems ſéduit les habitans de Samarie[20] ; & d'un certain Bar-Jeſus de Paphos, qui faiſoit profeſſion de Magie, & ſe vantoit de prédire l'avenir[21]. S. Paul fit brûler à Epheſe un grand nombre de livres de Magie[22]. Enfin le Pſalmiſte[23] & l'Auteur de l'Eccléſiaſtique[24] parlent des charmes avec leſquels on enchantoit les ſerpens.

Dans les Actes des Apôtres[25] la jeune fille de la ville de Philippes qui étoit inſpirée par l'eſprit de Python, rendoit hautement & pluſieurs jours de ſuite témoignage à Paul & à Silas, diſant *qu'ils étoient ſerviteurs du Très-Haut, & qu'ils annonçoient aux hommes la voie du ſalut.* Etoit-ce le Démon qui lui faiſoit tenir ces diſcours, pour détruire le fruit de la prédication des Apôtres, en faiſant croire aux peuples qu'ils agiſſoient de concert avec les mauvais Eſprits ? Ou étoit-ce l'Eſprit de Dieu qui mettoit ces paroles dans la bouche de cette fille, comme il mit dans la bouche de Balaam des Prophéties ſur la venue du Meſſie ? Il y a lieu de croire qu'elle parloit par l'inſpiration du mauvais Eſprit, puiſque S. Paul lui impoſa ſilence, & chaſſa l'eſprit de Python qui la poſſédoit, & qui lui inſpiroit les prédictions qu'elle faiſoit, & la connoiſſance des choſes inconnues. De quelque maniere qu'on l'explique, il s'enſuivra toujours que la Magie n'eſt pas une chimere, que cette fille étoit remplie d'un mauvais Eſprit, & qu'elle prédiſoit & révéloit les choses cachées & futures, *ce qui produisoit un gain considérable à ses Maîtres*. Car ceux qui la consultoient n'auroient pas sans doute été assez sots de lui payer ces prédictions, s'ils n'avoient eu l'expérience de leur vérité par le succès & l'évenement.

De tous ces témoignages réunis il résulte que la Magie, les Enchantemens, la Sorcellerie, la Divination, l'Interprétation des songes, les Augures, les Oracles, ou les figures magiques qui annoncent l'avenir, sont choses très-réelles, puisque Dieu les condamne si sévérement, & qu'il veut qu'on punisse de mort ceux qui les exercent.

---

1. ↑ Vide Bodin, Préface.
2. ↑ Genes. xxxj. 19.
3. ↑ Josué xxiv. 2. 3. 4.
4. ↑ Oséé ij. 4. &c. Zach. v. 2.
5. ↑ Zach. x. 2. Ezech. xxj. 21.
6. ↑ Genes. xliv. 15.
7. ↑ Genes. xliv. 5.
8. ↑ Exod. vij. 10. 11. 12.
9. ↑ Exod. viij. 19.
10. ↑ Exod. xxij. 18.
11. ↑ Num. xxij. xxiij. 23.
12. ↑ Judic. xvij. I. 2.
13. ↑ Judic. viij. 27.
14. ↑ IV. Reg. 1. 2. 3.
15. ↑ I. Reg. xxviij. 7. & seq.
16. ↑ IV. Reg. xxj. 16.
17. ↑ IV. Reg. xxij. 24.
18. ↑ Dan. II. iv. 4. v. 2. 2.
19. ↑ Matth. x. 25. xij. 24. 25.
20. ↑ Luc. xj. 15. 18. 19.
21. ↑ Act. viij. II.
22. ↑ Act. xix. 19.

23. ↑ Pſalm. lvij.
24. ↑ Eccl. xij. 13.
25. ↑ Act. xvj. 16. 17.

CHAPITRE VIII.

Objections contre la réalité de la Magie.

On ne manquera pas de me dire que tous ces témoignages de l'Ecriture ne prouvent pas la réalité de la Magie, de la Sorcellerie, des Divinations, & le reſte ; mais ſeulement que les Hébreux & les Egyptiens, je veux dire le commun du peuple parmi eux, croyoit qu'il y avoit des gens qui avoient commerce avec la Divinité, ou avec les bons & les mauvais Anges, pour prédire l'avenir, expliquer les ſonges, pour dévouer leurs ennemis aux derniers malheurs, cauſer des maladies, exciter des tempêtes, ſuſciter les ames des morts ; s'il y avoit de la réalité, elle n'étoit pas dans les choſes, mais dans leurs imaginations & leurs préventions.

Moïſe & Joſeph paſſoient pour de grands Magiciens parmi les Egyptiens. Rachel croyoit apparemment que les Téraphims de ſon pere Laban étoient capables de l'inſtruire des choſes cachées & futures. Les Iſraélites pouvoient conſulter l'idole de Michas, & Beelzebub Dieu d'Accaron ; mais les gens ſenſés & éclairés de ce tems-là, comme ceux d'aujourd'hui, regardoient tout cela comme des jeux & des fourberies des prétendus Magiciens, qui trouvoient leur compte à entretenir le peuple dans ces préjugés.

Moïſe n'a pas laiſſé d'ordonner très ſagement la peine de mort contre ces ſortes de gens, qui abuſoient de la ſimplicité des ignorans pour s'enrichir à leurs dépens, & qui détournoient les peuples du culte du vrai Dieu, pour les entretenir dans des pratiques ſuperſtitieuſes & contraires à la vraie Religion. Or il eſt du bon ordre, & de l'intérêt de la République & de la vraie piété, de réprimer les abus qui y ſont contraires, & de punir du dernier ſupplice ceux qui détournent les peuples du vrai & légitime culte de Dieu, pour les porter au culte du Démon ; à mettre leur confiance dans la créature, au préjudice des droits du Créateur ; à leur inſpirer de vaines frayeurs de ce qui n'eſt point à craindre, & à les entretenir dans des erreurs très-dangereuſes. Si parmi une infinité de fauſſes prédictions, ou de vaines interprétations des ſonges, il s'en trouve quelques-unes de vraies, ou c'eſt le hazard qui les a produites, ou c'eſt l'ouvrage du Démon, à qui Dieu permet aſſez ſouvent de tromper ceux qui ont la ſotiſe & l'impiété de s'adreſſer à lui, & de mettre en lui leur confiance ; ce que le ſage Légiſlateur animé de l'Eſprit ſaint a dû réprimer par les peines les plus rigoureuſes.

Les Hiſtoires & l'expérience font voir que ceux qui uſent de l'art magique, de ſortiléges, de maléfices, n'emploient leur art, leur ſecret & leur pouvoir que pour ſéduire, pour induire au crime & au déſordre ; ainſi on ne peut les rechercher avec trop de ſoin, ni les punir avec trop de ſévérité.

On peut ajouter, que souvent on prend pour Magie noire & diabolique ce qui n'est que Magie naturelle ou subtilité de la part de ceux qui font des choses qui paroissent au-dessus des forces de la nature. Combien d'effets merveilleux ne raconte-t'on pas de la baguette divinatoire, de la poudre de sympathie, des Phosphores, des secrets de Mathématiques ? Combien de fripponneries ne connoît-on pas de la part des Prêtres des Idoles & de ceux de Babylone, qui faisoient accroire au peuple que le Dieu Bel buvoit & mangeoit ; qu'un grand Dragon vivant étoit une Divinité ; que le Dieu Anubis demandoit le commerce de certaines femmes, dont les Prêtres abusoient ; que le bœuf Apis rendoit des Oracles ; que le serpent d'Alexandre d'Abonotiche connoissoit les maladies, & donnoit des remedes aux malades, sans ouvrir le billet qui contenoit le détail de leurs maux ? Nous pourrons parler de tout cela plus au long ci-après.

Enfin les Parlemens les plus judicieux & les plus célebres ne veulent point reconnoître de Magiciens ni de Sorciers ; du moins ils ne les condamnent point à mort, à moins qu'ils ne soient convaincus d'autres crimes, comme de vol, de maléfices, de poison, de séduction en matiere grave & criminelle ; par exemple, dans l'affaire de Gofredi Prêtre de Marseille, qui fut condamné par le Parlement d'Aix à être tenaillé & brûlé vif. Les chefs de cette Compagnie, dans le compte qu'ils rendent à M. le Chancellier de l'Arrêt par eux rendu, témoignent que ce Curé étoit à la vérité accusé de Sortilège ; mais qu'il avoit été condamné au feu, comme atteint & convaincu d'incefte fpirituel avec Madeleine de la Palu fa pénitente. De tout ceci on conclut qu'il n'y a rien de réel dans ce qu'on appelle Magie.

CHAPITRE IX.

Réponſe aux Objections.

Je réponds qu'à la vérité il y a ſouvent beaucoup d'illuſion, de prévention & d'imagination dans tout ce qu'on appelle Magie & Sortilége ; que quelquefois le Démon s'en mêle par ſes preſtiges pour tromper les ſimples ; mais que le plus ſouvent, ſans que le mauvais Eſprit ſoit autrement de la partie, des hommes méchans, corrompus, intéreſſés, ſubtils & trompeurs, abuſent de la ſimplicité des hommes & des femmes, pour leur perſuader qu'ils ont des ſecrets ſurnaturels pour interpréter les ſonges & prédire les choſes futures, guérir des maladies, découvrir les ſecrets inconnus aux hommes ; je n'aurai nulle peine à convenir de tout cela. Toutes les Hiſtoires ſont remplies de faits qui démontrent ce qu'on vient d'avancer. On impute au Démon mille choſes auſquelles il n'a aucune part : on lui fait honneur de prédictions, de révélations, de ſecrets, de découvertes, qui ne ſont nullement l'effet de ſa puiſſance, ni de ſa pénétration, de même qu'on l'accuſe d'avoir cauſé des maux, des tempêtes, des maladies, qui ſont de purs effets de cauſes naturelles, mais inconnues.

Toujours eſt-il vrai que réellement il y a pluſieurs perſonnes qui ſont perſuadées de la puiſſance du Démon, de son influence sur une infinité de choses & d'effets qu'on lui attribue ; qu'on l'a consulté pour connoître l'avenir, pour découvrir des choses secretes ; qu'on s'est adressé à lui pour réussir dans ses projets, pour avoir de l'argent, de la faveur, pour jouir de ses plaisirs criminels. Tout cela est très-réel. La Magie n'est donc pas une simple chimere, puisqu'il y a tant de gens infatués de la force des charmes, & convaincus de commerce avec le Démon, pour produire une infinité d'effets qui passent pour surnaturels. Or c'est la folie, la vaine crédulité, la prévention de ces sortes de gens que la Loi de Dieu interdit, que Moïse condamne à la mort, que l'Eglise Chrétienne punit par ses censures, que les Juges séculiers répriment avec la derniere rigueur. S'il n'y avoit en tout cela que maladie d'imagination, foiblesse de cerveau, préjugé populaire, les traiteroit-on avec tant de sévérité ? Fait-on mourir les hypocondriaques, les maniaques, les malades imaginaires ? On en a compassion, & on travaille à les guérir. Aussi dans ces circonstances, c'est l'impiété, c'est la superstition, c'est le crime de ceux & celles qui consultent ou qui croyent consulter le Démon, qui mettent en lui leur confiance, contre qui les loix sévissent & ordonnent des châtimens.

Quand on pourroit nier & contester la réalité des Augures, des Devins, des Magiciens, & regarder toutes ces sortes de gens comme des séducteurs, qui abusent de la simplicité de ceux qui s'adressent à eux, pourroit-on nier la réalité des Magiciens de Pharaon, celle de Simon le Magicien, de Bar-Jesus, de la Pythonisse, des Actes des

Apôtres ? Les premiers ne firent-ils pas devant Pharaon un grand nombre de miracles ? Simon le Magicien ne s'élevat'il pas en l'air par l'opération du Démon ? S. Paul n'impoſa-t'il pas ſilence au Démon, qui parloit dans la Pythoniſſe de la ville de Philippes en Macédoine[1] ? Dira-ton qu'il y avoit colluſion entre S. Paul & la Pythoniſſe ? Rien de tout cela ne peut raiſonnablement ſe ſoutenir.

Un Auteur nouveau qui s'eſt caché ſous ces deux lettres M. D. a fait imprimer à Paris en 1732. un petit volume, intitulé : *Traité ſur la Magie, le Sortilége, les poſſeſſions, obſeſſions & maléfices, où l'on en démontre la vérité & la réalité.* Il montre qu'il eſt de foi qu'il y a des Magiciens : il le prouve par l'Ecriture de l'Ancien & du Nouveau Teſtament, & par l'autorité des anciens Peres, dont les paſſages ſont rapportés dans l'ouvrage du P. Delrio, intitulé : *Diſquiſitiones magicæ.* Il le prouve par les Rituels de tous les Diocèſes, & par les examens qui ſe trouvent dans les Heures imprimées, où l'on ſuppoſe qu'il y a des Sorciers & des Magiciens.

Les loix civiles des Empereurs, tant Payens que Chrétiens, celles des Rois de France anciennes & modernes, les Juriſconſultes, les Médecins, les Hiſtoriens ſacrés & profanes concourent à ſoutenir la même vérité. On remarque dans toutes ſortes d'Ecrivains une infinité d'Hiſtoires de Magie, de Maléfices, de Sorcelleries. Les Parlemens de France, & les Tribunaux de Juſtice parmi les autres Nations ont reconnu les Magiciens, les pernicieux effets de leur art,

& ont condamné leurs perſonnes aux peines les plus rigoureuſes.

Il rapporte au long[2] les remontrances faites au Roi Louis XIV. en 1670. par le Parlement de Rouen, pour prouver à ce Monarque que ce n'eſt pas ſeulement le Parlement de Rouen, mais auſſi tous les autres Parlemens du Royaume, qui ſuivent la même Juriſprudence ſur le fait de la Magie & du Sortilége ; qu'ils en connoiſſent, & qu'ils les condamnent. Cet Auteur cite pluſieurs faits & pluſieurs jugemens rendus ſur cette matiere dans les Parlemens de Paris, d'Aix, de Touloufe, de Rennes, de Dijon, &c. & c'eſt ſur ces remontrances que le même Roi en 1682. donna ſa Déclaration touchant la punition de divers crimes, & en particulier *des Sortiléges, Devins, Magiciens, & crimes ſemblables.*

Il cite auſſi le Traité de la Police de M. de la Marre Commiſſaire au Châtelet de Paris, qui s'étend au long ſur la Magie, & en prouve la réalité, l'origine, le progrès, les effets. Seroit-il poſſible que les Auteurs ſacrés, les loix divines & humaines, les plus grands hommes de l'Antiquité, que les Juriſconſultes, les Hiſtoriens les plus éclairés, les Evêques dans les Conciles, l'Egliſe dans ſes déciſions, dans ſes pratiques & dans ſes prieres, auroient conſpiré à nous tromper, & à condamner la Magie, les Sortiléges, la Sorcellerie & les crimes de même nature à la mort, & aux plus rigoureux ſupplices, ſi tout cela n'étoit qu'illuſion, & l'effet d'une imagination gâtée & prévenue ?

Le P. le Brun[3] de l'Oratoire, qui a fi bien écrit fur les fuperftitions, prouve folidement que le Parlement de Paris reconnoît qu'il y a des Sorciers, & qu'il les punit féverement lorfqu'ils font convaincus. Il le prouve par un Arrêt rendu en 1601. contre quelques habitans de Champagne accufés de Sortilége. L'Arrêt veut, qu'ils foient envoyés à la Conciergerie par les Juges fubalternes, fous peine de privation de leur Charge : il fuppofe qu'ils doivent être rigoureufement châtiés ; mais il veut qu'on obferve une procédure exacte & réguliere pour les découvrir & les punir.

M. Servin, Avocat Général & Confeiller d'Etat, prouve au long par l'Ancien & le Nouveau Teftament, par la Tradition, les Loix & les Hiftoires, qu'il y a des Devins, des Enchanteurs & des Sorciers, & réfute ceux qui prétendent foutenir le contraire. Il montre que les Magiciens & ceux qui ufent de Sortiléges, doivent être punis & jugés exécrables ; mais il ajoute qu'il ne faut punir qu'après des preuves certaines & évidentes ; & c'eft ce que le Parlement de Paris obferve, de peur de punir des infenfés pour des coupables, & de prendre des illufions pour des réalités.

Le Parlement laiffe à l'Eglife de frapper d'Excommunication ceux & celles qui ont recours aux Sortiléges, & qui croyent aller la nuit à des affemblées nocturnes, pour y rendre leurs hommages au Démon. Les Capitulaires des Rois[4] recommandent aux Pafteurs d'inftruire & de défabufer les Fidéles fur le fujet de ce qu'on appelle Sabbat ; toutefois ils n'ordonnent point de peines corporelles contre ces fortes de gens, mais feulement qu'on les défabuſe, & qu'on empêche qu'ils n'en féduiſent d'autres.

Le Parlement en demeure là, tandis que la choſe ne va pas plus loin qu'à la ſimple ſéduction ; mais lorſqu'elle va à nuire aux autres, les Rois ont ſouvent ordonné aux Juges de punir ces ſortes de perſonnes de peines pécuniaires & de banniſſement. Les Ordonnances de Charles VIII. en 1490. & de Charles IX. dans les Etats d'Orléans en 1560. ſont formelles ſur ce point ; & elles ſe trouvent renouvellées par le Roi Louis XIV. en 1682. Au troiſiéme article ces Ordonnances portent, que s'il ſe trouvoit *des perſonnes aſſez méchantes pour ajouter à la ſuperſtition l'impiété & le Sacrilége, ceux qui en ſeront convaincus ſeront punis de mort.*

Lors donc qu'il eſt évident que quelque perſonne a porté préjudice au prochain par des maléfices, le Parlement les punit rigoureuſement juſqu'à la peine de mort, conformément aux anciens Capitulaires du Royaume[5], & aux nouvelles Ordonnances. Bodin qui écrivoit en 1680. a ramaſſé un grand nombre d'Arrêts, auſquels on peut ajouter ceux que le R. P. le Brun rapporte rendus depuis ce tems en 1585. 1591. 1593. 1602. 1604. 1609. 1611. 1617. 1684. 1687. 1691.

Il rapporte après cela un exemple remarquable d'un nommé Hocque, qui fut condamné aux Galeres le 2 Septembre 1687. par Sentence de la haute Juſtice de Paſſy, pour avoir uſé de maléfices envers les animaux, & en avoir fait mourir un grand nombre en Champagne. Hocque mourut subitement, misérablement, & en homme désesperé, après avoir découvert dans le vin au nommé Béatrix le secret dont il se servoit pour faire mourir le bétail : il n'ignoroit pas que le Démon lui causeroit la mort, en haine de la découverte qu'il avoit faite de ce Sortilége.

Quelques complices de ce malheureux furent condamnés aux Galeres par divers Arrêts : d'autres furent condamnés à être pendus & brûlés par Sentence du Bailli de Passy le 26 Octobre 1691, laquelle Sentence fut confirmée par Arrêt du Parlement de Paris le 18 Décembre 1691. De tout cela il résulte, que le Parlement de Paris reconnoît que les Sortiléges par lesquels on nuit au prochain doivent être rigoureusement punis ; que le Démon a un pouvoir très-étendu, qu'il ne met que trop souvent en exercice envers les hommes & les animaux ; & qu'il l'exerceroit encore plus souvent, & avec plus d'étendue & de fureur, s'il n'étoit borné & arrêté par la puissance de Dieu & par celle des bons Anges, qui mettent des bornes à sa malice. S. Paul nous avertit[6] *de nous revêtir des armes de Dieu pour pouvoir résister aux embûches du Diable : car*, ajoute-t'il, *nous n'avons pas à combattre contre la chair & le sang, mais contre les Princes & les Puissances, contre les mauvais Esprits qui gouvernent ce monde ténébreux, contre les Esprits de malice qui regnent dans les airs.*

1. ↑ Act. xvj. 10.
2. ↑ Pag. 31. & ſeq.
3. ↑ Le Brun, Hiſt. critique des pratiques ſuperſtit. Tom. ii. pag 299. & ſeq.
4. ↑ Capitular. R. xiij. de Sortilegiis & Sorciariis 2, col. 361.
5. ↑ Capitular. en 872. x. 2. col. 230.
6. ↑ Epheſ. vj. 12.

CHAPITRE X.

Examen du fait de Hocque, Magicien.

MOnſieur de S. André, Conſeiller Médecin ordinaire du Roi, dans ſa ſixiéme lettre[1] contre la Magie, ſoutient que dans le fait de Hocque dont on a parlé, il n'y a ni Magie, ni Sorcellerie, ni opération du Démon ; que les gogues ou drogues venimeuſes que Hocque mettoit dans les écuries, & faiſoit par leur moyen mourir le bétail qui s'y trouvoit, n'étoient autre choſe qu'une compoſition empoiſonnée, qui par ſon odeur & par l'écoulement de ſes parties inſenſibles empoiſonnoit les animaux, & les faiſoit mourir : il n'y avoit qu'à lever ces drogues pour garantir le bétail, ou éloigner le bétail de l'étable où étoit le poiſon. La difficulté étoit de découvrir où ces gogues étoient cachées, les Bergers auteurs du mal prenant toutes ſortes de précautions pour les cacher, ſçachant qu'il y alloit de leur vie ſi on les découvroit.

Il remarque de plus que ces gogues n'ont plus d'effet après un certain tems, à moins qu'on ne les renouvelle, ou qu'on ne les arroſe de quelque choſe pour les ranimer, & les faire fermenter de nouveau. Si le Diable avoit part à ce maléfice, la gogue auroit toujours la même vertu, & il ne ſeroit pas néceſſaire de la renouveller, & de la rafraîchir pour lui rendre ſa premiere efficacité.

Dans tout ceci M. de S. André suppose, que si le Démon a le pouvoir d'ôter la vie aux animaux, ou de leur causer des maladies mortelles, il le peut indépendamment des causes secondes ; ce qui ne lui sera pas facilement accordé par ceux qui tiennent que Dieu seul peut donner la vie & la mort par une puissance absolue, & indépendamment de toutes causes secondes & de tout agent naturel. Le Démon a pû découvrir à Hocque la composition de cette gogue mortelle & empoisonnée : il a pû lui en apprendre les dangereux effets, après quoi le venin agit naturellement ; il se renouvelle, il reprend sa premiere force, lorsqu'on l'arrose. Il n'agit qu'à une certaine distance, & suivant la portée des corpuscules qui en exhalent. Tous ces effets n'ont rien de surnaturel, ni qu'on doive attribuer au Démon ; mais il est assez croyable qu'il a inspiré à Hocque le pernicieux dessein d'user d'une drogue dangereuse que ce malheureux sçavoit composer, ou dont le malin Esprit lui a découvert la composition.

M. de S. André continue, & dit que la mort de Hocque n'a rien qu'on doive attribuer au Démon ; c'est, dit-il, un effet purement naturel, qui ne peut avoir d'autres causes que les esprits venimeux qui sont sortis de la gogue dans le tems qu'elle a été levée, & qui ont été emportés vers le malfaiteur par ceux qui étoient sortis de son corps, lorsqu'il la préparoit, & qu'il la mettoit en terre, lesquels y étoient restés, & s'y étoient conservés de sorte qu'il ne s'en étoit fait aucune dissipation.

Ces esprits sortis du corps de Hocque se trouvant alors en liberté, sont retournés vers le lieu de leur origine, & ont entraîné avec eux les parties les plus malignes & les plus corrosives de la charge (ou gogue) qui ont agi sur le corps de ce Berger, comme elles faisoient sur ceux des animaux qui la flairoient. Il confirme ce qu'il vient de dire par l'exemple de la poudre de sympathie, qui agit sur le corps de celui qui est blessé par l'immersion des petites parties du sang, ou du pus du blessé sur lequel on l'applique, lesquelles entraînent avec elles les esprits des drogues dont elle est composée, & les portent à la plaie.

Mais plus je réfléchis sur ce prétendu écoulement des esprits venimeux émanés de la gogue cachée à Pacy en Brie, à six lieuës de Paris, qu'on suppose venir en droiture vers Hocque enfermé à la Tournelle, emportés par les esprits animaux sortis du corps de ce malfaiteur dans le tems qu'il préparoit cette gogue, & qu'il la mettoit en terre, si longtems auparavant la découverte de cette dangereuse composition : plus je réfléchis sur la possibilité de ces écoulemens, moins je puis me les persuader ; je voudrois des preuves de ce système, & non pas des exemples à des effets très-douteux & très-incertains de la poudre de sympathie, qui ne peut pas avoir lieu dans le cas dont il s'agit. C'est prouver l'obscur par l'obscur, & l'incertain par l'incertain ; & quand on admettroit en général quelques effets de la poudre de sympathie, ils ne pourroient être appliqués ici : la distance des lieux & du tems est trop longue ; & quelle sympathie se peut rencontrer entre la gogue de ce Berger & sa personne, pour qu'elle puisse revenir à lui emprisonné à Paris, & la gogue découverte à Pacy.

Le Factum composé & imprimé sur cet évenement porte, que les fumées du vin qu'avoit bû Hocque étant passées, & ayant fait réflexion à ce que Beatrix lui avoit fait faire, il commença à se tourmenter, fit des hurlemens, & se plaignit d'une maniere étrange, disant que Beatrix l'avoit surpris, qu'il seroit cause de sa mort, & qu'il falloit qu'il mourût à l'instant que Bras de fer, autre Berger auquel Beatrix avoit engagé Hocque d'écrire de lever la gogue qu'il avoit mise sur la terre de Pacy, leveroit la charge. Il se jetta sur Beatrix, qu'il vouloit étrangler, & excita même les autres forçats qui étoient en prison avec lui, & condamnés aux Galeres, à se jetter sur lui, par la pitié qu'ils avoient du désespoir de Hocque, qui dans le tems que la charge fut levée, étoit mort en un instant dans des convulsions étranges, & en se tourmentant comme un possédé.

M. de S. André veut encore expliquer tout ceci, en supposant que l'imagination de Hocque frappée de l'idée de sa mort, qu'il s'étoit persuadé devoir arriver dans le tems qu'on leveroit la gogue, a eu beaucoup de part à ses souffrances & à sa mort. Combien a-t'on vû de gens frappés de l'idée d'une mort prochaine, mourir dans le tems qu'ils s'étoient figuré, qu'elle devoit arriver ? Le désespoir ou étoit Hocque, & les transports dont il étoit agité, avoient troublé la masse de son sang, altéré ses humeurs, déreglé le mouvement des esprits, & les avoit rendus beaucoup plus susceptibles de l'action des vapeurs qui étoient sorti de la gogue.

M. de S. André ajoute, que si le Diable avoit eu quelque part à ces sortes de maléfices, ce ne pouvoit être qu'en conséquence de quelque pacte exprès ou tacite, que dès que la gogue seroit levée, celui qui l'auroit mise mourroit incontinent. Or quelle apparence que la personne qui auroit fait ce pacte avec le Diable, y eût employé une pareille stipulation, qui l'auroit exposée à une mort cruelle & inévitable ?

I°. On peut répondre que la frayeur peut causer la mort ; mais qu'il n'est pas possible qu'elle la produise à point nommé, & que celui qui tombe dans un excès de douleur puisse dire qu'il mourra dans un certain moment : le moment de la mort n'est pas au pouvoir de l'homme dans de pareilles circonstances.

2°. Qu'un homme aussi corrompu que Hocque, qui à propos de rien, & pour satisfaire sa mauvaise volonté, fait périr une infinité d'animaux, & cause de très-grands dommages à des personnes innocentes, est capable des derniers excès, peut se livrer au mauvais Esprit par des pactes implicites ou explicites, & s'engager sous peine de perdre la vie, à ne pas lever la charge qu'il avoit mise sur un village. Il croyoit ne rien risquer par cette stipulation, puisqu'il étoit maître de la lever ou de la laisser, & qu'il n'étoit pas probable qu'il dût jamais de gayeté de cœur s'exposer ainsi à une mort certaine. Que le Démon ait eu part à cette vertu de la gogue, la chose est fort vraisemblable, vû les circonſtances de ſes opérations, & celles de la mort & du déſeſpoir de Hocque. Cette mort eſt la juſte peine de ſes crimes, & de ſa confiance à l'Ange exterminateur auquel il s'étoit livré.

Il eſt vrai qu'il s'eſt trouvé des impoſteurs, des eſprits foibles, des imaginations échauffées, des ignorans, des ſuperſtitieux, qui ont pris pour Magie noire & pour opération du Démon ce qui étoit tout naturel, & l'effet d'une ſubtilité de Philoſophie & de Mathématiques, ou même une illuſion des ſens, ou un ſecret qui en impoſoit aux yeux & aux ſens. Mais conclure de là qu'il n'eſt point de Magie, & que tout ce qu'on en dit eſt pure prévention, ignorance & ſuperſtition, c'eſt conclure le général du particulier, & nier le vrai & le certain, parce qu'il eſt malaiſé de diſtinguer le vrai du faux, & qu'on ne veut pas ſe donner la peine d'en approfondir les cauſes. Il eſt beaucoup plus facile de nier tout, que d'entrer dans un ſérieux examen des faits & des circonſtances.

---

1. ↑ M. de S. André, lettre 6. au ſujet de la Magie, &c.

CHAPITRE XI.

Magie des Egyptiens & des Chaldéens.

TOute l'Antiquité payenne parle de Magie, de Magiciens, d'opérations magiques, de livres fuperftitieux, curieux, diaboliques. Les Hiftoriens, les Poëtes, les Orateurs font pleins de chofes qui regardent cette matiere : les uns les croyent, les autres les nient ; d'autres s'en moquent, d'autres demeurent dans l'incertitude & dans le doute. Sont-ce les mauvais Efprits, ou des hommes trompeurs, des impofteurs, des charlatans, qui par les fubtilités de leur art font accroire aux ignorans que certains effets naturels font produits par une caufe furnaturelle ? C'eft fur quoi on n'eft pas d'accord. Mais en général le nom de *Magie* & de *Magiciens* fe prend aujourd'hui dans un fens odieux, pour un art qui produit des effets merveilleux, & qui paroiffent au-deffus du cours ordinaire de la nature ; & cela par l'opération du mauvais Efprit.

L'Auteur du fameux livre d'Enoch, qui a eu fi grande vogue, & a été cité par quelques Anciens[1] comme Ecriture infpirée, dit que l'onziéme des veillans, ou de ces Anges qui furent épris de l'amour des femmes, fut le nommé Pharmace ou Pharmaque ; qu'il enfeigna aux hommes d'avant le déluge les enchantemens, les maléfices, les arts magiques, & les remedes contre les enchantemens. S. Clément d'Alexandrie dans ſes Recognitions veut que Cham fils de Noë ait reçu du Ciel cet art, & qu'il l'ait enſeigné à Mizraim ſon fils pere des Egyptiens.

Dans l'Ecriture le nom de *Mage, Magus,* ne ſe prend jamais en bonne part pour ſignifier des Philoſophes qui étudioient l'Aſtronomie, & qui étoient verſés dans les choſes divines & ſurnaturelles, ſinon en parlant des Mages qui vinrent adorer J. C. à Béthleem[2]. Par tout ailleurs l'Ecriture condamne & déteſte la Magie & les Magiciens[3] : elle ordonne de les mettre à mort ; elle défend ſéverement aux Hébreux de les conſulter ; elle parle avec déteſtation de *Simon & d'Elymas,* Magiciens connus dans les Actes des Apôtres[4] ; & des Magiciens de Pharaon, qui contrefirent par leurs preſtiges les vrais miracles de Moïſe. Il y a beaucoup d'apparence que les Iſraëlites avoient pris dans l'Egypte où ils étoient, l'habitude de conſulter ces ſortes de gens, puiſque Moïſe leur défend en tant d'endroits, & avec tant de ſévérité de les écouter, & de prendre confiance en leurs prédictions.

Le Chevalier Marsham montre fort bien que l'Ecole de Magie parmi les Egyptiens eſt la plus ancienne qui ſoit connue dans le monde ; que c'eſt de là qu'elle s'eſt répandue parmi les Chaldéens, les Babyloniens, les Grecs & les Perſes. S. Paul nous apprend, que *Jannès & Mambrès,* fameux Magiciens du tems de Pharaon, réſiſterent à Moïſe. Pline remarque, qu'anciennement il n'y avoit aucune ſcience plus renommée, ni plus en honneur que la Magie :

ſummam litterarum claritatem gloriamque ex eâ ſcientiâ antiquitùs & penè ſemper petitam.

Porphyre[5] dit que le Roi Darius fils d'Hyſtaſpe avoit une ſi haute idée de l'art de Magie, qu'il fit graver ſur le Mauſolée de ſon Pere Hyſtaſpe, *qu'il avoit été le chef & le Maître des Mages de Perſe.*

L'ambaſſade que Balac Roi des Moabites députa vers Balaam fils de Beor, qui demeuroit dans les montagnes d'Orient vers la Perſe & la Chaldée[6], *in montibus Orientis,* pour le prier de venir maudire & dévouer les Iſraëlites, qui menaçoient d'envahir ſon pays, fait voir l'antiquité de la Magie, & des ſuperſtitions magiques dans ces pays-là ; car dira-t'on que ces malédictions & ces dévouemens étoient l'effet de l'inſpiration du bon Eſprit, ou l'ouvrage des bons Anges ? J'avoue que Balaam fut inſpiré de Dieu dans les bénédictions qu'il donna au peuple du Seigneur, & dans la prédiction qu'il fit de la venue du Meſſie ; mais on doit auſſi reconnoître l'extrême corruption de ſon cœur, ſon avarice, & de quoi il étoit capable, ſi Dieu lui eût permis de ſuivre ſa mauvaiſe inclination, & l'inſpiration du mauvais Eſprit.

Diodore de Sicile[7] ſur la tradition des Egyptiens, dit que les Chaldéens qui demeuroient à Babylone & dans la Babylonie, étoient une eſpece de Colonie des Egyptiens, & que c'eſt de ces derniers que les Sages ou les Mages de Babylone ont appris l'Aſtrologie qui les a rendus ſi célebres.

Nous voyons dans Ezéchiel[8] le Roi de Babylone marchant contre ſes ennemis à la tête de ſon armée, s'arrêter fur un chemin fourchu, & mêler les fleches, pour fçavoir par l'art magique & par le mouvement de ces fleches quel chemin il doit prendre : *Stetit Rex Babylonis in bivio, in capite duarum viarum, divinationem quærens, commifcens fagittas : interrogavit idola.* Dans les Anciens cette maniere de confulter le Démon par les baguettes eft connue : les Grecs la nomment *Rhabdomanteia*.

Le Prophete Daniel[9] en plus d'un endroit parle des Magiciens de Babylone. Le Roi Nabuchodonofor ayant eu un fonge qui l'effraya, fit venir les Mages, ou les Magiciens, les Devins, les Arufpices & les Chaldéens, pour lui interpréter le fonge qu'il avoit eu :[10] *præcepit ut convocarentur Arioli, & Magi, & Malefici & Chaldæi, ut indicarent Regi fomnia fua.*

Le Roi Balthafar convoqua de même les Magiciens, les Chaldéens & les Arufpices du pays pour lui expliquer ces paroles qu'il vit écrites fur la muraille : *Mane, Thecel, Phares*. Tout cela montre l'habitude où étoient les Babyloniens d'exercer la Magie, de confulter les Magiciens, & que cet art pernicieux étoit en honneur parmi eux. On voit dans le même Prophete les fupercheries, dont fe fervoient les Prêtres pour tromper les peuples, & pour leur faire croire que leurs Dieux étoient vivans, bûvoient & mangeoient, parloient, & leur révéloient les chofes inconnues.

J'ai déja dit un mot des Mages qui vinrent adorer Jefus-Chrift ; on ne doute pas qu'ils n'ayent été de la Chaldée, ou des pays voisins, mais différens de ceux dont on vient de parler, par leur piété & leur étude de la vraie Religion.

On lit dans les Voyageurs que la superstition, la Magie, les Fascinations sont encore très-communes dans l'Orient, tant parmi les adorateurs du feu descendus des anciens Chaldéens, que parmi les Perses sectateurs de Mahomet. Saint Chrisostome[11] avoit envoyé en Perse un S. Evêque nommé Maruthas, pour prendre soin des Chrétiens qui étoient en ce pays-là : le Roi Isdegerde ayant reconnu son mérite, lui témoigna beaucoup de considération. Les Mages qui adorent & qui entretiennent le feu perpétuel, qui est regardé par les Perses comme la principale de leurs Divinités, en conçurent de la jalousie, & firent cacher sous terre un homme apostat, qui sçachant que le Roi devoit venir rendre ses adorations au feu, firent crier cet homme du fond de son caveau, qu'il falloit chasser le Roi, parce qu'il tenoit pour ami des Dieux le Prêtre des Chrétiens. Le Roi en fut effrayé, & voulut renvoyer Maruthas ; mais celui-ci lui découvrit l'imposture des Prêtres : il fit fouiller à l'endroit où l'homme s'étoit fait entendre, & l'on y trouva l'auteur de la voix.

Cet exemple & ceux des Prêtres Babyloniens dont parle Daniel, & de quelques autres, qui pour contenter leur passion déréglée faisoient entendre que leur Dieu demandoit la compagnie de certaines femmes, est une preuve que pour l'ordinaire ce qu'on prend pour des effets de la Magie noire, n'est que la production de la friponnerie des Prêtres, des Magiciens, des Devins, & de toutes ces sortes de gens qui abusent de la simplicité & de la crédulité du peuple : je ne nie pas que le Démon s'en mêle quelquefois, mais plus rarement que l'on ne s'imagine.

---

1. ↑ Apùd. Syncell.
2. ↑ Matth. iij. I. 7. 36.
3. ↑ Levit. xix. 31. xx.
4. ↑ Act. viij. 9. Act. xiij. 8.
5. ↑ Porohyr. de abstinent. l 4. § 16. Vid. & Ammian. Marcell. l. 23.
6. ↑ Num. xxij. I. 2. 3.
7. ↑ Diodor. Sicil. lib. I. pag. 5.
8. ↑ Ezech. xxj. 21.
9. ↑ Dan. ij. 2. 3.
10. ↑ Dan. iv. v.
11. ↑ Chrisoft. Ep. 13. Pallad. pag. 191. Socrat. lib. 7. c. 8.

CHAPITRE XII.

Magie chez les Grecs & les Romains.

LEs Grecs ſe ſont toujours vantés d'avoir reçu l'art magique des Perſes ou des Bactriens : ils veulent que Zoroaſtre le leur ait communiqué ; mais quand il s'agit de fixer le tems auquel Zoroaſtre a vécu, & qu'il leur a appris ces pernicieux ſecrets, ils s'écartent infiniment & de la vérité[1], & même du vraiſemblable ; les uns plaçant Zoroaſtre 600 ans avant l'expédition de Xercès dans la Grece, qui arriva l'an du Monde 3523. avant Jeſus-Chriſt 477. d'autres 500 ans avant la guerre de Troyes, d'autres cinq mille ans avant cette fameuſe guerre, d'autres ſix mille ans avant ce grand évènement : d'autres croyent que Zoroaſtre eſt le même que Cham fils de Noë[2] : d'autres enfin ſoutiennent qu'il y a eu pluſieurs Zoroaſtres. Ce qui paroît indubitable, eſt que le culte de pluſieurs Dieux, la Magie, la Superſtition, les Oracles ſont venus des Egyptiens & des Chaldéens ou des Perſes aux Grecs, & des Grecs aux Latins.

Dès le tems d'Homere[3] la Magie étoit toute commune parmi les Grecs. Ce Poëte parle de la guériſon des plaies, & du ſang arrêté par les ſecrets de la Magie & des Enchantemens. S. Paul étant à Epheſe, y fit brûler des livres de Magie & de secrets curieux pour la somme de cinquante mille deniers[4]. Nous avons déja dit un mot de Simon le Magicien, & du Magicien Elymas connu dans les Actes des Apôtres[5]. Pindare[6] dit que le Centaure Chiron guérissoit plusieurs enchantemens. Quand on dit qu'Orphée tira de l'Enfer sa femme Euridice, qui étoit morte de la morsure d'un serpent, cela veut dire simplement, qu'il la guérit par la force de ses charmes[7]. Les Poëtes ont employé des vers magiques pour se faire aimer, & ils les ont enseignés aux autres pour le même effet ; on les peut voir dans Théocrite, dans Catulle, dans Virgile. Théophraste assure, qu'il y a des vers magiques qui guérissent la Sciatique. Caton en rapporte quelques-uns contre les luxations[8]. Varron reconnoît qu'il y en a contre la goutte.

Les livres sacrés rendent témoignage que les Enchanteurs ont le secret d'endormir les serpens & de les charmer, ensorte qu'ils ne peuvent plus ni mordre, ni causer aucun mal[9]. Le Crocodile, cet animal si terrible, craint jusqu'à l'odeur & la voix des Tentyriens[10]. Job parlant du Léviathan que nous croyons être le Crocodile, dit : l'Enchanteur le fera-t'il crever[11] ? Et l'Ecclésiastique[12] : *qui aura pitié de l'Enchanteur, qui aura été mordu du Serpent* ?

Virgile, Eclogue viij.

Frigidus in pratis cantando rumpitur Anguis.

Et Ovid.[13]

Vipereas rumpo verbis & carmine fauces.

Tout le monde fçait ce qu'on raconte des Marfes peuples d'Italie, & des Pfylles, qui avoient le fecret d'enchanter les Serpens. On diroit, dit S. Auguftin[14], que ces animaux entendent le langage des Marfes, tant ils font obéiffans à leur ordres : on les voit fortir de leurs cavernes auffi-tôt que le Marfe a parlé. Tout cela ne fe peut faire, dit le même Pere, que par la vertu du malin Efprit, à qui Dieu permet d'exercer cet empire fur les bêtes venimeufes, fur-tout fur le ferpent, comme pour le punir de ce qu'il fit contre la premiere femme. En effet on remarque que nul animal n'eft plus expofé aux charmes & aux effets de l'art magique que le ferpent.

Les loix des douze Tables défendent de charmer les moiffons de fon voifin : *qui fruges excantâffet*. Verrius Flaccus cite des Auteurs, qui affurent que les Romains lorfqu'ils vouloient affiéger une Ville, employoient leurs Prêtres à évoquer la Divinité qui préfidoit à cette Ville, en lui promettant de lui bâtir dans Rome un Temple, ou femblable à celui qu'elle occupoit dans la Ville affiégée, ou un peu plus grand, & qu'on lui rendroit le culte convenable. Pline dit que la mémoire de ces évocations fe conferve parmi les Prêtres : *durat in Pontificum difciplinâ id facrum*[15].

Si tout ce qu'on vient de raconter, & ce qu'on en lit dans les Anciens & dans les Modernes a quelque réalité, & produit les effets qu'on lui attribue, on ne peut douter qu'il n'y ait quelque chofe de furnaturel, & que le Démon n'y ait beaucoup de part.

L'Abbé Trithême parle d'une Sorciere, qui par le moyen de certains breuvages changea un jeune Bourguignon en bête.

Tout le monde sçait la fable de Circé, qui changea en pourceaux les soldats ou les compagnons d'Ulysse. On connoît aussi la fable de l'âne d'or d'Apulée, qui contient le récit d'un homme métamorphosé en âne. Je ne donne tout cela que pour ce qu'il est, c'est-à-dire pour des fictions poétiques.

Mais il est très-croyable que ces fictions ne sont pas sans quelque fondement, comme tant d'autres fables, qui renferment non-seulement un sens caché & moral, mais qui ont aussi rapport à quelqu'évenement réel historique ; par exemple, ce qu'on dit de la Toison d'or enlevée par Jason ; du cheval de bois qui servit à surprendre la Ville de Troyes ; des douze travaux d'Hercule ; des Métamorphoses rapportées dans Ovide. Cela, tout fabuleux qu'il paroît dans les Poëtes, a pourtant sa vérité dans l'Histoire. Ainsi les Historiens & les Poëtes payens ont travesti & défiguré les Histoires de l'Ancien Testament, & ont attribué à Bacchus, à Jupiter, à Saturne, à Apollon, à Hercule, ce qui est raconté de Noë, de Moïse, d'Aaron, de Samson, de Jonas, &c.

Origenes[16] écrivant contre Celse, suppose la réalité de la Magie, & dit que les Mages qui vinrent adorer J. C. à Bethléem, voulant faire leurs opérations accoutumées, & n'y pouvant réussir, une puissance supérieure en empêchant l'effet, & réduisant le Démon au silence, en voulurent chercher la cause : ils virent en même tems dans le Ciel un ſigne tout divin, & ils en conclurent que c'étoit l'être dont avoit parlé Balaam, & que le nouveau Roi dont il avoit prédit la naiſſance étoit né en Judée ; & ſur le champ ils prirent la réſolution de l'aller chercher. Origenes croit que les Magiciens ſuivant les regles de leur art, prédiſent ſouvent l'avenir, & que leurs prédictions ſont ſuivies de l'évenement, à moins que la puiſſance de Dieu ou des Anges n'empêche l'effet de leurs conjurations, & ne les réduiſent au ſilence.

---

1. ↑ Marsham, Canon. Cronol. fæcul. 9. page 139.
2. ↑ Clemens Alexand. Récognit. lib. 4. Gregor. Turon. Hiſt. Franc. lib. I.
3. ↑ Homer. Iliad. 4.
4. ↑ Act. xix. 19.
5. ↑ Act. 2 iij. 8.
6. ↑ Pind. od. iv.
7. ↑ Plin. l. 28.
8. ↑ Cato, de reruſtic. c. 160.
9. ↑ Pſalm. lvij. Jerem. vij. 17. Eccleſ, x. II.
10. ↑ Plin, lib. 8. c. 50.
11. ↑ Job. xl. 25.
12. ↑ Eccli. xij. 13.
13. ↑ Ovid. Métamorph. fab. 2.
14. ↑ Aug. de Geneſ. ad litt. lxj. c. 28.
15. ↑ Plin. lib. 28.
16. ↑ Orig. contra Celſum, pag. 26.

CHAPITRE XIII.

Exemples qui prouvent la réalité de la Magie.

SAint Augustin[1] remarque, que non-seulement les Poëtes, mais les Historiens mêmes racontent que Diomedes, dont les Grecs ont fait une Divinité, n'eut pas le bonheur de retourner dans sa patrie avec les autres Princes qui avoient été au Siége de Troyes ; que ses compagnons furent changés en oiseaux, & que ces oiseaux ont leur demeure aux environs du temple de Diomedes, qui est situé près le Mont Gargan en Poüille ; que ces oiseaux caressent les Grecs qui viennent visiter ce Temple, mais poursuivent à coup de bec les étrangers qui y arrivent.

Varron le plus sçavant des Romains, pour rendre ceci plus croyable, raconte ce que tout le monde sçait de Circé, qui changea en bête les compagnons d'Ulysse, & ce qu'on dit des Arcadiens, qui après avoir tiré au sort passoient à la nage un certain lac, après quoi ils étoient métamorphosés en loups, & couroient les Forêts comme les autres loups. Si pendant le tems de leur transmutation ils n'avoient point mangé de chair humaine, au bout de neuf ans ils repassoient le même lac, & reprenoient leur premiere forme.

Le même Varron raconte d'un certain Démenote, qu'ayant goûté de la chair d'un enfant que les Arcadiens avoient immolé à leur Dieu Lycée, il avoit auſſi-tôt été changé en loup ; & dix ans après avoir repris ſa premiere forme, avoit paru aux jeux Olympiques, & y avoit remporté le prix du pugillat. S. Auguſtin témoigne que de ſon tems pluſieurs croyoient que ces changemens ſe faiſoient encore, & quelques-uns même aſſuroient les avoir expérimentés dans leurs perſonnes. Il ajoute qu'étant en Italie, on racontoit que certaines femmes donnoient du fromage aux étrangers qui logeoient chez elles, leſquels étoient auſſi-tôt changés en bêtes de ſomme ſans perdre la raiſon, & portoient les charges qu'on mettoit ſur eux ; après quoi ils retournoient en leur premier état. Il dit de plus, qu'un certain Præſtantius racontoit que ſon pere ayant mangé de cette ſorte de fromage magique, demeura couché dans ſon lit ſans qu'on pût l'éveiller ; qu'après quelques jours s'étant éveillé, il dit qu'il avoit été changé en cheval, & qu'il avoit porté des vivres à l'armée ; & on trouva que la choſe étoit vraie, quoiqu'il lui parût que ce n'étoit qu'un ſonge.

S. Auguſtin raiſonnant ſur tout cela, dit que ces choſes ſont, ou fauſſes, ou ſi extraordinaires, qu'on peut n'y pas ajouter foi ; qu'on ne peut douter que Dieu par ſa Toute-puiſſance ne puiſſe faire tout ce qu'il juge à propos ; mais que le Démon qui eſt d'une nature ſpirituelle, ne peut rien ſans la permiſſion de Dieu, dont les jugemens ſont toujours juſtes ; que le Démon ne peut ni changer la nature ni de l'eſprit, ni du corps de l'homme, pour le transformer en bête ; mais seulement agir sur la fantaisie ou l'imagination de l'homme, & lui persuader qu'il est ce qu'il n'est pas, ou qu'il paroisse aux autres différent de ce qu'il est ; ou qu'il demeure profondément endormi, & qu'il croye porter pendant cet assoupissement des fardeaux que le Démon porte pour lui ; ou qu'il fascine les yeux de ceux qui croyent les voir porter par des animaux, ou par des hommes métamorphosés en animaux.

S'il n'est question que d'un changement de fantaisie ou d'imagination, comme il arrive dans la maladie qu'on nomme Lycanthropie, où un homme se croit changé en loup, ou en un autre animal, comme Nabuchodonosor qui se crut changé en bœuf[2], & qui agit pendant sept ans comme s'il eût été réellement métamorphosé en cet animal ; il n'y auroit eu en cela rien de plus merveilleux que ce que nous voyons tous les jours dans les hypocondriaques, qui se persuadent qu'ils sont Rois, Généraux d'armée, Papes, Cardinaux ; qu'ils sont de neige, de verre, d'argile, &c. comme celui qui étant seul au Théatre, y croyoit voir des Acteurs & des représentations admirables[3] ; ou celui qui s'imaginoit que tous les vaisseaux qui arrivoient au port de Pyrée[4] près d'Athenes lui appartenoient ; ou enfin ce que nous voyons tous les jours en songe, & qui nous paroît très-certain pendant le sommeil. Dans tout cela il est inutile de recourir au Démon, ni à la Magie, ni à la fascination, ni aux prestiges ; rien de tout cela n'est au-dessus de l'ordre naturel.

Mais que par le moyen de certains breuvages, de certaines herbes, de certaines nourritures, une personne renverſe l'imagination, & perſuade à un autre qu'il eſt loup, qu'il eſt cheval, qu'il eſt âne ; cela paroît plus difficile à expliquer, quoique l'on ſçache que les plantes, les herbes, les médicamens ont un grand pouvoir ſur le corps de l'homme, & ſont capables d'altérer le cerveau, la conſtitution, l'imagination. On n'en a que trop d'exemples.

Un autre fait qui, s'il eſt vrai, mérite beaucoup de conſidération, eſt celui d'Apollonius de Thiane, qui étant à Epheſe pendant qu'une grande peſte déſoloit la Ville, promit aux Ephéſiens de faire ceſſer la peſte le jour même qu'il leur parloit, & qui étoit celui de ſa ſeconde arrivée dans leur Ville. Il les aſſembla au Théatre, & leur ordonna de lapider un pauvre vieillard couvert de haillons, qui demandoit l'aumône : frappez, dit-il, cet ennemi des Dieux, accablez-le de pierres. Ils ne pouvoient s'y réſoudre, ce miſérable leur faiſant pitié, & leur demandant grace d'une maniere fort touchante ; mais Apollonius les preſſa tant, qu'enfin ils le lapiderent, & amaſſerent ſur lui un grand monceau de pierres.

Un peu après il leur dit d'ôter ces pierres, & qu'ils verroient quel animal ils avoient tué. Ils n'y trouverent qu'un gros chien, & ne douterent pas que ce vieillard ne fût un fantôme, qui avoit faſciné leurs yeux ; ce qui cauſoit la peſte dans leur Ville.

On voit ici cinq choſes très-remarquables. 1°. Le Démon qui cauſe la peſte dans Epheſe. 2°. Ce même Démon, qui au lieu d'un chien réel, fait paroître un homme. 3°. La faſcination des ſens des Ephéſiens, qui croyent voir un homme au lieu d'un chien, 4°. La preuve de la Magie d'Apollonius, qui découvre la caufe de cette pefte. 5°. Et qui la fait ceffer à point nommé.

Æneas Sylvius Picolomini, qui fut depuis Pape fous le nom de Pie II. écrit dans fon Hiftoire de Boheme, qu'une femme prédit à un foldat du Roi Wradiflas, que l'armée de ce Prince feroit taillée en pieces par le Duc de Boheme ; que fi le foldat vouloit éviter la mort, il falloit qu'il tuât la premiere perfonne qu'il rencontreroit en chemin, qu'il lui coupât les oreilles & les mît dans fa poche ; qu'avec l'épée dont il l'auroit perçée, il traçât fur terre une croix entre les jambes de fon cheval, qu'il la baifât, & que montant fur fon cheval, il prit la fuite. Le jeune homme exécuta tout cela. Wradiflas livra la bataille, la perdit à fut tué : le jeune foldat fe fauva ; mais entrant dans fa maifon, il trouva que c'étoit fa femme qu'il avoit tuée & percée de fon épée, & à qui il avoit coupé les oreilles.

Cette femme étoit donc étrangement déguifée & métamorphofée, puifque fon mari ne la reconnut pas, & qu'elle ne fe fit point connoître à lui dans une circonftance auffi périlleufe, où il y alloit de fa vie. Ces deux femmes étoient donc apparemment Magiciennes, & celle qui fit la prédiction, & celle fur qui elle fut exécutée. Dieu permit dans cette occafion trois grands maux : la premiere Magicienne confeille le meurtre d'une innocente ; le jeune homme commet le meurtre fur fa propre femme fans la connoître ; & celle-ci meurt dans un état de damnation, puisque par les secrets de la Magie elle s'étoit rendue méconnoissable.

Une Bouchere de la Ville de Jenes, dans le Duché de Veinmar en Thuringe[5] ayant refusé de donner une tête de veau à une vieille femme, qui n'en offroit presque rien, cette vieille se retira, grondant & murmurant entre ses dents. Peu de tems après la Bouchere sentit de grandes douleurs de tête. Comme la cause de cette maladie étoit inconnue aux plus habiles Médecins, ils ne purent y apporter aucun remede. Cette femme rendoit de tems en tems par l'oreille gauche de la cervelle, que l'on prit d'abord pour sa propre cervelle. Mais comme elle soupçonnoit cette vieille de lui avoir donné un sort à l'occasion de la tête de veau, on examina la chose de plus près, & on reconnut que c'étoit de la cervelle de veau ; & l'on se fortifia dans cette pensée, en voyant des osselets de la tête de veau, qui sortoient avec la cervelle. Ce mal dura assez longtems, & enfin la femme du Boucher guérit parfaitement. Ceci arriva en 1685. M. Hoffman, qui rapporte cette Histoire dans sa Dissertation *du pouvoir du Démon sur les corps*, imprimée en 1736. dit que la femme étois peut-être encore en vie.

On amena un jour à S. Macaire l'Egyptien une honnête femme, qui avoit été métamorphosée en cavalle par l'art pernicieux d'un Magicien. Son Mari & tous ceux qui la virent crurent qu'elle étoit réellement changée en jument. Cette femme demeura trois jours & trois nuits sans prendre aucune nourriture, ni propre à l'homme, ni propre à un cheval. On la fit voir aux Prêtres du lieu, qui ne pûrent y apporter aucun remede.

On la mena à la cellule de S. Macaire, à qui Dieu avoit révélé qu'elle devoit venir. Ses Disciples vouloient la renvoyer, croyant que c'étoit une cavalle. Ils avertirent le Saint de son arrivée, & du sujet de son voyage. Il leur dit : vous êtes de vrais animaux, qui croyez voir ce qui n'est point ; cette femme n'est point changée, mais vos yeux sont fascinés. En même tems il répandit de l'eau bénite sur la tête de cette femme, & tous les assistans la virent dans son premier état. Il lui fit donner à manger, & la renvoya saine & sauve avec son mari. En la renvoyant, il lui dit : ne vous éloignez point de l'Eglise ; car ceci vous est arrivé, pour avoir été cinq semaines sans vous approcher des Sacremens de notre Sauveur.

S. Hilarion[6] guérit à peu près de même par la vertu de l'eau bénite une jeune fille, qu'un Magicien avoit rendue amoureuse d'un jeune homme jusqu'à la fureur. Le Démon qui la possédoit, crioit à S. Hilarion : tu me fais souffrir les plus cruels tourmens ; je ne puis sortir que le jeune homme qui m'a fait entrer ne me délie : car je suis enchaîné sous le seuil de la porte par une lame de cuivre chargée de caractéres magiques, & par la filasse qui l'envelope. Alors S. Hilarion lui dit : vraiment ton pouvoir est bien grand, de te laisser ainsi lier par un morceau de cuivre & un peu de fil ; en même tems sans permettre qu'on allât tirer ces choses de dessous le seuil de la porte, il chassa le Démon, & guérit la fille.

S. Jérôme raconte au même endroit, qu'un nommé Italicus bourgeois de Gaze, & Chrétien de Religion, qui nourrissoit des chevaux pour les jeux du Cirque, avoit un antagoniste Payen, qui par les secrets de la Magie empêchoit & retardoit les chevaux d'Italicus dans leur course, & donnoit aux siens une célérité extraordinaire. Italicus vint trouver Saint Hilarion, & lui raconta le sujet de son inquiétude. Le Saint lui dit en riant : ne vaudroit-il pas mieux donner aux pauvres le prix de vos chevaux, que de les employer à de pareils exercices. Je n'en suis pas maître, dit Italicus : c'est une fonction publique, dont je m'acquite malgré moi ; & comme Chrétien, il ne m'est pas permis d'user de maléfices contre d'autres maléfices.

Les Freres qui étoient présens intercéderent pour lui, & S. Hilarion lui donnant le vase de terre dans lequel il bûvoit, le remplit d'eau, & lui dit d'en arroser ses chevaux. Italicus en arrosa non-seulement ses chevaux, mais aussi toute son écurie & son chariot, & le lendemain les chevaux & le chariot de son rival demeurerent bien loin derriere les siens ; ce qui fit crier en plein Théâtre : Marnas est vaincu ; Jesus-Christ est victorieux. Cette victoire d'Italicus produisit la conversion de plusieurs personnes de Gaze.

Dira-t'on que tout cela n'est que l'effet de l'imagination, de la prévention, de la supercherie d'un habile charlatan ? Comment persuader à cinquante personnes, qu'une femme qui est présente à leurs yeux, est changée en jument, supposé qu'elle ait conservé sa figure de femme ? Comment le soldat rapporté dans Æneas Sylvius ne reconnut-il pas sa femme, à qui il coupa l'oreille, & qu'il perça de son épée ? Comment Apollonius de Thyane persuada-t-il aux Ephésiens de tuer un homme, qui réellement n'étoit qu'un chien ? Comment connut-il que ce chien, ou cet homme, étoit la cause de la peste qui affligeoit la ville d'Ephese ? Il est donc très-croyable, que le mauvais Esprit agit souvent sur les corps, sur l'air, sur la terre, sur les animaux, & y produit des effets qui paroissent au-dessus des forces de l'homme.

On dit qu'en Laponie on tient école de Magie ; que les peres y envoient leurs enfans, persuadés que la Magie leur est nécessaire pour éviter les embûches de leurs ennemis, qui sont eux-mêmes grands Magiciens. Ils font passer les Démons familiers dont ils se servent, en héritage à leurs enfans, afin de s'en servir pour surmonter les Démons des autres familles, qui leur sont contraires. Ils se servent souvent d'un certain tambour pour leurs opérations magiques : par exemple, s'ils ont envie de sçavoir ce qui se passe en pays étrangers, un d'entr'eux bat ce tambour, mettant dessus à l'endroit où l'image du soleil est représentée, quantité d'anneaux de laiton attachés ensemble avec une chaîne du même métal ; il frappe sur le tambour avec un marteau fourchu fait d'un os de telle sorte, que ces anneaux se remuent : il chante en même tems d'une voix distincte une chanson, que les Lapons nomment *Jouk* ; & tous ceux de leur Nation qui sont présens, hommes & femmes, ajoutent chacun la leur, exprimant de tems en tems le nom du lieu, dont ils désirent apprendre quelque nouvelle.

Le Lapon ayant frappé quelque tems fur le tambour, le met fur fa tête d'une certaine façon, & tombe auſſi-tôt par terre immobile, & fans donner aucune marque de vie. Tous les hommes & toutes les femmes continuent de chanter toujours, juſqu'à ce qu'il ſoit revenu à lui : s'ils ceſſent de chanter, l'homme meurt ; ce qui lui arrive auſſi, ſi quelqu'un eſſaye de l'éveiller, en le touchant de la main ou du pied. On éloigne même de lui les mouches, qui par leur bourdonnement pourroient l'éveiller & le faire revenir.

Quand il eſt revenu à lui, il répond aux queſtions qu'on lui fait ſur le lieu où il a été envoyé. Quelquefois il ne ſe réveille qu'au bout de 24 heures, quelquefois plutôt, & quelquefois plus tard, felon la diſtance du lieu où il eſt allé. Et pour aſſurance de ce qu'il dit, & du chemin qu'il a fait, il rapporte du pays où il a été envoyé la marque qu'on lui a demandée, un couteau, un anneau, des ſouliers ou quelqu'autre choſe. On peut voir ſur tout cela Jean Scheffer, *Laponia*, imprimé à Francfort in-4º. an. 1673. chapitre xj. intitulé *de Sacris Magicis & Magia Laponia*, pag. 119. & ſuiv.

Les mêmes Lapons ſe ſervent auſſi de ce tambour pour ſçavoir la cauſe d'une maladie, ou pour faire perdre la vie ou la force à leurs ennemis. De plus il y a parmi eux certains Magiciens, qui tiennent dans une eſpece de gibeciere de cuir des mowuches magiques, qu'ils lâchent de tems en tems contre leurs ennemis, ou contre leur bétail, ou ſimplement pour exciter des tempêtes, & faire lever des vents orageux. Ils ont auſſi une ſorte de dard qu'ils lancent en l'air, & qui donne la mort à tout ce qu'il rencontre. Ils se servent encore d'une espece de Pelotte nommée *Tyre*, presque ronde, qu'ils envoient de même contre leurs ennemis pour les faire périr ; & si par malheur cette Pelotte rencontre en chemin quelqu'autre personne, ou quelque animal, elle ne manque pas de lui donner la mort.

Qui se persuadera que les Lapons qui vendent les vents, excitent les tempêtes, racontent ce qui se passe en des lieux éloignés, où ils vont, disent-ils, en esprit, & en rapportent des choses qu'ils y ont trouvées ? Qui se persuadera que tout cela se fasse sans le secours de la Magie ? On a voulu dire que dans le fait d'Apollonius de Thyane, on fit sécrettement évader l'homme tortu & difforme, & qu'on mit en sa place un chien qui fut lapidé, ou qu'après avoir lapidé cet homme, on lui substitua subtilement un chien mort. Tout cela demanderoit bien de la préparation, & seroit bien difficile à exécuter à la vûe de tout un peuple ? Il vaudroit peut-être autant nier le fait, qui en effet paroît très-fabuleux, que de recourir à des pareilles explications.

---

1. ↑ Aug. de Civit. lib. xviij. c. 16. 17. 18.
2. ↑ Dan. iv. 13. 29. 50.
3. ↑ Aristot. de mirabil. Horat. Epist. lib. 20.
4. ↑ Athenæ. Dipnosoph.
5. ↑ Friderici Hoffman. de Diaboli potentiâ in corpora, pag. 382.
6. ↑ Hieronym. vit. S. Hilarion.

CHAPITRE XIV.

Effets de la Magie, selon les Poëtes.

SI l'on vouloit croire ce que disent les Poëtes des effets de la Magie, & ce que les Magiciens se vantent de faire par leurs charmes, rien ne seroit plus merveilleux que leur art, & l'on ne pourroit n'y pas reconnoître une très-grande puissance du Démon. Pline[1] raconte, qu'Appion évoqua l'Ame d'Homere, pour sçavoir de lui quelle étoit sa patrie & ses parens. Philostrate dit[2] qu'Apollonius de Thyane étant venu au tombeau d'Achile, évoqua ses manes, & les pria de lui faire apparoître la figure de ce Héros ; qu'après le tremblement du tombeau, il vit paroître d'abord un jeune homme de cinq coudées, ou de sept pieds & demi de haut ; qu'ensuite le fantôme parut grand de douze coudées, & d'une beauté singuliere. Apollonius lui fit quelques questions assez frivoles, & voyant que le jeune homme badinoit d'une maniere indécente, il comprit qu'il étoit possédé d'un Démon ; il le guérit, & chassa le Démon. Mais tout cela est fabuleux.

Lactance[3] réfutant les Philosophes Démocrite, Epicure, & Dicéarque, qui nioient l'immortalité de l'Ame, dit qu'ils n'oseroient soutenir leur sentiment devant un Magicien, qui par la force de son art & de ses charmes a le secret de faire sortir les Ames de l'Enfer, de les faire paroître, parler & prédire l'avenir, & donner des marques certaines de leur présence.

S. Augustin[4] toujours circonspect dans ses décisions, n'ose décider, si les Magiciens ont le pouvoir d'évoquer les Ames des Saints par la force de leurs enchantemens. Mais Tertulien[5] plus hardi, soutient que nul art magique n'a le pouvoir de faire sortir les Ames des Saints du lieu de leur repos ; que tout ce que peuvent faire les Nécromanciens, est de faire paroître quelques fantômes avec un corps emprunté, qui fascine les yeux, & fait prendre aux assistans pour vrai ce qui n'est qu'apparence. Dans le même endroit il cite Héraclius, qui dis que les Nasamones, peuples d'Afrique, passent la nuit auprès des tombeaux de leurs proches pour en recevoir des Oracles ; & que les Celtes, ou Gaulois, en usent de même auprès des Mausolées des grands hommes, au rapport de Nicandre.

Lucain dit[6], que les charmes des Magiciens font gronder les tonnerres dans les Cieux à l'insçû de Jupiter ; qu'ils arrachent la Lune de sa sphere, & la précipitent sur la terre ; qu'ils troublent le cours de la nature, allongent les nuits, & accourcissent les jours ; que l'univers obéit à leur voix, & que le monde demeure dans l'engourdissement, lorsqu'ils parlent & qu'ils commandent.

Cessavêre vices rerum, dilataque longâ
Hæsit nocte dies : legi non paruit œther ;
Torpuit & præceps audito carmine mundus ;
Et tonat ignaro cœlum Jove.

On étoit si persuadé que les Magiciens avoient le pouvoir de faire descendre la Lune du haut du Ciel, & on croyoit tellement qu'elle étoit évoquée par l'art magique, lorsqu'elle tombe en éclipse, que l'on faisoit alors grand bruit, en frappant sur des vases de cuivre, pour empêcher que la voix des Enchanteurs ne passât jusqu'à elle[7].

Cantat, & è curru tentat deducere Lunam,
Et faceret, si non æra repulsa sonent.

Ces opinions populaires & les fictions poëtiques ne méritent aucune créance ; mais elles montrent qu'elle est la force du préjugé. On assure[8], qu'encore aujourd'hui les Perses croyent donner du secours à la Lune dans son éclipse, en frappant fortement sur des vases d'airain, & faisant grand bruit.

Ovide[9] attribue aux enchantemens de la Magie les évocations des puissances infernales, & leur renvoi dans l'Enfer, les orages, les tempêtes, le retour du beau tems.

Obscurum verborum ambage novorum
Ter novies carmen magico demurmurat ore ;
Jam ciet infernas magico stridore catervas,
Jam jubet aspersum lacte referre pedem.
Cùm libet, hæc tristi depellit nubila cœlo ;
Cùm libet, æstivo provocat orbe nives.

Ils lui attribuoient le pouvoir de changer les hommes en animaux par le moyen de certaines herbes, dont la vertu leur étoit connue[10].

> *Naïs nam ut cantu, nimiùmque potentibus herbis*
> *Verterit in tacitos juvenilia corpora piſces.*

Virgile[11] parle des ſerpens endormis & enchantés par les Magiciens.

> *Vipereo generi & graviter ſpirantibus hydris*
> *Spargere qui ſom nos cantuque manuque ſolebat.*

Et Tibulle[12] dit qu'il a vû la Magicienne faire deſcendre les aſtres du Ciel, & détourner les foudres prêts à tomber ſur la terre ; qu'elle a ouvert la terre, & fait ſortir les morts de leurs tombeaux.

Comme la matiere eſt ſuſceptible des ornemens de la Poëſie, les Poëtes à l'envi ſe ſont étudiés à en orner leurs ouvrages. Ce n'eſt pas qu'ils fuſſent perſuadés de la vérité de ce qu'ils diſoient : ils s'en mocquoient les premiers dans l'occaſion, de même que les plus ſenſés & les plus ſages du paganiſme. Mais ni les Princes, ni les Prêtres, ne ſe mettoient guere en peine de déſabuſer le peuple, ni de détruire ſes préjugés ſur tout cela. La Religion payenne les ſouffroit, les autoriſoit, & une partie de ſes pratiques étoit fondée ſur de pareilles ſuperſtitions.

---

1. ↑ Plin. l. 3. c. 2.
2. ↑ Philoſtrat. vit. Appollon.
3. ↑ Lactant. l. 6. divin. inſtit. c. 13.
4. ↑ Aug. ad Simplic.
5. ↑ Tertull. de animâ. c. 57.
6. ↑ Lucan. Pharſal. 1. 6. v. 450. & ſequent.
7. ↑ Tibull. l. I. Eleg. 9. v. 21.
8. ↑ Pietro della Valle, voyage.

9. ↑ Ovid. Metamorph. 14.
10. ↑ Ovide Metamorph. 4.
11. ↑ Virgil. Æneid. l. 7.
12. ↑ Tibull. l. I.

CHAPITRE XV.

Des Oracles des Payens.

S'Il étoit bien prouvé que les Oracles de l'Antiquité payenne fussent l'ouvrage du mauvais Esprit, on ne pourroit donner de preuves plus réelles & plus sensibles de l'Apparition du Démon parmi les hommes, que ces Oracles si vantés, qui se rendoient presque dans tous les pays du monde parmi les peuples qui passoient pour les plus sages & les plus éclairés, comme les Egyptiens, les Chaldéens, les Perses, les Syriens, les Hébreux même, les Grecs, les Romains. Il n'y a pas jusqu'aux peuples barbares qui n'eussent leurs Oracles.

La Religion payenne n'avoit rien dont elle se fit plus d'honneur, & dont elle se vantât avec plus de complaisance. Dans toutes les grandes entreprises on recouroit à l'Oracle ; par-là se décidoient les plus importantes affaires de Ville à Ville, de Province à Province. La maniere de rendre les Oracles n'étoit pas la même par-tout. On dit[1] que le Taureau Apis, dont le culte étoit si ancien dans l'Egypte, rendoit ses Oracles en recevant sa nourriture de la main de celui qui le consultoit. S'il la reçoit, dit-on, on en tire un bon augure : s'il la refuse, c'est un mauvais présage. Lorsque cet animal paroît en public, il est accompagné par une troupe d'enfans, qui chantent des hymnes en son honneur ; ensuite ces enfans sont remplis d'un enthousiasme sacré, & commencent à prédire l'avenir. Si le Taureau entre tranquillement dans sa loge, c'est un signe heureux[2] : s'il en sort, c'est le contraire. Tel étoit l'aveuglement des Egyptiens.

Il y avoit encore d'autres Oracles en Egypte[3] ; comme ceux de Mercure, d'Apollon, d'Hercule, de Diane, de Minerve, de Jupiter Ammon, &c. qui fut consulté par Alexandre le Grand. Mais Hérodote remarque que de son tems ils n'avoient point de Prêtres ni de Prêtresses qui rendissent des Oracles. C'étoient certains présages, qu'ils tiroient ou des mouvemens des statues des Dieux, ou de la premiere voix qu'ils entendoient après les avoir consultés ; Pausanias[4] dit que celui qui consulte, dit à l'oreille de Mercure ce qu'il demande, puis il se bouche les oreilles, sort du temple, & les premieres paroles qu'il entend du premier qu'il rencontre, sont tenues pour la réponse du Dieu.

Les Grecs reconnoissent qu'ils ont reçû des Egyptiens & les noms des Dieux & leurs plus anciens Oracles ; entr'autres celui de Dodone, qui étoit déja en vogue du tems d'Homere[5], & qui venoit de l'Oracle de Jupiter de Thebes : car les Prêtres Egyptiens racontoient que deux Prêtresses de ce Dieu avoient été enlevées par des marchands Phéniciens, qui les avoient vendues, l'une en Libye & l'autre en Grece[6] ; & qu'elles avoient établi des Oracles chacune dans le lieu où elles avoient fixé leur demeure. Ceux de Dodone racontoient que deux colombes noires s'étoient envolées de Thebes d'Egypte ; que celle qui s'étoit arrêtée à Dodone, s'étoit perchée fur un hêtre, & avoit déclaré d'une voix intelligible que les Dieux vouloient qu'on établit en cet endroit un Oracle de Jupiter ; que l'autre s'étant envolée en Libye, y avoit formé l'Oracle de Jupiter Ammon. Voilà certainement des origines bien frivoles & bien fabuleufes. L'Oracle de Delphes eft plus récent & plus fameux. Phémonoé en fut la premiere Prêtreffe, & commença du tems d'Acrifius, 27 ans avant Orphée, Mufée & Linus. On la dit inventrice du vers Héxametre[Z].

Mais je crois remarquer des veftiges d'Oracles en Egypte dès le tems du Patriarche Jofeph, & du tems de Moïfe. Les Hébreux avoient demeuré pendant 215 ans en Egypte, & s'y étant extraordinairement multipliés, avoient commencé à former un peuple féparé, & une efpece de République. Ils avoient pris goût aux cérémonies, aux fuperftitions, aux coutumes, à l'idolâtrie des Egyptiens. Jofeph paffoit pour le plus habile Devin, & pour le plus grand interprete des fonges qui fût en Egypte. On croyoit qu'il tiroit des Oracles par l'infpection de la liqueur qu'il avoit mife dans fa coupe. Moïfe pour guérir les Hébreux de leur penchant à l'Idolâtrie & aux fuperftitions Egyptiennes, leur prefcrivit des Loix & des Cérémonies propres à fon deffein, les unes diamétralement oppofées à celles des Egyptiens, les autres y ayant quelque rapport de reffemblance, mais différentes par leur objet & par les circonftances.

Par exemple, les Egyptiens étoient accoutumés à conſulter les Devins, les Oracles, les Magiciens, les Interpretes des ſondes, les Augures. Moïſe[8] défend tout cela aux Hébreux ſous des peines rigoureuſes ; mais afin qu'ils n'euſſent pas lieu de ſe plaindre que leur religion ne leur fourniſſoit point les mêmes moyens de découvrir l'avenir & les choſes cachées, Dieu par une condeſcendance admirable leur accorda l'*Urim & Thummim*, ou la doctrine & la vérité, dont le Grand Prêtre étoit revêtu ſur ſon Rational dans les principales Cérémonies de Religion, & par le moyen deſquels il rendoit des Oracles, & découvroit la volonté du Très-Haut. Lorſque l'Arche d'Alliance & le Tabernacle furent conſtruits, le Seigneur conſulté par Moïſe[9] leur rendoit ſes réponſes du milieu des deux Chérubins, qui étoient placés ſur le propitiatoire au-deſſus de l'Arche d'Alliance. Tout cela inſinue que dès le tems du Patriarche Joſeph, il y avoit des Oracles & des Devins dans l'Egypte, & que les Hébreux les conſultoient.

Dieu promit à ſon peuple de ſuſciter du milieu d'eux un Prophete[10] qui leur découvriroit ſes volontés. En effet on vit preſque dans tous les tems parmi eux des Prophetes inſpirés de Dieu ; & les vrais Prophetes leur reprochoient vivement leur impiété, lorſqu'au lieu de venir aux Prophetes du Seigneur, ils alloient conſulter des Oracles étrangers[11], & des Divinités ſans pouvoir & ſans réalité.

Nous avons parlé ci-devant des Théraphims de Laban, des Idoles, ou des prétendus Oracles de Michas & de Gédéon. Le Roi Saül qui apparemment par le conſeil de

Samuel avoit exterminé les Devins & les Magiciens du pays d'Ifrael, voulut dans fa derniere guerre confulter le Seigneur, qui ne voulut pas lui répondre : il s'adreffa enfuite à une Magicienne qui lui promit de lui évoquer Samuel. Elle le fit, ou feignit de le faire : car la chofe fouffre des difficultés, dans lefquelles nous n'entrons pas ici.

Le même Saül ayant confulté le Seigneur dans une autre occafion, fçavoir s'il devoit pourfuivre les Philiftins qu'il venoit de défaire, Dieu refufa auffi de lui répondre[12], parce que Jonathas fon fils avoit goûté un peu de miel, ne fçachant pas la défenfe que le Roi avoit faite à fon armée de goûter quoique ce fût avant la défaite entiere des ennemis.

Le filence du Seigneur dans certaines occafions, & le refus qu'il faifoit quelquefois de répondre lorfqu'il étoit confulté, font une preuve évidente que pour l'ordinaire il répondoit, & qu'on étoit affuré d'être inftruit de fa part, à moins qu'on n'y mit obftacle par quelque action qui lui déplût.

---

1. ↑ Plin. l. 8. c. 48.
2. ↑ Herodot. l. 9.
3. ↑ Vide Joan. Marfham, Sæc. 4. p. 62. 63.
4. ↑ Paufan. lib. 7. pag. 441.
5. ↑ Homer. Iliad. 12. v. 235.
6. ↑ Herodot. l. 2. c. 52. 55.
7. ↑ Clemens Alexand. Stromat. lib, I. Paufanias, Phoca. c. 217.
8. ↑ Exod. xxviij. 30.
9. ↑ Exod. xxv. 22. Num. vij. 13.
10. ↑ Deut. xviij. 13.
11. ↑ IV. Reg. I. 2. 3. 16. &c.
12. ↑ I. Reg. xiv. 37.

CHAPITRE XVI.

La certitude de l'évènement prédit n'est pas toujours une preuve que la prédiction vienne de Dieu.

MOïse avoit bien prévû qu'un peuple aussi indocile & aussi superstitieux que les Israélites, ne se contenteroit pas des moyens raisonnables, pieux & surnaturels qu'il leur avoit procurés pour découvrir l'avenir, en leur donnant des Prophetes & l'Oracle du grand Prêtre. Il sçavoit qu'il s'élèveroit parmi eux de faux Prophetes & des séducteurs, qui s'efforceroient par leurs prestiges & par les secrets de la Magie de les induire à erreur ; d'où vient qu'il leur dit[1] : *S'il s'éleve parmi vous un Prophete, ou quelqu'un qui se vante d'avoir eu un songe, & qu'il prédise un miracle, ou une chose qui surpasse la connoissance ou le pouvoir ordinaire d'un homme, & que ce qu'il aura prédit arrive, & qu'après cela il vous dise : allons, servons les Dieux étrangers qui vous sont inconnus ; vous ne l'écouterez point, parce que le Seigneur votre Dieu veut vous éprouver, pour voir si vous l'aimez de tout votre cœur & de toute votre ame.*

Certes rien n'est plus capable de nous induire à erreur, que de voir arriver ce qui a été prédit par quelqu'un.

Annoncez-nous les choſes futures, dit Iſaïe[2], *& nous croirons que vous êtes des Dieux ; qu'ils viennent, & qu'ils annoncent ce qui doit arriver, & ce qui a été fait au tems paſſé, & nous y croirons,* &c. *Idoneum teſtimonium Divinitatis,* dit Tertullien[3], *veritas Divinationis.* Et S. Jérome[4] : *Confitentur Magi, confitentur Arioli, & omnis ſcientia ſœcularis litteraturœ, prœſcientiam futurorum non eſſe hominum, ſed Dei.*

Cependant nous venons de voir que Moïſe reconnoît qu'un faux Prophete peut prédire des choſes qui arriveront ; & le Sauveur dans l'Evangile nous avertit qu'à la fin du monde il s'élevera pluſieurs faux Prophetes qui ſéduiront pluſieurs perſonnes[5] ; *qu'ils feront des ſignes & des prodiges capables d'induire à erreur même, s'il étoit poſſible, les Elûs.* Ce n'eſt donc pas préciſément, ni le ſuccès de l'évenement qui décide en faveur du faux Prophete, ni le défaut d'exécution des prédictions faites par de vrais Prophetes, qui prouve qu'ils ne ſont pas envoyés de Dieu. Jonas fut envoyé pour prédire la ruine de Ninive[6], qui n'arriva pas ; & tant d'autres menaces des Prophetes n'ont pas été ſuivies de l'exécution, parce que Dieu touché du repentir des pécheurs a révoqué ou commué ſa premiere ſentence. La pénitence des Ninivites les garantit du dernier malheur. Iſaïe avoit clairement prédit au Roi Ezéchias[7], qu'il ne releveroit pas de ſa maladie : *diſpone domui tuœ, quia moriêris tu, & non vives.* Cependant Dieu touché de la priere de ce Prince révoqua ſa ſentence de mort, & avant que le Prophete fût ſorti de la Cour du Roi[8], Dieu lui ordonna de retourner, & de lui dire qu'il lui ajoûteroit encore quinze années de vie.

Moïse donne pour marque d'un vrai Prophete, lorsqu'il nous conduit à Dieu & à son culte ; & pour marque d'un faux Prophete, lorsqu'il nous éloigne du Seigneur, & nous porte à la superstition & à l'Idolâtrie. Balaam étoit un vrai Prophete inspiré de Dieu, qui a prédit des choses qui ont été suivies de l'évenement ; mais il étoit très-corrompu dans ses mœurs, & esclave de son intérêt. Il fit ce qu'il put pour mériter que le Roi de Moab lui donnât la récompense promise, & pour pouvoir maudire & dévouer Israël[9]. Dieu ne le lui permit pas ; il lui mit dans la bouche des bénédictions au lieu de malédictions ; il n'induisit pas les Israélites à abandonner le Seigneur : il engagea les Moabites à séduire le peuple de Dieu, & à le faire tomber dans la fornication & dans le culte des Idoles du pays, & par ce moyen à irriter Dieu contr'eux, & à leur attirer les effets de sa vengeance. Aussi Moïse fit pendre tous les chefs du peuple qui avoient consenti au crime, & fit périr les Madianites, qui y avoient engagé les Hébreux. Enfin Balaam qui étoit la premiere cause du mal, fut aussi puni de mort[10].

Dans toutes les prédictions des Devins ou des Oracles, lorsqu'elles sont suivies de l'effet, on ne peut guere disconvenir que le mauvais Esprit n'intervienne, & ne découvre l'avenir à ceux qui le consultent. S. Augustin dans son livre *de Divinatione Dæmonnum*[11], ou des prédictions faites par le mauvais Esprit, lorsqu'elles sont suivies de l'effet, suppose que les Démons sont d'une nature aërienne, & beaucoup plus subtile que les corps ordinaires ; ensorte qu'ils surpassent sans comparaison & la legereté des hommes & des animaux les plus vîtes, & le vol des oiseaux, ce qui fait qu'ils peuvent annoncer des choses qui se passent dans des lieux fort éloignés, & hors de la portée ordinaire des hommes. De plus comme ils ne sont pas comme nous sujets à la mort, ils ont acquis une expérience incomparablement plus grande que ne peut être celle des hommes les plus expérimentés, & les plus attentifs à ce qui arrive dans le monde. Par ce moyen ils peuvent prédire plusieurs choses à venir, annoncer plusieurs choses éloignées, & faire plusieurs choses merveilleuses ; ce qui a souvent porté les mortels à leur rendre des honneurs divins, comme les croyant d'une nature beaucoup plus excellente que la leur.

Mais lorsqu'on réfléchit sérieusement sur ce que les Démons prédisent, on remarque, que souvent ils n'annoncent que ce qu'ils doivent faire eux-mêmes[12]. Car Dieu leur permet quelquefois de causer des maladies, de corrompre l'air, d'y produire des qualités propres à infecter les hommes, de porter les méchans à persécuter les gens de bien. Ils opèrent ces choses d'une maniere cachée, par des ressorts inconnus aux mortels, & proportionnés à la subtilité de leur nature. Ils peuvent annoncer ce qu'ils ont prévû devoir arriver par certains signes naturels inconnus aux hommes, à peu près comme un Médecin prévoit par le secret de son art & par son expérience les suites & les symptômes d'une maladie, que nul autre n'auroit pû prévoir.

Ainsi le Démon qui connoît nos tempéramens, & les secrettes dispositions de nos humeurs, peut prédire nos maladies qui en sont des suites. Il peut aussi découvrir nos pensées & nos désirs secrets[13] par certains mouvemens extérieurs, par certaines paroles lâchées au hazard, dont il sçait faire profit pour découvrir nos dispositions intérieures, d'où il infere que l'on fera ou que l'on entreprendra certaines choses, qui sont les suites de ces pensées & de ces dispositions.

Mais il s'en faut bien que ses prédictions soient comparables à celles que Dieu nous révele par ses Anges ou par ses Prophetes : celles-ci sont toujours certaines & infaillibles, parce qu'elles ont Dieu, qui est la vérité, pour principe ; au lieu que les prédictions des Démons sont souvent trompeuses, parce que les dispositions sur lesquelles elles sont fondées, peuvent être changées & dérangées, lorsqu'ils s'y attendent le moins, par des circonstances imprévûes & inopinées, ou par l'autorité des Puissances supérieures, qui renversent les premiers projets, ou par une disposition particuliere de la providence, qui met des bornes à la puissance du Prince des ténebres. Quelquefois aussi les Démons trompent exprès les hommes, qui ont eu la foiblesse de mettre en eux leur confiance ; mais pour l'ordinaire ils en rejettent la faute sur ceux qui de leur chef se sont mêlés d'interpréter leurs discours & leurs prédictions.

C'est ce que dit S. Augustin ; & quoique nous ne convenions pas tout-à-fait du principe avec lui, & que nous tenions les Ames, les Anges & les Démons dégagés de toute matiere, toutefois nous pouvons appliquer ſon raiſonnement aux mauvais Eſprits, même dans la ſuppoſition qu'ils ſont immatériels, & convenir que quelquefois ils peuvent prédire l'avenir, & que leurs prédictions peuvent être ſuivies de l'effet ; mais ce n'eſt point une preuve qu'ils ſoient envoyés de Dieu, ni inſpirés de ſon Eſprit. Quand même ils feroient des miracles, il faut leur dire anathême, dès qu'ils nous détournent du culte du vrai Dieu, ou qu'ils nous portent au déſordre.

---

1. ↑ Deut. xiij. 2.
2. ↑ Iſai. xlj. 22. 23.
3. ↑ Tertull. Apolog. c. 20.
4. ↑ Hieronym. in Dan.
5. ↑ Matth. xxiv. II. 20.
6. ↑ Jonas I. 2.
7. ↑ IV. Reg. xx. I.
8. ↑ Iſaïe xxxviij. I.
9. ↑ Num. xxij. & xxiij. & xxiv.
10. ↑ Num. xxxj. 8.
11. ↑ Aug. de Divinat. Dæmon. c. 3. pag. 507. 508 & ſeq.
12. ↑ Idem, c. 5.
13. ↑ S. Aug. dans ſes retract. l. 2. c. 30. avoue qu'il a avancé ceci trop légerement.

CHAPITRE XVII.

Raiſons qui peuvent perſuader que la plûpart des anciens Oracles n'étoient que des ſupercheries des Prêtres & des Prêtreſſes, qui feignoient d'être inſpirés de Dieu.

S'Il eſt vrai, comme l'ont crû pluſieurs anciens & pluſieurs nouveaux, que les Oracles de l'Antiquité payenne n'étoient qu'illuſions & preſtiges de la part des Prêtres & Prêtreſſes, qui ſe diſoient poſſédés de l'eſprit de Python, & remplis de l'inſpiration d'Apollon, qui leur découvroit intérieurement les choſes cachées, paſſées, préſentes & futures, je ne dois pas les mettre ici au rang des Apparitions des mauvais Eſprits. Le Démon n'y aura d'autre part que celle qu'il a dans les crimes des hommes, & dans cette multitude de péchés que la cupidité, l'ambition, l'intérêt, l'amour propre produiſent dans le monde ; le Démon toujours attentif à nous ſéduire, & à nous jetter dans le déſordre & dans l'erreur, employant toutes nos paſſions à nous entraîner dans ſes piéges.

Si ce qu'il a prédit eſt ſuivi de l'exécution, ſoit par hazard, ou parce qu'il a prévû certaines circonſtances inconnues aux hommes, il s'en attribue la gloire, & s'en ſert pour attirer notre confiance, & pour concilier du crédit à ſes prédictions ; ſi la choſe eſt douteuſe, & qu'il en ignore l'iſſue, le Démon, le Prêtre ou la Prêtreſſe rendront un Oracle équivoque, afin qu'à tout évenement ils paroiſſent avoir dit vrai.

Les anciens Légiſlateurs de la Grece, les plus habiles Politiques, les Généraux, d'armées ſe ſervoient habilement de la prévention des peuples en faveur des Oracles, pour leur perſuader que ce qu'ils avoient concerté étoit approuvé des Dieux, & annoncé par l'Oracle. Ces choſes & ces entrepriſes étoient ſouvent ſuivies d'un heureux ſuccès, non parce que l'Oracle l'avoit prédit ou ordonné, mais parce que l'entrepriſe étoit bien concertée & bien conduite, & que les ſoldats, par exemple, perſuadés que Dieu étoit de la partie, combattoient avec une valeur plus extraordinaire.

Quelquefois on gagnoit la Prêtreſſe à force de préſens, & on la diſpoſoit par-là à donner des réponſes favorables. Démoſthene haranguant à Athenes contre Philippe Roi de Macédoine, diſoit que la Prêtreſſe de Delphes *philippiſoit,* & ne rendoit que des Oracles conformes aux inclinations, aux avantages & aux intérêts de ce Prince.

Porphyre, le plus grand ennemi du nom Chrétien[1], ne fait pas difficulté d'avouer que les Oracles étoient dictés par l'eſprit de menſonge, & que les Démons ſont les vrais auteurs des enchantemens, des philtres & des maléfices ; qu'ils faſcinent les yeux par les ſpectres & les fantômes qu'ils font paroître ; qu'ils ont l'ambition de paſſer pour des Dieux ; que leurs corps aëriens & ſpirituels ſe nourriſſent de l'odeur & de la fumée du sang & de la graisse des animaux qu'on leur immole ; que la fonction de rendre des Oracles pleins de mensonges, d'équivoques & de tromperies, leur est tombée en partage. A la tête de ces Démons, il met *Hecate & Sérapis*. Jamblique autre Auteur payen en parle de même, & avec autant de mépris.

Les anciens Peres qui étoient voisins du tems où les Oracles subsistoient, dont plusieurs avoient quitté le Paganisme pour embrasser le Christianisme, & qui par conséquent connoissoient mieux les Oracles que nous ne les pouvons connoître, en parloient comme de choses inventées, gouvernées & soutenues par les Démons. Les Payens les plus sensés n'en parloient pas autrement ; mais aussi reconnoissoient-ils, que souvent la malice, la supercherie, la souplesse, l'intérêt des Prêtres étoient de la partie, & qu'ils abusoient de la simplicité, de la crédulité & de la prévention du peuple.

Plutarque dit[2] qu'un Gouverneur de Cilicie ayant envoyé consulter l'Oracle de Mopsus, qui se rendoit à Malle dans le même pays, celui qui portoit le billet s'endormit dans le temple, où il vit en songe un homme fort bien fait, qui lui dit simplement *noir*. Il porte au Gouverneur cette réponse, dont il ignoroit le mystere. Ceux qui l'entendirent, s'en mocquerent, ne sçachant pas ce que portoit le billet. Mais ce Gouverneur l'ayant ouvert, leur montra ces mots qu'il y avoit écrits : *T'immolerai-je un bœuf blanc ou noir ?* & que l'Oracle avoit répondu à sa demande sans ouvrir le billet.

Mais qui répondra qu'on n'a pas joué dans cette circonſtance le porteur du billet, comme faiſoit Alexandre d'Abonotiche, ville de Paphlagonie dans l'Aſie mineure ? Cet homme avoit eu le ſecret de perſuader au peuple de ſon pays, qu'il avoit avec lui le Dieu Eſculape ſous la forme d'un ſerpent apprivoiſé, qui rendoit des Oracles, & répondoit aux conſultations qu'on lui faiſoit ſur diverſes maladies, ſans ouvrir les billets qu'on mettoit ſur l'autel du temple de cette prétendue Divinité ; après quoi, ſans les ouvrir, on trouvoit le lendemain matin la réponſe au bas par écrit. Toute la fineſſe conſiſtoit, en ce qu'Alexandre d'Abonotiche levoit ſubtilement le cachet avec une aiguille chaude, puis le remettoit de même, après avoir écrit la réponſe en ſtyle obſcur & énigmatique, à la maniere des autres Oracles.

D'autrefois il employoit le maſtic, qui étant encore mol, prenoit l'empreinte du cachet ; puis étant durci, il y remettoit un autre cachet avec la même empreinte. Il recevoit environ dix ſols par billet, & ce jeu dura toute ſa vie, qui fut longue : car il mourut âgé de ſoixante-dix ans d'un coup de foudre, ſur la fin du deuxième ſiécle de l'Egliſe. On peut voir tout cela plus au long dans le livre de Lucien intitulé : *Pſeudomanes, ou le faux Devin*. Le Prêtre de l'Oracle de Mopſus aura pû par le même ſecret ouvrir le billet du Gouverneur qui le conſultoit, & ſe montrant pendant la nuit au meſſager, lui déclarer la réponſe dont on a parlé.

Macrobe[3] raconte, que l'Empereur Trajan, pour éprouver l'Oracle d'Héliopolis en Phénicie, lui envoya une lettre bien cachetée, où il n'y avoit rien d'écrit : l'Oracle ordonna qu'on lui en envoyât une autre auſſi ſans écriture. Les Prêtres de l'Oracle en furent fort ſurpris, n'en ſçachant pas la raiſon. Une autre fois le meme Empereur envoya conſulter le même Oracle, pour ſçavoir s'il reviendroit de ſon expédition contre les Parthes : l'Oracle ordonna qu'on lui envoyât des branches d'une vigne noueuſe qui étoit conſacrée dans ſon temple. Ni l'Empereur, ni perſonne ne put deviner ce que cela vouloit dire ; mais ſon corps, ou plutôt ſes os ayant été rapportés à Rome après ſa mort arrivée dans ce voyage, on jugea que l'Oracle avoit voulu prédire ſa mort, & déſigner ſes os décharnés, qui ont aſſez de rapport à des branches de vigne.

Il étoit aiſé de l'expliquer tout autrement, s'il étoit retourné victorieux, la vigne étant la mere du vin qui réjouit le cœur de l'homme, & qui eſt agréable aux Dieux & aux hommes ; & ſi cette expédition étoit infructueuſe, le bois de la vigne qui eſt inutile à toutes ſortes d'ouvrages, & qui n'eſt bon qu'à brûler, pouvant encore ſignifier l'inutilité de ce voyage. On convient que l'artifice, la malice, la ſupercherie des Prêtres payens ont eu beaucoup de part aux Oracles ; mais s'enfuit-il que le Démon ne s'en ſoit jamais mêlé ?

On doit avouer qu'à meſure que la lumiere de l'Evangile s'eſt répandue dans le monde, le régne du Démon, l'ignorance, la corruption des mœurs, le crime y ont diminué. Les Prêtres qui fe mêloient de prédire les chofes cachées par l'infpiration du mauvais Efprit, ou qui féduifoient les peuples par leurs preftiges & leurs fupercheries, ont été obligés de reconnoître que les Chrétiens leur impofoient filence, ou par l'empire qu'ils exerçoient fur le Démon, ou en découvrant la malice & les fourberies des Prêtres, que la fuperftition, la timidité & la vaine crédulité du peuple n'ofoient approfondir, par un refpect mal entendu qu'il avoit pour ce myftere d'iniquité.

Si quelqu'un vouloit nier aujourd'hui qu'il y eût autrefois des Oracles rendus par l'infpiration du Démon, on pourroit le convaincre par ce qui fe pratique encore aujourd'hui dans la Laponie, & par ce que racontent les Miffionnaires[4], que dans les Indes le Démon découvre les chofes cachées & futures, non par l'organe des Idoles, mais par la bouche des Prêtres qui fe trouvent préfens lorfqu'on interroge les ftatues ou le Démon. Et on remarque que le Démon y devient muet & impuiffant, à mefure que la lumiere de l'Evangile fe répand parmi ces Nations.

On peut donc attribuer le filence des Oracles, 1°. à une caufe furnaturelle, qui eft le pouvoir de Jefus-Chrift, & la publication de l'Evangile ; 2°. à ce que les hommes font devenus moins fuperftitieux, & plus hardis à rechercher les caufes de ces prétendues révélations ; 3°. A ce qu'ils font devenus moins crédules, comme le dit Cicéron[5] ; 4°. Parce que les Princes ont impofé filence aux Oracles, de peur qu'ils n'infpiraffent aux peuples des fentimens de révolte.

C'eſt pourquoi Lucain dit que les Princes craignoient de découvrir l'avenir[6] :

> *Reges timent futura,*
> *Et Superos vetant loqui.*

Strabon[7] conjecture que les Romains les ont négligés, parce qu'ils avoient les livres Sibyllins, leurs Auſpices & leurs Aruſpices, qui leur tenoient lieu d'Oracles. M. Vandale montre qu'on vit encore quelque reſte des Oracles ſous les Empereurs Chrétiens. Ce n'eſt donc qu'à la longue que les Oracles ont été entiérement abolis ; & l'on peut hardiment ſoutenir que quelquefois le mauvais Eſprit a découvert l'avenir, & a inſpiré les Miniſtres des faux Dieux par la permiſſion du Tout-puiſſant, qui vouloit punir la confiance des Infideles en leurs Idoles. Ce ſeroit outrer les choſes, que de ſoutenir que tout ce qu'on dit des Oracles n'eſt que l'ouvrage de la ſubtilité ou de la malice des Prêtres, qui abuſoient toujours de la crédulité des hommes. Il faut lire ſur cette matiere la ſçavante réponſe, que le P. Balthus a faite aux Traités de MM. Vandale & de Fontenelles.

---

1. ↑ Porphyr. apud Euſeb. de præpar. Evang. lib. 4. c. 5. 6.
2. ↑ Plutarch. de defectu. Oracul. pag. 434.
3. ↑ Macrob. Saturnal. lib. I. c. 23.
4. ↑ Lettres édifiantes, x.
5. ↑ Cicero, de Divinit. lib. 2. c. 57.
6. ↑ Lucain, Pharſal. lib. 5. pag. 112.
7. ↑ Strabo, lib. 17.

CHAPITRE XVIII.

Des Sorciers & Sorcieres.

L'Empire du Démon n'éclate en aucun endroit avec plus de pompe, que dans ce qu'on raconte du Sabbat, où il reçoit les hommages de ceux & de celles qui se sont donnés à lui. C'est là où les Sorciers & Sorcieres disent qu'il exerce sa plus grande autorité, & où il paroît sous une forme sensible, mais toujours hideux, difforme & terrible ; toujours pendant la nuit, dans des lieux écartés, & dans un appareil plutôt lugubre que réjouissant, plutôt triste & morne que majestueux & brillant. Si l'on y rend ses adorations au Prince des ténebres, il s'y montre dans une posture honteuse, & sous une figure basse, méprisable & hideuse : si l'on y mange, les mets du festin sont sales, insipides, & dénués de solidité & de substance ; ils ne rassasient point, & ne flattent point le goût : si l'on y danse, on le fait sans ordre, sans art, sans bien-séance.

Vouloir donner une description du Sabbat, c'est vouloir décrire ce qui n'éxiste point, & n'a jamais subsisté que dans l'imagination creuse & séduite des Sorciers & Sorcieres : les peintures qu'on nous en fait, sont d'après les rêveries de ceux & de celles qui s'imaginent d'être transportés à travers les airs au Sabbat en corps & en ame.

On y eſt porté, dit-on, monté ſur un balai, quelquefois ſur les nuées ou ſur un bouc. Ni le lieu, ni le tems, ni le jour auquel on s'aſſemble ne ſont point déterminés. C'eſt tantôt dans une forêt écartée, tantôt dans un déſert, ordinairement la nuit du Mercredi au Jeudi, ou la nuit du Jeudi au Vendredi. Le plus ſolennel de tous eſt celui de la veillé de S. Jean Baptiſte : on y diſtribue à chaque Sorcier la graiſſe dont il doit ſe frotter, quand il veut aller au Sabbat, & la poudre de maléfice, dont il doit ſe ſervir dans ſes opérations magiques. Ils doivent tous comparoître dans cette aſſemblée générale, & celui qui y manque eſt ſéverement maltraité de paroles & d'effets. Pour les aſſemblées particulieres, le Démon a plus d'indulgence pour ceux qui ont quelques raiſons de s'en abſenter.

Quant à la graiſſe dont ils ſe frottent, il y a des Auteurs, entr'autres Jean-Baptiſte Porta & Jean Vierius[1], qui ſe vantent d'en ſçavoir la compoſition. Il y entre beaucoup de drogues narcotiques, qui font tomber ceux qui s'en ſervent dans un profond aſſoupiſſement, pendant lequel ils s'imaginent qu'ils ſont emportés au Sabbat par la cheminée, au haut de laquelle ils trouvent un grand homme noir avec des cornes, qui les tranſporte au lieu où ils veulent, puis les en ramene par la même cheminée. Le récit que ces ſortes de gens en font, & la deſcription qu'ils donnent de leurs aſſemblées, n'eſt ni conſtante, ni uniforme.

Le Démon leur chef s'y fait voir, ou comme un bouc, ou comme un grand chien noir, ou comme un corbeau d'une grandeur déméſurée ; il eſt aſſis ſur un trône élevé, & y reçoit les hommages des affiftans en une partie du corps que l'honnêteté ne permet pas de nommer. Dans cette affemblée nocturne, on chante, on danfe, on s'abandonne aux diffolutions les plus honteufes : on fe met à table, on y fait bonne chere ; toutefois on ne voit fur la table ni couteau, ni fel, ni huile on ne trouve ni goût ni faveur dans les viandes, & on fort de table fans être raffafié.

On pourroit s'imaginer que l'attrait d'une meilleure fortune, & l'envie de s'enrichir y attirent les hommes & les femmes : le Démon ne manque pas de leur faire de magnifiques promeffes, du moins les Sorciers le difent & le croyent ainfi, trompés fans doute par leur imagination ; mais l'expérience fait voir que ces fortes de gens font toujours gueux, méprifés & malheureux, & finiffent ordinairement d'une maniere funefte & deshonorante.

Lorfqu'ils font admis au Sabbat pour la premiere fois, le Démon infcrit leur nom & furnom fur fon regître, qu'il leur fait figner ; alors il leur fait renier Crême & Baptême, leur fait renoncer à J. C. & à fon Eglife ; & pour les caractérifer & les faire connoître pour fiens, il imprime fur l'une des parties de leur corps une certaine marque avec l'ongle du petit doigt de l'une de fes mains. Cette marque ou ce caractere ainfi imprimé rend infenfible la partie où elle eft mife. On prétend même qu'il leur imprime ce caractere en trois parties de leur corps différentes l'une de l'autre, & à trois reprifes diverfes. Le Démon n'imprime pas, dit-on, ces caracteres, avant que la perfonne ait atteint l'âge de vingt-cinq ans.

Mais rien de tout cela ne mérite la moindre attention. Il peut fe trouver dans le corps d'un homme ou d'une femme quelque partie infenfible, comme il s'en trouve en effet quelquefois, ou par maladie, ou par l'effet de quelque remede, ou de quelques drogues, ou même naturellement ; mais cela ne prouve pas que le Démon s'en foit mêlé. Il y a même des accufés de Magie & de Sorcellerie, dans lefquels on n'a trouvé aucune partie ainfi caractérifée, ni infenfible, quelque recherche qu'on en ait pû faire. D'autres ont déclaré, que le Diable ne leur a jamais fait aucune de ces impreffions. On peut confulter fur cette matiere la feconde Lettre de M. de Saint André Médecin du Roi, où il développe fort bien ce que l'on dit de ces caracteres des Sorciers.

Le nom de Sabbat pris dans le fens que nous venons de voir, ne fe remarque pas dans les Anciens : ni les Hébreux, ni les Egyptiens, ni les Grecs, ni les Latins ne l'ont pas connu. La chofe même, je veux dire le *Sabbat* pris pour une affemblée nocturne de perfonnes qui fe font dévouées au Démon, ne fe remarque pas dans l'Antiquité, quoiqu'on y parle affez fouvent de Magiciens, de Sorciers & de Sorcieres ; c'eft-à-dire de gens qui fe vantoient d'exercer une efpece d'empire fur le Diable, & par fon moyen fur les animaux, fur l'air, fur les aftres, fur la vie & la fortune des hommes.

Horace[2] s'eft fervi du mot *Coticia*, pour marquer les affemblées nocturnes des Magiciens : *Tu riferis Coticia* ; ce qu'il dérive de *Cotys* ou *Cotto* Déeffe de l'impudicité, qui préfidoit aux affemblées qui le faifoient la nuit, & où les Bacchantes fe livroient à toutes fortes de plaifirs & de diffolutions ; mais cela eft bien différent du Sabbat des Sorciers.

D'autres dérivent ce terme de *Sabbatius*, qui eft une épithete du Dieu Bacchus, dont les fêtes nocturnes fe célébroient dans la débauche. Arnobe & Julius Firmicus Maternus enfeignent que dans ces fêtes on gliffoit un ferpent d'or dans le fein de ceux qui y étoient initiés, & qu'on le retiroit par le bas ; mais cette étymologie eft tirée de trop loin : le peuple qui a donné le nom de *Sabbat* aux affemblées des Sorciers, a voulu apparemment comparer par dérifion ces affemblées à celles des Juifs, & à ce qu'ils pratiquent dans leurs fynagogues aux jours de Sabbat.

Le plus ancien monument où j'aye remarqué une mention bien expreffe des affemblées nocturnes des Sorciers, eft dans les Capitulaires[3], où il eft dit, que des femmes féduites par les illufions du Démon difent qu'elles vont la nuit avec la Déeffe Diane, & une infinité d'autres femmes portées par les airs fur différens animaux, font en peu d'heures beaucoup de chemin, & obéiffent à Diane comme à leur Reine : *quædam fceleratæ mulieres Dæmonum illufionibus & phantafmatibus feductæ, credunt fe & profitentur nocturnis horis cum Dianâ Paganorum Deâ & innumerâ multitudine mulierum equitare fuper quafdam beftias, & multa terrarum fpatia intempeftæ noctis filentio pertranfire, ejufque juffionibus veluti Dominæ obedire.* C'étoit donc la Déeffe Diane ou la Lune, & non pas Lucifer, à qui elles rendoient hommage. Les Allemands nomment *Danſes des Sorcieres* ce que nous appellons le Sabbat : ils diſent que ces gens s'aſſemblent ſur le *mont Bructere*.

Le fameux Agobard[4] Archevêque de Lyon, qui vivoit ſous l'Empereur Louis le Débonnaire, a écrit un Traité contre certains ſuperſtitieux de ſon tems, qui croyoient que les tempêtes, la grêle & les tonnerres étoient cauſées par certains Sorciers qu'ils appelloient Tempêtiers *Tempeſtarios*, qui élevoient la pluie dans l'air, cauſoient les orages & les tonnerres, & amenoient la ſtérilité ſur la terre. Ils nommoient ces pluies extraordinaires *aura levatitia*, comme pour marquer qu'elles étoient élevées par la force de la Magie. En ce pays-ci le peuple appelle encore ces pluies violentes *alvace*. Il y avoit même des perſonnes aſſez prévenues pour ſe vanter de connoître de ces *Tempêtiers*, qui avoient la puiſſance de conduire ces tempêtes où ils vouloient, & de les détourner quand ils vouloient. Agobard en interrogea quelques-uns ; mais ils furent obligés de convenir qu'ils n'avoient pas été préſens à ce qu'ils racontoient.

Agobard ſoutient que tout cela eſt l'ouvrage de Dieu ſeul ; qu'à la vérité les Saints avec le ſecours de Dieu ont ſouvent opéré de pareils prodiges ; mais que ni le Démon ni les Sorcieres ne peuvent rien faire de ſemblable. Il remarque qu'il y avoit parmi ſon peuple des perſonnes ſuperſtitieuſes, qui étoient très-ponctuelles à payer ce qu'ils nommoient *Canonicum*, qui étoit une eſpece de tribut qu'ils offroient à ces *Tempêtiers*, pour les empêcher de leur nuire, pendant qu'ils refuſoient la dîme aux Prêtres, & l'aumône à la veuve, à l'orphelin & aux autres indigens.

Il ajoute que depuis quelque tems il s'étoit trouvé des gens aſſez dépourvûs de ſens, pour publier que Grimoalde Duc de Bénevent avoit envoyé en France des hommes chargés de certaines poudres qu'ils avoient répandues ſur les champs, les montagnes, les prairies & les fontaines, & avoient fait mourir un très-grand nombre d'animaux. On en arrêta pluſieurs, qui avouerent qu'ils étoient chargés de cette ſorte de poudre ; & quoiqu'on leur fit ſouffrir divers ſupplices, on ne put les obliger à ſe rétracter.

D'autres aſſuroient qu'il y avoit un certain pays nommé Mangonie, où il y avoit des vaiſſeaux qui étoient portés par les airs, & qui en enlevoient les fruits ; que les Sorciers avoient fait tomber des arbres pour les porter en leur pays, Il dit de plus, qu'un jour on lui préſenta trois hommes & une femme, que l'on diſoit être tombés de ces vaiſſeaux qui voguoient dans l'air. On les tint quelques jours dans les liens, & enfin ayant comparu devant leurs Accuſateurs, ceux-ci après pluſieurs conteſtations furent obligés de reconnoître qu'ils ne ſçavoient rien de certain ſur leur enlevement, ni ſur leur prétendue chûte du vaiſſeau porté dans l'air.

Charlemagne[5] dans ſes Capitulaires, & les Auteurs de ſon tems parlent auſſi de ces Sorciers Tempêtuaires, Enchanteurs, Caucolateurs, &c. & ordonnent qu'on les réprime, & qu'on les châtie ſévérement.

Le Pape Grégoire IX.[6] dans une Lettre adreſſée à l'archevêque de Mayence, à l'Evêque d'Hildesheim, & au Docteur Conrad en 1234. rapporte ainſi les abominations dont on accuſoit les Hérétiques *Stadingiens.* Quand ils reçoivent, dit-il, un Novice, & quand il entre la premiere fois dans leurs aſſemblées, il voit un crapaud d'une grandeur énorme, de la grandeur d'une oye, ou plus. Les uns le baiſent à la bouche, les autres par derriere. Puis le Novice rencontre un homme pâle ayant les yeux très-noirs, & ſi maigre qu'il n'a que la peau & les os. Il le baiſe, & le ſent froid comme une glace : après ce baiſer il oublie facilement la Foi Catholique ; enſuite ils font enſemble un feſtin, après lequel un chat noir deſcend derriere une ſtatue, qui ſe trouve ordinairement dans le lieu de l'aſſemblée.

Le Novice baiſe le premier ce chat par derriere, puis celui qui préſide à l'aſſemblée, & les autres qui en ſont dignes. Les imparfaits reçoivent ſeulement le baiſer du maître : ils promettent obéiſſance, après quoi on éteint les lumieres, & ils commettent entr'eux toutes ſortes d'impuretés ; ils reçoivent tous les ans à Pâques le Corps du Seigneur, & le portent dans leur bouche juſques dans leurs maiſons, puis le jettent dans le privé. Ils croyent en Lucifer, & diſent que le Maître du Ciel l'a injuſtement & frauduleuſement jetté dans les Enfers. Ils croyent auſſi que Lucifer eſt le Créateur des choſes céleſtes ; qu'il rentrera dans ſa gloire après avoir précipité ſon adverſaire, & que par lui ils entreront dans la béatitude éternelle. La Lettre eſt du 13 Juin 1233.

1. ↑ Joan. Vier. lib. 2. c. 7.
2. ↑ Horat. Epodon. 17. v. 19.
3. ↑ Baluz. Capitular. fragment. c. 13. Vide & Capitul. Herardi Epiſc. Turon.
4. ↑ Agobard. de grandine.
5. ↑ Vide Baluzii notas in Agobard. pag. 68. 69.
6. ↑ Fleury, Hiſt. Eccl. tom. xvij. p. 53. an. 1234.

CHAPITRE XIX.

Exemples de Sorciers & Sorcieres ſoi-diſant tranſportés au Sabbat.

On traite de fables tout ce qu'on dit des Sorcieres qui vont au Sabbat, & l'on a pluſieurs exemples qui prouvent qu'elles ne bougent de leurs lits ni de leurs chambres. Il eſt vrai que quelques-unes ſe frottent d'une certaine graiſſe ou onguent qui les aſſoupit, & les rend inſenſibles ; & pendant cet évanouiſſement elles s'imaginent aller au Sabbat, & y voir & entendre ce que tout le monde dit qu'on y voit & qu'on y entend.

On lit dans le livre intitulé : *Malleus Maleficorum*, ou *Marteau des Sorciers*, qu'une femme aſſuroit les Inquiſiteurs entre les mains deſquels elle étoit, qu'elle ſe rendoit réellement & corporellement où elle vouloit, encore qu'elle fût enfermée & étroitement gardée, & que le lieu où elle alloit fût fort éloigné.

Les Inquiſiteurs lui ordonnerent d'aller en un certain endroit, de parler à certaines perſonnes, & de leur en rapporter des nouvelles ; elle promit d'obéir. On l'enferma dans une chambre ſous la clef ; auſſi-tôt elle ſe coucha étendue comme morte : on entra, on la remua ; elle demeura immobile, & ſans aucun ſentiment, enſorte que lui ayant approché du pied une chandelle allumée, on le lui brûla sans qu'elle le sentit. Peu après elle revint à elle, & rendit compte de la commission qu'on lui avoit donnée, disant qu'elle avoit eu grande peine à faire le chemin. On lui demanda ce qu'elle avoit au pied : elle dit qu'elle y avoit grand mal depuis son retour, & ne sçavoit d'où cela lui venoit.

Alors les Inquisiteurs lui déclarerent ce qui étoit arrivé ; qu'elle n'étoit point sortie de sa place, & que sa douleur au pied qu'elle sentoit, lui venoit d'une chandelle qu'on lui avoit appliquée pendant son absence prétendue. La chose ayant été bien vérifiée, elle reconnut son égarement, demanda pardon, & protesta de n'y retomber jamais.

D'autres Historiens[1] racontent que par le moyen de certaines drogues dont les Sorciers & Sorcieres se frottent, ils sont réellement & corporellement transportés au Sabbat. Torquemade raconte d'après Paul Grillaud, qu'un mari ayant soupçonné sa femme d'être Sorciere, voulut sçavoir si elle alloit au Sabbat, & comment elle faisoit pour s'y transporter. Il l'observa de si près qu'il reconnut un jour que s'étant frottée de certaine graisse, elle prit la forme comme d'un oiseau, & s'envola sans qu'il la vit jusqu'au matin, qu'elle se trouva auprès de lui. Il la questionne beaucoup sans qu'elle voulût lui rien avouer : à la fin il lui dit ce qu'il avoit vû lui-même, & à force de coups de bâton il la contraignit de lui dire son secret, & de le mener avec elle au Sabbat.

Arrivé en ce lieu, il se mit à table avec les autres ; mais comme tout ce qui y étoit servi étoit fort insipide, il demanda du ſel : on fut aſſez longtems ſans en apporter ; enfin voyant une ſaliere, il dit : Dieu ſoit béni, voilà enfin du ſel. Au même moment il oüit un très-grand bruit : toute l'aſſemblée diſparut ; il ſe trouva ſeul & nud dans un champ entre des montagnes : il s'avança, & trouva des Bergers ; il apprit qu'il étoit à plus de trente-trois lieuës de ſa demeure. Il y revint comme il put, & ayant raconté la choſe aux Inquiſiteurs, ils firent arrêter ſa femme & pluſieurs autres complices, qui furent châtiées comme elles le méritoient.

Le même Auteur raconte qu'une femme revenant du Sabbat portée dans les airs par le malin Eſprit, ouit le matin la cloche pour l'*Angélus*. Auſſi-tôt le Diable la quitta, & elle tomba dans une haye d'épines ſur le bord d'une riviere : elle étoit nue, & avoit ſes cheveux épars ſur le ſein & ſur les épaules. Elle apperçut un jeune garçon, qui à force de prieres vint la prendre, & la conduiſit au village prochain où étoit la maiſon de cette femme ; elle ſe fit beaucoup preſſer pour déclarer à ce jeune garçon la vérité de ce qui lui étoit arrivé : elle lui fit des préſens, & le pria de n'en rien dire ; mais la choſe ne laiſſa pas de ſe répandre.

Si l'on pouvoit faire fond ſur toutes ces Hiſtoires, & ſur une infinité d'autres ſemblables que l'on raconte, & dont les livres ſont remplis, on pourroit croire que quelquefois les Sorciers ſont emportés en corps au Sabbat ; mais en comparant ces Hiſtoires avec d'autres qui prouvent qu'ils n'y vont qu'en eſprit & en imagination, on peut avancer que tout ce qu'on raconte des Sorciers & Sorcieres qui vont ou qui croyent aller au Sabbat, n'eſt pour l'ordinaire qu'illuſion de la part du Diable, & féduction de la part de ceux & celles qui s'imaginent voler & voyager, quoiqu'ils ne bougent de leurs places. L'efprit de malice & de menfonge fe mêlant dans cette folle prévention, ils fe confirment dans leurs égaremens, & ils en engagent d'autres dans leur impiété ; car Satan a mille manieres de tromper les hommes, & de les entretenir dans leurs erreurs. La magie, les impiétés, les maléfices font fouvent l'effet des défordres de l'imagination. Il eft rare que ces fortes de gens ne donnent dans tous les excès de l'impudicité, de l'irréligion, du vol, & de toutes les fuites les plus outrées de la haine du prochain.

Quelques-uns ont crû que les Démons prenoient la forme des Sorciers & Sorcieres qu'on croyoit aller au Sabbat, & qu'ils entretenoient les fimples dans cette folle perfuafion, leur apparoiffant quelquefois fous la forme de ces perfonnes réputées pour Sorcieres, pendant qu'elles mêmes repofoient tranquillement dans leurs lits. Mais cette créance enferme des difficultés auffi grandes, ou peut-être plus grandes que l'opinion que l'on veut combattre. Il eft très-mal aifé de comprendre que le Démon prenne la forme des prétendus Sorciers ou Sorcieres, qu'il apparoiffe fous cette forme, qu'il boive, qu'il mange, qu'il voyage ; tout cela pour faire croire aux fimples que les Sorciers vont au Sabbat. Quel avantage revient-il au Démon de perfuader cela aux Idiotes, ou de les entretenir dans cette erreur ?

Cependant on raconte[2] que Saint Germain Evêque d'Auxerre voyageant un jour, & paffant dans un village de son Diocèse, après y avoir pris sa réfection, remarqua qu'on y préparoit un grand souper, & qu'on dressoit un nouveau service : il demanda si l'on attendoit quelque compagnie ; on lui dit que c'étoit pour ces bonnes femmes qui vont la nuit. S. Germain entendit bien ce qu'on vouloit dire, & résolut de veiller pour voir la suite de cette aventure.

Quelque tems après il vit arriver une multitude de Démons en forme d'hommes & de femmes, qui se mirent à table en sa présence. S. Germain leur défendit de se retirer : il appelle les gens de la maison, & leur demande s'ils connoissent ces gens-là ; ils répondent que ce sont tels & tels de leurs voisins & voisines : allez, leur dit-il, voir dans leurs maisons s'ils y sont ; on y va, & on les trouve endormis dans leurs lits. Le Saint conjure les Démons, & les oblige de déclarer que c'est ainsi qu'ils séduisent les mortels, & leur font accroire qu'il y a des Sorciers & Sorcieres qui vont la nuit au Sabbat ; ils obéirent, & disparurent tout confus.

Cette Histoire se lit dans d'anciens manuscrits, & se trouve dans Jacques de Voragine, dans Pierre de Noëls, dans S. Antonin, dans d'anciens Bréviaires d'Auxerre, tant imprimés que manuscrits. Je n'ai garde de garantir cette Histoire : je la crois absolument apocryphe ; mais elle prouve que ceux qui l'ont écrite & copiée, croyoient que ces voyages nocturnes de Sorciers & de Sorcieres au Sabbat étoient de pures illusions du Démon. En effet, il n'est guere possible d'expliquer tout ce qu'on dit des Sorciers & Sorcieres allant au Sabbat, sans recourir au ministere du Démon ; à qui il faut ajoûter une imagination dérangée, &

un esprit séduit & follement prévenu, & si vous voulez, quelques drogues qui affectent le cerveau, troublent les humeurs, & produisent des rêves relatifs aux impressions qu'on a d'ailleurs.

On trouve dans Jean-Baptiste Porta[3], dans Cardan & ailleurs, la composition de ces onguens, dont on dit que les Sorcieres se frottent pour se transporter au Sabbat ; mais ils ne produisent d'autres effets réels que de les assoupir, de leur troubler l'imagination, & de leur faire croire qu'elles font de grands voyages, pendant qu'elles demeurent profondément endormies dans leurs lits.

Les Peres du Concile de Paris de l'an 829.[4] reconnoissent que les Magiciens, les Sorciers & toutes ces sortes de gens, sont les ministres & les instrumens du Démon dans l'exercice de leur art diabolique ; qu'ils troublent l'esprit de centaines personnes par des breuvages propres à inspirer un amour impur ; qu'on est persuadé qu'ils peuvent troubler l'air, y exciter des tempêtes, envoyer la grêle, prédire l'avenir, perdre & gâter les fruits, ôter le lait des bestiaux des uns pour le donner à d'autres.

Les Evêques concluent qu'il faut user envers ces personnes de toute la rigueur des loix portées contr'elles par les Princes, avec d'autant plus de justice, qu'il est évident qu'ils se livrent au service du Démon : *manifestiùs ausu nefando & temerario servire Diabolo non metuunt.*

Spranger *in malleo maleficorum* raconte qu'en Suabe un Paysan avec sa petite fille âgée d'environ 8 ans étant allé visiter ses champs, se plaignoit de la sécheresse, en disant : hélas, quand Dieu nous donnera-t'il de la pluie ! La petite fille lui dit incontinent, qu'elle lui en feroit venir quand il voudroit. Il répondit : & qui t'a enseigné ce secret ? C'est ma mere, dit-elle, qui m'a fort défendu de le dire à personne. Et comment a-t'elle fait pour te donner ce pouvoir ? Elle m'a menée à un maître, qui vient à moi autant de fois que je l'appelle. Et as-tu vû ce maître ? Oui, dit-elle, j'ai souvent vû entrer des hommes chez ma mere, à l'un desquels elle m'a vouée. Après ce dialogue, le pere lui demanda comment elle feroit pour faire pleuvoir seulement sur son champ. Elle demanda seulement un peu d'eau ; il la mena à un ruisseau voisin, & la fille ayant nommé l'eau au nom de celui auquel sa mere l'avoit vouée, aussi-tôt on vit tomber sur le champ du Paysan une pluie abondante.

Le pere convaincu que sa femme étoit Sorciere, l'accusa devant les Juges, qui la condamnerent au feu. La fille fut baptisée & vouée à Dieu ; mais elle perdit alors le pouvoir de faire pleuvoir à sa volonté.

1. ↑ Alphons. à Castro, ex Petro Grillaud. Tract. de hæresib.

2. ↑ Bolland. 5. Jul. pag. 287.
3. ↑ Joan. Bapt. Porta. l. 2 Magiæ naturalis. Hieron. Cardan, Joan. Vierus, de Lamiis, lib. 3. c. xvij.
4. ↑ Concil. vj. Pariſ. anno 829. can. 2.

CHAPITRE XX.

Hiſtoire de Louis Gaufredi & de Magdelaine de la Palud, avoués Sorciers & Sorcieres par eux-mêmes.

VOici un exemple inſigne d'un homme & d'une femme, qui ſe ſont déclarés Sorciers & Sorcieres. Louis Gaufredi, Curé de la Paroiſſe des Accouls à Marſeille[1], fut accuſé de Magie & arrêté au commencement de 1611. Chriſtophe Gaufredi ſon Oncle, Curé des Pourrieres voiſin de Beauverſas, lui envoya ſix mois avant ſa mort un petit cayer in-16. de ſix feuillets écrits : au bas de chaque feuillet il y avoit deux vers François ; on voyoit dans l'ouvrage quantité de caracteres ou chiffres, qui renfermoient des myſteres de Magie. Louis Gaufredi fit d'abord aſſez peu de cas de ce livre, & le garda pendant cinq ans ſans le lire.

Au bout de ce tems ayant lû les vers François, le Diable ſe préſente à lui ſous une forme humaine nullement difforme, & lui dit qu'il étoit venu pour remplir tous ſes deſirs, s'il vouloit lui rapporter toutes ſes bonnes œuvres. Gaufredi lui fit ſon billet ; il demanda au Démon qu'il pût jouir d'une grande réputation de ſageſſe parmi les gens de probité, & qu'il pût inſpirer de l'amour aux femmes & aux filles qu'il lui plairoit, en ſoufflant ſeulement ſur elles.

Lucifer le lui promit par écrit, & bien-tôt Gaufredi vit le parfait accompliſſement de ſes deſſeins : il inſpira de l'amour à une jeune Demoiſelle nommée Magdelaine, fille d'un Gentilhomme nommé Madole de la Palud. Cette fille n'avoit encore que neuf ans, & Gaufredi ſous prétexte de dévotion & de ſpiritualité lui ayant fait entendre, que comme ſon Pere ſpirituel il avoit droit de diſpoſer d'elle, il l'engagea auſſi à ſe donner au Démon, & quelques années après il l'obligea à donner une cédule ſignée de ſon propre ſang au Diable pour ſe livrer de plus en plus à lui : on dit même qu'il lui fit faire depuis ſept ou huit autres cédules.

Après cela il ſouffla ſur elle, lui inſpira un amour violent pour lui, & en abuſa ; il lui donna un Diable familier qui la ſervoit, & qui la ſuivoit par-tout. Un jour il la tranſporta au Sabbat ſur une haute montagne près Marſeille ; elle y vit des gens de toutes Nations, & en particulier Gaufredi, qui y tenoit un rang fort diſtingué, & qui lui fit imprimer des caracteres à la tête & vis à-vis, & en pluſieurs autres parties du corps. Cette fille ſe fit enſuite Religieuſe de Sainte Urſule, & paſſa pour poſſédée du Démon.

Gaufredi ſouffla encore ſur pluſieurs autres femmes, & leur inſpire un amour déréglé, & cela pendant les ſix ans que dura ſon empire diabolique. Car à la fin on le reconnut pour inſigne Magicien ; & la Demoiſelle de Mandole ayant été arrêtée par l'Inquiſition, & interrogée par le P. Michaëlis Jacobin, avoua une bonne partie de ce que nous venons de dire, & découvrit pendant les Exorciſmes pluſieurs autres choſes. Elle avoit alors dix-neuf ans.

Elle répondoit pertinemment en François à toutes les queſtions qu'on lui faiſoit en Latin, & diſoit pluſieurs choſes particulieres ſur les ordres des Anges, & ſur la chûte de Lucifer & ſes complices, & nomma 24 Eſprits malins dont elle étoit poſſédée.

Tout ceci fit connoître Gaufredi par le Parlement de Provence ; on l'arrêta, & on commença à procéder contre lui les 19. 20. & 21 de Février 1611. On ouit en particulier Magdelaine de la Palud, qui fit une Hiſtoire complete de la Magie de Gaufredi, & des abominations qu'il avoit commiſes avec elle. Que depuis 14 ans il étoit Magicien & chef de Magiciens ; que ſi la Juſtice ne s'étoit pas ſaiſie de lui, le Diable l'auroit porté en Enfer en corps & en ame.

Gaufredi s'étoit volontairement rendu en priſon ; & dès le premier interrogatoire qu'il ſubit, il nia tout, & ſe donna pour homme de bien. Mais ſur les informations faites contre lui, il fut reconnu qu'il avoit le cœur fort corrompu, & qu'il avoit ſéduit la Demoiſelle de Mandole & d'autres femmes qu'il confeſſoit. Cette Demoiſelle fut oüie juridiquement le 21 Février, & fit l'Hiſtoire de ſa ſéduction, de la Magie de Gaufredi, & du Sabbat où il l'avoit fait tranſporter pluſieurs fois.

Quelque tems après ayant été confrontée avec Gaufredi, elle reconnut qu'il étoit homme de bien, & que tout ce qu'on avoit répandu contre lui étoit imagination, & rétracta tout ce qu'elle même avoit avoué. Gaufredi de ſon côté reconnut les privautés qu'il avoit eues avec elle, nia tout le reſte, & ſoutint que c'étoit le Diable dont elle étoit poſſédée, qui lui suggéroit tout ce qu'elle disoit. Il avoua qu'ayant résolu de se convertir, Lucifer lui avoit apparu, & l'avoit menacé de plusieurs malheurs ; qu'il en avoit effectivement éprouvé plusieurs ; qu'il avoit brûlé le livre de Magie, dans lequel il avoit mis les cédules de la Demoiselle de la Palud, & les siennes qu'il avoit faites au Diable ; mais que les ayant ensuite cherchées, il ne les trouva point, dont il fut fort étonné. Il parla au long du Sabbat, & dit qu'il y avoit près de la ville de Nice un Magicien, qui avoit toutes sortes d'habits à l'usage des Sorciers ; qu'au Sabbat il y a une cloche du poids d'un quintal, de la largeur de 4 aulnes, dont le batant étoit une piéce de bois qui rendoit un son sourd & lugubre. Il raconta plusieurs horreurs, impiétés & abominations qui se commettoient au Sabbat. Il rapporta la cédule que Lucifer lui avoit faite, par laquelle il s'obligeoit de charmer les femmes qui seroient à son gré.

Les conclusions du Procureur Général furent après l'exposé des choses ci-devant rapportées : & attendu que ledit Gaufredi a été convaincu d'avoir dans plusieurs parties de son corps diverses marques, où ayant été piqué il n'en auroit ressenti aucune douleur, & sans qu'il en sortît du sang ; qu'il a eu plusieurs privautés avec Magdelaine de la Palud, tant en l'Eglise qu'en la maison d'icelle, tant de jour que de nuit, par lettres où il y avoit des caracteres amoureux invisibles à tout autre qu'à elle ; qu'il l'auroit connue charnellement, & l'auroit engagée à renoncer à Dieu & à son Eglise, & qu'elle a reçû sur son corps divers caracteres diaboliques ; que lui-même a avoué être Sorcier &

Magicien ; qu'il a retenu un livre de Magie, & s'en eſt ſervi pour conjurer & invoquer le malin Eſprit ; qu'il a été avec ladite Magdelaine au Sabbat, où il a fait une infinité d'actions ſcandaleuſes, impies & abominables, comme d'avoir adoré Lucifer.

Pour ces cauſes, ledit Procureur Général requiert, que ledit Gaufredi ſoit déclaré atteint & convaincu des cas à lui impoſés, & pour réparation d'iceux, qu'il ſoit préalablement dégradé des Ordres Sacrés par le Seigneur Evêque de Marſeille ſon Diocéſain, & après condamné à faire amende honorable un jour d'audience, tête & pieds nuds, la hart au col, tenant un flambeau ardent entre ſes mains, demander pardon à Dieu, au Roi & à la Juſtice, livré à l'Exécuteur de la haute Juſtice, mené, conduit & tenaillé en tous les lieux & carrefours de cette Ville d'Aix avec des tenailles ardentes en tous les lieux de ſon corps, & après en la place des Jacobins brûlé tout vif, puis ſes cendres jettées au vent ; & auparavant d'être exécuté, qu'il ſoit mis & appliqué à la queſtion en la plus griéve gêne qui ſe pourra excogiter, afin de tirer de ſa bouche le reſte de ſes complices. Déliberé le 18 Avril 1611. & l'Arrêt en conformité rendu le 29 Avril 1611.

Le même Gaufredi ayant été appliqué à la queſtion ordinaire & extraordinaire, déclara qu'il n'avoit vû au Sabbat aucune perſonne de ſa connoiſſance, ſinon la Demoiſelle de Mandole ; qu'il y avoit vû auſſi quelques Religieux de certains Ordres, qu'il ne nomma point, mais qu'il ne ſçait point leurs noms ; que le Diable faiſoit aux

Sorciers certaines onctions à la tête, qui effaçoient tout ce qui étoit en leur mémoire.

Malgré cet Arrêt du Parlement de Provence, bien des gens crurent que Gaufredi n'étoit Sorcier que d'imagination ; & l'Auteur dont nous avons tiré cette Hiſtoire, dit qu'il y a quelques Parlemens, entr'autres le Parlement de Paris, qui ne puniſſent pas les Sorciers, dès qu'il n'y a point d'autres crimes mêlés à la Magie ; & qu'on a l'expérience qu'en ne puniſſant pas les Sorciers, mais les traitant ſimplement de fols, on a vû avec le tems qu'ils n'étoient plus Sorciers, parce qu'ils ne nourriſſoient plus leur imagination de ces idées, au lieu que dans les pays où on brûle les Sorciers, on ne voit autre choſe, parce qu'on ſe fortifie dans cette prévention ; c'eſt ce que dit l'Ecrivain.

Mais on n'en peut pas conclure, que Dieu ne permette pas quelquefois au Démon d'exercer ſa puiſſance ſur les hommes, & de les porter à des excès de malice & d'impiété, & de répandre dans leurs eſprits des ténèbres, & dans leurs cœurs une corruption qui les précipite dans un abîme de déſordres & de malheurs. Le Démon tenta Job[2] par la permiſſion de Dieu. L'Ange de Satan, & l'aiguillon de la chair fatiguoient Saint Paul[3] : il demanda d'en être délivré ; mais il lui fut dit que la grace de Dieu lui ſuffiſoit pour réſiſter à ſes ennemis, & que la vertu s'affermiſſoir par les infirmités & par les épreuves. Satan s'empara du cœur de Judas, & le porta à livrer Jeſus-Chriſt ſon Maître aux Juifs ſes ennemis[4]. Le Seigneur voulant précautionner ſes Diſciples contre les impoſteurs qui devoient paroître après son Ascension, dit que par la permission de Dieu ces imposteurs feront des prodiges capables d'induire à erreur, s'il étoit possible, même les Elûs[5]. Il leur dit ailleurs[6], que Satan a demandé à Dieu la permission de les cribler comme le froment ; mais qu'il a prié pour eux, afin que leur foi ne soit point anéantie.

Le Démon peut donc par la permission de Dieu conduire les hommes aux excès que nous venons de voir dans la Demoiselle de la Palud & dans le Prêtre Louis Gaufredi, peut-être même jusqu'à les mener réellement à travers les airs dans des lieux inconnus, & à ce qu'on appelle le Sabbat ; ou sans les y conduire réellement, frapper leur imagination, & séduire leurs sens de telle sorte qu'ils croyent aller, voir & entendre, lorsqu'ils ne bougent de leurs places, ne voient aucun objet, & n'entendent aucun son.

Remarquez que le Parlement d'Aix ne décréta pas même cette fille, étant dans l'usage de n'imposer d'autres peines à celles qui se sont laissé séduire & deshonorer, que la honte dont elles demeurent chargées. A l'égard du Curé Gaufredi, dans le compte qu'ils rendent à M. le Chancellier de l'Arrêt par eux rendu, ils disent que ce Curé étoit à la vérité accusé de Sortilége ; mais qu'il avoit été condamné au feu, comme atteint & convaincu d'inceste spirituel avec Magdelaine de la Palud sa pénitente.

---

1. ↑ Causes Célebres, tom. 6. pag. 192.

2. ↑ Job. i. 12. 13. 22.
3. ↑ ii. Cor. xij. 7. 8.
4. ↑ Joan. xiij. 2.
5. ↑ Matth. xxiv. 5.
6. ↑ Luc. xxj. 31.

CHAPITRE XXI.

Raisons qui prouvent la possibilité du transport des Sorciers & Sorcieres au Sabbat.

TOut ce qu'on vient de dire est plus propre à prouver que ce qu'on dit des Sorciers & Sorcieres qui vont au Sabbat n'est qu'illusion, & imagination dérangée de la part de ces personnes, & malice & tromperie de la part du Démon qui les séduit, & qui les engage à se donner à lui, & à renoncer à la vraie Religion sous l'appas de vaines promesses de les enrichir, & de les combler d'honneurs, de plaisirs & de prospérités ; qu'à persuader la réalité du transport corporel de ces personnes à ce qu'on appelle Sabbat.

Voici quelques raisons & quelques exemples, qui semblent prouver au moins que le transport des Sorciers au Sabbat n'est pas impossible : car l'impossibilité de ce transport est une des plus fortes objections que l'on forme contre le sentiment qui le suppose.

Il est sans difficulté que Dieu peut permettre au Démon de séduire les hommes, & de les porter à des excès de déréglement, d'erreurs & d'impiétés ; & qu'il peut aussi lui permettre de faire des choses, qui nous paroissent prodigieuses & même miraculeuses, soit que le Démon les fasse par une puissance naturelle, ou par un concours surnaturel de Dieu, qui emploie le mauvais Esprit pour punir sa créature, qui a bien voulu l'abandonner pour se livrer à son ennemi. Le Prophete Ezéchiel fut transporté à travers les airs de Chaldée où il étoit captif, en Judée dans le temple du Seigneur, où il vit les abominations que commettoient les Israélites dans ce saint lieu ; & delà il fut ramené en Chaldée par la même voie, apparemment par le ministere des Anges, ainsi que nous l'allons rapporter ci-après au Chapitre XXXIX.

Nous sçavons par l'Evangile, que le Démon enleva notre Sauveur jusqu'au haut du temple de Jérusalem[1]. Nous sçavons aussi que le Prophete Habacuc[2] fut transporté de la Judée à Babylone, pour porter à manger à Daniel enfermé dans la fosse aux lions. S. Paul nous apprend qu'il a été enlevé jusqu'au troisiéme Ciel, & qu'il a oui des choses ineffables ; mais il avoue qu'il ne sçait si c'est en corps ou seulement en esprit : *sive in corpore, sive extra corpus, nescio ; Deus scit.* Il ne doutoit donc pas qu'un homme ne pût être transporté en corps & en ame dans les airs. Le Diacre Saint Philippe fut transporté du chemin de Gaze à Azoth en très-peu de tems par l'esprit de Dieu[3]. Nous apprenons de l'Histoire Ecclésiastique, que Simon le Magicien fut enlevé par le Démon dans les airs, d'où il fut précipité par les prieres de l'Apôtre S. Pierre. Jean Diacre[4] Auteur de la vie de S. Grégoire le Grand, raconte qu'un nommé Farolde ayant introduit dans le Monastere de S. André à Rome des femmes de mauvaise vie, afin de s'y divertir avec elles, & de faire infulte aux Religieux, la nuit même Farolde étant forti pour quelques néceffités, fut tout d'un coup faifi & enlevé en l'air par des Démons, qui le tinrent ainfi fufpendu par les cheveux, fans qu'il pût ouvrir la bouche pour crier, jufqu'à l'heure des matines, que le Pape S. Grégoire Fondateur & Protecteur de ce Monaftere lui apparut, lui reprocha la profanation qu'il faifoit de ce faint lieu, & lui prédit qu'il mourroit dans l'année ; ce qui arriva.

» Je tiens d'un Magiftrat auffi incapable de donner dans l'illufion, que d'en impofer aux autres[5], que le 16 Octobre 1716, un Menuifier habitant d'un village voifin de Bar en Alface, nommé Heiligenftein, fut trouvé à cinq heures du matin fur le grenier d'un Tonnelier de Bar. Ce Tonnelier y étant monté pour y chercher les bois de magafin dont il vouloit fe fervir dans la journée, & ayant ouvert la porte qui étoit fermée au verrouil par dehors, y apperçut un homme couché tout de fon long fur le ventre, & profondément endormi : il le reconnut aifément, le connoiffant d'ailleurs ; & lui ayant demandé ce qu'il faifoit là, le Menuifier lui dit avec la derniere furprife, qu'il ne fçavoit ni par qui, ni comment il avoit été conduit en cet endroit.

» Le Tonnelier ne fe payant pas de ces raifons, lui dit qu'affurément il étoit venu pour le voler, & le fit mener chez le Bailli de Bar, qui l'ayant interrogé fur le fait dont on vient de parler, il lui raconta naïvement, que s'étant mis en chemin fur les quatre heures du matin pour venir de Heiligenftein à Bar, (ces deux lieux n'étant diftans que d'un quart d'heure) il vit tout à coup dans une place couverte de verdure & de gazon un feſtin magnifique des mieux illuminés, où l'on ſe divertiſſoit à l'envi, tant par la ſomptuoſité du repas, que par les danſes qui s'y faiſoient ; que deux femmes de ſa connoiſſance & habitantes de Bar l'ayant convié à ſe mettre de la compagnie, il ſe mit à table, & profita de la bonne chere tout au plus pendant un quart d'heure ; après cela quelqu'un des conviés ayant crié, *citò citò*, il ſe trouva enlevé tout doucement dans le grenier du Tonnelier, ſans ſçavoir comment il y avoit été tranſporté.

» C'eſt ce qu'il déclara en préſence du Bailli. La circonſtance la plus ſinguliere de cette Hiſtoire, c'eſt qu'à peine le Menuiſier eut-il dépoſé ce que nous venons de voir, que ces deux femmes de Bar qui l'avoient convié à leur feſtin, ſe pendirent chacune chez elle. »

Les Magiſtrats ſupérieurs craignant de porter les choſes à un point qui auroit impliqué la moitié des habitans de Bar, jugerent prudemment qu'il ne falloit pas informer d'avantage : ils traiterent le Menuiſier de viſionnaire ; & les deux femmes qui s'étoient pendues, furent jugées atteintes de folie : ainſi la choſe fut étouffée, & on en demeura là.

Si c'étoit là ce qu'on appelle Sabbat, ni le Menuiſier, ni les deux femmes, ni apparemment les autres conviés du feſtin, n'eurent pas beſoin d'y venir montés ſur le Démon : elles étoient trop près de leurs demeures pour recourir à des moyens ſurnaturels, afin de ſe faire tranſporter au lieu de leur aſſemblée. On ne nous apprend pas comment ces conviés ſe rendirent à ce feſtin, ni comment ils ſe retirerent chacun chez foi ; le lieu étoit fi près de la Ville, qu'ils pouvoient aifément y aller & en revenir, fans avoir befoin d'un fecours étranger.

Mais fi le fecret étoit néceffaire, & qu'ils craigniffent d'être découverts, il eft très-probable que le Démon les tranfporta chez eux par les airs avant qu'il fit bien jour, comme il tranfporta le Menuifier au grenier du Tonnelier. Quelque tournure qu'on donne à cet évenement, il eft certainement malaifé de n'y pas reconnoître une opération manifefte du mauvais Efprit dans le tranfport du Menuifier à travers les airs, qui fe trouve fans le fçavoir dans un grenier bien fermé. Les femmes qui fe pendirent, montrerent affez qu'elles craignoient encore quelque chofe de pis de la part de la Juftice, fi elles avoient été convaincues de Magie & de Sorcellerie. Et que n'avoient pas à craindre auffi leurs complices, qu'il auroit fallu déclarer ?

Guillaume de Neubrige en raconte une autre, qui a quelque rapport à celle-ci. Un Payfan ayant entendu la nuit paffant auprès d'un tombeau un concert mélodieux de différentes voix, s'en approcha, & ayant trouvé la porte ouverte, y mit la tête, & vit au milieu d'une grande fête éclairée d'une infinité de flambeaux une table bien couverte, autour de laquelle étoient des hommes & des femmes qui fe réjouiffoient : un des Officiers qui fervoient à table l'ayant apperçû, lui préfenta une coupe remplie de liqueur : il la prit ; & ayant renverfé la liqueur, il s'enfuit avec la coupe dans le premier Village où il s'arrêta. Si notre Menuifier en avoit ufé de même, au lieu de s'amufer au feſtin des Sorciers de Bar, il ſe ſeroit épargné bien des inquiétudes.

Nous avons dans l'Hiſtoire pluſieurs exemples de perſonnes pleines de Religion & de piété, qui dans la ferveur de leur oraiſon ont été enlevées en l'air, & y ſont demeurées aſſez longtems. Nous avons connu un bon Religieux, qui s'éleve quelquefois de terre, & demeure ſuſpendu ſans le vouloir, ſans y tâcher, & cela à l'occaſion d'une image de dévotion qu'il voit, ou de quelque Oraiſon dévote qu'il entend, comme du *Gloria in excelſis Deo*. Je connois une Religieuſe, à qui il eſt ſouvent arrivé malgré elle de ſe voir ainſi élevée en l'air à une certaine diſtance de la terre ; ce n'étoit ni par ſon choix, ni par l'envie de ſe diſtinguer, puiſqu'elle en avoit une véritable confuſion. Etoit-ce par le miniſtere des Anges, ou par l'artifice de l'Eſprit ſéducteur, qui vouloit lui inſpirer des ſentimens de vanité ou d'orgueil ? Ou étoit-ce un effet naturel de l'amour divin, ou de la ferveur de la dévotion de ces perſonnes ?

Je ne remarque pas que les anciens Peres du déſert qui étoient ſi ſpirituels, ſi fervens & ſi grands hommes d'oraiſon, éprouvaſſent de pareilles extaſes. Ces enlévemens en l'air ſont plus communs parmi nos nouveaux Saints.

On peut voir la vie de S. Philippe de Neri au 26 Mai des Bollandiſtes, c. 20. n. 356. 357. où l'on raconte ſes extaſes & ſes élévations de la terre en l'air, quelquefois à la hauteur de pluſieurs aulnes, & preſque juſqu'au platfond de ſa chambre, ce qui lui arrivoit malgré lui ; il s'efforçoit envain d'en dérober la connoiſſance aux aſſiſtans, de peur de s'attirer leur admiration, & d'en prendre quelque vaine complaifance. Les Ecrivains qui nous apprennent ces particularités, ne nous difent pas quelle en étoit la caufe ; fi ces raviffemens & ces élévations de terre étoient produites par la ferveur de l'Efprit Saint, ou par le miniftere des bons Anges, ou par un miracle de la grace de Dieu, qui vouloit ainfi honorer fes Serviteurs aux yeux des hommes. Dieu avoit de plus fait la grace au même S. Philippe de Neri de voir les Efprits céleftes, & meme les Démons, & de découvrir l'état des Ames faintes par une lumiere furnaturelle.

S. Jean Columbin, Inftituteur des Jéfuates, fe fervit pour l'établiffement des filles de fon Ordre de Sainte Catherine Columbine[6], qui étoit une fille d'une vertu extraordinaire. On raconte d'elle, que quelquefois elle demeuroit en extafe & élevée en l'air à la hauteur de deux aulnes, immobile, fans parole & fans fentiment.

On dit la même chofe de S. Ignace de Loyola[7], qui demeuroit ravi en Dieu, & élevé de terre à la hauteur de plus de deux pieds, ayant le corps tout brillant de lumiere : on l'a vû demeurer en extafe fans fentiment, & prefque fans refpiration pendant huit jours entiers.

Le B. Robert de Palentin[8] s'élevoit auffi quelquefois de terre à la hauteur d'un pied & demi, au grand étonnement de fes difciples & des affiftans. On voit de pareils raviffemens & élévations en l'air dans la vie du B. Bernard Ptolomei, Inftituteur de la Congrégation de Notre-Dame du Mont Olivet[9], de S. Philippe Benite de l'Ordre des

Servites, de S. Cajeran Fondateur des Théatins[10], & de S. Albert de Sicile Confeſſeur, qui pendant ſes Oraiſons s'élevoit de terre à la hauteur de trois coudées, & enfin de S. Dominique Fondateur des Freres Prêcheurs[11].

On raconte de Sainte Chriſtine[12] Vierge à S. Tron, qu'étant tenue pour morte & portée à l'Egliſe dans ſon cercueil, comme on faiſoit pour elle les ſervices accoutumés, tout d'un coup elle s'éleva, & ſe porta juſques ſur les poutres de l'Egliſe comme auroit pû faire un oiſeau. Etant retournée avec ſes Sœurs dans la maiſon, elle raconta qu'elle avoit été conduite en Purgatoire, delà en Enfer, & enfin en Paradis, où Dieu lui avoit fait l'option de demeurer ou de retourner au monde, afin d'y faire pénitence pour les Ames qu'elle avoit vûes en Purgatoire. Elle choiſit ce dernier parti, & fut ramenée dans ſon corps par les Saints Anges. Depuis ce tems elle ne pouvoit ſouffrir l'odeur des corps humains, & s'élevoit ſur les arbres & ſur les plus hautes tours avec une incroyable légereté pour y vacquer à l'Oraiſon. Elle étoit ſi légere à la courſe, qu'elle ſurpaſſoit les chiens les plus vîtes. Ses parens firent inutilement ce qu'ils purent pour l'arrêter, juſqu'à la charger de chaînes ; mais elle s'échapa toujours. On raconte de cette Sainte tant d'autres choſes preſque incroyables, que je n'oſe les rapporter ici.

M. Nicole dans ſes Lettres parle d'une Religieuſe nommée Séraphine, qui dans ſes extaſes s'élevoit de terre avec tant d'impétuoſité, que cinq ou ſix de ſes Sœurs avoient peine à la retenir.

Ce Docteur raisonnant sur ce fait[13], dit qu'il ne prouve rien du tout pour la Sœur Séraphine ; mais que la chose bien vérifiée prouve Dieu & le Diable, c'est-à-dire toute la Religion ; que le fait bien vérifié est d'une très-grande conséquence pour la Religion ; que le monde est plein de certaines gens qui ne croyent que ce dont on ne peut douter ; que la grande hérésie du monde n'est plus le Calvinisme & le Luthéranisme, mais l'Athéisme. Il y a de toutes sortes d'Athées, de bonne foi, de mauvaise foi, de déterminés, de vacillans, de tentés. On ne doit pas négliger ces sortes de gens : la grace de Dieu est toute puissante ; on ne doit pas désesperer de les ramener par de bonnes raisons & des preuves solides & sans replique. Or si ces faits sont certains, il faut conclure qu'il y a un Dieu, ou des mauvais Anges qui imitent les œuvres de Dieu, & operent par eux-mêmes ou par leurs suppôts des œuvres capables d'induire à erreur même les Elûs.

Un des plus anciens exemples que je remarque de personnes soulevées en l'air, sans que personne les touche, est celui de S. Dumstan Archevêque de Cantorbery, mort en 988. qui peu de tems avant sa mort[14], comme il remontoit dans son appartement accompagné de plusieurs personnes, fut vû élevé de terre. Comme tous les assistans s'en étonnoient, il en prit occasion de leur parler de sa mort prochaine.

Trithéme[15] parlant de Sainte Elisabeth, Abbesse de Schonau dans le Diocèse de Treves, dit que quelquefois elle étoit ravie en extase de telle sorte qu'elle demeuroit sans mouvement & sans respiration pendant un assez longtems. Durant ces intervalles elle apprenoit par révélation, & par le commerce qu'elle avoit avec les Esprits bienheureux, des choses admirables ; & quand elle revenoit à elle-même, elle tenoit des discours tout divins, tantôt en Allemand, qui étoit sa langue naturelle, & tantôt en Latin, quoiqu'elle n'eût aucune connoissance de cette langue. Trithême ne doutoit point de sa sincérité & de la vérité de ses discours. Elle mourut en 1165.

Le B. Richard Abbé de S. Vanne de Verdun parut en 1036.[16] élevé en l'air pendant qu'il disoit la Messe en présence du Duc Galizon, de ses fils, d'un grand nombre de Seigneurs & de Soldats.

Au siécle dernier, le R. P. Dominique Carme Déchaux fut enlevé en l'air devant le Roi d'Espagne[17], la Reine & toute la Cour, ensorte qu'il n'y avoit qu'à souffler son corps, pour le remuer comme une bouteille de savon.

---

1. ↑ Matth. iv. v.
2. ↑ Dan. xiv. 33. 34.
3. ↑ Act. viij. 4.
4. ↑ Joan. Diacon. vit. Gregor. mag.
5. ↑ Lettre de M. G. P.R. du 5. Octob. 1746.
6. ↑ Acta S. J. Bolland. 3. Jul. pag. 95.
7. ↑ Ibid. 31. Jul. pag. 432. pag. 663.
8. ↑ Ibid. 18. Aug. pag. 503.
9. ↑ Ibid. 21. Aug. pag. 469. 48...[illisible]
10. ↑ Ibid. 17. Aug, pag. 265.
11. ↑ Ibid. 4. Aug. pag. 405

12. ↑ Vita. S. Chriſtinæ. 24. Julli. Bolland. pag. 652. & 653.
13. ↑ Nicole, T. I. Lettres, p. 203. 205. Lettre xlv.
14. ↑ Vita Sancti Dumſtani, 11. 42.
15. ↑ Trith. de viris illuſtrib. Ord. S. Bened. c. 335.
16. ↑ Joan. de Bayon, xlviij. p. lxij. Hiſt. de Lorraine.
17. ↑ Le Pere le Brun, Traité des Superſtitions, Tom, I. p. 319.

CHAPITRE XXII.

Suite du même sujet.

ON ne peut raisonnablement contester la vérité de ces ravissemens & de ces élévations du corps de quelques Saints à une certaine distance de la terre, puisque ces faits ont eu un si grand nombre de témoins. Pour en faire l'application à la matiere que nous traitons ici, ne pourroit-on pas dire que les Sorciers & Sorcieres par l'opération du Démon, & avec la permission de Dieu, à l'aide d'un tempéramment vif & subtil, sont rendus légers, & s'élevent dans les airs, où leur imagination échauffée & leur esprit prévenu leur font croire qu'ils ont fait, vû & entendu, ce qui n'a de réalité que dans le creux de leur cerveau ?

On me dira que le parallele que je fais des actions des Saints, qu'on ne peut attribuer qu'aux Anges & à l'opération de l'Esprit Saint, ou à l'ardeur de leur charité & de leur dévotion, avec ce qui arrive aux Sorciers & Sorcieres, que ce parallele est injurieux & odieux ; j'en sçais faire la juste différence : les livres de l'Ancien & du Nouveau Testament ne mettent-ils pas en parallele les vrais miracles de Moïse avec ceux des Magiciens de Pharaon ; ceux de l'Antechrist & de ses suppôts avec ceux des Saints & des Apôtres ; & S. Paul ne nous apprend-il pas, que l'Ange de ténebres ſe tranſforme ſouvent en Ange de lumiere ?

Nous avons parlé aſſez au long dans la premiere Edition de cet ouvrage de certaines perſonnes, qui ſe vantent d'avoir ce qu'on appelle la Jarretiere, & qui par ce moyen font avec une diligence extraordinaire, en fort peu d'heures, ce que naturellement elles ne pourroient faire qu'en quelques jours de marche ordinaire. On raconte ſur cela des choſes preſqu'incroyables ; cependant on les détaille d'une maniere ſi circonſtanciée, qu'il eſt malaiſé qu'il n'en ſoit quelque choſe, & que le Démon ne tranſporte ces gens, en les agitant d'une maniere forcée & violente, qui leur cauſe une fatigue pareille à celle qu'ils auroient ſoufferte en faiſant réellement le voyage avec une promptitude plus qu'ordinaire.

Par exemple, les deux faits rapportés par Torquemade[1] : le premier d'un jeune Ecolier de ſa connoiſſance, fort bon eſprit, qui parvint à être Médecin de l'Empereur Charles V. étudiant à Gadeloupe, fut invité par un Voyageur qui étoit en habit de Religieux, à qui il avoit rendu quelque petit ſervice, de monter en croupe ſur ſon cheval, qui paroiſſoit fort mauvais & ſort haraſſé ; il y monta, & marcha toute la nuit ſans s'appercevoir qu'il faiſoit une diligence extraordinaire, & qu'au matin il ſe trouva près la Ville de Grenade : le jeune homme entra dans la Ville ; mais le Conducteur paſſa plus loin.

Une autre fois le pere d'un jeune homme de la connoiſſance du même Torquemade, & le jeune homme allant enſemble à Grenade, & paſſant par le Village d'Almede, firent rencontre d'un homme qui alloit à cheval comme eux, & tenoit le même chemin. Après avoir voyagé deux ou trois lieuës ensemble, ils firent halte, & le Cavalier étendit son manteau sur l'herbe, de sorte qu'il ne resta aucun plis au manteau : ils mirent chacun sur ce manteau étendu ce qu'ils avoient de provisions, & firent repaître leurs chevaux. Ils burent & mangerent à leur aise, & ayant dit à leurs gens d'amener leurs chevaux, le Cavalier leur dit : Messieurs, ne vous pressez point, vous serez de bonne heure à la Ville ; en même tems il leur montra Grenade, qui n'étoit-pas à un quart d'heure de là.

On dit quelque chose d'aussi merveilleux d'un Chanoine de la Cathédrale de Beauvais. Le Chapitre de cette Eglise étoit chargé depuis long-tems d'acquitter certaine charge personnelle envers l'Eglise de Rome ; les Chanoines ayant choisi un de leurs Confreres pour se rendre à Rome à cet effet, le Chanoine différa de jour en jour de se mettre en Campagne ; il ne partit qu'après les Matines du jour de Noël, arriva le même jour à Rome, s'y acquitta de sa commission, & s'en revint avec la même diligence, rapportant avec soi l'original de l'obligation où étoient les Chanoines, d'envoyer un de leur corps pour y faire cette prestation en personne.

Quelque fabuleuse & quelqu'incroyable que paroisse cette Histoire, on assure qu'on en a des preuves certaines dans les Archives de la Cathédrale, & que sur la tombe du Chanoine en question on voit encore des Démons gravés aux quatre coins en mémoire de cet évènement. On assure même, que le celébre P. Mabillon en avoit vû la piéce autentique. Or fi ce fait & fes femblables ne font pas abfolument faux & fabuleux, on ne peut nier que ce ne foient des effets de la Magie, & l'ouvrage du mauvais Efprit.

Pierre le Vénérable[2] Abbé de Cluny, rapporte une chofe fi extraordinaire arrivée de fon tems, que je ne la raconterois pas ici, fi elle n'avoit pas été vûe par toute la Ville de Mâcon. Le Comte de cette Ville, homme très-violent, exerçoit une efpece de tyrannie contre les Eccléfiaftiques, & contre ce qui leur appartenoit, fans fe mettre en peine de cacher ou de colorer fes violences : il les exerçoit hautement, & s'en faifoit gloire. Un jour qu'il étoit affis dans fon Palais, accompagné de quantité de Nobleffe & d'autres perfonnes, on y vit entrer un Inconnu à cheval, qui s'avança jufqu'à lui, & lui dit qu'il avoit à lui parler, & qu'il le fuivît. Le Comte fe leve & le fuit : étant arrivé à la porte, il y trouva un cheval préparé ; il monte deffus, & auffitôt il eft tranfporté dans les airs, criant d'une voix terrible à ceux qui étoient préfens, à moi, au fecours. Toute la Ville accourut au bruit ; mais bien-tôt on le perdit de vûe, & on ne douta pas que le Démon ne l'eût emporté pour être compagnon de fes fupplices, & pour porter la peine de fes excès & de fes violences.

Il n'eft donc pas abfolument impoffible, qu'une perfonne foit élevée dans les airs, & tranfportée dans un lieu fort élevé & fort éloigné par l'ordre ou par la permiffion de Dieu, par les bons ou par les mauvais Efprits ; mais il faut convenir que la chofe eft très-rare, & que dans tout ce qu'on raconte des Sorciers & Sorcieres, & de leurs affemblées au Sabbat, il y a une infinité de contes faux, abfurdes, ridicules, & dénués même de vraifemblance. M. Remi, Procureur Général de Lorraine, Auteur d'un Ouvrage célébre intitulé : *la Démonolatrie*, & qui a fait le procès à une infinité de Sorciers & de Sorcières dont la Lorraine étoit alors infectée, ne produit prefqu'aucune preuve, dont on puiffe inférer la vérité & la réalité de la Sorcellerie, & du tranfport des Sorciers & Sorcieres au Sabbat.

---

1. ↑ Torquemade.
2. ↑ Petrus Venerab. lib. 2. de miraculis, c. I. pag 1299.

CHAPITRE XXIII.

Obſeſſions & Poſſeſſions du Démon.

ON met avec raiſon au rang des Apparitions du malin Eſprit parmi les hommes les Obſeſſions & Poſſeſſions du Diable. Nous appellons *Obſeſſion,* lorſque le Démon agit au dehors contre la perſonne qu'il obſede ; & *Poſſeſſion,* lorſqu'il agit au dedans, qu'il agite la perſonne, remue ſes humeurs, lui fait proférer des blaſphêmes, lui fait parler des langues qu'elle n'a jamais appriſes, lui découvre des ſecrets inconnus, lui inſpire la connoiſſance des choſes les plus obſcures de la Philoſophie ou de la Théologie. Saül étoit agité & poſſédé par le mauvais Eſprit[1], qui par intervalles remuoit ſes humeurs mélancoliques, & réveilloit ſon animoſité & ſa jalouſie contre David, ou qui à l'occaſion du mouvement naturel de ces humeurs noires, le ſaiſiſſoit, l'agitoit, & le mettoit hors de ſon aſſiette ordinaire. Les Poſſédés dont il eſt parlé dans l'Evangile[2], & qui crioient tout haut que Jeſus étoit le Chriſt, qu'il étoit venu avant le tems pour les tourmenter, qu'il étoit le fils de Dieu : tous ces exemples ſont des exemples de Poſſeſſions.

Mais le Démon Aſmodée qui obſédoit Sara fille de Raguël[3], & qui avoit fait mourir ſes ſept premiers maris : ceux dont il eſt parlé dans l'Evangile, qui étoient simplement frappés de maladies, ou d'incommodités qu'on croyoit incurables : ceux que l'Ecriture appelle quelquefois *Lunatiques*, qui écumoient, qui s'agitoient, qui fuyoient la compagnie des hommes, qui étoient violens & dangereux, ensorte qu'il falloit les enchaîner pour les empêcher de frapper & de maltraiter les autres : ces sortes de personnes étoient simplement obsédées du Démon.

Les sentimens sont fort partagés sur la matiere des Obsessions & des Possessions du Démon. Les Juifs endurcis, & les anciens ennemis de la Religion Chrétienne, convaincus par l'évidence des Miracles qu'ils voyoient faire à Jesus-Christ, à ses Apôtres & aux Chrétiens, n'osoient en contester ni la vérité, ni la réalité : ils les attribuoient à la Magie, au Prince des Démons, ou à la vertu de certaines herbes ou de certains secrets naturels.

S. Justin[4], Tertullien, Lactance, S. Cyprien, Minutius & les autres Peres des premiers Siecles de l'Eglise, parlent de l'empire que les Exorcistes Chrétiens exerçoient sur les Possédés d'une maniere si pleine de confiance & de liberté, qu'on ne peut douter ni de la certitude, ni de l'évidence de la chose. Ils en prennent à témoins leurs Adversaires, & se font fort d'en faire l'expérience en leur présence, & de forcer les Démons à sortir des corps des Possédés, à déclarer leurs noms, & à reconnoître que ce qu'on adore dans les Temples des Payens ne sont que des Démons.

Quelques-uns opposoient aux vrais miracles du Sauveur ceux de leurs faux Dieux, de leurs Magiciens, des Héros du Paganisme, comme ceux d'Esculape & du fameux

Apollonius de Thiane. Les prétendus Esprits forts les contestent aujourd'hui par les principes de la Philosophie : ils les attribuent au déréglement de l'imagination, aux préjugés de l'éducation, aux ressorts cachés du tempéramment. Ils réduisent les expressions de l'Ecriture à l'hyperbole : ils soutiennent que Jesus-Christ s'est rabaissé à la portée des peuples, à leurs préventions ; que les Démons étant des substances purement spirituelles, ne peuvent agir par elles-mêmes immédiatement sur les corps ; & qu'il n'est nullement probable, que Dieu fasse des miracles pour le leur permettre.

Qu'on examine de près ceux & celles qui ont passé pour possédés ; on n'en trouvera peut-être pas un seul, qui n'ait eu l'esprit dérangé par quelqu'accident, ou le corps attaqué de quelqu'infirmité connue ou cachée, qui aura causé dans ses humeurs ou dans son cerveau quelqu'altération, qui jointe aux préjugés ou à la frayeur, aura donné lieu en eux à ce qu'on appelle Obsession ou Possession.

La Possession du Roi Saül s'explique aisément, en supposant qu'il étoit naturellement atrabilaire, & que dans les accès de sa mélancolie, il paroissoit furieux ; aussi ne chercha-t-on pas d'autre remede à son mal, que la musique & le son des instrumens propres à le réjouir & calmer sa mélancolie.

Plusieurs des Obsessions & Possessions marquées dans le Nouveau Testament étoient de simples maladies ou des travers d'esprit, qui faisoient croire à ces gens-là qu'ils étoient possédés du Démon. Le peuple ignorant les entretenoit dans cette prévention : l'ignorance de la Phyſique & de la Médecine fortifioit ces idées.

Dans l'un c'étoit une humeur noire & mélancolique, dans l'autre c'étoit un ſang brûlé & trop échauffé ; ici c'étoit une ardeur d'entrailles, là un amas de mauvaiſes humeurs qui ſuffoquoient les malades, comme il arrive aux Epileptiques & aux Hypocondriaques, qui s'imaginent être Dieux, Rois, chats, chiens, bœufs. Il y en avoit d'autres, qui troublés à la vûe de leurs crimes, tomboient dans une eſpece de déſeſpoir, & dans des remords de conſcience qui altéroient leur eſprit & leur tempéramment, & leur faiſoient croire que le Démon les pourſuivoit & les obſédoit. Telles étoient apparemment ces femmes qui ſuivoient Jeſus-Chriſt, & qui avoient été délivrées par lui des Eſprits immondes qui les poſſédoient[5], & en partie Marie-Magdelaine, dont il avoit chaſſé ſept Démons. Il eſt ſouvent parlé dans l'Ecriture de l'Eſprit d'impureté, de l'Eſprit de menſonge, de l'Eſprit de jalouſie ; il n'eſt pas néceſſaire de recourir à un Démon particulier pour exciter dans nous ces paſſions. S. Jacques[6] nous apprend, que nous ſommes aſſez tentés par notre concupiſcence qui nous porte au mal, ſans aller chercher d'autres cauſes au dehors de nous.

Les Juifs attribuoient la plûpart de leurs maladies au Démon ; ils étoient perſuadés qu'elles étoient la punition de quelque péché connu ou caché. Jeſus-Chriſt & ſes Apôtres ont ſagement ſuppoſé ces préjugés, ſans vouloir les attaquer de front, & réformer les anciennes opinions des Juifs : ils ont guéri les maladies, & ont chaſſé les mauvais Eſprits qui les caufoient, ou qui étoient cenfés les caufer. L'effet effentiel & réel étoit la guérifon du malade ; il n'étoit pas alors queftion d'autre chofe pour affurer la miffion de Jefus-Chrift, fa Divinité, & la vérité de la Doctrine qu'il prêchoit. Qu'il chaffe le Démon ou qu'il ne le chaffe pas, fa chofe n'eft pas effentielle à fon premier deffein. Il eft certain qu'il guériffoit le malade, foit en chaffant le Démon, s'il eft vrai que ce mauvais Efprit caufât la maladie, foit en rétabliffant les organes ou les humeurs dans leur état régulier & naturel, ce qui eft toujours miraculeux & prouve la Divinité du Sauveur.

Quoique les Juifs fuffent affez crédules fur les opérations du malin Efprit, ils croyoient toutefois que pour l'ordinaire les Démons qui tourmentoient certaines perfonnes, n'étoient autre chofe que les Ames de quelque fcélerat, qui craignant de fe rendre au lieu qui lui eft deftiné, s'empare du corps de quelque mortel qu'il tourmente, & s'efforce de lui ôter la vie[7].

Jofeph l'Hiftorien[8] raconte, que Salomon compofa des charmes contre les maladies, & des formules d'Exorcifmes pour chaffer les mauvais Efprits. Il dit ailleurs, qu'un Juif nommé Eleazar guérit en préfence de Vefpafien quelques Poffédés, en leur appliquant fous le nés un anneau, où étoit enchaffée une racine indiquée par ce Prince. On prononçoit le nom de Salomon avec une certaine priere & un Exorcifme ; auffi-tôt le Poffédé tomboit par terre, & le Démon le quittoit. Le commun des Juifs ne doutoit pas que Beelzebub Prince des Démons n'eût le pouvoir de chaffer les autres Démons, puifqu'ils difoient que Jefus-Chrift ne les chaffoit qu'au nom de Beelzebub[9]. On lit dans l'Hiftoire, que quelquefois les Payens ont chaffé les Démons ; & les Médecins fe vantent de pouvoir guérir quelques Poffédés, comme ils guériffent des Hypocondriaques & des maladies imaginaires.

Voilà ce qu'on peut dire de plus plaufible contre la réalité des Poffeffions & Obfeffions du Démon.

---

1. ↑ I. Reg. xvj. 14. 15.
2. ↑ Matth. viij. 16. x. II. xviij. 28.
3. ↑ Tob. iij. 8.
4. ↑ Juftin. Dialog. cum fupplem. Tertull. de coronâ militis, c. II. & Apolog. c. 23. Cyp. ad Demetriam. &c. Minntius, in Octavio. &c.
5. ↑ Luc. viij. 2.
6. ↑ Jacobi, I. 14.
7. ↑ Jofeph. Antiq, lib. 7. c. 25.
8. ↑ Jofeph. Antiq. lib. 8. c. 2.
9. ↑ Matth. xij. 24.

CHAPITRE XXIV.

Vérité & réalité des Poſſeſſions & Obſeſſions du Démon prouvées par l'Ecriture.

MAis la poſſibilité, la vérité & la réalité des Obſeſſions & Poſſeſſions du Démon ſont indubitables, & prouvées par l'Ecriture & par l'autorité de l'Egliſe, des Peres, des Juifs & des Payens. Jeſus-Chriſt & les Apôtres ont crû cette vérité, & ils l'ont enſeignée publiquement. Le Sauveur donne pour preuve de ſa Miſſion qu'il guérit les Poſſédés : il réfute les Phariſiens, qui avançoient qu'il ne chaſſoit les Démons qu'au nom de Beelzebub ; & il ſoutient qu'il les chaſſe par la vertu de Dieu : *in digito Dei*[1]. Il parle aux Démons, qui poſſédoient les Energumenes ; il les menace, il les fait taire. Sont-ce là des marques équivoques de la réalité des Obſeſſions ? Les Apôtres en uſent de même, & les premiers Chrétiens leurs diſciples. Tout cela à la vûe des Payens, qui ne pouvoient le nier, mais qui en éludoient la force & l'évidence, en attribuant ce pouvoir à d'autres Démons, ou à certaines Divinités plus puiſſantes que les Démons ordinaires ; comme ſi le Royaume de Satan étoit partagé, & que le mauvais Eſprit pût agir contre lui-même, ou qu'il y eût de la collusion entre Jesus-Christ & les Démons, dont il venoit détruire l'Empire.

Les septante Disciples au retour de leur mission en viennent rendre compte à Jesus-Christ[2], & lui disent, que les Démons mêmes leur obéissent. Après sa Résurrection[3] le Sauveur promet à ses Apôtres qu'ils feront des prodiges en son nom, *qu'ils chafferont les Démons*, qu'ils recevront le don des langues. Tout cela a été exécuté à la lettre.

Les Exorcismes usités de tout tems dans l'Eglise contre les Energumenes sont encore une preuve de la réalité des Possessions : ils montrent que de tout tems l'Eglise & ses Ministres les ont crûes vraies & réelles, puisqu'ils ont toujours pratiqué ces Exorcismes. Les anciens Peres défient les Payens de produire un Démoniaque devant les Chrétiens : ils se font fort de le guérir, & d'en chasser le Démon. Les Exorcistes Juifs employoient même le nom de Jesus-Christ pour guérir les Démoniaques[4] ; ils le croyoient donc efficace pour produire cet effet : il est vrai que quelquefois ils employoient le nom de Salomon, & quelques charmes qu'on disoit inventés par ce Prince, ou des racines & des herbes à qui l'on attribuoit les mêmes vertus, de même à proportion qu'un habile Médecin par le secret de son art pourra guérir un Hypocondriaque, un Maniaque, un homme sottement persuadé qu'il est possédé du Démon, ou qu'un sage Confesseur remettra l'esprit d'une personne troublée de remords, & agitée par la vûe de ses péchés, ou par la crainte de l'Enfer.

Mais nous parlons ici des Poſſeſſions & Obſeſſions réelles, qui ne ſe guériſſent que par la vertu de Dieu, par le nom de Jeſus-Chriſt, par la force des Exorciſmes. Le fils de Scéva, Prêtre Juif[5], ayant entrepris de chaſſer un Démon au nom de Jeſus-Chriſt que Paul prêchoit, le Démoniaque ſe jetta ſur lui, diſant qu'il connoiſſoit Jeſus-Chriſt & Paul, mais que pour lui il ne le craignoit pas ; & il faillit de l'étrangler. On doit donc bien diſtinguer entre Poſſeſſions & Poſſeſſions, entre Exorciſtes & Exorciſtes. Il peut ſe trouver des Démoniaques, qui contrefont les Poſſédés pour attirer la compaſſion, & pour magner quelques aumônes. Il peut de même y avoir des Exorciſtes, qui abuſent du nom & de la puiſſance de Jeſus-Chriſt pour tromper les ignorans ; & que ſçais-je s'il ne ſe trouve pas même des Impoſteurs, qui apoſteront des prétendus Poſſédés pour faire ſemblant de les guérir, & ſe concilier par-là de la réputation ?

Je n'entre point dans un plus grand détail ſur cette matiere ; je l'ai traitée autrefois exprès dans une Diſſertation particuliere imprimée à part avec d'autres Diſſertations ſur l'Ecriture, & j'y ai répondu aux objections que l'on formoit ſur ce ſujet.

---

1. ↑ Luc. viij. 21.
2. ↑ Luc. x. 17.
3. ↑ Marc. xvj. 17.
4. ↑ Marc. ix. 36. 38. Act. xj. 14.
5. ↑ Act. ix. 14.

CHAPITRE XXV.

Exemples de Poffeffions réelles caufées par le Démon.

Il faut à préfent rapporter quelques exemples des plus fameux de Poffeffions & d'Obfeffions du Démon. Tout le Monde parle aujourd'hui de la Poffeffion des Religieufes de Loudun, fur lefquelles on a porté, & dans le tems, & encore depuis des jugemens fi divers. Marthe Broffier, fille d'un Tifferand de Romorantin[1], fit auffi grand bruit dans fon tems. Charles Miron, Evêque d'Orléans, découvrit la fraude, en lui faifant boire de l'eau bénite comme de l'eau commune ; en lui faifant préfenter une clef enveloppée dans un tafetas rouge, qu'on difoit un morceau de la vraie Croix ; & en récitant des vers de Virgile, que le Démon de Marthe Broffier prit pour des Exorcifmes, s'agitant beaucoup à l'approche de la clef enveloppée, & à la récitation, des vers de Virgile. Henri de Gondi, Cardinal Evêque de Paris, la fit examiner par cinq Médecins de la Faculté : trois furent d'avis qu'il y avoit beaucoup d'impofture & un peu de maladie. Le Parlement prit connoiffance de l'affaire, & nomma onze Médecins, qui rapporterent unanimement qu'il n'y avoit rien de Démoniaque en cette affaire.

Sous le Regne de Charles IX.[2] ou peu auparavant, une jeune femme de la Ville de Vervins, âgée de quinze ou seize ans, nommée Nicole Aubry, eut différentes Apparitions d'un Spectre, qui se disoit son grand-pere, & lui demandoit des Messes & des Prieres pour le repos de son ame[3]. Bientôt après il lui arriva d'être transportée en différens endroits par ce Spectre, & quelquefois même d'être enlevée à la vûe & du milieu de ceux qui la gardoient.

Alors on ne douta plus que ce ne fût le Diable, ce qu'on eut beaucoup de peine à lui persuader. M. l'Evêque de Laon donna ses pouvoirs pour conjurer cet Esprit, & commanda de tenir la main à ce que les Procès-verbaux fussent exactement dressés par les Notaires nommés à cet effet. Les Exorcismes durerent plus de trois mois, & ne firent que constater de plus en plus la Possession. La pauvre souffrante étoit arrachée des mains de 9 ou 10 hommes, qui avoient bien de la peine à la retenir ; & le dernier jour des Exorcismes, seize n'en pouvoient presque venir à bout : couchée par terre, elle se relevoit droite & toute d'une piece comme une Statue, sans que ceux qui la gardoient pussent l'en empêcher ; elle parloit diverses langues, révéloit les choses les plus cachées, en annonçoit d'autres dans le tems même qu'elles se faisoient, quoique ce fût à une distance très-éloignée : elle découvrit à bien des gens le secret de leur conscience, poussoit à la fois trois voix toutes différentes, & parloit sa langue tirée hors de la bouche d'un demi-pied de long. Après quelques Exorcismes faits à Vervins, on la transporta à Laon, où M. l'Evêque l'entreprit.

Il fit dreſſer à cet effet un échaffaut dans ſa Cathédrale. L'affluence du monde y fut ſi grande, qu'on y voyoit des dix à douze mille perſonnes à la fois. On y venoit même des pays Etrangers. Par conſéquent la France ne dut pas être moins curieuſe : auſſi les Princes, les Grands & ceux qui ne pouvoient y venir, y envoyoient-ils des gens qui puſſent les inſtruire de ce qui s'y paſſoit. Les Nonces du Pape, les Députés du Parlement & ceux de l'Univerſité y aſſiſterent.

Le Diable forcé par les Exorciſmes rendit tant de témoignages de la vérité de la Religion Catholique, & ſurtout de la réalité de la Sainte Euchariſtie, & en même tems de la fauſſeté du Calviniſme, que les Calviniſtes irrités ne garderent plus de meſures. Dès le tems que les Exorciſmes ſe faiſoient à Vervins, ils avoient voulu tuer la Poſſédée avec le Religieux qui l'exorciſoit, dans un voyage qu'on lui fit faire à Notre-Dame de Lieſſe. Ce fut encore pis à Laon : comme ils y étoient les plus forts, ils firent plus d'une fois appréhender une révolte. Ils intimiderent tellement l'Evêque & les Magiſtrats, qu'on défit l'échaffaut, & qu'on ne fit plus la Proceſſion générale qu'on avoit coutume de faire avant les Exorciſmes : le Diable en devint plus orgueilleux, inſulta l'Evêque & ſe moqua de lui. D'un autre côté, les Calviniſtes ayant obtenu des Magiſtrats qu'on ſéqueſtrât la Poſſédée, & qu'on la mît dans la Priſon pour l'examiner de plus près, dans une des convulſions qu'elle y eut, Carlier, Médecin Calviniſte, tira tout-à-coup de ſa poche quelque choſe qui fut avéré être un poiſon des plus violens, qu'il lui jetta dans la bouche, qu'elle garda durant la convulſion, & qu'elle revomit d'elle-même après être revenue à elle.

Toutes ces expériences déterminerent à recommencer les Proceſſions, & l'on redreſſa l'échaffaut. Les Calviniſtes outrés ſuppoſerent alors un écrit de M. de Montmorency, portant défenſe de continuer les Exorciſmes, avec injonction aux Gens du Roi d'y tenir la main. Ainſi on s'abſtint une ſeconde fois de faire la Proceſſion ; le Diable en triompha encore : il découvrit cependant à l'Evêque tout l'artifice de cette ſuppoſition, nomma tous ceux qui y avoient part, & déclara qu'il avoit encore gagné du tems par cette obéiſſance de l'Evêque à la volonté des hommes, plutôt qu'à celle de Dieu. Outre cela le Diable avoit déja proteſté publiquement, que c'étoit malgré lui qu'il reſtoit dans le corps de cette femme ; qu'il y étoit entré par l'ordre de Dieu ; que c'étoit pour convertir les Calviniſtes ou les endurcir, & qu'il étoit bien malheureux d'être obligé d'agir & de parler contre lui-même.

Le Chapitre repréſenta donc à l'Evêque, qu'il étoit à propos de faire la Proceſſion & les Conjurations deux fois par jour, pour exciter davantage la dévotion des peuples. Le Prélat y acquieſça, & tout ſe fit avec le plus grand éclat & de la maniere la plus autentique. Le Diable déclara encore pluſieurs fois qu'il avoit gagné du tems ; une fois parce que l'Evêque ne s'étoit point confeſſé ; une autre fois, parce qu'il n'étoit pas à jeun ; & en dernier lieu, parce qu'il falloit que le Chapitre & toutes les Dignités y fuſſent préſens, auſſi-bien que la Juſtice & les Gens du Roi, afin qu'il eût des témoignages fuffifans ; qu'il étoit forcé d'avertir ainfi l'Evêque de fon devoir, & que maudite fût l'heure où il étoit entré dans le corps de cette perfonne : en même tems il fit mille imprécations contre l'Eglife, l'Evêque & le Clergé.

Ainfi le dernier jour, tout le monde s'étant raffemblé l'après-dinée, M. l'Evêque commença les dernieres Conjurations, où il fe paffa bien des chofes extraordinaires ; entr'autres l'Evêque voulant approcher la Sainte Euchariftie des lévres de cette pauvre femme, le Diable fe faifit en quelque forte de fon bras, & en même tems enleva en haut cette femme, quafi hors des mains de feize hommes qui la tenoient ; mais enfin après bien de la réfiftance, il fortit, & la laiffa parfaitement guérie, & pénétrée des bontés de Dieu. Le *Te Deum* fut chanté au fon de toutes les cloches de la Ville : ce ne furent qu'acclamations de joie parmi les Catholiques ; & il fe convertit beaucoup de Calviniftes, dont la race fubfifte encore dans la Ville. Florimond de Raimond, Confeiller au Parlement de Bourdeaux, [4] eut le bonheur d'être de ce nombre, & en a écrit l'Hiftoire. On fit neuf jours durant la Proceffion en action de graces. On fonda à perpétuité une Meffe, qui fe célebre tous les ans le 8 Février ; & on repréfenta cette Hiftoire en bas-relief autour du Chœur ; on la voit encore aujourd'hui.

Enfin Dieu, comme pour mettre la derniere main à une œuvre fi importante, permit que le Prince de Condé, qui venoit de quitter la Religion Catholique, fût féduit à ce fujet par ceux de fa nouvelle Communion. Il fit venir chez lui la pauvre femme & le Chanoine d'Efpinois, qui ne l'avoit point abandonnée durant tout le tems des Exorciſmes. Il les interrogea ſéparément & à pluſieurs repriſes : il employa les menaces, les promeſſes, & fit toutes ſortes d'efforts, non pour découvrir s'il y avoit en eux de l'artifice, mais pour y en trouver à quelque prix que ce fût. Il alla juſqu'à offrir au Chanoine de grandes places, s'il vouloit changer de Religion. Mais que peut-on gagner en faveur de l'Héréſie ſur des perſonnes ſenſées & pleines de droiture, à qui Dieu a manifeſté ainſi la puiſſance de ſon Egliſe ? Tous les efforts du Prince furent inutiles ; la fermeté du Chanoine & la naïveté de la pauvre femme ne ſervirent qu'à lui conſtater d'avantage la certitude de l'évenement qui lui déplaiſoit, & il renvoya l'un & l'autre.

Cependant un retour de mauvaiſe volonté lui fit arrêter de nouveau cette femme ; & il la tint dans une de ſes Priſons, juſqu'à ce que ſes pere & mere ayant préſenté au Roi Charles IX. une Requête ſur cette injuſtice, elle fut remiſe en liberté par ordre de Sa Majeſté[5].

Un évenement ſi important & ſi ſoigneuſement conſtaté, ſoit de la part de l'Evêque & du Chapitre, ou de celle des Magiſtrats, & même par les éclats du parti Calviniſte, ne devoit point être enſéveli dans le ſilence. Le Roi Charles IX. faiſant ſon entrée à Laon quelque tems après, voulut en être inſtruit par le Doyen de la Cathédrale, qui en avoit été témoin oculaire. Sa Majeſté lui ordonna d'en mettre l'Hiſtoire au jour : elle fut donc imprimée d'abord en François, & depuis en Latin, en Eſpagnol, en Italien & en Allemand, avec l'approbation de la Sorbonne, appuyée des refcrits des Papes Pie V. & Grégoire XIII. fon Succeffeur ; & on en fit depuis un abrégé affez exact par l'ordre de M. l'Evêque de Laon, imprimé fous ce titre : *Le Triomphe du S. Sacrement fur le Démon.*

Voilà donc un fait qui a toute l'autenticité que l'on puiffe défirer, & telle qu'un homme d'honneur ne peut avec bienféance le révoquer en doute, puifqu'il ne pourroit plus après cela tenir pour certain aucuns faits fans fe couper honteufement.

---

1. ↑ Jean de Serres, fur l'an 1599. Thuan. Hift. l. 12.
2. ↑ Charles IX. eft mort en 1574.
3. ↑ Cette Hiftoire eft tirée d'un livre intitulé : *Examen & Difenffion Critique de l'Hiftoire des Diables de Loudun,* &c. par M. de la Menardaye. A Paris, chez de Bure l'aîné, 1749.
4. ↑ Florimond de Raimond, t. I. l. 2. c. 12. p. 240.
5. ↑ Tréfor & entiere Hiftoire de la Victime du Corps de Dieu, préfentée au Pape, au Roi, au Chancelier de France, au Premier Préfident. A Paris in-4°. chez Chefnau 1578.

CHAPITRE XXVI.

Suite du même ſujet.

ON a vû en Lorraine vers l'an 1620. une Poſſédée qui a fait grand bruit dans le pays, mais qui eſt beaucoup moins connue chez les Etrangers. C'eſt Demoiſelle Eliſabeth de Ranfaing, dont l'Hiſtoire de la Poſſeſſion a été écrite & imprimée à Nancy en 1622. par M. Pichard Docteur en Médecine, & Médecin ordinaire de leurs Alteſſes de Lorraine. Mademoiſelle de Ranfaing étoit une perſonne très-vertueuſe, & dont Dieu s'eſt ſervi pour établir une eſpece d'Ordre de Religieuſes *du Refuge*, dont le principal objet eſt de retirer du libertinage les filles ou femmes qui y ſeroient tombées. L'ouvrage de M. Pichard fut approuvé par des Docteurs en Théologie, & autoriſé par M. de Porcelets Evêque de Toul, & dans une aſſemblée de gens ſçavans, qu'il fit venir pour examiner la choſe, & la réalité de cette Poſſeſſion. Elle étoit vivement attaquée & hautement niée par un Religieux Minime, nommé Claude Pithoy, qui avoit la témérité de dire, qu'il alloit prier Dieu de lui envoyer le Diable au corps, au cas que la femme qu'on exorciſoit à Nancy fût poſſédée ; & encore, que Dieu n'étoit pas Dieu, s'il ne commandoit au Diable de ſe ſaiſir de ſon corps, ſi la femme qu'on exorciſoit à Nancy étoit véritablement poſſédée.

M. Pichard le réfute au long ; mais il remarque que les perſonnes qui ſont d'un eſprit foible, ou d'un tempéramment morne & mélancolique, peſant, taciturne, ſtupide, & qui ont naturellement des diſpoſitions à s'effrayer & à ſe troubler, ſont ſujettes à s'imaginer qu'elles voyent le Diable, qu'elles lui parlent, & même qu'elles en ſont poſſédées, ſurtout ſi elles ſe trouvent en des lieux où il y a des Poſſédés, qu'elles les voyent, & qu'elles converſent avec eux. Il ajoute qu'il y a 13 ou 14 ans qu'il en remarqua un grand nombre de cette ſorte, & qu'avec l'aide de Dieu il les guérit à Nancy. Il dit la même choſe des Atrabilaires, & des femmes qui ſont travaillées d'une fureur utérine, qui font quelquefois des choſes, & qui jettent des cris qui pourroient les faire prendre pour des Poſſédées.

Mademoiſelle Ranfaing étant devenue veuve en 16.. fut recherchée en mariage par un Médecin nommé Poirot. N'ayant pas été écouté dans ſes pourſuites, il lui donna d'abord des Philtres pour s'en faire aimer ; ce qui cauſa d'étranges dérangemens dans la ſanté de Madame Ranfaing : enfin il lui donna des médicamens magiques ; (car il fut depuis reconnu pour Magicien, & brûlé comme tel par Sentence de Juges.) Les Médecins ne pouvoient la ſoulager, & ne connoiſſoient rien à ſes maladies toutes extraordinaires. Après avoir tenté toutes ſortes de remedes, on fut obligé d'en venir aux Exorciſsmes.

Or voici les principaux symptômes qui firent croire aux Exorcistes de Lorraine que Mademoiselle Ranfaing étoit réellement possédée. On commença sur elle les Exorcismes le 2 Septembre 1619. dans la Ville de Remiremont, d'où elle fut transférée à Nancy : elle y fut visitée & interrogée par plusieurs habiles Médecins, qui après avoir exactement examiné les symptômes de ce qui lui arrivoit, déclarerent que les accidens qu'ils avoient remarqués en elle, n'avoient point de relation avec le cours ordinaire des maladies connues ; mais qu'ils ne pouvoient être qu'une Possession diabolique.

Après quoi par l'ordre de M. de Porcelets Evêque de Toul, on lui nomma pour Exorcistes M. Viardin Docteur en Théologie, Conseiller d'Etat du Duc de Lorraine, un Jésuite & un Capucin ; mais dans le cours de ces Exorcismes presque tous les Religieux de Nancy, le-dit Seigneur Evêque, l'Evêque de Tripoli Suffragant de Strasbourg, M. de Sancy, ci-devant Ambassadeur du Roi Très-Chrétien à Constantinople, & alors Prêtre de l'Oratoire, Charles de Lorraine, Evêque de Verdun, deux Docteurs de Sorbonne envoyés exprès pour assister aux Exorcismes, l'ont souvent exorcisée en Hébreu, en Grec & en Latin, & elle leur a toujours répondu pertinemment, elle qui à peine sçavoit lire le Latin.

On rapporte le Certificat donné par M. Nicolas de Harlay, fort habile en langue Hébraïque, qui reconnoît que Mademoiselle Ranfaing étoit réellement possédée, & lui avoit répondu au seul mouvement de ses lévres, sans qu'il prononçât aucunes paroles, & lui avoit donné plusieurs preuves de sa Possession. Le sieur Garnier Docteur de Sorbonne lui ayant aussi fait plusieurs commandemens en Langue Hébraïque, elle lui a de même répondu pertinemment, mais en François, disant que le pacte étoit fait, qu'il ne parleroit qu'en langue ordinaire. Le Démon ajouta : n'est-ce pas assez que je te montre que j'entends ce que tu dis ? Le même M. Garnier lui parlant Grec, mit par mégarde un cas pour un autre ; la Possedée, ou plutôt le Diable lui dit : *tu as failli*. Le Docteur lui dit en Grec, montre ma faute ; le Diable répondit : *contente-toi que je te montre la faute ; je ne t'en dirai pas davantage*. Le Docteur lui disant en Grec de se taire, il lui répondit : tu me commande de me taire, & moi je ne veux pas me taire. M. Midot Ecolâtre de Toul lui dit dans la même langue : assieds-toi ; il répondit : je ne veux pas m'asseoir. M. Midot lui dit de plus en Grec : assieds-toi à terre & obéis ; mais comme le Démon vouloit jetter de force la Possedée par terre, il lui dit en la même langue : fais-le doucement ; il le fit : il ajouta en Grec, *étends le pied droit,* il l'étendit : il dit de plus en là même langue, *cause-lui du froid aux genoux* ; la femme répondit, qu'elle y sentoit un grand froid.

Le sieur Mince Docteur de Sorbonne tenant en main une croix, le Diable lui dit tout bas en Grec, donne-moi la croix ; ce qui fut entendu de quelques assistans, qui étoient près de lui. M. Mince voulut presser le Diable de répéter la même chose ; il répondit : *je ne le répéterai pas tout en*

Grec ; mais il dit fimplement en François *donne-moi*, & en Grec *la Croix*.

Le R. P. Albert Capucin lui ayant commandé en Grec de faire fept fois le figne de la Croix avec la langue en l'honneur des fept joies de la Vierge, il fit trois fois le figne de la Croix avec la langue, puis deux fois avec le nés ; mais le Religieux lui dit de nouveau de faire fept fois le figne de la Croix avec la langue, il le fit ; & ayant reçû commandement en la même langue de baifer les pieds de Monfeigneur l'Evêque de Toul, il fe profterna & lui baifa les pieds.

Le même Religieux ayant remarqué que le Démon vouloit renverfer le bénitier qui étoit là, il lui ordonna de prendre de l'eau bénite, & de ne la pas verfer, & il obéit. Le Pere lui ordonna de lui donner des marques de la Poffeffion ; il lui répondit : la Poffeffion eft affez connue ; il ajouta en Grec : je te commande de porter de l'eau bénite à M. le Gouverneur de la Ville ; le Démon répondit ; on n'a pas la coutume d'exorcifer en cette langue. Le Pere répondit en Latin : ce n'eft pas à toi de nous impofer des Loix ; mais l'Eglife a la puiffance de te commander en quelle langue elle juge à propos ; le Démon prit donc le bénitier, & porta de l'eau bénite au Gardien des Capucins, au Duc Erric de Lorraine, aux Comtes de Brionne, Remonville, la Vaux & autres Seigneurs.

Le Médecin M. Pichard lui ayant dit par une phrafe partie Hébraïque & partie Grecque de guérir la tête & les yeux de la Poffédée, à peine en eut-il achevé les derniers mots, que le Démon répondit : ma foi, ce n'est pas nous autres qui en sommes cause ; elle a le cerveau fort humide, cela provient de son tempérament naturel : alors M. Pichard dit à l'assemblée, prenez garde, Messieurs, qu'il répond à l'Hébreu & au Grec tout ensemble ; oui, répliqua le Démon, tu découvre le pot aux roses & le secret ; je ne te répondrai plus. Il y a plusieurs demandes & réponses en langue étrangere, qui montrent qu'il les entendoit fort bien.

M. Viardin lui ayant demandé en Latin, *ubi censebaris, quandò manè oriebaris* ? il répondit, entre les Séraphins. On lui dit, *pro signo exhibe nohis patibulum fratris Cephœ* ; le Diable étendit les bras en forme de Croix de S. André. On lui dit : *applica carpum carpo* ; il le fit, mettant le poignet d'une main sur l'autre ; ensuite, *admove tarsum tarso & metatarsum metatarso*, il croisa les pieds, & les éleva l'un sur l'autre ; puis après il dit : *excita in calcaneo qualitatem congregantem heterogenea* ; la Possedée dit qu'elle sentoit de la froidure au talon : après, *repræsenta nobis labarum Venetorum* ; il fit le signe de la Croix : ensuite, *exhibe nobis videntem Deum benè precantem nepotibus ex Salvatore Egypti* ; il croisa les bras, comme fit Jacob en donnant sa bénédiction aux Enfans de Joseph : ensuite, *exhibe crucem conterebrantem stipiti* ; il représenta la Croix de S. Pierre : l'Exorciste ayant dit par mégarde, *per eum qui adversùs te præliavit* ; le Démon ne lui donna pas le tems de se corriger ; il lui dit : ô l'âne ! au lieu de *præliatus est*. On lui parla Italien & Allemand, il répondit toujours à propos.

On lui dit un jour : *Sume encolpium ejus qui hodiè functus eſt officio illius, de quo cecinit Pſaltes : pro Patribus tuis nati ſunt tibi filii* ; il alla auſſitôt prendre la Croix pendue au col & poſée ſur la poitrine de Monſeigneur le Prince Erric de Lorraine, qui ce même jour avoit fait l'Office d'Evêque en donnant les Ordres, à cauſe que M. l'Evêque de Toul étoit indiſpoſé. Il découvrit les penſées ſecrettes, & ouit les paroles dites très-bas à l'oreille de quelques perſonnes, qu'il n'étoit pas à portée de pouvoir entendre, & déclara qu'il avoit ſçû la priere mentale qu'un bon Prêtre avoit faite devant le S. Sacrement.

Voici encore un trait plus extraordinaire. On dit au Démon en parlant Latin & Italien dans la même phraſe : *Adi Scholaſtram ſeniorem, & oſculare ejus pedes, la cui ſcarpa ha più di ſugaro* ; au même moment il alla baiſer le pied du ſieur Juillet Ecolâtre de Saint Georges, plus ancien que M. Viardin Ecolâtre de la Primatiale. M. Juillet avoit le pied droit plus court que le gauche, ce qui l'obligeoit à porter le ſoulier de ce pied-là relevé par un morceau de liege, nommé en Italien *ſugaro*.

On lui propoſa des queſtions très-relevées & très-difficiles ſur la Trinité, l'Incarnation, le S. Sacrement de l'Autel, la Grace de Dieu, le franc arbitre, la maniere dont les Anges & les Démons connoiſſent les penſées des hommes, &c. & il répondit avec beaucoup de netteté & de préciſion. Elle a découvert des choſes inconnues à tout le monde, & a révelé à certaines perſonnes, mais ſecretement & en particulier, des péchés dont elles étoient coupables.

Le Démon n'obéissoit pas seulement à la voix de l'Exorciste ; il le faisoit même lorsqu'on remuoit simplement les lévres, ou qu'on tenoit la main, ou un mouchoir, ou un livre sur la bouche. Un Calviniste s'étant un jour mêlé secretement dans l'assemblée, l'Exorciste qui en fut averti, commanda au Démon de lui aller baiser les pieds ; il y alla fendant la presse.

Un Anglois étant venu par curiosité à l'Exorciste, le Diable lui dit plusieurs particularités de son pays & de sa Religion ; il étoit Puritain ; & l'Anglois avoua, que tout ce qu'il lui avoit dit étoit vrai. Le même Anglois lui dit en sa langue : pour preuve de ta Possession, dis-moi le nom de mon Maître, qui m'a autrefois montré la broderie ; il répondit, *Guillaume*. On lui commanda de réciter l'*Ave Maria* ; il dit à un Gentilhomme Huguenot qui étoit présent : dis-le toi, si tu le sçais ; car on ne le dit point chez toi. M. Pichard raconte plusieurs choses cachées & inconnues, que le Démon a révelées, & qu'il a fait plusieurs actions, qu'il n'est pas possible qu'une personne, quelqu'agile & subtile qu'elle soit, puisse faire par ses forces naturelles, comme de ramper par terre sans se servir de ses pieds ni de ses mains, de paroître ayant les cheveux hérissés comme des serpens.

Après tout le détail des Exorcismes, des marques de Possession, des demandes & des réponses de la Possédée, M. Pichard rapporte les témoignages autentiques des Théologiens, des Médecins, des Evêques Erric de Lorraine & Charles de Lorraine Evêque de Verdun, de plusieurs

Religieux de tous les Ordres, qui atteſtent ladite Poſſeſſion réelle & véritable, & enfin une lettre du R. P. Cotton Jéſuite, qui certifie la même choſe, ladite lettre dattée du 5 Juin 1621. en réponſe de celle que le Prince Erric de Lorraine lui avoit écrite.

J'ai omis beaucoup de particularités rapportées dans le récit des Exorciſmes, & des preuves de Poſſeſſion de la Demoiſelle de Ranfaing ; je crois en avoir dit aſſez pour convaincre toute perſonne de bonne foi & ſans prévention, que ſa Poſſeſſion eſt auſſi certaine, que ces ſortes de choſes le peuvent être. La choſe s'eſt paſſée à Nancy Capitale de Lorraine, en préſence d'un grand nombre de perſonnes éclairées, de deux de la Maiſon de Lorraine, tous deux Evêques & très-bien inſtruits ; en préſence & par les ordres de Monſeigneur de Porcelets Evêque de Toul, très-éclairé & d'un rare mérite ; de deux Docteurs de Sorbonne appellés exprès pour juger de la réalité de la Poſſeſſion ; en préſence de gens de la Religion prétendue réformée, fort en garde contre ces ſortes de choſes. On a vû à quel point le P. Pithoy a pouſſé la témérité contre la Poſſeſſion dont il s'agit ; il a été réprimé par ſon Evêque Diocéſain & par ſes Supérieurs, qui lui ont impoſé ſilence.

La perſonne de Mademoiſelle Ranfaing eſt reconnue pour une femme d'une vertu, d'une ſageſſe, d'un mérite extraordinaire. On ne peut imaginer aucune cauſe qui l'ait pû porter à feindre une Poſſeſſion, qui lui a cauſé mille douleurs. La ſuite de cette terrible épreuve a été l'établiſſement d'une eſpece d'Ordre Religieux, dont l'Eglife a reçu beaucoup d'édification, & dont Dieu par fa providence a fçû tirer fa gloire.

M. Nicolas de Harlay Sancy & M. Viardin font des perfonnes très-refpectables par leur mérite perfonnel, par leur capacité, & par leurs grands emplois, le premier ayant été Ambaffadeur de France à Conftantinople, & l'autre Réfident du bon Duc Henri en Cour de Rome ; de maniere que je ne crois pas avoir pû donner d'exemple plus propre à perfuader qu'il y a des Poffeffions réelles & véritables, que de propofer celui de Mademoifelle Ranfaing.

Je ne rapporte pas celui des Religieufes de Loudun, dont on a porté des jugemens fi divers, dont la réalité a été révoquée en doute dès le tems même, & qui eft très-problématique encore aujourd'hui.

Ceux qui feront curieux d'en fçavoir l'Hiftoire, la trouveront très-bien détaillée dans un Livre que j'ai déja cité, & qui a pour titre : *Examen & Difcuffion Critique de l'Hiftoire des Diables de Loudun, &c.* par M. *de la Ménardaye*. A Paris, chez de Bure l'aîné, 1749.

CHAPITRE XXVII.

Objections contre les Obseſſions & Poſſeſſions du Démon. Réponſe aux objections.

ON peut faire pluſieurs objections contre les Obſeſſions & les Poſſeſſions des Démons : rien n'eſt ſujet à de plus grandes difficultés que cette matiere ; mais c'eſt une conduite conſtante & uniforme de la providence, de permettre que les vérités les plus claires & les plus certaines de la Religion demeurent enveloppées de quelques obſcurités ; que les faits les plus conſtans & les plus indubitables ſoient ſujets à des doutes, & à des contradictions ; que les miracles les plus évidens ſoient conteſtés par quelques incrédules, ſur des circonſtances qui leur paroiſſent douteuſes & conteſtables.

Toute la Religion a ſes clartés & ſes obſcurités ; Dieu l'a ainſi permis, afin que les Juſtes ayent de quoi exercer leur foi en croyant, & que les Impies & les Incrédules périſſent dans leur impiété & leur incrédulité volontaire[1] : *Ut videntes non videant, & audientes non intelligant.* Les plus grands Myſteres du Chriſtianiſme ſont aux uns des ſujets de ſcandale, & aux autres des moyens de ſalut : les uns regardent le Myſtere de la Croix comme une folie, & les autres comme l'ouvrage de la plus sublime sagesse & de la plus admirable puissance de Dieu[2] : *Verbum Crucis pereuntibus quidem stultitia est, iis autem qui salvi fiunt, Dei virtus est.*

Pharaon s'endurcit, en voyant les prodiges opérés par Moïse. Les Magiciens de l'Egypte sont enfin forcés d'y reconnoître le doigt de Dieu. Les Hébreux à cette vûe prennent confiance en Moïse & Aaron, & se livrent à leur conduite, sans craindre les dangers ausquels ils vont s'exposer.

Nous avons déja remarqué, qu'assez souvent le Démon semble agir contre ses propres intérêts, & détruire son propre Empire, en disant que tout ce qu'on raconte du retour des Ames, des Obsessions & Possessions du Démon, des Sortiléges, de la Magie, de la Sorcellerie, ne sont que des contes propres à épouvanter les enfans ; que tout cela n'a de réalité que dans les esprits foibles & prévenus. Que peut-il revenir au Démon de soutenir tout cela, & de détruire l'opinion commune des peuples sur toutes ces choses ? Si dans tout cela il n'y a que mensonge & illusion, que gagne-t-il à en détromper le monde ; & s'il y a du vrai, pourquoi décrier son ouvrage, & ôter le crédit à ses suppôts & à ses propres opérations ?

Jesus-Christ dans l'Evangile réfute ceux qui disoient qu'il chassoit les Démons au nom de Belzébud[3] ; il soutient que l'accusation est mal fondée, parce qu'il n'étoit pas croyable que Satan détruisît son ouvrage & son Empire. Le raisonnement est sans doute solide & concluant, surtout envers les Juifs, qui croyoient que Jesus-Christ ne différoit des autres Exorcistes qui chassoient les Démons, sinon en ce qu'il commandoit au Prince des Démons, au lieu que les autres ne commandoient qu'aux Démons subalternes. Or dans cette supposition le Prince des Démons ne pouvoit pas chasser ses subalternes, sans détruire son propre Empire, sans se décrier, & sans perdre de réputation ceux qui agissoient que par ses ordres.

On pourra objecter contre ce raisonnement, que Jesus-Christ supposoit comme les Juifs que les Démons qu'il chassoit possédoient réellement ceux qu'il guérissoit, de quelque maniere qu'il les guérît ; & par conséquent que l'Empire des Démons subsistoit, & dans Belzébud Prince des Démons, & dans les autres Démons qui lui étoient subordonnés & qui obéissoient à ses ordres : ainsi son Empire n'étoit pas entiérement détruit, en supposant que Jesus-Christ les chassoit au nom de Belzébud ; cette subordination au contraire supposoit cet Empire du Prince des Démons, & le fortifioit.

Mais Jesus-Christ non-seulement chassoit les Démons par son autorité absolue sans jamais faire mention de Belzébud : il les chassoit malgré eux, & quelquefois ils se plaignoient hautement qu'il étoit venu les tourmenter avant le tems[4]. Il n'y avoit ni collusion entre lui & eux, ni subordination pareille à celle que l'on voudroit supposer entre Belzébud & les autres Démons. Le Seigneur les poursuivoit, non seulement en les chassant des corps, mais aussi en renversant leurs mauvaises maximes, en établissant une doctrine & des maximes toutes contraires aux leurs : il faifoit la guerre à tous les vices, à l'erreur, au menfonge ; il attaquoit le Démon de front par-tout & fans ménagement : ainfi on ne peut pas dire qu'il l'épargnoit, ou qu'il ufoit de collufion avec lui.

Si le Diable veut quelquefois faire paffer pour chimere & pour illufion tout ce qu'on dit des Apparitions, des Obfeffions & Poffeffions, de la Magie, de la Sorcellerie, & s'il paroît par-là abfolument renverfer fon regne, jufqu'à nier les effets les plus marqués & les plus fenfibles de fa propre puiffance & de fa préfence, & les imputer à la foibleffe de l'efprit des hommes, & à leur folle prévention, dans cela il n'y a qu'à gagner pour lui : car s'il perfuade ce qu'il avance, fon Empire n'en fera que plus folidement affermi, puifqu'on ne l'attaquera plus, qu'on le laiffera jouir en paix de fes conquêtes, & que les puiffances Eccléfiaftiques & féculieres intéreffées à réprimer les effets de fa malice & de fa cruauté, ne fe mettront plus en peine de lui faire la guerre, & de précautionner les peuples contre fes rufes & fes embûches. Cela fermera la bouche aux Pafteurs, & arrêtera la main des Juges & des Puiffances ; & le fimple peuple deviendra le jouet du Démon, qui ne laiffera pas de continuer à tenter, à perfécuter, à corrompre, à tromper, à faire périr ceux qui ne fe défieront plus de fes piéges & de fa malice. Le monde retombera dans l'état où il étoit fous le Paganifme, livré à l'erreur, aux paffions les plus honteufes, à nier ou à révoquer en doute les vérités les plus conftantes & les plus néceffaires au falut.

Moïse dans l'Ancien Testament a bien prévû que le mauvais Esprit mettroit tout en œuvre pour induire les Israélites dans l'erreur & dans le déréglement ; il a prévû qu'il susciteroit du milieu du peuple choisi des séducteurs, qui leur prédiroient des choses inconnues & futures, lesquelles se trouveroient vraies & seroient suivies de l'effet. Il défend toutefois d'écouter ce Prophete ou ce Devin, s'il veut engager ses Auditeurs dans l'impiété & dans l'idolâtrie.

Tertullien parlant des prestiges opérés par les Démons, & de la prévoyance qu'ils ont de certains événemens, dit[5] qu'étant spirituels de leur nature[6], ils se trouvent en un moment par-tout où ils veulent, & annoncent au loin ce qu'ils y ont vû & appris. On attribue tout cela à la divinité, parce qu'on n'en connoît ni la cause ni la maniere : souvent aussi ils se vantent d'être la cause des événemens qu'ils ne font qu'annoncer ; & il est vrai que souvent ils sont auteurs des maux qu'ils prédisent, mais jamais du bien. Quelquefois ils se servent des connoissances qu'ils ont tirées des prédictions des Prophetes touchant les desseins de Dieu, & ils les débitent comme venant d'eux-mêmes. Comme ils sont répandus dans l'air, ils voient dans les nuës ce qui doit arriver, & prédisent la pluie qu'ils ont connue avant qu'elle se soit fait sentir sur la terre ; pour les maladies, s'ils les guérissent, c'est qu'ils les ont causées : ils prescrivent des remedes qui sont suivis de l'effet ; & on croit qu'ils ont guéri les maladies, parce qu'ils ne les ont pas continuées : *Quia desinunt lædere, curasse creduntur.*

Le Démon peut donc prévoir l'avenir & des choses cachées, & les faire découvrir par ses suppôts : il peut aussi sans doute faire des choses merveilleuses, & qui passent les forces ordinaires & connues de la nature ; mais ce n'est jamais que pour nous séduire, & nous conduire au désordre & à l'impiété. Et quand même il sembleroit porter à la vertu, & à pratiquer des choses louables & utiles au salut, ce ne seroit que pour gagner la confiance de ceux qui voudroient l'écouter, les faire ensuite tomber dans quelque malheur, & les engager dans quelque péché de présomption ou de vanité : car comme c'est un esprit de mensonge & de malice, peu lui importe par quelle voie il nous surprenne & établisse son regne parmi nous.

Mais il s'en faut bien qu'il prévoie toujours l'avenir, ni qu'il réussisse toujours à nous séduire ; Dieu a mis des bornes à sa malice. Il se trompe souvent, & souvent il use de déguisement & de détours pour ne paroître pas ignorer ce qu'il ignore, ou ne vouloir pas faire ce que Dieu ne lui permet pas de faire : son pouvoir est toujours borné, & ses connoissances limitées. Souvent aussi il trompe & séduit par malice, parce qu'il est le Pere du mensonge[Z], *mendax est & pater ejus*. Il trompe les hommes, & se réjouit quand il les voit dans l'erreur ; mais pour ne pas perdre son crédit parmi ceux qui le consultent directement ou indirectement, il en fait tomber la faute sur ceux qui se mêlent d'interpréter ses paroles, ou les signes équivoques qu'il a donnés. Par exemple, si on le consulte pour commencer une entreprise, ou pour donner un combat, ou pour se mettre en voyage, si la chofe réuffit, il s'en attribue la gloire & le fuccès ; fi elle ne réuffit pas, il l'impute aux hommes, qui n'ont pas bien compris le fens de fon Oracle, ou aux Arufpices qui fe font trompés en confultant les entrailles des animaux immolés, ou le vol des oifeaux, &c.

On ne doit donc pas être furpris de trouver dans la matiere des Apparitions des Anges, des Démons & des Efprits, tant de contradictions, de doutes & de difficultés. L'homme naturellement aime à fe diftinguer du commun, & à s'élever au-deffus des opinions du peuple ; c'eft une efpece de bel air, que de ne fe pas laiffer entraîner au torrent, & de vouloir tout approfondir & tout examiner. On fçait qu'il y a une infinité d'erreurs, de préventions, d'opinions vulgaires, de faux miracles, d'illufions, de féductions dans le monde : on fçait qu'on attribue au Démon des chofes purement naturelles, ou qu'on raconte mille hiftoires apocryphes. Il eft donc jufte de fe tenir fur fes gardes pour n'y être pas trompé. Il eft très-important pour la Religion de diftinguer les vrais des faux miracles, les évenemens certains des incertains, les ouvrages du doigt de Dieu, de ceux qui font l'ouvrage de l'Efprit féducteur.

Le Démon mêle dans tout ce qu'il fait beaucoup d'illufions parmi quelques vérités, afin que la difficulté de difcerner le vrai du faux faffe prendre le parti qui lui plaît davantage, & que les incrédules ayent toujours dequoi fe foutenir dans leur incrédulité.

Quoique les Apparitions des Efprits, des Anges, des Démons, & leurs opérations ne foient pas peut-être toujours miraculeuſes, cependant comme la plûpart paroiſſent au-deſſus de l'ordre ordinaire de la nature, pluſieurs des perſonnes dont nous venons de parler, ſans ſe donner la peine de les examiner & d'en rechercher les cauſes, les Auteurs & les circonſtances, prennent hardiment le parti de les nier ; c'eſt le plus court, mais non le plus ſenſé, ni le plus raiſonnable : car dans ce qu'on dit ſur ce ſujet, il y a des effets qu'on ne peut raiſonnablement attribuer qu'à la Toute-Puiſſance de Dieu qui agit immédiatement, ou qui fait agir les cauſes ſecondes pour ſa gloire, pour l'avancement de la Religion, & pour la manifeſtation de la vérité ; & d'autres qui portent viſiblement le caractere de l'illuſion, de l'impiété, de la ſéduction, & où il ſemble qu'au lieu du doigt de Dieu, on ne remarque que le caractere de l'Eſprit de tromperie & de menſonge.

---

1. ↑ Luc. viij. 10.
2. ↑ Cor. i. 18. 21. 23.
3. ↑ Matth. xij. 24. 27. Luc. xj. 15. 18.
4. ↑ Matth. vijj. 29.
5. ↑ Tertull. dé Præſcript. c. 35. p. 22. Edit Rigall.
6. ↑ Tertullien ne dit pas cela dans l'endroit cité ; au contraire il aſſure qu'on ignore quelle eſt leur nature : *Subſtantia ignoratur.*
7. ↑ Joan. viij. 44.

CHAPITRE XXVIII.

Suite des Objections contre les Poſſeſſions, & des Réponſes aux Objections.

NOus liſons dans des écrits publics & imprimés compoſés par des Auteurs Catholiques de nos jours[1], qu'il eſt conſtant par la raiſon que les Poſſeſſions du Démon ſont naturellement impoſſibles, & qu'il n'eſt pas vrai par rapport à nous & à nos idées, que le Démon ait un pouvoir naturel ſur le monde corporel ; que dès qu'on admet dans les volontés créées une puiſſance d'agir ſur les corps, & de les remuer, il eſt impoſſible de lui donner des bornes, & que cette puiſſance eſt véritablement infinie.

Ils ſoutiennent que le Démon ne peut agir ſur nos ames que par voie de ſuggeſtion ; qu'il eſt impoſſible que le Démon ſoit cauſe phyſique du moindre effet extérieur ; que tout ce que dit l'Ecriture des piéges & des ruſes de Satan, ne ſignifie autre choſe que les tentations de la chair & la concupiſcence ; que le Démon pour nous ſéduire n'a beſoin que de ſuggeſtions morales. C'eſt en lui un pouvoir moral, & non un pouvoir phyſique ; en un mot, *que le Démon ne peut faire ni bien ni mal ; que c'eſt un néant de puiſſance* ; que nous ne ſçavons pas que Dieu ait donné à d'autres eſprits qu'à l'ame de l'homme le pouvoir de mouvoir le corps ; qu'au contraire nous devons préfumer que la fageffe de Dieu a voulu que les purs Efprits n'euffent avec le corps aucun commerce : ils foutiennent de plus que les Payens n'ont jamais connu ce que nous appellons des mauvais Anges & des Démons.

Toutes ces propofitions font certainement contraires à l'Ecriture, au fentiment des Peres & à la Tradition de l'Eglife Catholique. Mais ces Meffieurs ne s'en mettent point en peine ; ils foutiennent que les Ecrivains facrés fe font fouvent exprimés fuivant les opinions de leur tems, foit que la néceffité de fe faire entendre les ait forcés de s'y conformer, foit qu'ils euffent eux-mêmes adopté ces opinions. Il y a, difent-ils, plus que de la vraifemblance que plufieurs infirmités que les Ecritures ont attribuées au Démon, n'avoient point d'autre caufe que la nature même ; que dans ces endroits les Auteurs Sacrés ont parlé felon les opinions vulgaires : l'erreur de ce langage eft fans conféquence.

Les Prophetes de Saül, & Saül lui-même, ne furent jamais ce qu'on appelle proprement Prophetes ; ils pouvoient être attaqués de quelques-uns de ces maux que les Payens appelloient *Sacrés*. Il ne faut que ne pas lire en dormant, pour voir que la tentation d'Eve n'eft qu'une allégorie. Il en eft de même de la permiffion que Dieu donna à Satan de tenter Job. Pourquoi vouloir expliquer tout ce Livre de Job littéralement, & comme une hiftoire véritable, puifque fon commencement n'eft qu'une fiction ? Il n'eft rien moins que certain que Jesus-Christ ait été transporté par le Démon sur le faîte du Temple.

Les Peres étoient prévenus d'un côté des idées régnantes de la Philosophie de Pythagore & de Platon sur l'influence des intelligences moyennes, & de l'autre du langage des Livres Saints, qui pour se conformer aux opinions populaires, attribuoient souvent au Démon des effets purement naturels. Il faut donc revenir à la doctrine de la raison, pour décider de la soumission qu'on doit à toutes les autorités de l'Ecriture & des Peres sur la puissance des Démons.

La méthode uniforme des SS. Peres dans l'interprétation de l'Ancien Testament est une opinion humaine, dont on peut appeller au tribunal de la raison. On va jusqu'à dire que les Auteurs sacrés étoient prévenus de la Métempsycose, comme l'Auteur de la Sagesse, chap. VIII. 19. 20. *J'étois un enfant ingénieux, & je reçûs une bonne ame ; & comme j'étois déja bon, je suis entré dans un corps non corrompu.*

Des personnes de ce caractere ne liront pas certainement notre Ouvrage, ou s'ils le lisent, ils le feront avec mépris ou compassion. Je ne crois pas qu'il soit besoin de réfuter ici ces paradoxes : M. l'Evêque de Senez l'a fait avec son zèle & son érudition ordinaire dans une longue Lettre imprimée à Utrecht en 1736. Je ne nie pas que les Ecrivains sacrés n'ayent quelquefois parlé d'une maniere populaire, & proportionnée au préjugé du peuple. Mais c'est outrer les choses, que de réduire le pouvoir du Démon à ne pouvoir agir sur nous que par voie de suggestion ; & c'est une préfomption indigne d'un Philofophe, de décider du pouvoir des Efprits fur les corps, n'ayant aucune connoiffance ni par la révélation, ni par la raifon fur l'étendue du pouvoir des Anges & des Démons fur la matiere & fur les corps. On peut excéder en leur donnant un pouvoir exceffif, comme en ne leur en accordant pas affez. Or il eft d'une importance infinie pour la Religion de faire un jufte difcernement de ce qui eft naturel ou furnaturel dans les opérations des Anges & des Démons, pour ne pas laiffer les fimples dans l'erreur, ni les méchans triompher de la vérité, & abufer de leur propre efprit & de leurs lumieres, pour rendre douteux ce qui eft certain, pour fe tromper eux-mêmes & tromper les autres, en attribuant au hazard ou à l'illufion des fens, ou à une vaine prévention, ce qu'on dit des Apparitions des Anges, des Démons & des perfonnes décédées, puifqu'il eft certain qu'il y a plufieurs de ces Apparitions qui font très-véritables, quoiqu'il y en ait grand nombre d'autres très-incertaines, & même manifeftement fauffes.

Je ne ferai donc point difficulté d'avouer que les miracles mêmes, du moins ce qui en a l'apparence, la prédiction de l'avenir, les mouvemens du corps qui paroiffent au deffus des forces ordinaires de la nature, parler & entendre des langues étrangeres & auparavant inconnues, pénétrer les penfées, découvrir des chofes cachées, être élevé en l'air & tranfporté en un moment d'un lieu en un autre, annoncer des vérités, mener une bonne vie à l'extérieur, prêcher Jefus-Chrift, décrier la Magie & la Sorcellerie, faire à l'extérieur profeffion de vertu : j'avouerai fans peine que tout cela peut ne pas prouver invinciblement que tous ceux qui les opérent ſoient envoyés de Dieu, ni que ces opérations ſoient de vrais miracles ; mais on ne peut raiſonnablement nier que le Démon ne s'en mêle par la permiſſion de Dieu, ou que les Démons ou les Anges n'agiſſent ſur les perſonnes qui font des prodiges, & prédiſent des choſes futures, ou qui pénétrent le fond des cœurs ; ou que Dieu même ne produiſe immédiatement ces effets pat ſa juſtice ou par ſa puiſſance.

Les exemples qu'on a cités, & ceux que l'on pourra citer ci-après, ne prouveront jamais que l'homme puiſſe par lui-même pénétrer les ſentimens d'un autre, ni découvrir ſes penſées.

Les merveilles opérées par les Magiciens de Pharaon n'étoient qu'illuſion ; ils paroiſſoient toutefois de vrais miracles, & paſſoient pour tels aux yeux du Roi d'Egypte & de toute ſa Cour. Balaam fils de Beor étoit un vrai Prophete, quoique de mœurs très-corrompues.

Pomponace écrit que la femme de François Maigret Savetier Mantoüan parloit diverſes langues, & fut guérie par Caldéron Médecin fameux de ſon tems, qui lui donna une potion d'ellébore. Eraſme dit auſſi[2] avoir vû un Italien natif de Spolette, qui parloit fort bien Allemand, quoiqu'il n'eût jamais été en Allemagne. On lui donna une médecine qui lui fit jetter quantité de vers par le fondement, & il fut guéri ſans plus parler Allemand.

Le Loyer *dans ſon Livre des Spectres*[3] avoue que tout cela lui paroît fort ſuſpect. Il croit plutôt Fernel, un des plus graves Médecins de son siécle, qui soutient[4] que la Médecine n'a pas un tel pouvoir, & en apporte pour exemple l'histoire d'un jeune gentilhomme, fils d'un Chevalier de l'Ordre, qui étant saisi du Démon, ne put être guéri ni par potions ni par médecines, ni par diette, mais qui le fut par les conjurations & les exorcismes de l'Eglise.

Quant à la réalité du retour des ames & de leurs Apparitions, la Sorbonne, la plus célébre Ecole de Théologie qui soit en France, a toujours crû que les Ames des défunts revenoient quelquefois, ou par l'ordre & la puissance de Dieu, ou par sa permission. Elle l'a ainsi reconnu dans ses décisions en l'an 1518. & encore plus positivement le 23 Janvier 1724. *Nos respondemus vestræ petitioni, animas defunctorum divinitùs, seu divinâ virtute, ordinatione aut permissione, interdùm ad vivos redire exploratum esse.* Plusieurs Jurisconsultes & plusieurs Compagnies Souveraines ont jugé, que l'Apparition d'un mort dans une maison pouvoit faire résoudre les baux à loyer. On doit compter pour beaucoup d'avoir prouvé à certaines personnes qu'il y a un Dieu, dont la providence s'étend sur toutes choses passées, présentes & à venir ; qu'il y a une autre vie, des bons & des mauvais Esprits, des récompenses pour les bonnes œuvres, & des châtimens après cette vie pour les péchés ; que Jesus-Christ a ruiné le regne de Satan ; qu'il a exercé par lui-même, par ses Apôtres, & qu'il continue d'exercer par les Ministres de son Eglise sur les Puissances infernales un empire absolu ; que le Démon est aujourd'hui enchaîné ; qu'il peut abboyer &

menacer, mais ne peut mordre que ceux qui s'en approchent, & se livrent volontairement à lui.

On a vû en ces pays-ci une femme qui suivoit une bande de charlatans & de bâteleurs, qui étendoit ses jambes d'une maniere si extraordinaire, & élevoit ses pieds jusqu'à sa tête en avant & en arriere avec autant de souplesse, que si elle n'eût eu ni nerfs ni jointures. Il n'y avoit en cela rien de surnaturel ; elle s'étoit exercée de jeunesse à ces mouvemens, & en avoit contracté l'habitude.

S. Augustin[5] parle d'un Devin qu'il avoit connu à Carthage, homme sans Lettres, qui découvroit le secret des cœurs, & répondoit à ceux qui le consultoient sur des choses secrettes & inconnues. Il l'avoit expérimenté lui-même, & prenoit à témoin S. Alype, Licentius & Trygnius ses interlocuteurs dans son Dialogue contre les Académiciens. Ils avoient comme lui consulté Albicérius, & avoient admiré la certitude de ses réponses. Il en donne pour exemple une cueillere qui avoit été perdue. On lui dit qu'on avoit perdu quelque chose ; & sur le champ il répondit sans hésiter que cette chose étoit perdue, qu'un tel l'avoit prise, & l'avoit cachée en tel endroit, ce qui se trouva très-véritable.

On lui envoyoit une certaine quantité de piéces d'argent : celui qui en étoit chargé en avoit détourné quelques-unes ; il les lui fit rendre, & reconnut le vol avant qu'on lui eût montré l'argent ; S. Augustin étoit présent. Un homme docte & distingué, nommé Flaccianus, voulant acheter un champ, consulta le Devin, qui lui déclara le nom de la terre qui étoit fort hétéroclite, & lui détailla l'affaire dont il étoit question.

Un jeune Etudiant voulant éprouver Albicérius, le pria de lui déclarer ce qu'il avoit dans la pensée : il lui dit qu'il avoit dans l'esprit un vers de Virgile ; & comme il lui demandoit quel étoit ce vers, il le lui récita sur le champ, quoiqu'il n'eût jamais étudié la Langue latine.

Cet Albicérius étoit un scélérat, comme le dit S. Augustin, qui le nomme *flagitiosum hominem*. La connoissance qu'il avoit des choses cachées n'étoit pas sans doute un don du Ciel, non plus que l'esprit de Python qui animoit cette fille des Actes des Apôtres, que S. Paul réduisit au silence[6]. C'étoit donc l'opération du malin Esprit.

On apporte toutefois & avec raison le don des Langues, la connoissance de l'avenir, & la pénétration des pensées comme une preuve solide de la présence & de l'inspiration du S. Esprit. Mais si le Démon peut quelquefois opérer les mêmes choses, c'est pour séduire, pour induire à erreur, ou simplement pour rendre douteuses les vraies Prophéties, mais jamais pour conduire à la vérité, à la crainte & à l'amour de Dieu, & à l'édification du prochain. Dieu peut permettre que des hommes corrompus & des scélérats, comme Balaam & cet Albicérius, ayent des connoissances de l'avenir & des choses cachées, ou des pensées secrettes des hommes ; mais il ne permettra pas que leur vie criminelle demeure inconnue jusqu'à la fin, & devienne une pierre d'achopement pour les simples & les gens de bien. La malice de ces hommes hypocrites & corrompus se manifestera tôt ou tard par quelqu'endroit ; on découvrira enfin leur malice & leur dépravation, qui feront juger ou qu'ils ne font infpirés que du mauvais Efprit, ou que fi le S. Efprit fe fert de leur organe pour prédire quelque vérité, comme il a prophétifé par Balaam & par Caïphe, leurs mœurs & leur conduite décréditeront leurs perfonnes, & obligeront d'ufer de précaution pour difcerner leurs vraies prédictions de leurs mauvais exemples. On a vû des hypocrites qui font morts en réputation de gens de bien, & qui dans le fond étoient des fcélérats, comme ce Curé Directeur des Religieufes de Louviers, defquelles la poffeffion a fait tant de bruit.

Jefus-Chrift dans l'Evangile nous dit de prendre garde aux loups, qui font revêtus de peaux de brebis ; & ailleurs il nous dit qu'il y aura de faux Chrifts & de faux Prophetes, qui prophétiferont en fon nom, & qui feront des miracles capables d'induire à erreur même les élûs, s'il étoit poffible. Mais il nous renvoie à leurs œuvres pour les diftinguer : *A fructibus eorum cognofcetis eos.*

Pour faire l'application de tout ceci aux Poffédées de Loudun, & à Madame de Ranfaing, même à cette fille dont l'hypocrifie fut découverte par Mademoifelle Acarie, j'en appelle à leurs œuvres, à leur conduite qui a précédé & qui a fuivi : *A fructibus eorum cognofcetis eos.* Dieu ne permettra point que ceux qui cherchent fincérement la vérité, y foient trompés.

Un bâteleur vous devinera une carte que vous aurez touchée, ou que vous aurez feulement défignée par la penfée ; mais on fçait qu'il n'y a en cela rien de furnaturel, & que cela fe fait par la combinaifon des cartes felon les

regles des Mathématiques. On a vû un sourd, qui comprenoit ce qu'on lui vouloit dire, en voyant seulement le mouvement des lévres de celui qui lui parloit ; il n'y a dans cela pas plus de miracle, que dans ceux qui se parlent par signes dont ils
sont convenus.

---

1. ↑ Voyez la Lettre de M. l'Evêque de Sénez, imprimée à Utrecht en 1736. & les Ecrits qu'il y cite & y réfute.
2. ↑ Erasm. Orat. de Laudibus Medicinæ.
3. ↑ Le Loyer, I. liv. des Spectres, c. 2. p. 288.
4. ↑ Fernel, de Abditis rerum Causis, l, 2. c. 16.
5. ↑ August. contra Academic. l. 2. art. 17. 18.
6. ↑ Act. xvj. 16.

CHAPITRE XXIX.

Esprits folets, ou Esprits familiers.

SI tout ce qu'on raconte des Esprits folets qui se font sentir dans les maisons, dans le creux des montagnes, dans les mines, est bien assuré, on ne peut disconvenir qu'il ne faille aussi les mettre au rang des Apparitions du mauvais Esprit : car quoique pour l'ordinaire ils ne fassent ni tort ni violence à personne, à moins qu'on ne les irrite, ou qu'on ne les outrage de paroles, cependant nous ne lisons point qu'ils portent à craindre ou à aimer Dieu, à la priere, à la piété, aux actes de Religion ; on sçait qu'ils en témoignent au contraire de l'éloignement : ainsi nous ne feindrons point de les mettre parmi les Esprits de ténébres.

Je ne remarque pas que les anciens Hébreux ayent connu ce que nous appellons Esprits folets ou Esprits familiers qui infestent les maisons, ou qui s'attachent à certaines personnes pour les servir, les avertir, les garantir des dangers, comme étoit l'Esprit de Socrate, qui l'avertissoit d'éviter certains malheurs. On raconte aussi quelques autres exemples de gens qui disoient avoir de pareils Génies attachés à leurs personnes.

Les Juifs & les Chrétiens reconnoissent que chacun de nous a son bon Ange qui le conduit dès sa jeunesse[1].

Plusieurs Anciens ont crû que nous avions aussi chacun notre mauvais Ange qui nous porte au mal. Le Psalmiste[2] dit clairement, que Dieu a ordonné à ses Anges de nous conduire dans toutes nos voies. Mais tout cela n'est point ce que nous entendons ici sous le nom d'Esprits familiers ou d'Esprits folets.

Les Prophetes en quelques endroits parlent des *Faunes*, ou des *Velus*, ou des *Satyres*, qui ont quelque rapport à nos Esprits folets.

Isaïe[3] parlant de l'état où Babylone sera réduite après sa destruction, dit que les autruches y feront leur demeure, & que les velus, *pilosi*, les satyres, les boucs y danseront. Et ailleurs le même Prophete dit[4] : *occurrent Dæmonia onocentauris, & pilosus clamabit alter ad alterum* ; ce que d'habiles Interprétes entendent des spectres qui apparoissent sous la forme de boucs. Jérémie les appelle *Faunes* : *dracones cum Faunis ficariis* ; les dragons avec les Faunes qui se nourrissent de figues. D'autres traduisent l'Hébreu par *Satyri*, ou *Lamiæ* ; mais ce n'est pas ici le lieu de nous étendre sur la signification des termes de l'original : il nous suffit de faire voir que dans l'Ecriture, au moins dans la Vulgate, on trouve les noms de *Lamies*, de *Faunes* & de *Satyres*, qui ont quelque rapport aux Esprits folets.

Cassien[5] qui avoit beaucoup étudié les vies des Peres du désert, & qui avoit beaucoup fréquenté les Solitaires d'Egypte, parlant des diverses sortes de Démons, reconnoît qu'il y en a que l'on nomme communément *Faunes* ou *Satyres*, que les Payens regardoient comme des especes de

Divinités champêtres ou bocageres, qui se plaisent non à tourmenter, ni à faire du mal aux hommes, mais à les tromper, les fatiguer, se divertir à leurs dépens, & se jouer de leur simplicité ; *quos seductores & joculatores esse manifestum est, cùm nequaquam tormentis eorum, quos prætereuntes potuerint decipere, oblectentur, sed de risu tantummodò & illusione contenti, fatigare potiùs studeant, quàm nocere.*

Pline[6] le jeune avoit un affranchi nommé Marc, homme lettré, qui couchoit dans un même lit avec son frere plus jeune que lui. Il lui sembla voir une personne assise sur le même lit, qui lui coupoit les cheveux du haut de la tête ; à son réveil il se trouva rasé, & ses cheveux jettés par terre au milieu de la chambre. Peu de tems après la même chose arriva à un jeune garçon qui dormoit avec plusieurs autres dans une pension : celui-ci vit entrer par la fenêtre deux hommes vêtus de blanc qui lui couperent les cheveux comme il dormoit, puis sortirent de même par la fenêtre ; à son réveil il trouva ses cheveux répandus sur le plancher. A quoi attribuer tout cela, sinon à un Folet ?

Plotin[7] Philosophe Platonicien avoit, dit-on, un Démon familier qui lui obéissoit dès qu'il l'appelloit, & qui étoit d'une nature supérieure aux Génies ordinaires ; il étoit de l'ordre des Dieux, & Plotin avoit une attention continuelle à ce divin Gardien. C'est ce qui lui fit entreprendre un ouvrage sur le Démon, que chacun de nous a en partage. Il tâche d'y expliquer les différences des Génies qui veillent sur les hommes.

Trithême dans sa Chronique d'Hirsauge[8] sous l'an 1130. raconte qu'au Diocèse d'Hildesheim en Saxe, on vit assez longtems un Esprit qu'ils appelloient en Allemand *Heidekind*, comme qui diroit *Génie champêtre* : *Heide* signifie vaste campagne, *Kind* enfant. Il apparoissoit tantôt sous une forme, tantôt sous une autre ; & quelquefois sans apparoître, il faisoit plusieurs choses qui prouvoient, & sa présence, & son pouvoir. Il se méloit quelquefois de donner des avis importans aux Puissances : souvent on l'a vû dans la cuisine de l'Evêque aider les Cuisiniers, & faire divers ouvrages.

Un jeune garçon de cuisine qui s'étoit familiarisé avec lui, lui ayant fait quelques insultes, il en avertit le chef de cuisine, qui n'en tint compte ; mais l'Esprit s'en vengea cruellement : ce jeune garçon s'étant endormi dans la cuisine, l'Esprit l'étouffa, le mit en piéces & le fit cuire. Il poussa encore plus loin sa fureur contre les Officiers de la cuisine & les autres Officiers du Prince. La chose alla si loin, qu'on fut obligé de procéder contre lui par Censures, & de le contraindre par les Exorcismes de sortir du pays.

Je trois pouvoir mettre au nombre des Folets les Esprits qui se voient, dit-on, dans les mines & dans le creux des montagnes. Ils paroissent vêtus comme les Mineurs, courent çà & là, s'empressent comme pour travailler & chercher le minérai, l'assemblent en monceaux, le tirant dehors, tournant la roue de la grue : ils semblent se donner de grands mouvemens pour aider les ouvriers, & toutefois ne font rien.

Ces Esprits ne sont pas malfaisans, à moins qu'on ne les insulte, & qu'on ne se moque d'eux : car alors ils se mettent de mauvaise humeur, ils jettent quelque chose à ceux qui les outragent. Un de ces Génies qui avoit été injurié & envoyé au gibet par un mineur, lui tordit le col, & lui mit la tête par derriere. Le mineur n'en mourut point ; mais il demeura toute sa vie ayant le col renversé & tordu.

George Agricola[9] qui a sçavamment traité la matiere des mines, des métaux, & de la maniere de les tirer des entrailles de la terre, reconnoît deux ou trois sortes d'Esprits qui apparoissent dans les mines : les uns sont fort petits, & ressemblent à des Nains ou des Pygmées ; les autres sont comme des vieillards recourbés & vêtus comme des mineurs, ayant la chemise retroussée, & un tablier de cuir autour des reins : d'autres font ou semblent faire ce qu'ils voient faire aux autres, sont fort gais, ne font mal à personne ; mais de tous leurs travaux il ne résulte rien de réel.

En d'autres mines on voit des Esprits dangereux qui maltraitent les ouvriers, les chassent, les tuent quelquefois, & les contraignent d'abandonner des mines très-riches & très-abondantes. Par exemple, à Anneberg, dans une mine appellée Couronne de Rose, un Esprit en forme de cheval fougueux & ronflant tua douze mineurs, & obligea les entrepreneurs d'abandonner cette entreprise, quoique d'un très-grand rapport. Dans une autre nommée S. Grégori en Siveberg, il parut un Esprit ayant la tête couverte d'un chaperon noir qui faifit un mineur, l'éleva fort haut, puis le laiffa tomber, & le bleffa confidérablement.

Olaus Magnus[10] dit que dans la Suéde & dans les pays feptentrionaux on voyoit autrefois des Efprits familiers, qui fous la forme d'hommes ou de femmes fervoient des particuliers. Il parle de certaines Nymphes qui ont leur demeure dans des antres, & dans le plus profond des forêts, & qui annoncent les chofes futures : les unes font bonnes, les autres mauvaifes ; elles apparoiffent & parlent à ceux qui les confultent. Les Voyageurs & les bergers voient auffi fouvent pendant la nuit divers fantômes qui brûlent tellement l'endroit où ils paroiffent, qu'on n'y voit plus croître ni herbe ni verdure.

Que les peuples de Fionie avant leur converfion au Chriftianifme vendoient les vents aux matelots, en leur donnant un cordon avec trois nœuds, & les avertiffant qu'en dénouant le premier nœud, ils auroient un vent doux & favorable, au fecond nœud un vent plus véhément, & au troifiéme nœud un vent impétueux & dangereux. Il dit de plus, que les Bothniens frappant fur une enclume à grands coups de marteau, fur une grenouille ou un ferpent d'airain, tombent évanouis, & pendant cet évanouiffement apprennent ce qui fe paffe en des lieux fort éloignés.

Mais tout cela regarde plutôt la Magie que les Efprits familiers ; & fi ce qu'on dit fur tout cela eft vrai, on doit l'attribuer au mauvais Efprit.

Le même Olaus Magnus[11] dit qu'on voit dans les mines, fur-tout dans celles d'argent, où il y a un plus grand profit à efpérer, fix fortes de Démons, qui fous diverfes formes travaillent à caffer les rochers, à tirer les feaux, à tourner les roues, qui éclatent quelquefois de rire, & font diverfes fingeries ; mais que tout cela n'eft que pour tromper les mineurs qu'ils écrafent fous les rochers, ou qu'ils expofent aux plus éminens dangers pour leur faire proférer des blafphêmes ou des juremens contre Dieu. Il y a plufieurs mines très-riches qu'on a été obligé d'abandonner par la crainte de ces dangereux Efprits.

Malgré tout ce que nous venons de rapporter, je doute beaucoup qu'il y ait des Efprits dans le creux des montagnes & dans les mines : j'ai interrogé fur cela des gens du métier, & des mineurs de profeffion, qui font en affez grand nombre dans nos montagnes de Vôge, & qui m'ont affuré que tout ce qu'on raconte fur cela étoit fabuleux ; que fi quelquefois on y apperçoit des Efprits folets ou des figures grotefques, il faut les attribuer à une imagination échauffée & prévenue ; ou que la chofe eft fi rare, qu'elle ne doit pas être rapportée comme commune & ordinaire.

Un nouveau Voyageur des pays Septentrionaux, imprimé à Amfterdam en 1708. dit que les peuples d'Iflande font prefque tous Sorciers ; qu'ils ont des Démons familiers qu'ils nomment *Troles*, qui les fervent comme des valets, qui les avertiffent des accidens ou des maladies qui leur doivent arriver : ils les réveillent pour aller à la pêche quand il y fait bon, & s'ils y vont fans l'avis de ces Génies, ils ne réuffiffent pas. Il y en a parmi ces peuples qui évoquent les morts, & les font voir à ceux qui veulent les confulter : ils font auffi paroître les abfens loin des lieux de leurs demeures.

Le P. Vadingue rapporte d'après une ancienne Légende manufcrite, qu'une Dame nommée Lupa avoit eu pendant 13 ans un Démon familier qui lui fervoit de femme de chambre, & qui la portoit à beaucoup de défordres fecrets, & à traiter inhumainement fes Sujets. Dieu lui fit la grace de reconnoître fa faute, & d'en faire pénitence, par l'interceffion de S. François d'Affife & de S. Antoine de Padoue, en qui elle avoit toujours eu une dévotion particuliere.

Cardan parle d'un Démon barbu de Niphus, qui lui faifoit des leçons de Philofophie.

Agrippa avoit un Démon qui le fervoit en forme de chien. Ce chien, dit Paul-Jove, voyant fon maître prêt à expirer, fe précipita dans le Rhône.

On parle beaucoup de certains Efprits[12] qu'on tient enfermés dans certains anneaux que l'on achete, que l'on vend, que l'on troque. On parle auffi d'un anneau de criftal, dans lequel le Démon faifoit voir ce que l'on défiroit.

On vante ces miroirs enchantés[13] où des enfans voient la figure d'un voleur que l'on cherche : d'autres le verront dans leurs ongles ; ce qui ne peut être que preftiges diaboliques.

Le Loyer raconte[14] que dans le tems qu'il étudioit en Droit à Toulouſe, il étoit logé aſſez près d'une maiſon où un Folet ne ceſſoit toute la nuit de tirer de l'eau d'un puits en faiſant crier la poulie. D'autrefois il ſembloit tirer ſur les dégrés quelque choſe de peſant ; mais il n'entroit dans les chambres que très-rarement, & à petit bruit.

---

1. ↑ Matth. xviij. 10.
2. ↑ Pſal. xc. II.
3. ↑ Iſaï. xiij. 22. Piloſi ſaltabunt ibi.
4. ↑ Idem, xxxiv. 1..[illisible]
5. ↑ Caſſien, collat. 7. c. 23.
6. ↑ Plin. l. 7. Epiſt. 27. ſuiv.
7. ↑ Vie de Plotin, art, x.
8. ↑ Chronic. Hirſaug. ad Ann. 1130.
9. ↑ Georg. Agricola. de Mineral. ſubterran, pag. 504.
10. ↑ Olaus Mag. lib. 3. Hiſt. c. 9. 10. 11. 12. 13. 14.
11. ↑ Olaus Mag. lib. 6. c. 9.
12. ↑ Le *Loyer*, pag. 474.
13. ↑ Idem, liv. 2. p. 258.
14. ↑ Idem, pag. 550. & ſuiv.

CHAPITRE XXX.

Autres exemples d'Esprits folets.

J'Ai reçû le 25 Août 1746. une lettre d'un fort honnête homme Curé de la Paroisse de Walsche, village situé dans les montagnes de Vôge, au Comté de Dabo ou Dasbourg dans la basse Alsace, Diocèse de Metz. Par cette lettre il me dit que le 10 Juin 1740. à huit heures du matin, lui étant dans sa cuisine avec sa niece & sa servante, il vit tout à coup un pot de fer qui fut mis à terre & y fit 3 ou 4 tours, sans qu'il y eût personne qui le mit en mouvement. Un moment après une pierre d'environ une livre pesant fut jettée de la chambre voisine dans la même cuisine en présence des mêmes personnes, sans qu'on vît la main qui la jettoit. Le lendemain à neuf heures du matin quelques carreaux de vîtres furent cassés, & quelques pierres furent jettées à travers ces carreaux avec une dextérité qui parut surnaturelle. L'Esprit ne fit jamais de mal à personne, & ne fit rien que pendant le jour, & jamais la nuit. Le Curé employa les prieres marquées dans le Rituel pour bénir sa maison, & depuis ce tems-là le Génie ne brisa plus de vîtres ; mais il continua à jetter des pierres sur les gens du Curé, sans toutefois les blesser. Si l'on apportoit de l'eau de la fontaine, il jettoit des pierres dans le seau ; il se mit enfuite à fervir dans la cuifine. Un jour comme la fervante plantoit des choux au jardin, le Génie les arrachoit à mefure, & les mettoit en monceaux : la fervante eut beau tempêter, menacer, jurer à l'Allemande ; le Génie continua fes badineries.

Un jour qu'on avoit bêché & préparé un carreau au jardin, on trouva la bêche enfoncée de deux pieds en terre, fans qu'on vît aucun veftige de celui qui l'avoit ainfi fichée en terre ; on remarqua fur la bêche un ruban, & au côté de la bêche deux pieces de deux fols, que la fervante avoit ferrées la veille dans une petite boëte. Quelquefois il prenoit plaifir à déplacer la vaiffelle de fayence & d'étain, & à la ranger en rond dans la cuifine, ou dans le porche, ou même dans le cimetiere, & toujours en plein jour. Un jour il remplit un pot de fer d'herbes fauvages, de fon, de feuilles d'arbres, & y ayant mis de l'eau, le porta au jardin dans l'allée : une autre fois il le fufpendit au cramail fur le feu. La fervante ayant caffé deux œufs dans un petit plat pour le fouper du Curé, le Génie y en caffa deux autres en fa préfence, la fervante ayant feulement tourné le dos pour y mettre du fel. Le Curé étant allé dire la Meffe, il trouva au retour toute fa vaiffelle, fes meubles, fon linge, pain, lait & autres chofes répandues dans la maifon.

Quelquefois il formoit fur le pavé des cercles, tantôt avec des pierres, tantôt avec du blé ou des feuilles, & dans un moment aux yeux des affiftans tout cela étoit renverfé & dérangé. Fatigué de tout ce manége, le Curé fit venir le Maire du lieu, & lui dit qu'il étoit réfolu de quitter la maifon

Curiale. Dans ces entrefaites arriva la niece du Curé, qui leur dit que le Génie avoit arraché les choux du jardin, & avoit mis de l'argent dans Un trou en terre. On y alla, & on trouva la chofe comme elle l'avoit dite. On ramaffa l'argent, qui étoit celui que le Curé avoit mis dans fon poële en un lieu non enfermé ; & un moment après on le trouva de nouveau avec des liards deux à deux répandus dans fa cuifine.

Les Agens du Comte de Linange étant arrivés à Walsche, allerent chez le Curé, & lui perfuaderent que tout cela étoit l'effet d'une Sorcellerie : ils lui dirent de prendre deux piftolets, & de les tirer à l'endroit où il remarqueroit quelques mouvemens. Le Génie jetta en même tems de la poche d'un de ces Officiers deux pieces d'argent ; & depuis ce tems il ne fe fit plus fentir dans la maifon.

Cette circonftance de deux piftolets qui terminerent la fcène de l'Efprit folet qui inquiétoit le bon Curé, lui fit croire, que ce lutin n'étoit autre qu'un certain mauvais Paroiffien que le Curé avoit été obligé de faire fortir de fa Paroiffe, & qui pour fe venger avoit fait dans la maifon Curiale tout ce que nous venons de voir. Si cela eft, il s'étoit donc rendu invifible, ou il avoit eu le crédit d'envoyer en fa place un Génie familier, qui intrigua le Curé pendant quelques femaines ; mais s'il n'étoit point en corps dans cette maifon, qu'avoit-il à craindre des coups de piftolet qu'on auroit pû tirer fur lui ? & s'il y étoit en corps, comment pouvoit-il fe rendre invifible ?

On m'a raconté plufieurs fois, qu'un Religieux de l'ordre de Citeaux avoit un Génie familier qui le fervoit, accommodoit fa chambre, & préparoit toutes chofes lorfqu'il devoit revenir de campagne. On y étoit fi accoutumé, qu'on l'attendoit à ces marques, & qu'il arrivoit en effet. On affure d'un autre Religieux du même Ordre, qu'il avoit un Efprit familier qui l'avertiffoit, non-feulement de ce qui fe paffoit dans la maifon, mais auffi de ce qui arrivoit au-dehors ; & qu'un jour il fut éveillé par trois fois, & averti que des Religieux s'étoient pris querelle, & étoient prêts à en venir aux mains : il y accourut & les arrêta.

Saint Sulpice Sévere[1] raconte, que Saint Martin avoit fouvent des entretiens avec la Sainte Vierge & d'autres Saints, & même avec les Démons & les faux Dieux du Paganifme ; il leur parloit, & apprenoit d'eux plufieurs chofes cachées. Un jour qu'on tenoit un Concile à Nîme, où il n'avoit pas jugé à propos de fe trouver, mais dont il vouloit fçavoir les réfolutions, comme il étoit dans un bateau avec Sulpice Sévere, mais à l'écart, comme à fon ordinaire, un Ange lui apparut, & lui apprit ce qui s'étoit paffé dans cette affemblée d'Evêques. On s'informa du jour & de l'heure aufquels le Concile s'étoit tenu, & on trouva que c'étoit à la même heure que l'Ange avoit apparu à Martin.

On nous a raconté plus d'une fois, qu'à Paris dans un Séminaire il y avoit un jeune Eccléfiaftique, qui avoit un Génie qui le fervoit, lui parloit, arrangeoit fa chambre & fes habits. Un jour le Supérieur paffant devant la chambre de ce

Séminariste, l'entendit qui parloit avec quelqu'un ; il entra, & demanda avec qui il s'entretenoit : le jeune homme soutint qu'il n'y avoit personne dans sa chambre, & en effet le Supérieur n'y vit & n'y découvrit personne ; cependant comme il avoit oui leur entretien, le jeune homme lui avoua qu'il avoit depuis quelques années un Génie familier, qui lui rendoit tous les services qu'auroit pû faire un domestique, & qui lui avoit promis de grands avantages dans l'Etat Ecclésiastique. Le Supérieur le pressa de lui donner des preuves de ce qu'il disoit : il commanda au Génie de présenter une chaise au Supérieur ; le Génie obéit. L'on donna avis de la chose à Monseigneur l'Archevêque, qui ne jugea pas à propos de la faire éclater. On renvoya le jeune Clerc, & on enfévelit dans le silence cette avanture si singuliere.

Bodin[2] parle d'une personne de sa connoissance, qui étoit encore en vie lorsqu'il écrivoit ; c'étoit en 1588. Cette personne avoit un Esprit familier, qui depuis l'âge de 37 ans lui donnoit de bons avis sur sa conduite, tantôt pour la corriger de ses défauts, tantôt pour lui faire pratiquer la vertu, ou pour lui aider à résoudre les difficultés qu'elle rencontroit dans la lecture des livres saints, ou lui donner de bons conseils sur ses propres affaires. Ordinairement il frappoit à sa porte à trois ou quatre heures du matin pour l'éveiller ; & comme cette personne se défioit de tout cela, craignant que ce ne fût un mauvais Ange, l'Esprit se fit voir à lui en plein jour, frappant doucement sur un bocal de verre, puis sur un banc. Lorsqu'il vouloit faire quelque chose de bon & d'utile, l'Efprit lui touchoit l'oreille droite ; mais s'il étoit queftion d'une chofe mauvaife & dangereufe, il lui touchoit l'oreille gauche, de forte que depuis ce tems-là il ne lui étoit rien arrivé, dont il n'eût été averti auparavant. Quelquefois il a entendu fa voix ; & un jour qu'il fe trouva en un danger éminent de fa vie, il vit fon Génie fous la forme d'un enfant d'une beauté extraordinaire, qui l'en garantit.

Guillaume Evêque de Paris[3] dit qu'il a connu un Baladin, qui avoit un Efprit familier qui jouoit & badinoit avec lui, & qui l'empêchoit de dormir, jettant quelque chofe contre la muraille, tirant les couvertures du lit, ou l'en tirant lui-même lorfqu'il étoit couché. Nous fçavons par le rapport d'une perfonne fort fenfée, qu'il lui eft arrivé en campagne & en plein jour de fe fentir tirer le manteau & les bottes, & jetter à bas le chapeau ; puis d'entendre des éclats de rire, & la voix d'une perfonne décédée & bien connue, qui fembloit s'en réjouir.

On ne peut guère attribuer qu'à des Efprits familiers la découverte des chofes cachées, qui fe fait en fonge ou autrement. Un homme qui ne fçavoit pas un mot de Grec vint trouver M. de Saumaife le pere, qui étoit Confeiller au Parlement de Dijon, & lui montra ces mots qu'il avoit ouis la nuit en dormant, & qu'il avoit écrits en caracteres François à fon réveil : *Apithi ouc ofphrainé tén fén apfychian.* Il lui demanda ce que cela vouloit dire. M. de Saumaife lui dit : *Sauve-toi ; ne fens-tu pas la mort qui te menace* ? Sur cet avis l'homme déménagea & quitta sa maison, qui écroula la nuit suivante[4].

On raconte la même Histoire un peu différemment dans un Auteur nouveau, qui dit que la chose arriva à Paris[5] ; que le Génie parla Syriaque, & que M. de Saumaise consulté répondit que ce qu'on avoit oui signifioit : *Sors de ta maison : car elle tombera en ruine aujourd'hui à neuf heures du soir*. Il n'est que trop ordinaire dans le récit de ces sortes d'histoires d'y ajouter quelques circonstances pour les embellir.

Gassendy dans la vie de M. Peiresch raconte, que M. Peiresch allant un jour à Nîmes avec un de ses amis nommé M.

Rainier, celui-ci ayant oui la nuit Peiresch qui parloit en dormant, l'éveilla, & lui demanda ce qu'il disoit. Peiresch lui dit : je songeois qu'étant à Nîmes, un Orfévre m'avoit présenté une Médaille de Jules-César, qu'il me faisoit quatre écus ; & comme j'allois lui compter son argent, vous m'avez éveillé à mon grand regret. Ils arriverent à Nîmes, & allant par la Ville, Peiresch reconnut l'Orfévre qu'il avoit vû en songe ; & lui ayant demandé s'il n'avoit rien de curieux, il lui dit qu'il avoit une Médaille d'or de Jules-César. Peiresch lui demanda combien il l'estimoit ; il répondit quatre écus : Peiresch les lui compta, & fut ravi de voir son songe si heureusement accompli.

En voici une beaucoup plus singuliere que les précédentes, quoiqu'à peu près dans le même goût[6]. Un

Sçavant de Dijon après s'être fatigué tout le jour fur un endroit important d'un Poëte Grec fans y pouvoir rien comprendre, fe couche tout rempli de fa difficulté. Durant fon fommeil fon Génie le tranfporte en efprit à Stockolm, l'introduit dans le Palais de la Reine Chriftine, le conduit dans la Bibliothéque, & lui montre un petit volume, qui étoit précifément celui qu'il cherchoit : il l'ouvre, & y lit dix ou douze vers Grecs, qui levoient abfolument la difficulté qui l'avoit arrêté fi longtems ; il s'éveille, & met fur le papier les vers qu'il a vûs à Stockholm. Le lendemain il écrit à M. Descartes qui étoit alors en Suede, & le prie de voir dans tel endroit & dans un tel *tremeau* de la Bibliothéque, fi le livre dont il lui envoie la defcription s'y trouve, & fi les vers Grecs qu'il lui envoie s'y lifent.

M. Descartes lui répondit, qu'il avoit trouvé le livre en queftion, & les vers qu'il lui avoit envoyés à l'endroit par lui indiqué ; qu'un de fes amis lui avoit promis un exemplaire de cet ouvrage ; & qu'il le lui enverroit par la premiere commodité.

Nous avons déja dit un mot de l'Efprit ou du Génie familier de Socrate, qui l'empêchoit de faire certaines chofes, mais ne le portoit pas à en faire d'autres. On affure[Z] qu'après la défaite de l'armée Athénienne commandée par le Général *Lachès*, Socrate fuyant comme les autres avec ce Général Athénien, & étant arrivé à un lieu où aboutiffoient plufieurs chemins différens, Socrate ne voulut pas fuivre la route que tenoient les autres fuyards : on lui en demanda la raifon ; il répondit que fon Génie l'en détournoit. L'évenement juſtifia ſa prévoyance. Tous ceux qui avoient ſuivi un autre chemin que Socrate, furent ou tués, au faits priſonniers par la Cavalerie ennemie.

Il y a lieu de douter ſi les Eſprits folets dont on raconte tant de choſes, ſont de bons ou de mauvais Eſprits : car la foi de l'Egliſe n'admet rien entre ces deux ſortes de Génies. Tout ce qui eſt Génie eſt bon ou mauvais ; mais comme il y a dans le Ciel pluſieurs demeures, comme le dit l'Evangile[8], qu'il y a parmi les bienheureux divers dégrés de gloire différens les uns des autres ; ainſi on peut croire qu'il y a dans l'Enfer divers dégrés de peines & de ſupplices pour les damnés & pour les Démons.

Mais ne ſont-ce pas plutôt des Magiciens qui ſe rendent inviſibles & qui ſe divertiſſent à inquiéter les vivans ? Pourquoi s'attachent-ils à certains lieux & à certaines perſonnes plutôt qu'à d'autres ? Pourquoi ne ſe font-ils ſentir que pendant quelque eſpace de tems ſouvent aſſez court ?

J'en conclurais volontiers, que ce qu'on en dit n'eſt qu'imagination & prévention ; mais on a tant d'expériences de leur réalité par les diſcours qu'ils ont tenus, & par les actions qu'ils ont faites en préſence de pluſieurs perſonnes ſages & éclairées, que je ne puis me perſuader que parmi le grand nombre d'hiſtoires qu'on en raconte, il n'y en ait au moins quelques-unes de vraies.

Il eſt remarquable que ces Folets ne portent jamais au bien, à la priere, à la piété, à l'amour de Dieu, ni aux actions ſaintes & ſérieuſes. S'ils ne ſont pas d'autre mal, ils laiſſent de fâcheux doutes sur la créance des supplices des damnés, sur l'efficace de la priere & des Exorcismes : s'ils ne font pas de mal aux hommes, aux animaux, aux lieux où ils se font sentir, c'est que Dieu met des bornes à leur malice & à leur pouvoir. Le Démon a mille manieres de nous tromper. Tous ceux à qui ces Génies s'attachent, les ont en horreur, s'en défient, les craignent ; & il est rare que ces Démons familiers ne les conduisent à une dangereuse fin, à moins qu'ils ne s'en délivrent par des actes sérieux de religion & de pénitence.

Voici une Histoire d'un Esprit, dont je ne doute non plus que si j'en avois été témoin, dit celui qui me l'a écrite. Le Comte Despilliers le pere étant jeune, & Capitaine des Cuirassiers, se trouva en quartier d'hiver en Flandre. Un de ses Cavaliers vint un jour le prier de le changer d'Hôte, disant que toutes les nuits il revenoit dans sa chambre un Esprit qui ne le laissoit pas dormir. Le Comte Despilliers renvoya son Cavalier, & se mocqua de sa simplicité. Quelques jours après le même Cavalier vint lui faire la même priere ; & le Capitaine pour toute réponse voulut lui décharger une volée de coups de baton, qu'il n'évita que par une prompte fuite. Enfin il revint une troisiéme fois à la charge, & protesta à son Capitaine qu'il ne pouvoit plus résister, & qu'il seroit obligé de déserter, si on ne le changeoit de logis. Despilliers qui connoissoit le Cavalier pour brave soldat & fort raisonnable, lui dit en jurant : je veux aller cette nuit coucher avec toi, & voir ce qui en est.

Sur les dix heures du soir le Capitaine se rend au logis de son Cavalier, & ayant mis ses pistolets en bon état sur la table, se couche tout vêtu, son épée à côté de lui, près de son soldat dans un lit sans rideaux. Vers minuit il entend quelque chose qui entre dans la chambre, & qui en un instant met le lit sans dessus dessous, & enferme le Capitaine & le soldat sous le matelas & la paillasse. Despilliers eut toutes les peines du monde à se dégager, & à retrouver son épée & ses pistolets, & s'en retourna chez lui fort confus. Le Cavalier fut changé de logis dès le lendemain, & dormit tranquillement chez un nouvel Hôte.

M. Despilliers racontoit cette avanture à qui vouloit l'entendre ; c'étoit un homme intrépide, & qui n'avoit jamais sçû ce que c'étoit que de reculer. Il est mort Maréchal de Camp des Armées de l'Empereur Charles VI & Gouverneur de la Forteresse de Ségedin. M. son fils m'a confirmé depuis peu la même avanture, comme l'ayant apprise de son pere.

Celui qui m'écrit ajoûte : je ne doute pas qu'il ne revienne quelquefois des Esprits ; mais je me suis trouvé en bien des endroits où l'on disoit qu'il en revenoit, j'ai même essayé plusieurs fois d'en voir, je n'en ai jamais vû. Je me trouvai une fois avec plus de quatre mille personnes, qui toutes disoient voir l'Esprit ; j'étois le seul de l'assemblée qui ne vît rien ; s'est ce que m'écrit un très-honnête Officier cette année 1745. dans la même Lettre où il raconte l'affaire de M. Despilliers.

1. ↑ Sulpit. Sever. Dialog. 2. c. 14. 15.
2. ↑ Bodin, Dæmono. lib. 2. c. 2.
3. ↑ Guillem. Parif. 2. part. quæft. 2. c. 8.
4. ↑ Grot. Epift. Part. 2. Ep. 405.
5. ↑ On prétend qu'elle eft arrivée à Dijon dans la famille de MM. Surmin, où une tradition conftante l'a perpétuée.
6. ↑ Suite du Comte de Gabalis, à la Haye 1708. pag. 55.
7. ↑ Cicero, de Divinat. lib. I.
8. ↑ Joan. xiv. 2.

CHAPITRE XXXI.

Esprits qui gardent les trésors.

Tout le monde reconnoît qu'il y a une infinité de richesses enfouies sous la terre, ou perdues sous les eaux par des naufrages ; on s'imagine que le Démon qu'on regarde comme le Dieu des richesses, le Dieu *Mammon*, le Pluton des Payens, est le dépositaire ou du moins le Gardien de ces trésors. Il disoit à Jesus-Christ[1] lorsqu'il le tenta dans le désert, en lui montrant les royaumes du monde & toute leur gloire : *je vous donnerai tout cela, si vous voulez m'adorer*. Nous sçavons aussi que les Anciens enterroient assez souvent de grands trésors dans les tombeaux des morts, soit afin que ces morts pussent s'en servir dans l'autre vie, ou que leurs ames les gardassent dans ces lieux ténébreux. Job semble faire allusion à cet ancien usage, lorsqu'il dit[2] : *plût à Dieu que je ne fusse pas né : je dormirois maintenant avec les Rois & les Grands de la terre, qui se sont bâti des solitudes ; comme ceux qui cherchent un trésor, & qui sont ravis lorsqu'ils ont trouvé un tombeau* ; sans doute parce qu'ils esperent d'y trouver de grandes richesses.

Il y avoit dans le tombeau de Cyrus des choses fort précieuses. Sémiramis avoit fait graver sur son Mausolée qu'il contenoit de grandes richesses. Joseph[3] raconte que

Salomon mit dans le tombeau de David son pere de grands trésors ; que le Grand-Prêtre Hircan étant assiégé dans Jérusalem par le Roi Antiochus, en tira trois mille talens. Il dit de plus, que plusieurs années après Hérode le Grand ayant fait fouiller dans ce tombeau, en tira encore de grosses sommes. On voit plusieurs loix contre ceux qui violoient les sépulcres pour en tirer ce qui y étoit de précieux. L'Empereur Marcien[4] défendit d'enfouir des richesses dans les tombeaux.

Si l'on en a mis dans les Mausolées des gens de bien & des saints personnages, & si l'on en a trouvé sur l'indication des bons Esprits de gens décédés dans la foi & dans la grace de Dieu, on ne peut pas en conclure que tous les trésors cachés soient au pouvoir du Démon, & que lui seul en ait connoissance ; les bons Anges les connoissent, & les Saints en peuvent être gardiens beaucoup plus fideles que les Démons, qui d'ordinaire n'ont pas le pouvoir d'enrichir, ni de délivrer des horreurs de la pauvreté, des supplices & de la mort même, ceux qui se sont livrés à eux pour en recevoir quelque récompense.

Mélanchton raconte[5] que le Démon enseigna à un Prêtre le lieu d'un trésor caché. Le Prêtre accompagné d'un de ses amis alla à l'endroit marqué ; ils y virent un chien noir couché sur un coffre. Le Prêtre étant entré pour tirer le trésor, fut écrasé & étouffé par les ruines de la caverne.

M. Remy[6] dans sa Démonolatrie parle de plusieurs personnes qu'il a ouies en jugement en sa qualité de Lieutenant-Général de Lorraine, dans le tems où ce pays fourmilloit de Sorciers & de Sorcieres : ceux d'entr'eux qui croyoient avoir reçû de l'argent du Démon, ne trouvoient dans leurs bourses que des morceaux de pots cassés & des charbons, ou des feuilles d'arbres, ou d'autres choses aussi viles & aussi méprisables.

Le R. P. Abram Jésuite, dans son Histoire manuscrite de l'Université de Pont-à-Mousson, rapporte qu'un jeune garçon de bonne famille, mais peu accommodé, se mit d'abord à servir dans l'armée parmi les Goujats & les Valets : de-là ses parens le mirent aux Ecoles ; mais ne s'accommodant pas de l'assujettissement que demandent les études, il les quitta, résolu de retourner à son premier genre de vie. En chemin il eut à sa rencontre un homme vêtu d'un habit de soie, mais de mauvaise mine, noir & hideux, qui lui demanda où il alloit, & pourquoi il avoit l'air si triste : je suis, lui dit cet homme, en état de vous mettre à votre aise, si vous voulez vous donner à moi.

Le jeune homme croyant qu'il vouloit l'engager à son service, lui demanda du tems pour y penser ; mais commençant à se défier des magnifiques promesses qu'il lui faisoit, il le considéra de plus près, & ayant remarqué qu'il avoit le pied gauche fendu comme celui d'un bœuf, il fut saisi de frayeur, fit le signe de la croix, & invoqua le nom de Jesus : aussi-tôt le Spectre disparut.

Trois jours après la même figure lui apparut de nouveau, & lui demanda s'il avoit pris sa résolution ; le jeune homme répondit, qu'il n'avoit pas besoin de Maître. Le Spectre lui dit : où allez-vous ? je vais, lui répondit-il, à une telle Ville qu'il lui nomma. En même tems le Démon jetta à ſes pieds une bourſe qui ſonnoit, & qui ſe trouva pleine de trente ou quarante écus de Flandres, entre leſquels il y en avoit environ douze qui paroiſſoient d'or, nouvellement frappés, & comme ſortant de deſſous le coin du monnoyeur. Dans la même bourſe il y avoit une poudre, que le Spectre diſoit être une poudre très-ſubtile.

En même tems il lui donnoit des conſeils abominables pour contenter les plus honteuſes paſſions, & l'exhortoit à renoncer à l'uſage de l'eau bénite & à l'adoration de l'Hoſtie, qu'il nommoit par dériſion ce petit gâteau. L'enfant eut horreur de ſes propoſitions, fit le ſigne de la croix ſur ſon cœur ; & en même tems il ſe ſentit ſi rudement jetté contre terre, qu'il y demeura demi-mort pendant une demi-heure. S'étant relevé, il s'en retourna chez ſa mere, fit pénitence, & changea de conduite. Les piéces qui paroiſſoient d'or & nouvellement frappées, ayant été miſes au feu, ne ſe trouverent que de cuivre.

Je rapporte cet exemple, pour montrer que le Démon ne cherche qu'à tromper & à corrompre ceux mêmes à qui il fait les plus ſpécieuſes promeſſes, & auſquels il ſemble donner des richeſſes.

Il y a quelques années que deux Religieux fort éclairés & fort ſages me conſulterent ſur une choſe arrivée à Orbé, Village d'Alſace près l'Abbaye de Pairis. Deux hommes de ce lieu leur dirent qu'ils avoient vû dans leur jardin ſortir de terre une caſſette, qu'ils préſumoient être remplie d'argent, & que l'ayant voulu ſaiſir, elle s'étoit retirée & cachée de nouveau fous la terre. Ce qui leur étoit arrivé plus d'une fois.

Théophane, Hiftoriographe Grec célébre & férieux, fous l'an de Jefus-Chrift 408. raconte que Cabades, Roi de Perfe, étant informé qu'entre le pays de l'Inde & de la Perfe il y avoit un Château nommé Zubdadeyer, qui renfermoit une grande quantité d'or, d'argent & de pierreries, réfolut de s'en rendre maître ; mais ces tréfors étoient gardés par des Démons, qui ne fouffroient point qu'on en approchât. Il employa pour les conjurer & les chaffer les Exorcifmes des Mages & des Juifs qui étoient auprès de lui ; mais leurs efforts furent inutiles. Le Roi fe fouvint du Dieu des Chrétiens, lui adreffa fes prieres, fit venir l'Evêque qui étoit à la tête de l'Eglife Chrétienne de Perfe, & le pria de s'employer pour lui faire avoir ces tréfors, & pour chaffer les Démons qui les gardoient. Le Prélat offrit le Saint Sacrifice, y participa, & étant allé fur le lieu, en écarta les Démons gardiens de ces richeffes, & mit le Roi en paifible poffeffion du Château.

Racontant cette Hiftoire à un homme de confidération[Z], il me dit que dans l'Ifle de Malthe deux Chevaliers ayant apofté un Efclave, qui fe vantoit d'avoir le fecret d'évoquer les Démons, & de les obliger de découvrir les chofes les plus cachées, ils le menerent dans un vieux Château, où l'on croyoit qu'étoient cachés des tréfors. L'Efclave fit fes évocations, & enfin le Démon ouvrit un rocher d'où fortit un coffre. L'Efclave voulut s'en emparer ; mais le coffre rentra dans le rocher. La chofe recommença plus d'une fois ;

& l'Esclave après de vains efforts vint dire aux Chevaliers ce qui lui étoit arrivé, mais qu'il étoit tellement affoibli par les efforts qu'il avoit faits, qu'il avoit besoin d'un peu de liqueur pour se fortifier : on lui en donna, & quelque tems après étant retourné, on ouit du bruit ; l'on alla dans la cave avec de la lumiere pour voir ce qui étoit arrivé, & l'on trouva l'Esclave étendu mort, & ayant sur toute sa chair comme des coups de ganifs représentant une croix. Il en étoit si chargé, qu'il n'y avoit pas de quoi poser le doigt qui n'en fût marqué. Les Chevaliers le porterent au bord de la mer, & l'y précipiterent avec une grosse pierre pendue au col. On pourroit nommer les personnes & marquer les dates, s'il étoit nécessaire.

La même personne nous raconta encore à cette occasion, qu'il y a environ quatre-vingt dix ans qu'une vieille femme de Malthe fut avertie par un Génie, qu'il y avoit dans sa cave un trésor de grand prix, appartenant à un Chevalier de très-grande considération, & lui ordonna de lui en donner avis : elle y alla ; mais elle ne put obtenir audience. La nuit suivante le même Génie revint, lui ordonna la même chose ; & comme elle refusoit d'obéir, il la maltraita, & la renvoya de nouveau. Le lendemain elle revint trouver le Seigneur, & dit aux Domestiques qu'elle ne sortiroit point qu'elle n'eût parlé au Maître. Elle lui raconta ce qui lui étoit arrivé ; & le Chevalier résolut d'aller chez elle, accompagné de gens munis de pieux & d'autres instrumens propres à creuser : ils creuserent, & bientôt il sortit de l'endroit où ils piochoient une fi grande quantité d'eau, qu'ils furent obligés d'abandonner leur entreprife.

Le Chevalier fe confeffa à l'Inquifiteur de ce qu'il avoit fait, & reçut l'abfolution ; mais il fut obligé d'écrire dans les Regiftres de l'Inquifition le fait que nous venons de raconter.

Environ foixante ans après, les Chanoines de la Cathédrale de Malthe voulant donner au devant de leur Eglife une place plus vafte, acheterent des maifons qu'il fallut renverfer, & entr'autres celle qui avoit appartenu à cette vieille femme : en y creufant, on y trouva le tréfor, qui confiftoit en plufieurs pieces d'or de la valeur d'un ducat avec l'effigie de l'Empereur Juftin I. Le Grand-Maître de Malthe prétendoit que le tréfor lui appartenoit, comme Souverain de l'Ifle ; les Chanoines le lui conteftoient. L'affaire fut portée à Rome. Le Grand-Maître gagna fon procès : l'or lui fut apporté de la valeur d'environ foixante mille ducats ; mais il les céda à l'Eglife Cathédrale.

Quelque tems après le Chevalier dont nous avons parlé, qui étoit alors fort âgé, fe fouvint de ce qui lui étoit arrivé, & prétendit que ce tréfor lui devoit appartenir : il fe fit mener fur les lieux, reconnut la cave où il avoit d'abord été, & montra dans les Regiftres de l'Inquifition ce qu'il y avoit écrit foixante ans auparavant. Cela ne lui fit pas recouvrer le tréfor ; mais ce fut une preuve que le Démon connoiffoit & gardoit cet argent. La perfonne de qui je tiens cette Hiftoire a en main 3 ou 4 de ces pieces d'or, qu'il a achetées de ces Chanoines.

1. ↑ Matth. iv. 8.
2. ↑ Job. iij. 13.14. 22.
3. ↑ Joſeph. Antiq. lib. 13. c. 19. & lib. 16. c. II.
4. ↑ Martian. lib. 4.
5. ↑ Le *Loyer*, liv. 2. pag. 495.
6. ↑ Remy, Dæmonol. c. 4. Ann. 1605.
7. ↑ M. le Chevalier Guiot de Marre.

CHAPITRE XXXII.

Autres Exemples de tréſors cachés, & gardés par de bons ou de mauvais Eſprits.

On lit dans un livre nouveau, qu'un nommé Honoré Mirabel ayant trouvé dans un jardin près Marſeille un tréſor de pluſieurs pieces d'or Portugaiſes, à l'indication que lui en avoit faite un Spectre qui lui apparut à onze heures du ſoir près la Baſtide, ou maiſon de campagne nommée du Paret, il en fit la découverte en préſence de la fermiere de cette Baſtide & du valet nommé Bernard. Auſſi-tôt qu'il eut apperçu le tréſor enterré & enveloppé d'un paquet de mauvais linge, il n'oſa d'abord le toucher, de peur qu'il ne fût empoiſonné, & ne lui cauſât la mort. Il l'enleva au bout d'un crochet fait d'une branche d'amandier, & le porta dans ſa chambre, où il le développa ſans témoins, & y trouva beaucoup d'or ; & pour ſatisfaire au déſir de l'Eſprit qui lui étoit apparu, il fit dire pour lui quelques Meſſes. Il découvrit ſa bonne fortune à un homme de ſon pays nommé Auquier, qui lui prêta quarante livres, & lui paſſa un billet par lequel il reconnoiſſoit lui devoir vingt mille livres, & lui quittoit les quarante livres prêtées ; le billet étoit du 27 Septembre 1726.

Quelque tems après Mirabel demanda à Auquier le payement du billet. Auquier dénia tout. Grand procès, informations, perquifitions dans la maifon d'Auquier ; Sentence du 10 Septembre 1727. portant qu'Auquier pafferoit le guichet, & feroit appliqué à la queftion ; appel au Parlement d'Aix. Le billet d'Auquier fut déclaré contrefait. Bernard qu'on difoit avoir affifté à la découverte du tréfor, ne fut point cité ; les autres témoins ne dépoferent que fur des ouis-dire : la feule Magdelaine Caillot qui étoit préfente, reconnut avoir vû le paquet enveloppé de linges, & avoir oui tinter comme des efpeces d'or ou d'argent, & d'en avoir vû une piece de la largeur d'une piece de deux liards.

Le Parlement d'Aix rendit fon Arrêt le 17 Février 1728. par lequel il ordonna, que Bernard valet de la Baftide du Paret feroit oui ; il fut entendu en différens jours, & dépofa qu'il n'avoit vû ni tréfor, ni linges, ni pieces d'or. Autre Arrêt du 2 Juin 1728. qui ordonne que le Procureur Général fe pourvoira par Cenfures Eccléfiaftiques fur les faits réfultans de la Procédure.

Le Monitoire fut publié ; cinquante-trois témoins furent ouis. Autre Arrêt du 18 Février 1729. par lequel Auquier fut mis hors de cours & de procès ; Mirabel condamné aux Galeres perpétuelles, après avoir été préalablement appliqué à la queftion : Caillot condamné à dix livres d'amende. Telle fut la fin de ce grand procès. Si l'on fuivoit de près ces Apparitions de Spectres qui gardent des tréfors, on trouveroit fans doute comme ici beaucoup de fuperftition, de mauvaife foi, & de jeux d'imagination.

Delrio raconte quelques exemples de gens qui ont été mis à mort, ou qui font péris misérablement en voulant chercher des tréfors cachés. Dans tout ceci l'on reconnoît toujours l'Efprit de menfonge & de féduction de la part du Démon, fon pouvoir borné & fa malice arrêtée par la volonté de Dieu, l'impiété de l'homme, fon avarice, fa vaine curiofité, la confiance qu'il met en l'Ange de ténebres punie par la perte de fes biens, de fa vie & de fon ame.

Jean Vierus dans fon Ouvrage intitulé Des preftiges du Démon, imprimé à Bâle en 1577. raconte que de fon tems (en 1430.) le Démon découvrit à un certain Prêtre à Nuremberg des tréfors cachés dans une caverne près la ville, & renfermés dans un vafe de criftal. Le Prêtre prit avec lui un de fes amis pour lui fervir de compagnon ; ils fe mirent à fouiller dans le lieu défigné, & ils découvrirent dans un fouterrain une efpece de coffre, auprès duquel étoit couché un chien noir : le Prêtre s'avance avec empreffement pour fe faifir du tréfor ; mais à peine fut-il entré dans la caverne, qu'elle s'enfonça, écrafa le Prêtre, & fe trouva remplie de terre comme auparavant.

Voici l'Extrait d'une lettre écrite de Kirchheim du premier Janvier 1747. à M. Schopfflein Profeffeur en Hiftoire & en Eloquence à Strafbourg. Il y a plus d'un an, que M. Cavallari premier Muficien de mon Sérénissime Maître, & Vénitien de Nation, avoit envie de faire creufer à Rothenkirchen à une lieüe d'ici, qui étoit autrefois un Abbaye renommée, & qui fut ruinée du tems de la Réformation. L'occafion lui en fut fournie par une

Apparition, que la femme du Cenſier de Rothenkirchen avoit eue plus d'une fois en plein midi, & ſurtout le 7 Mai pendant deux ans conſécutifs. Elle jure & en peut faire ſerment, qu'elle a vû un Prêtre vénérable en habits Pontificaux brodés en or, qui jetta devant lui un grand tas de pierres ; & quoiqu'elle ſoit Luthérienne, par conſéquent peu crédule ſur ces ſortes de choſes-là, elle croît pourtant que ſi elle avoit eu la préſence d'eſprit d'y mettre un mouchoir ou un tablier, toutes les pierres ſeroient devenues de l'argent.

M. Cavallari demanda donc permiſſion d'y creuſer ; ce qui lui fut d'autant plus facilement accordé, que le dixiéme du tréſor eſt dû au Souverain. On le traita de viſionnaire, & on regarda l'affaire des tréſors comme une choſe inouie. Cependant il ſe mocqua *du qu'en dira t'on*, & me demanda ſi je voulois être de moitié avec lui : je n'ai pas héſité un moment d'accepter cette propoſition ; mais j'ai été bien ſurpris d'y trouver de petits pots de terre remplis de piéces d'or. Toutes ces piéces plus fines que les ducats ſont pour la plûpart du 14. & quinziéme ſiécle. Il m'en a échû pour ma part 666. trouvées à trois différentes repriſes. Il y en a des Archevêques de Mayence, de Treves & de Cologne, des Villes d'Oppenheim, de Baccarat, de Bingen, de Coblens : il y en a auſſi de Rupert Palatin, de Frederic Burgrave de Nuremberg, quelques-unes de Wenceslas, & une de l'Empereur Charles IV. &c.

Ceci montre, que non-ſeulement les Démons, mais auſſi les Saints ſont quelquefois gardiens des tréſors ; à moins qu'on ne veuille dire, que le Démon s'étoit mis ſous la figure de ce Prélat. Mais quel intérêt auroit eu le Démon de donner ce tréſor à ces Meſſieurs, qui ne le lui demandoient pas, & ne ſe mettoient guere en peine de lui ? J'ai vû deux de ces pieces entre les mains de M. Schopfflein.

L'Hiſtoire qu'on vient de rapporter, eſt rappellée avec quelques circonſtances différentes dans un imprimé, qui annonce une Lotterie de pieces trouvées à Rothenkirchen au Pays de Naſſau, peu loin de Donnerſberg. On y dit que la valeur de ces pieces eſt de 12 liv. 10 ſols argent de France. La Lotterie devoit ſe tirer publiquement le premier Février 1750. chaque billet étoit de ſix liv. argent de France. Je ne rapporte ce détail que pour prouver la vérité du fait.

On peut ajouter à ce que nous venons de voir, ce qui eſt rapporté par Bartolin dans ſon livre de la cauſe du mépris de la mort que faiſoient les anciens Danois, lib. 2. c. 2. Il raconte que les richeſſes cachées dans les tombeaux des grands hommes de ce pays-là étoient gardées par les Manes de ceux à qui elles appartenoient, & que ces Manes ou ces Démons répandoient la frayeur dans l'ame de ceux qui vouloient enlever ces tréſors, par un déluge d'eau qu'ils répandoient, ou par des flammes qu'ils faiſoient paroître autour des monumens qui renfermoient

ces corps & ces tréſors.

CHAPITRE XXXIII.

Spectres qui apparoiſſent, & qui prédiſent des choſes futures & cachées.

ON trouve dans les Anciens & dans les Modernes une infinité d'Hiſtoires de Spectres. Nous ne doutons point que leurs Apparitions ne ſoient l'ouvrage du Démon, ſi elles ſont réelles. Or on ne peut diſconvenir, qu'il ne ſe trouve beaucoup d'illuſion & de menſonge dans tout ce qu'on en raconte. Nous diſtinguerons ici des Spectres de deux ſortes : les uns qui apparoiſſent aux hommes pour leur nuire, ou pour les tromper, ou pour leur annoncer des choſes futures, heureuſes ou fâcheuſes ſelon les circonſtances ; les autres Spectres infeſtent certaines maiſons, dont ils ſe ſont rendus maîtres, & où ils ſe font voir & entendre. Nous traiterons de ces derniers dans un Chapitre à part, & nous ferons voir que la plûpart de ces Spectres & de ces Apparitions ſont fort ſuſpectes de fauſſeté.

Pline le jeune[1] écrivant à ſon ami Sura ſur le ſujet des Apparitions, lui témoigne qu'il eſt fort porté à les croire véritables ; & la raiſon qu'il en donne, eſt ce qui eſt arrivé à Quintus Curtius Rufus, qui étant allé en Afrique à la ſuite du Queſteur ou du Tréſorier de la part des Romains, ſe promenant un jour ſur le ſoir ſous un portique, vit une femme d'une grandeur & d'une beauté extraordinaire, qui lui dit qu'elle étoit l'Afrique, & qui l'aſſura qu'il retourneroit un jour dans ce même pays en qualité de Proconſul. Cette promeſſe lui inſpira de grandes eſpérances ; & étant de retour à Rome, il fit tant par ſes intrigues & par le ſecours des amis qu'il avoit gagnés par argent, qu'il obtint la Queſture, & enſuite la Préture par la faveur de l'Empereur Tibere.

Cette dignité ayant couvert l'obſcurité & la baſſeſſe de ſa naiſſance, il fut enſuite envoyé Proconſul en Afrique, où il mourut, après avoir obtenu les marques d'honneur du Triomphe. On dit qu'à ſon retour en Afrique la même perſonne qui lui avoit prédit ſa grandeur future, lui apparut de nouveau au moment de ſon débarquement à Carthage.

Ces prédictions ſi préciſes & ſi exactement ſuivies de l'effet faiſoient croire au jeune Pline, que ces ſortes de prédictions ne ſont pas toujours vaines. Cette Hiſtoire de Curtius Rufus avoit été écrite par Tacite aſſez longtems avant Pline, qui pouvoit bien l'avoir priſe de Tacite.

Après la mort funeſte de Caligula qui fut maſſacré dans ſon Palais, on l'enterra à demi-brûlé dans ſes propres jardins. Les Princeſſes ſes ſœurs à leur retour de leur exil le firent brûler en cérémonie, & l'inhumerent avec honneur ; mais il paſſoit pour conſtant, qu'avant cela ceux qui avoient la garde de ces jardins & du Palais, avoient été toutes les nuits inquiétés par des Fantômes & des bruits effroyables.

Voici un exemple ſi extraordinaire, que je ne le rapporterais point, s'il n'étoit atteſté par plus d'un Ecrivain,

& s'il n'étoit configné dans les monumens publics d'une ville confidérable de la Haute Saxe ; cette ville eft Hamelen dans la Principauté de Kalenberg, au confluent de la riviere du Hamel & du Vefer.

L'an 1384. cette ville étoit infeftée par une fi prodigieufe multitude de rats, qu'ils ravageoient tout le grain qui étoit dans les greniers : on employa inutilement pour les chaffer tout ce que l'art & l'experience purent infpirer, & ce qu'on a accoutumé d'employer contre ces fortes d'animaux. En ce tems arriva dans la ville un Inconnu d'une taille plus grande que l'ordinaire, vêtu d'une robbe de diverfes couleurs, qui s'engagea de délivrer la ville de ce fléau, moyennant une certaine récompenfe dont on convint.

Alors il tira de fa manche une flute, au fon de laquelle tous les rats fortirent de leurs trous & le fuivirent : il les mena droit à la riviere, où ils fe jetterent & fe noyerent. Au retour il vint demander la récompenfe promife ; on la lui refufa, apparemment à caufe de la facilité avec laquelle il avoit exterminé les rats. Le lendemain qui étoit un jour de fête, il prit le tems que tous les Bourgeois étoient a l'Eglife ; & par le moyen d'une autre flute dont il fe mit à jouer, tous les enfans de la ville au-deffous de quatorze ans, qui étoient au nombre de cent trente, s'affemblerent autour de lui : il les mena jufqu'à la montagne voifine nommée Kopfelberg, qui fert de voirie à la ville, & où l'on exécute les criminels ; ces enfans difparurent, & on ne les a pas revûs depuis.

Une jeune fille qui fuivoit de loin, fut témoin de la chofe, & en vint apporter la nouvelle à la ville. On montre encore dans cette montagne un enfoncement, où l'on dit que cet homme fit entrer les enfans. Au coin de cette ouverture eſt une inſcription ſi ancienne, qu'on ne peut plus la déchiffrer ; mais l'Hiſtoire eſt repréſentée ſur les vitraux de l'Egliſe, & on aſſure que dans les actes publics de cette ville encore à préſent on a coutume de mettre les dates en cette ſorte : *Fait en l'année —— —— —— après la Diſparution de nos Enfans.* On peut voir Vagenſeil, *Opera librorum Juvenil. tom. 2. pag.* 295. la Géographie de Hubner, & le Dictionnaire Géographique de la Martiniere, ſous le nom *d'Hamelen.*

Si ce récit n'eſt pas entierement fabuleux, comme il en a l'air, on ne peut regarder cet homme que comme un Spectre & un mauvais Génie, qui par la permiſſion de Dieu aura puni la mauvaiſe foi des Bourgeois dans la perſonne de leurs enfans, quoiqu'innocens du manque de parole de leurs peres. Il ſe pourroit faire, qu'un homme auroit quelque ſecret naturel pour raſſembler les rats & les précipiter dans la riviere ; mais il n'y a qu'une malice diabolique, qui puiſſe faire périr tant d'innocens pour ſe venger de leurs peres.

Jules-Céſar[2] étant entré en Italie & voulant paſſer le Rubicon, apperçut un homme d'une taille au deſſus de l'ordinaire, qui commença à ſiffler. Pluſieurs ſoldats étant accourus pour l'entendre, ce Spectre ſaiſit la trompette de l'un d'entr'eux, & commença à ſonner l'alarme, & à paſſer le fleuve. A ce moment Céſar ſans déliberer d'avantage, dit : allons où les préſages des Dieux & l'injuſtice de nos Ennemis nous appellent.

L'Empereur Trajan[3] fut tiré de la ville d'Antioche par un Fantôme, qui le fit sortir par une fenêtre, au milieu de ce terrible tremblement de terre qui renversa presque toute la ville. Le Philosophe Simonide[4] fut averti par un Spectre, que sa maison devoit tomber : il en sortit aussitôt, & bientôt après elle se renversa.

L'Empereur Julien l'Apostat disoit à ses amis, que dans le tems que ses troupes le pressoient d'accepter l'Empire étant à Paris, il vit pendant la nuit un Spectre sous la forme d'une femme, comme on dépeint le Génie de l'Empire, qui se présenta pour demeurer avec lui ; mais elle l'avertit que ce ne seroit que pour peu de tems. Le même Empereur racontoit de plus, qu'écrivant dans sa tente peu avant sa mort, son Génie familier lui apparut sortant de sa tente tout triste & tout morne. Un peu avant la mort de l'Empereur Constance, le même Julien eut pendant la nuit une vision d'un Fantôme lumineux, qui lui prononça & lui répéta plus d'une fois quatre vers Grecs, portant que quand Jupiter seroit au signe du Verseau, & Saturne au 25 degré de la Vierge, Constance finiroit sa vie en Asie par une triste mort.

Le même Empereur Julien atteste Jupiter[5] qu'il a souvent vû Esculape, qui l'a guéri de ses maladies.

---

1. ↑ Plin. Junior, Epist. lib. 7. 27.
2. ↑ Sueton. in Jul. Cæsar.
3. ↑ Dio Cassius, lib. 68.
4. ↑ Diogen. Laërt. in Simon. Valer. Maxim. lib. ..[illisible]

5. ↑ Julian. *apud Cyrill. Alex.*

CHAPITRE XXXIV.

Autres Apparitions de Spectres.

Plutarque dont on connoît la gravité & la fageffe, parle fouvent de Spectres & d'Apparitions. Il dit, par exemple, que dans la fameufe bataille de Marathon contre les Perfes, plufieurs foldats virent le fantôme de Théfée, qui combattoit pour les Grecs contre les ennemis.

Le même Plutarque, dans la vie de Sylla, dit que ce Général vit pendant fon fommeil la Déeffe que les Romains adoroient fuivant le rit des Cappadociens, qui rendent au feu le culte fuprême, foit que ce fût Bellone, ou Minerve, ou la Lune. Cette Divinité fe préfenta devant Sylla, & lui mit en main une efpece de foudre, en lui difant de la lancer contre fes ennemis, qu'elle lui nomma les uns après les autres ; qu'en même tems qu'il les frappoit, il les voyoit tomber & expirer à fes pieds. Il y a lieu de croire que cette Déeffe étoit Minerve, à qui le Paganifme attribue comme à Jupiter le droit de lancer la foudre, ou plutôt que ç'étoit un Démon.

Paufanias Général des Lacédémoniens[1] ayant tué par mégarde Cleonice, fille d'une des meilleures maifons de Bizance, étoit tourmenté jour & nuit par l'ombre de cette fille qui ne lui laiffoit aucun repos, lui répétant en colere un vers héroïque, dont le fens eft : *Marche devant le Tribunal de la Justice qui punit les forfaits & qui t'attend. L'insolence est enfin funeste aux mortels*. Pausanias toujours troublé de cette image qui le poursuivoit par tout, se retira à Héraclée dans l'Elide, où il y avoit un Temple desservi par des Prêtres magiciens nommés *Psychagogues,* c'est-à-dire, qui font profession d'évoquer les ames des trépassés. Là Pausanias après avoir fait les libations & les effusions funébres, appella l'ame de Cleonice, & la conjura de renoncer à sa colere. Cleonice parut enfin, & lui dit que bientôt arrivé à Sparte, il seroit délivré de ses maux, voulant apparamment sous ces paroles couvertes lui marquer la mort qui l'y attendoit.

Voilà l'usage des évocations des morts bien marqué & bien solennellement pratiqué dans un Temple consacré à ces cérémonies : cela démontre au moins la créance & l'usage des Grecs ; & si Cleonice apparut réellement à Pausanias, & lui annonça sa mort prochaine, peut-on nier que le mauvais Esprit ou l'ame de Cleonice ne soient auteurs de cette prédiction, à moins que ce ne soit une friponnerie des Prêtres, comme il est assez croyable, & comme l'insinue la réponse ambigue qu'ils donnent à Pausanias.

Pausanias l'Historien[2] écrit, que 400 ans après la bataille de Marathon, on y entendoit encore toutes les nuits les hennissemens des chevaux, & des cris comme de soldats qui s'animoient au combat. Plutarque parle aussi de Spectres qu'on voyoit, & des hurlemens épouvantables qu'on entendoit dans des bains publics, où l'on avoit égorgé plusieurs citoyens de Chéronée sa patrie : on avoit même été obligé de fermer ces bains, ce qui n'empêcha pas que les voisins n'y entendissent encore de grands bruits, & ne vissent de tems en tems des Spectres aux environs de ces bains.

Dion le Philosophe, disciple de Platon & Général des Syracusains, étant un jour assis sur soir tout pensif dans le portique de sa maison, ouit un grand bruit, puis apperçut un Spectre terrible d'une femme d'une grandeur monstrueuse, qui ressembloit à une Furie, telle qu'on les dépeint dans les Tragédies ; il étoit encore assez grand jour, & elle commença à balayer la maison. Dion tout effrayé envoya prier ses amis de le venir voir, & de passer la nuit avec lui ; mais cette femme ne parut plus. Peu de tems après son fils se précipita du haut du logis, & lui-même fut assassiné par des conjurés.

Marcus Brutus, un des meurtriers de Jules-César, étant dans sa tente pendant une nuit qui n'étoit pas bien obscure, vers la troisiéme heure de la nuit vit entrer une figure monstrueuse & terrible. Brutus lui demanda : qui es-tu ? un homme ou un Dieu ? & pourquoi es-tu venu ici ? Le Spectre répondit : je suis ton mauvais Génie ; tu me verras à Philippes. Brutus lui répondit sans s'effrayer : je t'y verrai ; & étant sorti, il alla raconter la chose à Cassius, qui étant de la secte d'Epicure, & ne croyant point ces sortes d'Apparitions, lui dit que c'étoit une pure imagination ; qu'il n'y avoit ni Génies ni autres Esprits qui pussent apparoître aux hommes ; que quand ils apparoîtroient, ils n'auroient ni la forme, ni la voix humaine, & ne pourroient rien contre nous. Quoique ces raisons rassurassent un peu Brutus, elles ne le tirerent pas néanmoins d'inquiétude.

Mais le même Cassius dans la campagne de Philippes, & au milieu du combat, vit Jules-César qu'il avoit assassiné, qui vint à lui à toute bride, & l'effraya de telle sorte, qu'enfin il se perça de son épée. Cassius de Parme, différent de celui dont on vient de parler, vit un mauvais Génie qui entroit dans sa tente, & lui annonçoit sa mort prochaine.

Drusus faisant la guerre aux Allemands sous l'Empire d'Auguste, & voulant traverser l'Elbe pour pénétrer plus avant dans le pays, en fut détourné par une femme d'une stature plus grande que l'ordinaire, qui lui apparut, & lui dit : Drusus, où veux-tu aller ? ne seras-tu jamais satisfait ? ta fin est proche ; retourne-t'en. Il retourna sur ses pas, & mourut avant que d'être arrivé au Rhin qu'il vouloit repasser.

Saint Grégoire de Nysse, dans la vie de Saint Grégoire Taumaturge, dit que pendant une grande peste qui ravagea la ville de Néocesarée, on vit en plein jour des Spectres qui entroient dans les maisons, & y venoient apporter une mort certaine.

Après la fameuse sédition arrivée à Antioche sous l'Empereur Théodose, on vit la nuit suivante une espece de Furie courant par toute la Ville avec un foüet, qu'elle faisoit claquer comme un cocher qui presse ses chevaux.

S. Martin Evêque de Tours étant à Treves, entra dans une maison, où il trouva un Spectre qui l'effraya d'abord.

Martin lui ordonna de sortir du corps qu'il possédoit : au lieu de sortir, il entra dans le corps d'un autre homme qui étoit dans le même logis ; & se jettant sur ceux qui se trouverent là, commença à les attaquer & à les déchirer à belles dents. Martin se jetta à la traverse, mit les doigts dans sa bouche, le défiant de le mordre. Le Possédé recula, comme si on lui avoit mis une barre de fer rouge dans la bouche ; & enfin le Démon sortit du corps du Possédé, non par la bouche, mais avec les excrémens qu'il jetta par le bas.

Jean Evêque d'Atrie qui vivoit au sixiéme siécle, parlant de la grande peste qui arriva sous l'Empereur Justinien, & dont presque tous les Historiens de ce tems-là font mention, dit qu'on voyoit dans des barques d'airain des hommes noirs & sans tête, qui voguoient sur la mer, & s'avançoient vers les lieux où la peste commençoit à faire des ravages ; que cette infection ayant dépeuplé une Ville d'Egypte, ensorte qu'il n'y restoit plus que sept hommes avec un garçon de dix ans, ces personnes ayant voulu se sauver de la Ville avec beaucoup d'argent, tomberent mortes subitement.

Le jeune garçon s'enfuit sans rien emporter ; mais à la porte de la Ville il fut arrêté par un Spectre, qui le traîna malgré lui dans la maison où les sept hommes étoient mort. Quelque tems après l'Intendant d'un homme riche y étant entré avec quelques domestiques, pour en tirer des meubles de son maître qui étoit demeuré à la campagne, fut averti par le même jeune garçon de se sauver ; mais il mourut subitement. Les valets qui accompagnoient l'Intendant se sauverent, & porterent la nouvelle de tout ceci à leur Maître.

Le même Evêque Jean raconte, qu'étant venu à Conſtantinople pendant une très-grande peſte, qui enlevoit par jour dix, douze, quinze & ſeize mille perſonnes, enſorte qu'on en compte juſqu'à deux cens mille de morts de cette maladie : il raconte, dis-je, qu'on voyoit par la Ville des Démons qui couroient de maiſons en maiſons ſous l'habit d'Eccléſiaſtiques ou de Religieux, & qui donnoient la mort à ceux qu'ils y rencontroient.

La mort de Carloſtad fut accompagnée de circonſtances effrayantes, ſelon les Miniſtres de Bâle ſes collégues, qui en rendirent témoignage alors. Ils racontent[3] qu'au dernier Sermon que Carloſtad prononça dans le Temple de Bâle, un grand homme noir vint s'aſſeoir près du Conſul. Le Prédicateur l'apperçut, & en parut troublé. Au ſortir de la Chaire, il s'informa quel étoit l'inconnu, qui avoit pris place auprès du premier Magiſtrat : perſonne que lui ne l'avoit vû. Carloſtad eut encore des nouvelles du Spectre, lorſqu'il rentra dans ſon logis. L'homme noir y étoit allé, & avoit pris par les cheveux le plus jeune & le plus tendrement chéri de ſes enfans. Après l'avoir ainſi ſoulevé de terre, il s'étoit mis en devoir de le laiſſer retomber pour lui caſſer la tête ; mais il ſe contenta d'ordonner à l'enfant d'avertir ſon pere, que dans trois jours il reviendroit, & qu'il eût à ſe tenir prêt. L'enfant ayant raconté à ſon pere ce qui lui avoit été dit, jetta Carloſtad dans l'épouvante. Il ſe mit au lit tout effrayé ; & trois jours après il expira. Ces apparitions du Démon, de l'aveu même de Luther, étoient aſſez fréquentes à l'égard des premiers Réformateurs.

On pourroit multiplier à l'infini ces exemples d'Apparitions de Spectres ; mais ſi l'on entreprenoit d'en faire la critique, à peine en trouveroit-on un ſeul de bien certain, & qui fût à l'épreuve d'un examen ſérîeux & profond. En voici un que je rapporte exprès, parce qu'il a des caracteres ſinguliers, & que la fauſſeté en a été enfin reconnue.

---

1. ↑ Plutarch. in Cimone.
2. ↑ Pauſanias, lib. I. c. 32.
3. ↑ Moshovius, pag. 22.

CHAPITRE XXXV.

Examen de l'Apparition d'un prétendu Spectre.

Les affaires[1] ayant conduit le Comte d'Alais[2] à Marseille, il lui arriva une avanture des plus extraordinaires : il chargea aussitôt Neuré de l'écrire à notre Philosophe (M. Gassendi) pour sçavoir ce qu'il en pensoit ; ce qu'il fit en ces termes. M. le Comte & Madame la Comtesse étant venus à Marseille, virent étant couchés dans leur lit, un Spectre lumineux ; ils étoient fort bien éveillés l'un & l'autre. Pour mieux s'assurer si ce n'étoit pas quelqu'illusion, ils appellent leurs valets de chambre ; mais ceux-ci ne parurent pas plutôt avec leurs flambeaux, que le Spectre disparut. Ils firent boucher toutes les ouvertures & les fentes qu'ils trouverent dans la chambre, & se remirent au lit : à peine les valets de chambre se furent retirés, que le Spectre reparut.

Sa lumiere étoit moins éclatante que celle du soleil ; mais elle l'étoit plus que celle de la lune. Tantôt ce Spectre étoit en forme angulaire, tantôt en cercle, & tantôt en ovale. On pouvoit facilement lire une Lettre à sa lueur ; il changeoit souvent de place, & paroissoit quelquefois sur le lit du Comte. Il avoit des especes de petits boucliers ; au-dessus étoient empreints des caracteres. Cependant rien de plus agréable à la vûe : auſſi au lieu d'épouvanter, il réjouiſſoit. Il parut toutes les nuits, tant que le Comte demeura à Marſeille. Ce Prince ayant jetté une fois les mains deſſus, pour voir ſi ce n'étoit pas quelque choſe d'attaché au rideau du lit, le Spectre diſparut cette nuit, & reparut le lendemain.

Gaſſendi conſulté ſur ce fait, répondit le 13 du même mois. Il dit d'abord, qu'il ne ſçait que croire de cette viſion. Il ne nie pas que ce Spectre ne puiſſe être envoyé de Dieu, pour leur apprendre quelque choſe. Ce qui rend ce ſentiment probable, c'eſt la grande piété de l'un & de l'autre, & que ce Spectre n'avoit rien d'effrayant, mais au contraire. Ce qui mérite encore plus notre attention, c'eſt que ſi Dieu l'avoit envoyé, il auroit fait connoître pourquoi il l'envoyoit. Dieu ne badine pas & puiſqu'on ne peut pas comprendre ce qu'on doit eſpérer ou craindre, ſuivre ou éviter, il s'enſuit que ce Spectre ne ſçauroit venir de lui ; autrement ſa conduite ſeroit moins louable que celle d'un pere, d'un Prince, d'un homme de bien, & même d'un homme prudent, leſquels inſtruits de quelque choſe qui pût intéreſſer beaucoup ceux qui leur ſont ſoumis, ne ſe contenteroient pas de les avertir énigmatiquement.

Si ce Spectre eſt quelque choſe de naturel, rien n'eſt plus difficile que de le découvrir, que de trouver même quelque conjecture pour tâcher de l'expliquer. Quoique je ſois très-perſuadé de mon ignorance, je vais hazarder mon ſentiment. Ne pourroit-on pas avancer que cette lumiere a apparu, parce que l'œil du Comte étoit affecté intérieurement, ou parce qu'il l'étoit extérieurement. L'œil peut l'être intérieurement en deux manieres. Premierement, si son œil étoit dans la même disposition qu'étoit toujours celui de l'Empereur Tibere ; lorsque cet Empereur s'éveilloit pendant la nuit, & qu'il ouvroit les yeux, il en sortoit une clarté qui lui faisoit discerner les choses qui étoient dans l'obscurité, lorsqu'il y fixoit ses regards. J'ai sçû que la même chose arrivoit à une Dame de condition. Secondement, s'il a eu ses yeux disposés d'une certaine maniere ; comme il m'arrive à moi-même lorsque je m'éveille : si j'ouvre mes yeux, ils sont tout rayonnans de lumiere, quoiqu'il n'y ait rien eu. Personne ne sçauroit nier, qu'il ne puisse sortir de nos yeux quelque éclair qui nous représente des objets, lesquels objets réfléchissent dans nos yeux & y laissent leurs traces.

On sçait que les animaux qui vont la nuit, ont une vûe perçante pour discerner leur proie dans l'obscurité, & l'enlever ; que les esprits animaux qui sont dans l'œil, & qui peuvent se répandre de là, sont de la nature du feu, & par conséquent lucides. Il peut arriver que les yeux étant fermés pendant le sommeil, ces esprits échauffés par les paupieres, s'enflâment & mettent quelque faculté en mouvement, comme l'imagination. Car n'arrive-t'il pas que les bois, les épines des poissons produisens quelque lumiere, lorsque leur chaleur s'excite par la putréfaction ; pourquoi donc est-ce que cette chaleur excitée par ces esprits enfermés, ne pourra pas produire quelque lumiere ? Il prouve ensuite que l'imagination seule le peut.

Le Comte d'Alais étant retourné à Marſeille, & ayant logé dans le même appartement, le même Spectre lui apparut encore. Neuré écrivit à Gaſſendi qu'on avoit obſervé que ce Spectre pénétroit dans la chambre par le lambris ; ce qui oblige Gaſſendi d'écrire au Comte d'examiner avec plus d'attention la choſe, & malgré cette découverte, il n'oſe encore rien décider ; il ſe contente d'encourager le Comte, & de lui dire que ſi cette Apparition vient de Dieu, il ne ſouffrira pas qu'il ſoit plus longtems dans l'attente, qu'il lui fera bientôt connoitre ſa volonté ; qu'auſſi ſi cette viſion ne vient pas de lui, il ne permettra pas qu'elle continue, & découvrira bientôt qu'elle vient de quelque cauſe naturelle : il n'eſt plus parlé en aucun endroit de ce Spectre.

Trois ans après la Comteſſe d'Alais avoua ingénuement au Comte, qu'elle avoit fait jouer elle-même cette Comédie par une de ſes femmes de chambre, parce qu'elle n'aimoit pas le ſéjour de Marſeille ; que ſa femme de chambre étoit au-deſſous du lit ; qu'elle faiſoit de tems en tems paroître un phoſphore. Le Comte d'Alais le raconta lui-même à M. de Puger de Lyon, qui le dit il y a environ 35 ans à M. Falconet, Docteur en Médecine, de l'Académie Royale des Belles-Lettres, de qui je l'ai appris. Gaſſendi conſulté ſérieuſement par le Comte, répondit comme un homme qui ne doutoit point de la vérité de cette Apparition ; tant il eſt vrai que la plûpart de ces faits ſi extraordinaires demandent d'être examinés avec grand ſoin, avant que d'en porter ſon jugement.

1. ↑ Vie de Gaffendi, tom. I. pag. 258.
2. ↑ Alais eft une Ville dans le bas Languedoc ; dont les Seigneurs portent le Titre de Prince, depuis que cette Ville eft paffée dans la Maifon d'Angoulême & de Conty.

CHAPITRE XXXVI.

Spectres qui infeſtent les Maiſons.

ENtre les Eſprits ou les Spectres qui infeſtent certaines maiſons, qui y font du bruit, qui y apparoiſſent, qui inquietent ceux qui y demeurent, on en peut diſtinguer pluſieurs ſortes : les uns ſont des Lutins ou des Eſprits folets, qui S'y divertiſſent en troublant le repos de ceux qui y demeurent ; d'autres ſont des Spectres ou des ames de trépaſſés, qui moleſtent les vivans juſqu'à ce qu'on leur ait donné la ſépulture : quelques-unes y font, dit-on, leur Purgatoire ; d'autres s'y font voir ou entendre, parce qu'ils y ont été mis à mort, & que leurs ames y demandent vengeance de leur mort, & la ſépulture pour leurs cadavres. On raconte ſur cela tant d'hiſtoîres, qu'aujourd'hui on en eſt revenu, & qu'on n'en veut plus croire aucune. En effet quand on approfondit ces prétendues Apparitions, on en découvre aiſément le faux & l'illuſion.

Tantôt c'eſt un locataire qui veut décrier la maiſon où il loge, pour détourner ceux qui voudroient y venir demeurer en ſa place ; tantôt c'eſt une troupe de faux Monnoyeurs qui ſe ſont emparés de ce logement, & qui ont intérêt à ce qu'on ne découvre pas leur manœuvre ; tantôt c'eſt un Fermier qui veut conſerver ſa ferme, & empêcher que d'autres ne viennent enchérir fur fes mains ; ici ce feront des chats ou des hiboux, ou même des rats, qui y feront du bruit, & effrayeront les Maîtres & les Domeftiques, comme il arriva il y a quelques années à Molsheim, où de gros rats fe divertiffoient la nuit à remuer & à faire jouer les machines avec quoi les femmes brifent le chanvre & le lin. Un honnête homme qui me l'a raconté, voulant voir la chofe de près, monta au grenier armé de deux piftolets avec fon valet armé de même : après un moment de filence, ils virent les rats commencer leur jeu ; ils tirerent deffus, en tuerent deux & diffiperent les autres : la chofe fe répandit dans le pays, & on badina beaucoup de l'avanture.

Je vais rapporter quelques-unes de ces Apparitions de Spectres, fur lefquelles le Lecteur portera tel jugement qu'il jugera à propos. Pline le jeune[1] dit qu'il y avoit à Athenes une fort belle maifon, mais abandonnée à caufe d'un Spectre qui y revenoit. Le Philofophe Athénodore étant arrivé dans cette ville, & ayant vû un écriteau qui marquoit que cette maifon étoit à vendre, & à vil prix, l'acheta, & y alla coucher avec fes gens. Comme il étoit occupé à lire & à écrire pendant la nuit, il entendit tout d'un coup un grand bruit comme de chaînes qu'on traînoit, & apperçut en même tems comme un vieillard affreux chargé de chaînes de fer, qui s'approcha de lui. Athénodore continuant à écrire, le Spectre lui fit figne de le fuivre : le Philofophe à fon tour lui fit figne d'attendre, & continua à écrire ; à la fin il prend fa lumiere & fuit le Spectre, qui le conduifit à la cour de la maifon, puis rentra fous terre & difparut.

Athénodore ſans s'effrayer arrache de l'herbe pour marquer le lieu, & s'en retourna ſe repoſer dans ſa chambre. Le lendemain il fait ſçavoir aux Magiſtrats ce qui lui étoit arrivé ; ils viennent dans la maiſon, font fouiller au lieu déſigné : on y trouve les os d'un cadavre chargé de chaînes ; on lui donne la ſépulture, & le logis demeura tranquille.

Lucien rapporte[2] une Hiſtoire à peu-près pareille. Il y avoit, dit-il, à Corinthe une maiſon, qui avoit appartenu à un nommé Eubatide dans le quartier nommé Cranaüs ; un nommé Arignote entreprit d'y paſſer la nuit, ſans ſe mettre en peine d'un Spectre qu'on diſoit y revenir : il ſe munit de certains livres magiques des Egyptiens pour conjurer le Spectre ; étant entré la nuit dans la maiſon avec une lumiere, il ſe mit à lire tranquillement dans la cour. Le Spectre parut peu après, prenant tantôt la forme d'un chien, tantôt celle d'un taureau, tantôt celle d'un lion. Arignote ſans ſe troubler commença à prononcer certaines invocations magiques qu'il liſoit dans ſes livres, & par leur vertu réduiſit le Spectre dans un coin de la cour, où il s'enfonça dans la terre & diſparut.

Le lendemain Arignote fit venir Eubatide maître de la maiſon, & ayant fait creuſer au lieu où le Fantôme avoit diſparu, on trouva un ſquelette, auquel on donna la ſépulture ; & depuis ce tems on ne vit ni l'on n'ouit plus rien dans cette maiſon.

C'eſt Lucien, c'eſt-à-dire l'homme du monde le moins crédule ſur ces ſortes de choſes, qui fait raconter cet évenement à Arignote. Au même endroit il dit, que

Démocrite qui ne croyoit ni Anges, ni Démons, ni Esprits, s'étant enfermé dans un tombeau hors la ville d'Athenes où il écrivoit & étudioit, une troupe de jeunes gens qui vouloient l'effrayer, se couvrit d'habits noirs comme on représente les morts, & ayant pris des masques hideux, vinrent la nuit criailler & sauter autour du lieu où il étoit : il les laissa faire, & sans s'émouvoir, il leur dit froidement : cessez de badiner.

Je ne sçais si l'Historien qui a écrit la vie de Saint Germain d'Auxerre[3] n'avoit pas devant les yeux les Histoires que nous venons de raconter, & s'il n'a pas voulu orner la vie du Saint par un récit à peu près semblable à ceux que nous venons de voir. Le Saint voyageant un jour par son Diocèse, fut obligé de passer la nuit avec ses Clercs dans une maison abandonnée depuis longtems à cause des Esprits qui y revenoient. Le Clerc qui faisoit la lecture devant lui pendant la nuit, vit tout à coup un Spectre, qui l'effraya d'abord ; mais ayant éveillé le saint Evêque, celui-ci ordonna au Spectre par le nom de Jesus-Christ de lui déclarer qui il étoit, & ce qu'il demandoit. Le Fantôme lui dit que lui & son compagnon étoient coupables de plusieurs crimes ; qu'étant morts & enterrés dans cette maison, ils inquiéteroient ceux qui y logeoient, jusqu'à ce qu'on leur eût accordé la sépulture, S. Germain lui ordonna de lui montrer où étoient leurs corps : le Spectre l'y conduisit. Le lendemain il assembla le peuple des environs : on chercha parmi les ruines du bâtiment, où les ronces étoient percrues ; & l'on trouva les os de ces deux hommes jettés confusément & encore chargés de chaînes : on les enterra, on pria pour eux, & ils ne revinrent plus.

Si ces gens étoient des scélerats morts dans le crime & dans l'impénitence, on ne peut attribuer tout ceci qu'à l'artifice du Démon, pour faire voir aux vivans que les réprouvés se mettent en peine de procurer le repos à leurs corps en les faisant enterrer, & à leurs ames en faisant prier pour eux. Mais si ces deux hommes étoient des Chrétiens, qui ayent expié leurs crimes par la pénitence, & qui soient morts dans la communion de l'Eglise, Dieu a pû leur permettre d'apparoître pour demander la sépulture Ecclésiastique, & les prieres que l'Eglise a accoutumé de faire pour le repos des défunts, à qui il reste quelque faute légere à expier.

Voici un fait de même espece que les précédens, mais qui est revêtu de circonstances, qui peuvent le rendre plus croyable. Il est rapporté par Antoine Torquemade dans son ouvrage intitulé : *les fleurs curieuses*, imprimé à Salamanque en 1570. Il dit que peu avant son tems, un jeune homme nommé Vasquès de Ayola étant allé à Boulogne avec deux de ses compagnons pour y étudier en droit, & n'ayant pas trouvé dans la ville un logement tel qu'ils le souhaitoient, ils se logerent dans une grande & belle maison, mais abandonnée, parce qu'il y revenoit un Spectre, qui effrayoit tous ceux qui y vouloient demeurer : ils se moquerent de ces discours, & s'y logerent.

Au bout d'un mois Ayola veillant seul dans sa chambre, & ses compagnons dormant tranquillement dans leurs lits, il ouit venir de loin comme plusieurs chaînes qu'on trainoit par terre, & dont le bruit s'avançoit vers lui par l'escalier de la maison ; il se recommanda à Dieu, fit le signe de la croix, prit un bouclier & une épée, & ayant sa bougie en main, il vit ouvrir la porte par un Spectre terrible, n'ayant que les os, mais chargé de chaînes. Ayola le conjura, & lui demanda ce qu'il souhaitoit : le Fantôme lui fit signe de le suivre, il le suivit ; mais en descendant l'escalier, sa lumiere s'étant éteinte, il alla la rallumer & suivit l'Esprit, qui le conduisit le long d'une cour où il y avoit un puits. Ayola craignit qu'il ne voulût l'y précipiter, & s'arrêta. Le Spectre lui fit signe de continuer à le suivre ; ils entrerent dans le jardin, où le Fantôme disparut. Ayola arracha quelques poignées d'herbe sur le lieu, & retourna raconter à ses compagnons ce qui lui étoit arrivé. Le matin il en donna avis aux Principaux de Boulogne.

Ils vinrent reconnoître l'endroit, & y firent fouiller ; on y trouva un corps décharné, mais chargé de chaînes. On s'informa qui ce pourroit être ; mais on n'en put rien découvrir de certain : on fit faire au mort des obséques convenables, on l'enterra, & depuis ce tems la maison ne fut plus inquiétée. Torquemade assure que de son tems il y avoit encore à Boulogne & en Espagne des témoins de ce fait ; qu'Ayola à son retour dans sa Patrie fut revêtu d'un emploi considérable ; & que son fils avant qu'il écrivît ceci, étoit encore Président dans une bonne ville du Royaume.

Plaute plus ancien que ni Lucien, ni Pline, a composé sa Comédie intitulée : *Mostellaria*, ou *Monstellaria*, nom dérivé de *monſtrum* ou *monſtellum,* d'un Monſtre, un Spectre, qu'on diſoit qui apparoiſſoit dans cette maiſon, & qui avoit obligé de l'abandonner. On convient que le fond de cette Comédie n'eſt qu'une fable ; mais on en peut conclure l'antiquité de cette prévention chez les Grecs & les Romains.

Le Poëte[4] fait dire à ce prétendu Eſprit, qu'ayant été aſſaſſiné depuis environ ſoixante ans par un compagnon perfide qui lui avoit pris ſon argent, il l'avoit clandeſtinement enterré dans cette maiſon ; que le Dieu de l'Enfer ne vouloit pas le recevoir dans l'Achéron comme étant mort prématurément : c'eſt pourquoi il étoit obligé de demeurer dans cette maiſon dont il s'étoit emparé :

> *Hæc mihi dedita habitatio :*
> *Nam me Acherontem recipere noluit,*
> *Quia præmaturè vitâ careo.*

Les Payens qui avoient la ſimplicité de croire, que les Lamies & les Eſprits malfaiſans inquiétoient ceux qui demeuroient dans certaines maiſons, dans certaines chambres, & qui couchoient dans certains lits, les conjuroient par des vers magiques, & prétendoient les chaſſer par des fumigations compoſées de ſouffre & d'autres drogues puantes, & de certaines herbes mêlées avec de l'eau de mer. Ovide parlant de Médée, cette célebre Magicienne[5] :

> *Terque ſenem flammâ, ter aquâ,*
> *ter ſulphure luſtrat.*

Et ailleurs il ajoute des œufs :

Adveniat quæ luſtret anus lectumque locumque,
Deferat & tremulâ ſulphur & ova manu.

On rapporte à ceci l'exemple de l'Archange Raphaël[6], qui chaſſa le Démon Aſmodée de la chambre de Sara par l'odeur du fiel d'un poiſſon qu'il fit brûler ſur le feu. Mais l'exemple de Raphaël ne doit pas être mis en parallele avec les ſuperſtitieuſes cérémonies des Magiciens, dont les Payens mêmes ſe font raillés : ſi elles avoient eu quelque puiſſance, ce n'auroit été que par l'opération du Démon avec la permiſſion de Dieu ; au lieu que ce qui eſt dit de l'Archange Raphaël, eſt certainement l'ouvrage d'un bon Eſprit, envoyé de Dieu pour guérir Sara fille de Raguël, auſſi diſtinguée par ſa piété, que les Magiciens ſont décriés par leur malice & leur ſuperſtition.

---

1. ↑ Plin. junior, Epiſt. ad Suram, lib. 7. c. 27.
2. ↑ In Philo-pſeu. pag. 840.
3. ↑ Bolland. 31. Jul. pag. 211.
4. ↑ Plaut, Moſtell. act. II. v. 67.
5. ↑ Vide Joan. Vier. de curat, malific. c. 217.
6. ↑ Tob. viij.

CHAPITRE XXXVII.

Autres Exemples des Spectres qui infeſtent certaines maiſons.

LE P. Pierre Thyrée[1] Jéſuite rapporte une infinité d'exemples de maiſons infeſtées par des Spectres, des Eſprits & des Démons ; par exemple, celui d'un Tribun nommé Heſperius, dont la maiſon étoit infeſtée par un Démon, qui en tourmentoit les domeſtiques & les animaux, & qui en fut chaſſé, dit Saint Auguſtin[2], par un bon Prêtre d'Hippone, qui y offrit le divin Sacrifice du Corps du Seigneur.

Saint Germain[3] Evêque de Capoüe prenant le bain dans un quartier de la ville, y trouva Paſchaſe Diacre de l'Egliſe Romaine, mort depuis quelque tems, qui ſe mit en devoir de le ſervir, lui diſant qu'il faiſoit là ſon Purgatoire, pour avoir favoriſé le parti de Laurent Antipape, contre le Pape Simmaque.

Saint Grégoire de Nyſſe, dans la vie de Saint Grégoire de Néocéſarée, dit qu'un Diacre de ce ſaint Evêque étant entré dans un bain où perſonne n'oſoit entrer le ſoir après une certaine heure, parce que tous ceux qui y étoient entrés y avoient été mis à mort, y vit des Spectres de toutes ſortes, qui le menacerent en mille manieres ; mais il s'en délivra par le Signe de la Croix, & en invoquant le nom de Jeſus-Chriſt.

Alexandre d'Alexandrie[4] ſçavant Juriſconſulte Napolitain du quinziéme ſiécle, dit que tout le monde ſçait qu'à Rome il y a nombre de maiſons tellement décriées par les Spectres qui y paroiſſent preſque toutes les nuits, que perſonne n'oſe y habîter : il cite pour témoin Nicolas Tuba ſon ami, homme très-connu par ſa bonne foi & ſa probité, qui étant une fois venu avec quelques-uns de ſes compagnons pour éprouver ſi tout ce qu'on diſoit de ces maiſons étoit véritable, voulut y paſſer la nuit avec Alexandre. Comme ils étoient enſemble & bien éveillés avec de la clarté bien allumée, ils virent paroître un Spectre horrible, qui les effraya tellement par ſa voix terrible & par le grand bruit qu'il faiſoit, qu'ils ne ſçavoient plus, ni ce qu'ils faiſoient, ni ce qu'ils diſoient ; & à meſure que nous approchions, dit-il, avec la lumiere, le fantôme s'éloignoit : enfin après avoir jetté le trouble dans toute la maiſon, il diſparut entierement.

Je pourrois encore rapporter ici le Spectre du P. Sinſon Jéſuite, qu'il vit, & auquel il parla à Pont-à-Mouſſon dans le Cloître de la maiſon de ces Peres ; mais je me contenterai de l'exemple qui eſt rapporté dans les Cauſes Célébres[5], & qui peut ſervir à détromper ceux qui donnent trop légerement créance à ces ſortes de contes.

Au Château d'Arſillier en Picardie, on voyoit en certains jours de l'année, c'eſt-à-dire vers la Touſſaint, des flammes & une horrible fumée qui en ſortoient. On y entendoit des cris & des hurlemens épouvantables. Le Fermier du Château étoit fait à ce tintamare, parce qu'il le cauſoit lui-même. Tout le village en parloit, & chacun en faiſoit des contes à ſa façon. Le Seigneur à qui le Château appartenoit, ſe doutant qu'il y avoit de la ſupercherie, y vint vers la Touſſaint avec deux Gentils-hommes de ſes amis, bien réſolus de pourſuivre l'Eſprit, & de tirer deſſus avec deux bons piſtolets. Peu de jours après on ouit un grand bruit au-deſſus de la chambre où couchoit le Préſident Seigneur du Château : ſes deux amis y monterent, tenant d'une main le piſtolet, & de l'autre une chandelle ; il ſe préſenta une eſpece de fantôme noir, avec des cornes & une longue queuë, qui commença à gambader devant eux.

L'un d'eux lui tira un coup de piſtolet ; le Spectre au lieu de tomber, ſe retourne & ſe friſe devant lui : le Gentil-homme veut le ſaiſir ; mais l'Eſprit ſe ſauve par un petit eſcalier : le Gentilhomme le ſuit ; mais le perd de vûe, & après divers tours le Spectre ſe jetta dans une grange & diſparut, au moment que celui qui le pourſuivoit comptoit de le prendre & de l'arrêter. On apporte de la lumiere, & l'on remarque que là où le Spectre avoit diſparu, il y avoit une trape qu'on fermoit au verrouil après qu'on y étoit entré : on força la porte de la trape, & on trouva le prétendu Eſprit. Il avoua toutes ſes ſoupleſſes, & que ce qui le rendoit à l'épreuve du piſtolet, étoit une peau de buffle ajuſtée à ſon corps.

Le Cardinal de Retz[6] dans ſes Mémoires raconte agréablement la frayeur, dont lui & ceux de ſa compagnie furent saisis à la rencontre d'une troupe de Religieux Augustins noirs, qui venoit la nuit de se baigner dans la riviere, & qu'ils prirent pour une troupe de toute autre chose.

Un Médecin, dans une Dissertation qu'il a donnée sur les Esprits, dit qu'une servante de la rue S. Victor étant descendue dans la cave, en revint fort effrayée, disant qu'elle avoit vû un Spectre debout entre deux tonneaux. D'autres plus hardis y descendirent, & le virent de même. C'étoit un corps mort, qui étoit tombé d'un chariot venant de l'Hôtel-Dieu. Il étoit passé par le soupirail de la cave, & étoit demeuré debout entre deux muids.

Tous ces faits rassemblés, au lieu de se confirmer l'un & l'autre, & d'établir la réalité de ces Spectres qui apparoissent dans certaines maisons, & qui en écartent ceux qui voudroient y faire leur demeure, ne sont propres au contraire qu'à les faire suspecter généralement tous : car à propos de quoi ces gens enterrés & pourris depuis longtems se trouvent-ils en état de marcher avec leurs chaînes ? comment les traînent-ils ? Comment parlent-ils ? Car il y en a que l'on dit qui ont parlé, n'ayant pas les organes de la voix. Que demandent-ils ? La sépulture. Ne sont-ils pas enterrés ? Si ce sont des Payens & des réprouvés, ils n'ont que faire de prieres. Si ce sont des gens de bien morts en état de grace, ils peuvent avoir besoin de prieres pour les tirer du Purgatoire ; mais dira-t'on cela de ces Spectres dont parlent Pline & Lucien ? Est-ce le Démon qui se joue de la simplicité des hommes ? N'est-ce pas lui attribuer un pouvoir exceſſif, que de le faire auteur de toutes ces Apparitions, que nous ne concevons pas qu'il puiſſe faire ſans la permiſſion de Dieu ? Or nous concevons encore moins que Dieu veuille concourir aux ſupercheries & aux illuſions du Démon. Il y a donc lieu de croire que toutes ces ſortes d'Apparitions, que toutes ces Hiſtoires ſont fauſſes, & qu'on doit les rejetter abſolument, comme plus propres à entretenir la ſuperſtition & la vaine crédulité des peuples, qu'à les édifier & à les inſtruire.

---

1. ↑ Thyræi Dæmoniaci cum locis infeſtis, lib. 5.
2. ↑ Aug. de Civit. lib. 22. 8.
3. ↑ Greg. mag. Dialog. c. 39.
4. ↑ Alexand. ab Alexand. lib. 5. cap. 23.
5. ↑ Cauſes Célebres, tom. xj. pag. 374.
6. ↑ Mém. du Cardinal de Retz, tom. I. p. 43. 44.

CHAPITRE XXXVIII.

Effets prodigieux de l'imagination dans ceux ou celles qui croyent avoir commerce charnel avec le Démon.

DEs qu'on admet le principe que les Anges & les Démons font des fubftances purement fpirituelles, on doit regarder non-feulement comme chimérique, mais auffi comme impoffible tout commerce charnel entre un Démon & un homme ou une femme, & par conféquent tenir pour des effets d'une imagination bleffée & déréglée tout ce qu'on raconte des Démons incubes & fuccubes, & des *Ephialtes*, dont on fait tant de mauvais contes.

Je reconnois que l'ancien Auteur du livre d'Hénoch qui eft cité par les Peres, & qui eft regardé comme Ecriture Canonique par quelques Anciens, que cet Auteur qui étoit apparemment Juif, a pris occafion de ces paroles de Moïfe[1] : *les enfans de Dieu voyant les filles des hommes qui étoient d'une beauté extraordinaire, les prirent pour femmes, & en engendrerent les Géans* ; de débiter que les Anges épris de l'amour des filles des hommes les épouferent, & en eurent des enfans, qui font ces Géans fi fameux dans l'Antiquité[2]. Quelques anciens Peres ont crû que cet amour déréglé des Anges fut la caufe de la chûte des mauvais Anges, & que jufqu'alors ils étoient demeurés dans la juftice & dans la fubordination qu'ils devoient à leur Créateur. Il paroît par Jofeph, que les Juifs de fon tems croyoient férieufement[3] que les Anges étoient fujets à ces foibleffes comme les hommes. S. Juftin Martyr[4] a crû que de ce commerce des Anges avec les filles des hommes font fortis les Démons.

Mais tous ces fentimens font aujourd'hui prefque entiérement abandonnés, fur-tout depuis qu'on a adopté la créance de la fpiritualité des Anges & des Démons. Le commun des Peres & des Commentateurs ont expliqué le paffage de la Genèfe que nous avons rapporté, des enfans de Seth, à qui l'Ecriture donne le nom *d'Enfans de Dieu*, pour les diftinguer des enfans de Caïn, qui furent peres de ces filles qui font nommées ici *les filles des hommes*. La race de Seth s'étant donc alliée à la race de Caïn par les mariages dont on a parlé, il fortit de ces mariages des hommes puiffans, violens, impies, qui attirerent fur la terre les effets terribles de la colére de Dieu qui éclata au déluge univerfel.

Ainfi ces mariages des *enfans de Dieu* avec les *filles des hommes* n'ont aucun rapport à la queftion que nous traitons ici, où nous examinons fi le Démon peut avoir commerce charnel avec un homme ou une femme, & fi ce qu'on dit fur tout cela peut être rapporté aux Apparitions des mauvais Efprits parmi les hommes, ce qui eft le principal objet de cette Differtation.

Voici quelques exemples de ces perfonnes, qui ont crû avoir commerce avec le Démon. Torquemade raconte dans un grand détail ce qui arriva de son tems & de sa connoissance dans la Ville de Cagliari en Sardaigne à une jeune Demoiselle qui se laissa corrompre par le Démon, & qui ayant été arrêtée par l'Inquisition, souffrit la peine du feu, dans la folle espérance que son prétendu amant viendroit la délivrer.

Au même endroit il parle d'une jeune personne, qui étant recherchée en mariage par un jeune Seigneur de bonne maison, le Diable prit la forme de ce jeune homme, entretint la Demoiselle pendant quelques mois, lui donna des promesses de mariage, & en abusa. Elle ne fut détrompée, que lorsque le jeune Seigneur qui la recherchoit en mariage, lui eut fait connoître qu'il étoit absent de la Ville de plus de cinquante lieues le jour que la promesse en question avoit été passée, & qu'il n'en avoit jamais eu la moindre connoissance. La fille désabusée se retira dans un Couvent, & fit pénitence de son double crime d'incontinence & de liaison avec le Démon.

On lit dans la vie de S. Bernard Abbé de Clairvaux[5], qu'une femme de Nantes en Bretagne avoit ou croyoit avoir commerce avec le Démon qui la voyoit toutes les nuits, même lorsqu'elle étoit couchée auprès de son mari. Elle demeura six ans en cet état : au bout de ce terme ayant horreur de son désordre, elle se confessa à un Prêtre, & par son conseil commença à faire plusieurs actes de piété, tant pour en obtenir le pardon de son crime, que pour se délivrer de cet abominable amant. Le mari de la femme informé de la chose, l'abandonna, & ne voulut plus la voir ni la retenir.

Cette malheureuse fut avertie par le Démon même que S. Bernard viendroit bientôt à Nantes ; qu'elle se gardât bien de lui parler, que cet Abbé ne pourroit l'aider en rien ; que si elle lui parloit, ce seroit pour son grand malheur ; que de son amant, lui qui l'avertissoit, deviendroit son plus ardent persécuteur.

Le Saint rassura cette femme, & lui ordonna de faire le signe de la croix sur soi en se couchant ; & de mettre auprès d'elle dans son lit le bâton que le Saint lui donna ; si le Démon vient, lui dit-il, ne le craignez pas, qu'il fasse ce qu'il pourra. Le Démon vint ; mais sans oser s'approcher du lit, il fit de grandes menaces à la femme, & lui dit qu'après le départ de Bernard il reviendroit pour la tourmenter.

Le Dimanche suivant S. Bernard se rendit à l'Eglise Cathédrale avec les Evêques de Nantes & de Chartres, & ayant fait donner des cierges allumés à tout le peuple qui étoit assemblé en grande foule, le Saint après avoir raconté publiquement le fait abominable du Démon, exorcisa & anathématisa le mauvais Esprit, & lui défendit par l'autorité de Jesus Christ de s'approcher jamais de cette femme, ni d'aucune autre. Tout le monde éteignit ses cierges, & la puissance du Démon fut anéantie.

Cet exemple & les deux précédens racontés d'une maniere si circonstanciée pourroient faire croire, qu'il y a de la réalité dans tout ce qu'on dit des Démons incubes & succubes ; mais si l'on veut approfondir les faits, on trouvera qu'une imagination fortement frappée, & une violente prévention peuvent produire tout ce que l'on vient de dire.

Saint Bernard commence par guérir l'esprit de la femme, en lui donnant son bâton pour le mettre au lit auprès d'elle. Ce bâton suffit pour une premiere impression ; mais pour la disposer à une guérison parfaite, il fait l'Exorcisme du Démon, & puis l'anathématise avec le plus grand éclat qui lui est possible : on assemble des Evêques dans la Cathédrale ; le peuple s'y rend en foule ; on raconte la chose en termes pompeux ; on menace le mauvais Esprit ; on éteint les cierges, toutes cérémonies frappantes : la femme en est touchée, & son imagination en est guérie.

Jérôme Cardan[6] rapporte deux exemples singuliers de la force de l'imagination dans ce genre ; il les tenoit de François Pic de la Mirande. Je connois, disoit ce dernier, un Prêtre âgé de 75 ans, qui a vécu avec une prétendue femme qu'il nommoit Hermeline, avec laquelle il couchoit, lui parloit, la conduisoit dans les rues comme si elle eût été sa femme. Lui seul la voyoit, ou la croyoit voir, ensorte qu'on le regardoit comme un homme qui avoit perdu l'esprit. Ce Prêtre s'appelloit Benoît Beïna. Il avoit été arrêté par l'Inquisition, & puni pour ses crimes : car il avoua que dans le Sacrifice de la Messe il ne prononçoit pas les paroles sacramentelles ; qu'il avoit donné des Hosties consacrées à des femmelettes pour s'en servir en sortiléges ; qu'il avoit sucé le sang des enfans. Il avoua tout cela dans la question qu'on lui donna.

Un autre nommé Pinete, entretenoit un Démon qu'il tenoit comme ſa femme, & avec qui il avoit eu commerce pendant plus de quarante ans. Cet homme vivoit encore du tems de Pic de la Mirande.

La dévotion & une ſpiritualité trop guindée & portée à l'excès, ont auſſi leurs déréglemens d'imagination. Ces perſonnes croyent ſouvent voir, entendre & ſentir ce qui ne ſe paſſe que dans le creux de leur cerveau, & qui n'a de réalité que dans leurs préjugés & dans leur amour propre. On s'en défie moins, parce que l'objet en eſt ſaint & pieux ; mais l'erreur & l'excès même en dévotion ſont ſujets à de très-grands inconvéniens, & il eſt très-important de détromper ceux & celles qui ſe laiſſent aller à ces ſortes de dérangemens d'eſprit.

On a vû, par exemple, des perſonnes qui étoient dans la plus éminente dévotion, qui croyoient voir la Sainte Vierge, S. Joſeph, le Sauveur, leur Ange gardien qui leur parloient, les entretenoient, touchoient les plaies du Seigneur, goûtoient du ſang qui couloit de ſon côté & & de ſes plaies. D'autres croyoient avoir en leur compagnie la Sainte Vierge & l'Enfant Jeſus, qui leur parloient & les entretenoient ; tout cela en idée & ſans réalité.

On auroit pû employer pour guérir ses deux Eccléſiaſtiques dont on a parlé, des moyens plus doux & peut-être plus efficaces que ceux dont on ſe ſert dans le Tribunal de l'Inquiſition : on guérit tous les jours des hypocondriaques, des maniaques, des imaginations échauffées, des cerveaux bleſſés, des viſceres trop échauffés, par des remédes tout simples & tout naturels, ou en rafraîchissant le sang, ou en faisant diversion des humeurs, ou en frappant l'imagination par quelques nouveaux tours, ou en donnant tant d'exercice de corps ou d'esprit au malade du cerveau, qu'il ait tout autre chose à faire ou à penser qu'à nourrir ses fantaisies, & à les fortifier par des réfléxions qui se renouvellent de jour en jour, ayant toujours le même but & le même objets.

---

1. ↑ Genes. vj. i. 2.
2. ↑ Athenagoras & Clem. Alex. lib. 3. & 5. Strom. & lib. 2. Pedagog.
3. ↑ Joseph. Antiquit. lib, i. c. 4.
4. ↑ Justin. Apolog. utroque.
5. ↑ Vita S. Bernard. tom. 2. lib. 21.
6. ↑ Cardan, de variet. lib. 15. c. 80. pag. 190.

CHAPITRE XXXIX.

Retour & Apparitions des Ames après la mort du corps prouvées par l'Ecriture.

LE dogme de l'immortalité de l'ame & de son existence après sa séparation du corps qu'elle a animé étant supposé comme indubitable, & Jesus-Christ l'ayant invinciblement établi contre les Saducéens, le retour des Ames & leurs Apparitions aux vivans par l'ordre ou par la permission de Dieu ne doit plus paroître si incroyable ni même si difficile. C'étoit une vérité connue & reçûe parmi les Juifs du tems du Sauveur ; il l'a supposée comme certaine, & n'a jamais rien dit qui pût faire croire qu'il la désaprouvoit ou la condamnoit : il nous a seulement avertis que dans les Apparitions ordinaires, les Esprits n'avoient ni chair ni os, comme il en avoit après sa résurrection[1] : *Spiritus carnem & ossa non habent, sicut me videtis habere.* Si S. Thomas a douté de la réalité de la résurrection de son Maître & de la vérité de son Apparition, c'est qu'il sçavoit que ces Apparitions des Esprits sont sujettes à illusion, & que souvent une personne prévenue croit voir ce qu'elle ne voit pas, & entendre ce qu'elle n'entend pas ; & quand même Jesus-Christ seroit apparu à ses Apôtres, cela ne prouveroit pas qu'il fût reſſuſcité, puiſqu'un Eſprit peut apparoître pendant que ſon corps eſt dans le tombeau, & même corrompu ou réduit en cendres.

Les Apôtres ne doutoient point de la poſſibilité des Apparitions des Eſprits, lorſqu'ils virent le Sauveur venir à eux marchant ſur les eaux du lac de Génézareth[2] ; ils crurent d'abord que c'étoit un fantôme. Après que S. Pierre fut ſorti de priſon par le ſecours d'un Ange, & qu'il vint frapper à la porte de la maiſon où les Freres étoient raſſemblés, la ſervante qui fut envoyée pour ouvrir, ayant oui la voix de Pierre, crut que c'étoit ſon Eſprit ou un Ange[3] qui frappoit, & qui avoit pris ſa forme & ſa voix. Le mauvais Riche étant dans les flammes de l'Enfer, pria Abraham d'envoyer Lazare ſur la terre pour avertir ſes Freres[4] de prendre garde de ne pas s'expoſer au danger de tomber comme lui dans le dernier malheur ; il croyoit ſans doute que les Ames peuvent revenir, ſe faire voir & parler aux vivans.

Dans la Transfiguration de Jeſus-Chriſt, Moïſe qui étoit mort depuis tant de ſiécles apparut ſur le Thabor avec Elie, s'entretenant avec Jeſus-Chriſt transfiguré[5] : après la réſurrection du Sauveur pluſieurs perſonnes mortes depuis longtems reſſuſciterent, & apparurent dans Jéruſalem à grand nombre de gens[6].

Dans l'Ancien Teſtament, le Roi Saül s'adreſſe à la Magicienne d'Endor, pour lui évoquer l'ame de Samuel[7] : ce Prophete parut, & parla à Saül. Je ſçai qu'on forme ſur cette évocation & cette Apparition de Samuel des difficultés confidérables ; mais qu'il ait apparu ou non, que la Pythoniſſe l'ait réellement évoqué, ou qu'elle ait fait illuſion à Saül, j'en conclus que Saül & les ſiens étoient perſuadés que les Eſprits des morts pouvoient apparoître aux vivans, & leur révéler des choſes inconnues aux hommes.

S. Auguſtin répondant à Simplicien qui lui avoit propoſé ſes difficultés ſur cette Apparition, dit d'abord[8] qu'il n'eſt pas plus difficile de comprendre que le Démon ait pû évoquer Samuel par le miniſtere d'une Magicienne, qu'il ne l'eſt que Satan air parlé à Dieu, & ait tenté le S. homme Job, & ait demandé la permiſſion de tenter les Apôtres, & qu'il ait tranſporté Jeſus-Chriſt lui-même ſur le haut du Temple de Jéruſalem.

On peut croire auſſi, que Dieu par une diſpenſation particuliere de ſa volonté ait permis au Démon d'évoquer Samuel, & de le faire paroître devant Saül, pour lui annoncer ce qui lui devoit arriver, non par la vertu de la Magie, ni par la ſeule puiſſance du Démon, mais uniquement parce que Dieu le vouloit, & l'ordonnoit ainſi.

Il ajoute qu'on peut auſſi avancer que ce n'eſt pas Samuel qui apparut à Saül, mais un fantôme formé par l'illuſion du Démon, & par la force de la Magie ; & que l'Ecriture en donnant à ce fantôme le nom de Samuel, a ſuivi le langage ordinaire, qui donne le nom des choſes à ce qui n'en eſt que l'image ou la repréſentation en peinture ou en ſculpture.

Que ſi l'on demande comment ce fantôme a pû découvrir l'avenir, & prédire à Saül ſa mort prochaine, on peut demander de même comment le Démon a pû connoître

Jefus-Chrift pour le feul Dieu, pendant que les Juifs l'ont méconnu, & que la fille Pythoniffe dont il eft parlé aux Actes des Apôtres[9], a pû rendre témoignage aux Apôtres, & s'ingérer à devenir leur Apologifte, en rendant un bon témoignage de leur miffion.

Enfin S. Auguftin conclut, en difant qu'il ne fe croit pas affez éclairé pour décider fi le Démon peut ou ne peut pas par le moyen des enchantemens magiques évoquer une ame après la mort du corps, enforte qu'elle apparoiffe & fe faffe voir fous une forme corporelle, reconnoiffable, & capable de parler & de découvrir des chofes futures & cachées. Que fi l'on n'accorde pas ce pouvoir à la Magie & au Démon, il faudra conclure que tout ce qui eft raconté de cette Apparition de Samuel à Saül, eft une illufion & une Apparition fauffe, faite par le Démon pour tromper les hommes.

Dans les livres des Machabées[10] le grand Prêtre Onias qui étoit mort plufieurs années auparavant, apparut à Judas Machabée en pofture d'un homme qui a les mains étendues, & qui prie pour le peuple du Seigneur : en même tems le Prophete Jérémie décédé depuis longtems apparut au même Machabée ; & Onias lui dit : voilà ce Saint homme, qui eft l'ami & le protecteur de fes Freres ; c'eft lui qui prie continuellement pour le peuple du Seigneur, & pour la Sainte Cité de Jérufalem. En difant cela, il mit entre les mains de Judas une épée d'or, lui difant : recevez cette épée comme un préfent venu du Ciel, par le moyen duquel vous détruirez les ennemis de mon peuple d'Ifrael.

Dans le même second livre des Machabées[11], on raconte que dans le fort de la bataille que Timothée Général des armées de Syrie livra à Judas Machabée, l'on vit cinq hommes comme venant du Ciel montés sur des chevaux avec des freins dorés, qui étoient à la tête de l'armée des Juifs, & dont deux étoient aux deux côtés de Judas Machabée chef de l'armée du Seigneur, qui le couvroient de leurs armes, & lançoient contre les ennemis des traits enflammés, & comme des coups de foudre qui les aveugloient & leur inspiroient une frayeur mortelle.

Ces cinq Cavaliers armés, & combattans pour Israël, ne sont autres apparemment que Mathathias pere de Judas Machabée[12], & quatre de ses fils qui étoient décédés ; il ne lui restoit alors de ses sept fils que Judas Machabée, Jonathas & Simon. On peut aussi l'entendre de cinq Anges, qui étoient envoyés de Dieu au secours des Machabées. De quelque maniere qu'on le prenne, ce sont des Apparitions non douteuses, tant à cause de la certitude du livre où elles sont rapportées, que par le témoignage d'une armée entiere qui les a vûes.

D'où je conclus que les Hébreux ne doutoient point que les Esprits des morts ne pussent revenir, qu'ils ne revinssent en effet, & qu'ils ne découvrissent aux vivans des choses au-dessus de nos connoissances naturelles. Moïse défend expressément aux Israélites de consulter les morts[13] : *non erit qui quærat à mortuis veritatem*. Mais ces Apparitions ne se faisoient pas dans des corps solides & matériels ; le Sauveur nous en assure, lorsqu'il a dit que les *Esprits n'ont ni chair ni os.* Ce n'étoit souvent qu'une figure aërienne qui frappoit les sens & l'imagination, comme les images que nous voyons dans le sommeil, ou que nous croyons fermement voir & entendre. Les Habitans de Sodome furent frappés d'une espece d'aveuglement[14] qui les empêcha de voir la porte de la maison de Loth, où les Anges étoient entrés. Les Soldats qui cherchoient Elisée furent de même en quelque sorte aveuglés[15], quoiqu'ils eussent les yeux ouverts, & qu'ils parlassent à celui qu'ils cherchoient, & qui les conduisit jusques dans Samarie, sans qu'ils s'en apperçussent. Les deux Disciples qui alloient le jour de Pâques à Emmaüs en la compagnie de Jesus-Christ leur Maître, ne le reconnurent toutefois qu'à la fraction du pain[16] : *oculi eorum tenebantur, ne eum agnoscerent.*

Ainsi les Apparitions des Esprits aux hommes ne sont pas toujours en forme corporelle, sensible & réelle ; mais Dieu qui les ordonne ou qui les permet, fait souvent que les personnes à qui se font les Apparitions, voyent en songe ou autrement ces Esprits, qui leur parlent & qui les avertissent, qui les menacent, qui leur font voir des choses comme présentes qui réellement ne sont pas devant leurs yeux, mais seulement, dans leur imagination, ce qui n'empêche pas que ces visions & ces avertissemens ne viennent de la part de Dieu, qui par lui-même, ou par le ministere de ses Anges, ou des Ames séparées du corps, inspire aux hommes ce qu'il juge à propos de leur faire connoître, ou en songe, ou par des signes extérieurs, ou par des paroles, ou par certaines impreſſions faites ſur leurs ſens, ou dans leur imagination, en l'abſence de tout objet extérieur.

Si les Apparitions des Ames des morts étoient des choſes naturelles, & qui fuſſent de leur choix, il y auroit peu de morts qui ne revinſſent viſiter les choſes ou les perſonnes qui leur ont été cheres pendant leur vie. S. Auguſtin le dit de ſa mere Sainte Monique[17], qui avoit pour lui une affection ſi tendre & ſi conſtante, & qui pendant ſa vie le ſuivit & le chercha par mer & par terre. Le mauvais Riche n'auroit pas manqué non plus de venir en perſonne trouver ſes freres & ſes parens, pour les informer du malheureux état où il ſe trouvoit dans l'Enfer ; c'eſt une pure grace de la miſéricorde ou de la puiſſance de Dieu, & qu'il n'accorde qu'à très-peu de perſonnes, d'apparoître après la mort, & c'eſt ce qui fait que l'on doit être fort en garde contre tout ce qu'on en dit, & tout ce qu'on en trouve d'écrit dans les livres.

---

1. ↑ Luc. xxiv. 37. 39.
2. ↑ Matth. xj. 16. Marc. vj. 49.
3. ↑ Act. xij. 13. 14.
4. ↑ Luc. xxj. 14. 15.
5. ↑ Luc. ix. 30.
6. ↑ Matth. xxvij. 34.
7. ↑ Reg. xxviij. 12. 13. 14.
8. ↑ Auguſtin. de diverfis quæſtionib. ad Simplicium, quæſt. III.
9. ↑ Act. xxvj. 17.
10. ↑ II Mach. xv. 14. 15.
11. ↑ II. Mach. x. 29.
12. ↑ I. Mach. ij. 2.
13. ↑ Deut. xviij. II.
14. ↑ Geneſ. xix.
15. ↑ IV. Reg. vj. 19.

16. ↑ Luc. xxvj. 16.
17. ↑ Aug. de curâ gerendâ pro mortuis, c. 13.

CHAPITRE XL.

Apparitions des Eſprits prouvées par l'Hiſtoire.

SAint Auguſtin[1] reconnoît que les morts ont ſouvent apparu aux vivans, leur ont révélé le lieu où leurs corps étoient ſans ſépulture, & leur ont montré celui où ils vouloient être enterrés. Il dit de plus qu'on entend ſouvent du bruit dans les Egliſes où des morts ſont inhumés, & que des morts ont été vûs ſouvent entrer dans les maiſons où ils demeuroient avant leur décès.

On lit dans le Concile d'Elvire[2] tenu vers l'an 300. une défenſe d'allumer des cierges dans les Cimetieres, pour ne pas inquiéter les Ames des Saints. La nuit qui ſuivit la mort de Julien l'Apoſtat, S. Baſile[3] eut une viſion, où il crut voir le Martyr S. Mercure, qui reçut ordre de Dieu d'aller tuer Julien. Peu de tems après le même S. Mercure revint, & s'écria : Seigneur, Julien eſt percé & bleſſé à mort, comme vous me l'avez commandé. Dès le matin S. Baſile annonça cette nouvelle à ſon peuple.

S. Ignace Evêque d'Antioche, qui ſouffrit le Martyre en 107.[4] apparut à ſes Diſciples, les embraſſant, & ſe tenant près d'eux. Et comme ils perſevéroient à prier avec encore plus d'ardeur, ils le virent comblé de gloire, & comme tout en sueur venant d'un grand combat, & environné de lumiere.

Après la mort de S. Ambroise arrivée la veille de Pâques, la nuit même où l'on baptisoit les Néophites, plusieurs enfans nouvellement baptisés virent le saint Évêque[5], & le montrerent à leurs parens, qui ne le purent voir, parce qu'ils n'avoient pas les yeux épurés, dit Saint Paulin Disciple du Saint, & Auteur de sa vie.

Il ajoûte que le jour de sa mort il apparut en Orient à plusieurs saints personnages, priant avec eux, & leur imposant les mains ; ils écrivirent à Milan, & l'on trouva en confrontant les dates, que c'étoit le jour même de sa mort. On conservoit encore ces lettres du tems de Paulin, qui a écrit tout ceci : on a aussi vû ce S. Evêque plusieurs fois après sa mort prier dans l'Eglise Ambrosienne de Milan, qu'il avoit promis pendant sa vie de visiter souvent. Pendant le siége de la même ville, S. Ambroise apparut à un homme de la ville, & lui promit que le lendemain elle auroit du secours ; ce qui arriva. Un aveugle ayant appris en vision que les corps des SS. Martyrs Sisinnius & Alexandre arrivoient par mer à Milan, & que l'Evêque Ambroise alloit au-devant d'eux, il pria en songe le même Evêque de lui rendre la vûe ; Ambroise répondit : Allez à Milan ; venez au-devant de mes freres, ils arriveront un tel jour, & ils vous rendront la vûe. L'aveugle vint à Milan, où il n'avoit jamais été, toucha la Chasse des SS. Martyrs, & recouvra la vûe ; c'est lui-même qui raconta la chose à Paulin.

Les vies des SS. font remplies d'Apparitions de perfonnes décédées ; & fi l'on vouloit les ramaffer, on en rempliroit de grands volumes. S. Ambroife dont on vient de parler, découvrit d'une façon miraculeufe les corps des Saints Gervais & Protais[6], & ceux de Saint Nazaire & de S. Celfe.

Evode Evêque d'Upfal en Afrique[7], grand ami de S. Auguftin, étoit très-perfuadé de la réalité des Apparitions des morts, dont il avoit l'expérience, & dont il rapporte quelques exemples arrivés de fon tems ; comme d'une bonne Veuve, à qui un Diacre décédé depuis quatre ans apparut ; il étoit accompagné de plufieurs Serviteurs & Servantes de Dieu, qui préparoient un Palais d'une beauté extraordinaire. Cette Veuve lui demanda pour qui l'on faifoit ces préparatifs ; il répondit que c'étoit pour ce jeune garçon qui étoit décédé le jour précédent. En même tems un vieillard vénérable qui étoit dans le même Palais, ordonna à deux jeunes hommes qui étoient vétus de blanc, de tirer du tombeau ce jeune homme décédé, & de le conduire en ce lieu. Dès qu'il fut forti du tombeau, on y vit éclore des rofes vierges ou en boutons, & le jeune homme apparut à un Religieux, & lui dit que Dieu l'avoit reçû au nombre de fes Elûs, & l'avoit envoyé querir fon pere, qui en effet mourut quatre jours après d'une petite fiévre.

Evode fe propofe fur cela diverfes queftions. Si l'Ame au fortir de fon corps ne conferve pas encore un certain corps fubtil, avec lequel elle apparoît, & par le moyen duquel elle eft tranfportée d'un lieu en un autre ? Les Anges mêmes n'ont-ils pas un certain corps ? Car s'ils font incorporels, comment peut-on les compter ? Et fi Samuel apparut à Saül, comment cela fe put-il faire, fi Samuel n'avoit point de corps ? Il ajoute : je me fouviens fort bien que Profuturus, Privatus & Servitius que j'avois connus dans le Monaftere, m'ont apparu, & m'ont parlé après leur décès ; & ce qu'ils m'ont dit eft arrivé. Eft-ce leur Ame qui m'a apparu, ou eft-ce quelqu'autre Efprit qui a pris leur figure ? Il en conclut que l'Ame n'eft pas abfolument fans corps, puifqu'il n'y a que Dieu qui foit réellement incorporel : *animam igitur omni corpore oarere omninò non poffe, illud, ut puto, oftendit, quia Deus folus omni corpore femper caret.*

S. Auguftin qu'Evode avoit confulté fur cette matiere, ne croit pas que l'Ame après la mort du corps foit revêtue d'aucune fubftance matérielle ; mais il avoue qu'il eft très-difficile d'expliquer, comment fe font une infinité de chofes qui fe paffent dans notre efprit, tant dans le fommeil que dans la veille, où nous croyons voir, fentir, difcourir, & faire des chofes qui femblent ne pouvoir être faites que par le corps, quoiqu'il foit certain qu'il ne s'y paffe rien de corporel. Et comment pouvoir expliquer des chofes fi inconnues & fi éloignées de ce que nous expérimentons tous les jours, puifque nous ne pouvons expliquer ce que l'expérience journaliere nous fait éprouver ? *Quid fe præcipitat de rariffimis aut inexpertis quafi definitam ferre fententiam, cùm quotidiana & continua non folvat ?* Evode ajoute, qu'on a vû plufieurs perfonnes après leur décès aller & venir dans leurs maifons comme auparavant, & le jour &

la nuit ; & que dans les Eglifes où il y a des morts enterrés, on entend fouvent la nuit du bruit, comme de perfonnes qui prient à haute voix.

S. Auguftin à qui Evode écrit tout cela, reconnoît qu'il y a beaucoup de diftinction, à faire entre les vraies & les fauffes vifions, & qu'il voudroit bien avoir un moyen fûr pour en faire le jufte difcernement. Le même Saint raconte à cette occafion une Hiftoire remarquable, qui a un très-grand rapport à la matiere que nous traitons. Un Médecin nommé Gennade, fort ami de S. Auguftin, & fort connu à Carthage par fa grande capacité & par fon amour pour les pauvres, doutoit qu'il y eût une autre vie après celle-ci ; un jour il vit en fonge un jeune homme, qui lui dit : fuivez-moi ; il le fuivit en efprit, & fe trouva dans une ville, où il entendit à fa droite une mélodie admirable : il ne fe fouvenoit pas de ce qu'il avoit entendu à fa gauche.

Une autrefois il vit le même jeune homme, qui lui dit : me connoiffez-vous ? fort bien, lui répondit-il ; & d'où me connoiffez-vous ? il lui raconta ce qu'il lui avoit fait voir dans la ville, où il l'avoit conduit. Le jeune homme ajouta : eft-ce en fonge ou éveillé que vous avez vû tout cela ? c'eft en fonge, lui dit-il ; & ce que je vous dis à préfent, l'entendez-vous en fonge ou éveillé ? c'eft en fonge, répondit-il. Le jeune homme ajouta : où eft à préfent votre corps ? dans mon lit, répliqua-t'il. Sçavez-vous bien que vous ne voyez rien à préfent des yeux du corps ? je le fçais, répondit-il. Quels font donc les yeux par lefquels vous me voyez ? Comme il héfitoit, & ne fçavoit quoi répondre, le jeune homme lui dit : de même que vous me voyez & m'entendez à préfent que vos yeux font fermés, & vos fens endormis ; ainfi après votre mort vous vivrez, vous verrez, vous entendrez, mais des yeux de l'efprit : ainfi ne doutez point qu'il n'y ait une autre vie après celle-ci.

Le grand S. Antoine vit un jour étant bien éveillé l'Ame du folitaire S. Ammon, qui étoit portée dans le Ciel au milieu des Chœurs des Anges. Or Saint Ammon étoit décédé le même jour à cinq journées de-là dans le défert de Nitrie. Le même S. Antoine vit auffi l'Ame de S. Paul Hermite, qui montoit au Ciel au milieu des Chœurs des Anges & des Prophetes, S. Benoît vit l'Ame de Saint Germain Evêque de Capoue au moment de fon décès, qui étoit portée dans le Ciel par le miniftére des Anges. Le même Saint vit l'Ame de fa fœur Sainte Scholaftique, qui montoit au Ciel en forme de Colombe. On pourroit multiplier ces exemples à l'infini. Ce font de véritables Apparitions d'Ames féparées de leurs corps.

S. Sulpice Sévere étant affez éloigné de la Ville de Tours, & ne fçachant pas ce qui s'y paffoit, s'étoit endormi un matin d'un fommeil fort léger ; comme il dormoit, il vit S. Martin qui lui apparut vêtu d'un habit blanc, le vifage éclatant, les yeux étincellans, les cheveux couleur de pourpre : il étoit néanmoins fort reconnoiffable à fon air & à fa figure ; & S. Martin fe fit voir à lui d'un vifage riant, & tenant en main le livre que Sulpice Sévere avoit compofé de fa vie. Sulpice fe jetta à fes pieds, embraffa fes genoux, & lui demanda fa bénédiction, que le Saint lui donna. Tout ceci se passoit en vision ; & comme S. Martin se fut élevé en l'air, Sulpice Sévere vit encore en esprit le Prêtre Clarus Disciple du Saint, qui prenoit le même chemin, & s'élevoit vers le Ciel. A ce moment Sulpice s'éveilla, & un jeune garçon qui le servoit étant entré, lui dit qu'il y avoit deux Moines de Tours qui venoient d'arriver, & qui annonçoient que S. Martin y étoit décédé.

M. le Baron de Coussey, ancien & respectable Magistrat, m'a raconté plus d'une fois, qu'étant à plus de soixante lieuës de la Ville où sa mere déceda, la nuit qu'elle mourut, il fut éveillé par les abbois d'un chien qui étoit au pied de son lit, & qu'en même tems il apperçut la tête de sa mere environnée d'une grande lumiere, qui entrant par la fenêtre dans sa chambre, lui parla distinctement, & lui annonça diverses choses qui concernoient l'état de ses affaires.

Saint Chrisostôme dans son exil[8], & la nuit qui précéda sa mort, vit le Martyr S. Basilique, qui lui dit : courage, mon frere Jean ; demain nous nous trouverons ensemble. La même chose avoit été prédite à un Prêtre, qui demeuroit au même endroit. S. Basilique lui dit : préparez un lieu pour mon frere Jean : car le voici qui vient.

La découverte du corps de S. Etienne premier Martyr est très-célébre dans l'Eglise ; elle se fit en 415. S. Gamaliel qui avoit été Maître de S. Paul avant sa conversion, apparut à un Prêtre nommé Lucius, qui couchoit dans le Baptistere de l'Eglise de Jérusalem pour en garder les vases sacrés, & lui dit que son corps, & celui de Saint Etienne premier Martyr, étoient enterrés à Caphargamala au Faux-bourg nommé

Dilagabis ; que le corps de son fils nommé Abibas, & celui de Nicodéme reposoient au même endroit. Lucius eut la même vision trois fois de suite à quelques jours de distance. Jean Patriarche de Jérusalem, qui étoit alors au Concile de Diospolis, se rendit sur les lieux, fit les découvertes & la translation des Reliques, qui furent transportées à Jérusalem ; & il s'y fit un grand nombre de Miracles.

Licinius étant dans sa tente[9] tout occupé de la bataille qu'il devoit livrer le lendemain, vit un Ange, qui lui dicta la formule d'une priere qu'il fit apprendre à ses Soldats, & par le moyen de laquelle il remporta la victoire sur l'Empereur Maximin.

Mascezel, Général des troupes Romaines que Stilicon envoya en Afrique contre Gildon, se prépara à cette guerre à l'imitation du grand Théodose, par la priere & l'intervention des Serviteurs de Dieu. Il mena avec lui dans son vaisseau des Religieux dont toute l'occupation pendant tout le trajet ne fut que la priere, le jeûne & le chant des Pseaumes. Gildon avoit une armée de soixante & dix mille hommes : Mascezel n'en avoit que cinq mille, & ne croyoit pas pouvoir sans témerité se mesurer avec un Ennemi si puissant & si supérieur en forces. Comme il étoit dans ces inquiétudes, S. Ambroise qui étoit mort un an auparavant, lui apparut la nuit tenant un bâton à la main, & frappa la terre par trois fois, disant : ici, ici, ici. Mascezel comprit que le Saint lui promettoit la Victoire au même lieu dans trois jours. En effet trois jours après il marcha à l'Ennemi, offrit la paix aux premiers qu'il rencontra ; mais un Enseigne lui ayant répondu avec arrogance, il lui déchargea un grand coup d'épée ſur le bras, & lui fit pancher ſon étendart : ceux qui étoient loin crurent qu'il ſe rendoit, & qu'il baiſſoit ſon étendart en ſigne de ſoumiſſion, & ils ſe hâterent d'en faire de même. Paulin qui a écrit la vie de S. Ambroiſe, aſſûre avoir appris ces particularités de la bouche même de Maſcezel ; & Oroſe les ſçavoit de ceux qui en avoient été témoins.

Les Perſécuteurs ayant fait ſouffrir le Martyre à ſept Vierges Chrétiennes[10], l'une d'elles apparut la nuit ſuivante à S. Théodoſe d'Ancyre, & lui découvrit le lieu où elle & ſes compagnes avoient été jettées dans le lac, ayant chacune une pierre au col. Comme Théodoſe & les ſiens étoient occupés à la recherche de ces corps, une voix du Ciel avertit Théodoſe de ſe garder du traître : elle vouloit marquer Polycronius, qui trahit Théodoſe, & fut cauſe qu'il fut arrêté & martyriſé.

Sainte Potamienne[11], Vierge Chrétienne qui ſouffrit le Martyre à Alexandrie, apparut après ſa mort à pluſieurs perſonnes, & fut cauſe de leur converſion au Chriſtianiſme. Elle ſe fit voir en particulier à un ſoldat nommé Baſilide, qui la menant au ſupplice, l'avoit défendue contre les inſultes de la populace ; ce ſoldat encouragé par Potamienne qui lui mit en viſion une couronne ſur la tête, ſe fit baptiſer, & reçut la couronne du Martyre.

Saint Grégoire Thaumaturge, Evêque de Néocéſarée dans le Pont, étant fort occupé de certaines difficultés de Théologie, que formoient des Hérétiques ſur les Myſteres de la Religion, & ayant paſſé une grande partie de la nuit à étudier ces matieres, il vit entrer dans ſa chambre un vieillard vénérable, ayant à ſes côtés comme une Dame d'une forme auguſte & divine : il comprit que c'étoient la Sainte Vierge & S. Jean l'Evangéliſte. La Vierge exhorta S. Jean à inſtruire l'Evêque, & à le tirer d'embarras, en lui expliquant clairement le Myſtere de la Trinité, & de la Divinité du Verbe ; il le fit, & Grégoire l'écrivit ſur le champ. C'eſt cette Doctrine qu'il laiſſa à ſon Egliſe, & que nous avons encore aujourd'hui.

---

1. ↑ Aug. dé curâ gerend. pro mortuis, c. x.
2. ↑ Concil. Eliber. anno circiter 300.
3. ↑ Amphilo. vita S. Baſil. & Chronic. Alex. pag. 692.
4. ↑ Acta ſincera Mart. p. 11. & 22. Edit. 1713.
5. ↑ Paulin, vit. S. Ambroſ. n. 47. 48.
6. ↑ Ambroſ. Epiſt. 22. pag. 874. vid. notas ibid.
7. ↑ Evod. Upzal. apud Aug. Epiſt, clviij. Idem. Aug. Epiſt. clix.
8. ↑ Palladius, Dialog. de vitâ Chriſoſt. c. xj.
9. ↑ Lactant. de Mort. Perſec. c. 40.
10. ↑ Acta ſincera Martyr. paſſion. S. Theodoſ. m. pag. 343. 344.
11. ↑ Euſeb, Hiſt. Eccleſ. lib. 6. c. 8.

CHAPITRE XLI.

Autres Exemples d'Apparitions.

Pierre le Vénérable Abbé de Cluny[1] raconte, qu'un bon Prêtre nommé Etienne ayant entendu la confeſſion d'un Seigneur nommé Gui bleſſé à mort dans un combat, ce Seigneur lui apparut tout armé quelque tems après ſa mort, & le pria de dire à ſon frere Anſelme de reſtituer un bœuf que lui Gui avoit pris à un tel payſan qu'il lui nomma, & de réparer le dommage qu'il avoit fait dans un village qui ne lui appartenoit pas, & auquel il avoit impoſé des charges indûes ; qu'il avoit oublié de déclarer ces deux péchés dans ſa derniere confeſſion, & qu'il étoit cruellement tourmenté pour cela ; & pour aſſurance de ce que je vous dis, ajouta-t'il, quand vous ſerez retourné chez vous, vous trouverez qu'on vous a volé l'argent que vous deſtiniez à faire le voyage de S. Jacques. Le Curé de retour en ſa maiſon trouva ſon argent, mais ne put s'acquitter de ſa commiſſion, parce qu'Anſelme étoit abſent. Peu de jours après Gui lui apparut de nouveau, & lui reprocha ſa négligence à ſatisfaire à ce qu'il avoit demandé de lui ; le Curé s'excuſa ſur l'abſence d'Anſelme, & enfin l'alla trouver, & lui dit ce dont il étoit chargé : Anſelme lui répondit durement, qu'il n'étoit pas obligé de faire pénitence pour les péchés de ſon frere.

Le mort apparut une troisiéme fois au Curé, & le pria de le secourir dans cette extrémité : il le fit, & restitua le prix du bœuf ; mais comme le reste excédoit son pouvoir, il fit des aumônes, recommanda Gui aux gens de bien de sa connoissance ; & il n'apparut pas d'avantage.

Richer Moine de Senones[2] parle d'un Esprit qui revint de son tems dans la ville d'Epinal vers l'an 1212. chez un Bourgeois nommé Hugues de la Cour, & qui depuis Noël jusqu'à la S. Jean-Baptiste fit dans cette maison une infinité de choses à la vûe de tout le monde. On l'entendoit parler, on voyoit tout ce qu'il faisoit, mais nul ne le pouvoit voir : il se disoit de Cléfenteine, Village à sept lieues d'Epinal ; & ce qui est encore remarquable, c'est que pendant les six mois qu'il se fit entendre dans cette maison, il n'y fit aucun mal à personne. Un jour Hugues ayant ordonné à son domestique de seller son cheval, & le valet occupé à autre chose ayant différé de le faire, l'Esprit fit son ouvrage au grand étonnement de toute la maison. Une autrefois Hugues étant absent, l'Esprit demanda à Etienne gendre de Hugues un denier pour en faire une offrande à S. Goëric Patron d'Epinal. Etienne lui présenta un vieux denier Provencien ; mais l'Esprit le rebuta, disant qu'il vouloit un bon denier Toulois. Etienne mit sur le seuil de la porte un denier Toulois, qui disparut aussi-tôt, & la nuit suivante on entendit dans l'Eglise de S. Goëric du bruit, comme d'un homme qui y marchoit.

Une autre fois Hugues ayant acheté du poisson pour le repas de sa famille, l'Esprit transporta le poisson au jardin qui étoit derriere la maison, en mit la moitié sur un essis (*scandula*) & le reste dans un mortier, où on le retrouva. Une autre fois Hugues voulant se faire saigner, dit à sa fille de lui préparer des bandelettes ; l'Esprit aussi-tôt alla prendre une chemise neuve dans une autre chambre, & la réduisit en plusieurs bandes, qu'il présenta au Maître du logis, & lui dit de choisir les meilleures. Un autre jour la servante du logis ayant étendu divers linges au jardin pour les faire sécher, l'Esprit les porta à la chambre haute, & les y plia plus proprement que n'auroit pû faire la plus habile blanchisseuse.

Un homme nommé Guy de la Torre[3] étant décédé à Vérone en 1306. au bout de huit jours parla à sa femme, aux voisins & voisines, au Prieur des Dominicains, & au Professeur de Théologie, qui lui fit plusieurs questions de Théologie, ausquelles il répondit fort pertinemment ; il déclara qu'il étoit en Purgatoire pour certains péchés non expiés. On lui demanda comment il pouvoit parler n'ayant pas les organes de la voix ; il répondit que les Ames séparées du corps avoient la faculté de se former de l'air des instrumens propres à prononcer des paroles : il ajouta que le feu de l'Enfer agit sur les Esprits, non par sa vertu naturelle, mais par la puissance de Dieu, dont le feu est l'instrument.

Voici un autre exemple remarquable d'Apparition rapporté par M. d'Aubigné. J'affirme sur la parole du Roi[4] le second prodige, comme étant un des trois contes, desquels j'ai parlé autrefois, qu'il nous a réitéré, nous faisant voir ses cheveux hérissés. C'est que la Reine s'étoit mise au lit de meilleure heure que de coûtume, ayant à fon coucher entr'autres perfonnes de marque le Roi de Navarre[5], l'Archevêque de Lyon, les Dames de Retz, de Lignerolles, & de Sauve, deux defquelles ont confirmé ce difcours. Comme elle étoit preffée de donner le bon foir, elle fe jetta d'un treffaut fur fon chevet, mit les mains devant fon vifage, & avec un cri violent appella à fon fecours ceux qui l'affiftoient, leur voulant montrer au pied du lit le Cardinal qui lui tendoit la main ; elle s'écria plufieurs fois : M. le Cardinal, je n'ai que faire de vous. Le Roi de Navarre envoie au même tems un de fes Gentilshommes au logis du Cardinal, qui rapporta comment il avoit expiré au même point.

Je tire des Mémoires de Sully[6], qu'on vient de réimprimer dans un meilleur ordre qu'ils n'étoient auparavant, un autre fait fingulier, & qui peut fe rapporter à ceux-ci. On cherche encore, dit l'Auteur, de quelle nature pouvoit être ce preftige vû fi fouvent & par tant d'yeux dans la Forêt de Fontainebleau ; c'étoit un Fantôme environné d'une meute de chiens, dont on entendoit les cris, & qu'on voyoit de loin, mais qui difparoiffoit, lorfqu'on s'en approchoit.

La note de M. de l'Eclufe, Editeur de ces Mémoires, entre dans un plus grand détail. Il marque que M. de Peréfix fait mention de ce Fantôme, & il lui fait dire d'une voix rauque l'une de ces trois paroles : m'attendez-vous, ou m'entendez-vous, ou amandez-vous ; & l'on croît, dit-il, que c'étoient des jeux de Sorciers ou du malin Efprit. Le

Journal de Henri IV. & la Chronologie septenaire en parlent aussi, & assurent même que ce Phénomène effraya beaucoup Henri IV. & ses Courtisans ; & Pierre Mathieu en dit quelque chose dans son Histoire de France, *tom. 2. pag. 268.* Bongars en parle comme les autres[7], & prétend que c'étoit un Chasseur, qu'on avoit tué dans cette Forêt du tems de François I. Mais aujourd'hui il n'est plus question de ce Spectre. Cependant il reste dans la Forêt une route, qui a retenu le nom du grand Veneur, en mémoire, dit-on, de ce prestige.

Une Chronique de Metz[8] sous l'an 1330. raconte l'Apparition d'un Esprit à Lagni sur Marne à six lieuës de Paris ; c'étoit une bonne Dame, qui parla souvent après sa mort à plus de vingt-huit personnes, à son Pere, à sa Sœur, à sa Fille & à son Gendre, & à ses autres amis, leur demandant qu'ils fissent dire pour elle des Messes propres, comme plus efficaces que les Messes communes. Comme on craignoit que ce ne fût un mauvais Esprit, on lui lut le commencement de l'Evangile de S. Jean : *In principio erat verbum*, & on lui fit dire son *Pater*, son *Credo* & son *Confiteor* ; elle disoit qu'elle avoit auprès d'elle deux Anges, un bon & un mauvais, & que le bon Ange lui révéloit ce qu'elle devoit dire. On lui demanda si on iroit querir le S. Sacrement de l'Autel ; elle répondit qu'il étoit avec eux : car son Pere qui étoit présent, & plusieurs autres des assistans l'avoient reçu le jour de Noël, qui étoit le Mardi précédent.

Le P. Taillepied Cordelier, Profeſſeur en Théologie à Rouen[9], qui a compoſé un livre exprès ſur les Apparitions, imprimé à Rouen en 1600. dit qu'un de ſes confreres & de ſa connoiſſance, nommé Frere Gabriel, apparut à pluſieurs Religieux du Couvent de Nice, & les pria de ſatisfaire à un Marchand de Marſeille chez qui il avoit pris un habit qu'il n'avoit pas payé. On lui demanda pourquoi il faiſoit tant de bruit ; il répondit que ce n'étoit pas lui, mais un mauvais Eſprit qui vouloit apparoître au lieu de lui, & l'empêcher de déclarer la cauſe de ſon tourment.

Je tiens de deux Chanoines de Saint Diez en notre voiſinage, que trois mois après la mort de M. Henri Chanoine de S. Diez leur confrere, celui des Chanoines à qui la maiſon étoit échûe, étant allé avec un de ſes confreres à deux heures après midi pour viſiter ladite maiſon, & voir quel changement il conviendroit d'y faire, ils entrerent dans la cuiſine, & virent tous deux dans une grande chambre voiſine & fort éclairée un grand Eccléſiaſtique de même taille & de même figure qu'étoit le Chanoine défunt, qui s'étant tourné vers eux, les enviſagea pendant deux minutes, puis traverſa ladite chambre, & gagna un petit eſcalier borgne qui conduit au grenier.

Ces deux Meſſieurs fort effrayés ſortirent incontinent, & raconterent l'avanture à quelques-uns de leurs confreres, qui furent d'avis de retourner pour voir s'il n'y avoit point quelqu'un de caché dans la maiſon ; on alla, on chercha, on fureta par-tout ſans pouvoir trouver perſonne.

On lit dans l'Hiſtoire des Evêques du Mans[10] ſous l'Evêque Hugues qui vivoit en 1135. qu'on ouit dans la maiſon du Prévôt Nicolas un Eſprit, qui effrayoit les voiſins & ceux qui demeuroient dans la maiſon par des tintamares & des bruits effroyables, comme s'il eût jetté des pierres énormes contre les murs, avec un fracas qui ébranloit les toîtures, les murailles & les lambris : il tranſportoit les plats & la vaiſſelle d'un lieu à un autre, ſans qu'on vît la main qui faiſoit ces mouvemens. Ce Génie allumoit une chandelle quoiqu'éloignée du feu ; quelquefois lorſqu'on avoit ſervi de la viande ſur la table, il y répandoit du ſon, ou de la cendre, ou de la ſuye, pour empêcher qu'on y touchât. *Amica* femme du Prévôt Nicolas ayant préparé du fil pour faire de la toile, l'Eſprit l'entortilla & l'embarraſſa de telle ſorte autour d'un banc, que tous ceux qui le virent ne pouvoient aſſez admirer la façon dont tout cela s'étoit fait.

On appella des Prêtres qui jetterent de l'eau bénite par-tout, & ordonnerent à tous les aſſiſtans de faire ſur eux le ſigne de la croix. Vers la premiere & la ſeconde nuit, on ouit comme la voix d'une jeune fille qui tirant des ſoupirs du fond du cœur, diſoit d'une voix lamentable & entrecoupée, qu'il étoit *Garnier* ; & s'adreſſant au Prévôt : hélas, d'où viens-je ? de quel pays lointain, par combien de tempêtes, de dangers, de neiges, de froid, de feu, de mauvais tems, ſuis-je arrivé en cet endroit ? je n'ai point reçû le pouvoir de faire mal à perſonne ; mais muniſſez-vous du ſigne de la Croix contre une troupe de malins Eſprits, qui ne ſont venus ici que pour vous nuire : faites dire pour moi une Meſſe du

S. Esprit, & une Messe pour les défunts ; & vous, ma chere belle-sœur, donnez pour moi quelques habits aux pauvres.

On lui fit plusieurs questions sur des choses passées & futures, ausquelles il répondit très-pertinemment : il s'expliqua même sur le salut & la damnation de plusieurs personnes ; mais il ne voulut pas entrer en dispute, ni en conférence avec des hommes doctes, qui lui furent envoyés par l'Evêque du Mans : cette derniere circonstance est fort remarquable, & donne quelque chose à soupçonner sur cette Apparition.

---

1. ↑ Pet. Venerab. in Biblioth. Cluniac. p. 1283. & reliq.
2. ↑ Richer. Senon. in Chronic. m. Hoc non exstat. in impresso.
3. ↑ Herman. Contract. Chronic. pag. 1006.
4. ↑ D'Aubigné, Hist. Univ. l. 2. c. 12. An. 1574. pag. 79
5. ↑ Henri IV.
6. ↑ Mém. de Sully in-4. t. 1. liv. x. pag. 562. note 26. ou Edition in-12. t. 3. pag. 321. note 26.
7. ↑ Bongars, Epist. ad Camerarium.
8. ↑ Chronic. Metens. Anne 1330.
9. ↑ Taillepied, Traité de l'Apparition des Esprits, c. 15. pag. 173.
10. ↑ Anecdot. Mabill. pag. 320. édition in-fol.

CHAPITRE XLII.

Apparitions d'Eſprit qui impriment leur main ſur des habits, ou ſur du bois.

ON m'a communiqué depuis peu un ouvrage compoſé par un P. Prémontré de l'Abbaye de Touſſaints dans la Forêt noire, homme fort habile. Son ouvrage eſt manuſcrit, & eſt intitulé : *Umbra Humberti, hoc eſt hiſtoria memorabilis D. Humberti Birkii mira poſt mortem Apparitione, per A. G. N.*

Ce Humbert Birck étoit un notable Bourgeois de la Ville d'Oppenheim, & maître d'une maiſon champêtre nommée Berenbach ; il mourut au mois de Novembre 1620. peu de jours avant la Saint Martin. Le Samedi qui ſuivit ſes obſéques, on commença d'ouir certains bruits dans la maiſon, où il avoit demeuré avec ſa premiere femme : car lorſqu'il mourut, il s'étoit remarié avec une autre femme.

Le Maître de cette maiſon ſoupçonnant que c'étoit ſon beau-frere qui y revenoit, il lui dit : ſi vous êtes Humbert mon beau-frere, frappez trois fois contre la muraille. En même tems on ouit trois coups ſeulement : car pour l'ordinaire il frappoit pluſieurs coups. Il ſe faiſoit auſſi quelquefois entendre à la fontaine, où l'on alloit puiſer de l'eau, & effrayoit tout le voiſinage ; il ne proféroit pas toutefois des voix articulées ; mais il ſe faiſoit entendre par des coups redoublés, par du bruit, une palpitation, un gémissement, un coup de sifflet, ou par un cri comme d'une personne qui se lamentoit. Tout cela dura pendant environ six mois, puis cessa tout à coup.

Au bout d'un an, & peu après son Anniversaire, il se fit entendre beaucoup plus fort qu'auparavant. Le Maître de la maison & ses domestiques les plus hardis lui demanderent enfin ce qu'il souhaitoit, & en quoi on pourroit l'aider ; il répondit, mais d'une voix rauque & basse : faites venir pour Samedi prochain le Curé avec mes enfans. Le Curé étant incommodé, ne put s'y rendre au jour marqué ; mais il y vint le Lundi suivant accompagné de bon nombre de personnes.

On en avertit Humbert, qui répondit d'une maniere fort intelligible. On lui demanda s'il demandoit des Messes : il en demanda trois ; s'il vouloit qu'on fît des aumônes à son intention, il dit : je souhaite qu'on donne aux pauvres huit mesures de grains ; que ma Veuve donnera quelque chose à tous mes enfans. Il ordonna ensuite qu'on réformât ce qui avoit été mal distribué dans sa succession, ce qui alloit environ à vingt florins. On lui demanda pourquoi il infestoit cette maison plutôt qu'une autre ; il répondit qu'il y étoit forcé par des conjurations & des malédictions : s'il avoit reçû les Saints Sacremens de l'Eglise : je les ai reçûs du Curé votre Prédécesseur. On lui fit dire le *Pater* & l'*Ave* : il les récita avec peine, disant qu'il en étoit empêché par un mauvais Esprit, qui ne lui permettoit pas de dire au Curé beaucoup d'autres choses.

Le Curé qui étoit un Prémontré de l'Abbaye de Touſſaints, vint au Monaſtere le Mardi 12 Janvier 1621. afin de prendre l'avis du Supérieur dans une affaire ſi ſinguliere ; on lui donna trois Religieux pour l'aider de leurs conſeils. Ils ſe rendirent à la maiſon où Humbert continuoit ſes inſtances : car on n'avoit encore rien exécuté de ce qu'il avoit demandé. Il s'y trouva grand nombre de perſonnes des environs. Le Maître du logis dit à Humbert de frapper la muraille : il la frappa aſſez doucement ; il lui dit de nouveau, allez chercher une pierre, & frappez plus fort : il différa un peu, comme ayant été ramaſſer une pierre, & donna un coup plus fort ſur la muraille ; le Maître dit à l'oreille à ſon voiſin le plus bas qu'il put, qu'il frappe ſept fois, & auſſi-tôt il frappa ſept fois. Il témoigna toujours un grand reſpect pour les Prêtres, & il ne leur répondoit pas avec la même hardieſſe qu'aux Laïques ; comme on lui en demanda la cauſe, c'eſt, dit-il, qu'ils ont avec eux le S. Sacrement ; ils ne l'avoient pas toutefois autrement, que parce que ce jour-là ils avoient dit la Meſſe. Le lendemain on dit les trois Meſſes qu'il avoit demandées, & on ſe diſpoſa auſſi à faire un pélerinage qu'il avoit ſpécifié dans le dernier entretien qu'ils eurent avec lui ; on promit de faire les aumônes au premier jour. Depuis ce tems Humbert ne revint plus.

Le même Religieux Prémontré raconte que le 9 Septembre 1625. un nommé Jean Steinlin mourut dans un lieu appellé Altheim, du Dioceſe de Conſtance. Steinlin étoit homme aiſé, & Conſeiller de ſa Ville. Quelques jours après sa mort, il se fit voir pendant la nuit à un Tailleur d'habits nommé Simon Bauh, sous la forme d'un homme environné d'une flamme sombre, & comme celle de souffre allumé, allant & venant dans sa propre maison, mais sans parler. Bauh que ce spectacle inquiétoit, résolut de lui demander ce qu'on pouvoit faire pour son service ; il en trouva l'occasion le 17 Novembre de la même année 1625. Car comme il se reposoit la nuit dans son poële, un peu après onze heures du soir, il vit entrer dans sa chambre ce Spectre environné de feu comme de souffre, allant & venant, fermant & ouvrant les fenêtres. Le Tailleur lui demanda ce qu'il souhaitoit : il répondit d'une voix rauque & interrompue qu'il pourroit beaucoup l'aider s'il vouloit ; mais, ajouta-t'il, ne me promettez pas, si vous n'êtes pas résolu d'exécuter vos promesses : je les exécuterai, si elles ne passent pas mon pouvoir, répondit-il.

Je souhaite donc, reprit l'Esprit, que vous fassiez dire une Messe à la Chapelle de la Vierge de Rotembourg ; je l'ai vouée pendant ma vie, & ne l'ai pas fait acquitter : de plus vous ferez dire deux Messes à Altheim, l'une des défunts, & l'autre de la Vierge ; & comme je n'ai pas toujours exactement satisfait à payer mes Domestiques, je souhaite que l'on distribue aux pauvres un quarteron de blé. Simon promit de satisfaire à tout. L'Esprit lui tendit la main comme pour s'assurer de sa parole ; mais Simon craignant qu'il ne lui en arrivât quelque chose, lui tendit le banc qui lui tomba sous la main, & le Spectre l'ayant touché, y imprima sa main avec les cinq doigts & ses jointures, comme si le feu y avoit paſſé, & y eût laiſſé une impreſſion aſſez profonde. Après cela il s'évanouit avec un ſi grand bruit, qu'on l'entendit trois maiſons plus loin.

J'ai rapporté dans la premiere édition de cette Diſſertation ſur le retour des Eſprits une avanture arrivée à Fontenoy ſur la Moſelle, où l'on prétendoit qu'un Eſprit avoit de même imprimé ſa main ſur un mouchoir, & y avoit laiſſé l'empreinte de la main & du carpe très-bien marquée. Le mouchoir eſt entre les mains d'un nommé Caſmet, Huiſſier demeurant à Toul, qui l'avoit reçû de ſon oncle Curé de Fontenoy même ; mais ayant approfondi la choſe, il s'eſt trouvé que c'étoit d'un jeune garçon Maréchal, qui faiſoit l'amour à la Demoiſelle à qui le mouchoir appartenoit, & qui avoit forgé une main de fer pour en faire l'empreinte ſur le mouchoir, & perſuader le monde de la réalité de l'Apparition.

On a vû à S. Avold, Ville de la Lorraine Allemande, dans la maiſon du ſieur Curé, nommé M. Royer de Monclos, une ſcêne à peu près pareille d'une jeune ſervante âgée de ſeize ans, qui entendoit & voyoit, diſoit-elle, une femme qui faiſoit grand bruit dans la maiſon ; mais elle étoit la ſeule qui la vit & l'entendît, quoique d'autres entendiſſent auſſi le bruit qui ſe faiſoit dans le logis : ils voyoient auſſi la jeune ſervante comme pouſſée, tirée, frappée par l'Eſprit ; mais on ne le vit jamais, & on n'entendit pas ſa voix. Ce manége Commença la nuit du 31 de Janvier 1694. & finit ſur la fin de Février de la même année. Le Curé conjura l'Eſprit en Allemand & en François : il ne répondit point aux

Exorcifmes faits en François, finon par des foupirs ; & comme on terminoit l'Exorcifme fait en Allemand, en difant : *que tout Efprit loue le Seigneur,* la fille dit que l'Efprit avoit dit & *moi auffi* ; mais elle fut la feule qui l'ouit.

On pria quelques Religieux de l'Abbaye de venir auffi exorcifer l'Efprit : ils y vinrent, & avec eux quelques notables Bourgeois de S. Avold ; & ni après ni pendant les Exorcifmes ils ne virent & n'ouirent autre chofe, finon que la fervante paroiffoit être pouffée violemment, & qu'on frappoit rudement fur les portes. A force d'Exorcifmes, on força l'Efprit, ou plutôt la fervante qui étoit la feule qui le vît & qui l'entendit, de déclarer qu'il n'étoit ni fille ni femme ; qu'elle s'appelloit Claire-Marguerite Henri ; qu'il y avoit cent cinquante ans qu'elle étoit morte à l'âge de vingt ans, après avoir fervi chez le Curé de S. Avold d'abord pendant huit ans ; qu'elle étoit décédée à Guenvillier de douleur & de regret d'avoir tué fon propre enfant.

Enfin la fervante lui foutenant qu'elle n'étoit pas un bon Efprit, elle lui dit : donne-moi ta juppe : elle n'en voulut rien faire ; en même tems l'Efprit lui dit : *regarde ta juppe, ma marque y eft*. Elle regarda, & vit fur fa juppe les cinq doigts de la main fi bien exprimés, qu'il ne paroiffoit pas qu'une Créature vivante l'eût pû mieux marquer. Ce manége dura environ deux mois ; & aujourd'hui à S. Avold, comme dans tout le pays, on parle de l'Efprit de S. Avold comme d'un jeu joué par cette fille, de concert fans doute avec quelques perſonnes qui voulurent ſe divertir, & intriguer le bon Curé avec ſes ſœurs, & tous ceux qui donnerent dans ce panneau. On a imprimé à Nancy chez Cuſſon en 1718. la relation de cet évenement, qui trouva d'abord créance parmi bon nombre de gens, mais dont on a été bien détrompé dans la ſuite.

J'ajouterai à cette Hiſtoire celle qui eſt racontée par Philippe Mélancthon[1], dont le témoignage en cette matiere ne doit pas être ſuſpect. Il dit que ſa tante ayant perdu ſon mari, lorſqu'elle étoit enceinte & près de ſon terme, elle vit un jour ſur le ſoir deux perſonnes entrer chez elle ; l'un avoit la forme de ſon mari décédé, & l'autre celle d'un Franciſcain de haute taille. D'abord elle fut effrayée ; mais ſon mari la raſſura, & lui dit qu'il avoit des choſes importantes à lui communiquer : en même tems il pria le Franciſcain de paſſer dans le poële voiſin, en attendant qu'il eût fait connoître ſes volontés à ſa femme. Alors il la pria de faire dire quelques Meſſes pour le ſoulagement de ſon Ame, & l'engagea de lui donner ſa main ſans crainte ; comme elle en faiſoit difficulté, il l'aſſura qu'elle n'en reſſentiroit aucun mal. Elle lui donna la main, puis la retira ſans ſentir aucune douleur, mais ſi gâtée de brûlure qu'elle en demeura noire toute ſa vie. Après cela le mari rappella le Franciſcain, ils ſortirent & diſparurent. Mélancthon croit que c'étoient deux Spectres ; il ajoute que l'on connoit pluſieurs exemples ſemblables rapportés par des perſonnes très-dignes de foi.

Si ces deux hommes n'étoient que des Spectres, n'ayant ni chair ni os, comment l'un d'eux a-t'il pû imprimer la couleur noire à la main de cette Veuve ? comment celui qui a apparu au Tailleur Bauh imprima-t'il ſa main dans le banc qu'on lui préſenta ? Si c'étoient de mauvais Génies, pourquoi demanderent-ils des Meſſes, & ordonnerent-ils des reſtitutions ? Satan détruit-il ſon Empire, & inſpire-t'il aux vivans de faire de bonnes actions, & de craindre les peines dont Dieu punit les péchés des méchans ?

Mais conſidérant la choſe ſous une autre vûe, le Démon ne peut-il pas dans ces ſortes d'Apparitions où il demande des Meſſes & des prieres, avoir deſſein de fomenter la ſuperſtition, en faiſant croire aux vivans que les Meſſes & les prieres qu'on fera après leur mort les garantiront des peines de l'Enfer, quand même ils mourroient dans l'habitude du crime & dans l'impénitence ? On cite pluſieurs exemples de ſcélérats qui ſont apparus après leur mort demandant des prieres comme le mauvais Riche, & auſquels les prieres & les Meſſes ne pouvoient être d'aucune utilité, attendu l'état malheureux dans lequel ils étoient décédés. Ainſi dans tout cela Satan cherche à établir ſon Empire, & non à le détruire ou le diminuer.

Nous parlerons ci-après dans la Diſſertation ſur les Vampires, des Apparitions de perſonnes mortes qui ont été vûes, & ont agi comme vivantes dans leur propre corps.

Le même Mélancthon raconte qu'un Religieux vint un jour frapper rudement à la porte du logis de Luther demandant à lui parler ; il entra, & dit : j'ai quelques erreurs Papiſtiques, ſur leſquelles je ferai bien-aiſe de conférer avec vous. Parlez, lui dit Luther. Il lui propoſa d'abord quelques syllogismes, ausquels il répondit aisément ; puis il lui en proposa d'autres plus difficiles. Luther offensé, lui répondit brusquement : allez, vous m'embarrassez ; j'ai autre chose à faire à présent. Toutefois il se leva, & répondit a ses argumens. En même tems ayant remarqué que le prétendu Religieux avoit les mains faites comme des griffes d'oiseau, il lui dit : n'es-tu pas celui dont il est dit dans la Genese : *celui qui naîtra de la femme brisera la tête du serpent ?* il ajouta, *mais tu ne les engloutiras pas tous*. A ces mots le Démon confus se retira en grondant, & faisant grand fracas ; il laissa la chambre infectée d'une très-mauvaise odeur qui s'y fit sentir pendant quelques jours.

Luther qui fait l'esprit fort, & qui invective avec tant d'emportement contre les Messes privées, où l'on prie pour le repos des défunts[2], soutient hardiment que toutes les Apparitions d'Esprits qui se lisent dans les Vies des Saints, & qui demandent des Messes pour le soulagement de leurs ames, ne font que des illusions de Satan, qui apparoît pour tromper les simples, & leur inspirer une vaine confiance au Sacrifice de la Messe. Il en conclut qu'il vaut mieux sans détour nier absolument le Purgatoire.

Il ne nioit donc pas ni les Apparitions ni les opérations du Diable, & il soutenoit qu'Ecolampade étoit mort accablé des coups du Diable[3] dont il n'ayoit pû soutenir l'effort ; & parlant de lui-même, il assure que s'étant un jour réveillé en sursaut au milieu de la nuit, le Diable parut pour disputer contre lui : alors il se sentit saisi d'une frayeur mortelle. Les argumens du Démon étoient si pressans, qu'ils ne lui laiſſoient aucun repos d'eſprit : le ſon de ſa puiſſante voix, ſes manieres de diſputer accablantes, où la queſtion & la réponſe ſe font ſentir à la fois, ne le laiſſoient pas reſpirer. Il dit encore que le Diable peut tuer & étrangler, & ſans tout cela mettre un homme ſi fort à l'étroit par ſes diſputes, qu'il y a dequoi en mourir, comme je l'ai, dit-il, expérimenté pluſieurs fois. Après de tels aveux que peut-on penſer de ſa doctrine de ce Chef des Novateurs ?

---

1. ↑ Philipp. Melanch. Theolog. t. 1. oper. fol. 326. 327.
2. ↑ Martin Luther. de abrogandâ Miſſâ privatâ, part. 2.
3. ↑ Idem de abrogat. Miſt. privatæ, t. vij. 226.

CHAPITRE XLIII.

Sentiment des Juifs, des Grecs & des Latins ſur les Morts qui ſont demeurés ſans ſépulture.

LES anciens Hébreux, de même que la plûpart des autres Peuples, étoient fort ſoigneux de donner la ſépulture aux Morts. Cela paroît par toutes les Hiſtoires : on voit dans l'Ecriture combien les Patriarches ont eu d'attention ſur cela pour eux-mêmes & pour les leurs ; on ſçait de quelles louanges ils ont comblé le Saint homme Tobie, qui mettoit ſa principale dévotion à donner la ſépulture aux Morts.

Joſeph l'Hiſtorien[1] dit, que les Juifs ne refuſent la ſépulture qu'à ceux qui ſe ſont donné la mort. Moïſe ordonna[2] de donner la ſépulture le même jour, & avant le coucher du Soleil, à un ſupplicié & attaché à la croix ; *parce dit-il, que celui qui eſt pendu au bois eſt maudit de Dieu, vous prendrez garde de ne pas fouiller la terre que le Seigneur votre Dieu vous a donnée.* Cela ſe pratiqua envers notre Sauveur, que l'on détacha de la Croix le même jour qu'il y avoit été attaché, & peu d'heures après ſa mort.

Homere[3] parlant de l'inhumanité d'Achilles, qui traîna le corps d'Hector après ſon chariot, dit qu'il deshonoroit &

outrageoit la terre par cette barbare conduite. Les Rabins écrivent, que l'ame n'eſt reçûe dans le Ciel qu'après que le corps groſſier eſt enterré & entierement conſumé. Ils croyent de plus qu'après la mort les ames des méchans ſont revêtues d'une eſpece d'enveloppe ou de ſur-tout, avec lequel elles s'accoutument à ſouffrir les peines qui leur ſont dûes ; & que les ames des juſtes ſont revêtues d'un corps reſplendiſſant, & d'un habit lumineux, avec lequel elles s'accoutument à l'éclat de la gloire qui les attend.

Origenes[4] reconnoît que Platon dans ſon Dialogue de l'ame avance, que les images & les ombres des morts paroiſſent quelquefois auprès de leurs tombeaux. Origenes en conclut, qu'il faut que ces ombres & ces images ayent une cauſe qui les produiſe ; & cette cauſe, ſelon lui, ne peut être que l'ame des morts, qui eſt revêtue d'un corps ſubtil ſemblable à celui de la lumiere, ſur lequel elles ſont portées comme dans un chariot où elles apparoiſſent aux vivans. Celſe ſoutenoit que les Apparitions de Jeſus-Chriſt après ſa Réſurrection n'étoient que les effets d'une imagination frappée & prévenue, qui ſe formoit à elle-même les objets de ſes illuſions ſur le plan de ſes déſirs. Origenes le réfute ſolidement par le récit que font les Evangéliſtes de l'Apparition du Sauveur à S. Thomas, qui ne ſe rendit qu'à la vûe & au toucher de ſes plaies ; ce n'étoit donc pas l'effet de ſa pure imagination.

Le même Origenes[5] & Théophilacte après lui avancent, que les Juifs & les Payens croyoient que l'ame demeuroit quelque tems auprès du corps qu'elle avoit animé ; & que c'est pour détruire cette vaine opinion, que J. C. voulant ressusciter Lazare, crie à haute voix : *Lazare, sortez dehors* ; comme voulant appeler de loin l'ame de cet homme mort depuis trois jours.

Tertullien met les Anges dans la catégorie de l'étendue[6] ; il y place Dieu même, & soutient que l'ame est corporelle. Origenes croit aussi l'ame matérielle & figurée[7] : sentiment qu'il peut avoir pris de Platon. Arnobe, Lactance, S. Hilaire, plusieurs anciens Peres & quelques Théologiens ont été de la même opinion ; & Grotius sçait mauvais gré à ceux qui ont absolument spiritualité les Anges, les Démons & les ames séparées du corps.

Les Juifs d'aujourd'hui[8] croyent qu'après que le corps d'un homme est enterré, son ame va & vient, & sort du lieu où elle est destinée pour venir visiter son corps, & sçavoir ce qui se passe autour de lui ; qu'elle est errante pendant un an entier après la mort du corps, & que ce fut pendant cette année de délai que la Pythonisse d'Endor évoqua l'ame de Samuel, après lequel tems l'évocation n'auroit eu aucun pouvoir sur elle.

Les Payens pensoient à peu près de même. Lucain[9] introduit Pompée qui consulte une Magicienne, & lui commande d'évoquer l'ame d'un mort pour lui découvrir quel seroit le succès de la guerre contre César. Le Poëte fait dire à cette femme : Manes, obéissez à mes charmes : car je n'évoque pas une ame qui soit dans le noir tartare, mais une ame qui y est descendue depuis peu, & qui se trouve encore aux portes de l'Enfer :

> ———— *Parete precanti.*
> *Non in tartareo latitantem poscimus antro*
> *Assuetamque diù tenebris : modò luce fugatâ*
> *Descendentem animam primo pallentis hiatu*
> *Hæret adhuc orci.*

Les Egyptiens[10] croyoient que lorsque l'ame d'un animal est séparée de son corps par violence, elle ne s'en éloigne pas, mais se tient près de lui. Il en est de même de l'ame des hommes qu'une mort violente a fait mourir : elle reste près du corps, rien ne peut l'en éloigner ; elle y est retenue par sympathie : on en a vû plusieurs qui soupiroient près de leurs corps qui ne sont pas en terre, restant près de leur cadavre. C'est de celles-là dont les Magiciens abusent pour leurs opérations : ils les forcent de leur obéir, lorsqu'ils sont les maîtres du corps mort ou même d'une partie. Une expérience fréquente leur a appris, que dans le corps il y a une vertu secrette qui y attire l'ame qui l'a autrefois habité ; c'est pourquoi ceux qui veulent recevoir les ames des animaux qui sçavent l'avenir, en mangent les principales parties, comme le cœur des corbeaux, des taupes, des éperviers : l'ame de ces bêtes entre chez eux en même tems qu'ils font usage de ces nourritures ; elle leur fait rendre des Oracles comme des Divinités.

Les Egyptiens croyoient[11] que lorsque l'ame des bêtes est délivrée de son corps, elle est raisonnable & prédit l'avenir, rend des Oracles, & est capable de tout ce que l'ame de l'homme peut faire lorsqu'elle est dégagée du corps ; c'eſt pour cela qu'ils s'abſtenoient de manger des animaux, & qu'ils reſpectoient les Dieux ſous la forme des animaux.

On voyoit à Rome & à Metz des Compagnies ou des Colléges de Prêtres conſacrés au ſervice des Manes[12], des Lares, des Images, des Ombres, des Spectres, de l'Erebe, de l'Averne ou de l'Enfer ſous la protection du Dieu Sylvanus ; ce qui démontre que les Latins & les Gaulois reconnoiſſoient le retour des ames & leurs Apparitions, & qu'on les conſidéroit comme des Divinités, à qui l'on offroit des Sacrifices pour les appaiſer & les empêcher de nuire. Nicandre confirme la même choſe, en diſant que les Celtes ou les Gaulois veilloient auprès des tombeaux de leurs grands hommes pour en tirer des lumieres ſur l'avenir.

Les anciens Peuples ſeptentrionaux étoient perſuadés que les Spectres qui apparoiſſent quelquefois, ne ſont autres que les ames des morts décédés depuis peu, & que dans leur pays on ne connoiſſoit point de remede plus propre à faire ceſſer ces ſortes d'Apparitions que de couper la tête au mort, de l'empaler, ou de lui percer le corps avec un pieu, ou de le brûler ; comme il ſe pratique encore aujourd'hui dans la Hongrie & dans la Moravie envers les Vampires.

Les Grecs qui avoient tiré leur Religion & leur Théologie des Egyptiens & des Orientaux, & les Latins qui ſavoient tirée des Grecs, étoient dans la perſuaſion que les ames des morts apparoiſſoient quelquefois aux vivans ; que les Nécromanciens les évoquoient & en tiroient des réponſes ſur l'avenir, & des inſtructions ſur le préſent. Homere le plus grand Théologien, & peut-être le plus curieux des Ecrivains de la Grece, a rapporté plusieurs Apparitions, tant des Dieux que des Héros, & des hommes après leur mort.

Dans l'Odyssée[13] Ulysse va consulter le Devin Tyrésias ; & ce Devin ayant préparé une fosse pleine de sang pour évoquer les Mânes, Ulysse tire son épée, & les empêche de venir boire ce sang dont elles paroissoient fort altérées, & dont on ne vouloit pas qu'elles goûtassent avant que d'avoir répondu à ce qu'on demandoit d'elles : ils croyoient aussi que les ames n'étoient point en repos, & qu'elles rodoient autour de leurs cadavres tandis qu'ils n'étoient point inhumés[14] :

> *Proptere à jacet exanimum tibi corpus amici,*
> *Heu nescis ! totamque incestat funere classem.*
> *Sedibus hunc refter antè suis, & conde sepulchro.*

Quand on donnoit la sépulture à un corps, on appelloit cela *animam condere*, couvrir l'ame, la mettre sous terre, & à couvert :

> ————— *Animamque sepulchro*
> *Condimus, & magnâ supremum voce ciemus.*

On l'appelloit à haute voix, & on lui offroit des libations de lait & du sang. On appelloit aussi cette cérémonie cacher les ombres, les envoyer avec leur corps sous la terre :

> *Romulus ut tumulo fraternas condidit umbras,*
> *Et malè veloci justa soluta Remo.*

La Sibylle parlant à Enée, lui montre les Manes qui erroient sur les bords de l'Achéron, & lui dit que ce sont les ames des personnes qui n'ont pas reçû la sépulture, & qui sont errantes pendant cent ans :

> Hæc omnis, quam cernis, inops, inhumataque turba est.
> Centum errant annos, volitantque hæc littora circum.

Le Philosophe Saluste[15] parle des Apparitions des morts autour de leurs tombeaux dans des corps ténébreux ; il s'efforce de prouver par-là le dogme de la Métempsychose.

Voici un exemple singulier d'un mort qui refuse la sépulture, s'en reconnoissant indigne. Agathias raconte[16] que quelques Philosophes Payens ne pouvant goûter le dogme de l'unité d'un Dieu, résolurent de passer de Constantinople à la Cour de Chosroës Roi de Perse, dont on parloit comme d'un Prince humain, & aimant les Lettres. Simplicius de Silicie, Eulamius Phrygien, Protan Lydien, Hermene & Philogenes de Phénicie, & Isidore de Gaze se rendirent donc à la Cour de Chosroës, & y furent bien reçûs ; mais ils s'apperçurent bientôt que ce Pays étoit beaucoup plus corrompu que la Grece, & ils résolurent de retourner à Constantinople, où régnoit alors Justinien.

Comme ils étoient en chemin, ils trouverent un cadavre sans sépulture, en eurent pitié, & le firent mettre en terre par leurs gens. La nuit suivante cet homme apparut à l'un d'eux, & lui dit de ne pas enterrer celui qui n'étoit pas digne de recevoir la sépulture : que la terre abhorroit celui qui avoit souillé sa propre mere. Le lendemain ils trouverent le même cadavre jetté hors de terre, & comprirent qu'il s'étoit souillé d'un inceste qui le rendoit indigne de l'honneur de la sépulture, quoique ces sortes de crimes fussent connus en

Perſe, & qu'on n'en eût pas la même horreur que dans d'autres pays.

Les Grecs & les Latins croyoient que les ames des morts venoient goûter ce qu'on offroit ſur leurs tombeaux, ſurtout du miel & du vin ; que les Démons aimoient la fumée & les odeurs des Sacrifices, la mélodie, le ſang des victimes, le commerce des femmes ; qu'ils étoient attachés pour un tems à certains lieux ou à certains édifices qu'ils infeſtoient, & où ils apparoiſſoient ; que les ames ſéparées de leur corps terreſtre retenoient après leur mort un corps ſubtil, délié, aërien, qui conſervoit la figure de celui qu'elles avoient animé ; que ces corps étoient lumineux & ſemblables aux aſtres ; qu'elles conſervoient de l'inclination pour les choſes, & pour les perſonnes qu'elles avoient aimées pendant leur vie ; qu'elles pourſuivoient celles qui leur avoient fait outrage, & qu'elles haïſſoient. Ainſi Virgile décrit Didon en fureur, qui menace de pourſuivre le perfide Enée[17] :

> ——— *Sequar atris ignibus abſens ;*
> *Et cùm frigida mors animæ ſubduxerit artus,*
> *Omnibus umbra locis adero : dabis, improbe, pœnas.*

Quand l'ame de Patrocle apparut à Achilles[18], elle avoit ſa voix, ſa taille, ſes yeux, ſes habits, mais non pas ſon corps palpable. Ulyſſe étant deſcendu aux Enfers, y vit le divin Hercule[19], c'eſt-à-dire, dit Homere, ſon image : car pour lui, il eſt avec les Dieux immortels aſſis à leur feſtin. Enée reconnut ſa femme Creüſe qui lui apparut ſous ſa forme ordinaire, mais d'une taille plus grande & plus avantageuſe[20] :

> Infelix ſimulacrum atque ipſius umbra Creüſæ
> Viſa mihi ante oculos, & notâ major imago.

On pourroit entaſſer une foule de paſſages des anciens Poëtes, même des Peres de l'Egliſe, qui ont crû que les ames apparoiſſoient ſouvent aux vivans. Tertullien[21] croit que l'ame eſt corporelle, & qu'elle a une certaine figure. Il en appelle à l'expérience de ceux à qui les ames des perſonnes mortes ſont apparues, & qui les ont vûes d'une maniere ſenſible, corporelle & palpable, quoique d'une couleur & d'une conſiſtance aërienne. Il définit l'ame[22] un ſouffle envoyé de Dieu, immortelle, corporelle, figurée. En parlant des fictions des Poëtes, qui ont avancé que les ames n'étoient pas en repos, tandis que leurs corps n'étoient pas enterrés, il dit que tout cela n'eſt inventé que pour inſpirer aux vivans le ſoin qu'ils doivent avoir de la ſépulture des morts, & pour ôter aux parens du mort la vûe d'un objet qui ne pourroit qu'augmenter inutilement leur douleur, s'ils le gardoient trop longtems dans leurs maiſons : *ut inſtantiâ funeris & honor corporum ſervetur, & mœror affectuum temperetur.*

S. Irénée[23] enſeigne comme une doctrine reçûe du Seigneur, que les ames non-ſeulement ſubſiſtent après la mort du corps, ſans toutefois paſſer d'un corps à un autre, comme le veulent ceux qui admettent la Métempſychoſe ; mais qu'elles en conſervent la figure, qu'elles demeurent auprès de ce corps, comme de fidéles gardiennes, & ſe souviennent de ce qu'elles ont fait & n'ont pas fait dans cette vie. Ces Peres croyoient donc le retour des ames, leurs Apparitions, leur attachement à leurs corps ; mais nous n'adoptons pas leur opinion sur la corporéité des ames : nous sommes persuadés qu'elles peuvent apparoître pat la permission de Dieu, indépendamment de toute matiere & de toute substance corporelle qui leur soit propre.

Quant à l'opinion qui veut que l'ame ne soit pas en repos, tandis que son corps n'est pas enterré, qu'elle demeure pendant quelque tems auprès du tombeau du corps, & qu'elle y apparoît sous une forme corporelle ; ce sont des sentimens qui n'ont nul solide fondement, ni dans les Ecritures, ni dans la Tradition de l'Eglise, qui nous enseigne qu'aussitôt après la mort du corps l'ame est présentée au Jugement de Dieu, & y est destinée au lieu que ses bonnes ou mauvaises œuvres lui ont mérité.

---

1. ↑ Joseph. Bell. Jud. lib. 3. c. 25.
2. ↑ Deut. xxj. 23.
3. ↑ Homere Iliad. 24.
4. ↑ Origenes contra Celsum. pag. 97.
5. ↑ Origenes in Joana. xj. & Theophilac. ibid.
6. ↑ Tertul. lib de Animâ.
7. ↑ Origen. contra Celf. l. 2.
8. ↑ Bereseith Rabbæ, c. 22. Vide Menasse de Resurrect. mort.

9. ↑ Lucan. Pharſal. 16.
10. ↑ Prophyr. de abſtin. lib. 2. art. xlvij.
11. ↑ Demet. lib. 4. art. x.
12. ↑ Gruter. pag. lxiij. I. Maurid. Hiſt. de Metz, pag. 15. Préface.
13. ↑ Homer. Odyſſ ſub finem. Horat. lib. 7. Satyr. 8. Aug. lib, de Civit. l. 7. c. 35. Clem. Alex. Pædag. lib. 2. c I. Prudent. lib. 4. contra Symach. Tertul. l. de anim. Lactantius lib. a.
14. ↑ Virgil. Æneid. lib. 3. V. 150. & ſequent.
15. ↑ Saluſt. Philoſ. c. 19. 20.
16. ↑ Stoluſt. l. 2. de bello Perfico ſub fin.
17. ↑ Virgil. Æneid. lib. iv.
18. ↑ Homer. Iliad. xxiij.
19. ↑ Idem Odiſſ. v.
20. ↑ Virgil. Æneid. 1.
21. ↑ Tertull. de anim.
22. ↑ Idem de snim. c. 56.
23. ↑ Iren. lib. a. c. 34.

CHAPITRE XLIV.

Examen de ce que les morts qui reviennent, demandent ou révélent aux vivans.

Les Apparitions se font ou par les bons Anges, ou par les Démons, ou par les Ames des Trépassés, ou par les vivans à d'autres personnes encore vivantes.

Les bons Anges pour l'ordinaire n'apportent que de bonnes nouvelles, n'annoncent rien que d'heureux ; ou s'ils annoncent des malheurs futurs, c'est afin d'engager les hommes à les prévenir, ou à les détourner par la pénitence, ou à profiter des maux que Dieu leur envoie par l'exercice de la patience & de la résignation à ses ordres.

Les mauvais Anges ne prédisent ordinairement que des malheurs, des guerres, des effets de la colere de Dieu sur les peuples ; souvent même ils sont les exécuteurs des malheurs, des guerres, des calamités publiques, qui désolent les Royaumes, les Provinces, les Villes & les Familles. Les Spectres dont nous avons raconté les Apparitions à Brutus, à Cassius, à Julien l'Apostat, ne sont porteurs que des ordres funestes de la colere de Dieu, Si quelquefois ils promettent quelque prospérité à ceux à qui ils apparoissent, ce n'est que pour le présent, jamais pour l'éternité, ni pour la gloire de

Dieu, ni pour le salut éternel de ceux à qui ils parlent ; cela ne va qu'à une fortune temporelle toujours de peu de durée, très-souvent trompeuse.

Les ames des défunts, si ce sont des Chrétiens, demandent assez souvent que l'on offre le Saint Sacrifice du Corps & du Sang de Jesus-Christ, suivant la remarque de S. Grégoire le Grand[1], & comme l'expérience le fait voir, n'y ayant presque aucune Apparition de Chrétiens, qui ne demandent des Messes, des pélerinages, des restitutions, que l'on fasse des aumônes, que l'on satisfasse à ceux à qui le défunt doit quelque chose : souvent aussi ils donnent des avis salutaires pour le salut, pour la correction des mœurs, pour le bon réglement des familles. Ils découvrent l'état où se trouvent certaines personnes dans l'autre vie, afin qu'on les soulage, ou afin de précautionner les vivans, & les empêcher de tomber dans de pareils malheurs. Ils parlent de l'Enfer, du Paradis, du Purgatoire, des Anges, des Démons, du souverain Juge, de la rigueur de ses Jugemens, de la bonté qu'il exerce envers les justes, & des récompenses dont il couronne leurs bonnes œuvres.

Mais on doit beaucoup se défier de ces Apparitions, où l'on demande des Messes, des pèlerinages, des restitutions. S. Paul nous avertit que le Démon se transforme souvent en Ange de lumiere[2] ; & S. Jean[3] nous avertit de nous défier des *profondeurs de Satan*, de ses illusions, de ses prestige. Cet Esprit de malice & de mensonge se trouve parmi les vrais Prophetes, pour mettre dans la bouche des faux Prophetes le mensonge & l'erreur ; il abuse du texte des

Ecritures, des Cérémonies les plus sacrées, des Sacremens mêmes & des prieres de l'Eglise, pour séduire les simples & attirer leur confiance, pour partager autant qu'il est en lui la gloire qui n'est dûe qu'au Tout-Puissant, & pour se l'approprier. Combien de faux miracles n'a-t'il point faits ? Combien de fois a-t'il prédit l'avenir ? Combien de guérisons n'a-t'il pas opérées ? Combien d'actions saintes n'a-t'il pas conseillées ? Combien d'entreprises louables en apparence n'a-t'il pas inspirées pour attirer les Fidéles dans ses piéges ?

Bodin dans sa Démonomanie[4] cite plus d'un exemple de Démons qui ont demandé des prieres, & se sont même mis en posture de personnes qui prient sur la fosse d'un mort, pour faire croire que le mort a besoin de prieres. Quelquefois ce sera le Démon sous la figure d'un scélérat mort dans le crime, qui viendra demander des Messes pour faire croire que son ame est en Purgatoire, & a besoin de prieres, quoiqu'il soit certain qu'il est mort dans l'impénitence finale, & que les prieres sont inutiles pour son salut. Tout cela n'est qu'une ruse du Démon, qui cherche à inspirer aux méchans une folle & dangereuse confiance, qu'ils feront sauvés malgré leur vie criminelle & leur impénitence, & qu'ils pourront parvenir au salut, moyennant quelques prieres & quelques aumônes qu'ils feront faire après leur mort, ne faisant pas attention que ces bonnes œuvres ne peuvent être utiles qu'à ceux qui sont morts en état de grace, quoiqu'encore souillés par quelque faute vénielle, puifque l'Ecriture nous apprend[5] que rien de fouillé n'entrera dans le Royaume des Cieux.

On croit que les réprouvés peuvent quelquefois revenir par la permiffion de Dieu, comme on a vû des perfonnes mortes dans l'Idolâtrie, & par conféquent dans le crime, & exclues du Royaume de Dieu, retourner en vie, fe convertir & recevoir le Baptême. S. Martin n'étoit encore que fimple Abbé de fon Monaftere de Ligugé[6], lorfqu'en fon abfence un Cathécumene qui s'étoit mis fous fa difcipline pour être inftruit des vérités de la Religion Chrétienne, vint à mourir fans avoir reçû le Baptême. Il y avoit trois jours qu'il étoit décédé, lorfque le Saint arriva ; il fit fortir tout le monde, fit fa priere fur le mort, le reffufcita, & lui donna le Baptême.

Ce Cathécumene racontoit qu'il avoit été conduit devant le Tribunal du fouverain Juge, qui l'avoit condamné à defcendre dans des lieux obfcurs avec une infinité d'autres perfonnes condamnées comme lui ; mais que deux Anges ayant repréfenté au Juge que cet homme étoit celui pour qui Martin intercédoit, Dieu ordonna aux deux Anges de le ramener en terre, & de le rendre à Martin. Voilà un exemple qui prouve ce que je viens de dire, que les réprouvés peuvent revenir en vie, faire pénitence, & recevoir le Baptême.

Mais ce que quelques-uns ont avancé du falut de Falconile procuré par Sainte Thecle, de celui de Trajan fauvé par les prieres de S. Grégoire Pape, & de quelques autres décédés dans le Paganifme, tout cela eft entierement contraire à la foi de l'Eglife & aux faintes Ecritures, qui nous apprennent que sans la foi il est impossible de plaire à Dieu, & que celui qui ne croit point, & n'a pas reçû le Baptême, est déja jugé & condamné ; ainsi l'on doit tenir pour téméraires, erronnées, fausses & dangereuses les opinions de ceux qui accordent le salut à Platon, à Aristote, à Séneque, &c. parce qu'il leur paroît qu'ils ont vécu louablement selon les regles d'une morale toute humaine & philosophique.

Philippe, Chancelier de l'Eglise de Paris, soutenoit que la pluralité des bénéfices étoit permise. Etant au lit de la mort, il fut visité de Guillaume Evêque de Paris, mort en 1248. Ce Prélat pressa le Chancelier Philippe de renoncer à ses bénéfices à la réserve d'un seul ; il le refusa, disant qu'il vouloit éprouver si la pluralité des bénéfices étoit un aussi grand mal qu'on le disoit : il mourut dans ces dispositions en 1237.

Quelques jours après son décès l'Evêque Guillaume priant la nuit après matines dans sa Cathédrale, vit paroître devant lui une figure d'homme hideux & affreux ; il fit le signe de la croix, & lui dit : si vous êtes envoyé de Dieu, parlez ; il parla & dit : je suis ce misérable Chancelier, qui ai été condamné au supplice éternel. L'Evêque lui en ayant demandé la cause, il répondit : je suis condamné 1°. pour n'avoir point distribué aux pauvres le superflu de mes bénéfices ; 2°. pour avoir soutenu qu'il étoit permis d'en posséder plusieurs ; 3°. pour avoir croupi quelques jours dans le crime d'incontinence.

Cette Hiſtoire fut ſouvent prêchée par l'Evêque Guillaume à ſes Clercs ; elle eſt rapportée par le B. Albert le Grand qui étoit contemporain, dans ſon livre des Sacremens ; par Guillaume Durand Evêque de Mande, dans ſon livre *de modo celebrandi Concilia* ; & dans Thomas de Cantimpré dans ſon ouvrage *des Abeilles.* Ils croyoient donc que Dieu permet quelquefois que les réprouvés apparoiſſent aux vivans.

Voici encore un exemple d'Apparitions d'un réprouvé & d'une réprouvée. Le Prince de Ratzivil[Z], dans ſon voyage de Jéruſalem, raconte qu'étant en Egypte, il acheta deux momies, les fit emballer, & les chargea ſur ſon vaiſſeau le plus ſecrettement qu'il lui fut poſſible, enſorte qu'il n'y avoit que lui & deux domeſtiques qui le ſçuſſent, les Turcs ne permettant que très-difficilement qu'on emporte de ces momies, parce qu'ils croyent que les Chrétiens s'en ſervent pour des opérations magiques. Lorſqu'on fut en mer, il ſurvint une tempête à diverſes repriſes, & avec tant de violence, que le Pilote déſeſperoit de ſauver le vaiſſeau. Un bon Prêtre Polonois, de la ſuite du Prince de Ratzivil, récitoit des prieres convenables à une telle circonſtance ; mais il étoit tourmenté, diſoit-il, par deux Spectres hideux & noirs, un homme & une femme, qui étoient à ſes côtés, & le menaçoient de lui ôter la vie : on crut d'abord que la frayeur lui avoit troublé l'imagination.

Le calme étant revenu, il parut tranquille ; mais bientôt l'orage ayant recommencé, il fut tourmenté plus fort qu'auparavant, & ne fut délivré de cette infeſtation, que quand on eut jetté dedans la mer ces deux momies qu'il n'avoit pas vûes, & que ni lui ni le Pilote ne sçavoient pas être dans le vaisseau. Je ne veux pas nier le fait, qui est rapporté par un Prince incapable de vouloir en imposer. Mais combien de réflexions ne peut-on pas faire sur cet évènement ? Etoient-ce les ames de ces deux Payens, ou deux Démons qui prirent leur figure ? Quel intérêt le Démon prenoit-il à ne pas souffrir que ces corps fussent réduits au pouvoir des Chrétiens ?

---

1. ↑ Greg. Mag. lib. 4. Dialog. c. 55.
2. ↑ II. Cor. xj. 14.
3. ↑ Apoc. 21. 14.
4. ↑ Bodin Dæmonom. t. 3. c. 6.
5. ↑ Apoc. 21. 27.
6. ↑ Sulpit. Sever. vita S. Martin. c. 5.
7. ↑ Ratzivil, Peregrin. Jerosol. pag. 218.

CHAPITRE XLV.

Apparitions d'hommes vivans à d'autres hommes vivans, abſens & fort éloignés.

ON a dans toutes les Hiſtoires ſacrées & profanes, anciennes & modernes, une infinité d'exemples d'Apparitions de perſonnes vivantes à d'autres perſonnes vivantes. Le Prophete Ezéchiel dit de lui-même[1] : » j'étois aſſis dans ma maiſon au milieu des anciens de mon peuple, lorſque tout d'un coup une main qui venoit d'une figure toute brillante comme de feu, me ſaiſit par les cheveux ; & l'Eſprit me tranſporta entre le Ciel & la Terre, & me mena à Jéruſalem, où il me plaça auprès de la porte du Parvis intérieur qui regarde le Septentrion, où je vis l'Idole de la jalouſie (apparemment Adonis) & j'y remarquai la Majeſté du Seigneur, comme je l'avois vûe dans le champ : il me fit voir l'Idole de la jalouſie à laquelle les Iſraélites brûloient des parfums ; & l'Ange du Seigneur me dit : tu vois les abominations que commettent les Enfans d'Iſrael, en s'éloignant de mon Sanctuaire ; tu en verras encore de plus grandes.

» Et ayant percé la muraille du Temple, je vis des figures de reptiles & d'animaux, les abominations & les Idoles de la maiſon d'Iſrael, & ſoixante & dix hommes des anciens d'Israel, qui étoient debout devant ces figures, ayant chacun un encensoir à la main ; après cela l'Ange me dit : tu verras encore quelque chose de plus abominable ; & il me fit voir des femmes qui faisoient le deuil d'Adonis. Enfin m'ayant introduit dans l'intérieur du Parvis du Temple, je vis vingt hommes entre le vestibule & l'Autel, qui tournoient le dos au Temple du Seigneur, & avoient le visage tourné vers l'Orient, & rendoient leurs adorations au Soleil dans son lever. «

On peut remarquer ici deux choses : la premiere, Ezéchiel transporté de la Chaldée à Jérusalem par les airs entre le Ciel & la Terre par la main d'un Ange ; ce qui prouve la possibilité du transport d'un homme vivant par les airs à une très-grande distance du lieu où il étoit.

La seconde, la vision ou l'Apparition de ces Prévaricateurs qui commettent jusques dans le Temple les plus grandes abominations, & les plus contraires à la Majesté de Dieu, à la sainteté du lieu, & à la Loi du Seigneur. Après tout cela le même Ange rapporta Ezéchiel dans la Chaldée, & *spiritus levavit me adduxitque in Chaldœam ad transmigrationem,* &c. mais ce ne fut qu'après que Dieu lui eut fait voir la vengeance qu'il devoit exercer contre les Israélites.

On dira peut-être que tout ceci ne se passa qu'en vision ; qu'Ezéchiel crut être transporté à Jérusalem, & ensuite rapporté à Babylone ; & que ce qu'il vit dans le Temple, il ne le vit que par révélation. Je réponds que le texte de ce Prophete marque un transport réel, & qu'il fut transporté par les cheveux entre le Ciel & la Terre. *Similitudo manûs apprehendit in cincinno capitis mei, & elevavit me ſpiritus inter terram & cœlum, & adduxit me in Jeruſalem in viſione Dei.* Il fut ramené en Judée de la même maniere.

Je ne nie pas que la choſe ne puiſſe être arrivée en viſion, & qu'Ezéchiel n'ait vû en eſprit ce qui ſe paſſoit dans le Temple de Jéruſalem. Mais j'en tirerai toujours une conſéquence favorable à mon deſſein, qui eſt la poſſibilité du tranſport d'un homme vivant par les airs à une très-grande diſtance du lieu où il ſe trouvoit, ou du moins qu'un homme vivant peut s'imaginer fortement qu'il eſt tranſporté, quoi que ce tranſport ne ſoit qu'imaginaire & en viſion, comme on prétend que cela arrive dans le tranſport des Sorciers au Sabat.

Enfin voilà de véritables Apparitions d'hommes vivans faites à d'autres hommes vivans. Comment cela s'eſt-il fait ? La choſe n'eſt pas difficile à expliquer en ſuivant le récit du Prophete, qui eſt transféré de la Chaldée en Judée dans ſon propre corps par le miniſtere des Anges ; mais les Apparitions rapportées dans S. Auguſtin & dans d'autres Auteurs ne ſont pas de la même ſorte : les deux perſonnes qui ſe voyent & s'entretiennent, ne ſortent point de leur place ; & celle qui apparoît n'a aucune connoiſſance de ce qui ſe paſſe à l'égard de celle à qui elle apparoît ſans le ſçavoir, & à qui elle explique certaines choſes auſquelles elle ne penſe pas même dans ce moment.

Dans le troiſiéme Livre des Rois Abdias Intendant du Roi Achab ayant rencontré le Prophete Elie qui ſe tenoit caché depuis longtems, lui dit que le Roi Achab l'avoit fait chercher par tout, & que ne l'ayant pû découvrir en aucun lieu, il étoit allé lui-même pour le chercher. Elie lui ordonna d'aller dire au Roi qu'Elie avoit paru ; mais Abdias lui répondit : voyez à quoi vous m'expofez ; car fi je vais annoncer à Achab que je vous ai parlé, l'Efprit de Dieu vous tranfportera dans un lieu inconnu, & le Roi ne vous trouvant point me fera mourir : *cùm receffero à te, Spiritus Domini afportabit te in locum quem ego ignoro, & ingreffus nunciabo Achab, & non inveniens te, interficiet me.*

Voilà encore un exemple qui prouve la poffibilité du tranfport d'un homme vivant en un lieu fort éloigné. Le même Prophete étant au Carmel, fut faifi de l'Efprit de Dieu, qui le tranfporta delà à *Jezrael* en fort peu de tems, non par les airs, mais en le faifant marcher & courir avec une promptitude toute extraordinaire.

Dans l'Evangile Elie[2] apparoît avec Moïfe fur le Thabor à la Transfiguration du Sauveur. Moïfe étoit décédé depuis longtems ; mais l'Eglife croit qu'Elie eft encore vivant. Dans les Actes des Apôtres[3], Ananie apparoît à S. Paul, & lui impofe les mains en vifion avant qu'il arrive dans fa maifon à Damas.

Deux hommes de la Cour de l'Empereur Valens voulant découvrir par les fecrets de la magie qui étoit celui qui devoit fuccéder à cet Empereur[4], firent faire une table de bois de laurier en forme de trépied, fur laquelle ils mirent un baffin fait de divers métaux ; fur les bords de ce baffin étoient gravées à quelque diftance l'une de l'autre les vingt-quatre lettres de l'Alphabet Grec : un Magicien avec certaines cérémonies s'approcha du baſſin, & tenant en main un anneau ſuſpendu à un fil, laiſſoit tomber par intervalle l'anneau ſur les lettres de l'Alphabet, pendant qu'on tournoit rapidement la table ; l'anneau tombant ſur les différentes lettres, formoit des vers obſcurs & énigmatiques, comme ceux que rendoit l'Oracle de Delphes.

Enſuite on demanda quel étoit le nom de celui qui devoit ſuccéder à l'Empereur Valens ? L'anneau toucha les quatre lettres Θ E O Δ, qu'ils interpréterent de Théodoſe ſecond Sécretaire de l'Empereur Valens. Théodoſe fut arrêté, interrogé, convaincu, & mis à mort, & avec lui tous les coupables & les complices de cette opération ; on fit la recherche de tous les livres de Magie, & on en brûla un très-grand nombre.

Le grand Théodoſe à qui l'on ne penſoit point, & qui étoit fort éloigné de la Cour, étoit celui que ces lettres déſignoient. En 379. il fut déclaré Auguſte par l'Empereur Gratien, & étant venu à Conſtantinople en 380. il eut un ſonge[5] par lequel il lui ſembloit que Meléce Evêque d'Antioche, qu'il n'avoit jamais vû, & qu'il ne connoiſſoit que de réputation, le révétoit du manteau Impérial, & lui ceignoit la tête du Diadême.

On aſſembloit alors les Evêques d'Orient pour la tenue du Concile de Conſtantinople. Théodoſe pria qu'on ne lui montrât point Meléce, diſant qu'il le reconnoîtroit aux marques qu'il avoit vûes en ſonge ; en effet, il le diſtingua entre tous les autres Evêques, l'embraſſa, lui baiſa les mains, & le regarda toujours depuis comme ſon pere. Voilà une Apparition d'un homme vivant bien marquée.

S. Auguſtin raconte[6], qu'un certain homme vit la nuit avant ſon ſommeil entrer dans ſa maiſon un Philoſophe qui lui étoit connu, & qui lui expliqua quelques paſſages ou quelques ſentimens de Platon qu'il n'avoit pas voulu lui expliquer auparavant. Cette Apparition du Platonicien n'étoit que phantaſtique : car la perſonne à qui il avoit apparu, lui ayant demandé pourquoi il n'avoit pas voulu lui expliquer dans ſon logis ce qu'il étoit venu lui expliquer chez lui, il répondit : je ne l'ai point fait ; mais j'ai ſongé que je le faiſois. Voilà donc deux perſonnes vivantes, dont l'une dans le ſommeil & en ſonge parle à une autre bien éveillée, & qui ne la voit que par l'imagination.

Le même S. Auguſtin[7] reconnoît en préſence de ſon peuple qu'il a apparu à deux perſonnes qui ne l'avoient jamais vû, qui ne le connoiſſoient que de réputation, & qu'il leur conſeilla de venir à Hippone pour y recevoir leur guériſon par le mérite du Martyr S. Etienne ; ils y vinrent & recouvrerent la ſanté.

Ennode enſeignant la Rhétorique à Carthage[8], & ſe trouvant embarraſſé ſur le ſens d'un paſſage des livres de la Rhétorique de Cicéron, qu'il devoit expliquer le lendemain à ſes Ecoliers, ſe coucha inquiet, & à peine put-il s'endormir. Pendant ſon ſommeil il crut voir S. Auguſtin qui étoit alors à Milan fort éloigné de Carthage, qui ne penſoit point du tout à lui, & qui apparemment dormoit fort tranquillement, qui vint lui expliquer le paſſage en queſtion.

S. Auguſtin avoue qu'il ne ſçait comment cela s'eſt fait ; mais de quelque maniere qu'il ſe ſoit fait, il eſt fort poſſible que nous voyons en ſonge un mort comme nous voyons un vivant, ſans que ni l'un ni l'autre ſçache ni comment, ni quand, ni où ſe forment ces images dans notre eſprit. Il ſe peut faire auſſi qu'un mort apparoiſſe aux vivans ſans le ſçavoir, & qu'il leur découvre des choſes cachées & futures, dont l'évenement découvre la vérité & la réalité. Quand un homme vivant apparoît en ſonge à un autre homme, on ne dit pas que ſon corps ou ſon ame lui ayent apparu, mais ſimplement qu'un tel lui a apparu. Pourquoi ne pourra-t'on pas dire que les morts apparoiſſent ſans corps & ſans ames ; mais ſimplement que leur figure ſe préſente à l'eſprit & à l'imagination de la perſonne vivante ?

S. Auguſtin dans le livre qu'il a compoſé ſur le ſoin qu'on doit avoir pour les morts[9], dit qu'un S. Moine nommé Jean apparut à une femme pieuſe, qui déſiroit ardemment de le voir. Le Saint Docteur raiſonne beaucoup ſur cette Apparition ; ſi ce Solitaire a prévû ce qui lui devoit arriver, s'il a été en eſprit vers cette femme, ſi c'eſt ſon Ange, ſi c'eſt ſon Eſprit ſous la figure de ſon corps, s'il a apparu dans ſon ſommeil, comme nous voyons en ſonge des perſonnes abſentes qui nous ſont connues. Il faudroit parler au Solitaire pour ſçavoir de lui-même comment cela s'eſt fait, ſi c'eſt par la vertu de Dieu ou par ſa permiſſion : car il n'y a guére d'apparence qu'il l'ait fait par une puiſſance naturelle.

On dit que S. Siméon Stylite[10] apparut à ſon Diſciple S. Daniel, qui avoit entrepris le voyage de Jéruſalem, & lui dit d'aller à Conſtantinople, où il auroit beaucoup à ſouffrir pour Jeſus-Chriſt. S. Benoît[11] avoit promis à des Architectes, qui l'avoient prié de venir leur montrer comment il vouloit qu'ils bâtiſſent un Monaſtére : le Saint n'y alla point en corps ; mais il s'y rendit en eſprit, & leur donna le plan & le deſſein de la maiſon qu'ils devoient conſtruire : ces hommes ne comprirent pas que ce fût là ce qu'il leur avoit promis, & vinrent de nouveau lui demander qu'elles étoient ſes intentions ſur cet édifice ; il leur dit : je vous l'ai expliqué en ſonge ; vous pouvez ſuivre le plan que vous avez vû.

Le Céſar Bardas qui avoit ſi fort contribué à la dépoſition de S. Ignace, Patriarche de Conſtantinople, eut une viſion qu'il raconta ainſi à Philothée ſon ami. Je croyois cette nuit aller en proceſſion avec l'Empereur Michel à la grande Egliſe. Quand nous y fûmes entrés & arrivés près de l'Ambon, parurent deux Eunuques de la chambre d'un air cruel & farouche, dont l'un ayant lié l'Empereur, le tira hors du Chœur du côté droit ; l'autre me tira de même du côté gauche. Alors je vis tout d'un coup ſur le trône du Sanctuaire un vieillard aſſis, tout ſemblable à l'image de S. Pierre, ayant debout près de lui deux hommes terribles qui paroiſſoient des Prévôts. Je vis devant les genoux de S. Pierre Ignace fondant en larmes, & criant : vous avez les clefs du Royaume des Cieux ; ſi vous avez connoiſſance de l'injuſtice qu'on m'a faite, conſolez ma vieilleſſe affligée.

S. Pierre répondit : montrez celui qui vous a maltraité. Ignace ſe retournant, me montra de la main, & dit : voilà celui qui m'a le plus fait de mal. Saint Pierre fit signe à celui qui étoit à sa droite, & lui mettant en main un petit glaive il lui dit tout haut : Prens Bardas l'ennemi de Dieu, & le mets en pieces devant le Vestibule. Comme on me menoit à la mort, j'aî vû qu'il disoit à l'Empereur, le menaçant de la main : attends, fils dénaturé ; ensuite je vis qu'on me coupoit effectivement en pieces.

Ceci arriva en 866. l'année suivante au mois d'Avril, l'Empereur étant parti pour attaquer l'Isle de Crete, on lui rendit Bardas tellement suspect, qu'il résolut de s'en défaire. Il accompagnoit l'Empereur Michel en cette expédition. Bardas voyant entrer les meurtriers l'épée à la main dans la tente de l'Empereur, se jetta à ses pieds, pour lui demander pardon ; mais on le tira dehors, on le mit en pieces, & on porta par dérision quelques-uns de ses membres au bout d'une pique. Ceci arriva le 29 d'Avril 866.

Roger Comte de Calabre & de Sicile assiégeant la Ville de Capoue, un nommé Sergius Grec de naissance, à qui il avoit donné le commandement de deux cens hommes, s'étant laissé gagner par argent, forma le dessein de le trahir, & de livrer l'armée du Comte au Prince de Capoue pendant la nuit ; c'étoit le premier jour de Mars qu'il devoit exécuter son dessein. S. Bruno qui vivoit alors dans le désert de Squilance, apparut au Comte Roger, & lui dit de courir promptement aux armes, s'il ne vouloit être opprimé par ses ennemis. Le Comte s'éveille en sursaut, ordonne à ses gens de monter à cheval, & de voir ce qui se passoit dans le camp ; ils rencontrerent les gens de Sergius avec le Prince de Capoue, qui les ayant apperçus ſe retirerent promptement dans la Ville : ceux du Comte Roger en prirent cent ſoixante-deux, de qui ils apprirent tout le ſecret de la trahiſon. Roger étant allé le 29 Juillet ſuivant à Squilance, & ayant raconté à Bruno ce qui lui étoit arrivé, le Saint lui dit : ce n'eſt pas moi qui vous ai averti ; c'eſt l'Ange de Dieu, qui ſe trouve auprès des Princes en tems de guerre. Ainſi le raconte le Comte Roger lui-même dans un privilége accordé à S. Bruno.

Un Religieux[12] nommé Fidus, Diſciple de S. Euthymius, Abbé célebre en Paleſtine, ayant été envoyé par Martyrius, Patriarche de Jéruſalem, pour une commiſſion importante touchant les affaires de l'Egliſe, s'embarqua à Joppé, & fit naufrage la nuit ſuivante ; il ſe ſoutint pendant quelque tems ſur une piece de bois qu'il rencontra par hazard. Alors il invoqua à ſon ſecours S. Euthymius, qui lui apparut marchant ſur la mer, & lui dit : ſçachez que ce voyage n'eſt point agréable à Dieu, & ne ſera d'aucune utilité à la mere des Egliſes, c'eſt-à-dire à Jéruſalem. Retournez à celui qui vous a envoyé, & lui dites de ma part qu'il ne ſe mette point en peine de la ſéparation des Schiſmatiques : car l'union ſe fera dans peu ; pour vous, il faut que vous alliez en ma Laure, & que vous en faſſiez un Monaſtere.

Ayant ainſi parlé, il enveloppa Fidus de ſon manteau, & Fidus ſe trouva tout d'un coup à Jéruſalem dans ſa maiſon, ſans ſçavoir comment il y étoit venu : il raconta tout au

Patriarche Martyrius, qui se souvint de la prédiction de S. Euthymius sur le changement de la Laure en Monastere.

La Reine Marguerite, dans ses Mémoires, prétend que Dieu protége les Grands d'une façon particuliere, & qu'il leur fait connoître en songe ou autrement ce qui doit leur arriver ; comme la Reine Catherine de Médicis ma mere, dit-elle, qui la nuit devant cette misérable course, songea qu'elle voyoit le Roi Henri II. mon pere blessé à l'œil comme il arriva : étant éveillée, elle pria plusieurs fois le Roi de ne vouloir point courir ce jour-là.

La même Reine étant dangereusement malade à Metz, & ayant autour de son lit le Roi (Charles IX.) ma sœur & mon frere de Lorraine, & force Dames & Princesses, elle s'écria comme si elle eût vû donner la bataille de Jarnac : voyez comme ils fuyent ; mon fils, à la victoire : voyez-vous dans cette haye le Prince de Condé mort ? Tous ceux qui étoient là croyoient qu'elle rêvoit ; mais la nuit d'après M. de Losse lui en apporta des nouvelles : je le sçavois bien, dit-elle ; ne l'avois-je pas vû d'avant-hier ?

La Duchesse Philippe de Gueldres, épouse du Duc de Lorraine René II. étant Religieuse à Sainte Claire du Pont-à-Mousson, vit pendant son Oraison la malheureuse bataille de Pavie. Elle s'écria tout d'un coup : ah mes sœurs, mes cheres sœurs, en prieres pour l'amour de Dieu ; mon fils de Lambesc est mort, & le Roi (François I.) mon cousin est fait prisonnier. Quelques jours après on reçut à Nancy des nouvelles de ce fameux évènement arrivé le même jour que la Duchesse l'avoit vû. Ni le jeune Prince de Lambesc, ni le

Roi François I. n'avoient certainement aucune connoiſſance de cette révélation, & n'y eurent aucune part : ce ne fut donc ni leur eſprit, ni leurs Fantômes qui apparurent à la Princeſſe ; ce fut apparemment leur Ange, ou Dieu même qui par ſa puiſſance frappa ſon imagination, & lui repréſenta ce qui arrivoit dans ce moment.

Mézeray aſſure qu'il avoit ſouvent oui raconter à des gens de qualité, que le Duc Charles III. de Lorraine qui étoit à Paris lorſque le Roi Henri II. fut bleſſé d'un éclat de lance dont il mourut, avoit raconté pluſieurs fois, qu'une Dame qui logeoit dans ſon Hôtel avoit vû en ſonge fort diſtinctement, que le Roi avoit été atteint & abbatu par terre d'un coup de lance.

Aux exemples d'Apparitions d'hommes vivans à d'autres hommes vivans dans le ſommeil, on peut joindre une infinité d'autres exemples d'Apparitions d'Anges & de Saints perſonnages, ou même de perſonnes mortes à des hommes vivans endormis, pour leur donner des inſtructions, pour les inſtruire des dangers qui les menacent, pour leur inſpirer des avis ſalutaires ſur leur ſalut, pour leur donner du ſecours ; on pourroit compoſer des gros volumes ſur cette matiere. Je me contenterai de rapporter ici quelques exemples de ces Apparitions tirés des Auteurs profanes.

Xercès Roi de Perſe délibérant dans un Conſeil s'il porteroit la guerre en Grece, en fut fortement diſſuadé par Artabane ſon oncle paternel ; Xercès s'offenſa de ſa liberté, & lui dit des paroles fort desobligeantes. La nuit ſuivante il fit de ſérieuſes réfléxions ſur les raiſons d'Artabane, &

changea de réfolution : s'étant endormi, il vit en fonge un homme d'une taille & d'une beauté extraordinaire, qui lui dit : vous avez donc renoncé au deffein de faire la guerre aux Grecs, quoique vous ayez déja donné vos ordres aux Chefs des Perfes pour affembler votre armée ? Vous n'avez pas bien fait de changer de réfolution ; quand vous n'auriez perfonne qui fût de votre fentiment, allez, croyez-moi, fuivez vos premiers deffeins : ayant dit cela la vifion difparut. Le lendemain il affembla de nouveau fon Confeil, & fans parler du fonge qu'il avoit eu, il témoigna qu'il étoit fâché de ce qu'il avoit dit dans fa colere le jour précédent à Artabane fon oncle, & déclara qu'il avoit renoncé au deffein de faire la guerre aux Grecs ; ceux de fon Confeil ravis de joie, fe profternerent en fa préfence & l'en féliciterent.

La nuit fuivante il eut pour la feconde fois la même vifion, & le même Fantôme lui dit : fils de Darius, tu as donc abandonné le deffein de déclarer la guerre aux Grecs, fans te mettre en peine de ce que je t'ai dit ? fçaches que fi tu n'entreprends inceffamment cette expédition, tu feras bientôt réduit à une condition auffi baffe que celle où tu te trouves aujourd'hui eft élevée. Auffi-tôt le Roi fe jette à bas du lit, & envoie en diligence querir Artabane, à qui il raconte les deux fonges qu'il avoit eus deux nuits de fuite ; il ajouta : je vous prie de vous revêtir de mes ornemens Royaux, de vous affeoir fur mon Trône, enfuite de vous coucher dans mon lit ; fi le Fantôme qui m'a apparu vous apparoît auffi, je croirai que la chofe eft ordonnée par les décrets des Dieux, & je me rendrai à leurs ordres.

Artabane eut beau se défendre de se revêtir des ornemens Royaux, de s'asseoir sur le Trône du Roi, & de se coucher dans son lit, alléguant que tout cela seroit inutile, si les Dieux avoient résolu de lui faire connoître leur volonté ; que cela même seroit plus capable d'irriter les Dieux, comme si l'on vouloit par ces marques extérieures leur faire illusion ; qu'au reste les songes par eux-mêmes ne méritent aucune attention, & que pour l'ordinaire ils ne sont que des suites & des représentations de ce que l'on a eu plus fortement dans l'esprit pendant la veille.

Xercès ne se rendit point à ses raisons, & Artabane fit ce que le Roi voulut, persuadé que si la même chose se présentoit plus d'une fois, ce seroit une preuve de la volonté des Dieux, de la réalité de la vision, & de la vérité du songe ; il se coucha donc dans le lit du Roi, & le même Fantôme lui apparut, & lui dit : c'est donc toi qui empêches Xercès d'exécuter sa résolution, & d'accomplir ce qui est arrêté par les destins ? j'ai déja déclaré au Roi ce qu'il doit craindre, s'il differe d'obéir à mes ordres. En même tems il sembla à Artabane que le Spectre vouloit lui brûler les yeux avec un fer ardent ; aussitôt il sortit du lit, & raconta à Xercès ce qui lui étoit apparu, ce qui lui avoit été dit, & ajouta : je change absolument d'avis, puisqu'il plaît aux Dieux que nous fassions la guerre, & que les Grecs sont menacés de grands malheurs ; donnez vos ordres, & faites toutes vos dispositions pour la guerre. Ce qui fut aussitôt exécuté.

Les terribles fuites de cette guerre qui devint fi fatale à la Perfe, & qui fut enfin caufe du renverfement de cette fameufe Monarchie, fait juger que cette Apparition, fi elle eft véritable, fut annoncée par un mauvais Efprit, ennemi de cette Monarchie, envoyé de Dieu pour difpofer les chofes aux évenemens prédits par les Prophetes, & à la fucceffion des grands Empires prédeftinés dans les Décrets du Tout-Puiffant.

Cicéron remarque que deux Arcadiens qui voyageoient enfemble[13], arriverent à Mégare Ville de la Grece, fituée entre Athenes & Corinthe ; l'un qui avoit droit d'hofpitalité dans la Ville, logea chez fon ami, & l'autre dans une hôtellerie. Après le fouper, celui qui étoit chez fon ami fe retira pour fe coucher ; dans le fommeil il lui fembla que celui qui étoit à l'hôtellerie lui apparoiffoit, & le prioit de le fecourir, parce que l'Hôtellier vouloit le tuer. Sur le champ il fe leve effrayé par le fonge ; mais s'étant raffuré & rendormi, l'autre lui apparut de nouveau, & lui dit que puifqu'il n'avoit pas eu la bonté de le fecourir, du moins il ne laiffât pas fa mort impunie ; que l'Hôtellier après l'avoir tué avoit caché fon corps dans un chariot, & l'avoit couvert de fumier, & qu'il ne manquât pas de fe trouver le lendemain matin à l'ouverture de la porte de la Ville, avant que le chariot fortît. Frappé de ce nouveau fonge, il fe rend du grand matin à la porte de la Ville, voit le chariot, & demande à celui qui le menoit ce qu'il avoit fous ce fumier : le Chartier prit auffitôt la fuite, l'on tira le corps du chariot, & l'Hôtellier fut arrêté & puni.

Cicéron rapporte encore d'autres exemples de pareilles Apparitions arrivées dans le sommeil ; l'une est de Sophocles, & l'autre de Simonides. Le premier vit Hercule en songe, qui lui marqua le nom d'un voleur qui avoit pris dans son Temple une patere d'or. Sophocles négligea cet avertissement comme l'effet d'un sommeil inquiet ; mais Hercule lui apparut une seconde fois, & lui répéta la même chose, ce qui engagea Sophocles à dénoncer le voleur, qui fut convaincu par l'Aréopage, & depuis ce tems-là le nom d'Hercule le Révélateur fut donné à ce Temple.

Le songe ou l'Apparition de Simonides lui fut personnellement plus utile. Il étoit sur le point de s'embarquer : il trouva sur le rivage le cadavre d'un inconnu qui étoit sans sépulture ; Simonides la lui donna par humanité. La nuit suivante le mort apparut à Simonides, & lui conseilla par reconnoissance de ne point s'embarquer sur le vaisseau qui étoit à la rade, parce qu'il feroit naufrage. Simonides le crut, & peu de jours après il apprit le naufrage du vaisseau sur lequel il devoit monter.

Jean Pic Prince de la Mirande nous assure, dans son Traité *de auro*, qu'un homme qui n'étoit pas riche se trouvant réduit à la derniere extrémité, & n'ayant aucune ressource ni pour payer ses dettes, ni pour nourrir dans un tems de disette une famille nombreuse, accablé de chagrin & d'inquiétude s'endormit. Dans ce même tems un bienheureux s'apparoît à lui en songe, lui enseigne par quelques énigmes le moyen de faire de l'or, & lui indique au même instant l'eau dont il devoit se servir pour y réussir. A son réveil il prend cette eau

& en fait de l'or, en petite quantité à la vérité, mais aſſez pour ſuſtenter ſa famille. Il en fit deux fois avec du fer, & trois fois avec de l'orpiment ; & il m'a convaincu par mes propres yeux, dit Pic de la Mirande, que le moyen de faire de l'or artificiellement n'eſt pas un menſonge, mais un fait véritable.

Voici une autre ſorte d'Apparition d'un homme vivant à un autre homme vivant, qui eſt d'autant plus ſinguliere, qu'elle prouve à la fois & la force des Sortiléges, & qu'un Magicien peut ſe rendre inviſible à pluſieurs perſonnes pendant qu'il ſe découvre à un ſeul homme. Le fait eſt tiré du Traité des Superſtitions du R. P. le Brun[14], & eſt revêtu de tout ce qui le peut rendre inconteſtable ; je ne le rapporterai qu'en abrégé. Le Vendredi premier jour de Mai 1705. ſur les cinq heures du ſoir, Denis Miſanger de la Richardiere, âgé de dix-huit ans, fut attaqué d'une maladie extraordinaire, qui commença par une eſpece de léthargie : on lui donna tous les ſecours que la Médecine & la Chirurgie peuvent fournir ; il tomba enſuite dans une eſpece de fureur ou de convulſion, & on fut obligé de le tenir & faire garder par cinq ou ſix perſonnes, de peur qu'il ne ſe précipitât par les fenêtres, ou qu'il ne ſe caſſât la tête contre la muraille : l'émétique qu'on lui donna, lui fit jetter quantité de bile, & il demeura 4 ou 5 jours aſſez tranquille.

A la fin du mois de Mai, on l'envoya à la campagne pour prendre l'air : il lui ſurvint de nouveaux accidens ſi peu ordinaires, qu'on jugea qu'il étoit enſorcellé ; & ce qui confirmoit cette conjecture, c'eſt qu'il n'eut jamais de fiévre, & qu'il conſerva toutes ſes forces, nonobſtant tous les maux & les remédes violens qu'on lui avoit fait prendre. On lui demanda s'il n'avoit point eu quelques démêlés avec quelque Berger, ou autre perſonne ſoupçonnée de Sortilége ou de Maléfice.

Il déclara que le 18 Avril précédent traverſant le Village de Noyſi à cheval pour ſe promener, ſon cheval s'arrêta tout court au milieu de la rue Feret, vis-à-vis la Chapelle, ſans qu'il pût le faire avancer, quoiqu'il lui donnât pluſieurs coups d'éperon. Il y avoit là un Berger appuyé contre la Chapelle, ayant ſa houlette en main, & deux chiens noirs à ſes côtés. Cet homme lui dit : Monſieur, je vous conſeille de retourner chez vous ; car votre cheval n'avancera pas. Le jeune la Richardiere continuant à piquer ſon cheval, dit au Berger : je n'entre point dans ce que vous dites ; le Berger répondit à demi-bas : je vous y ferai bien entrer. En effet, le jeune homme fut obligé de deſcendre de cheval, & de le ramener par la bride au logis de M. ſon pere dans le même Village ; alors le Berger lui donna un ſort qui devoit commencer au premier Mai, comme on l'a ſçû depuis.

Pendant cette maladie on fit dire pluſieurs Meſſes en différens endroits, ſurtout à S. Maur des Foſſés, à S. Amable, & au S. Eſprit. Le jeune la Richardiere aſſiſta à quelques unes des Meſſes que l'on dit à S. Maur ; mais il déclara qu'il ne ſeroit guéri que le Vendredi 26 Juin au retour de S. Maur. Entrant dans la chambre dont il avoit la clef dans ſa poche, il y trouva ce Berger aſſis dans ſon fauteuil avec ſa houlette & ſes deux chiens : il fut le ſeul qui le vit, nul autre de la maiſon ne l'apperçut ; il dit même que cet homme s'appelloit *Damis,* quoiqu'auparavant il ne ſe ſouvenoit pas que perſonne lui eût révélé ſon nom. Il le vit pendant tout ce jour & toute la nuit ſuivante. Sur les ſix heures du ſoir, comme il étoit dans ſes maux ordinaires, il tomba par terre, criant que le Berger étoit ſur lui & l'écraſoit ; en même tems il tira ſon couteau, & en donna cinq coups dans le viſage du Berger, dont il demeura marqué : le malade dit à ceux qui veilloient, qu'il alloit avoir cinq foibleſſes conſidérables, & les pria de le ſecourir & de l'agiter violemment. La choſe arriva comme il l'avoit prédite.

Le Vendredi 26 Juin M. de la Richardiere étant allé à la Meſſe à S. Maur aſſura qu'il ſeroit guéri ce jour-là. Après la Meſſe le Prêtre lui mit l'Etole ſur la tête, & récita l'Evangile de S. Jean ; pendant cette priere le jeune homme vit S. Maur debout, & le malheureux Berger à ſa gauche, ayant le viſage enſanglanté des cinq coups de couteau qu'il avoit donnés. Dans ce moment le jeune homme cria ſans deſſein : miracle, miracle, & aſſura qu'il étoit guéri, comme il le fut en effet.

Le 29 Juin le même M. de la Richardiere retourna à Noyſi, & s'amuſa à chaſſer : le lendemain comme il chaſſoit encore dans les vignes, le Berger ſe préſenta devant lui ; il lui donna de la croſſe de ſon fuſil ſur la tête, le Berger s'écria : Monſieur, vous me tuez, & s'enfuit. Le lendemain cet homme ſe préſenta de nouveau devant lui, ſe jetta à ſes genoux, lui demanda pardon, & lui dit : je m'appelle *Damis* ; c'eſt moi qui vous ai donné le ſort qui devoit durer un an : par le secours des Messes & des prieres qu'on a dites pour vous, vous en avez été guéri au bout de huit semaines ; mais le sort est retombé sur moi, & je n'en pourrai guérir que par un miracle. Je vous prie de faire prier pour moi.

Pendant tous ces bruits, la Maréchaussée s'étoit mise à la poursuite du Berger ; mais il leur échappa, ayant tué ses deux chiens & jetté sa houlette. Le Dimanche 13 de Septembre il vint trouver M. de la Richardiere, lui raconta son avanture ; qu'après avoir été 20 ans sans s'approcher des Sacremens, Dieu lui avoit fait la grace de se confesser à Troyes, & qu'après diverses remises il avoit été admis à la sainte Communion. Huit jours après M. de la Richardiere reçut une lettre d'une femme qui se disoit parente du Berger, qui lui apprit sa mort, & le prioit de faire dire pour lui une Messe de *Requiem* ; ce qui fut exécuté.

Combien de difficultés ne peut-on pas former contre cette Histoire ? Comment ce malheureux Berger a-t'il pû donner un sort sans toucher la personne ? Comment a-t'il pû s'introduire dans la chambre du jeune M. de la Richardiere sans ouvrir ni forcer la porte ? Comment a-t'il pû se rendre visible à lui seul, pendant que nul autre ne le voyoit ? Peut-on douter de sa présence corporelle, puisqu'il reçut cinq coups de couteau au visage, dont il portoit encore les marques, lorsque par le mérite de la sainte Messe & l'intercession des Saints le sortilége fut levé ? Comment S. Maur lui apparut-il avec son habit de Bénédictin, ayant à sa gauche le Magicien ? Si le fait est certain, comme il le paroît, qui expliquera la maniere dont tout cela se passa ?

1. ↑ Ezech. viij. I. 2. &c.
2. ↑ Matth. xvij. 3.
3. ↑ Act. ix. 2.
4. ↑ Ammian. Marcel. lib. 19. Sozomen. l. 6. c. 35.
5. ↑ Theodoret. Hiſt. Eccleſ. lib. 5. c. 7.
6. ↑ Aug lib. 8. de civit. c. 18.
7. ↑ Aug. ſerm. cxxiij. pag. 1277. 1278.
8. ↑ Aug. de curâ gerendâ pro mortuis. c. 11. 12.
9. ↑ Aug. de curâ gerend. pro mort. c. 17. p. 529.
10. ↑ Vita Daniel. Stylit. xj. Decemb.
11. ↑ Gregor. lib, 2. Dialog. c. 22.
12. ↑ Vita Sancti Euthym. pag. 86. 87.
13. ↑ Cicero de divinatione.
14. ↑ Le Brun, Traité des Superſtit. tom. I. p. 281. 282. & ſuiv.

CHAPITRE XLVI.

Raisonnemens sur les Apparitions.

APRES avoir parlé assez longtems des Apparitions, & après en avoir établi la vérité, autant qu'il nous a été possible par l'autorité des Ecritures, par des exemples, par des raisons, il faut à présent porter notre jugement sur les causes, les moyens & les raisons de ces Apparitions, & répondre aux objections qu'on peut former pour en détruire la réalité, ou du moins pour en faire douter.

Nous avons supposé que les Apparitions étoient l'ouvrage des Anges, des Démons, ou des Ames des défunts ; nous ne parlons pas des Apparitions de Dieu même : ses volontés, ses opérations, sa puissance, sont au-dessus de notre portée ; nous reconnoissons qu'il peut tout ce qu'il veut, que sa volonté est toute puissante, & qu'il se met quand il veut au dessus des Loix qu'il a faites. Quant aux Apparitions des hommes vivans à d'autres hommes aussi vivans, elles sont d'une nature différente de celles que nous nous proposons d'examiner ici ; nous ne laisserons pas d'en parler ci-après.

Quelque système que l'on suive sur la nature des Anges, des Démons ou des Ames séparées du corps, soit qu'on les tienne pour substances purement spirituelles, comme l'Eglise Chrétienne le tient aujourd'hui, soit qu'on leur donne un corps aërien, subtil, invisible, comme plusieurs l'ont enseigné ; il paroît presque aussi difficile de rendre palpable, sensible & épais, un corps subtil & aërien, qu'il l'est de condenser l'air, & de le faire paroître comme un corps solide & sensible ; comme quand les Anges apparurent à Abraham & à Loth, l'Ange Raphaël à Tobie, & le conduisit en Médie, ou lorsque le Démon apparut à Jesus-Christ, & le conduisit sur une haute montagne, & sur le pinacle du Temple de Jérusalem, ou lorsque Moïse apparut avec Elie sur le Thabor : car ces Apparitions sont certaines par les Ecritures.

Si l'on veut que ces Apparitions n'ayent été que dans l'imagination & dans l'esprit de ceux qui ont vû ou crû voir des Anges, des Démons ou des Ames séparées du corps, ainsi qu'il arrive tous les jours dans le sommeil, & quelquefois dans la veille, lorsqu'on est fort occupé de certains objets, ou frappé de certaines choses qu'on désire ardemment, ou qu'on craint extraordinairement ; comme quand Ajax croyant voir Ulysse & Agamemnon, ou Menelaüs, se jetta sur des animaux qu'il égorgea, croyant tuer ces deux hommes ses ennemis, & sur lesquels il mouroit d'envie d'exercer sa vengeance.

Dans cette supposition l'Apparition ne sera pas moins difficile à expliquer. Il n'y avoit ni prévention, ni trouble d'imagination, ni passion précédente qui portât Abraham à se figurer qu'il voyoit trois personnes, à qui il donna à manger, à qui il parla, qui lui promirent la naissance d'un fils, à quoi il ne pensoit guére alors. Les trois Apôtres qui virent Moïse s'entretenant avec Jesus-Christ sur le Thabor, n'étoient point préparés à cette Apparition : il n'y avoit nulle paſſion de crainte, d'amour, de vengeance, d'ambition, ni autre qui leur frappât l'imagination, pour les diſpoſer à voir Moïſe ; comme il n'y en avoit point dans Abraham lorſqu'il apperçut les trois Anges qui lui apparurent.

Souvent dans le ſommeil nous voyons ou nous croyons voir ce qui nous a beaucoup frappé dans la veille, ou ce que nous ſouhaitons beaucoup ; quelquefois nous nous y repréſentons des choſes auſquelles nous n'avons jamais penſé, & même qui nous répugnent, & qui ſe préſentent à notre eſprit malgré nous. Perſonne ne s'aviſe de chercher les cauſes de ces ſortes de repréſentations : on les attribue au hazard, ou à quelque diſpoſition des humeurs ou du ſang, ou du cerveau, ou même du lieu où l'on eſt couché, ou de la maniere dont le corps eſt placé au lit ; mais rien de tout cela n'eſt applicable aux Apparitions des Anges, des Démons, ou des Eſprits, lorſque ces Apparitions ſont accompagnées & ſuivies d'actions, de diſcours, de prédictions & d'effets réels précédés & prédits par ceux qui apparoiſſent.

Si l'on a recours à une prétendue faſcination des yeux ou des autres ſens, qui nous font quelquefois croire que nous voyons & entendons ce que nous ne voyons & n'entendons pas ; ou que nous ne voyons ou n'entendons pas ce qui ſe paſſe à nos yeux, ou ce qui frappe nos oreilles : comme quand les ſoldats envoyés pour arrêter Eliſée lui parlerent & le virent avant de le connoître, ou que les habitans de Sodôme ne purent reconnoître la porte de Loth, quoiqu'elle fût devant leurs yeux, ou que les Diſciples d'Emmaüs ne reconnurent pas Jesus-Christ qui les accompagnoit, & qui leur expliquoit les Ecritures ; ils n'ouvrirent leurs yeux & ne le reconnurent *qu'à la fraction du pain.*

Cette fascination des sens qui nous fait croire que nous voyons ce que nous ne voyons pas, ou cette suspension de l'éxercice & des fonctions naturelles de nos sens, qui nous empêche de voir & de reconnoître ce qui se passe à nos yeux ; tout cela n'est guére moins miraculeux, que de condenser l'air ou de le raréfier, ou de donner de la solidité & de la consistence à ce qui est purement spirituel & dégagé de la matiere.

Il s'ensuit de tout cela que nulle Apparition ne se peut faire sans une espece de miracle, & sans un concours extraordinaire & surnaturel de la puissance de Dieu, qui ordonne, ou qui fait, ou qui permet qu'un Ange, qu'un Démon, ou qu'une Ame séparée du corps apparoisse, agisse, parle, marche, & fasse d'autres fonctions qui n'appartiennent qu'a un corps organisé.

On me dira qu'il est inutile de recourir au miraculeux & au surnaturel, si l'on a reconnu dans les substances spirituelles un pouvoir naturel de se faire voir, soit en condensant l'air, ou en produisant un corps massif & palpable, ou en suscitant quelque corps mort, à qui ces Esprits rendent la vie & le mouvement pour un certain tems.

Je conviens de tout cela ; mais j'ose soutenir que cela n'est possible ni à l'Ange, ni au Démon, ni à une substance spirituelle, quelle qu'elle soit. L'Ame peut bien produire en elle-même des pensées, des volontés & des désirs : elle peut bien imprimer des mouvemens à fon corps, & réprimer fes faillies & fes agitations ; mais comment le fait-elle ? La Philofophie ne peut guére l'expliquer qu'en difant qu'en vertu de l'union quelle a avec fon corps, Dieu par un effet de fa fageffe lui a donné le pouvoir d'agir fur fes humeurs, fur fes organes, & de leur imprimer certains mouvemens ; mais il y a lieu de croire qu'elle n'opére tout cela que comme caufe occafionnelle, & que c'eft Dieu comme caufe premiere, néceffaire, immédiate & effentielle, qui produit tous les mouvemens du corps qui fe font dans la nature.

Ni l'Ange, ni le Démon n'ont pas plus de privilége à cet égard fur la matiere, que l'ame de l'homme fur fon propre corps. Ils ne peuvent ni modifier la matiere, ni la changer, ni lui imprimer des actions & des mouvemens que par le pouvoir de Dieu, & avec fon concours néceffaire & immédiat : nos lumieres ne nous permettent pas de juger autrement ; il n'y a point de proportion phyfique entre l'Efprit & le corps : ces deux fubftances ne peuvent agir mutuellement & immédiatement l'une fur l'autre ; elles ne peuvent agir qu'occafionnellement, en déterminant la caufe premiere, en vertu des Loix qu'elle a jugé à propos de fe prefcrire à elle-même pour l'action réciproque des créatures l'une fur l'autre, de leur donner l'être, de le conferver, & de perpétuer le mouvement dans la maffe de la matiere qui compofe l'Univers, en donnant lui-même la vie aux fubftances fpirituelles, & leur permettant avec fon concours comme caufe premiere d'agir le corps fur l'ame, & l'ame sur le corps, les uns & les autres comme causes occasionnelles.

Porphyre étant consulté par Anebon, Prêtre Egyptien, si ceux qui président l'avenir & font des prodiges ont des Ames plus puissantes, ou s'ils reçoivent ce pouvoir de quelque Esprit étranger, répond que selon les apparences tout cela se fait par le moyen de certains mauvais Esprits qui sont naturellement fourbes, qui prennent toutes sortes de formes, & qui font tout ce qu'on voit arriver de bien & de mal ; mais qu'au fond ils ne portent jamais les hommes à ce qui est véritablement bien.

Saint Augustin[1] qui rapporte ce passage de Porphyre, appuie beaucoup sur son témoignage, & dit que tout ce qui se fait d'extraordinaire par certains tons de voix, par des figures ou des fantômes, est d'ordinaire l'ouvrage du Démon, qui se joue de la crédulité & de l'aveuglement des hommes ; que tout ce qui s'opére de merveilleux dans la nature, & ne se rapporte pas au culte du vrai Dieu, doit passer pour illusion du Démon. Les plus anciens Peres de l'Eglise, Minutius Felix, Arnobe, S. Cyprien, attribuent de même toutes ces sortes d'effets extraordinaires au malin Esprit.

Tertullien[2] ne doutoit pas que les Apparitions qui sont produites par la Magie, & par les évocations des Ames, qui forcées par les enchantemens sortent, dit-on, du fond de l'Enfer, ne soient de pures illusions du Démon, qui fait paroître aux assistans un corps fantastique, & qui fascine les yeux de ceux qui croyent voir ce qu'ils ne voient pas ; ce qui n'est pas plus difficile au Démon, dit-il, que de séduire & d'aveugler les Ames, qu'il engage dans le péché. Pharaon croyoit voir des Serpens véritables produits par ses Magiciens ; ce n'étoit qu'illusion. La vérité de Moïse dévora le mensonge de ces Imposteurs ; *corpora videbantur Pharaoni & Egyptiis magicarum virgarum Dracones ; sed Moïsi veritas mendacium devoravit.*

Cette fascination des yeux de Pharaon & de ses serviteurs est-elle plus aisée à faire que de produire des serpens ; & se peut-elle faire sans le concours de Dieu ? & comment concilier ce concours avec la sagesse, l'indépendance & la vérité de Dieu ? Le Démon à cet égard a-t'il un plus grand pouvoir qu'un Ange & qu'une Ame séparée du corps ? Et si une fois on ouvre la porte à cette fascination, tout ce qui paroît surnaturel & miraculeux deviendra incertain & douteux. On dira que les merveilles racontées dans l'Ancien & le Nouveau Testament ne sont à regard de ceux qui en ont été témoins, ou à qui elles sont arrivées, qu'illusions & fascinations ; & à quoi ces principes ne conduisent-ils pas ? Cela conduit à douter de tout, à nier tout, à croire que Dieu de concert avec le Démon nous induit à erreur, & nous fascine les yeux & les autres sens, pour nous faire croire que nous voyons, que nous entendons, & que nous connoissons, ce qui n'est ni présent à nos yeux, ni connu à notre esprit, ni appuyé sur notre raisonnement, puisque par-là les principes du raisonnement sont renversés.

Il faut donc recourir aux principes solides & inébranlables de la Religion, qui nous apprennent :

1º. Que les Anges, les Démons, & les Ames séparées du corps, sont de purs Esprits dégagés de toute matiere.

2º. Que les substances spirituelles ne peuvent que par l'ordre ou la permission de Dieu apparoître aux hommes ; & leur faire paroître des corps sensibles & véritables, dans lesquels & par lesquels ils font ce qu'on leur voit faire.

3º. Que pour faire paroître ces corps & les faire agir, parler, marcher, manger, &c. elles doivent produire des corps sensibles, ou en condensant l'air, ou substituant d'autres corps terrestres, solides & capables de faire les fonctions dont nous parlons.

4º. Que la maniere dont se fait cette production & apparition de corps sensibles, nous est absolument inconnue ; que nous n'avons aucune preuve, que les substances spirituelles ayent un pouvoir naturel de produire ces sortes de changemens quand il leur plaît ; qu'elles ne les peuvent produire que dépendamment de Dieu.

5º. Qu'encore qu'il y ait souvent beaucoup d'illusion, de prévention & d'imagination dans ce qu'on raconte des opérations & des Apparitions des Anges, des Démons, & des Ames séparées du corps, il y a toutefois de la réalité dans plusieurs de ces choses, & qu'on ne peut raisonnablement les révoquer toutes en doute, ni encore moins les nier toutes.

6º. Qu'il y a des Apparitions qui portent avec elles la preuve & le caractere de vérité, par la qualité de celui qui les rapporte, par les circonstances qui les accompagnent, par les suites de ces Apparitions, qui annoncent des choses futures, & qui sont suivies de l'effet, qui opérent des choses impossibles aux forces naturelles de l'homme, & trop opposées aux intérêts du Démon, & à son caractere de malice & de tromperie, pour qu'on puisse le soupçonner d'en être l'auteur ou le fauteur. Enfin ces Apparitions sont certifiées par la créance, les prieres, & la pratique de l'Eglise qui les autorise, & qui en suppose la réalité.

7°. Que quoique ce qui paroît miraculeux ne le soit pas toujours, on doit au moins y reconnoître pour l'ordinaire du prestige & de l'opération du Démon ; par conséquent que le Démon peut avec la permission de Dieu faire beaucoup de choses qui surpassent nos connoissances, & le pouvoir naturel que nous lui supposons.

8°. Que ceux qui veulent les expliquer par la voie de la fascination des yeux & des autres sens, ne résolvent pas la difficulté, & se jettent dans de plus grands embarras, que ceux qui admettent simplement les Apparitions faites par l'ordre ou la permission de Dieu.

---

1. ↑ Aug. de civit. Dei, lib. x. c. 11. 12.
2. ↑ Tertull. de animâ, c. 57.

CHAPITRE XLVII.

Objections contre les Apparitions, & réponſes aux objections.

LA plus ſolide objection qu'on puiſſe former contre les Apparitions des Anges, des Démons, des Ames ſéparées du corps, ſe prend de la nature de ces ſubſtances, qui étant purement ſpirituelles, ne peuvent paroître avec des corps ſenſibles, ſolides & palpables, ni en faire les fonctions, qui n'appartiennent qu'à la matiere & à des corps vivans & animés.

Car ou les ſubſtances ſpirituelles ſont unies aux corps qui paroiſſent ou non ? Si elles n'y ſont pas unies, comment peuvent-elles les mouvoir & les faire agir, marcher, parler, raiſonner, manger ? Si elles y ſont unies, elles ne font donc qu'un tout, un individu avec elles ; & comment peuvent-elles s'en ſéparer après s'y être unies ? Les prennent-elles & les quittent-elles à volonté, comme on quitte un habit ou un maſque ? Cela ſuppoſeroit qu'elles ſont maîtreſſes de paroître ou de diſparoître, ce qui n'eſt pas, puiſque toute Apparition ſe fait uniquement par l'ordre ou par la permiſſion de Dieu. Ces corps qui paroiſſent ne ſont-ils que les inſtrumens dont les Anges, les Démons, ou les Ames ſe ſervent pour effrayer, pour avertir, pour châtier, pour inftruire celui ou ceux à qui ils paroiffent ? C'eft en effet ce qu'on peut dire de plus raifonnable fur ces Apparitions ; les Exorcifmes de l'Eglife ne tombent directement que fur l'agent & le moteur de ces Apparitions, & non fur le Fantôme qui apparoît, ni fur le premier Auteur qui eft Dieu, qui l'ordonne ou le permet.

Une autre objection fort commune & fort frappante eft celle qui fe tire de la multitude des fauffes hiftoires, & des bruits ridicules qui fe répandent parmi le peuple d'Apparitions d'Ames, de Démons, de Folets, de Poffeffions & Obfeffions.

Il faut convenir que de cent de ces prétendues Apparitions, à peine y en aura-t'il deux de vraies ; les Anciens ne font pas plus croyables en cela que les Modernes, puifqu'ils étoient au moins auffi crédules qu'on l'eft dans notre fiécle, ou plutôt qu'ils étoient plus crédules qu'on ne l'eft aujourd'hui.

Je conviens que la vaine crédulité du peuple, & l'amour de ce qui a l'air de merveilleux & d'extraordinaire, ont produit une infinité d'hiftoires fauffes fur le fujet que nous traitons. Il y a ici deux écueils à éviter, la trop grande crédulité, & l'exceffive difficulté à croire ce qui eft au-deffus du cours ordinaire de la nature : de même qu'on ne doit pas conclure le général du particulier, ni dire que tout eft faux, parce qu'il y a quelques hiftoires qui font fauffes ; auffi ne doit-on pas toujours affurer qu'une telle hiftoire en particulier eft inventée à plaifir, parce qu'il y en a un très-grand nombre de cette derniere efpece. Il eft permis d'éxaminer, d'éprouver & de choiſir ; on ne doit porter ſon jugement qu'avec connoiſſance de cauſe. Une hiſtoire peut être fauſſe dans pluſieurs de ſes circonſtances, & être vraie dans le fond.

L'hiſtoire du Déluge & celle du paſſage de la mer rouge ſont certaines en elles-mêmes, & dans le ſimple & naïf récit qu'en fait Moïſe. Les Hiſtoriens profanes & quelques Hébreux, des Chrétiens même y ont ajouté des embelliſſemens qui ne doivent point porter coup contre l'hiſtoire en elle-même. Joſeph l'Hiſtorien a beaucoup embelli l'hiſtoire de Moïſe ; des Auteurs Chrétiens ont beaucoup ajouté à celle de Joſeph ; les Mahométans ont alteré pluſieurs points de l'Hiſtoire ſacrée de l'Ancien & du Nouveau Teſtament : faudra-t'il pour cela réduire en problême ces Hiſtoires ? La vie de S. Grégoire Thaumaturge eſt remplie de miracles, de même que celles de S. Martin, de S. Bernard ; S. Auguſtin rapporte pluſieurs guériſons miraculeuſes opérées par les Reliques de S. Etienne. On rapporte auſſi pluſieurs choſes extraordinaires dans la vie de S. Ambroiſe. Pourquoi n'y pas ajouter foi après le témoignage de ces grands Hommes, & celui de leurs Diſciples, qui avoient vêcu avec eux, & avoient été témoins d'une bonne partie de ce qu'ils rapportent ?

Il n'eſt pas permis de conteſter la vérité des Apparitions marquées dans l'Ancien & le Nouveau Teſtament ; mais il eſt permis de les expliquer : par exemple, il eſt dit que le Seigneur apparut à Abraham dans la Vallée de Mambré[1] ; qu'il entra dans la tente d'Abraham, & qu'il lui promit la naissance d'un fils : toutefois l'on convient qu'il reçut trois Anges qui allerent de-là à Sodôme. S. Paul[2] le marque expressément dans l'Epître aux Hébreux : *Angelis hospitio receptis*. Il est dit de même que le Seigneur apparut à Moïse, & lui donna la Loi ; & S. Etienne dans les Actes[3] nous apprend que ce fut un Ange qui lui parla au buisson ardent & sur le Mont Oreb ; & S. Paul aux Galates dit que la Loi a été donnée par les Anges[4] : *ordinata per Angelos*.

Quelquefois le nom d'Ange du Seigneur se prend pour un Prophete, pour un homme rempli de son esprit, & député de sa part. Il est certain que l'Hébreu *Malac* & le Grec *Angelos* a la même signification qu'un *Envoyé*. Par exemple, au commencement du livre des Juges[5], il est dit qu'il vint un Ange du Seigneur de Galgal au lieu des pleurs, & qu'il y reprocha aux Israélites leur infidélité & leur ingratitude. Les plus habiles Commentateurs[6] croyent que cet *Ange du Seigneur* n'est autre que Phinées ou le Grand Prêtre d'alors, ou plutôt un Prophete envoyé exprés vers le Peuple assemblé à Galgal.

Dans l'Ecriture les Prophetes sont quelquefois qualifiés Anges du Seigneur[7] : *voici ce que dit l'Envoyé du Seigneur ; entre les Envoyés du Seigneur*, dit Aggée, parlant de lui-même. Le Prophete Malachie, le dernier des petits Prophetes, dit que *le Seigneur enverra son Ange, qui préparera sa voie devant sa face*[8]. Cet Ange est S. Jean Baptiste, qui prépare la voie à Jesus-Christ, lequel est lui-même qualifié l'Ange du Seigneur : *& bientôt le Dominateur que vous demandez, & l'Ange du Seigneur si* *défiré viendra dans fon Temple.* Ce même Sauveur eſt déſigné dans Moïſe ſous le nom de Prophete[9] : *le Seigneur ſuſcitera du milieu de votre nation un Prophete comme moi.* Le nom d'Ange eſt donné au Prophete Nathan, qui reprit David de ſon péché. Je ne prétens pas par ces témoignages nier que les Anges n'ayent ſouvent apparu aux hommes ; mais j'en infere que quelquefois ces Anges n'étoient que des Prophetes, ou d'autres perſonnes ſuſcitées & envoyées de Dieu à ſon Peuple.

Quant aux Apparitions du Démon, il eſt bon de remarquer que dans l'Ecriture on attribue aux mauvais Eſprits la plus grande partie des calamités publiques & des maladies : par exemple, il eſt dit que Satan inſpira à David[10] de faire le dénombrement de ſon Peuple ; mais dans un autre endroit il eſt dit ſimplement que la colere du Seigneur s'enflamma contre Iſraël[11], & qu'elle porta David à faire le dénombrement de ſes Sujets. Il y a pluſieurs autres endroits des Livres ſaints où l'on rapporte ce que fait le Démon, & ce qu'il dit, d'une maniere populaire, par la figure que l'on nomme Proſopopée ; par exemple, l'entretien de Satan avec la premiere femme[12], & le diſcours que le Démon tint en la compagnie des bons Anges devant le Seigneur, lorſqu'il lui parla de Job[13], & qu'il obtint permiſſion de le tenter & de l'affliger. Dans le Nouveau Teſtament il paroît que les Juifs attribuoient à la malice du Démon & à ſa poſſeſſion preſque toutes les maladies dont ils étoient affligés. Dans S. Luc[14] cette femme qui étoit courbée & ne pouvoit ſe relever, & qui souffroit cette incommodité depuis dix-huit ans, avoit, dit l'Evangéliste, *un esprit d'infirmité*, & Jesus-Christ apres l'avoir guérie dit, *que Satan la tenoit liée depuis dix-huit ans* ; & dans un autre endroit il est dit, qu'un Lunatique ou Epileptique étoit possédé du Démon : il est clair par ce qu'en disent S. Matthieu & S. Luc, qu'il étoit attaqué d'Epilepsie[15], qu'il tomboit du mal caduc, qu'il écumoit, qu'il se déchiroit, qu'il se rouloit, qui sont des marques connues de l'Epilepsie. Le Sauveur le guérit de cette incommodité, & ôta par ce moyen au Démon l'occasion de le tourmenter davantage ; comme David en dissipant par le son de sa Harpe la noire mélancholie de Saül, le délivrait du malin Esprit qui abusoit de ces dispositions qu'il trouvoit en lui, pour réveiller sa jalousie contre David. Tout ceci veut dire que souvent on attribue au Démon ce dont il n'est point coupable, & qu'il ne faut pas donner légerement dans tous les préjugés du peuple, ni prendre à la lettre tout ce que l'on raconte des opérations de Satan.

---

1. ↑ Genes. xviij. v. 23.
2. ↑ Hebr. xiij. 2.
3. ↑ Act. vij. 30. 33.
4. ↑ Gal. 3.
5. ↑ Judic. II. 1.
6. ↑ Vide Commentar. in Judic. II.
7. ↑ Agg. i. 13.
8. ↑ Malac. iij. i.
9. ↑ Deut. xviij. 18.
10. ↑ i. Par. xxj. i.
11. ↑ ii. Reg. xxiv. i.
12. ↑ Genes. ii. v. 2. 3.

13. ↑ Job. 1. 7. 8. 9.
14. ↑ Luc. xiij. 16.
15. ↑ Matth. xvij. 14. Luc. ix. 36.

CHAPITRE XLVIII.

Autres Objections & Réponſes.

POUR combattre les Apparitions des Anges, des Démons, & des Ames ſéparées du corps, on releve encore les effets d'une imagination frappée & prévenue, d'un eſprit foible & timide, qui s'imagine voir & entendre ce qui ne ſubſiſte que dans ſon idée : on releve les ſupercheries du malin Eſprit, qui ſe plaît à nous jouer & à nous faire illuſion ; on appelle au ſecours les ſubtilités des Charlatans, qui font tant de choſes qui paſſent pour ſurnaturelles aux yeux des ignorans. Les Philoſophes par le moyen de certains verres, & de ce qu'on appelle Lanternes-magiques, par les ſecrets de l'Optique, par les poudres de Sympathie, par leurs Phoſphores, & depuis peu par la machine de l'Electricité, font voir une infinité de choſes que les ſimples prendroient pour des preſtiges, parce qu'ils en ignorent les cauſes. Des yeux mal affectés ne voient pas ce que les autres voient, ou le voient autrement. Un homme plein de vin verra les objets doubles ; celui qui a la jauniſſe les verra jaunes ; dans l'obſcurité on croit voir un Spectre en voyant un tronc d'arbre.

Un Charlatan paroîtra manger une épée ; un autre crachera des charbons, ou des cailloux : celui ci boira du vin & le fera fortir par le front ; un autre coupera la tête à fon compagnon, & la lui remettra : vous croirez voir un poulet qui traîne une poutre. Le Charlatan avalera du feu & le vomira : il tirera du fang d'un fruit, il fera fortir de fa bouche des cloux enfilés, fe mettra une épée fur le ventre, la preffera avec force, & au lieu d'entrer, elle fe repliera jufqu'à la garde ; un autre fe fera paffer une épée au travers du corps fans fe bleffer : vous verrez tantôt un enfant fans tête, puis une tête fans enfant, & tout vivant. Cela paroît miraculeux ; cependant fi l'on fçavoit comment tout cela fe fait, on n'en feroit que rire, & on admireroit qu'on ait pû admirer de telles chofes.

Que n'a-t'on pas dit pour & contre le fecret de la baguette de Jacques Aimar ? L'Ecriture nous prouve l'antiquité de la Divination par la baguette dans l'exemple de Nabuchodonofor[1], & dans ce qu'en dit le Prophete Ofée[2]. La fable parle des merveilles opérées par la verge d'or de Mercure. Les Gaulois & les Germains ufoient auffi de la baguette pour deviner, & il y a lieu de croire que fouvent Dieu permettoit que les baguettes fiffent connoître par leurs mouvemens ce qui devoit arriver ; c'eft pourquoi on les confultoit. Tout le monde fçait le fecret de la baguette de Circé, qui changeoit les hommes en bêtes : je ne lui compare pas la baguette de Moïfe, par le moyen de laquelle Dieu opéra tant de miracles en Egypte ; mais on peut lui comparer celles des Magiciens de Pharaon qui produifirent tant d'effets merveilleux.

Albert le Grand rapporte qu'en Allemagne on a vû deux freres, dont l'un paſſant près d'une porte des mieux fermées, & préſentant le côté gauche, elle s'ouvroit ; l'autre frere avoit la même vertu pour le côté droit. S. Auguſtin dit qu'il y a des hommes[3] qui remuent les deux oreilles l'une après l'autre, ou toutes les deux enſemble, ſans remuer la tête : d'autres ſans la remuer auſſi font deſcendre ſur leur front toute la peau de leur tête & les cheveux qui y tiennent, & la remettent comme elle étoit auparavant ; quelques-uns imitent ſi parfaitement la voix des animaux, qu'il eſt preſque impoſſible de ne s'y pas méprendre. On a vû des gens qui parloient du creux de leur eſtomach, & ſe faiſoient entendre comme parlant de très-loin, quoiqu'ils fuſſent tout près : un autre dans le bruit qu'il rendoit par le derriere ſans aucune mauvaiſe odeur[4], imitoit quand il vouloit le ſon de la voix & du chant de l'homme ; d'autres avalent une incroyable quantité de choſes différentes, & en reſſerrant tant ſoit peu leur eſtomach, rejettent toutes entieres comme d'un ſac celles qu'il leur plaît. On a vû & entendu l'année paſſée en Alſace un Allemand qui ſeul ſonnoit de deux cors-de-chaſſe enſemble, & donnoit des airs à deux parties, le premier & le ſecond deſſus en même tems. Qui nous expliquera le ſecret des fiévres intermittantes, du flux & reflux de la mer, & la cauſe de tant d'effets qui ſont certainement tout naturels ?

Gallien raconte[5] qu'un Médecin nommé Théophile étant tombé malade, s'imaginoit voir auprès de ſon lit grand nombre de joueurs d'inſtrumens qui lui rompoient la tête, & augmentoient ſa maladie. Il ne ceſſoit de crier que l'on chafsât ces gens-là. Etant revenu en santé & en son bon sens, il se souvenoit parfaitement de tout ce qu'on lui avoit dit ; mais il ne pouvoit se mettre hors de l'esprit ces joueurs d'instrumens, qu'il assuroit lui avoir causé un mortel ennui.

En 1628. Desbordes Valet-de-chambre du Duc de Lorraine Charles IV. fut accusé d'avoir avancé la mort de la Princesse Christine de Salm, épouse du Duc François II. & mere du Duc Charles IV. & d'avoir causé à différentes personnes des maladies que les Médecins attribuoient aux maléfices. Charles IV. avoit conçû de violens soupçons contre Desbordes, depuis que dans une partie de chasse ce Valet-de-chambre avoit servi sans autres préparatifs que d'avoir ouvert une boëte à trois étages, un grand dîner au Duc & à sa compagnie, & pour comble de merveilles avoit ordonné à trois voleurs qui étoient morts & pendus au gibet, d'en descendre, & de venir faire la révérence au Duc, puis de reprendre leur place à la potence ; on disoit de plus que dans une autre occasion il avoit ordonné aux personnages d'une tapisserie de s'en détacher, & de venir se présenter au milieu de la salle.

Charles IV. n'étoit pas fort crédule ; cependant il permit qu'on fit le procès à Desbordes : il fut, dit-on, convaincu de Magie, & condamné au feu ; mais on m'a assuré depuis[6] qu'il s'étoit sauvé, & que quelques années après s'étant présenté devant le Duc, & s'étant justifié, il demanda la restitution de ses biens qu'on avoit confisqué, mais qu'il n'en put récupérer qu'une très-petite partie. Depuis l'avanture de Desbordes, les Partisans de Charles IV.

voulurent révoquer en doute la validité du Baptême de la Duchesse Nicole son épouse, parce qu'elle avoit été baptisée par Lavallée Chantre de Saint George, ami de Desbordes, & convaincu comme lui de plusieurs crimes, qui lui attirerent une pareille condamnation. Du doute du baptême de la Duchesse, on vouloit inférer l'invalidité du mariage de Charles avec elle, ce qui étoit alors la grande affaire de Charles IV.

Le P. Delrio Jésuite dit que le Magicien nommé Trois-Echelles détachoit par ses enchantemens en présence du Roi Charles IX. les anneaux ou chaînes d'un collier de l'Ordre du Roi porté par quelques Chevaliers qui étoient fort éloignés de lui ; il les faisoit venir dans sa main, & les remettoit ensuite en leur place sans que le collier parût dérangé.

Jean Fauste Cudlingen Allemand fut prié dans une compagnie de gens de bonne humeur de faire en leur présence quelques tours de son métier ; il leur promit de leur faire voir une vigne chargée de raisins meurs & prêts à cueillir. Ils croyoient que comme on étoit alors au mois de Décembre, il ne pourroit exécuter sa promesse ; il leur recommanda beaucoup de ne bouger de leurs places, & de ne pas porter les mains pour couper des raisins, sinon par son commandement exprès. La vigne parut aussi-tôt en verdure & chargée de raisins au grand étonnement de tous les assistans : chacun prit son couteau, attendant l'ordre de Cudlingen pour couper du raisin ; mais après les avoir tenus quelque tems en cette attente & dans cette posture, il fit tout d'un coup difparoître la vigne & les raifins : alors chacun fe trouva armé de fon couteau, & tenant d'une main le nez de fon voifin, de maniere que s'ils euffent voulu couper une grape fans le commandement de Cudlingen, ils fe feroient coupé le nez les uns aux autres.

On a vû dans ces quartiers-ci un cheval qui paroiffoit doué d'efprit & de difcernement, & entendre le langage de fon maître ; tout le fecret confiftoit en ce que le cheval étoit dreffé à obferver certains mouvemens de fon maître, & enfuite de ces mouvemens il étoit porté à faire certaines chofes aufquelles il étoit accoutumé, & à s'adreffer à certaines perfonnes, à quoi il ne fe feroit jamais porté fans le mouvement qu'il voyoit faire à fon maître.

On peut objecter cent autres faits femblables, qui pourroient paffer pour opérations magiques, fi l'on ne fçavoit que ce font de pures fubtilités, & des tours de foupleffe faits par des gens exercés en ces fortes de manéges. Il fe peut faire que quelquefois on ait attribué à la Magie & au malin Efprit des opérations pareilles à celles que nous venons de rapporter, & que l'on ait pris pour des Apparitions d'Efprit de perfonnes décédées, de pures badineries fouvent faites exprès par des jeunes gens pour effrayer les paffans. Ils fe couvriront de blanc ou de noir, & fe feront voir dans un cimetiere en pofture de gens qui demandent des prieres ; après cela ils feront les premiers à crier qu'ils ont vû un Efprit : d'autres fois ce feront des filoux ou de jeunes gens, qui couvriront fous ce voile leurs intrigues amoureufes, ou leurs vols & leurs friponneries.

Quelquefois une Veuve ou des Héritiers par des raisons d'intérêt publieront que le défunt mari apparoît dans sa maison, & est dans la peine ; qu'il a demandé ou commandé telles choses ou telles restitutions. J'avoue que tout cela peut arriver & arrive quelquefois ; mais il ne s'ensuit pas qu'il ne revienne jamais d'Esprits. Le retour des Ames est infiniment plus rare que ne le croît le commun du Peuple ; j'en dis autant des prétendues opérations magiques & des Apparitions du Démon.

On remarque que plus l'ignorance est grande dans un pays, plus la superstition y regne, & que l'Esprit de ténébres y exerce un plus grand Empire, à proportion de ce que les Peuples y sont plongés dans les plus grands désordres & dans de plus profondes ténébres. Louis Vivez témoigne[Z] que dans les pays nouvellement découverts en l'Amérique, rien n'est plus commun que de voir des Esprits qui paroissent en plein midi, non-seulement à la campagne, mais dans les Villes & dans les Villages, parlant, commandant, frappant même quelquefois les hommes. Olaüs Magnus, Archevêque d'Upsal, qui a écrit sur les Antiquités des Nations Septentrionales, remarque que dans la Suede, la Norvége, la Finlande, la Fionie, & la Laponie, l'on voit communément des Spectres ou des Esprits qui font plusieurs choses merveilleuses ; qu'il y en a même qui servent comme de Domestiques aux hommes, menent paître les chevaux & autre bétail.

Les Lapons encore aujourd'hui, tant ceux qui sont demeurés dans l'idolâtrie, que ceux qui ont embrassé le

Chriſtianiſme, croyent les Apparitions des Manes, & leur font des eſpeces de ſacrifices. Je veux croire que la prévention & les préjugés de l'enfance ont beaucoup plus de part à cette croyance que la raiſon & l'expérience. En effet, parmi les Tartares où la Barbarie & l'ignorance régnent autant qu'en aucun pays du monde, on ne parle ni d'Eſprits ni d'Apparitions, non plus que parmi les Mahométans, quoiqu'ils admettent les Apparitions des Anges faites à Abraham & aux Patriarches, & celle de l'Archange Gabriel à Mahomet même.

Les Abyſſins, Peuple fort groſſier & fort ignorant, ne croyent ni Sorciers, ni Sortiléges, ni Magiciens ; ils diſent que c'eſt donner trop de pouvoir au Démon, & que par-là on tombe dans l'erreur des Manichéens, qui admettent deux principes, l'un du bien qui eſt Dieu, & l'autre du mal qui eſt le Démon. Le Miniſtre Becker dans ſon livre intitulé : *le Monde enchanté*, ſe mocque des Apparitions des Eſprits & des mauvais Anges, & traite de ridicule tout ce qu'on dit des effets de la Magie ; il ſoutient que croire à la Magie eſt contraire à l'Ecriture & à la Religion.

Mais d'où vient donc que les Ecritures défendent de conſulter les Magiciens, & qu'elles font mention de Simon le Magicien, d'Elimas autre Magicien, & des opérations de Satan ? Que deviendront les Apparitions des Anges ſi bien marquées dans l'Ancien & le Nouveau Teſtament ? Que deviendront les Apparitions d'Onias à Judas Machabée, & du Diable à Jeſus-Chriſt même, après ſon jeûne de quarante jours ? Que dira-t'on de Apparition de Moïſe à la

Transfiguration du Sauveur ; & d'une infinité d'autres Apparitions faites à toutes fortes de perfonnes, & rapportées dans des Auteurs fages, férieux, éclairés ? Les Apparitions des Démons & des Ames font-elles plus difficiles à expliquer & à concevoir que celles des Anges, que l'on ne peut raifonnablement contefter fans renverfer toutes les Ecritures, les pratiques, & la créance des Eglifes ?

L'Apôtre ne nous dit-il pas que l'Ange de ténébres fe transfigure quelquefois en Ange de lumiere ? Abandonner abfolument la créance des Apparitions, n'eft-ce pas donner atteinte à ce que le Chriftianifme a de plus facré, à la créance d'une autre vie, d'une Eglife fubfiftante dans un autre monde, des récompenfes pour les bonnes actions, & des fupplices pour les mauvaifes ; l'utilité des prieres pour les morts, l'efficace des exorcifmes ? Il faut donc dans ces matieres garder le milieu entre l'exceffive crédulité & l'extrême incrédulité : il faut être fage & éclairé modérément, *fapere ad fobrietatem* ; il faut, felon le confeil de S. Paul, éprouver tout, examiner tout, ne fe rendre qu'à l'évidence & à la vérité connue ; *omnia probate, quod bonum eft tenete.*

---

1. ↑ Ezech. xxj. 21.
2. ↑ Ofée. iv. 12.
3. ↑ Aug. lib. xiv. de Civit. c. 24.
4. ↑ Aug. ibidem : Quidam ab imo fine fœtore ullo ita numerofos pro-arbitrio fonitus edunt, ut ex illâ etiam parte cantare videantur.
5. ↑ Gallien. de differ. fympt.
6. ↑ M. Franfquin chanoine de Toul.
7. ↑ Ludov. Vivez, lib. i. de Veritate fidei. p. 540.

CHAPITRE XLIX.

Les Secrets de la Physique & de la Chymie pris pour choses surnaturelles.

ON pourra m'objecter les secrets de la Physique & de la Chymie, qui produisent une infinité d'effets merveilleux, & qui paroissent au-dessus des forces des agens naturels. On a la composition d'un Phosphore, avec lequel on écrit : les caracteres ne paroissent point au grand jour ; mais on les voit briller dans l'obscurité : on peut tracer avec ce Phosphore des figures capables de surprendre & même d'allarmer pendant la nuit, comme on a fait apparemment plus d'une fois pour causer malicieusement de vaines frayeurs. La poudre ardente est un autre Phosphore, qui pourvû qu'on l'expose à l'air, répand la lumiere & le jour & la nuit. Combien de gens ont-ils été effrayés par les petits vers qui se trouvent dans certains bois pourris, & qui rendent la nuit une lumiere brillante !

On a l'expérience journaliere d'une infinité de choses toutes naturelles, qui paroissent au-dessus du cours ordinaire de la nature[1], mais qui n'ont rien de miraculeux, ni qui doive être attribué aux Anges ou au Démon ; par exemple, les dents & les nez d'applique, dont on trouve tant d'Histoires dans les Auteurs, en font une preuve. Ces dents

& ces nez tombent auſſi-tôt que la perſonne dont on les a tirés vient à mourir, à quelque diſtance que ces deux perſonnes ſoient l'une de l'autre.

Les preſſentimens qu'ont certaines perſonnes de ce qui arrive à leurs parens & à leurs amis, même à leur propre mort, n'ont rien de plus miraculeux. On a pluſieurs exemples des perſonnes à qui ces preſſentimens ſont ordinaires, & qui la nuit même en dormant diront qu'une telle choſe eſt arrivée, ou doit arriver ; que tels meſſagers leur doivent venir, & annoncer telles choſes.

Il y a des chiens qui ont l'odorat ſi fin, qu'ils ſentent d'aſſez loin l'approche d'une perſonne qui leur a fait du bien ou du mal ; on en a diverſes expériences ; cela ne peut venir que de la diverſité des organes de ces animaux, dont les uns ont l'odorat beaucoup plus fin que les autres, & ſur qui les eſprits qui s'exhalent des corps étrangers agiſſent plus vivement, & dans une plus grande diſtance que ſur d'autres. Certaines perſonnes ont l'ouie ſi fine, qu'elles entendront ce qui ſe dira à l'oreille, même dans une autre chambre bien fermée ; on cite ſur cela l'exemple d'une certaine Marie Bucaille, à qui l'on croyoit que ſon Ange gardien découvroit ce qu'on diſoit à une aſſez grande diſtance d'elle.

D'autres ont l'odorat ſi vif, qu'ils diſtinguent à l'odeur tous les hommes & les animaux qu'ils ont vûs, & qu'ils ſentent leur approche à une aſſez grande diſtance ; on en a plus d'un exemple. Les aveugles aſſez ſouvent ont cette faculté, auſſi-bien que celle de diſcerner au tact les couleurs des étoffes, du poil des chevaux, des cartes à jouer.

D'autres diſcernent au goût tout ce qui entre dans un ragoût, mieux que ne ſçauroit faire le Cuiſinier le plus expert. D'autres ont la vûe ſi perçante, qu'au premier coup d'œil ils diſcernent les objets les plus confus & les plus éloignés, & remarquent juſqu'au moindre changement qui s'y fait.

Il y a des hommes & des femmes qui ſans deſſein de nuire, ne laiſſent pas de faire beaucoup de mal aux enfans & à tous les animaux tendres & délicats, qu'ils regardent avec attention ou qu'ils touchent. Tout cela arrive particulierement dans les pays chauds, & l'on en pourroit produire beaucoup d'exemples : de-là ce que les Anciens & les Modernes ont écrit ſur les faſcinations ; de-là les précautions qu'on prenoit contre ces effets par des amuletes & des préſervatifs qu'on pendoit au col des enfans.

On a connu des hommes, des yeux deſquels il ſortoit des eſprits ſi venimeux, qu'ils endommageoient tout ce qu'ils regardoient, même juſqu'aux mammelles des Nourrices qu'ils faiſoient tarir, aux plantes, aux fleurs, aux feuilles des arbres qu'on voyoit ſe flétrir & tomber : ils n'oſoient entrer en aucun lieu, qu'ils n'avertiſſent auparavant qu'on en fit ſortir les Enfans, les Nourrices, les animaux nouveaux nés, & généralement toutes les choſes qu'ils pouvoient infecter par leur haleine ou par leurs regards.

On ſe mocqueroit avec raiſon de ceux qui pour expliquer tous ces effets ſi ſinguliers auroient recours aux Maléfices, aux Sortilèges, à l'opération des Démons ou des bons Anges. L'écoulement des corpuscules, ou la transpiration insensible des corps qui produisent tous ces effets, suffit pour en rendre raison. On n'a recours ni aux miracles, ni aux causes superieures, sur-tout lorsque ces effets sont produits de près à près, & à une médiocre distance ; mais quand la distance est grande, l'écoulement des esprits & des corpuscules insensibles ne satisfait pas de même, non plus que quand il se trouve des choses & des effets qui passent les forces connues de la nature, comme de prédire l'avenir, de parler des langues inconnues, de s'extasier ensorte que l'on ne sente plus rien, de s'élever en l'air, & d'y demeurer assez longtems.

Les Chymistes montrent que la Palingénésie, ou une espece de renaissance ou de résurrection des animaux, des insectes & des plantes, est possible & naturelle. En mettant les cendres d'une plante dans une phiole, ces cendres s'éxaltent, & s'arrangent autant qu'elles peuvent dans la figure que leur a d'abord imprimé l'Auteur de la Nature.

Le P. Schot Jésuite assure qu'il a vû souvent une rose, qu'on faisoit sortir de ses cendres toutes les fois qu'on vouloit moyennant un peu de chaleur. On a trouvé le secret d'une eau minérale, qui fait reverdir une plante morte qui a sa racine, & qui la met au même état que si elle poussoit en pleine terre. Digby assure qu'il a tiré d'animaux morts pilés & broyés la représentation de ces animaux, ou d'autres animaux de même espece.

Duchesne fameux Chymiste rapporte qu'un Medecin de Cracovie conservoit dans des phioles les cendres de presque toutes les plantes de sorte que quand quelqu'un par curiosité vouloit voir, par exemple, une rose dans ces phioles, il prenoit celle où se conservoit la cendre du rosier, & la mettant sur une chandelle allumée, dès qu'elle avoit un peu senti la chaleur, on voyoit remuer la cendre, qui s'élevoit comme un petit nuage obscur, & après quelques mouvemens, venoit enfin à représenter une rose aussi belle & aussi fraîche que si elle venoit du rosier.

Gaffarel assure que M. de Claves, célebre Chymiste, faisoit voir tous les jours des plantes tirées de leurs propres cendres. David Vanderbroch prétend que le sang des animaux contient aussi-bien que leur semence les idées de leurs especes ; il rapporte à ce sujet l'expérience de M. Borelli, qui assure que le sang humain tout chaud est encore plein de ses esprits, ou souffres acides & volatils, & qu'étant excité dans les cimetieres & dans les lieux où se sont donné de grandes batailles par quelque chaleur de la terre, on voit s'élever des idées ou fantômes des personnes qui y sont enterrées ; qu'on les verroit aussi-bien le jour que la nuit, sans le trop de lumiere qui nous empêche même de voir les étoiles. Il ajoute que par ce moyen on pourroit voir l'idée, & représenter par une Nécromancie licite & naturelle la figure ou le fantôme de tous les grands hommes de l'Antiquité, nos amis & nos ancêtres, pourvû qu'on eût de leurs cendres.

Voilà ce qu'on objecte de plus plaufible pour détruire tout ce qu'on dit des Apparitions des Efprits. On en conclut que ce font ou des Phénomenes fort naturels, & des exhalaifons produites par la chaleur de la terre imbibée de fang & des efprits volatils des morts, fur-tout de mort violente ; ou que ce font des fuites d'une imagination frappée & prévenue, ou fimplement des illufions de notre efprit, ou des jeux de perfonnes qui aiment à fe divertir par des terreurs paniques qu'ils infpirent aux autres ; ou enfin des mouvemens produits naturellement par des hommes, des chats, des chiens, des hiboux, des rats, des finges & autres animaux : car il eft vrai que le plus fouvent quand on approfondit ce qu'on a pris pour des Apparitions, on ne trouve rien de réel, d'extraordinaire, ni de furnaturel ; mais conclure de-là que toutes les Apparitions & les opérations que l'on attribue aux Anges, aux Ames & aux Démons, font chimériques, c'eft porter les chofes à l'excès : c'eft conclure qu'on fe trompe toujours, parce qu'on fe trompe fouvent.

---

1. ↑ M. de S. André, *Lett.* 3. fur les Maléfices.

CHAPITRE L.

Conclusion du Traité sur les Apparitions.

APRES avoir exposé mon sentiment sur les Apparitions des Anges, des Démons, des Ames des trépassés, & même des hommes vivans à d'autres hommes vivans, & avoir parlé de la Magie, des Oracles, des Obsessions & Possessions du Démon, des Esprits folets & familiers, des Sorciers & Sorcieres, des Spectres qui prédisent l'avenir, de ceux qui infestent les maisons ; après avoir proposé les objections qu'on forme contre les Apparitions, & y avoir répondu le plus solidement qu'il m'a été possible, je crois pouvoir conclure, qu'encore que cette matiere souffre de très-grandes difficultés, tant pour le fond de la chose, je veux dire pour la vérité & la réalité des Apparitions en général, que sur la maniere dont elles se font : toutefois on ne peut raisonnablement disconvenir qu'il n'y ait des Apparitions véritables de toutes les sortes dont nous venons de parler, & qu'il n'y en ait aussi un très-grand nombre de très-contestables, & d'autres qui sont manifestement l'ouvrage de la fourberie, de la malice des hommes, de la subtilité des charlatans, & de la souplesse des joueurs des passe-passe.

Je reconnois de plus, que l'imagination, la prévention, la simplicité, la superstition, l'excessive crédulité, la foiblesse d'esprit ont donné lieu à plusieurs prétendues Apparitions, & à plusieurs histoires qu'on raconte ; que l'ignorance de la bonne Philosophie a fait prendre pour effets miraculeux & pour opérations de la Magie noire, ce qui est le simple effet de la Magie blanche, & des secrets d'une Philosophie cachée aux ignorans & au commun des hommes.

De plus, je confesse que je vois des difficultés insurmontables dans l'explication de la maniere des Apparitions, soit qu'on admette avec plusieurs Anciens que les Anges, les Démons & les Ames séparées du corps ont une espece de corps subtil, transparent, de la nature de l'air, soit qu'on les croye purement spirituels, & dégagés de toutes matieres visibles, grossieres ou subtiles.

Je pose pour principe que pour expliquer la matiere des Apparitions, & pour donner sur ce sujet des regles sûres, il faudroit

1°. Connoître parfaitement la nature des Esprits, des Anges, des Ames & des Démons : il faudroit sçavoir si les Ames par leur nature sont tellement spirituelles, qu'elles n'ayent plus aucun rapport à la matiere, ou si elles ont encore quelque relation à un corps aërien, subtil, invisible, dont elles soient encore les maîtresses après la mort, ou qu'elles exercent quelque empire sur le corps grossier qu'elles ont animé, pour lui imprimer de nouveau certains mouvemens, de même que l'ame qui nous anime, imprime à nos corps tels mouvemens qu'elle juge à propos ; ou si l'Ame détermine simplement par sa volonté comme cause occasionnelle, la premiere cauſe qui eſt Dieu, à donner le mouvement à la machine qu'elle a animée.

2°. Si après la mort l'Ame conſerve encore ce pouvoir ſur ſon propre corps ou ſur d'autres, par exemple, ſur l'air & ſur les autres élémens.

3°. Si les Anges & les Démons ont reſpectivement le même pouvoir ſur les corps ſublunaires, par exemple, pour épaiſſir l'air, pour l'enflammer, pour y produire des nuages & des orages, pour y faire paroître des fantômes, pour gâter ou conſerver les fruits & les moiſſons, pour faire périr les animaux, pour produire des maladies, pour exciter des tempêtes & des naufrages ſur la mer, ou même pour faſciner les yeux & tromper nos autres ſens.

4°. S'ils peuvent faire toutes ces choſes naturellement & par leur propre vertu, autant de fois qu'ils le jugent à propos ; ou s'il faut un ordre particulier, ou du moins une permiſſion de Dieu pour qu'ils puiſſent exercer ce que nous venons de dire.

5°. Enfin il faudroit ſçavoir exactement, quel eſt l'empire de ces ſubſtances que nous ſuppoſons purement spirituelles, & juſqu'où s'étend le pouvoir des Anges, des Démons, & des Ames ſéparées de leurs corps groſſiers, à l'égard des Apparitions, des opérations, des mouvemens qu'on leur attribue. Car tandis que nous ne ſçaurons pas quelle eſt la meſure de la puiſſance que le Créateur a donnée ou laiſſée aux. Ames ſéparées du corps, aux bons Anges ou aux Démons, nous ne pourrons aucunement définir ce qui eſt miraculeux, ni le diftinguer de ce qui eft naturel, ni prefcrire les juftes bornes jufqu'où peut s'étendre, ou dans lefquelles on doit limiter les opérations naturelles des Ames, des Anges & des Démons.

Si nous accordons au Démon la faculté de fafciner nos yeux quand il lui plaît, ou de difpofer l'air pour y faire paroître un Fantôme ou un Phénoméne, ou de rendre le mouvement à un corps mort, mais non entierement corrompu, ou d'inquiéter les vivans par de mauvais fonges ou des repréfentations terribles, , il ne faudra plus admirer plufieurs chofes que nous admirons, ni tenir pour miracles certaines guérifons & certaines Apparitions, fi elles ne font que des effets naturels de la puiffance des Ames, des Anges & des Démons. Si un homme revêtu de fon corps produifoit de tels effets par lui-même, on auroit raifon de dire que ce font des opérations furnaturelles, parce qu'elles excédent le pouvoir connu, ordinaire & naturel de l'homme vivant ; mais fi ce même homme avoit commerce avec un Efprit, un Ange ou un Démon, à qui il commandât en vertu de quelque pacte explicite ou implicite certaines chofes qui feroient au-deffus de fes forces naturelles, mais non pas au-deffus des forces de l'Efprit auquel il commanderoit, l'effet qui en réfulteroit feroit-il miraculeux ou furnaturel ? Non fans doute, dans la fuppofition que l'Efprit qui le produiroit, ne feroit rien qui fut au-deffus de fes forces & de fa faculté naturelle.

Mais feroit-ce un miracle, qu'un homme eût relation avec un Ange ou avec un Démon, & qu'il fît avec eux un pacte explicite ou implicite, pour les obliger fous certaines conditions, & avec certaines cérémonies, à produire des effets qui paroîtroient au dehors & dans nos efprits pour être au-deſſus des forces de l'homme ? Par exemple, dans les opérations de certains Magiciens, qui fe vantent d'avoir un pacte explicite avec le Démon, & qui par ce moyen excitent des tempêtes, ou font une diligence extraordinaire en marchant, ou font mourir des animaux, ou cauſent aux hommes des maladies incurables, ou charment les armes ; ou qui dans d'autres opérations, comme dans l'uſage de la baguette divinatoire, & dans certains remédes contre les maladies des hommes & des chevaux, qui n'ayant nulle proportion naturelle avec ces maladies, ne laiſſent pas de les guérir, quoique ceux qui emploient ces remédes, proteſtent qu'ils n'ont jamais penſé à contracter aucune alliance avec le Démon ?

Pour répondre à cette queſtion, la difficulté revient toujours à ſçavoir, s'il y a entre l'homme vivant & mortel une proportion ou un rapport naturel, qui le rende capable de contracter une alliance avec l'Ange ou le Démon, en vertu de laquelle ces Efprits lui obéiſſent, & exercent ſous ſon Empire, en vertu du pacte précédent, un pouvoir qui leur eſt naturel : car ſi dans tout cela il n'y a rien qui ſoit au-deſſus des forces ordinaires de la nature, tant de la part de l'homme que de la part des Anges ou des Démons, il n'y a rien de miraculeux ni dans les uns ni dans les autres ; il n'y en a point non plus de la part de Dieu, qui laiſſe agir les cauſes ſecondes ſelon leur faculté naturelle, dont il eſt néanmoins toujours le principe & le Maître abſolu, pour les limiter, les arrêter, les ſuſpendre, les étendre ou les augmenter ſelon ſon bon plaiſir.

Mais comme nous ne connoiſſons point, & qu'il paroît même impoſſible que nous connoiſſions par les lumieres de la raiſon, quelle eſt la nature & l'étendue naturelle du pouvoir des Anges, des Démons & des Ames ſéparées du corps, il ſemble qu'il y auroit de la témérité à vouloir décider ſur cette matiere, pour en tirer des conſéquences des cauſes par les effets, ou des effets par les cauſes. Par exemple, dire les Ames, les Démons & les Anges ont quelquefois apparu aux hommes ; donc elles ont une faculté naturelle de revenir & d'apparoître, c'eſt une propoſition hazardée & téméraire : car il eſt très-poſſible que les Ames ne reviennent, & que les Anges & les Démons n'apparoiſſent que par une volonté particuliere de Dieu, & non par une ſuite de ſes volontés générales, & en vertu de ſon concours naturel & phyſique avec ſes créatures.

Au premier cas, ces Apparitions ſont miraculeuſes, comme étant au-deſſus des forces naturelles des agens dont il s'agit ; au ſecond cas, elles n'ont rien de ſurnaturel, ſinon la permiſſion que Dieu accorde rarement aux Ames de revenir, aux Anges & aux Démons d'apparoître, & de produire les effets dont nous avons parlé.

Suivant ces principes, nous pouvons avancer ſans témérité

1°. Que les Anges & les Démons ont souvent apparu aux hommes ; que les Ames séparées du corps sont souvent revenues, & que les uns & les autres peuvent encore faire la même chose.

2°. Que la maniere de ces Apparitions & de ces retours est une chose inconnue, & que Dieu abandonne à la dispute & aux recherches des hommes.

3°. Qu'il y a quelque apparence que ces sortes d'Apparitions ne sont point absolument miraculeuses de la part des bons & des mauvais Anges, mais que Dieu les permet quelquefois pour des raisons dont il s'est réservé la connoissance.

4°. Que l'on ne peut donner sur cela aucune regle certaine, ni former aucun raisonnement démonstratif, faute de connoître parfaitement la nature & l'étendue du pouvoir des Etres spirituels dont il s'agit.

5°. Qu'il faut raisonner des Apparitions en songe autrement que de celles qui se font dans la veille ; autrement des Apparitions en corps solides, parlant, marchant, bûvant & mangeant ; & autrement des Apparitions en ombre, ou en corps nébuleux & aërien.

6°. Ainsi il seroit téméraire de poser des principes, & de former des raisonnemens uniformes sur toutes ces choses en commun, chaque espece d'Apparition demandant son explication particuliere.

CHAPITRE LI.

Maniere d'expliquer les Apparitions.

Les Apparitions en songe, par exemple, celle de l'Ange[1], qui dit à S. Joseph de transporter l'Enfant Jesus en Egypte, parce que le Roi Hérode vouloit le faire mourir ; cette Apparition renferme deux choses : la premiere, l'impression qui se fit dans l'idée de S. Joseph d'un Ange qui lui paroissoit, la seconde, la prédiction ou la révélation de la mauvaise volonté d'Hérode. L'une & l'autre est au-dessus des forces ordinaires de notre nature ; mais nous ne sçavons pas si elle est au-dessus du pouvoir d'un Ange : il est certain qu'elle ne s'est pû faire que par la volonté & par l'ordre de Dieu.

Les Apparitions d'une Ame, d'un Ange & d'un Démon, qui se font voir revêtus d'un corps apparent, & seulement en ombre & en fantôme, comme celle de l'Ange qui se fit voir à Manué pere de Samson, & qui s'évanouit avec la fumée du Sacrifice, & de celui qui tira S. Pierre de prison, & disparut de même après l'avoir conduit le long d'une rue ; les corps que ces Anges prenoient, & que nous supposons avoir été seulement apparens & aëriens, souffrent de grandes difficultés ; car ou ces corps leur étoient propres, ou ils leur étoient étrangers ou empruntés.

S'ils leur étoient propres, & que l'on suppose avec plusieurs anciens & quelques nouveaux, que les Anges, les Démons, & même les Ames des hommes ont une espece de corps subtil, transparent & aërien, la difficulté consiste à sçavoir comment ils peuvent condenser le corps transparent, & le rendre visible d'invisible qu'il étoit ; car s'il étoit toujours & de sa nature sensible & visible, il y auroit une autre espece de miracle continuel à le rendre invisible, & à le dérober à nos sens ; & si de sa nature il est invisible, quelle puissance le peut rendre visible ? De quelque maniere qu'on envisage cet objet, il paroît également miraculeux, ou de rendre sensible ce qui est purement spirituel, ou de rendre invisible ce qui est de sa nature palpable & corporel.

Les anciens Peres de l'Eglise qui donnoient aux Anges des corps subtils, & de la nature de l'air, expliquoient selon leurs principes plus facilement les prédictions faites par les Démons, & les opérations merveilleuses qu'ils causent dans l'air, dans les élémens, dans nos corps, & qui sont beaucoup au-dessus de ce que les hommes les plus subtils & les plus sçavans peuvent connoître, prédire & opérer. Ils concevoient de même plus facilement que les mauvais Anges peuvent causer des maladies, qu'ils rendent l'air corrompu & contagieux, qu'ils inspirent aux méchans de mauvaises pensées & des désirs injustes, qu'ils pénétrent nos pensées & nos désirs, qu'ils prévoient des tempêtes & des changemens dans l'air, & des dérangemens dans les saisons ; tout cela s'explique avec beaucoup plus de facilité dans l'hypothese que les Démons ont des corps compoſés d'un air très-fin & très-ſubtil.

S. Auguſtin[2] avoit écrit qu'ils pouvoient auſſi découvrir ce qui ſe paſſe dans notre eſprit & dans le fond de nos cœurs, non-ſeulement par nos paroles, mais auſſi par certains ſignes & certains mouvemens extérieurs, qui échappent aux plus circonſpects ; mais réfléchiſſant ſur ce qu'il avoit avancé dans cet endroit, il ſe rétracta, & avoua qu'il avoit parlé trop affirmativement ſur une matiere peu connue, & que la maniere dont les mauvais Anges pénetrent nos penſées, eſt une choſe très-cachée, & qu'il eſt très-difficile aux hommes de découvrir & d'expliquer : ainſi il aime mieux ſuſpendre ſon jugement ſur cela, & demeurer dans le doute.

---

1. ↑ Matth. II. 13. 14.
2. ↑ S. Aug. lib. 2. retract. c. 30.

CHAPITRE LII.

Difficulté d'expliquer la maniere dont ſe font les Apparitions, quelque ſyſtême que l'on propoſe ſur ce ſujet.

LA difficulté eſt plus grande, ſi l'on ſuppoſe que ces Eſprits ſont abſolument dégagés de toute matiere : car comment peuvent-ils raſſembler autour d'eux une certaine quantité de matiere, s'en revêtir, lui donner une forme humaine, reconnoiſſable, capable de parler, d'agir, de s'entretenir, de boire & de manger, comme firent les Anges qui apparurent à Abraham[1], & celui qui apparut[2] au jeune Tobie, & le conduiſit à Ragés ? Tout cela ſe fait-il par la puiſſance naturelle de ces Eſprits ? Dieu leur a-t'il donné ce pouvoir en les créant, & s'eſt-il engagé en vertu de ſes Loix naturelles, & par une ſuite de ſon action intime & eſſentielle ſur la créature en qualité de Créateur, d'imprimer à l'occaſion de la volonté de ces Eſprits certains mouvemens dans l'air & dans les corps qu'ils voudront mouvoir, condenſer & faire agir, de même à proportion qu'il a bien voulu en vertu de l'union de l'Ame à un corps vivant, que cette Ame imprimât à ce corps des mouvemens proportionnés à ſes propres volontés, quoique naturellement il n'y ait nulle proportion naturelle entre la matiere &

l'Esprit, & que selon les loix de la Physique, l'une ne puisse agir sur l'autre, sinon en ce que la premiere cause, l'Etre créateur a bien voulu s'assujettir à créer ce mouvement, & à produire ces effets à l'occasion de la volonté de l'homme, mouvemens qui sans cela passeroient pour surnaturels ?

Ou dira-t'on avec quelques nouveaux Philosophes[3], qu'encore que nous ayons des idées de la matiere & de la pensée, peut-être ne serons-nous jamais capables de connoître si un Etre purement matériel pense ou non, par la raison qu'il nous est impossible de découvrir par la contemplation de nos propres idées sans révélation, si Dieu n'a point donné à quelques amas de matieres disposées comme il le trouve à propos, la puissance d'appercevoir & de penser, ou s'il a joint & uni à la matiere ainsi disposée une substance immatérielle qui pense ? Or par rapport à nos notions, il ne nous est pas plus mal-aisé de concevoir que Dieu peut ajouter à notre idée de la matiere la faculté de penser, puisque nous ignorons en quoi consiste la pensée, & à quelle espece de substance cet Etre tout-puissant a trouvé à propos d'accorder cette faculté, qui ne sçauroit être dans aucun Etre créé qu'en vertu du bon plaisir & de la bonté du Créateur.

Ce systême certainement renferme de grandes absurdités, & plus grandes à mon sens que celles qu'il sembleroit vouloir éviter. Nous concevons clairement que la matiere est divisible, & capable de mouvement ; mais nous ne concevons pas qu'elle soit capable de penser, ni que la pensée puisse consister dans une certaine configuration ou un certain mouvement de la matiere. Et quand la penſée pourroit dépendre d'un arrangement, ou d'une certaine ſubtilité, ou d'un certain mouvement de la matiere, dès que cet arrangement ſeroit troublé, ou le mouvement interrompu, ou cet amas de matiere ſubtile diſſipé, la penſée ceſſeroit d'être produite, & par conſéquent ce qui conſtitue l'homme ou l'animal raiſonnable ne ſubſiſteroit plus : ainſi toute l'économie de notre Religion, toutes nos eſpérances d'une autre vie, toutes nos craintes des peines éternelles s'évanouiroient ; les principes mêmes de notre Philoſophie ſeroient renverſés.

A Dieu ne plaiſe que nous voulions donner des bornes à la Toute-puiſſance de Dieu ; mais cet Etre tout-puiſſant nous ayant donné pour regle de nos connoiſſances la clarté des idées que nous avons de chaque choſe, & ne nous étant pas permis d'aſſurer ce que nous ne connoiſſons pas diſtinctement, il s'enſuit que nous ne devons pas aſſurer que la penſée puiſſe être attribuée à la matiere. Si la choſe nous étoit connue par la révélation, & enſeignée par l'autorité des Ecritures, alors on pourroit impoſer ſilence à la raiſon humaine, & captiver ſon entendement ſous l'obéiſſance de la foi ; mais on convient que la choſe n'eſt nullement révélée : elle n'eſt pas non plus démontrée, ni par la cauſe, ni par les effets ; elle doit donc être conſidérée comme un pur ſyſtême, inventé pour lever certaines difficultés qui réſultent du ſentiment qui lui eſt oppoſé.

Si la difficulté d'expliquer comment l'Ame agit ſur nos corps paroît ſi grande, comment peut-on comprendre que l'Ame elle-même ſoit matérielle & étendue ? En ce dernier cas agira-t'elle ſur elle-même, & ſe donnera-t'elle le mouvement pour penſer, ou ce mouvement ſera-t'il la penſée, ou produira-t'il la penſée ? Cette matiere penſante penſera-t'elle toujours, ou ſeulement par fois ; & quand elle aura ceſſé de penſer, qui eſt-ce qui la fera penſer de nouveau ? Sera-ce Dieu, ſera-ce elle-même ? Un agent auſſi ſimple que l'Ame peut-il agir ſur lui-même, & ſe reproduire en quelque ſorte en penſant, après avoir ceſſé de penſer ?

Mon Lecteur dira que je le laiſſe ici dans l'embarras, & qu'au lieu de lui donner des lumieres ſur les Apparitions des Eſprits, je répands des doutes & de l'incertitude ſur cette matiere : j'en conviens ; mais j'aime mieux douter prudemment, que d'aſſurer ce que je ne ſçais pas. Et ſi je m'en tiens à ce que ma Religion m'enſeigne ſur la nature des Ames, des Anges & des Démons, je dirai qu'étant purement ſpirituels, il eſt impoſſible qu'ils apparoiſſent revêtus d'un corps, quel qu'il ſoit, à moins d'un miracle : ſuppoſé toutefois que Dieu ne les ait pas créés naturellement capables de ces opérations, avec ſubordination à ſa volonté ſouverainement puiſſante, qui ne leur permet que rarement de mettre en exécution cette faculté de ſe faire voir corporellement aux mortels.

Si quelquefois les Anges ont mangé, parlé, agi, marché comme des hommes, ce n'étoit point par le beſoin qu'ils euſſent de boire ou de manger pour ſe ſoutenir & pour vivre, mais pour l'exécution des deſſeins de Dieu, qui vouloit qu'ils paruſſent aux hommes agiſſans, bûvans & mangeans, comme le marque l'Ange Raphael[4] : *Quand j'étois avec vous, j'y étois par la volonté de Dieu : il vous sembloit que je bûvois & mangeois ; mais pour moi j'use d'une nourriture invisible, qui est inconnue aux hommes.*

Il est vrai que nous ne connoissons point quelle peut être la nourriture des Anges, qui sont des substances purement spirituelles, ni ce que devenoit cette nourriture, que Raphael & les trois Anges qu'Abraham traita dans sa tente, prirent ou semblerent prendre en la compagnie des hommes. Mais il y a tant d'autres choses dans la nature qui nous sont inconnues & incompréhensibles, que nous devons bien nous consoler de ne pas connoître comment se font les Apparitions des Anges, des Démons & des Ames séparées du corps.

Fin du Tome Premier.

1. ↑ Genes. xviij.
2. ↑ Tob. xij. 19.
3. ↑ M. Lock, de intellectu human. lib. 4. c. 3.
4. ↑ Tob. xij. 18. 19.

PREFACE.

CHAQUE fiécle, chaque nation, chaque pays a fes préventions, fes maladies, fes modes, fes penchans, qui les caractérifent, & qui paffent & fe fuccedent les uns aux autres ; fouvent ce qui a paru admirable en un tems, devient pitoyable & ridicule dans un autre. On a vû des fiécles où tout étoit tourné à certaines dévotions, certains genres d'études, certains exercices. On fçait que pendant plus d'un fiécle le goût dominant de l'Europe étoit le voyage de Jérufalem. Les Rois, les Princes, les Seigneurs, les Evêques, les Eccléfiaftiques, les Religieux, tous y couroient en foule. Les pélerinages de Rome ont été autrefois très-fréquens & très-fameux. Tout cela eft tombé. On a vû des Provinces inondées de Flagellans, & il n'en eft demeuré de refte que dans les confrairies de Pénitens qui fubfiftent en plufieurs endroits.

Nous avons vû dans ces pays-ci des fauteurs & des danfeurs, qui à chaque inftant fautoient & danfoient dans les rues, dans les places & jufques dans les Eglifes. Les Convulfionaires de nos jours femblent les avoir fait revivre ; la poftérité s'en étonnera, comme nous nous en raillons aujourd'hui. Sur la fin du fiecle feiziéme & au commencement du dix-feptiéme, on ne parloit en Lorraine que de Sorciers & de Sorcieres. Il n'en est plus question depuis long-tems. Lorsque la Philosophie de Monsieur Descartes parut, quelle vogue n'eut-elle pas ? On méprisa l'ancienne Philosophie ; on ne parla plus que d'expériences physiques, de nouveaux systêmes, de nouvelles découvertes. M. Newton vient de paroître : tous les Esprits sont tournés de son côté. Le systême de M. Law, les billets de Banque, les fureurs de la rue Quinquampoix, quels mouvemens n'ont-ils pas causés dans le Royaume ? C'est une espece de convulsion qui s'étoit emparée des François.

Dans ce siecle une nouvelle scene s'offre à nos yeux depuis environ soixante ans dans la Hongrie, la Moravie, la Silésie, la Pologne : on voit, dit-on, des hommes morts depuis plusieurs mois, revenir, parler, marcher, infester les villages, maltraiter les hommes & les animaux, sucer le sang de leurs proches, les rendre malades, & enfin leur causer la mort ; en sorte qu'on ne peut se délivrer de leurs dangereuses visites & de leurs infestations, qu'en les exhumant, les empalant, leur coupant la tête, leur arrachant le cœur, ou les brûlant. On donne à ces Revenans le nom d'Oupires, ou Vampires, c'est-à-dire sangsues, & l'on en raconte des particularités si singulieres, si détaillées, & revêtues de circonstances si probables, & d'informations si juridiques, qu'on ne peut presque pas se refuser à la croyance que l'on a dans ces pays, que ces Revenans paroissent réellement sortir de leurs tombeaux, & produire les effets qu'on en publie.

L'Antiquité n'a certainement rien vû ni connu de pareil. Qu'on parcoure les Histoires des Hébreux, des Egyptiens, des Grecs, des Latins ; on n'y rencontrera rien qui en approche.

Il eſt vrai que l'on remarque dans l'Hiſtoire, mais rarement, que certaines perſonnes après avoir été quelque tems dans leurs tombeaux & tenues pour mortes, ſont revenues en vie. On verra même, que les Anciens ont crû que la Magie pouvoit donner la mort, & évoquer les Ames des trépaſſés. On cite quelques paſſages, qui prouvent qu'en certain tems on s'eſt imaginé que les Sorciers ſuçoient le ſang des hommes & des enfans, & les faiſoient mourir. On vit auſſi au douziéme ſiecle en Angleterre & en Dannemarck quelques Revenans ſemblables à ceux de Hongrie. Mais en nulle Hiſtoire on ne lit rien d'auſſi commun ni auſſi marqué que ce qu'on nous raconte des Vampires de Pologne, de Hongrie & de Moravie.

L'Antiquité Chrétienne fournit quelques exemples de perſonnes excommuniées, qui ſont ſorties viſiblement & à la vûe de tout le monde de leurs tombeaux & des Egliſes, lorſque le Diacre ordonnoit aux Excommuniés & à ceux qui ne communioient point aux ſaints Myſteres de ſe retirer. Depuis pluſieurs ſiecles on ne voit plus rien de ſemblable, quoiqu'on n'ignore pas que les corps de pluſieurs Excommuniés, morts dans l'Excommunication & dans les Cenſures, ſont inhumés dans les Egliſes.

La créance des nouveaux Grecs, qui veulent que les corps des Excommuniés ne pourriſſent point dans leurs tombeaux, eſt une opinion qui n'a nul fondement, ni dans l'Antiquité, ni dans la bonne Théologie, ni même dans l'Hiſtoire. Ce sentiment paroît n'avoir été inventé par les nouveaux Grecs Schismatiques, que pour s'autoriser & s'affermir dans leur séparation de l'Eglise Romaine. L'Antiquité Chrétienne croyoit au contraire, que l'incorruptibilité d'un corps étoit plûtôt une marque probable de la sainteté de la personne, & une preuve de la protection particuliére de Dieu sur un corps, qui a été pendant sa vie le Temple du saint Esprit, & sur une personne qui a conservé dans la justice & l'innocence le caractere du Christianisme.

Les Brucolaques de la Grece & de l'Archipel sont encore des Revenans d'une nouvelle espéce. On a peine à se persuader, qu'une Nation aussi spirituelle que la Grecque ait pû donner dans une idée aussi extraordinaire que celle-là. Il faut que l'ignorance ou la prévention soient extrêmes parmi eux, puisqu'il ne s'y est trouvé ni Ecclésiastique ni autre Ecrivain, qui ait entrepris de les détromper sur cet article.

L'imagination de ceux qui croyent que les morts mâchent dans leurs tombeaux, & font un bruit à peu-près semblable à celui que les porcs font en mangeant, est si ridicule, qu'elle ne mérite pas d'être sérieusement réfutée.

J'entreprens de traiter ici la matiére des Revenans ou des Vampires de Hongrie, de Moravie, de Silésie & de Pologne, au hazard d'être critiqué de quelque maniere que je m'y prenne : ceux qui les croyent véritables m'accuseront de témérité & de présomption, de les avoir révoqués en doute, ou même d'en avoir nié l'existence & la réalité ; les autres me blâmeront d'avoir employé mon tems à traiter cette matiere, qui passe pour frivole & inutile dans l'esprit de bien des gens de bon ſens. De quelque maniere qu'on en penſe, je me ſaurai bon gré d'avoir approfondi une queſtion, qui m'a paru importante pour la Religion : car ſi le Retour des Vampires eſt réel, il importe de le défendre & de le prouver ; & s'il eſt illuſoire, il eſt de conſéquence pour l'intérêt de la Religion de détromper ceux qui le croyent véritable, & de détruire une erreur qui peut avoir de très-dangereuſes ſuites.

DISSERTATION

SUR LES REVENANS EN CORPS, LES EXCOMMUNIE'S, LES OUPIRES OU VAMPIRES, BRUCOLAQUES, &c.

CHAPITRE I.

La Réſurrection d'un Mort eſt l'ouvrage de Dieu ſeul.

Apres avoir traité dans une Diſſertation particuliere la matiere des Apparitions des Anges, des Démons & des Ames ſéparées du corps, la connexité de la matiere m'invite à parler auſſi des Revenans, des Excommuniés, que la terre rejette, dit-on, de ſon ſein, des Vampires de Hongrie, de Siléſie, de Bohême, de Moravie, & de Pologne, & des Brucolaques de Grece. Je rapporterai d'abord ce qu'on en a dit & écrit ; puis j'en tirerai quelques conſéquences, & j'apporterai les raiſons qu'on peut produire pour & contre leur exiſtence & leur réalité.

Les Revenans de Hongrie, ou les Vampires, qui font le principal objet de cette Diſſertation, ſont des hommes morts depuis un tems conſidérable, quelquefois plus quelquefois moins long, qui ſortent de leurs tombeaux & viennent inquiéter les vivans, leur ſucent le ſang, leur apparoiſſent, font le tintamare à leurs portes & dans leurs maiſons, & enfin leur cauſent ſouvent la mort. On leur donne le nom de Vampires ou d'Oupires, qui ſignifie, dit-on, en Eſclavon une ſang-ſuë. On ne ſe délivre de leurs infeſtations, qu'en les déterrant, en leur coupant la tête, en les empalant, ou les brûlant, ou leur perçant le cœur.

On a propofé plufieurs fyftêmes pour expliquer le Retour & ces Apparitions des Vampires. Quelques-uns les ont niées & rejettées comme chimériques, & comme un effet de la prévention & de l'ignorance du Peuple de ces pays, où l'on dit qu'ils reviennent.

D'autres ont crû que ces gens n'étoient pas réellement morts, mais qu'ils avoient été enterrés tout vivans, & qu'ils revenoient d'eux-mêmes naturellement, & fortoient de leurs tombeaux.

D'autres croyent que ces gens font très-réellement morts ; mais que Dieu par une permiffion, ou un commandement particulier, leur permet ou leur ordonne de revenir & de reprendre pour un tems leur propre corps : car quand on les tire de terre, on trouve leurs corps entiers, leur fang vermeil & fluide, & leurs membres fouples & maniables.

D'autres foûtiennent que c'eft le Démon qui fait paroître ces Revenans, & qui fait par leur moyen tout le mal qu'ils caufent aux hommes & aux animaux.

Dans la fuppofition que les Vampires reffufcitent véritablement, on peut former fur leur fujet une infinité de difficultés. Comment fe fait cette Réfurrection ? eft-ce par les forces du Revenant, par le retour de fon Ame dans fon corps ? eft-ce un Ange, eft-ce un Démon qui le ranime ? eft-ce par l'ordre ou par la permiffion de Dieu qu'il reffufcite ? cette Réfurrection eft-elle volontaire de fa part & de fon choix ? eft-elle pour long-tems, comme celle des perfonnes à qui Jefus-Chrift a rendu la vie, ou celle des perfonnes reffufcitées par les Prophetes & par les Apôtres ? ou eft-elle seulement momentanée, & pour peu de jours ou pour peu d'heures, comme la réſurrection que S. Staniſlas opéra ſur le Seigneur qui lui avoit vendu un champ, ou celle dont il eſt parlé dans la vie de S. Macaire d'Egypte & de S. Spiridion, qui firent parler des morts ſimplement pour rendre témoignage à la vérité, & puis les laiſſerent dormir en paix, attendant le dernier jour du Jugement ?

Je poſe d'abord pour principe indubitable, que la Réſurrection d'un mort vraiment mort eſt l'effet de la ſeule puiſſance de Dieu. Nul homme ne peut ni ſe reſſuciter, ni rendre la vie à un autre homme, ſans un miracle viſible.

Jeſus-Chriſt s'eſt reſſuſcité, comme il l'avoit promis : il l'a fait par ſa propre vertu ; il l'a fait avec des circonſtances toutes miraculeuſes. S'il s'étoit reſſuſcité auſſi-tôt qu'il fut deſcendu de la Croix, l'on auroit pû croire qu'il n'étoit pas bien mort, qu'il reſtoit encore en lui des ſemences de vie, qu'on auroit pû les réveiller en le réchauffant, ou en lui donnant des cordiaux & quelque choſe capable de faire revenir ſes eſprits.

Mais il ne reſſuſcite qu'au troiſiéme jour. Il avoit, pour ainſi dire, été tué même après ſa mort, par l'ouverture que l'on fit de ſon côté avec une lance, qui le perça juſqu'au cœur, & qui lui auroit donné la mort, s'il n'eût pas été hors d'état de la recevoir.

Lorſqu'il reſſuſcita le Lazare[1] il attendit qu'il eût été quatre jours dans le tombeau, & qu'il commençât à ſe corrompre ; ce qui eſt la marque la plus aſſurée qu'un homme eſt réellement décédé, ſans eſpérance de retour à la vie, ſinon par des voies ſurnaturelles.

La Réſurrection que Job attendoit ſi fermement[2] ; & celle de cet homme qui reſſuſcita en touchant le corps du Prophete Eliſée dans ſon tombeau[3] ; & l'enfant de la veuve de Sunam, à qui le même Eliſée rendit la vie[4] ; cette armée de ſqueletes, dont Ezechiel prédit la Réſurrection[5], & qu'il vit en eſprit s'exécuter à ſes yeux, comme une figure & un gage du retour des Hébreux de leur captivité de Babylone ; enfin toutes les Réſurrections rapportées dans les livres ſacrés de l'Ancien & du Nouveau Teſtament, ſont des effets manifeſtement miraculeux, & attribués à la ſeule Toute-Puiſſance de Dieu. Ni les Anges, ni les Démons, ni les hommes les plus ſaints & les plus favoriſés de Dieu, ne ſçauroient par leur propre puiſſance rendre la vie à un mort réellement mort. Ils ne le peuvent que par la vertu de Dieu, qui quand il le juge à propos, eſt le maître d'accorder cette grace à leurs prieres & à leur interceſſion.

---

1. ↑ Joan. xj. 39.
2. ↑ Job. xxj. 25.
3. ↑ III. Reg. xiij. 21. 22.
4. ↑ IV. Reg. iv.
5. ↑ Ezech. xxxvij. 1. 2. 3.

CHAPITRE II.

Réſurrections de gens qui n'étoient pas vraiment morts.

LEs Réſurrections de quelques perſonnes qu'on avoit crûes mortes, & qui ne l'étoient pas, mais ſimplement endormies ou attaquées de létargie ; & de celles que l'on tenoit pour mortes, ayant été noyées, & qui ſont revenuës par le ſoin qu'on en a pris, par les remedes qu'on leur a donnés, ou par l'adreſſe des Médecins ; ces ſortes de gens ne doivent point paſſer pour vraiment reſſuſcités : ils n'étoient pas morts, ou ils ne l'étoient qu'en apparence.

Nous avons deſſein de parler ici d'une autre ſorte de gens reſſuſcités, qui étoient enterrés quelquefois depuis pluſieurs mois, ou même depuis pluſieurs années ; qui auroient dû être étouffés dans leurs tombeaux, quand ils auroient été enterrés tout vivans ; & dans qui l'on trouve encore des ſignes de vie, le ſang liquide, les chairs entieres, le coloris beau & vermeil, les membres flexibles & maniables. Ces gens qui reviennent ou le jour ou la nuit, inquiétent les vivans, leur ſucent le ſang, les font mourir, paroiſſent avec leurs habits dans leurs familles, s'aſſeyent à table, & font milles autres choſes, puis retournent dans leurs tombeaux, ſans qu'on voie comment ils y ſon rentrés. Ce ſont des eſpeces de Réſurrections momentanées : car au lieu que les autres morts dont parle l'Ecriture, ont vêcu, bû, mangé & converſé avec les autres hommes après leur Réſurrection, comme Lazare frere de Marie & de Marthe[1], & le fils de la veuve de Sunam reſſuſcité par Eliſée[2] ; ceux-ci ne paroiſſent que pendant un certain tems, en certains pays, dans certaines circonſtances, & ne paroiſſent plus dès-qu'on les a empalés ou brûlés, ou qu'on leur a coupé la tête.

Si cette derniere ſorte de Reſſuſcités n'étoient pas réellement morts, il n'y a de merveilleux dans leur retour au monde, que la maniere dont il ſe fait, & les circonſtances dont il eſt accompagné. Ces Revenans ſe réveillent-ils ſimplement de leur ſommeil, ou reprennent-ils leurs eſprits, comme ceux qui ſont tombés en ſyncope, en foibleſſe, ou en défaillance, & qui au bout d'un certain tems reviennent naturellement à eux-mêmes, lorſque le ſang & les eſprits animaux ont repris leur cours & leur mouvement naturel ?

Mais comment ſortir de leurs tombeaux ſans ouvrir la terre, & comment y rentrer ſans qu'il y paroiſſe ? A-t-on vû des létargies, ou des pamoiſons, ou des ſyncopes durer des années entieres ? Si l'on veut que ce ſoient des Réſurrections réelles, a-t-on vû des morts ſe reſſuſciter eux-mêmes & par leur propre vertu ?

S'ils ne ſont pas reſſuſcités par eux-mêmes, eſt-ce par la vertu de Dieu qu'ils ſont ſortis de leurs tombeaux ? Quelle preuve a-t-on, que Dieu s'en ſoit mêlé ? quel eſt l'objet de ces Réſurrections ? Eſt-ce pour manifeſter les œuvres de

Dieu dans ces Vampires ? Quelle gloire en revient-il à la Divinité ?

Si ce n'eſt pas Dieu qui les tire de leurs tombeaux, eſt-ce un Ange, eſt-ce un Démon, eſt-ce leur propre Ame ? L'Ame ſéparée du corps peut-elle y rentrer quand elle le veut, & lui donner une nouvelle vie, ne fût-ce que pour un quart d'heure ? Un Ange ou un Démon peuvent-ils rendre la vie à un mort ? Non ſans doute, ſans l'ordre, ou du moins ſans la permiſſion de Dieu. On a examiné ailleurs cette queſtion du pouvoir naturel des Anges & des Démons ſur les corps humains, & l'on a fait voir que ni la révélation, ni la raiſon, ne nous donnent aucune lumiere certaine ſur ce ſujet.

---

1. ↑ Joan. xij. 2.
2. ↑ IV. Reg. viij. 5.

CHAPITRE III.

Réſurrection d'un homme enterré depuis trois ans, reſſuſcité par ſaint Staniſlas.

TOutes les vies des Saints ſont pleines de Réſurrections de morts ; on pourroit en compoſer de gros volumes.

Ces Réſurrections ont un rapport manifeſte à la matiere que nous traitons ici, puiſqu'il eſt queſtion de perſonnes mortes, ou tenues pour telles, qui apparoiſſent en corps & en ame aux vivans, & qui vivent après leur Réſurrection. Je me contenterai de rapporter l'Hiſtoire de S. Staniſlas Evêque de Cracovie, qui reſſuſcita un homme mort depuis trois ans, avec des circonſtances ſi ſingulieres & d'une façon ſi publique, que la choſe eſt au-deſſus de la plus ſévére critique : ſi elle eſt bien véritable, elle doit être conſidérée comme un des plus inſignes miracles qui ſe liſent dans l'Hiſtoire. On avance que la vie du Saint a été écrite ou du tems de ſon Martyre[1], ou peu de tems après, par différens Auteurs exactement informés : car le Martyre du Saint, & ſurtout la Réſurrection du mort dont nous allons parler, ont été vûs & connus d'une infinité de perſonnes, de toute la Cour du Roi Boleſlas ; & cet événement s'étant paſſé en Pologne, où les Vampires ſont fréquens encore aujourd'hui, regarde par cet endroit plus particulierement le sujet que nous traitons.

L'Evêque S. Stanislas ayant acheté d'un Gentilhomme nommé Pierre une terre située sur la Vistule, dans le territoire de Lublin, au profit de son Eglise de Cracovie, en donna le prix au vendeur en présence de témoins, & avec les solennités requises dans le pays, mais sans écritures : car alors on n'écrivoit que rarement en Pologne ces sortes de ventés & d'achats ; on se contentoit de témoins. Stanislas entra en possession de cette terre par l'autorité du Roi ; & son Eglise en jouit paisiblement pendant environ trois ans.

Dans l'intervalle, Pierre qui l'avoit venduë, vint à mourir. Le Roi de Pologne Boleslas, qui avoit conçu une haine implacable contre le S. Evêque,

qui l'avoit repris librement de ses excès, cherchant l'occasion de lui faire peine, suscita les trois fils de Pierre & ses héritiers, & leur dit de répéter la terre, que leur Pere avoit venduë, sous prétexte qu'elle n'avoit pas été payée : il leur promit d'appuyer leur demande, & de la leur faire rendre. Ces trois Gentilshommes firent donc citer l'Evêque en la présence du Roi, qui étoit alors à Solec occupé à rendre la justice sous des tentes à la campagne, selon l'ancienne maniere du pays, dans l'assemblée générale de la Nation. L'Evêque fut cité devant le Roi, & soûtint qu'il avoit acheté & payé la terre en question. Les témoins n'oserent rendre témoignage à la vérité. Le lieu où se tenoit l'assemblée étoit fort près de Pietravin ; c'étoit le nom de la terre contestée. Le jour commencoit à baisser, & l'Evêque couroit grand risque d'être condamné par le Roi & par ses Conseillers. Tout d'un coup comme inspiré de l'Esprit divin, il promit au Roi de lui amener dans trois jours Pierre son vendeur ; la condition fut acceptée avec moquerie, comme impossible à exécuter.

Le saint Evêque se rend à Pietravin, demeure en prieres, & s'exerce au jeûne avec les siens pendant trois jours : le troisiéme jour il va en habits Pontificaux, accompagné de son Clergé & d'une multitude de peuple, au tombeau de Pierre, fait lever la tombe, & creuser jusqu'à ce que l'on trouvât le cadavre du mort tout décharné & corrompu. Le Saint lui ordonne de sortir, & de venir rendre témoignage à la vérité devant le tribunal du Roi. Il se leve : on le couvre d'un manteau ; le Saint le prend par la main & le mene vivant aux pieds du Roi. Personne n'eut la hardiesse de l'interroger ; mais il prit la parole, & déclara qu'il avoit vendu de bonne foi la terre au Prélat, & qu'il en avoit reçu le prix : après quoi il reprit sévérement ses fils, qui avoient ainsi malicieusement accusé le S. Evêque.

Staniflas lui demanda s'il souhaitoit rester en vie pour faire pénitence : il le remercia, & dit qu'il ne vouloit pas s'exposer de nouveau au danger de pécher. Staniflas le reconduisit à son tombeau ; & y étant arrivé, il s'endormit de nouveau au Seigneur. On peut juger qu'une pareille scene eut une infinité de témoins, & que toute la Pologne en fut informée dans le moment. Le Roi n'en fut que plus irrité contre le Saint. Il le tua quelque tems après de sa propre main, comme il sortoit de l'Autel, & fit couper son corps en

72 parties, afin qu'on ne pût les raſſembler, pour leur rendre le culte qui leur étoit dû, comme au corps d'un Martyr de la vérité, & de la liberté paſtorale.

Venons à préſent à ce qui ſait le principal ſujet de ces recherches, qui ſont les Vampires ou Revenans de Hongrie & de Moravie, & autres pareils, qui paroiſſent ſeulement pour peu de tems dans leurs corps naturels.

---

1. ↑ Les RR. PP. Bollandiſtes ont crû, que la vie de S. Staniſlas qu'ils ont fait impfrimer, étoait ancienne & à peu près du tems du Martyre du Saint, ou du moins quelle étoit priſe ſur une vie d'un Auteur preſque contemporain & original. Mais on m'a fait remarquer depuis la premiere Edition de cette Diſſertation, que la choſe n'étoit nullement certaine ; que Mr. Baillet ſur le 7 Mai, dans la table critique des Auteurs, avance que la vie de S. Staniſlas n'a été écrite que 400 ans après ſa mort, ſur des mémoires peu certains & mutilés. Et dans la vie du Saint, il avoue qu'il n'y a que la tradition des Ecrivains du pays, qui puiſſe rendre croyable celle de la Réſurrection de Pierre. Monſieur l'Abbé Fleuri tom. xiij. de l'Hiſtoire Eccleſ. L. 62. ſous l'an 1079. ne convient pas non plus de ce qui eſt écrit dans cette vie, ni de ce qui l'a ſuivi ; toutesfois le miracle, de la Réſurrection de Pierre eſt rapporté comme certain dans un diſcours de Jean de Polemac, prononcé au Concile de Conſtance l'an 1433. tom. xij. Concil. pag. 1397.

CHAPITRE IV.

Un homme réellement mort peut-il apparoître en son propre corps ?

SI ce qu'on raconte des Vampires étoit bien vrai, la question que nous faisons ici seroit frivole & inutile ; on répondroit tout de suite : on voit tous les jours en Hongrie, en Moravie & en Pologne des personnes mortes & enterrées depuis long-tems, revenir, apparoître, tourmenter les hommes & les animaux, leur sucer le sang, les faire mourir.

Ces personnes reviennent dans leurs propres corps ; on les voit, on les connoît, on les exhume, on leur fait leur procès, on les ampale, on leur coupe la tête, on les brûle. Il est donc non seulement possible, mais très-vrai & très-réel, qu'ils apparoissent dans leurs propres corps.

On pourroit ajoûter pour appuyer cette créance, que dans l'Ecriture même, on a des exemples de ces Apparitions : par exemple, à la Transfiguration du Sauveur, Elie & Moïse apparurent sur le Thabor[1], s'y entretenant avec Jesus-Christ. Nous savons qu'Elie est encore en vie, je ne le cite pas pour l'exemple ; mais pour Moïse, sa mort n'est pas douteuse, & toutefois il paroît avec Elie dans son propre corps parlant avec Jesus-Christ. Les morts qui sortirent de leurs tombeaux à la Résurrection du Sauveur[2], & qui apparurent à plusieurs personnes dans Jérusalem, étoient dans leurs sepulchres depuis plusieurs années : leur mort n'étoit pas douteuse ; & cependant ils apparurent, & rendirent témoignage à la Résurrection du Sauveur.

Lorsque Jéremie apparut à Judas Machabée[3], & qu'il lui mit en main un glaive d'or, en lui disant : recevez cette épée comme un don de Dieu, avec laquelle vous surmonterez les ennemis de mon peuple d'Israël ; ce fut apparemment ce Prophete en son propre corps, qui lui apparut, & lui fit ce présent, puisqu'on le reconnut à son air pour être le Prophete Jéremie.

Je ne parle point des personnes réellement ressuscitées par miracle, comme du fils de la veuve de Sunam ressuscité par Elisée ; ni du mort qui ayant touché le cercueil du même Prophete, se leva sur ses pieds & ressuscita ; ni du Lazare, à qui Jesus-Christ rendit la vie d'une maniere si miraculeuse & si éclatante. Ces personnes vêcurent, bûrent, mangerent, converserent parmi les hommes après, comme avant leur mort & leur Résurrection.

Ce n'est pas de ces sortes de personnes dont il est ici question. Je parle, par exemple, de Pierre ressuscité par Stanislas pour quelques heures, de ces personnes dont j'ai parlé dans le Traité sur l'apparition des Esprits, qui ont apparu, parlé & découvert des choses cachées, & dont la Résurrection n'a été que momentanée, & seulement pour manifester la puissance de Dieu, afin de rendre témoignage à la vérité & à l'innocence, ou de soûtenir la créance de l'Eglife contre des hérétiques obftinés, comme on en lit divers exemples.

Saint Martin étant nouvellement fait Archevêque de Tours, conçut quelque foupçon contre un Autel que les Evêques fes Prédéceffeurs avoient érigé à un prétendu Martyr, dont on ne connoiffoit, ni le nom, ni l'Hiftoire, & dont aucun des Prêtres, ni des Miniftres de la Chapelle ne pouvoient rien dire de certain. Il s'abftint pendant quelques tems d'aller en ce lieu, qui n'étoit pas éloigné de la ville. Un jour il s'y rendit accompagné d'un petit nombre de Religieux, & s'étant mis en prieres, il demanda à Dieu qu'il lui fit connoître qui étoit celui qui étoit enterré en ce lieu. Alors il apperçut à fa gauche un Spectre hideux & fale ; & lui ayant ordonné de lui dire qui il étoit, le Spectre lui déclara fon nom, & lui confeffa qu'il étoit un voleur mis à mort pour fes crimes & fes violences, & qu'il n'avoit rien de commun avec les Martyrs. Ceux qui étoient préfens entendirent fort bien ce qu'il difoit, mais ne virent pas la perfonne. Saint Martin fit renverfer fon tombeau, & guérit le peuple fuperftitieux de fon ignorance.

Le Philofophe Celfe écrivant contre les Chrétiens, foûtenoit que les Apparitions de Jefus-Chrift à fes Apôtres n'étoient pas réelles, mais que c'étoient de fimples ombres qui apparoiffoient. Origenes rétorquant fon raifonnement[4] lui dit, que les Payens racontent diverfes Apparitions d'Efculappe & d'Apollon, à qui ils attribuent le pouvoir de prédire l'avenir. Si l'on admet ces Apparitions comme réelles, parce qu'elles font atteftées par quelques perfonnes, pourquoi ne pas reconnoître pour vraies celles de Jesus-Christ, qui sont racontées par des témoins oculaires, & qui sont crûes par tant de millions de personnes ?

Il raconte ensuite cette Histoire. Aristée qui est d'une des meilleures maisons de Proconèse, étant un jour entré dans la boutique d'un foulon, y mourut subitement. Le foulon ayant bien fermé sa porte, courut incontinent avertir les parens du mort ; mais comme le bruit s'en fut aussi-tôt répandu par la Ville, un homme de Cyzique, qui venoit d'Astace, assûra que cela ne pouvoit être, parce qu'il avoit rencontré Aristée sur le chemin de Cyzique, & lui avoir parlé ; ce qu'il soûtint hautement devant tout le peuple de Proconèse.

Là-dessus les parens arrivent chez le foulon avec tout l'appareil nécessaire pour enlever le corps ; mais étant entrés dans la maison, ils n'y trouverent Aristée ni mort ni vivant. Sept ans après il se fit voir dans Proconèse même : il y fit ces vers que l'on nomme arimaspées, & il disparut ensuite pour la seconde fois. C'est ce qu'on en dit dans ces Villes-là.

Trois cens quarante ans après cet événement, le même Aristée se fit voir à Métaponte en Italie, & ordonna aux Métapontins de bâtir un Autel à Apollon, & d'élever tout auprès une statuë à l'honneur d'Aristée de Proconèse, ajoûtant qu'ils étoient les seuls des peuples d'Italie, qu'Apollon eût honorés de sa présence ; que pour lui qui leur parloit, il avoit accompagné ce Dieu sous la figure d'un corbeau ; & leur ayant ainsi parlé, il disparut.

Les Métapontins envoyèrent consulter sur cette Apparition l'Oracle de Delphes, qui leur dit de suivre le conseil qu'Aristée leur avoit donné, & qu'ils s'en trouveroient bien. En effet ils éleverent une statue à Appollon, que l'on y voyoit encore du tems d'Hérodote[5], & en même tems une autre statue à Aristée, qui se voyoit dans un petit bois de lauriers, qui étoit au milieu de la place publique de Métaponte. Celse ne faisoit aucune difficulté de croire tout cela sur la foi d'Hérodote & de Pindare ; & il refusoit de croire ce que les Chrétiens enseignoient des miracles de J C. rapportés dans l'Evangile, & scellés par le sang des Martyrs. Origenes ajoûte : qu'el auroit pû être le dessein de la Providence, en faisant pour ce Proconésien les miracles dont on vient de parler ? Quel fruit auroit-elle voulu que les hommes en tirassent ? Au lieu que ce que les Chrétiens racontent de Jesus-Christ, s'est fait pour confirmer une doctrine salutaire au genre humain. Il faut donc ou rejetter comme fabuleux cette Histoire d'Aristée, ou attribuer tout ce qu'on en dit à l'opération du mauvais Esprit.

---

1. ↑ Matth. ix. 34.
2. ↑ Matth. xxvij. 53.
3. ↑ II. Mach. xiv. 14. 15.
4. ↑ Origen. contra Celsum, lib. I. pag. 123. 124.
5. ↑ Herodot. lib. 4.

CHAPITRE V.

Réſurrection ou Apparition d'une fille morte depuis quelques mois.

PHlegon affranchi de l'Empereur Adrien[1] dans le fragment du livre qu'il avoit écrit des choſes merveilleuſes, dit qu'à Tralles en Aſie, un certain Machates hôtelier avoit habitude avec une fille nommée Philinnium, fille de Demoſtrate & de Chariton ; cette fille étant morte & miſe dans le tombeau, continua de venir la nuit pendant près de ſix mois voir ſon galant, de boire, de manger, de coucher avec lui. Un jour la nourrice de cette fille la reconnut, lorſqu'elle étoit aſſiſe auprès de Machates : elle courut en donner avis à Chariton mere de la fille, qui après avoir fait beaucoup de difficultés, vint enfin à l'hôtellerie ; mais comme il étoit fort tard, & que tout le monde étoit couché, elle ne put contenter ſa curioſité. Elle reconnut toutefois les habits de ſa fille, & crut la reconnoître couchée avec Machates. Elle revint le lendemain matin ; mais s'etant égarée en chemin, elle ne trouva plus ſa fille, qui s'étoit déja retirée. Machates lui raconta toute la choſe, comme depuis un certain tems elle venoit le trouver chaque nuit ; & pour preuve de ce qu'il diſoit, il ouvrit ſa caſſette, & lui montra l'anneau d'or que Philinnium lui avoit donné, & la bande dont elle couvroit ſon ſein, qu'elle lui avoit laiſſée la nuit précédente.

Chariton ne pouvant plus douter de la vérité du fait, s'abandonna aux cris & aux larmes ; mais comme on promit de l'avertir la nuit ſuivante, quand Philinnium reviendroit, elle s'en retourna chez elle. Le ſoir la fille revint à ſon ordinaire, & Machates envoya auſſi-tôt en avertir ſes Pere & Mere : car il commençoit à craindre que quelqu'autre fille n'eût pris les habits de Philinnium dans ſon ſépulchre pour lui faire illuſion.

Demoſtrate & Chariton étant arivés, reconnurent leur fille & coururent l'embraſſer ; mais elle s'écria : mon Pere & ma Mere, pourquoi avez-vous envié mon bonheur, en m'empêchant de demeurer encore trois jours avec cet hôtelier ſans faire mal à perſonne : car je ne ſuis pas venue ici ſans la permiſſion des Dieux, ceſt-à-dire du Démon, puiſqu'on ne peut attribuer à Dieu ni à un bon Eſprit une choſe comme celle-là. Votre curioſité vous coûtera cher. Au même tems elle tomba roide morte, & étenduë ſur le lit.

Phlegon qui avoit quelque commandement dans la Ville, arrêta la foule, & empêcha le tumulte. Le lendemain le peuple étant aſſemblé au Théatre, on convint d'aller viſiter le caveau où repoſoit Philinnium, qui étoit décedée environ ſix mois auparavant. On y trouva les morts de ſa famille rangés chacun dans ſon rang ; mais on n'y trouva pas le corps de Philinnium. Il y avoit ſeulement un anneau de fer que Machates lui avoit donné, avec une coupe dorée, qu'elle avoit auſſi reçûe de lui. Après cela on retourna au logis de Machates, où le corps de la fille étoit demeuré couché par terre.

On consulta un Devin, qui dit qu'il falloit l'enterrer hors des limites de la Ville, appaiser les Furies & Mercure terrestre, faire des funérailles solennelles aux Dieux Manes, & sacrifier à Jupiter l'Hospitalier, à Mercure & à Mars. Phlegon ajoûte en parlant à celui à qui il écrit : Si vous jugez à propos d'en informer l'Empereur, écrivez-le moi, afin que je vous envoie quelques-uns de ceux qui ont été témoins de toutes ces choses.

Voilà un fait bien circonstancié, & revêtu de tous les caractéres qui peuvent le faire passer pour véritable. Cependant combien de difficultés ne renferme-t-il pas ? Cette fille étoit-elle vraiment morte, ou n'étoit elle qu'endormie ? Sa Résurrection se fit-elle par ses propres forces, & à sa volonté, ou étoit-ce un Démon qui lui rendit la vie ? Il semble qu'on ne peut douter que ce ne fût son propre corps ; toutes les circonstances du récit de Phlegon le persuadent. Si elle n'étoit pas morte, que tout ce qu'elle faisoit ne fût qu'un jeu & une scène qu'elle donnoit pour contenter sa passion avec Machates, il n'y a rien dans tout ce récit de fort incroyable : on sait de quoi l'amour déréglé est capable, & jusqu'à quel point il peut porter une personne éprise d'une passion violente.

Le même Phlegon dit, qu'un soldat Syrien de l'armée d'Antiochus, après avoir été tué aux Termopyles, parut en plein jour dans le camp des Romains, où il parla à plusieurs personnes.

Haralde ou Hrappe, Danois, qui se fit enterrer à l'entrée de sa cuisine, & qui apparoissant après sa mort, fut blessé par un nommé Olaüs Pa, qui laissa le fer de sa lance dans la plaie ; ce Danois paroissoit donc dans son propre corps. Etoit-ce son Ame qui le remuoit, ou un Démon, qui se servoit de ce corps mort pour inquiéter & effrayer les vivans ? le faisoit-il par ses propres forces ou par la permission de Dieu ? & quelle gloire à Dieu, quel avantage aux hommes pouvoit-il revenir de ces Apparitions ? Niera-t-on tous ces faits racontés d'une maniere si circonstanciée par des Auteurs éclairés, & qui n'ont nul intérêt, ni nulle envie de nous tromper.

Saint Augustin raconte, que pendant son séjour à Milan[2], un jeune homme étoit poursuivi en justice par un particulier, qui lui répétoit une dette déja acquittée par son pere, mais dont la quittance ne se trouvoit point. L'Ame du pere apparut à son fils, & lui enseigna où étoit la quittance, qui lui donnoit tant d'inquiétude.

Saint Macaire l'Egyptien ressuscita un homme mort[3], pour rendre témoignage à l'innocence d'un autre homme accusé de l'avoir tué. Le mort disculpa l'accusé, mais ne voulut pas nommer l'auteur du meurtre.

Le même S. Macaire fit parler un autre mort enterré depuis quelque tems, pour découvrir un dépôt, qu'il avoit reçû & caché à l'insçû de sa femme. Le mort déclara que l'argent étoit enfoüi au pied de son lit.

Le même S. Macaire ne pouvant autrement réfuter un Hérétique Eunomien, selon les uns, ou Hieracite, selon les autres, lui dit : allons au tombeau d'un mort & demandons lui, qu'il nous instruise de la vérité dont vous ne voulez pas convenir. L'Hérétique n'osa s'y présenter ; mais S. Macaire s'y rendit accompagné d'une multitude de personnes : il interrogea le mort, qui lui répondit du fond de son tombeau, que si l'Hérétique avoit paru dans l'assemblée, il se seroit levé pour le convaincre, & pour rendre témoignage à la vérité. S. Macaire lui ordonna de s'endormir au Seigneur, jusqu'au tems que J. C. à la fin du monde le ressusciteroit en son rang.

Les Anciens qui ont rapporté le même fait, varient en quelques circonstances, comme il est assez ordinaire quand on ne raconte les choses que de mémoire.

Saint Spiridion, Evêque de Trimitonte en Egypte[4], avoit une fille nommée Iréne, qui demeura vierge jusqu'à sa mort. Après son décès un particulier vint demander à S. Spiridion un dépôt qu'il avoit confié à Iréne à l'insçû de son pere. On chercha par toute la maison sans rien trouver : enfin Spiridion va au tombeau de sa fille, & l'appellant par son nom, lui demanda où étoit le dépôt. Elle le déclara, & Spiridion le rendit.

Un saint Abbé nommé Erricle ressuscita pour un moment un homme qui avoit été tué[5], & de la mort duquel on accusoit un Religieux, qui en étoit très-innocent. Le mort rendit justice à l'accusé, & l'Abbé Erricle lui dit : dormez en paix, juſqu'à ce que le Seigneur vienne au dernier jour pour vous reſſuſciter à l'éternité.

Toutes ces Réſurrections momentanées peuvent ſervir à expliquer comment les Revenans de Hongrie ſortent de leurs tombeaux, puis y rentrent, après s'être fait voir & ſentir pendant quelque tems. Mais la difficulté ſera toujours de ſavoir : 1º. ſi la choſe eſt vraie : 2º. s'ils peuvent ſe reſſuſciter eux-mêmes : & 3º. s'ils ſont réellement morts ou ſeulement endormis. De quelque côté qu'on enviſage ce fait, il paroît toûjours également impoſſible & incroyable.

---

1. ↑ Phlegon, de mirabilib. t. 8. Gronov. Antiq. Græc. pag. 2694.
2. ↑ Aug. de curâê pro mortuis.
3. ↑ Roſweid. vit. P. P. l. 2. pag. 480.
4. ↑ Sozomen. Hiſt. Eccl. lib. I. c. xj.
5. ↑ Vit. P. P. lib. 2. pag. 650.

CHAPITRE VI.

Femme tirée vivante de ſon tombeau.

On lit dans un livre nouveau une Hiſtoire, qui a quelque rapport à celle-ci. Un Marchand, de la ruë Saint Honoré à Paris avoit promis ſa fille à un de ſes amis Marchand comme lui dans la même ruë. Un Financier s'étant préſenté pour épouſer la fille, fut préferé au jeune homme, à qui elle avoit été promiſe. Le mariage s'accomplit, & la jeune femme étant tombée malade, fut tenue pour morte, enſevelie & enterrée. Le premier amant ſe doutant qu'elle étoit tombée en léthargie ou en ſyncope, la fit tirer de terre pendant la nuit ; on la fit revenir, & il l'épouſa. Ils paſſerent en Angleterre, & y vécurent tranquillement pendant quelques années. Au bout de dix ans ils revinrent à Paris, où le premier mari ayant reconnu ſa femme dans une promenade, la réclama en juſtice, & ce fut la matiere d'un grand procès. La femme & ſon mari ſe défendoient ſur ce que la mort avoit rompu les liens du premier mariage. On accuſoit même le premier mari d'avoir trop précipitamment fait enterrer ſa femme. Les amans prévoyant qu'ils pourroient ſuccomber, ſe retirerent de nouveau dans une Terre étrangere, où ils finirent leurs jours. Ce fait eſt ſi ſingulier, qu'il trouvera difficilement créance parmi les

Lecteurs. Je ne le donne que pour ce qu'il eſt. C'eſt à ceux qui l'avancent, à le garantir & à le prouver.

Qui nous dira que dans l'Hiſtoire de Phlegon, la jeune Philinnium ne fût pas ainſi miſe dans le caveau ſans être bien morte, & que toutes les nuits elle ne vint voir Machatès ſon amant ? Cela étoit bien plus aiſé pour elle, que ne l'auroit été le retour de la femme de Paris qui avoit été enſevelie, enterrée, & étoit demeurée couverte de terre & enveloppée de linge pendant aſſez long-tems.

L'autre exemple rapporté dans le même ouvrage, eſt d'une fille tombée en ſyncope & tenuë pour morte, qui devint enceinte pendant cet intervalle, ſans ſavoir l'auteur de ſa groſſeſſe. C'étoit un Religieux, qui s'étant fait connoître, prétendoit faire annuller ſa profeſſion comme ayant été forcée. Il y eut ſur cela un gros procès, dont on conſerve encore aujourd'hui les factums. Le Religieux fut relevé de ſes vœux, & épouſa la fille. Cet exemple revient encore à celui de Philinnium, & à celui de la jeune femme de la ruë S. Honoré. Ces perſonnes pouvoient n'être pas mortes, ni par conſéquent reſſuſcitées.

CHAPITRE VII.

Venons à préſent à l'examen du fait des Revenans ou Vampires de Moravie.

J'Ai appris de feu Monſieur de Vaſſimont, Conſeiller de la Chambre des Comtes de Bar, qu'ayant été envoyé en Moravie par feu ſon Alteſſe Royale Leopold premier Duc de Lorraine, pour les affaires de Monſeigneur le Prince Charles ſon frere, Evêque d'Olmuz & d'Oſnabruch, il fut informé par le bruit public, qu'il étoit aſſez ordinaire dans ce pays-là de voir des hommes décédés quelque tems auparavant, ſe préſenter dans les compagnies, & ſe mettre à table avec les perſonnes de leur connoiſſance ſans rien dire ; mais que faiſant un ſigne de tête à quelqu'un des aſſiſtans, il mouroit infailliblement quelques jours après. Ce fait lui fut confirmé par pluſieurs perſonnes, & entr'autres par un ancien Curé, qui diſoit en avoir vû plus d'un exemple.

Les Evêques & les Prêtres du pays conſulterent Rome ſur un fait ſi extraordinaire ; mais on ne leur fit point de réponſe, parce qu'on y regarda apparemment tout cela comme de pures viſions, ou des imaginations populaires. On s'aviſa enſuite de déterrer les corps de ceux qui revenoient ainſi, de les brûler, ou de les conſumer en quelques autres manieres. Ainſi l'on s'eſt délivré de l'importunité de ces Spectres, qui font aujourd'hui beaucoup moins fréquens dans ce pays qu'auparavant. C'eſt ce que diſoit ce bon Prêtre.

Ces apparitions ont donné occaſion à un petit ouvrage intitulé : *Magia poſthuma*, compoſé par Charles Ferdinand de Schertz, imprimé à Olmuz en 1706. dédié au Prince Charles de Lorraine Evêque d'Olmutz & d'Oſnabruch. L'Auteur raconte, qu'en un certain village une femme étant venuë à mourir munie de tous ſes Sacremens, fut enterrée dans le cimetiere à la maniere ordinaire. Quatre jours après ſon décès, les habitans du Village ouirent un grand bruit & un tumulte extraordinaire, & virent un Spectre qui paroiſſoit tantôt ſous la forme d'un chien, tantôt ſous celle d'un homme, non à une perſonne, mais à pluſieurs, & leur cauſoit de grandes douleurs, leur ſerrant la gorge, & leur comprimant l'eſtomac juſqu'à les ſuffoquer : il leur briſoit preſque tout le corps & les réduiſoit à une foibleſſe extrême, en ſorte qu'on les voyoit pâles, maigres, & exténués.

Le Spectre attaquoit même les animaux, & l'on a trouvé des vaches abbatues & demi-mortes ; quelquefois il les attachoit l'une à l'autre par la queuë. Ces animaux par leurs mugiſſemens marquoient aſſez la douleur qu'ils reſſentoient. On voyoit les chevaux comme accablés de fatigue, tout en ſueur, principalement ſur le dos, échauffés, hors d'haleine, chargés d'écume comme après une longue & pénible courſe. Ces calamités durerent pluſieurs mois.

L'Auteur que j'ai nommé, examine la choſe en Juriſconſulte ; & raiſonne beaucoup ſur le fait & ſur le droit.

Il demande, si supposé que ces troubles, ces bruits, ces vexations viennent de cette personne qui en est soupçonnée, on peut la brûler, comme on fait les corps des autres Revenans qui sont nuisibles aux vivans. Il rapporte plusieurs, exemples de pareilles apparitions, & des maux qui s'en sont ensuivis ; comme d'un Pâtre du village de Blow, près de la Ville de Kadam en Bohême, qui parut pendant quelque tems, & qui appelloit certaines personnes, lesquelles ne manquoient pas de mourir dans la huitaine. Les paysans de Blow déterrerent le corps de ce Pâtre, & le ficherent en terre avec un pieu, qu'ils lui passerent à travers le corps.

Cet homme en cet état se moquoit de ceux qui lui faisoient souffrir ce traitement, & leur disoit qu'ils avoient bonne grace de lui donner ainsi un bâton pour se défendre contre les chiens. La même nuit il se releva, & effraya par sa présence plusieurs personnes, & en suffoqua plus qu'il n'avoit fait jusqu'alors. On le livra ensuite au bourreau, qui le mit sur une charrette pour le transporter hors du village & l'y brûler. Ce cadavre hurloit comme un furieux, & remuoit les pieds & les mains comme vivant ; & lorsqu'on le perça de nouveau avec des pieux, il jetta de très-grands cris, & rendit du sang très-vermeil, & en grande quantité. Enfin on le brûla, & cette execution mit fin aux Apparitions & aux infestations, de ce Spectre.

On en a usé de même dans les autres endroits, où l'on a vû de semblables Revenans, & quand on les a tirés de terre, ils ont paru vermeils, ayant les membres souples &

maniables, sans vers & sans pourriture ; mais non sans une très-grande puanteur. L'Auteur cite divers autres Ecrivains, qui attestent ce qu'il dit de ces Spectres, qui paroissent encore, dit-il, assez souvent dans les montagnes de Silesie & de Moravie. On les voit & de nuit & de jour, on apperçoit les choses qui leur ont appartenu se remuer & changer de place, sans qu'il y ait personne qui les touche. Le seul reméde contre ces apparitions est de couper la tête & de brûler le corps de ceux qui reviennent.

Toutefois on n'y procéde pas sans forme de justice : on cite & on entend les témoins ; on examine les raisons ; on considere les corps exhumés, pour voir si l'on y trouve les marques ordinaires, qui font conjecturer que ce sont ceux qui molestent les vivans, comme la mobilité, la souplesse dans les membres, la fluidité dans le sang, l'incorruption dans les chairs. Si ces marques se rencontrent, on les livre au bourreau, qui les brûle. Il arrive quelquefois que les Spectres paroissent encore pendant trois ou quatre jours après l'exécution. Quelquefois on differe d'enterrer pendant six ou sept semaines les corps des personnes suspectes. Lorsqu'elles ne pourrissent point, & que leurs membres demeurent souples & maniables, comme s'ils étoient vivans, alors on les brûle. On assure comme certain, que les habits de ces personnes se meuvent, sans qu'aucune personne vivante les touche ; & l'on a vû depuis peu à Olmuz, continue toûjours notre Auteur, un Spectre qui jettoit des pierres, & causoit de grands troubles aux habitans.

CHAPITRE VIII.

Morts de Hongrie, qui fucent le fang des Vivans.

Il y a environ quinze ans qu'un foldat étant en garnifon chez un payfan Haïdamaque, frontiére de Hongrie, vit entrer dans la maifon, comme il étoit à table auprès du maître de la maifon fon hôte, un inconnu, qui fe mit auffi à table avec eux. Le maître du logis en fut étrangement effrayé, de même que le refte de la compagnie. Le foldat ne favoit qu'en juger, ignorant de quoi il étoit queftion. Mais le maître de la maifon étant mort dès le lendemain, le foldat s'informa de ce que c'étoit. On lui dit que c'étoit le pere de fon hôte, mort & enterré depuis plus de dix ans, qui s'étoit ainfi venu affeoir auprès de lui, & lui avoit annoncé & caufé la mort.

Le foldat en informa d'abord le Régiment, & le Régiment en donna avis aux Officiers Généraux, qui donnerent commiffion au Comte de Cabreras Capitaine du Régiment d'Alandetti Infanterie, de faire information de ce fait. S'étant tranfporté fur les lieux avec d'autres Officiers, un Chirurgien & un Auditeur, ils ouirent les dépofitions de tous les gens de la maifon, qui attefterent d'une maniére uniforme, que le Revenant étoit pere du maître du logis, &

que tout ce que le ſoldat avoit dit & rapporté étoit dans l'exacte vérité ; ce qui fut auſſi atteſté par tous les habitans du village.

En conſéquence on fit tirer de terre le corps de ce ſpectre, & on le trouva comme un homme qui vient d'expirer, & ſon ſang comme d'un homme vivant. Le Comte de Cabreras lui fit couper la tête, puis le fit remettre dans ſon tombeau. Il fit encore information d'autres pareils Revenans, entr'autres d'un homme mort depuis plus de trente ans, qui étoit revenu par trois fois dans ſa maiſon à l'heure du repas, avoit ſucé le ſang au col, la premiére fois à ſon propre frere, la ſeconde à un de ſes fils, & la troiſiéme à un valet de la maiſon ; & tous trois en moururent ſur le champ. Sur cette dépoſition le Commiſſaire fit tirer de terre cet homme, & le trouvant comme le premier, ayant le ſang fluide, comme l'auroit un homme en vie, il ordonna qu'on lui paſſât un grand clou dans la temple, & enſuite qu'on le remît dans le tombeau.

Il en fit brûler un troiſiéme, qui étoit enterré depuis plus de ſeize ans, & avoit ſucé le ſang, & cauſé la mort à deux de ſes fils. Le Commiſſaire ayant fait ſon rapport aux Officiers Généraux, on le députa à la Cour de l'Empereur, qui ordonna qu'on envoyât des Officiers de Guerre, de Juſtice, des Médecins & des Chirurgiens, & quelques Sçavans pour examiner les cauſes de ces évenemens ſi extraordinaires. Celui qui nous a raconté ces particularités, les avoit appriſes de Monſieur le Comte de Cabreras à Fribourg en Briſgau en 1730.

CHAPITRE IX.

*Récit d'un Vampire, tiré des Lettres juives ;
Lettre 137.*

Voici ce qu'on lit dans les lettres juives, nouvelle édition 1738. Lettre 137.

On vient d'avoir dans ces quartiers de Hongrie une scène de Vampirisme qui est duement attestée par deux Officiers du Tribunal de Belgrade, qui ont fait descente sur les lieux, & par un Officier des troupes de l'Empereur à Gradisch, qui a été témoin oculaire des procédures.

Au commencement de Septembre mourut dans le village de Kisilova, à trois lieues de Gradisch, un vieillard âgé de soixante deux ans, &c. Trois jours après avoir été enterré, il apparut la nuit à son fils, & lui demanda à manger ; celui-ci lui en ayant servi, il mangea, & disparut. Le lendemain le fils raconta à ses voisins ce qui étoit arrivé. Cette nuit le pere ne parut pas ; mais la nuit suivante il se fit voir, & demanda à manger. On ne sait pas si son fils lui en donna ou non ; mais on trouva le lendemain celui-ci mort dans son lit : le même jour, cinq ou six personnes tomberent subitement malades dans le Village, & moururent l'un après l'autre peu de jours après.

L'Officier ou Bailli du lieu informé de ce qui étoit arrivé, en envoya une relation au Tribunal de Belgrade, qui fit venir dans le Village deux de ces Officiers avec un boureau pour examiner cette affaire. L'Officier Impérial, dont on tient cette relation, s'y rendit de Gradifch, pour être témoin d'un fait, dont il avoit fi fouvent oui parler.

On ouvrit tous les tombeaux de ceux qui étoient morts depuis fix femaines : quand on vint à celui du Vieillard, on le trouva les yeux ouverts, d'une couleur vermeille, ayant une refpiration naturelle, cependant immobile comme mort ; d'où l'on conclut qu'il étoit un fignalé Vampire. Le boureau lui enfonça un pieu dans le cœur. On fit un bûcher, & l'on réduifit en cendres le cadavre. On ne trouva aucune marque de Vampirifme, ni dans le cadavre du fils, ni dans celui des autres.

Graces à Dieu, nous ne fommes rien moins que crédules. Nous avouons que toutes les lumiéres de Phyfique que nous pouvons approcher de ce fait, ne découvrent rien de ces caufes. Cependant nous ne pouvons refufer de croire véritable un fait attefté juridiquement, & par des gens de probité : nous copierons ici ce qui eft arrivé en 1732. & que nous avons inféré alors dans le Glaneur N°. xviij.

CHAPITRE X.

Autres Exemples de Revenans. Continuation du Glaneur.

Dans un certain canton de la Hongrie, nommé en Latin *Oppida Heidonum*, au de-là du Tibifque, *vulgò* Teiffe, c'eft-à-dire, entre cette riviére qui arrofe le fortuné terroir de Tockay, & la Tranfilvanie, le peuple connu fous le nom de Heiduque[1], croit que certains morts, qu'ils nomment Vampires, fucent tout le fang des vivans, enforte que ceux-ci s'extenuent à vûe d'œil, au-lieu que les cadavres, comme des fang-fues, fe rempliffent de fang en telle abondance, qu'on le voit fortir par les conduits, & même par les porres. Cette opinion vient d'être confirmée par plufieurs faits, dont il femble qu'on ne peut douter, vû la qualité des témoins qui les ont certifiés. Nous en rapporterons ici quelques-uns des plus confidérables.

Il y a environ cinq ans, qu'un certain Heiduque habitant de Médreïga, nommé *Arnold Paul*, fut écrafé par la chûte d'un chariot de foin. Trente jours après fa mort, quatre perfonnes moururent fubitement, & de la maniére que meurent, fuivant la tradition du pays, ceux qui font moleftés des Vampires. On fe reffouvint alors, que cet Arnold Paul avoit fouvent raconté, qu'aux environs de Caffova & fur les frontiéres de la Servie Turque, il avoit été tourmenté par un Vampire Turc : car ils croyent auſſi, que ceux qui ont été Vampires paſſifs pendant leur vie, les deviennent actifs après leur mort, c'eſt-à-dire, que ceux qui ont été ſucés, ſucent auſſi à leur tour ; mais qu'il avoit trouvé moyen de ſe guérir, en mangeant de la terre du ſépulchre du Vampire & en ſe frottant de ſon ſang : précaution qui ne l'empêcha pas cependant de le devenir après ſa mort, puiſqu'il fut exhumé quarante jours après ſon enterrement, & qu'on trouva ſur ſon cadavre toutes les marques d'un Archivampire. Son corps étoit vermeil, ſes cheveux, ſes ongles, ſa barbe s'étoient renouvellés, & ſes veines étoient toutes remplies d'un ſang fluide, & coulant de toutes les parties de ſon corps ſur le linceul dont il étoit environné. Le Hadnagi, ou le Bailli du lieu, en préſence de qui ſe fit l'exhumation, & qui étoit un homme expert dans le Vampiriſme, fit enfoncer, ſelon la coutume, dans le cœur du défunt Arnold Paul un pieu fort aigu, dont on lui traverſa le corps de part en part, ce qui lui fit, dit-on, jetter un cri effroyable, comme s'il étoit en vie. Cette expédition faite, on lui coupa la tête, & l'on brûla le tout. Après cela on fit la même expédition ſur les cadavres de ces quatre autres perſonnes mortes de Vampiriſme, crainte qu'ils n'en fiſſent mourir d'autres à leur tour.

 Toutes ces expéditions n'ont cependant pû empêcher, que vers la fin de l'année derniére, c'eſt-à-dire au bout de cinq ans, ces funeſtes prodiges n'ayent recommencé, & que pluſieurs habitans du même village ne ſoient péris malheureusement. Dans l'espace de trois mois, dix-sept personnes de différent sexe & de différent âge sont mortes de Vampirisme, quelques-unes-sans être malades, & d'autres après deux ou trois jours de langueur. On rapporte entr'autres, qu'une nommée Stanoska, fille du Heiduque Jotuïtzo, qui s'étoit couchée en parfaite santé, se réveilla au milieu de la nuit toute tremblante, en faisant des cris affreux, & disant que le fils du Heiduque Millo mort depuis neuf semaines avoit manqué de l'étrangler pendant son sommeil. Dès ce moment elle ne fit plus que languir, & au bout de trois jours elle mourut. Ce que cette fille avoit dit du fils de Millo le fit d'abord reconnoître pour un Vampire : on l'exhuma, & on le trouva tel. Les principaux du lieu, les Médecins, les Chirurgiens examinerent comment le Vampirisme avoit pû renaître, après les précautions qu'on avoit prises quelques années auparavant.

On découvrit enfin, après avoir bien cherché, que le défunt Arnold Paul avoit tué non seulement les quatre personnes dont nous avons parlé, mais aussi plusieurs bestiaux, dont les nouveaux Vampires avoient mangé, & entr'autres le fils de Millo. Sur ces indices, on prit la résolution de déterrer tous ceux qui étoient morts depuis un certain tems, &c. Parmi une quarantaine, on en trouva dix-sept avec tous les signes les plus évidens de Vampirisme : aussi leur a-t'on transpercé le cœur & coupé la tête, & ensuite on les a brûlés & jetté leurs cendres dans la riviére.

Toutes les informations & exécutions dont nous venons de parler, ont été faites juridiquement, en bonne forme, &

atteſtées par pluſieurs Officiers, qui ſont en garniſon dans le pays, par les Chirurgiens Majors des Régimens, & par les principaux habitans du lieu. Le procès-verbal en a été envoyé vers la fin de Janvier dernier au Conſeil de guerre Impérial à Vienne, qui avoit établi une commiſſion militaire, pour examiner la vérité de tous ces faits.

C'eſt ce qu'ont déclaré le Hadnagi Barriarar, & les anciens Heiduques, & ce qui a été ſigné par Battuer, premier Lieutenant du Régiment d'Alexandre de Wirtemberg, Clickſtenger, Chirurgien Major du Régiment de Fruſtemburch, trois autres Chirurgiens de la Compagnie, Guoichitz, Capitaine à Stallath.

---

1. ↑ *Cette Hiſtoire eſt apparemment la même, que nous avons rapportée ci-devant ſous le nom de* Haïdamaque, *arrivée en* 1729. *ou* 1730.

CHAPITRE XI.

Raiſonnemens de l'Auteur des Lettres juives ſur les Revenans.

IL y a deux différens moyens pour détruire l'opinion de ces prétendus Revenans, & montrer l'impoſſibilité des effets, qu'on fait produire à des cadavres entiérement privés de ſentiment. Le premier eſt d'expliquer par des cauſes phyſiques tous les prodiges du Vampiriſme : le ſecond eſt de nier totalement la vérité de ces Hiſtoires ; & ce dernier parti eſt ſans doute le plus certain & le plus ſage. Mais comme il y a des perſonnes à qui l'autorité d'un certificat donné par des gens en place paroît une démonſtration évidente de la réalité du conte le plus abſurde, avant de montrer combien peu on doit faire fonds ſur toutes les formalités de juſtice dans les matiéres qui regardent uniquement la Philoſophie, je ſuppoſerai pour un tems qu'il meurt réellement pluſieurs perſonnes du mal qu'on appelle le Vampiriſme.

Je poſe d'abord ce principe, qu'il ſe peut faire qu'il y ait des cadavres, qui quoique enterrés depuis pluſieurs jours, répandent un ſang fluide par les conduits de leurs corps. J'ajoûte encore qu'il eſt très-aiſé, que certaines gens ſe figurent d'être ſucés par les Vampires, & que la peur que leur cauſe cette imagination, faſſe en eux une révolution assez violente pour les priver de la vie. Etant occupés toute la journée de la crainte que leur inspirent ces prétendus Revenans, est-il fort extraordinaire, que pendant leur sommeil les idées de ces Fantômes se présentent à leur imagination, & leur causent une terreur si violente, que quelques-uns en meurent dans l'instant, & quelques-autres peu après ? Combien de gens n'a-t'on point vûs, que des frayeurs ont fait expirer dans l'instant ? La joie même n'a-t'elle pas produit un effet aussi funeste ?

J'ai vû dans les Journaux de Leipsik[1] le précis d'un petit ouvrage intitulé : *Philosophicæ & Christianæ cogitationes de sampiriis, Joanne Christophoro Herenbergio* ; Pensées Philosophiques & Chrétiennes sur les Vampires, par Jean Christophe Herenberg, à Gérolferliste en 1733. in-80. L'Auteur nomme un assez grand nombre d'Ecrivains, qui ont déja traité cette matiere ; il parle en passant d'un spectre, qui lui apparut à lui-même en plein midi : il soûtient que les Vampires ne font pas mourir les vivans, & que tout ce qu'on en débite, ne doit être attribué qu'au trouble de l'imagination des malades : il prouve par diverses expériences que l'imagination est capable de causer de très-grands dérangemens dans le corps & dans les humeurs : il montre qu'en Esclavonie on empaloit les meurtriers, & qu'on y perçoit le cœur du coupable par un pieu qu'on lui enfonçoit dans la poitrine ; qu'on a exercé le même châtiment envers les Vampires, les supposant auteurs de la mort de ceux, dont on dit qu'ils sucent le sang. Il donne quelques exemples de ce supplice exercé contr'eux, l'un de l'an 1337. & l'autre de 1347. Il parle de l'opinion de ceux qui croyent, que les morts mangent dans leurs tombeaux ; ſentiment dont il tâche de prouver l'antiquité par Tertullien au commencement de ſon livre de la Réſurrection, & par S. Auguſtin l. 8. c. 27. de la Cité de Dieu, & au ſermon 15. des Saints.

Voilà à peu près le précis de l'ouvrage de M. Herenberg ſur les Vampires. Le paſſage de Tertullien[2] qu'il cite, prouve fort bien que les Payens offroient de la nourriture à leurs morts, même à ceux dont ils avoient brûlé les corps, dans la croyance que leurs ames s'en repaiſſoient : *defunctis parentant, & quidem impenſiſſimo ſtudio, pro moribus eorum, pro temporibus eſculentorum, ut quos ſentire quicquam negant, eſcam deſiderare præſamant* ; ceci ne regarde que les Payens.

Mais S. Auguſtin en pluſieurs endroits parle de la coûtume des Chrétiens, ſurtout de ceux d'Afrique, de porter ſur les tombeaux de la viande & du vin, dont on faiſoit des repas de dévotion, & où l'on invitoit les pauvres, en faveur deſquels ces offrandes étoient principalement inſtituées. Cette pratique eſt fondée ſur le paſſage du livre de Tobie[3] : *mettez, votre pain & votre vin ſur la ſepulture du juſte, & gardez-vous d'en manger, ni d'en boire avec les pécheurs.* Sainte Monique, mere de S. Auguſtin[4] ayant voulu faire à Milan ce qu'elle avoit accoutumé de faire en Afrique, S. Ambroiſe Evêque de Milan témoigna qu'il n'approuvoit pas cette pratique qui n'étoit pas connue dans ſon Egliſe : la Sainte s'abſtint d'y porter un panier plein de fruits, & du vin, dont elle goûtoit trés-sobrement avec celles qui l'accompagnoient, abandonnant le reste aux pauvres. S. Augustin remarque au même endroit, que quelques Chrétiens intempérans abusoient de ces offrandes pour prendre du vin avec excès : *ne ulla occasio se ingurgitandi daretur ebriosis.*

Saint Augustin[5] fit tant néanmoins par ses remontrances & ses prédications, qu'il déracina entiérement cette coutume qui étoit commune dans toute l'Afrique, & dont l'abus n'étoit que trop général. Dans ses livres de la Cité de Dieu[6] il reconnoît, que cet usage n'est ni général ni approuvé dans l'Eglise ; & que ceux qui le font, se contentent d'offrir cette nourriture sur les tombeaux des Martyrs, afin que par leurs mérites ces offrandes soient sanctifiées, après quoi ils les emportent, & s'en servent pour leur nourriture, & pour celle des pauvres : *quicumque suis epulas eò deferunt, quod quidem à melioribus Christianis non fit, & in plerisque terrarum nulla talis est consuetudo ; tamen quicumque id faciunt, quas cùm apposuerint, orant, & auferunt, ut vescantur, vel ex eis etiam indigentibus largiantur.* Il paroît par deux Sermons qui ont été attribués à S. Augustin[7] qu'autrefois cette coûtume s'étoit glissée à Rome ; mais elle n'y a guére subsisté, & y a été blâmée & condamnée.

Or s'il étoit vrai que les morts mangeassent dans leurs tombeaux, & qu'ils eussent envie ou besoin de manger, comme le croyoient ceux dont parle Tertullien, & comme il semble qu'on peut l'inférer de la pratique de porter de la viande, des fruits & du vin ſur les tombeaux des Martyrs & des Chrétiens : je crois même avoir des preuves certaines, qu'en certains endroits l'on mettoit auprès du corps des morts en terre dans les cimetiéres, ou dans les Egliſes, de la viande, du vin, & d'autres liqueurs. J'ai dans notre cabinet pluſieurs vaſes d'argile & de verre, même des aſſiétes, où l'on voit des oſſelets de cochon & de volailles, le tout trouvé bien avant ſous la terre dans l'Egliſe de l'Abbaye de S. Manſuy près la ville de Toul.

On m'a fait remarquer que ces monumens trouvés dans la terre étoient enfonçés dans une terre vierge, qui n'avoit jamais été remuée, & auprès de certains vaſes ou urnes remplies de cendres, & contenant quelques petits os, qui n'avoient pû être conſumés par les flammes ; & comme on ſait que les Chrétiens ne brûloient pas leurs morts, & que ces vaſes dont nous parlons, ſont placés au-deſſous du terrain remué dans lequel on trouve les tombeaux des Chrétiens, on en a inféré avec aſſez de probabilité, que ces vaſes, la nourriture & la boiſſon qu'on enterroit auprès d'eux, étoient deſtinés, non pour des Chrétiens, mais pour des Payens. Ceux-ci au moins croyoient donc que les morts mangeoient dans l'autre vie. On ne peut douter que les anciens Gaulois[8] ne fuſſent dans cette perſuaſion : ils ſont ſouvent repréſentés ſur leurs tombeaux avec des bouteilles à la main & des paniers pleins de fruits & d'autres choſes comeſtibles, ou des vaſes à boire & des gobelets[9]. Ils emportoient même les contrats & obligations de ce qui leur étoit dû, pour s'en faire payer dans les Enfers. *Negotiorum ratio, etiam exactio crediti deferebatur ad inferos.*

Or s'ils croyoient que les morts mangeoient dans leurs tombeaux, qu'ils pouvoient revenir, viſiter, conſoler, inſtruire, inquiéter les vivans, & leur prédire leur mort prochaine ; le retour des Vampires n'eſt donc ni impoſſible, ni incroyable dans l'idée de ces Anciens.

Mais comme tout ce qu'on dit des morts, qui mangent dans leurs tombeaux ou hors de leurs tombeaux, eſt chimérique, & hors de toute vraiſemblance, que la choſe eſt même impoſſible & incroyable, quel que ſoit le nombre & la qualité de ceux qui l'ont crû, ou qui ont paru le croire, je dirai toujours que le retour des Vampires eſt inſoûtenable & impraticable.

---

1. ↑ *Supplem. ad viſa Erudi. Lipſ. an 1738. t. 2.*
2. ↑ *Tertull. de Reſurrect. initio..*
3. ↑ *Tob. iv.*
4. ↑ *Aug. Confeſſie. l. 6. c. 2.*
5. ↑ *Idem, Epiſt. 22. ad Aurel. Carthag. Et Epiſt. 29. ad Alipi. Item de moribus. Eccl. c. 34.*
6. ↑ *Idem, lib. 8. de Civit. Dei, c. 27.*
7. ↑ *Aug. Serm. 35. de Sanctis. nunc in dice, c. 5. Serm. cxc. cxcj. p. 318.*
8. ↑ *Antiquité expliquée, t. 4. pag. 86.*
9. ↑ *Mela, lib. 2. c. 4.*x

CHAPITRE XII.

Suite du raiſonnement du glaneur Hollandais.

En examinant le récit de la mort des prétendus Martyrs du Vampiriſme, je découvre les ſymptômes d'un fanatiſme épidémique, & je vois clairement que l'impreſſion que la crainte fait ſur eux, eſt la vraie cauſe de leur perte. Une nommée Stanoska fille, dit-on, du Heiduque Sovitzo, qui s'étoit couchée en parfaite ſanté, ſe réveilla au milieu de la nuit toute tremblante & faiſant des cris affreux, diſant que le fils du Heiduque Millo, mort depuis neuf ſemaines, avoit manqué de l'étrangler pendant ſon ſommeil. Dès ce moment elle ne fit que languir, & au bout de trois jours elle mourut.

Pour quiconque a des yeux tant ſoit peu philoſophiques, ce ſeul récit ne doit-il pas lui montrer, que ce prétendu vampiriſme n'eſt qu'une imagination frappée. Voilà une fille qui s'éveille, qui dit qu'on a voulu l'étrangler, & qui cependant n'a point été ſucée, puiſque ſes cris ont empêché le Vampire de faire ſon repas. Elle ne l'a pas été apparemment dans la ſuite, puiſqu'on ne la quitta pas ſans doute pendant les autres nuits, & que ſi le Vampire l'eût voulu moleſter, ſes plaintes en euſſent averti les aſſiſtans. Elle meurt pourtant trois jours après. Sa frayeur & ſon abattement, ſa triſteſſe & ſa langueur marquent évidemment combien ſon imagination étoit frappée.

Ceux qui ſe ſont trouvés dans les villes affligées de la peſte, ſavent par expérience à combien de gens la crainte coûte la vie. Dès qu'un homme ſe ſent attaqué du moindre mal, il ſe figure qu'il eſt atteint de la maladie épidémique, & il ſe fait en lui un ſi grand mouvement, qu'il eſt preſque impoſſible qu'il réſiſte à cette révolution. Le Chevalier de Maiſin m'a aſſûré, lorſque j'étois à Paris, que ſe trouvant à Marſeille pendant la contagion qui régnoit dans cette Ville, il avoit vû mourir une femme de la peur qu'elle eut d'une maladie aſſez légére de ſa ſervante, qu'elle croyoit atteinte de la peſte ; la fille de cette femme fut malade à la mort.

D'autres perſonnes qui étoient dans la même maiſon, ſe mirent au lit, envoyerent chercher un Médecin, & aſſuroient qu'elles avoient la peſte. Le Médecin arrivé viſita d'abord la ſervante & les autres malades, & aucun d'eux n'avoit la maladie épidémique : il tâcha de rendre le calme à leurs eſprits, & leur ordonna de ſe lever & de vivre à leur ordinaire ; mais tous ſes ſoins furent inutiles auprès de la Maîtreſſe de la maiſon, qui mourut deux jours après de la ſeule frayeur.

Conſidérez le ſecond récit de la mort d'un Vampire paſſif, & vous verrez les preuves les plus évidentes des terribles effets de la crainte & des préjugés ; voyez ci-devant Chapitre xi. Cet homme trois jours après avoir été enterré apparoît la nuit à ſon fils, demande à manger, mange & diſparoît. Le lendemain le fils raconte à ſes voiſins ce qui lui étoit arrivé. Cette nuit le Pere ne parut pas ; mais la nuit suivante on trouva le fils mort dans son lit. Qui peut ne pas voir dans ces paroles les marques les plus certaines de la prévention & de la peur ? La première fois qu'elles agissent sur l'imagination du prétendu molesté du Vampirisme, elles ne produisent point leur entier effet, & ne font que disposer son esprit à être plus susceptible d'en être vivement frappé ; aussi cela ne manqua-t'il pas d'arriver, & de produire l'effet qui naturellement devoit suivre. Prenez-garde que le mort ne revint point la nuit du jour que son fils communiqua son songe à ses amis, parce que, selon toutes les apparences, ceux-ci veillerent avec lui, & l'empêcherent de se livrer à la crainte.

Je viens à présent à ces cadavres pleins d'un sang fluide, dont la barbe, les cheveux & les ongles se renouvellent. L'on peut rabattre les trois quarts de ces prodiges : encore a-t'on bien de la complaisance d'en admettre une petite partie. Tous les Philosophes connoissent assez, combien le peuple, & même certains Historiens grossissent les choses qui paroissent tant soit peu extraordinaires. Cependant il n'est pas impossible d'en expliquer physiquement la cause.

L'expérience nous apprend qu'il y a certains terrains, qui sont propres à conserver les corps dans toute leur fraîcheur. Les raisons en ont été souvent expliquées, sans que je me donne la peine d'en faire un récit particulier. Il se trouve à Toulouse un caveau dans une Eglise de Moines, où les corps restent si parfaitement dans leur entier, qu'il y en a qui y sont depuis près de deux siécles, qui paroissent vivans.

On les a rangés de bout contre la muraille, & ils ont leurs habillemens ordinaires. Ce qu'il y a de plus particulier, eſt que les corps qu'on met de l'autre côté de ce même caveau, deviennent deux ou trois jours après la pâture des vers.

Quant à l'acroiſſement des ongles, des cheveux & de la barbe, on l'apperçoit très-ſouvent dans pluſieurs cadavres. Tandis qu'il reſte encore beaucoup d'humidité dans les corps, il n'y a rien de ſurprenant que pendant quelque tems on voie quelques augmentations dans des parties, qui n'exigent point les eſprits vitaux.

Le ſang fluide, coulant par les canaux du corps, ſemble former une plus grande difficulté ; mais on peut donner des raiſons phyſiques de cet écoulement. Il pourroit fort bien arriver, que la chaleur du ſoleil venant à échauffer les parties nitreuſes & ſulfureuſes, qui ſe trouvent dans les terres propres à conſerver les corps, ces parties s'étant incorporées dans les cadavres nouvellement enterrés, viennent à fermenter, décoagulent & défigent le ſang caillé, le rendent liquide, & lui donnent le moyen de s'écouler peu à peu par les canaux.

Ce ſentiment eſt d'autant plus probable, qu'il eſt confirmé par une expérience. Si l'on fait bouillir dans un vaiſſeau de verre ou de terre une partie de chile ou de lait mêlée avec deux parties d'huile de tartre faite par défaillance, la liqueur de blanche qu'elle étoit deviendra rouge, parce que le ſel de tartre aura raréfié & entiérement diſſous la partie du lait la plus huileuſe, & l'aura convertie en une eſpéce de ſang. Celui qui ſe forme dans les vaiſſeaux du corps eſt un peu plus rouge ; mais il n'eſt pas plus épais. Il n'eſt donc pas impoſſible que la chaleur cauſe une fermentation, qui produiſe à peu près les mêmes effets que cette expérience ; & l'on trouvera cela beaucoup plus aiſé, ſi l'on conſidére, que les ſucs des chairs & des os reſſemblent beaucoup à du chile, & que les graiſſes & les moëlles ſont les parties les plus huileuſes du chile. Or toutes ces parties, en fermentant, doivent par la régle de l'expérience ſe changer en une eſpéce de ſang. Ainſi outre celui qui ſeroit décoagulé & défigé, les prétendus Vampires répandroient encore celui qui ſe formeroit de la fonte des graiſſes.

CHAPITRE XIII.

Récit tiré du Mercure galant de 1693.
& 1694. ſur les Revenans.

Les mémoires publics des années 1693 & 1694. parlent des Oupires, Vampires ou Revenans, qui ſe voient en Pologne, & ſur-tout en Ruſſie. Ils paroiſſent depuis midi juſqu'à minuit, & viennent ſucer le ſang des hommes ou des animaux vivans en ſi grande abondance, que quelquefois il leur ſort par la bouche, par le nez, & principalement par les oreilles, & que quelquefois le cadavre nage dans ſon ſang répandu dans ſon cercueil[1]. On dit que le Vampire a une eſpéce de faim, qui lui fait manger le linge qu'il trouve autour de lui. Ce rédivive ou Oupire ſorti de ſon tombeau, ou un Démon ſous ſa figure, va la nuit embraſſer & ſerrer violemment ſes proches ou ſes amis, & leur ſuce le ſang, juſqu'à les affoiblir, les exténuer & leur cauſer enfin la mort. Cette perſécution ne s'arrête pas à une ſeule perſonne ; elle s'étend juſqu'à la derniére perſonne de la famille, à moins qu'on n'en interrompe le cours en coupant la tête, ou en ouvrant le cœur du Revenant, dont on trouve le cadavre dans ſon cercueil mol, fléxible, enflé & rubicond, quoiqu'il ſoit mort depuis long-tems. Il ſort de ſon corps une grande quantité de ſang, que quelques-uns mêlent avec de la farine pour faire du pain ; & ce pain mangé à l'ordinaire, les garantit de la vexation de l'Efprit, qui ne revient plus.

---

1. ↑ *V. Moréri fur le mot*. Stryges.

CHAPITRE XIV.

Conjectures du glaneur de Hollande en 1733. N°. IX.

Le glaneur Hollandois, esprit peu crédule, suppose la vérité de ces faits comme certains, n'ayant aucune bonne raison pour la contester ; il en raisonne d'une maniére peu sérieuse, & prétend que les peuples chez qui l'on voit des Vampires, sont très-ignorans & très-crédules, en sorte que les apparitions dont on parle ne sont que des effets de leur imagination frappée. Le tout est occasionné & augmenté par la mauvaise nourriture de ces peuples, qui la plûpart du tems ne mangent que du pain fait d'avoine, de racines, & d'écorce d'arbre, alimens qui ne peuvent engendrer qu'un sang grossier, & par conséquent très-disposé à la corruption, & à produire dans l'imagination des idées sombres & fâcheuses.

Il compare ce mal à celui de la morsure d'un chien enragé, qui communique son venin à la personne qui est mordue. Ainsi ceux qui sont infectés du Vampirisme, communiquent ce dangereux poison à ceux qu'ils fréquentent. De-là les insomnies, les rêves & les prétendues apparitions des Vampires.

Il conjecture que ce poiſon n'eſt autre choſe qu'un ver qui ſe nourrit de la plus pure ſubſtance de l'homme, qui ronge inceſſamment ſon cœur, qui fait mourir le corps, & qui ne l'abandonne pas même au fond du tombeau. Il eſt certain que les corps de ceux qui ont été empoiſonnés, ou qui meurent de contagion, ne deviennent point roides après leur mort, parce que le ſang ne ſe congéle point dans les veines ; au contraire il ſe raréfie, & bouillonne à peu près de même que dans les Vampires, à qui la barbe, les cheveux & les ongles croiſſent, dont la peau eſt vermeille, qui paroiſſent engraiſſés, à cauſe du ſang qui ſe gonfle & abonde de toutes parts.

Quant au cri que les Vampires font lorſqu'on leur enfonce le pieu dans le cœur, rien n'eſt plus naturel : l'air qui s'y trouve renfermé & que l'on en fait ſortir avec violence, produit néceſſairement ce bruit en paſſant par la gorge. Souvent les corps morts en font bien ſans qu'on les touche. Il conclut qu'il n'y a que l'imagination dérangée par la mélancolie ou la ſuperſtition, qui puiſſe ſe figurer que la maladie dont on vient de parler, ſoit produite par des cadavres Vampires, qui viennent ſucer juſqu'à la derniére goutte de ſang.

Un peu auparavant il dit qu'en 1732. on découvrit encore des Vampires dans la Hongrie, la Moravie, & la Servie Turque ; que ce phénoméne eſt trop bien avéré pour qu'on en puiſſe douter ; que pluſieurs Phyſiciens Allemands ont compoſé d'aſſez gros volumes en Latin & en Allemand ſur cette matiére ; que les Académies & les Univerſités

Germaniques retentiſſent encore aujourd'hui des noms d'Arnold Paul, de Stanoske fille de Sovitzo & du Heiduque Millo, tous fameux Vampires du quartier de Médreïga en Hongrie.

Voici une lettre qui a été écrite à un de mes amis pour m'être communiquée au ſujet des Revenans de Hongrie[1] ; l'Auteur penſe bien autrement que le glaneur au ſujet des Vampires.

Pour ſatisfaire aux demandes de Monſieur l'Abbé Dom Calmet concernant les Vampires, le ſouſſigné a l'honneur de l'aſſûrer, qu'il n'eſt rien de plus vrai & de ſi certain, que ce qu'il en aura ſans doute lû dans les actes publics & imprimés, qui ont été inſérés dans les Gazettes par toute l'Europe ; mais à tous ces Actes publics qui ont paru, Monſieur l'Abbé doit s'attacher pour un fait véridique & notoire à celui de la députation de Belgrade ordonnée par feu S. M. Imp. Charles VI. de glorieuſe mémoire, & exécutée par feu ſon Alteſſe Séréniſſime le Duc Charles Alexandre de Wurtemberg, pour lors Vice-Roi, ou Gouverneur du Royaume de Servie ; mais je ne puis pour le préſent citer l'année, ni le mois, ni le jour, faute de mes papiers, que je n'ai point préſentement près de mot.

Ce Prince fit partir une députation de Belgrade moitié d'Officiers militaires, & moitié du Civil, avec l'Auditeur Général du Royaume, pour ſe tranſporter dans un village, où un fameux Vampire décédé depuis pluſieurs années faiſoit un ravage exceſſif parmi les ſiens : car notez que ce n'eſt que dans leur famille & parmi leur propre parenté, que ces suceurs de sang se plaisent à détruire notre espéce. Cette députation fut composée de gens & de sujets reconnus par leurs mœurs, & même par leur savoir, irréprochables & même savans parmi les deux ordres : ils furent sermentés, & accompagnés d'un Lieutenant des Grenadiers du Régiment du Prince Alexandre de Wurtemberg, & de 24 Grenadiers dudit Régiment.

Tout ce qu'il y eut d'honnêtes gens, le Duc lui même qui se trouverent à Belgrade, se joignirent à cette députation, pour être spectateurs oculaires de la preuve véridique qu'on alloit faire.

Arrivé sur les lieux, l'on trouva que dans l'espace de quinze jours le Vampire oncle de cinq tant neveus que niéces, en avoit déja expédié trois & un de ses propres freres. Il en étoit au cinquiéme, belle jeune fille sa niece, & l'avoit déja sucéé deux fois, lorsque l'on mit fin à cette triste tragédie par les opérations suivantes.

On se rendit avec les Commissaires députés pas loin de Belgrade, dans un village, & cela en public, à l'entrée de la nuit, à sa sépulture. Ce Monsieur n'a pû me dire les circonstances du tems auquel les précédens morts avoient été sucés, ni les particularités à ce sujet. La personne après avoir été sucée, se trouva dans un état pitoyable de langueur, de foiblesse, de lassitude, tant le tourment est violent. Il y avoit environ trois ans qu'il étoit enterré ; l'on vit sur son tombeau une lueur semblable à celle d'une lampe, mais moins vive.

On fit l'ouverture du tombeau, & l'on y trouva un homme auſſi entier, & paroiſſant auſſi ſain qu'aucun de nous aſſiſtans ; les cheveux, & les poils de ſon corps, les ongles, les dents, & les yeux, (ceux-ci demi-fermés) auſſi fermement attachés après lui, qu'ils le ſont actuellement après nous qui avons vie, & qui exiſtons, & ſon cœur palpitant.

Enſuite l'on procéda à le tirer hors de ſon tombeau, le corps n'étant pas à la vérité flexible, mais n'y manquant nulle partie, ni de chair, ni d'os ; enſuite on lui perça le cœur avec une eſpéce de lance de fer rond & pointu : il en ſortit une matiere blanchâtre & fluide avec du ſang, mais le ſang dominant ſur la matiere, le tout n'ayant aucune mauvaiſe odeur ; enſuite de quoi on lui trancha la tête avec une hache ſemblable à celle dont l'on ſe ſert en Angleterre pour les exécutions : il en ſortit auſſi une matiere & du ſang ſemblable à celle que je viens de dépeindre, mais plus abondamment à proportion de ce qui ſortit du cœur.

Au ſurplus on le rejetta dans ſa foſſe, avec force chaux vive pour le conſommer plus promptement ; & dès-lors ſa Niece qui avoir été ſucée deux ſois, ſe porta mieux. A l'endroit où ces perſonnes ſont ſucées, il ſe forme une tache très-bleuatre ; l'endroit du ſucement n'eſt pas déterminé, tantôt c'eſt en un endroit, tantôt c'eſt en un autre. C'eſt un fait notoire atteſté par les Actes les plus autentiques, & paſſé à la vûe de plus de 1300 perſonnes toutes dignes de foi.

Mais je me réſerve pour ſatisfaire plus en plein la curioſité du ſavant Abbé Dom Calmet, de lui détailler plus en plein ce que j'ai vû à ce fujet de mes propres yeux, & le remettrai à Monfieur le Chevalier de faint Urbain pour le lui envoyer, trop charmé en cela, comme en toute autre chofe, de trouver des occafions à lui prouver, que perfonne n'eft avec une fi parfaite vénération & refpect que

> Son très-humble & très-obéiffant Serviteur L. de Beloz, ci-devant Capitaine dans le Régiment de feu S. A. S. le Prince Alexandre de Wurtemberg, & fon Aide de camp, & actuellement premier Capitaine des Grenadiers dans le Régiment de Monfieur le Baron
>
> de la Trenck.

---

1. ↑ *Il y a lieu de croire que ceci n'eft qu'une répétition de ce qui a déja été dit ci-deffus, ch. x.*

CHAPITRE XV.

Autre lettre ſur les Revenans.

POur ne rien omettre de tout ce qui peut éclaircir cette matiere, je mettrai encore ici la lettre d'un fort honnête homme & fort inſtruit de ce qui regarde les Revenans, écrite à ſon parent.

Vous ſouhaitez, mon cher couſin, être informé au juſte de ce qui ſe paſſe en Hongrie au ſujet de certains Revenans, qui donnent la mort à bien des gens en ce pays-là. Je puis vous en parler ſavamment : car j'ai été pluſieurs années dans ces quartiers-là, & je ſuis naturellement curieux. J'ai oui en ma vie raconter une infinité d'Hiſtoires, ou prétenduës telles, ſur les Eſprits & Sortileges ; mais de mille à peine ai-je ajoûté foi à une ſeule : on ne peut être trop circonſpect ſur cet article ſans courir riſque d'en être la dupe. Cependant il y a certains faits ſi avérés, qu'on ne peut ſe diſpenſer de les croire. Quant aux Revenans de Hongrie, voici comme la choſe s'y paſſe. Une perſonne ſe trouve attaquée de langueur, perd l'appétit, maigrit à vûe d'œil, & au bout de huit ou dix jours, quelquefois quinze, meurt ſans fiévre ni aucun autre ſymptôme, que la maigreur & le deſſéchement.

On dit en ce pays-là que c'eſt un Revenant qui s'attache à elle & lui ſuce le ſang. De ceux qui ſont attaqués de cette maladie, la plûpart croyent voir un Spectre blanc, qui les fuit par tout comme l'ombre fait le corps. Lorſque nous étions en quartier chez les Valaques dans le Bannat de Temeſwar, deux Cavaliers de la Compagnie dont j'étois Cornette, moururent de cette maladie, & pluſieurs autres qui en étoient encore attaqués, en ſeroient morts de même, ſi un Caporal de notre Compagnie n'avoit fait ceſſer la maladie, en exécutant le remede que les gens du pays emploient pour cela. Il eſt des plus particuliers, & quoiqu'infaillible, je ne l'ai jamais lû dans aucun rituel. Le voici.

On choſit un jeune garçon qui eſt d'âge à n'avoir jamais fait œuvre de ſon corps, c'eſt-à-dire, qu'on croit vierge. On le fait monter à poil ſur un cheval entier qui n'a jamais ſailli, & abſolument noir ; on le fait promener dans le cimetiere, & paſſer ſur toutes les foſſes : celle où l'animal refuſe de paſſer malgré force coups de corvache qu'on lui délivre, eſt réputée remplie d'un Vampire ; on ouvre cette foſſe, & l'on y trouve un cadavre auſſi gras & auſſi beau, que ſi c'étoit un homme heureuſement & tranquillement endormi : on coupe le col à ce cadavre d'un coup de bêche, dont il ſort un ſang des plus beaux & de plus vermeils, & en quantité. On jureroit que c'eſt un homme des plus ſains, & des plus vivans qu'on égorge. Cela fait, on comble la foſſe, & on peut compter que la maladie ceſſe, & que tous ceux qui en étoient attaqués, recouvrent leurs forces petit à petit, comme gens qui échapent d'une longue maladie, & qui ont été exténués de longue-main. C'eſt ce qui arriva à nos Cavaliers qui en étoient attaqués. J'étois pour lors Commandant de la

Compagnie, mon Capitaine & mon Lieutenant étant abſens ; je fus très-piqué que ce Caporal eût fait faire cette expérience ſans moi. J'eus toutes les peines du monde de me vaincre, & de ne le pas régaler d'une volée de coups de bâton, marchandiſe qui ſe donne à bon prix dans les troupes de l'Empereur. J'aurois voulu pour toutes choſes au monde être préſent à cette opération ; mais enfin il fallut en paſſer par-là.

Un parent de ce même Officier m'a fait écrire le 17 Octobre 1746. que ſon frere qui a ſervi pendant 20 ans en Hongrie, & qui a très-curieuſement examiné tout ce qu'on y dit des Revenans, reconnoît que les peuples de ce pays ſont plus crédules & plus ſuperſtitieux que les autres peuples, & qu'ils attribuent les maladies qui leur arrivent à des Sortileges. Que d'abord qu'ils ſoupçonnent une perſonne morte de leur avoir envoyé cette incommodité, ils la déferent au Magiſtrat, qui ſur la dépoſition de quelques témoins fait exhumer le mort ; on lui coupe la tête avec une bêche, & s'il en ſort quelque goute de ſang, ils en concluent que c'eſt le ſang qu'il a ſucé à la perſonne malade. Mais celui qui m'écrit paroît fort éloigné de croire ce que l'on en penſe dans ce pays là.

A Warſovie un Prêtre ayant commandé à un Sellier de lui faire une bride pour ſon cheval, mourut auparavant que la bride fût faite ; & comme il étoit de ceux que l'on nomme Vampires en Pologne, il ſortit de ſon tombeau habillé comme on a coutume d'inhumer les Eccléſiaſtiques, prit ſon cheval à l'écurie, monta deſſus, & fut à la vûe de tout

Warſovie à la boutique du Sellier, où d'abord il ne trouva que la femme qui fut effrayée, & appella ſon mari qui vint ; & ce Prêtre lui ayant demandé ſa bride, il lui répondit : Mais vous êtes mort, Mr. le Curé ; à quoi il répondit : je te vas faire voir que non, & en même tems le frappa de telle ſorte, que le pauvre Sellier mourut quelques jours après, & le Prêtre retourna à ſon tombeau.

L'intendant du Comte Simon Labienski, Staroſte de Poſnanie, étant mort, la Comteſſe Douairiere de Labienski voulut par reconnoiſſance de ſes ſervices qu'il fût inhumé dans le caveau des Seigneurs de cette famille ; ce qui fut exécuté. Quelque tems après le Sacriſtain qui avoit ſoin du caveau, s'apperçût qu'il y avoit du dérangement, & en avertit la Comteſſe, qui ordonna ſuivant l'uſage reçû en Pologne, qu'on lui coupât la tête ; ce qui fut fait en préſence de pluſieurs perſonnes, & entr'autres du ſieur Jouvinski, Officier Polonois & Gouverneur du jeune Comte Simon Labienski, qui vit que lorſque le Sacriſtain tira ce cadavre de ſa tombe pour lui couper la tête, il grinça les dents, & le ſang en ſortit auſſi fluide que d'une perſonne qui mourroit d'une mort violente, ce qui fit dreſſer les cheveux à tous les aſſiſtans, & l'on trempa un mouchoir blanc dans le ſang de ce cadavre, dont on fit boire à tous ceux de la maiſon pour n'être point tourmentés.

CHAPITRE XVI.

Veſtiges prétendus du Vampiriſme dans l'Antiquité.

QUelques Savans ont crû trouver des veſtiges du Vampiriſme dans la plus haute Antiquité ; mais tout ce qu'ils en ont dit n'approche point de ce qu'on raconte des Vampires. Les Lamies, les Striges, les Sorciers qu'on accuſoit de ſucer le ſang des vivans & de les faire mourir, les Magiciennes qu'on diſoit faire périr les enfans nouveaux nés par des charmes & des maléfices, ne ſont rien moins que ce que nous entendons ſous le nom de Vampires ; quand on avoueroit que ces ſortes de Lamies & de Striges ont réellement exiſté, ce que nous ne croyons pas que l'on puiſſe jamais bien prouver.

J'avoue que ces termes ſe trouvent dans les verſions de la Sainte Ecriture. Par exemple, Iſaïe décrivant l'état où devoit être réduite Babylone après ſa ruine, dit qu'elle deviendra la demeure des Satyres, des Lamies, des Striges (en Hebreu *Lilith*) ; ce dernier terme, ſelon les Hebreux, ſignifie la même choſe que les Grecs & les Latins expriment par *Strix* & *Lamia*, qui ſont des Sorcieres ou Magiciennes, qui cherchent à faire périr les enfans nouveaux nés. D'où vient que les Juifs pour les écarter, ont coûtume d'écrire aux quatre coins de la chambre d'une femme nouvellement accouchée, Adam, Eve, hors d'ici *Lilith*.

Les anciens Grecs connoiſſoient ces dangereuſes Sorcieres ſous le nom de *Lamiæ*, & ils croyoient qu'elles dévoroient les enfans, ou leur ſuçoient tout le ſang juſqu'à les faire mourir. Horace[1] : *Neu pranſe Lamiæ vivum puerum extrahat alvo.*

Les Septante dans Iſaïe traduiſent l'Hébreu Lilith par *Lamia*. Euripide & le Scholiaſte d'Ariſtophane en font auſſi mention, comme d'un monſtre funeſte & ennemi des mortels. Ovide parlant des Striges, les décrit comme des oiſeaux dangereux, qui volent la nuit & cherchent les enfans, pour les dévorer & ſe nourrir de leur ſang.

Carpere dicuntur lactentia viſcera roſtris,
Et plenum poto ſanguine guttur habent.
Eſt illis Strigibus nomen.

Ces préjugés avoient jetté de ſi profondes racines dans l'eſprit des peuples barbares, qu'ils mettoient à mort les perſonnes ſoupçonnées d'être Striges, ou Sorcieres, & de manger les hommes vivans. Charle-magne dans ſes Capitulaires, qu'il a compoſés pour les Saxons ſes nouveaux ſujets[2], condamne à mort ceux qui croiront, qu'un homme ou une femme ſont Sorciers (*Striges eſſe*) & mangent les hommes vivans ; il condamne de même ceux qui les feront brûler, ou donneront leur chair à manger, ou la mangeront eux-mêmes.

Où l'on peut remarquer, premierement, qu'on croyoit qu'il y avoit des gens qui mangeoient les hommes vivans, qu'on les faifoit mourir & brûler, qu'on mangeoit quelquefois leurs chairs, comme nous avons vû qu'en Ruffie on mange du pain pêtri avec le fang des Vampires, & que d'autres fois on expofoit leurs cadavres aux bêtes carnacieres, comme on fait encore dans les lieux où fe trouvent de ces Revenans, après les avoir empalés, ou leur avoir coupé la tête.

Les Loix des Lombards défendent de même de faire mourir la fervante d'une autre comme Sorciere, *Strix* ou *mafca*. Ce dernier mot *mafca*, d'où vient *mafque*, a la même fignification que le Latin *Larva*, un Efprit, un Fantôme, un Spectre.

On peut ranger au nombre des Revenans celui dont il eft parlé dans la Chronique de Sigebert fous l'an 858.

Théodore de Gaze[3] avoit dans la Campanie une petite ferme qu'il faifoit cultiver par un laboureur : comme il travailloit à labourer la terre, il découvrit un vafe rond, où étoient enfermées les cendres d'un mort ; auffi-tôt il lui apparut un fpectre, qui lui commanda de remettre en terre le même vafe avec ce qu'il contenoit, finon qu'il feroit mourir fon fils aîné. Le laboureur ne tint compte de ces menaces, & peu de jours après fon fils aîné fut trouvé mort dans fon lit. Peu de tems après le même fpectre lui apparut, lui réitérant le même commandement, & le menaça de faire mourir fon fecond fils. Le laboureur avertit de tout ceci fon maître Théodore de Gaze, qui vint lui-même en fa Métairie, & fit remettre le tout en fa place. Ce fpectre étoit apparemment un Démon, ou l'ame d'un Payen enterré en cet endroit.

Michel Glycas[4] raconte que l'Empereur Bafile ayant perdu fon fils bien-aimé, obtint par le moyen d'un Moine noir de Santabaren de voir fondit fils, qui étoit mort peu auparavant ; il le vit, & le tint embraffé affez long-tems, jufqu'à ce qu'il difparut entre fes bras. Ce n'étoit donc qu'un fantôme, qui parut fous la forme de fon fils.

Dans le Diocèfe de Mayence on vit cette année un Efprit, qui fe manifefta d'abord en jettant des pierres, frappant les murailles des maifons, comme à grands coups de maillets, puis parlant & découvrant des chofes inconnuës, les Auteurs de certains larcins, & d'autres chofes propres à répandre l'efprit de difcorde parmi les voifins. A la fin il porta fa fureur contre un particulier, qu'il affecta de perfécuter & de rendre odieux à tout le voifinage, publiant que c'étoit lui qui excitoit la colere de Dieu contre tout le village. Il le pourfuivoit en tout lieu, fans lui donner le moindre relâche ; il brûla fes moiffons ramaffées dans fa maifon, & mit le feu dans tous les lieux où il entroit.

Les Prêtres l'exorciferent, firent des prieres, jetterent de l'eau bénite ; l'Efprit leur jetta des pierres, & bleffa plufieurs perfonnes. Après que les Prêtres fe furent retirés, on l'entendit comme fe lamentant, & difant qu'il s'étoit caché fous la chappe d'un Prêtre qu'il nomma, & qu'il accufa d'avoir corrompu la fille d'un homme d'affaires du lieu : il continua fes infeftations pendant trois ans, & ne ceffa point qu'il n'eût brûlé toutes les maifons du village.

Voici un exemple qui peut ſe rapporter à ce qu'on raconte des Revenans de Hongrie, qui viennent annoncer la mort à leurs proches. Evode Evêque d'Upzale en Afrique écrit à S. Auguſtin en 415.[5] qu'un jeune homme qu'il avoit auprès de lui, qui lui ſervoit d'Ecrivain, & étoit d'une innocence & d'une pureté extraordinaire, étant venu à mourir à l'âge de vingt-deux ans, une vertueuſe Veuve vit en ſonge un certain Diacre, qui avec d'autres Serviteurs & Servantes de Dieu ornoit un Palais qui paroiſſoit brillant, comme s'il eût été tout d'argent. Elle demanda pour qui on le préparoit : on lui dit, que c'étoit pour ce jeune homme qui étoit mort la veille. Elle vit enſuite dans le même Palais un Vieillard vêtu de blanc, qui ordonna à deux perſonnes de tirer ce jeune homme du tombeau, & de le conduire au Ciel.

Dans la même maiſon, où ce jeune homme étoit mort, un Vieillard à demi-endormi vit un homme avec une branche de laurier à la main, ſur laquelle il y avoit quelque choſe d'écrit.

Trois jours après la mort du jeune homme, ſon pere qui étoit Prêtre, & ſe nommoit Armene, s'étant rétiré dans un Monaſtére, pour ſe conſoler avec le Saint vieillard Theaſe Evêque de Manbloſe, le fils trépaſſé apparut à un Moine de ce Monaſtére, & lui dit que Dieu l'avoit reçû au nombre des bien-heureux, & qu'il l'avoit envoyé pour querir ſon Pere. En effet quatre jours après ſon pere ſentit un peu de fiévre, mais ſi légere que le Medecin aſſûroit qu'il n'y avoit rien à craindre. Il ne laiſſa pas de ſe mettre au lit ; & en même tems, comme il parloit encore, il expira.

Ce n'eſt pas de la frayeur dont il fut ſaiſi : car il ne paroît pas qu'il ait rien ſû de ce que le Moine avoit vû en ſonge.

Le même Evêque Evode raconte, qu'on a vû pluſieurs perſonnes après leur mort aller & venir dans leurs maiſons, comme auparavant, ou la nuit, ou même en plein jour. On dit auſſi, ajoûte-t-il que dans les lieux où il y a des corps enterrés, & ſur-tout dans les Egliſes, on entend ſouvent du bruit à une certaine heure de la nuit, comme de perſonnes qui prient à haute voix. Je me ſouviens, dit toûjours Evode, de l'avoir entendu dire à pluſieurs, & entr'autres à un S. Prêtre, qui eſt témoin de ces Apparitions, pour avoir vû ſortir du baptiſtere un grand nombre de ces Ames avec des corps éclatans de lumiere, & les avoir enſuite entendu prier au milieu de l'Egliſe. Le même Evode dit de plus, que Profuture, Privat & Servile, qui avoient vêcu avec beaucoup de pieté dans le Monaſtére, lui avoient parlé à lui même depuis leur mort, & que ce qu'ils lui avoient dit étoit arrivé.

Saint Auguſtin après avoir rapporté ce que diſoit Evode, reconnoît qu'il y a beaucoup de diſtinction à faire entre les viſions vraies & les fauſſes, & témoigne qu'il voudroit bien avoir un moyen ſûr pour en faire le juſte diſcernement.

Mais qui nous donnera les lumieres néceſſaires pour faire ce diſcernement ſi difficile, & néanmoins ſi néceſſaire, puiſque nous n'avons pas même de caracteres certains & démonſtratifs, pour diſcerner infailliblement les vrais miracles d'avec les faux, ni pour faire la diſtinction des œuvres du Tout-Puiſſant des illuſions de l'Ange de ténébres ?

1. ↑ *Horat. Art. Poët. v.* 340.
2. ↑ *Capitul. Caroli magni pro partibus Saxonie,* i. 6. *Siquis à Diabolo deceptus crediderit ſecundùm morem Pagarorum, virum aliquem aut fœminam Strigem eſſe, & homines comedere, & propter hoc ipſum incenderit, vel carnem ejus ad comedendum dederit, vel ipſam comederit, capitis ſententiá puniatur.*
3. ↑ *Le Loyer, des Spectres, l.* 2. p. 427.
4. ↑ *Mich. Glycas, part. 4. annal.*
5. ↑ *Aug. Epiſt.* 658. *& Epiſt.* 258. *pag.* 361.

CHAPITRE XVII.

Revenans dans les pays Septentrionnaux.

Thomas Bartholin le fils dans ſon traité intitulé : *des cauſes du mépris que les anciens Danois encore gentils faiſoient de la mort,* remarque[1] qu'un certain Hordus Iſlandois voyoit les Spectres des yeux du corps, ſe battoit contre eux & leur réſiſtoit. Ces peuples ne doutoient pas, que les Ames des morts ne revinſſent avec leurs corps, qu'ils abandonnoient enſuite, & retournoient dans leurs tombeaux. Bartholin raconte en particulier, qu'un nommé Aſmond fils d'Alfus s'étant fait mettre tout vif dans le même ſépulcre avec ſon ami Aſvite, & y ayant fait porter à manger, en fut tiré quelque tems après tout en ſang, enſuite d'un combat qu'il avoit eu à ſoûtenir contre Aſvite, qui étoit revenu, & l'avoit cruellement aſſailli.

Il rapporte après cela ce que les Poëtes enſeignent de l'évocation des Ames par les forces de la Magie, & du retour de ces Ames dans les corps qui ne ſont pas corrompus, quoique morts depuis long-tems. Il montre que les Juifs ont crû de même, que les Ames revenoient de tems en tems viſiter leurs corps morts pendant la premiere année de leur décès. Il fait voir que les anciens Peuples Septentrionnaux étoient perſuadés que les perſonnes nouvellement décédées apparoiſſoient ſouvent avec leurs corps ; & il en rapporte quelques exemples : il ajoûte qu'on attaquoit ces Spectres dangereux, qui infeſtoient & maltraitoient tous ceux qui avoient des champs aux environs de leurs tombeaux ; qu'on coupa la tête à un nommé Gretter, qui revenoit ainſi. D'autres fois on leur paſſoit un pieu au travers du corps, & on les fichoit ainſi en terre.

Nam ferro ſecui mox caput ejus,
Perfodíque nocens ſtipite corpus.

D'autres fois on tiroit le corps du tombeau, & on le réduiſoit en cendres ; on en uſa ainſi envers un Spectre nommé Gardus, qu'on croyoit Auteur de toutes les funeſtes Apparitions qui s'étoient faites pendant l'hiver.

---

1. ↑ *Thomas Bartholin, de cauſis contemptûs mortis à Danis, lib. 2. c. 2.*

CHAPITRE XVIII.

Revenans en Angleterre.

GUillaume de Malmesburi dit[1] qu'en Angleterre on croyoit que les méchans revenoient après leur mort, & étoient ramenés dans leurs propres corps par le Démon, qui les gouvernoit & les faisoit agir : *nequam hominis cadaver post mortem Dæmone agente discurrere.*

Guillaume de Neubrige, qui fleurissoit après le milieu du douziéme siécle, raconte que de son tems on vit en Angleterre dans le territoire de Bukingham un homme, qui apparut en corps comme vivant à sa femme trois nuits consécutives, & ensuite à ses proches. On ne se défendoit de ses visites effrayantes qu'en veillant, & faisant du bruit quand on s'appercevoit qu'il vouloit venir. Il se fit même voir à quelques personnes pendant le jour. L'Evêque de Lincoln assembla sur cela son Conseil, qui lui dit que pareilles choses étoient souvent arrivées en Angleterre, & que le seul remede que l'on connût à ce mal, étoit de brûler le corps du Revenant. L'Evêque ne put goûter cet avis, qui lui parut cruel : il écrivit d'abord une cédule d'absolution, qui fut mise sur le corps du défunt, qu'on trouva au même état que s'il avoit été enterré le même jour ; & depuis ce tems on n'en entendit plus parler.

L'Auteur de ce récit ajoûte, que ces fortes d'Apparitions paroîtroient incroyables, fi l'on n'en avoit vû plufieurs exemples de fon tems, & fi l'on ne connoiffoit plufieurs perfonnes qui en faifoient foi.

Le même de Neubrige dit au Chapitre fuivant, qu'un homme qui avoit été enterré à Bervik, fortoit toutes les nuits de fon tombeau, & caufoit de grands troubles dans tout le voifinage. On difoit même qu'il s'étoit vanté, qu'il ne cefferoit point d'inquiéter les vivans, qu'on ne l'eût réduit en cendres. On choifit donc dix jeunes hommes hardis & vigoureux, qui le tirerent de terre, couperent fon corps en pieces, & le mirent fur un bûcher, où il fut réduit en cendres ; mais auparavant quelqu'un d'entre eux ayant dit, qu'il ne pourroit être confumé par le feu, qu'on ne lui eût arraché le cœur, on lui perça le côté avec un pieu, & quand on lui eut tiré le cœur par cette ouverture, on mit le feu au bûcher : il fut confumé par les flammes, & ne parut pas davantage.

Les Payens croyoient de même que les corps des défunts n'étoient point en repos, ni à couvert des évocations de la Magie, tandis qu'ils n'étoient pas confumés par le feu, ou pourris fous la terre :

Tali tua membra fepulchro,
Talibus exuram Stygio cum carmine Sylvis,
Ut nullos cantata Magos exaudiat umbra ;

difoit une Magicienne dans Lucain à une Ame qu'elle évoquoit.

1. ↑ *Guillaume de Malmes. lib. 2. c. 4.*

CHAPITRE XIX.

Revenans au Pérou.

L'Exemple que nous allons rapporter eſt arrivé au Pérou dans le Pays des Ititans. Une fille nommée Catherine mourut âgée de ſeize ans, d'une mort malheureuſe, & coupable de pluſieurs Sacrileges. Son corps immédiatement après ſon décès ſe trouva tellement infecté, qu'il fallut le mettre hors du logis en plein air, pour ſe délivrer de la mauvaiſe odeur qui en exhaloit. On entendit en même tems des hurlemens comme de chiens ; & un cheval auparavant fort doux commença à ruer, à s'agiter, à frapper des pieds, à rompre ſes liens. Un jeune homme qui étoit couché, fut tiré du lit par le bras avec violence ; une ſervante reçut un coup de pied ſur l'épaule, dont elle porta les marques pendant pluſieurs jours. Tout ceci arriva avant que le corps de Catherine fût inhumé. Quelque tems après pluſieurs habitans du lieu virent une grande quantité de tuiles & de briques renverſées avec grand fracas dans la maiſon où elle étoit décédée. La ſervante du logis fut traînée par le pied, ſans qu'il parût perſonne qui la touchât, & cela en préſence de ſa Maîtreſſe & de dix ou douze autres femmes.

La même ſervante entrant dans une chambre pour prendre quelques habits, apperçut Catherine qui s'élevoit pour ſaiſir un vaiſſeau de terre : la fille ſe ſauva auſſi-tôt ; mais le Spectre prit le vaſe, le jetta contre le mur, & le mit en mille pieces. La Maîtreſſe étant accourue au bruit, vit qu'on jettoit avec violence contre la muraille un quartier de briques. Le lendemain une image du Crucifix colée contre le mur fut tout d'un coup arrachée en préſence de tout le monde, & briſée en trois pieces.

CHAPITRE XX.

Revenans dans la Laponie.

ON trouve encore des vestiges de ces Revenans dans la Laponie, où l'on dit que l'on voit grand nombre de Spectres, qui apparoissent parmi ces peuples, leur parlent, mangent avec eux, sans qu'on puisse s'en défaire ; & comme ils se persuadent, que ce sont les manes de leurs parens qui les inquiétent, ils n'ont point de moyens plus efficaces pour se garantir de leurs vexations, que d'enterrer les corps de leurs proches sous l'âtre du feu, afin apparemment qu'ils y soient plûtôt consumés. En général ils croyent, que les manes ou les Ames sorties du corps sont ordinairement malfaisantes, jusqu'à ce qu'elles soient rentrées en d'autres corps. Ils rendent quelque respect aux Spectres ou Démons, qu'ils croyent roder autour des rochers, des montagnes, des lacs & des rivières, à peu près comme autrefois les Romains rendoient des honneurs aux Faunes, aux Dieux des bois, aux Nimphes, aux Tritons.

André Alciat[1] dit, qu'il fut consulté sur certaines femmes, que l'Inquisition avoit fait brûler comme Sorcières, pour avoir fait mourir des enfans par leurs Sortilèges, & avoir menacé les Meres d'autres enfans de les faire aussi mourir, lesquels en effet étoient morts la nuit suivante de maladies inconnues aux Médecins. Voilà encore de ces *Striges* ou Sorcieres, qui en veulent à la vie des Enfans.

Mais tout cela ne revient à notre fujet que très-indirectement. Les Vampires dont nous traitons ici, font différens de tout cela.

---

1. ↑ Andr. Alciat. Parergon juris. 8. c. 22.

CHAPITRE XXI.

Retour d'un homme mort depuis quelques mois.

Pierre le Vénérable[1], Abbé de Cluni, rapporte l'entretien qu'il eut en préſence des Evêques d'Oleron & d'Oſma en Eſpagne, & de pluſieurs Religieux, avec un ancien Religieux nommé Pierre d'Engelbert, qui après avoir vêcu long-tems dans le ſiecle où il étoit en réputation de valeur & d'honneur, s'étoit retiré après la mort de ſa femme dans l'Ordre de Cluni. Pierre le Vénérable l'étant venu voir, Pierre d'Engelbert lui raconta qu'un jour étant dans ſon lit bien éveillé, il vit dans ſa chambre pendant un grand clair de Lune un nommé Sanche, qu'il avoit quelques années auparavant envoyé à ſes frais au ſecours d'Alphonſe Roi d'Arragon, qui faiſoit la guerre en Caſtille. Sanche étoit retourné de cette expédition ſain & ſauf. Quelques tems après il tomba malade, & mourut dans ſa maiſon.

Quatre mois après ſa mort Sanche ſe fit voir à Pierre d'Engelbert, comme nous l'avons dit. Sanche étoit tout nud, n'ayant qu'un haillon qui couvroit ce que la pudeur veut qu'on tienne caché. Il ſe mit à découvrir les charbons du feu, comme pour ſe chaufer, ou pour ſe faire mieux diſtinguer. Pierre lui demanda qui il étoit. Je ſuis, répondit-il d'une voix caſſée & enrouée, Sanche votre Serviteur. Et que viens-tu faire ici ? Je vais, dit-il, en Caſtille avec quantité d'autres, afin d'expier le mal que nous avons fait pendant la guerre derniere, au même lieu où il a été commis : en mon particulier j'ai pillé les ornemens d'une Egliſe, & je ſuis condamné pour cela à faire ce voyage. Vous pouvez beaucoup m'aider par vos bonnes œuvres ; & Madame votre Epouſe qui me doit encore huit ſols du reſte de mon ſalaire, m'obligera infiniment de les donner aux pauvres en mon nom.

Pierre lui demanda des nouvelles d'un nommé Pierre de Fais ſon ami, mort depuis peu : Sanche lui dit qu'il étoit ſauvé. Et Bernier notre Concitoyen, qu'eſt-il devenu ? Il eſt damné, dit-il, pour s'être mal acquitté de ſon Office de Juge, & pour avoir vexé & pillé la veuve & l'innocent. Pierre ajoûta : pourriez-vous me dire des nouvelles d'Alphonſe, Roi d'Arragon, mort depuis quelques années ? Alors un autre Spectre, que Pierre n'avoit pas encore vû, & qu'il remarqua diſtinctement au clair de la Lune aſſis dans l'embraſure de la fenêtre, lui dit : Ne lui demandez pas des nouvelles du Roi Alphonſe, il ne peut pas vous en dire ; il n'y a pas aſſez long-tems qu'il eſt avec nous, pour en ſçavoir quelque choſe. Pour moi qui ſuis mort il y a cinq ans, je puis vous en apprendre des nouvelles. Alphonſe a été avec nous quelque tems ; mais les Moines de Cluni l'en ont tiré : je ne ſais où il eſt à préſent. En même-tems adreſſant la parole à Sanche ſon compagnon : Allons, lui dit il, ſuivons nos compagnons, il eſt tems de partir. Sanche réitera ſes inſtances à Pierre ſon Seigneur, & ſortit de la maiſon.

Pierre éveilla ſa femme qui étoit couchée auprès de lui, & qui n'avoit rien vû, ni rien oui de tout ce dialogue, & lui demanda : ne devez-vous rien à Sanche ce domeſtique qui nous a ſervis, & qui eſt mort depuis peu ? Je lui dois encore huit ſols, répondit-elle ; à ces marques Pierre ne douta plus de la vérité de ce que Sanche lui avoit dit, donna aux pauvres ces huit ſols, y en ajoûta beaucoup du ſien, & fit dire des Meſſes & des prieres pour l'ame de ce défunt. Pierre étoit alors marié dans le monde ; mais quand il raconta ceci à Pierre le Vénérable, il étoit Moine de Cluni.

Saint Auguſtin raconte que Sylla[2] étant arrivé à Tarente, y offrit des ſacrifices à ſes Dieux, c'eſt-à-dire aux Démons ; & ayant remarqué au haut du foye de la victime une eſpece de couronne d'or, l'Aruſpice l'aſſura que cette couronne étoit le préſage d'une victoire aſſurée, & lui dit de manger ſeul ce foye, où il avoit vû la couronne.

Preſqu'au même moment, un ſerviteur de Lucius Pontius vint lui dire : Sylla, je viens ici de la part de la Déeſſe Bellone ; la victoire eſt à vous, & pour preuve de ma prédiction, je vous annonce, que bientôt le Capitole ſera réduit en cendres. En même tems cet homme ſortit du Camp en diligence ; & le lendemain il revint avec encore plus d'empreſſement, & aſſura que le Capitole avoit été brûlé ; ce qui ſe trouva vrai.

Saint Auguſtin ne doute pas, que le Démon, qui avoit fait paroître la couronne d'or ſur le foye de la victime, n'ait inspiré ce Devin, & que ce même mauvais Esprit ayant prévû l'incendie du Capitole, ne l'ait fait annoncer après l'évenement par ce même homme.

Le même saint Docteur rapporte[3] après Julius Obsequens dans son Livre des prodiges, que dans les campagnes de Campanie, où quelque tems après les armées Romaines durant la guerre civile combattirent avec tant d'animosité, on ouit d'abord de grands bruits comme de Soldats qui combattent ; & ensuite plusieurs personnes assurerent avoir vû pendant quelques jours comme deux armées qui s'entre-choquoient ; après quoi on remarqua dans la même campagne comme les vestiges des combattans, & l'impression des pieds des chevaux, comme si réellement le combat s'y étoit donné. Saint Augustin ne doute pas, que tout cela ne soit l'ouvrage du Démon, qui vouloit rassurer les hommes contre les horreurs de la guerre civile, en leur faisant croire que leurs Dieux étant en guerre entr'eux, les hommes ne devoient pas être plus modérés, ni plus touchés des maux que la guerre entraîne avec soi.

L'Abbé d'Ursperg dans sa Chronique ; sous l'an 1123. dit que dans le territoire de Vorms on vit pendant plusieurs jours une multitude de gens armés à pied & à cheval, allant & venant avec grand bruit, comme gens qui vont à une assemblée solennelle. Ils marchoient tous les jours vers l'heure de None à une montagne, qui paroissoit être le lieu de leur rendez-vous. Quelqu'un du voisinage plus hardi que les autres s'étant muni du signe de la croix, s'approcha d'un de ces gens armés, en le conjurant au nom de Dieu de lui déclarer ce que vouloit dire cette armée, & quel étoit leur deſſein. Le ſoldat ou le Fantôme répondit : nous ne ſommes pas ce que vous vous imaginez, ni de vains Fantômes, ni de vrais ſoldats ; mais nous ſommes les Ames de ceux qui ont été tués en cet endroit il y a long-tems. Les armes & les chevaux que vous voyez, ſont les inſtrumens de notre ſupplice, comme ils l'ont été de nos péchés. Nous ſommes tout en feu, quoique vous ne voyez rien en nous qui paroiſſe enflammé. On dit que l'on remarqua en leur compagnie le Comte Emico, tué depuis peu d'années, qui déclara qu'on pourroit le tirer de cet état par des aumônes & par des prieres.

Trithême, dans ſa chronique d'Hirſauge ſur l'an 1013.[4] avance qu'on vit en plein jour, & en certain jour de l'année, une armée de Cavalerie & d'Infanterie, qui deſcendoit d'une montagne & ſe rangeoit dans la plaine voiſine. On leur parla, & on les conjura ; ils déclarerent, qu'ils étoient les ames de ceux qui peu d'années auparavant avoient été tués les armes à la main dans cette même campagne.

Le même Trithême raconte ailleurs[5] l'apparition du Comte de Spanheim décédé depuis quelque tems, qui ſe fit voir dans les champs avec ſa meute de chiens. Ce Comte parla à ſon Curé, & lui demanda des prieres.

Vipert Archiacre de l'Egliſe de Toul, Auteur contemporain de la vie du Saint Pape Leon IX. mort en 1059. raconte[6] que quelques années avant la mort de ce ſaint Pape, on vit paſſer par la Ville de Narni une multitude infinie de perſonnes vêtues de blanc, & qui s'avançoient du côté de l'Orient. Cette troupe défila depuis le matin jufqu'à trois-heures après midi ; mais fur le foir elle diminua notablement. A ce fpectacle toute la ville de Narni monta fur les murailles, craignant que ce ne fuffent des troupes ennemies, & les vit défiler avec une extrême furprife.

Un Bourgeois plus réfolu que les autres fortit de la ville, & ayant remarqué dans la foule un homme de fa connoiffance, l'appella par fon nom, & lui demanda ce que vouloit dire cette multitude de Voyageurs ; il lui répondit : Nous fommes des ames, qui n'ayant pas expié tous nos péchés, & n'étant pas encore affez pures pour entrer au Royaume des Cieux, allons ainfi dans les faints lieux dans un efprit de pénitence ; nous venons actuellement de vifiter le tombeau de Saint Martin, & nous allons de ce pas à Nôtre-Dame de Farfe. Cet homme fut tellement effrayé de cette vifion, qu'il en demeura malade pendant un an entier. C'eft lui-même qui raconta la chofe au Pape Leon IX. Toute la ville de Narni fut témoin de cette proceffion, qui fe fit en plein jour.

La nuit qui précéda la bataille, qui fe donna en Egypte entre Marc-Antoine[Z] & Céfar, pendant que toute la ville d'Alexandrie étoit en une extrême inquiétude dans l'attente de cette action, on vit dans la ville comme une multitude de gens, qui crioient & hurloient comme aux Bacchanales, & l'on ouit le fon confus de toutes fortes d'inftrumens en l'honneur de Bacchus, comme Marc-Antoine avoit accoutumé de célébrer ces fortes de fêtes. Cette troupe après avoir parcouru une grande partie de la ville, en fortit par la porte qui conduifoit à l'Ennemi, puis difparut.

C'eft-là tout ce qui eft venu à ma connoiffance fur le fait des Vampires & des Revenans de Hongrie, de Moravie, de Siléfie & de Pologne, & fur les autres Revenans de France & d'Allemagne. Nous nous expliquerons ci-après fur la réalité & les autres circonftances de ces fortes de Redivives ou de Reffufcités.

En voici une autre efpece, qui n'eft pas moins merveilleufe ; ce font des excommuniés, qui fortent de l'Eglife & de leurs tombeaux avec leurs corps, & n'y rentrent qu'après le Sacrifice achevé.

---

1. ↑ Petrus Venerab. Abb. Cluniac. de miratacul. lib. I. c. 28. pag. 1293.
2. ↑ *L. 2. de Civ. Dei, cap.* 24.
3. ↑ Idem, *cap.* 25.
4. ↑ *Trith. Chron. Hirf. pag.* 155. *ad an.* 1013.
5. ↑ *Idem, Tom. 2. Chron. Hirf. pag.* 227.
6. ↑ *Vita S. Leonis Pape.*
7. ↑ *Plutarch. in Anton.*

CHAPITRE XXII.

Excommuniés qui sortent des Eglises.

SAint Grégoire le Grand raconte[1] que S. Benoît ayant menacé d'excommunier deux Religieuses, ces Religieuses moururent en cet état. Quelques tems après, leur nourrice les voyoit sortir de l'Eglise dès que le Diacre avoit crié : que ceux qui ne communient pas se retirent. La nourrice ayant fait savoir la chose à S. Benoît, ce Saint envoya une oblation, ou un pain, afin qu'on l'offrît pour elles en signe de réconciliation ; & depuis ce tems-là les deux Religieuses demeurerent en repos dans leurs sépulcres.

Saint Augustin dit[2] que l'on récitoit dans les dyptiques les noms des Martyrs, non pour prier pour eux, & les noms des Vierges Religieuses décédées pour prier pour elles. *Perhibet præclarissimum test monium EccLesiastica auctoritas, in quâ fidelibus notum est, quo loco Martyres, & quo defunctæ Sanctimoniales ad Altaris Sacramenta recitantur.* C'étoit donc peut-être lorsqu'on les nommoit à l'Autel, qu'elles sortoient de l'Eglise. Mais S. Grégoire dit expressément, que ce fut lorsque le Diacre Cria à haute voix : que ceux qui ne communient pas se retirent.

Le même S. Grégoire raconte, qu'un jeune Religieux du même S. Benoît[3] étant sorti du Monastere sans aucune permiſſion, & ſans recevoir la bénédiction du ſaint Abbé, mourut dans ſa déſobéiſſance, & fut enterré en terre ſainte. Le lendemain on trouva ſon corps hors du tombeau. Les parens en avertirent S. Benoit, qui leur donna une hoſtie conſacrée, & leur dit de la mettre avec le reſpect convenable ſur la poitrine du jeune Religieux. On l'y mit, & la terre ne le rejetta plus de ſon ſein.

Cet uſage, ou plûtôt cet abus de mettre la Sainte Euchariſtie dans le tombeau avec les morts, eſt fort ſingulier ; mais il n'eſt pas inconnu dans l'Antiquité. L'Auteur de la vie de S. Baſile[4] le Grand donnée ſous le nom de S. Amphiloque, dit que ce Saint réſerva la troiſieme partie d'une Hoſtie conſacrée, pour être enterrée avec lui. Il la reçut, & expira l'ayant encore dans la bouche ; mais quelques Conciles avoient déja condamné cette pratique, & d'autres l'ont encore proſcrite depuis, comme contraire à l'inſtitution de Jeſus-Chriſt[5].

On n'a pas laiſſé en quelques endroits de mettre des Hoſties dans les tombeaux de quelques perſonnes recommandables par leur ſainteté, comme dans le tombeau de ſaint Othmare Abbé de ſaint Gal[6], où l'on trouva ſous ſa tête pluſieurs petits pains ronds, que l'on ne douta pas qui ne fuſſent des Hoſties.

Dans la vie de ſaint Cutbert Evêque de Lindisfarne[7], on lit qu'on trouva ſur ſa poitrine quantité d'Hoſties. Amalaire cite du Vénérable Bede, que l'on mit une Hoſtie ſur la poitrine de ce Saint avant que de l'inhumer : *oblatâ ſuper Sanctum pectus poſitâ*[8]. Cette particularité ne ſe lit point dans l'Hiſtoire de Bede, mais dans la ſeconde vie de ſaint Cutbert. Amalaire remarque que cet uſage vient ſans doute de l'Egliſe Romaine, qui l'avoit communiqué aux Anglois ; & le R. P. Ménard[9] ſoûtient que ce n'eſt pas cette pratique, que les Conciles dont nous avons parlé condamnent, mais celle de donner la Communion aux morts, en leur inſinuant l'Hoſtie dans la bouche. Quoi qu'il en ſoit de cette pratique, nous ſavons que le Cardinal Humbert[10] dans ſa réponſe aux objections du Patriarche Michel Cérularius, reproche aux Grecs d'enterrer la Sainte Euchariſtie, lorſqu'il en reſtoit quelque choſe après la Communion des Fideles.

---

1. ↑ *Greg. magn. lib. 2. Dialog. c. 23.*
2. ↑ *Aug de St. Virgin, c. xlv. pag.* 364.
3. ↑ *Greg. lib. 2. Dialog. c. 24.*
4. ↑ Amphilo. in vit. S. Baſilii.
5. ↑ Vide Balſamon. ad Canon. 83. Concil. in Trullo, & Concil. Carthagin. iij. c. 6. Hipon. c. 5. Antiſſiod, c. 12.
6. ↑ Vit S. Othmari. c. 3.
7. ↑ *Vit. S. Cutberti, lib. 4. c. 2. Apud Bolland. 26. Martii.*
8. ↑ *Amalar. de Offic. Eccl. lib. 4. c. 41.*
9. ↑ *Menard, not. in Sacrament. S. Greg. magn. pag. 484. 485.*
10. ↑ *Humbert. Card. Bibliot. P. P. lib. 18. & Tom. iv. Concil.*

CHAPITRE XXIII.

Autres Exemples des Excommuniés rejettés hors de la terre ſainte.

ON voit encore dans l'Hiſtoire pluſieurs autres exemples de corps morts des Excommuniés rejettés hors de la terre ſainte ; par exemple, dans la vie de ſaint Gothard Evêque d'Hildesheim[1], il eſt rapporté que ce Saint ayant excommunié certaines perſonnes pour leur rebellion & leurs péchés, elles ne laiſſerent pas malgré ſes Excommunications d'entrer dans l'Egliſe, & d'y demeurer contre la défenſe du Saint, pendant que les morts mêmes, qui y étoient enterrés depuis pluſieurs années, & qui y avoient été mis ſans qu'on fût leur Excommunication, lui obéiſſoient, ſe levoient de leurs tombeaux, & ſortoient de l'Egliſe. Après la Meſſe, le Saint s'adreſſant à ces rébelles, leur reprocha leur endurciſſement, & leur dit, que ces morts s'éleveroient contre eux au jugement de Dieu. En même tems ſortant de l'Egliſe, il donna l'abſolution à ces morts excommuniés, & leur permit d'y rentrer, & de ſe repoſer dans leurs tombeaux comme auparavant. La vie de ſaint Gothard a été écrite par un de ſes Diſciples, Chanoine de ſa Cathédrale ; & ce Saint eſt mort le 4 Mai 938.

Dans le second Concile tenu à Limoges[2] en 1031. où se trouverent grand nombre d'Evêques, d'Abbés, de Prêtres & de Diacres, on rapporta les exemples que nous venons de citer de S. Benoît, pour montrer le respect que l'on doit avoir pour les sentences d'Excommunication prononcées par les Supérieurs Ecclésiastiques. Alors l'Evêque de Cahors qui étoit présent, raconta une chose qui lui étoit arrivée peu de tems auparavant. Un Chevalier de mon Diocèse ayant été tué dans l'Excommunication, je ne voulus pas acquiescer aux prieres de ses amis, qui me sollicitoient vivement de lui donner l'absolution ; je voulois en faire un exemple, afin que les autres fussent touchés de crainte. Mais il fut enterré par des Soldats, ou des Gentils-hommes (*milites*) sans ma permission, hors la présence des Prêtres, dans une Eglise dédiée à saint Pierre. Le lendemain matin on trouva son corps hors de terre, & jetté nud loin de-là, son tombeau demeurant entier, & sans aucune marque qu'on y eût touché. Les Soldats ou les Gentils-hommes (*milites*) qui l'avoient enterré, ayant ouvert la fosse, n'y trouverent que les linges dont il avoit été enveloppé ; ils l'enterrerent donc de nouveau, & couvrirent la fosse d'une énorme quantité de terre & de pierres. Le lendemain ils trouverent de nouveau le corps hors du tombeau, sans qu'il parût qu'on y eût travaillé. La même chose arriva jusqu'à cinq fois : à la fin ils l'enterrerent comme ils purent, loin du cimetiere, dans une terre profane ; ce qui remplit les Seigneurs voisins d'une si grande terreur, qu'ils me vinrent tous demander la paix. Voilà un fait revêtu de toutes les circonstances qui le peuvent rendre incontestable.

1. ↑ Vit. S. Gothârdi, fæcul. 6. Bened. parte. I. pag. 434.
2. ↑ *Tom. ix. Concil. An.* 1031. *pag.* 702.

CHAPITRE XXIV.

Exemple d'un Martyr excommunié rejetté hors de la terre.

ON lit dans les Menées des Grecs au 15 d'Octobre, qu'un Religieux du défert de Sheti ayant été excommunié par celui qui avoit foin de fa conduite pour quelque défobéiffance, fortit du défert, & vint à Alexandrie, où il fut arrêté par le Gouverneur de la ville, & dépoüillé du Saint habit, puis vivement follicité de facrifier aux faux Dieux. Le Solitaire réfifta génereufement, & fut tourmenté en diverfes manieres, jufqu'à ce qu'enfin on lui trancha la tête, & l'on jetta fon corps hors de la ville pour être déchiré par les chiens. Les Chrétiens l'enleverent pendant la nuit, & l'ayant embaumé & enveloppé de linges précieux, ils l'enterrerent dans l'Eglife comme Martyr, en un lieu honorable ; mais pendant le faint Sacrifice, le Diacre ayant crié tout haut à l'ordinaire : que les Cathécumenes & ceux qui ne communient pas fe retirent, on vit tout à coup fon tombeau s'ouvrir de lui même, ; & le corps du Martyr fe retirer dans le veftibule de l'Eglife : après la Meffe, il rentra dans fon fepulcre.

Une perfonne de pieté ayant prié pendant trois jours, apprit par la voix d'un Ange, que ce Religieux avoit encouru l'Excommunication pour avoir défobéi à fon Supérieur, & qu'il demeureroit lié, jufqu'à ce que ce même Supérieur lui eût donné l'abfolution. On alla donc auffitôt au défert, & l'on amena le faint Vieillard, qui fit ouvrir le cercueil du Martyr, & lui donna l'abfolution ; après quoi il demeura en paix dans fon tombeau.

Cet Exemple me paroit fort fufpect. I. Du tems que le défert de Sheti étoit peuplé de Solitaires, il n'y avoit plus de perfécuteurs à Alexandrie. On n'y inquiétoit perfonne, ni fur la profeffion du Chriftianifme, ni fur la profeffion Religieufe ; on y auroit bien plûtôt perfécuté les Idolâtres & les Payens. La Religion Chrétienne étoit alors dominante & honorée dans toute l'Egypte, fur-tout à Alexandrie. 2. Les Religieux de Sheti étoient plûtôt Hermites que Cénobites ; & un Religieux n'y avoit pas l'autorité d'excommunier fon Confrere. 3. Il ne paroît pas que celui dont il s'agit, ait mérité l'Excommunication, du moins l'Excommunication majeure, qui prive le Fidele de l'entrée de l'Eglife, & de la participation des faints myfteres. Le texte Grec porte fimplement qu'il demeura obéiffant pendant quelque tems à fon Pere fpirituel ; mais qu'enfuite étant tombé dans la défobéiffance, il fe retira des mains du Vieillard fans caufe légitime, & s'en alla à Alexandrie. Tout cela mérite fans doute l'Excommunication même majeure, fi ce Religieux quitta fon état, & fe retira du Monaftere pour vivre en féculier ; mais alors les Religieux n'étoient pas comme aujourd'hui liés par les vœux de ftabilité & d'obéiffance à leurs Supérieurs réguliers, qui n'avoient pas droit de les excommunier de la grande Excommunication. Nous en parlerons encore ci-après.

CHAPITRE XXV.

Homme rejetté hors de l'Eglise, pour avoir refusé de payer la dîme.

JEan Bromton Abbé de Sornat en Angleterre [1] dit qu'on lit dans de très-anciennes Histoires, que saint Augustin Apôtre d'Angleterre voulant persuader à un Gentil-homme de payer la dîme, Dieu permit que ce Saint ayant dit devant tout le peuple avant de commencer la Messe : que nul Excommunié n'assiste au saint Sacrifice, l'on vit aussi-tôt un homme enterré depuis environ 150 ans sortir de l'Eglise.

Après la Messe, saint Augustin, précédé de la croix, alla demander à ce mort pourquoi il étoit sorti ; le mort répondit, que c'étoit pour être mort dans l'Excommunication. Le Saint lui demanda où étoit le sepulcre du Prêtre, qui avoit porté contre lui la sentence d'Excommunication. On s'y transporta : saint Augustin lui ordonna de se lever ; il revint en vie, & déclara qu'il avoit excommunié cet homme pour ses crimes, & en particulier pour son obstination à refuser de payer la dîme. Puis par ordre de saint Augustin, il lui donna l'absolution, & le mort retourna en son tombeau. Le Prêtre pria le Saint de le laisser aussi rentrer dans son sepulcre, ce qui lui fut accordé. Cette Histoire me paroît encore plus suspecte que la précédente. Du tems de saint Augustin

Apôtre de l'Angleterre, l'obligation de payer la dîme n'étoit pas commandée fous peine d'Excommunication, & beaucoup moins 150 ans auparavant, furtout en Angleterre.

---

1. ↑ Joan. Bromton, Chronic. vide ex Bolland. 26. Maii pag. 396.

CHAPITRE XXVI.

Exemples de perſonnes qui ont donné des ſignes de vie après leur mort, & qui ſe ſont retirées par reſpect pour faire place à de plus dignes.

TErtullien rapporte[1] un exemple dont il avoit été témoin : *de meo didici.* Une femme qui appartenoit à l'Egliſe, à qui elle avoit été donnée pour eſclave, étant morte à la fleur de ſon âge, après un ſeul mariage & fort court, fut apportée à l'Egliſe. Avant qu'on la mît en terre, le Prêtre offrant le Sacrifice, & élevant les mains dans la priere, cette femme qui avoit ſes mains étendues ſur ſes côtés, les leva en même tems, & les joignit en forme de ſuppliante, puis après la paix donnée, ſe remit en ſon premier état.

Tertullien ajoûte, qu'un autre corps mort & enterré dans un cimetiere, ſe retira à côté pour donner place à un autre corps mort, qu'on vouloit enterrer auprès de lui. Il rapporte ces exemples à la ſuite de ce que Platon & Démocrite diſoient, que les Ames demeuroient quelque tems auprès de leurs corps morts, qu'elles préſervoient quelquefois de corruption, & faiſoient encore croître leurs cheveux, la barbe & les ongles dans leurs tombeaux. Tertullien n'approuve pas le sentiment de ces Philosophes : il les réfute même assez bien ; mais il avoue que les exemples dont je viens de parler, sont assez favorables à cette opinion, qui est aussi celle des Hébreux, comme nous l'avons vû ci-devant.

On dit qu'après la mort du fameux Abélard[2], qui avoit été enterré au Monastere du Paraclet, l'Abbesse Eloïse son Epouse étant aussi décédée, & ayant demandé d'être enterrée dans le même tombeau, Abélard à son approche étendit les bras, & la reçut dans son sein : *elevatis brachiis illam recepit, & ita eam amplexatus brachia sua strinxit*. Ce fait n'est certainement, ni prouvé, ni vrai-semblable. La Chronique dont il est tiré, l'avoir apparemment pris de quelque bruit populaire.

L'Auteur de la vie[3] de saint Jean l'Aumônier, qui fut écrite incontinent après sa mort par Leonce Evêque de Naples, ville de l'Isle de Cypre, raconte que saint Jean l'Aumônier étant mort à Amathunte dans la même Isle, son corps fut mis entre ceux de deux Evêques, qui se retirerent par respect de part & d'autre pour lui faire place, à la vûe de tous les assistans : *non unus, neque decem, neque centum viderunt, sed omnis turbha, quæ convenit ad ejus sepulturam*, dit l'Auteur cité. Métaphraste qui avoit lû la vie du Saint en Grec, rapporte le même fait.

Evagre de Pont[4] dit qu'un saint Solitaire nommé Thomas, & surnommé Salus, parce qu'il contrefaisoit l'insensé, étant mort dans l'Hôpital de Daphné près la ville d'Antioche, fut enterré dans le cimetiere des étrangers ; mais tous les jours on le trouvoit hors de terre éloigné des autres corps morts, qu'il évitoit. Les habitans du lieu en informerent Ephrem Evêque d'Antioche, qui le fit tranſporter dans la ville en ſolennité, & l'enterra avec honneur dans le cimetiere ; & depuis ce tems-là le peuple d'Antioche fait tous les ans la fête de ſa tranſlation.

Jean Moſch[5] rapporte la même hiſtoire ; mais il dit que ce furent des femmes enterrées près de Thomas Salus, qui ſortirent de leurs tombeaux par reſpect pour le Saint.

Les Hébreux croyent ridiculement, que les Juifs qui ſont enterrés hors de la Judée, rouleront ſous terre au dernier jour pour ſe rendre dans la terre de promiſſion, ne pouvant reſſuſciter ailleurs que dans la Judée.

Les Perſes reconnoiſſent auſſi un Ange de tranſport, qui a ſoin de donner aux corps morts la place & le rang à proportion de leurs mérites ; ſi un homme de bien eſt enterré dans un pays infidèle, l'Ange de tranſport le conduit ſous terre auprès d'un homme fidéle, & jette à la voirie le corps de l'infidéle enterré dans une terre ſainte. Les Mahométans ſont dans la même prévention : ils croyent que l'Ange de tranſport plaça le corps de Noë, & enſuite celui d'Ali, dans le tombeau d'Adam. Je ne rapporte ces rêveries que pour en faire voir le ridicule. Quant aux Hiſtoires racontées dans ce même Chapitre, on ne doit pas les recevoir ſans examen : car elles demandent confirmation.

---

1. ↑ *Tertull. de animâ, c. 5. pag. 597. Edit. Bamelii.*
2. ↑ *Chronic. Turon. inter opera Abælardi*, pag. 1195.
3. ↑ *Bolland. t.2. pag. 315. 13. Janur.*

4. ↑ *Evagrius Pont. lib.* 4. c. 53.
5. ↑ *Jean Mosch. prat. spirit.* c. 88.

CHAPITRE XXVII.

Gens qui vont en pélerinage après leur mort.

Un Ecolier de la ville de Saint-Pons près Narbonne[1] étant décédé dans l'Excommunication, apparut à un de ſes amis, & le pria d'aller dans la ville de Rhodès demander ſon abſolution à l'Evêque. Il ſe mit en chemin pendant un tems de neiges ; l'Eſprit qui l'accompagnoit ſans en être vû, lui montroit le chemin, & ôtoit la neige. Etant arrivé à Rhodès, & ayant obtenu l'abſolution qu'il demandoit pour ſon ami, l'Eſprit le ramena à Saint-Pons, lui rendit graces de ce ſervice, & prit congé de lui, promettant de lui en témoigner ſa reconnoiſſance.

Voici une lettre qu'on m'écrit le 5 Avril 1745. qui a quelque rapport à ce qu'on vient de voir. Il s'eſt paſſé une choſe ici ces jours derniers relative à votre Diſſertation ſur les Revenans, que je crois devoir vous écrire. Un homme de Létraye, village à quelques lieuës de Remiremont, perdit ſa femme au commencement de Fevrier dernier, & s'eſt remarié la ſemaine avant le Carême. A onze heures du ſoir du jour de ſes Nôces, ſa femme apparut & parla à la nouvelle Epouſe ; le réſultat de l'entretien fut d'obliger la nouvelle mariée d'acquitter pour la défunte ſept pélerinages. Depuis ce jour, & toûjours à la même heure, la défunte apparut, & parla en préfence du Curé du lieu & de plufieurs perfonnes ; le 15 de Mars, au moment que cette femme fe difpofoit à partir pour fe rendre à faint Nicolas, elle eut la vifite de la défunte, qui lui dit de fe hâter, & de ne pas s'effrayer des peines qu'elle effuyeroit dans fon voyage.

Cette femme avec fon mari, fon beau-frere & fa belle-fœur, fe mit en route, fans s'attendre que la morte feroit de la compagnie : elle ne l'a pas quittée jufqu'à la porte de l'Eglife de faint Nicolas. Ces bonnes gens arrivés à deux lieuës de faint Nicolas furent obligés de loger dans un cabaret qu'on appelle les Baraques. Là cette femme fe trouva fi mal, que les deux hommes furent obligés de la porter jufqu'au bourg de S. Nicolas. Auffi-tôt qu'elle fut fous la porte de l'Eglife, elle marcha fans peine, & ne reffentit plus aucune douleur. Ce fait m'a été rapporté, & à notre Pere Sacriftain, par les quatre perfonnes ; la derniere chofe que la défunte dit à la nouvelle mariée, c'eft qu'elle ne lui parleroit & ne la verroit plus, que lorfque la moitié de fes pélerinages feroit acquittée. La maniere fimple & naturelle avec laquelle ces bonnes gens nous ont raconté ce fait, me fait croire qu'il eft certain.

On ne dit pas que cette jeune femme ait encouru l'Excommunication ; mais apparemment elle étoit liée par le vœu ou la promeffe qu'elle avoit faite d'accomplir ces pélerinages, dont elle chargea l'autre jeune femme qui lui fuccéda : auffi voit-on qu'elle n'entra pas dans l'Eglife de faint Nicolas ; elle accompagna feulement les pélerins jufqu'à la porte de l'Eglife.

On peut ajoûter ici l'exemple de cette foule de pélerins, qui du tems du Pape Leon IX. pafferent aux pieds des murs de Narni, comme je l'ai rapporté plus haut, & qui faifoient leur Purgatoire allant de pélerinage en pélerinage.

---

1. ↑ *Melchior, l. de ftatu mortuorum.*

CHAPITRE XXVIII.

Raiſonnement ſur les Excommuniés qui ſortent des Egliſes.

Tout ce que nous venons de rapporter des corps de perſonnes excommuniées qu'on voyoit ſortir de leurs tombeaux pendant la Meſſe, & y rentrer après le Sacrifice, mérite une attention particuliere. Il ſemble qu'on ne peut nier ni conteſter une choſe, qui ſe paſſoit aux yeux de tout un peuple, en plein jour, au milieu des plus redoutables Myſteres. Cependant on peut demander comment ces corps ſortoient ? Etoient-ils entiers ou en pourriture, nuds ou vêtus, avec leurs propres habits, ou avec les linges qui les avoient enveloppés dans le tombeau ? Où alloient-ils ?

La cauſe de leur ſortie eſt bien marquée ; c'étoit l'Excommunication majeure. Cette peine ne ſe décerne que pour le péché mortel[1] ; ces perſonnes étoient donc mortes en péché mortel, par conſéquent damnées & en Enfer : car s'il n'eſt queſtion que d'une Excommunication mineure & réguliere, pourquoi ſortir de l'Egliſe après la mort avec des circonſtances ſi terribles & ſi extraordinaires, puiſque cette Excommunication Eccléſiaſtique ne prive pas abſolument de la communion des Fideles, ni de l'entrée de l'Egliſe ?

Si l'on dit que la coulpe étoit remise ; mais non pas la peine d'Excommunication, & que les personnes demeuroient exclues de la communion de l'Eglise jusqu'après leur absolution donnée par le Juge Ecclésiastique ; on demande si l'on peut absoudre un mort & lui rendre la communion de l'Eglise, à moins que l'on n'ait des preuves non équivoques de sa pénitence & de sa conversion, qui ayent précédé sa mort ?

Deplus les personnes dont nous venons de rapporter les exemples, ne paroissent pas avoir été déliées de la coulpe, comme on pourroit le supposer. Les textes que nous avons cités, marquent assez, qu'elles étoient mortes dans leurs péchés ; & ce que dit saint Grégoire le Grand dans l'endroit cité de ses Dialogues, répondant à Pierre son Interlocuteur, suppose que ces Religieuses étoient décédées sans avoir fait pénitence.

D'ailleurs c'est une regle constante de l'Eglise, qu'on ne peut communiquer, ou avoir de communion avec un mort, quand on n'a point eu de communion avec lui pendant sa vie. *Quibus viventibus non communicavimus, mortuis communicare non possumus,* dit le Pape saint Leon[2]. On convient toutefois qu'une personne excommuniée, qui a donné des marques d'une sincere pénitence, quoiqu'elle n'ait pas eu le tems de se confesser, peut être réconciliée à l'Eglise[3], & recevoir la sépulture ecclésiastique après sa mort. Mais en général avant de recevoir l'absolution des péchés, il faut avoir reçu l'absolution des censures & de l'excommunication, si on l'a encourue : *absolutio ab excommunicatione debet præcedere excommunicationem à peccatis ; quia quandiu aliquis eft excommunicatus, non poteft recipere aliquod Ecclefiæ Sacramentum*, dit S. Thomas[4].

Suivant cette décifion, il auroit donc fallu abfoudre de l'Excommunication ces perfonnes, avant qu'elles puffent recevoir l'abfolution de la coulpe de leurs péchés. Ici au contraire on les fuppofe abfoutes de leurs péchés quant à la coulpe, pour pouvoir recevoir l'abfolution des Cenfures.

Je ne vois pas comment on peut réfoudre ces difficultés, I. Comment abfoudre un mort ? 2. Comment l'abfoudre de l'Excommunication, avant qu'il ait reçû l'abfolution du péché ? 3. Comment l'abfoudre fans qu'il demande l'abfolution, ni qu'il paroiffe qu'il l'a demandée ? 4. Comment abfoudre des perfonnes qui meurent en péché mortel, & fans avoir fait pénitence ? 5. Pourquoi ces perfonnes excommuniées retournent-elles en leur tombeaux après la Meffe ? 6. Si elles n'ofoient refter dans l'Eglife pendant la Meffe, en étoient-elles plus dignes avant qu'après le Sacrifice ?

Il paroît certain que les Religieufes & le jeune Religieux dont parle faint Gregoire Pape, étoient mortes dans leurs péchés, & fans en avoir reçû l'abfolution. Saint Benoît probablement n'étoit pas Prêtre, & ne les avoit pas abfous quant à la coulpe.

On pourra dire que l'excommunication dont parle faint Grégoire, n'étoit pas majeure, & en ce cas le faint Abbé pouvoit les abfoudre ; mais cette excommunication mineure

& réguliere méritoit-elle qu'ils fortiffent ainfi d'une maniere fi miraculeufe & fi éclatante de l'Eglife ? Les excommuniés par faint Gothard & le Gentilhomme mentionné au Concile de Limoges en 1031. étoient morts dans l'impénitence & dans l'excommunication, par conféquent dans le péché mortel, & cependant on leur accorde la paix & l'abfolution, même après leur mort, à la fimple priere de leurs amis.

Le jeune Solitaire dont parlent les Menées des Grecs, qui après avoir quitté fa cellule par inconftance & par défobéiffance, avoit encouru l'excommunication, a-t-il pû recevoir la couronne du Martyre en cet état ? & s'il l'a reçûe, n'a-t-il pas été en même tems réconcilié à l'Eglife ? n'a-t-il pas lavé fa faute dans fon fang ? & fi fon excommunication n'étoit que réguliere & mineure, méritoit-il nonobftant fon Martyre, d'être encore exclus après fa mort de la préfence des faints myfteres ?

Je ne vois point d'autre moyen, fi ces faits font tels qu'on les raconte, de les expliquer, qu'en difant que l'hiftoire ne nous a pas confervé les circonftances qui ont pû mériter l'abfolution à ces perfonnes, & l'on doit préfumer que les Saints, fur-tout les Evêques qui les avoient abfous, connoiffoient les regles de l'Eglife, & n'ont rien fait en cela que de jufte & de conforme aux Canons.

Mais il réfulte de tout ce qu'on vient de dire, que comme les corps des méchans fe retirent de la compagnie des Saints par un principe de vénération, & par le fentiment de leur indignité : auffi les corps des Saints fe féparent de ceux des méchans par des motifs oppofés, pour ne paroître pas avoir de liaiſon avec eux, même après la mort, ni approuver leur mauvaiſe vie. Enfin ſi ce qu'on vient de raconter eſt vrai, les juſtes mêmes & les Saints ont des déférences les uns pour les autres & ſe font honneur dans l'autre vie, ce qui eſt aſſez probable.

Nous allons voir des exemples qui ſemblent rendre équivoque & incertaine la preuve que l'on tire de l'incorruption du corps d'un homme de bien pour juger de la ſainteté, puiſqu'on ſoutient que les corps des Excommuniés ne pourriſſent point dans la terre, juſqu'à ce qu'on ait levé l'excommunication portée contre eux.

---

1. ↑ *Concil. Meld. in Ca. nemo. 41. n. 43. D. Thom. iv. diſtinct. 18. q. 2. art. 1. quœlliunculâ in corpore,* &c.
2. ↑ *S. Leo Canone Commun. I. a. 4. q. 2. Et Clemens III. in Capit. ſacris. 12. de ſepult. Eccl.*
3. ↑ *Eveillon, traité des excommunicat. & monitoires,* c. 4.
4. ↑ *D Thom. in 4. ſentent. diſt. I. qu. I. art. 3. quœſtiunc. 2. ad 2.*

CHAPITRE XXIX.

Les Excommuniés pourriſſent-ils en terre ?.

C'Eſt une très-ancienne opinion, que les corps des Excommuniés ne pourriſſent point ; cela paroît dans la vie de S. Libentius, Archevêque de Breme, mort le 4 de Janvier 1013. Ce S. Prélat ayant excommunié des Pirates, l'un d'eux mourut, & fut enterré en Norwege : au bout de 70 ans on trouva ſon corps entier & ſans pourriture, & il ne fut réduit en cendres qu'après avoir reçû l'abſolution de l'Evêque Alvarede.

Les Grecs modernes pour s'autoriſer dans leur Schiſme, & pour prouver que le don des miracles & l'autorité Epiſcopale de lier & de délier ſubſiſte dans leur Egliſe, plus viſiblement même & plus certainement que dans l'Egliſe Latine & Romaine, ſoutiennent que parmi eux les corps de ceux qui ſont excommuniés ne pourriſſent point, mais deviennent enflés extraordinairement, comme des tambours, & ne peuvent être corrompus ni réduits en cendres, qu'après avoir reçû l'abſolution de leurs Evêques ou de leurs Prêtres. Ils rapportent divers exemples de ces ſortes de morts ainſi trouvés dans leurs tombeaux ſans corruption, & enſuite réduits en pourriture, dès qu'on a levé l'excommunication. Ils ne nient pas toutefois, que l'incorruption d'un corps ne ſoit quelquefois une marque de ſainteté[1] ; mais ils demandent qu'un corps ainſi conſervé exhale une bonne odeur, qu'il ſoit blanc ou vermeil, & non pas noir, puant, enflé & tendu comme un tambour, ainſi que le ſont ceux des excommuniés.

On aſſûre que ceux qui ont été frappés de la foudre ne pourriſſent point, & que c'eſt par cette raiſon que les Anciens ne les brûloient & ne les enterroient pas. C'eſt le ſentiment du Médecin Zachias ; mais Paré après Comines croit, que la raiſon pourquoi ils ne ſont pas ſujets à la corruption, eſt qu'ils ſont comme embaumés avec le ſouffre de la foudre qui leur tient lieu de ſel. En 1727. on découvrit dans un caveau près l'hôpital de Québec les cadavres entiers de 5 Religieuſes mortes depuis 20 ans, qui quoique couvertes de chaux vive, rendoient encore du ſang.

---

1. ↑ *Goar, not. in Eucholog. pag.* 688.

CHAPITRE XXX.

Exemples pour montrer que les Excommuniés ne pourriſſent point, & apparoiſſent aux Vivans.

LEs Grecs racontent[1] que ſous le Patriarche de Conſtantinople Manuel, ou Maxime, qui vivoit au quinziéme ſiécle, l'Empereur Turc de Conſtantinople voulut ſçavoir la vérité de ce que les Grecs avançoient touchant l'incorruption des hommes morts dans l'excommunication. Le Patriarche fit ouvrir le tombeau d'une femme qui avoit eu un commerce criminel avec un Archevêque de Conſtantinople. On trouva ſon corps entier, noir & très-enflé ; les Turcs l'enfermerent dans un coffre ſous le ſçeau de l'Empereur. Le Patriarche fit ſa priere, donna l'abſolution à la morte, & au bout de trois jours le coffre ayant été ouvert, l'on vit le corps réduit en pouſſiere.

Dans cela je ne vois point de miracle : tout le monde ſçait, que les corps que l'on trouve quelquefois bien entiers dans leurs tombeaux, tombent en pouſſiere, dès qu'ils ſont expoſés à l'air. J'en excepte ceux qui ont été bien embaumés, comme les Momies d'Egypte, & les corps enterrés dans les lieux extrêmement ſecs, ou dans un terrain rempli de nitre & de ſel, qui diſſipe en peu de tems tout ce qu'il y a d'humide dans les cadavres, tant des hommes que des animaux ; mais je ne comprends pas que l'Archevêque de Conſtantinople ait pû validement abſoudre après la mort une perſonne décédée dans le péché mortel, & liée par l'excommunication.

Ils croient auſſi que les corps de ces Excommuniés paroiſſent ſouvent aux vivans, tant de jour que de nuit, leur parlent, les appellent, les moleſtent. Leon Allatius entre ſur cela dans un grand détail : il dit que dans l'Iſle de Chio, les habitans ne répondent pas à la premiere voix qui les appelle, de peur que ce ne ſoit un Eſprit ou un Revenant ; mais ſi on les appelle deux fois, ce n'eſt point un Broucolaque[2] : c'eſt le nom qu'ils donnent à ces Spectres. Si quelqu'un leur répond à la premiere voix, le Spectre diſparoît, mais celui qui lui a parlé meurt infailliblement.

Pour ſe garantir de ces mauvais Génies, il n'y a point d'autre voie que de déterrer le corps de la perſonne qui a apparu & de le brûler, après avoir récité ſur lui certaines prieres ; alors ſon corps ſe réduit en cendres & ne paroît plus. On ne doute donc point que ce ne ſoient les corps de ces hommes criminels & malfaiſans, qui ſortent de leurs tombeaux, & cauſent la mort à ceux qui les voient & qui leur répondent, ou que ce ne ſoit le Démon, qui ſe ſert de leurs corps pour effrayer les mortels & leur cauſer la mort.

On ne connoît point de moyen plus certain pour ſe délivrer de leur infeſtation & de leurs dangereuſes apparitions, que de brûler & de mettre en pieces ces corps qui ſervent d'inſtrument à leur malice, ou de leur arracher le cœur, ou de les laiffer pourrir avant que de les enterrer, ou de leur couper la tête, ou de leur percer les temples avec un gros clou.

---

1. ↑ *Vide Malva. lib. I. Turco-græcia, pag.* 26. 27.
2. ↑ *Vide Bolland. menfe Augufto, t.* 2. *pag.* 201. 202. 203. & *Allati. Epift. ad Zachiam, n.* 12.

CHAPITRE XXXI.

Exemple de ces retours des Excommuniés.

RIcaut dans l'Hiſtoire qu'il a donnée de l'état préſent de l'Egliſe Grecque, reconnoît que ce ſentiment qui veut que les corps des Excommuniés ne pourriſſent point, eſt général, non ſeulement parmi les Grecs d'à préſent, mais auſſi parmi les Turcs. Il raconte un fait qu'il tenoit d'un Caloyer Candiot, qui lui avoit aſſûré la choſe avec ſerment ; il ſe nommoit Sophrone, fort connu & fort eſtimé à Smirne. Un homme étant mort en l'Iſle de Milo excommunié pour une faute qu'il avoit commiſe dans la Morée, fut enterré ſans cérémonie dans un lieu écarté, & non en terre ſainte. Ses parens & ſes amis étoient infiniment touchés de le voir en cet état, & les habitans de l'iſle étoient toutes les nuits effrayés par des apparitions funeſtes qu'ils attribuoient à ce malheureux.

Ils ouvrirent ſon tombeau, & trouverent ſon corps entier, & ayant les veines gonflées de ſang. Après avoir délibéré ſur cela, les Caloyers furent d'avis de démembrer le corps, de le mettre en pieces, & de le faire bouillir dans le vin : car c'eſt ainſi qu'ils en uſent envers les corps des Revenans.

Mais les parens du mort obtinrent à force de prieres qu'on différât cette exécution, & cependant envoyerent en diligence à Conſtantinople, pour obtenir du Patriarche l'abſolution du jeune homme. En attendant, le corps fut mis dans l'Egliſe, où l'on diſoit tous les jours des Meſſes, & où l'on faiſoit tous les jours des prieres pour ſon repos. Un jour que le Caloyer Sophrone dont on a parlé, faiſoit le divin ſervice, on entendit tout d'un coup dans le cercueil un grand bruit ; on l'ouvrit, & l'on trouva qu'il étoit diſſous comme un mort depuis ſept ans : on remarqua le moment où le bruit s'étoit fait entendre, & il ſe trouva préciſément à l'heure que l'abſolution accordée par le Patriarche avoit été ſignée.

M. le Chevalier Ricaut de qui nous tenons ce récit, n'étoit ni Grec, ni Catholique Romain, mais bon Anglican : il remarque à cette occaſion, que les Grecs eſtiment qu'un mauvais Eſprit entre dans le corps des Excommuniés qui ſont morts en cet état, & qu'il les préſerve de la corruption, en les animant & en les faiſant agir, à peu près comme l'ame anime & fait agir le corps.

Ils s'imaginent de plus que ces cadavres mangent pendant la nuit, ſe promenent, font la digeſtion de ce qu'ils ont mangé, & ſe nourriſſent réellement ; qu'on en a trouvé qui étoient d'un coloris vermeil, & dont les veines encore tendues par la quantité de ſang, quoique quarante jours après leur mort, ont jetté lorſqu'on les a ouvertes un ruiſſeau de ſang auſſi bouillant & auſſi frais, que ſeroit celui d'un jeune homme d'un tempérament ſanguin ; & cette créance eſt ſi généralement répandue, que tout le monde en raconte des faits circonſtanciés.

Le Pere Théophile Raynaud, qui a écrit fur cette matiere un traité particulier, foûtient que ce retour des morts eſt une choſe indubitable, & qu'on en a des preuves & des expériences très-certaines ; mais que de prétendre que ces Revenans qui viennent inquiéter les vivans, foient toujours des Excommuniés, & que ce foit là un privilege de l'Egliſe Grecque Schiſmatique, de préſerver de pourriture ceux qui ont encouru l'excommunication, & qui font morts dans les cenſures de leur Egliſe, c'eſt une prétention inſoûtenable, puiſqu'il eſt certain que les corps des Excommuniés pourriſſent comme les autres, & qu'il y en a qui font morts dans la communion de l'Egliſe, tant Grecque que Latine, qui ne laiſſent pas de demeurer ſans corruption. On en voit même des exemples parmi les Payens & parmi les animaux, dont on trouve quelque fois les cadavres ſans corruption dans la terre & dans les ruines d'anciens bâtimens. On peut voir fur les corps des Excommuniés qu'on prétend qui ne pourriſſent pas, le Pere Goar, Rituel des Grecs, p. 687. 688. Matthieu Paris, Hiſtoire d'Angleterre, t. 2. p. 687. Adam de Brême, c. 75. Albert de Stade, fur l'an 1050. & Monſieur du Cange, Gloſſar. latinit. au mot *Imblocatus*.

CHAPITRE XXXII.

Broucolaque exhumé en préſence de Monſieur de Tournefort.

MOnſieur Pitton de Tournefort raconte la maniere dont on exhuma un prétendu Broucolaque dans l'Iſle de Micon, où il étoit au premier Janvier 1701. Voici ſes paroles. Nous vîmes une ſcène bien différente (dans la même Iſle de Micon) à l'occaſion d'un de ces morts que l'on croit revenir après leur enterrement. Celui dont on va donner l'Hiſtoire, étoit un payſan de Micon, naturellement chagrin & querelleux ; c'eſt une circonſtance à remarquer par rapport à de pareils ſujets : il fut tué à la campagne, on ne ſait par qui, ni comment. Deux jours après qu'on l'eut inhumé dans une Chapelle de la ville, le bruit courut qu'on le voyoit la nuit ſe promener à grands pas ; qu'il venoit dans les maiſons renverſer les meubles, éteindre les lampes, embraſſer les gens par derriere, & faire mille petits tours d'eſpiegle.

On ne fit qu'en rire d'abord ; mais l'affaire devint ſérieuſe, lorſque les plus honnêtes gens commencerent à ſe plaindre : les Papas mêmes convenoient du fait, & ſans doute qu'ils avoient leurs raiſons. On ne manqua pas de faire dire des Meſſes : cependant le payſan continuoit la même vie ſans ſe corriger. Après pluſieurs aſſemblées des principaux de la ville, des Prêtres & des Religieux, on conclut qu'il falloit, fuivant je ne fais quel ancien Cérémonial, attendre les neuf jours après l'enterrement.

Le dixieme jour on dit une Meſſe dans la chapelle où étoit le corps, afin de chaſſer le Démon que l'on croyoit s'y être renfermé. Ce corps fut déterré après la Meſſe, & l'on ſe mit en devoir de lui arracher le cœur : le boucher de la ville aſſez vieux, & fort mal adroit, commença à ouvrir le ventre au lieu de la poitrine ; il fouilla long-tems dans les entrailles, ſans y trouver ce qu'il cherchoit. Enfin quelqu'un l'avertit qu'il falloit percer le diaphragme, le cœur fut arraché avec l'admiration des aſſiſtans : le cadavre cependant ſentoit ſi mal, qu'on fut obligé de brûler de l'encens ; mais la fumée confonduë avec les exhalaiſons de cette charogne ne fit qu'en augmenter la puanteur, & commença d'échauffer la cervelle de ces pauvres gens.

Leur imagination frappée du ſpectacle ſe remplit de viſions : on s'aviſa de dire qu'il ſortoit une fumée épaiſſe de ce corps. Nous n'oſions pas dire que c'étoit celle de l'encens. On ne crioit que Vroucolacas dans la Chapelle & dans la place qui eſt au devant. (C'eſt le nom qu'on donne à ces prétendus Revenans.) Le bruit ſe répandoit dans les ruës comme par mugiſſemens, & ce nom ſembloit être fait pour ébranler la voute de la Chapelle. Pluſieurs des aſſiſtans aſſûroient que le ſang de ce malheureux étoit bien vermeil : le Boucher juroit que le corps étoit encore tout chaud ; d'où l'on concluoit que le mort avoit grand tort de n'être pas bien mort, ou pour mieux dire, de s'être laiſſé ranimer par le

Diable. C'eſt-là préciſement l'idée d'un Vroucolacas ; on faiſoit alors retentir ce nom d'une maniere étonnante. Il entra dans ce tems une foule de gens, qui proteſterent tout haut, qu'ils s'étoient bien apperçus que ce corps n'étoit pas roide, lorſqu'on le porta de la campagne à l'Egliſe pour l'enterrer, & que par conféquent c'étoit un vrai Vroucolacas ; c'étoit-là le refrein.

Je ne doute pas qu'on n'eût ſoûtenu qu'il ne puoit pas, ſi nous n'euſſions été préſens, tant ces pauvres gens étoient étourdis du coup & infatués du retour des morts. Pour nous qui nous étions placés auprès du cadavre pour faire nos obſervations plus exactement, nous faillîmes à crever de la grande puanteur qui en ſortoit. Quand on nous demanda ce que nous croyons de ce mort, nous répondîmes que nous le croyons très-bien mort ; mais comme nous voulions guérir, ou au moins ne pas aigrir leur imagination frappée, nous leur repréſentâmes qu'il n'étoit pas ſurprenant que le Boucher ſe fût apperçû de quelque chaleur en fouillant dans des entrailles qui ſe pourriſſoient ; qu'il n'étoit pas extraordinaire qu'il en fût ſorti quelques vapeurs, puiſqu'il en ſort d'un fumier que l'on remuë ; que pour ce prétendu ſang vermeil, il paroiſſoit encore ſur les mains du Boucher, que ce n'étoit qu'une bourbe fort puante.

Après tous ces raiſonnemens, on fut d'avis d'aller à la marine, & de brûler le cœur du mort, qui malgré cette exécution fut moins docile, & fit plus de bruit qu'auparavant. On l'accuſa de battre les gens la nuit, d'enfoncer les portes, & même les terraſſes, de briſer les fenêtres, de déchirer les habits, de vuider les cruches & les bouteilles. C'étoit un mort bien altéré : je crois qu'il n'épargna que la maison du Consul chez qui nous logions. Cependant je n'ai rien vû de si pitoyable, que l'état où étoit cette Isle.

Tout le monde avoit l'imagination renversée. Les gens du meilleur esprit paroissoient frappés comme les autres ; c'étoit une véritable maladie du cerveau, aussi dangereuse que la manie & que la rage. On voioit des familles entieres abandonner leurs maisons, & venir des extrémités de la ville porter leurs grabats à la place, pour y passer la nuit. Chacun se plaignoit de quelque nouvelle insulte. Ce n'étoient que gémissemens à l'entrée de la nuit ; les plus sensés se retiroient à la campagne.

Dans une prévention si générale nous prîmes le parti de ne rien dire ; non seulement on nous auroit traités de ridicules, mais d'infidéles. Comment faire revenir tout un peuple ? Ceux qui croyoient dans leur ame que nous doutions de la vérité du fait, venoient à nous comme pour nous reprocher notre incrédulité, & prétendoient prouver qu'il y avoit des Vroucolacas par quelques autorités tirées du P. Richard Missionnaire Jésuite. Il est Latin, disoient ils, & par conséquent vous le devez croire. Nous n'aurions rien avancé de nier la consequence ; on nous donnoit tous les matins la Comédie par un fidele récit des nouvelles folies qu'avoit fait cet oiseau de nuit : on l'accusoit même d'avoir commis les péchés les plus abominables.

Les Citoyens les plus zelés pour le bien public croyoient qu'on avoit manqué au point le plus eſſentiel de la cérémonie. Il ne falloit, ſelon eux, célébrer la Meſſe qu'après avoir arraché le cœur de ce malheureux : ils prétendoient qu'avec cette précaution, on n'auroit pas manqué de ſurprendre le Diable, & ſans doute il n'auroit eu garde d'y revenir, au lieu qu'ayant commencé par la Meſſe, il avoit eu, diſoient-ils, tout le tems de s'enfuir, & d'y revenir enſuite à ſon aiſe.

Après tous ces raiſonnemens on ſe trouva dans le même embarras que le premier jour ; on s'aſſemble ſoir & matin, on raiſonne, on fait des proceſſions pendant trois jours & trois nuits, on oblige les Papas de jeûner : on les voyoit courir dans les maiſons le goupillon à la main, jetter de l'eau bénite & en laver les portes ; ils en rempliſſoient même la bouche de ce pauvre Vroucolacas. Nous dîmes ſi ſouvent aux Adminiſtrateurs de la ville, que dans un pareil cas on ne manqueroit pas en Chrétienté de faire le guet la nuit, pour obſerver ce qui ſe paſſeroit dans la ville, qu'enfin on arrêta quelques vagabonds, qui aſſûrément avoient part à tous ces déſordres. Apparemment ce n'en étoient pas les principaux auteurs, ou bien on les relâcha trop-tôt : car deux jours après pour ſe dédommager du jeûne qu'ils avoient fait en priſon, ils recommencerent à vuider les cruches de vin de ceux qui étoient aſſez ſots pour abandonner leurs maiſons dans la nuit ; on fut donc obligé d'en revenir aux prieres.

Un jour comme on récitoit certaines oraiſons, après avoir planté je ne ſais combien d'épées nuës ſur la foſſe de ce cadavre, que l'on déterroit trois ou quatre fois par jour, suivant le caprice du premier venu, un Albanois qui par occasion se trouva à Micon, s'avisa de dire d'un ton de Docteur, qu'il étoit fort ridicule en pareil cas de se servir des épées des Chrétiens. Ne voyez-vous pas, pauvres aveugles, disoit-il, que la garde de ces épées faisant une croix avec la poignée, empêche le Diable de sortir de ce corps ? que ne vous servez-vous plûtôt des sabres des Turcs ? L'avis de cet habile homme ne servit de rien : le Vroucolacas ne parut pas plus traitable, & tout le monde étoit dans une étrange consternation ; on ne sçavoit plus à quel Saint se vouer, lorsque tout d'une voix, comme si l'on s'étoit donné le mot, on se mit à crier par toute la ville que c'étoit trop attendre ; qu'il falloit brûler le Vroucolacas tout entier ; qu'après cela ils défioient le Diable de revenir s'y nicher ; qu'il valoit mieux recourir à cette extrémité, que de laisser déserter l'Isle. En effet il y avoit des familles entieres qui plioient bagage, dans le dessein de se retirer à Sira ou à Tine.

On porta donc le Vroucolacas par ordre des Administrateurs à la pointe de l'Isle de S. George, où l'on avoit préparé un grand bûcher avec du godron, de peur que le bois, quelque sec qu'il fût, ne brûlât pas assez vite par lui même. Les restes de ce malheureux cadavre y furent jettés, & consumés dans peu de tems : c'étoit le premier jour de Janvier 1701. Nous vîmes ce feu en revenant de Delos : on pouvoit bien l'appeler un vrai feu de joie, puisqu'on n'entendit plus de plaintes contre le Vroucolacas ; on se contenta de dire que le Diable avoit été bien attrapé cette fois-là, & l'on fit quelque chanson pour le tourner en ridicule.

Dans tout l'Archipel on est persuadé qu'il n'y a que les Grecs du rit Grec, dont le Diable ranime le cadavre. Les habitans de l'Isle de Santorin appréhendent fort ces sortes de loup-garous : ceux de Micon, après que leurs visions furent dissipées, craignoient également les poursuites des Turcs & celles de l'Evêque de Tine. Aucun Papas ne voulut se trouver à Saint George, quand on brûla ce corps, de peur que l'Evêque n'exigeât une somme d'argent, pour avoir fait déterrer & brûler le mort sans sa permission. Pour les Turcs, il est Certain qu'à la premiere visite ils ne manquerent pas de faire payer à la communauté de Micon le sang de ce pauvre Diable, qui devint en toute maniere l'abomination & l'horreur de son pays. Après cela ne faut-il pas avoüer, que les Grecs d'aujourd'hui ne font pas de grands Grecs, & qu'il n'y a chez eux qu'ignorance & superstitions ? C'est ce que dit Monsieur de Tournefort.

CHAPITRE XXXIII.

*Le Démon a-t-il pouvoir de faire mourir,
puis de rendre la vie à un mort.*

En ſuppoſant le principe que nous avons établi comme indubitable au commencement de cette Diſſertation, que Dieu ſeul eſt arbitre ſouverain de la vie & de la mort ; que lui ſeul peut donner la vie aux hommes, & la leur rendre après la leur avoir otée, la queſtion que nous propoſons ici, paroît hors de ſaiſon & abſolument frivole, puiſqu'elle regarde une ſuppoſition notoirement impoſſible.

Cependant comme il y a quelques Savans qui ont crû que le Démon a le pouvoir de rendre la vie & de conſerver de corruption pour un certain tems quelques corps, dont il ſe ſert pour faire illuſion aux hommes & leur cauſer de la frayeur, comme il arrive aux Revenans de Hongrie ; nous la traiterons ici, & nous en rapporterons un exemple remarquable fourni par Monſieur Nicolas Remy Procureur général de Lorraine[1] & arrivé de ſon tems, c'eſt-à-dire en 1581. à Dalhem, village ſitué entre la Moſelle & la Sâre. Un nommé Pierron pâtre de ſon village, homme marié, ayant un jeune garçon, conçut un amour violent pour une jeune fille de ſon village ; un jour qu'il étoit occupé de la penſée de cette jeune fille, elle lui apparut dans la campagne, ou le

Démon sous sa figure. Pierron lui découvrit sa passion ; elle promit d'y répondre à condition qu'il se livreroit à elle, & lui obéiroit en toutes choses. Pierron y consentit, & consomma son abominable passion avec ce Spectre. Quelque tems après Abrahel, c'est le nom que prenoit le Démon, lui demanda pour gage de son amour, qu'il lui sacrifiât son fils unique ; & elle lui donna une pomme pour la faire manger à cet enfant, qui en ayant goûté, tomba roide mort. Le pere & la mere au désespoir de ce funeste accident, se lamentent & sont inconsolables.

Abrahel paroît de nouveau au Pasteur, & promet de rendre la vie à l'enfant, si le pere vouloit lui demander cette grace, en lui rendant le culte d'adoration, qui n'est dû qu'a Dieu. Le paysan se met à génoux, adore Abrahel, & aussitôt l'enfant commence à revivre. Il ouvre les yeux, on le réchauffe, on lui frotte les membres, & enfin il commence à marcher & à parler ; il étoit le même qu'auparavant, mais plus maigre, plus have, plus défait, les yeux battus & enfoncés, ses mouvemens étoient plus lents & plus embarrassés, son esprit plus pesant & plus stupide. Au bout d'un an le Démon qui l'animoit, l'abandonna avec un grand bruit : le jeune homme tomba à la renverse, & son corps infecté, & d'une puanteur insupportable, est tiré avec un croc hors de la maison de son pere, & enterré sans cérémonie dans un champ.

Cet événement fut rapporté à Nancy, & examiné par les Magistrats, qui informerent exactement du fait, entendirent les témoins, & trouverent que la chose étoit telle qu'on vient de le dire. Du reste l'Histoire ne dit point comment ce paysan fut puni, ni s'il le fut. Peut-être ne put-on constater son crime avec le Démon incube ; il n'y avoit probablement point de témoin. A l'égard de la mort de son fils, il étoit difficile de prouver qu'il en fût l'auteur.

Procope dans son histoire secrette de l'Empereur Justinien avance sérieusement, qu'il est persuadé ainsi que plusieurs autres, que cet Empereur étoit un Démon incarné. Il dit la même chose de l'Impératrice Théodore son Epouse. Joseph l'Historien Juif dit, que ce sont les ames des impies & des méchans qui entrent dans les corps des possédés, qui les tourmentent, les font agir & parler.

On voit par saint Chrysostome, que de son tems plusieurs Chrétiens croyoient que les ames des personnes mortes de mort violente étoient changées en Démons, & que les Magiciens se servoient de l'ame d'un enfant qu'ils avoient mis à mort, pour leurs opérations magiques & pour découvrir l'avenir. S. Philastre met au nombre des Hérétiques ceux qui croyoient que les ames des scélerats étoient changées en Démons.

Selon le système de ces Auteurs, le Démon a pû entrer dans le corps de l'enfant du Pasteur Pierre, le remuer & le soûtenir dans une espéce de vie, tandis que son corps n'a pas été corrompu, ni ses organes dérangés ; ce n'étoit pas l'ame de l'enfant qui l'animoit, mais le Démon qui lui tenoit lieu d'ame.

Philon croyoit que comme il y a de bons & de mauvais Anges, il y a aussi de bonnes & de mauvaises ames, & que les ames qui defcendent dans les corps ; y apportent leurs bonnes ou mauvaifes qualités.

On voit par l'Evangile, que les Juifs du tems de notre Seigneur croyoient qu'un homme pouvoit être animé de plufieurs ames. Herode s'imaginoit que l'ame de Jean Baptifte, qu'il avoit fait décapiter, étoit entrée dans Jefus-Chrift[2] & opéroit des miracles en lui. D'autres s'imaginoient que J. C. étoit animé de l'ame d'Elie[3], ou de Jeremie, ou de quelqu'autre des anciens Prophêtes.

---

1. ↑ *Art.* II. *pag.* 14.
2. ↑ *Marc. vj.* 16. 17.
3. ↑ *Matth. xvj.* 14.

CHAPITRE XXXIV.

Examen du sentiment qui veut, que le Démon puisse rendre le mouvement à un corps mort.

NOus ne pouvons approuver ces sentimens des Juifs, que nous venons de proposer. Ils sont contraires à notre sainte Religion & aux dogmes de nos écoles. Mais nous croyons que l'esprit qui a animé Elie, par exemple, s'est reposé sur Elisée son disciple ; & que l'esprit saint qui animoit le premier, anima aussi le second, & même S. Jean-Baptiste, qui selon la parole de J. C. est venu dans la vertu d'Elie pour préparer les voies au Messie. Ainsi dans les prieres de l'Eglise, on prie Dieu de remplir ses fideles de l'esprit des Saints ; & de leur inspirer l'amour de ce qu'ils ont aimé, & l'horreur de ce qu'ils ont haï.

Que le Démon, & même un bon Ange, par la permission ou le commandement de Dieu, puissent ôter la vie à un homme ; la chose paroît indubitable. L'Ange qui apparut à Sephora[1] comme Moïse revenoit de Madian en Egypte, & qui menaça de mettre à mort ses deux fils, parce qu'ils n'étoient par circoncis, de même que celui qui mit à mort les premiers nés des Egyptiens[2], & celui qui est nommé dans les Ecritures, l'*Ange exterminateur*, & qui frappa de mort les Hébreux murmurateurs dans le désert[3], & celui qui voulut mettre à mort Balaam & son ânesse[4] ; enfin celui qui mit à mort les soldats de l'armée de Sennacherib, & celui qui frappa les sept premiers maris de Sara fille de Raguel[5], & enfin celui dont le Psalmiste menace ses ennemis[6] : & *Angelus Domini persequens eos.*

S. Paul parlant aux Corinthiens de ceux qui communioient indignement[7], ne dit-il pas que le Démon leur causoit des maladies dangereuses, dont plusieurs en mouroient ? *Ideò inter vos multi infirmi & imbecilles, & dormiunt multi.* Croira-t'on que ceux que le même Apôtre livra à Satan[8], ne souffrirent rien dans leur corps ; & que Judas ayant reçu du Fils de Dieu un morceau trempé dans la sausse[9], & Satan ayant entré dans son corps, ce mauvais Esprit ne troubla pas ses sens, son imagination, son cœur, & ne le conduisit point enfin à se détruire, & à se pendre de désespoir ?

On peut croire que tous ces Anges étoient de mauvais Anges ; quoi qu'on ne puisse nier, que Dieu n'emploie aussi quelquefois les bons Anges pour exercer sa vengeance contre les méchans, & même pour châtier, corriger & punir ceux à qui Dieu veut faire miséricorde, comme il envoie ses Prophètes, pour annoncer de bonnes & de mauvaises nouvelles, pour menacer & pour exciter à la pénitence.

Mais nous ne lisons nulle part, que ni les bons ni les mauvais Anges ayent jamais de leur autorité ni donné ni rendu la vie à personne. Ce pouvoir est réservé à Dieu feul[10] : *Dominus mortificat & vivificat, deducit ad inferos & reducit* ; le Démon, felon l'Evangile[11], dans les derniers tems, & avant le jugement dernier, fera par lui-même, ou par l'Ante-Chrift & par fes fuppôts, des prodiges capables d'induire à erreur, s'il étoit poffible, même les Elus. Dès le tems de Jefus-Chrift & de fes Apôtres, Satan fufcita de faux Chrifts & de faux Apôtres, qui firent plufieurs miracles apparens, qui reffufciterent même des morts ; du moins on foûtenoit qu'ils en avoient reffufcité. Saint Clément d'Alexandrie & Hegefippe font mention de quelques réfurrections opérées par Simon le Magicien[12] ; on dit qu'Apollonius de Thyane reffufcita une fille qu'on portoit en terre. Si l'on en croit Apulée[13], Afclepiade rencontrant un convoi, reffufcita le corps que l'on portoit au bûcher. On affûre qu'Efculape rendit la vie à Hippolyte, fils de Thefée, à Glaucus fils de Minos, à Capanée tué à l'affaut de Thebes, à Admete Roi de Pheres en Theffalie. Elien attefte[14] que le même Efculape rejoignit la tête d'une femme à fon cadavre, & lui rendit la vie.

Mais quand on auroit des certitudes pour tous les faits que nous venons de citer, je veux dire, quand ils feroient atteftés par des témoins oculaires, bien inftruits, défintereffés, ce qui n'eft point, il faudroit fçavoir les circonftances de ces événemens, & alors on feroit plus en état de les contefter, ou d'y donner fon confentement : car il y a toute apparence que les morts reffufcités par Efculape ne font que des perfonnes dangereufement malades, auxquelles cet habile Médecin a rendu la fanté. La fille reffufcitée par

Apollonius de Thyane n'étoit pas réellement morte ; ceux mêmes qui la portoient au bûcher doutoient qu'elle fût décédée. Ce qu'on dit de Simon le Magicien, n'eſt rien moins que certain ; & quand cet Impoſteur par les ſecrets de la Magie auroit fait quelques prodiges ſur des perſonnes mortes, ou réputées telles, il faudroit les imputer à ſes preſtiges, & à quelque ſubtilité qui aura ſubſtitué des corps vivans ou des Fantômes aux corps morts, à qui il ſe vantoit d'avoir rendu la vie. En un mot nous tenons pour indubitable, qu'il n'y a que Dieu ſeul qui puiſſe donner la vie à une perſonne réellement morte, ſoit immédiatement par lui-même, ou par le moyen des Anges, ou des Démons exécuteurs de ſes volontés.

J'avoue que l'exemple de cet enfant de Dalhem eſt embarraſſant. Que ce ſoit l'ame de l'enfant qui ſoit retournée dans ſon corps pour l'animer de nouveau, ou le Démon qui lui ait ſervi d'ame, l'embarras me paroît égal : on ne voit dans tout cet événement que l'ouvrage du mauvais Eſprit. Dieu ne paroît pas y avoir aucune part. Or ſi le Démon peut prendre la place d'une ame dans un corps nouvellement décédé, ou s'il peut y faire rentrer l'ame qui l'animoit avant ſon décès, on ne pourra plus lui conteſter la puiſſance de rendre à un mort une eſpéce de vie ; ce qui feroit une terrible tentation pour nous, qui ferions portés à croire, que le Démon a un pouvoir, que la Religion ne nous permet pas de penſer que Dieu partage avec aucun Etre créé.

Je voudrois donc dire, fuppofé la vérité du fait, dont je ne vois aucun lieu de douter, que Dieu pour punir le crime abominable du pere, & pour donner aux hommes un exemple de fa jufte vengeance, a permis au Démon de faire dans cette occafion ce qu'il n'a peut-être jamais fait, & ne fera jamais, de poffeder un corps, & de lui fervir en quelque forte d'ame, pour lui donner l'action & le mouvement pendant qu'il a pû conferver ce corps fans une trop grande corruption.

Et cet exemple peut admirablement s'appliquer aux Revenans de Hongrie & de Moravie, que le Démon remuera & animera, fera paroître & inquiéter les vivans, jufqu'à leur donner la mort. Je dis tout ceci dans la fuppofition que ce qu'on dit des Vampires foit veritable : car fi tout cela eft faux & fabuleux, c'eft perdre le tems que de chercher les moyens de l'expliquer.

Au refte plufieurs Anciens, comme Tertullien & Lactance[15], ont crû que les Démons étoient les feuls auteurs de ce que font les Magiciens en évoquant les ames des morts. Ils font, difent-ils, paroître des Fantômes ou des corps empruntés, & fafcinent les yeux des affiftans, pour leur faire prendre pour vrai ce qui n'eft qu'apparent.

---

1. ↑ *Exod. iv.* 24. 25.
2. ↑ *Exod. xij.* 12.
3. ↑ I. *Cor. x.* 10. *Judith. viij.* 25.
4. ↑ *Num. xxij.*

5. ↑ *Tob. iij.* 7.
6. ↑ *Pſ. xxxiv.* 5. 6.
7. ↑ I. *Cor.* II. 30.
8. ↑ I. *Tim.* I. 20.
9. ↑ *Joan. cap.* 13.
10. ↑ *I. Reg. IJ.* 6.
11. ↑ *Matth. XXIV.* 24.
12. ↑ *Clem. Alex. Itinerario. Hegeſippus de Excidio Jeruſalem,* c. 2.
13. ↑ *Apulei Flondo. lib.* 2.
14. ↑ *Ælian. de animalib. lib.* 9. *c.* 77.
15. ↑ *Tertull. de anim.* c. 22.

CHAPITRE XXXV.

Exemples de Fantômes qui ont apparû vivans,
& ont donné pluſieurs ſignes
de vie.

LE Loyer, dans ſon livre des Spectres, ſoûtient[1] que le Démon peut faire faire des mouvemens extraordinaires & involontaires aux poſſédés. Il peut donc auſſi, avec la permiſſion de Dieu, donner le mouvement à un homme mort & inſenſible.

Il rapporte l'exemple de Polycrite Magiſtrat d'Etolie, qui apparut au peuple de Locres neuf ou dix mois après ſa mort, & leur dit de lui montrer ſon enfant qui étoit monſtrueux, & qu'on vouloit brûler avec ſa mere. Les Locriens malgré les remontrances du Spectre de Polycrite, perſiſtant dans leur réſolution, Polycrite prit ſon enfant, le mit en pieces & le dévora, ne laiſſant que la tête, ſans que le peuple le pût chaſſer ni empêcher ; après cela il diſparut. Les Etoliens vouloient envoyer conſulter l'oracle de Delphes ; mais la tête de l'enfant commença à parler, & à leur prédire les malheurs qui devoient arriver à leur patrie & à ſa propre mere.

Après la bataille donnée entre le Roi Antiochus & les Romains, un Officier nommé Buptage, demeuré mort ſur le champ de bataille, bleffé de douze plaies mortelles, fe leva tout d'un coup, & commença à menacer les Romains des maux qui leur devoient arriver de la part des peuples étrangers, qui devoient détruire l'Empire Romain. Il défigna en particulier, que des armées fortiroient de l'Afie & viendroient défoler l'Europe ; ce qui peut marquer l'irruption des Turcs fur les terres de l'Empire Romain.

Après cela Buptage monta fur un chêne, & prédit qu'il alloit être dévoré par un loup ; ce qui arriva. Après que le loup eut dévoré le corps, la tête parla encore aux Romains, & leur deffendit de lui donner la fépulture. Tout cela paroît très-incroyable, & ne fut pas fuivi de l'effet. Ce ne furent pas les peuples d'Afie, mais ceux du Nord qui renverferent l'Empire Romain.

Dans la guerre d'Augufte contre Sextus Pompée, fils du grand Pompée[2], un foldat d'Augufte nommé Gabinius eut la tête coupée par ordre du jeune Pompée, enforte toutefois que la tête tenoit au coû par un petit filet. Sur le foir on ouit Gabinius qui fe plaignoit. On accourut ; il dit qu'il étoit retourné des enfers pour découvrir à Pompée des chofes très-importantes. Pompée ne jugea pas à propos de venir ; il y envoya quelqu'un de fes gens, auquel Gabinius déclara que les Dieux d'en haut avoient exaucé les deftins de Pompée ; qu'il réuffirait dans fes deffeins. Auffitôt qu'il eut ainfi parlé, il tomba roide mort. Cette prétenduë prédiction fut démentie par les effets. Pompée fut vaincu, & Céfar remporta tout l'avantage dans cette guerre.

Une certaine Charlatane étant morte, un Magicien de la bande lui mit fous les aiffelles un charme qui lui rendit le mouvement ; mais un autre Magicien l'ayant envifagée, s'écria que ce n'étoit qu'une vile charogne, & auffi-tôt elle tomba roide morte, & parut ce qu'elle étoit en effet.

Nicole Aubri native de Vervins étant poffédée de plufieurs Diables, un de ces Diables nommé Baltazo prit à la potence le corps d'un pendu près la plaine d'Arlon, & avec ce corps vint trouver le mari de Nicole Aubri, auquel il promit de délivrer fa femme de fa poffeffion, s'il vouloit lui laiffer paffer la nuit avec elle. Le mari confulta le maître d'école qui fe mêloit d'exorcifer, & qui lui dit de fe bien garder d'accorder ce qu'on lui demandoit. Le mari & Baltazo étant entrés en l'Eglife, la femme poffédée l'appella par fon nom, & auffitôt ce Baltazo difparut. Le maître d'école conjurant la poffédée, Belzebut un des Démons découvrit ce qu'avoit fait Baltazo, & que fi le mari avoit accordé ce qu'il demandoit, il auroit emporté Nicole Aubri en corps & en ame.

Le Loyer rapporte encore[3] quatre autres exemples de perfonnes à qui le Démon a paru rendre la vie, pour fatisfaire la paffion brutale de deux amants.

---

1. ↑ Le Loyer, *des Spectres*, L. 2. pg. 376. 392. 393.
2. ↑ *Pline l. 7. c.* 52.
3. ↑ P. 412. 413. & 414.

CHAPITRE XXXVI.

Dévouement pour faire mourir, pratiqué par les Payens.

LEs anciens Payens Grecs & Romains attribuoient à la Magie & au Démon la puissance de faire mourir les hommes par une maniere de dévouement, qui consistoit à former une image de cire, qu'on faisoit la plus ressemblante qu'il étoit possible à la personne à qui on vouloit ôter la vie ; on la dévouoit à la mort par les secrets de la Magie, puis on brûloit la statuë de cire, & à mesure qu'elle se consumoit, la personne dévouée tomboit en langueur & enfin mouroit. Théocrite[1] fait parler une femme transportée d'amour ; elle invoque la bergeronette, & prie que le cœur de Daphnis son bien-aimé se fonde comme l'image de cire qui le représente.

Horace[2] fait paroître deux Magiciennes qui veulent évoquer les Manes, pour leur faire annoncer les choses à venir.

D'abord elles déchirent avec les dents une jeune brebis dont elles répandent le sang dans une fosse, afin de faire venir les ames dont elles prétendent tirer réponse. Puis elles placent auprès d'elles deux statues, l'une de cire, l'autre de laine : celle-ci est la plus grande & la maîtresse de l'autre ; celle de cire est à ses pieds comme suppliante, & n'attendant que la mort. Après diverses cérémonies magiques, l'image de cire fut embrasée & consumée.

> *Lanea & effigies erat, altera cerea : major*
> *Lanea, quœ pœnis compesceret inferiorem.*
> *Cerea suppliciter stabat, servilibus ut quœ*
> *Jam peritura modis......*
>
> *Et imagine cereâ*
>
> *Largior arserit ignis.*

Il en parle encore ailleurs ; & après avoir d'un ris moqueur fait ses plaintes à la Magicienne Canidia, disant qu'il est prêt à lui faire réparation d'honneur, il avoue qu'il ressent tous les effets de son art trop puissant, comme lui-même l'a expérimenté, pour donner le mouvement aux figures de cire, & pour faire descendre la lune du haut du Ciel.

> *Anque movere cereas imagines,*
> *Ut ipse nôsti curiosus, & polo*
> *Deripere lunam.*

Virgile parle[3] aussi de ces opérations diaboliques, & de ces images de cire, dévouées par l'art magique.

> *Limus ut hic durescit, & hœc ut cera liquescit*
> *Uno eodemque igni ; sic nostro Daphnis amore.*

Il y a lieu de croire que ces Poëtes ne rapportent ces choses, que pour montrer le ridicule des prétendus secrets de la magie & les cérémonies vaines & impuissantes des Sorciers.

Mais on ne peut difconvenir, que ces pratiques toutes vaines qu'elles font, n'ayent été ufitées dans l'Antiquité, & que bien des gens n'y ayent ajoûté foi, & n'en ayent follement redouté les efforts.

Lucien raconte les effets[4] de la magie d'un certain Hyperboréen, qui ayant formé un Cupidon, avec de la terre, lui donna la vie, & l'envoya quérir une fille nommée Chryféis, dont un jeune homme étoit devenu amoureux. Le petit Cupidon l'amena, & le lendemain au point du jour la Lune que le Magicien avoit fait defcendre du Ciel, y retourna. Hécate qu'il avoit évoquée du fond de l'enfer, s'y enfuit, & tout le refte de cette fcene difparus. Lucien fe moque avec raifon de tout cela, & remarque que ces Magiciens, qui fe vantent d'avoir tant de pouvoir, ne l'exercent pour l'ordinaire qu'envers des gueux, & le font eux-mêmes.

Les plus anciens exemples de dévouement font ceux qui font marqués dans l'Ancien Teftament : Dieu ordonne à Moïfe de dévouer à l'anathême les Cananéens du Royaume d'Arad[5]. Il dévoue auffi à l'anathême tous les peuples du pays de Chanaan[6]. Balac Roi de Moab[7] envoie vers le Devin Balaam pour l'engager à maudire & à dévouer le peuple d'Ifraël. Venez, lui dit-il par fes députés, & maudiffez Ifraël : car je fai que celui que vous aurez maudit & dévoué fera maudit, & que celui que vous aurez beni, fera comblé de bénédictions.

Nous avons dans l'Hiftoire des exemples de ces malédictions, de ces dévouemens, & des évocations des

Dieux tutelaires des villes par l'art magique. Les Anciens tenoient fort secrets les noms propres des villes[8], de peur que venant à la connoissance des ennemis, ils ne s'en servissent dans les évocations lesquelles, à leur sens, n'avoient aucune force à moins que le nom propre de la ville n'y fût exprimé. Les noms ordinaires de Rome, de Tyr & Carthage, n'étoient pas leur nom véritable & secret. Rome, par exemple, s'appelloit Valentia, d'un nom connu de très-peu de personnes ; & l'on punit séverement Valerius Soranus, pour l'avoir révélé.

Macrobe[9] nous a conservé la formule d'un dévouement solennel d'une ville & des imprécations qu'on faisoit contre elle, en la dévouant à quelque Démon nuisible & dangereux. On trouve dans les Poëtes payens un grand nombre de ces invocations & de ces dévouemens magiques pour inspirer une passion dangereuse, ou pour causer des maladies. Il est surprenant, que ces superstitieuses & abominables pratiques soient passées jusques dans le Christianisme, & ayent été redoutées par des personnes, qui en devoient reconnoître la vanité & l'impuissance.

Tacite raconte[10] qu'à la mort de Germanicus, qu'on disoit avoir été empoisonné par Pison & par Plautine, on trouva dans la terre & dans les murailles des os de corps humains, des dévouemens, & des charmes ou vers magiques, avec le nom de Germanicus gravé sur des lames de plomb enduites de sang corrompu, des cendres à demi-brûlées, & d'autres maléfices, par la vertu desquels on croit que les ames peuvent être évoquées.

1. ↑ Theocrit. Idyl. *2*.
2. ↑ *Horat. ſerm. lib.* I. *Sat.* 81.
3. ↑ *Virgil. Eclog.*
4. ↑ *Lucian. in Philopſ.*
5. ↑ *Num. xiv.* 49. *xxj.* 3.
6. ↑ *Deut. vij.* 2. 3. *Deut. xij.* 1. 2. 3. *&c.*
7. ↑ *Num. xxij.* 5. & *ſeq.*
8. ↑ *Plin. l.* 3. *c.* 5. & *lib.* 28. *c.* 2.
9. ↑ *Macrobius, lib.* 3. *c.* 9.
10. ↑ *Taoit. Ann. l.* 2. *Art.* 69.

CHAPITRE XXXVII.

Exemple de dévouement parmi les Chrétiens.

HEctor Boëthius[1] dans fon hiftoire d'Ecoffe raconte, que Duffus Roi de ce pays étant tombé malade d'une maladie inconnuë aux Médecins, étoit confumé par une fievre lente, paffoit les nuits fans dormir, fe defféchoit infenfiblement : fon corps fe fondoit en fueur toutes les nuits ; il devenoit foible, languiffant, moribond, fans néanmoins qu'il parût dans fon pouls aucune altération. On mit tout en ufage pour le foulager, mais inutilement. On défefpere de fa vie, on foupçonne qu'il y a du maléfice. Cependant les peuples de Murray, canton de l'Ecoffe, fe mutinerent ne doutant pas que le Roi ne dût bien-tôt fuccomber à fa maladie.

Il fe répandit un bruit fourd, que le Roi avoit été enforcelé par des Magiciennes, qui demeuroient à Forrés petite ville de l'Ecoffe feptentrionale. On y envoya du monde pour les arrêter ; on les furprit dans leurs maifons, où l'une d'elles arrofoit la figure de cire du Roi Duffus paffeé dans une broche de bois devant un grand feu, devant lequel elle récitoit certaines prieres magiques, & affuroit, qu'à mefure que la figure fe fondoit le Roi perdroit fes forces, & qu'enfin il mourroit lorfque la figure feroit entierement fondue : ces femmes déclarerent qu'elles avoient été engagées à faire ces maléfices par les principaux du pays de Murray, qui n'attendoient que le décès du Roi pour faire éclater leur révolte.

Auſſi tôt on arrête ces Magiciennes, & on les fait mourir dans les flammes. Le Roi ſe porta beaucoup mieux, & en peu de jours il recouvra une parfaite ſanté. Ce récit ſe trouve auſſi dans l'hiſtoire d'Ecoſſe de Bucanan, qui dit l'avoir appriſe de ſes anciens.

Il fait vivre le Roi Duffus en 960. & celui qui a ajoûté des notes au texte de ces Hiſtoriens, reconnoît que cet uſage de faire fondre par art magique des images de cire pour faire mourir des perſonnes, n'étoit point inconnu aux Romains, comme il paroît par Virgile & par Ovide, & nous en avons rapporté aſſez d'exemples. Mais il faut avouer, que tout ce qu'on raconte ſur cela eſt fort ſuſpect, non qu'ils ne ſe ſoit trouvé des Magiciens & des Magiciennes, qui ont tenté de faire mourir des perſonnes de conſidération par ces ſortes de moyens, & qui en attribuoient l'effet au Démon ; mais il n'y a guére d'apparence qu'ils y ayent jamais réuſſi. Si les Magiciens avoient le ſecret de faire ainſi périr tous ceux qu'ils voudroient, qui eſt le Prince, le Prélat, le Seigneur, qui ſeroit en ſûreté ? S'ils pouvoient les faire mourir à petit feu, pourquoi ne les pas exterminer tout d'un coup en jettant au feu la figure de cire ? Qui peut avoir donné ce pouvoir au Démon ? Eſt-ce le Tout-Puiſſant pour ſatisfaire la vengeance d'une femmelette, ou la jalouſie d'un amant ou d'une amante ?

Monsieur de S. André Médecin du Roi dans ses lettres sur les maléfices, voudroit expliquer les effets de ces dévouemens, supposé qu'ils soient vrais, par l'écoulement des esprits, qui sortent des corps des Magiciens ou des Magiciennes, & qui s'unissant aux petites parties qui se détachent de la cire, & aux atômes du feu qui les rendent encore plus actifs, se porteroient vers la personne qu'ils voudroient maléficier, & lui causeroient des sentimens de chaleur ou de douleur, plus ou moins forte, selon que l'action du feu seroit plus ou moins violente. Mais je ne crois pas que cet habile homme trouve beaucoup d'approbateurs de son sentiment. Le plus court seroit, à mon sens, de nier les effets de ces maléfices : car si ces effets sont réels, ils sont inexplicables à la Physique, & ne peuvent être attribués qu'au Démon.

Nous lisons dans l'histoire des Archevêques de Treves, qu'Eberard Archevêque de cette Eglise, qui mourut en 1067. ayant menacé les Juifs de les chasser de sa ville, si dans un certain tems ils n'embrassoient le Christianisme, ces malheureux réduits au désespoir subornerent un Ecclésiastique, qui pour de l'argent leur bâtisa du nom de l'Evêque une statuë de cire, à laquelle ils attacherent des mêches ou des bougies, & les allumerent le samedi Saint, comme le Prélat alloit donner solennellement le Baptême.

Pendant qu'il étoit occupé à cette sainte fonction, la statuë étant à moitié consumée, Eberard se sentit extrêmement mal ; on le conduisit dans la sacristie, où il expira bientôt après.

Le Pape Jean xxij. en 1317. fe plaignit par des lettres publiques, que des fcélerats avoient attenté à fa vie par de pareilles opérations ; & il paroît perfuadé de leur efficacité, & qu'il n'a été préfervé de la mort que par une protection particuliere de Dieu. Nous vous faifons favoir, dit-il, que quelques traîtres ont confpiré contre nous, & contre quelques-uns de nos freres les Cardinaux, & ont préparé des breuvages & des images pour nous faire périr, dont ils ont fouvent cherché les occafions ; mais Dieu nous a toujours confervés. La lettre eft du 27 de Juillet.

Dès le 27 de Février, le Pape avoit donné commiffion d'informer contre ces empoifonneurs ; fa lettre eft adreffée à Barthelemi Evêque de Fréjus, qui fut fucceffeur du Pape en ce Siége, & à Pierre Teffier Docteur en Décret, depuis Cardinal. Le Pape y dit en fubftance : Nous avons appris, que Jean de Limoges, Jacques dit Crabançon, Jean d'Amant Médecin, & quelques autres s'appliquent par une damnable curiofité à la Nécromancie, & autres arts magiques, dont ils ont des livres ; qu'ils fe font fouvent fervis de miroirs & d'images confacrées à leur maniere ; que fe mettant dans des cercles ; ils ont fouvent invoqué les malins Efprits, pour faire périr les hommes par la violence des enchantemens, ou ont envoyé des maladies qui abrègent leurs jours. Quelquefois ils ont enfermé des Démons dans des miroirs, des cercles ou des anneaux, pour les interroger, non feulement fur le paffé, mais fur l'avenir, & faire des prédictions. Ils prétendent avoir fait plufieurs expériences en ces matieres, & ne craignent pas d'affurer qu'ils peuvent non seulement par certains breuvages ou certaines viandes, mais par de simples paroles, abréger ou allonger la vie, ou l'ôter entierement, & guérir toutes sortes de maladies.

Le Pape donna une pareille commission le 22 d'Avril 1317. à l'Evêque de Riès, au même Pierre Tessier, à Pierre Després & à deux autres, pour informer de la conjuration formée contre lui & contre les Cardinaux, & dans cette commission il dit : Ils ont préparé des breuvages pour nous empoisonner, nous & quelques Cardinaux, & n'ayant pas eu la commodité de nous les faire prendre, ils ont fait faire des images de cire sous nos noms, pour attaquer notre vie, en piquant ces images avec des enchantemens magiques & des invocations de Démons ; mais Dieu nous a préservés, & a fait tomber entre nos mains trois de ces images.

On voit la description de semblables maléfices dans une lettre écrite trois ans après à l'Inquisiteur de Carcassone par Guillaume de Godin, Cardinal Evêque de Sabine, où il dit : Le Pape vous ordonne d'informer & de procéder contre ceux qui sacrifient aux Démons, les adorent, ou leur font hommage, en leur donnant pour marque un papier écrit, ou quelqu'autre chose, pour lier le Démon, ou pour faire quelque maléfice en l'invoquant ; qui abusant du Sacrement de Baptême, batisent des images de cire ou d'autres matieres avec invocation des Démons ; qui abusent de l'Eucharistie ou de l'Hostie consacrée, ou des autres Sacremens, en exerçant leurs maléfices. Vous procéderez contre eux avec les Prélats comme vous faites en matiere d'Héréſie : car le Pape vous en donne le pouvoir. La lettre eſt dattée d'Avignon le 22 d'Août 1320.

En faiſant le procès à Enguerrand de Marigni, on produiſit un Magicien, qu'on avoit ſurpris faiſant des images de cire repréſentant le Roi Louis Hutin & Charles de Valois, & prétendant les faire mourir en piquant ou en faiſant fondre ces images.

On raconte auſſi que Come Rugieri Florentin, grand Athée & prétendu Magicien, avoit une chambre ſecrette, où il s'enfermoit ſeul, & où il perçoit d'une aiguille une image de cire qui repréſentoit le Roi, après l'avoir chargé de malédictions & dévoué par des enchantemens horribles, eſpérant de faire mourir ce Prince de langueur.

Que ces conjurations, ces images de cire, ces paroles magiques ayent produit ou non leurs effets, cela prouve toûjours l'opinion qu'on en avoit, la mauvaiſe volonté des Magiciens, la crainte dont on en étoit frappé. Quoique leurs enchantemens & leurs imprécations ne fuſſent point ſuivies de l'effet, on croit apparemment avoir ſur cela quelque expérience, qui les faiſoit redouter à tort, ou avec raiſon.

L'ignorance de la Phyſique faiſoit prendre alors pour ſurnaturels pluſieurs effets de la nature ; & comme il eſt certain par la foi, que Dieu a ſouvent permis aux Démons de tromper les hommes par des prodiges, & de leur nuire par des moyens extraordinaires, on ſuppoſoit ſans l'examiner qu'il y avoit un art magique & des regles ſûres pour découvrir certains ſecrets, ou faire certains maux par le moyen des Démons, comme ſi Dieu n'eût pas toûjours été le

Maître de les permettre ou de les empêcher, ou qu'il eût ratifié les pactes faits avec les malins Esprits.

Mais en examinant de près la prétendue Magie, on a seulement trouvé des empoisonnemens accompagnés de superstitions & d'impostures. Tout ce que nous venons de rapporter des effets de la magie, des enchantemens, de la sorcellerie, qu'on prétendoit causer de si terribles effets sur les corps & sur les biens des hommes, & tout ce qu'on raconte des dévouemens, des évocations, des figures magiques, qui étant consumées par le feu, causoient la mort aux personnes dévouées & enchantées ; tout cela n'a rapport que très-imparfaitement à la matiere des Vampires, que nous traitons ici : à moins qu'on ne dise, que les Revenans sont suscités & évoqués par l'art magique, & que les personnes qui se croyent suffoquées, & enfin frappées de mort par les Vampires, ne souffrent ces peines que par la malice du Démon, qui fait apparoître leurs parens morts, & leur fait produire tous ces effets ; ou simplement frappe l'imagination des personnes à qui cela arrive, & leur fait croire que ce sont leurs parens décédés qui viennent les tourmenter & les faire mourir, quoiqu'il n'y ait dans tout cela qu'une imagination fortement frappée qui agisse.

On peut aussi rapporter aux histoires des Revenans, ce qu'on raconte de certaines personnes qui se sont promis de revenir après leur mort, & de se donner des nouvelles de ce qui se passe en l'autre vie, & de l'état où elles s'y trouvent.

1. ↑ *Hector Boëthius, Hiſt. Scot. lib. xj c.* 218. 219.

CHAPITRE XXXVIII.

Exemples des perſonnes qui ſe ſont promis de ſe donner après leur mort des nouvelles de l'autre monde.

L'Hiſtoire du Marquis de Rambouillet, qui apparut après ſa mort au Marquis de Précy, eſt fameuſe. Ces deux Seigneurs s'entretenant des choſes de l'autre vie, comme gens qui n'étoient pas fort perſuadés de tout ce qu'on en dit, ſe promirent l'un à l'autre que le premier des deux qui mourroit, en viendroit dire des nouvelles à l'autre. Le Marquis de Rambouillet partit pour la Flandre, où la guerre étoit alors, & le Marquis de Précy demeura à Paris arrêté par une groſſe fiévre. Six ſemaines après en plein jour il entendit tirer les rideaux de ſon lit, & ſe tournant pour voir qui c'étoit, il apperçut le Marquis de Rambouillet en buſte & en bottes. Il ſortit de ſon lit pour embraſſer ſon ami ; mais Rambouillet reculant de quelques pas, lui dit qu'il étoit venu pour s'acquitter de la parole qu'il lui avoit donnée ; que tout ce qu'on diſoit de l'autre vie étoit très-certain, qu'il devoit changer de conduite, & que dans la premiere occaſion où il ſe trouveroit, il perdroit la vie.

Précy fit de nouveaux efforts pour embraſſer ſon ami, mais il n'embraſſa que du vent ; alors Rambouilet voyant qu'il étoit incrédule à ce qu'il lui difoit, lui montra l'endroit où il avoit reçu le coup dans les reins, d'où le fang paroiffoit encore couler. Précy reçut bientôt après par la pofte la confirmation de la mort du Marquis de Rambouillet, & lui-même s'étant trouvé quelque tems après dans les guerres civiles à la bataille du faux-bourg faint Antoine, y fut tué.

Pierre le Vénérable Abbé de Cluny[1] raconte une Hiftoire à peu près femblable à celle que nous venons de voir. Un Gentilhomme nommé Humbert, fils d'un Seigneur nommé Guichard de Belioc, dans le Diocèfe de Mâcon, ayant un jour déclaré la guerre à d'autres Seigneurs de fon voifinage, un Gentilhomme nommé Geofroi d'Iden reçut dans la mêlée une bleffure dont il mourut fur le champ.

Environ deux mois après, ce même Geofroi apparut à un Gentilhomme nommé Milon d'Anfa, & le pria de dire à Humbert de Belioc, au fervice duquel il avoit perdu la vie, qu'il étoit dans les tourmens, pour l'avoir aidé dans une guerre injufte, & pour n'avoir pas expié avant fa mort fes péchés par la pénitence ; qu'il le prioit d'avoir compaffion de lui, & de fon propre pere Guichard, qui lui avoit laiffé de grands biens, dont il abufoit, & dont une partie étoit mal acquife ; qu'à la vérité Guichard pere de Humbert avoit embraffé la vie Religieufe à Cluny ; mais qu'il n'avoit pas eu le tems de fatisfaire à la Juftice de Dieu pour les péchés de fa vie paffée ; qu'il le conjuroit donc de faire offrir pour lui & pour fon pere le Sacrifice de la Meffe, de faire des aumônes, & d'employer les prieres des gens de bien pour leur procurer à l'un & à l'autre une prompte délivrance des peines qu'ils enduroient. Il ajoûta : Dites-lui que s'il ne vous écoute pas, je ferai contraint d'aller moi-même lui annoncer ce que je viens de vous dire.

Milon d'Anfa s'acquitta fidélement de fa commiffion : Humbert en fut effrayé ; mais il n'en devint pas meilleur. Toutefois craignant que Guichard fon pere ou Geofroi d'Iden ne vinffent l'inquiéter, il n'ofoit demeurer feul, & fur-tout pendant la nuit, il vouloit toujours avoir auprès de lui quelqu'un de fes gens. Un matin donc qu'il étoit couché & éveillé dans fon lit en plein jour, il vit paroître en fa préfence Geofroi, armé comme à un jour de bataille, qui lui montroit la bleffure mortelle qu'il y avoit reçue, & qui paroiffoit encore toute fraîche. Il lui fit de vifs reproches de fon peu de pitié envers lui & envers fon propre pere, qui gémiffoit dans les tourmens : prenez garde, ajoûta-t-il, que Dieu ne vous traite dans fa rigueur, & ne vous refufe la miféricorde que vous nous refufez ; & fur-tout gardez-vous bien d'exécuter la réfolution que vous avez prife d'aller à la guerre avec le Comte Amedée : fi vous y allez, vous y perdrez la vie & les biens.

Il parloit, & Humbert fe difpofoit à lui répondre, lorfque l'Ecuyer Vichard de Marzcy, Confeiller de Humbert, arriva venant de la Meffe, & auffi-tôt le mort difparut. Dès ce moment Humbert travailla férieufement à foulager fon pere Geofroi, & réfolut de faire le voyage de Jérufalem, pour expier fes péchés. Pierre le Vénérable avoit été très-bien inftruit de tout le détail de cette Hiftoire, qui s'étoit paffée l'année qu'il fit le voyage d'Espagne, & qui avoit fait grand bruit dans le pays.

Le Cardinal Baronius[2] homme très-grave & très-sage, dit qu'il a appris de plusieurs personnes très-sensées, & qui l'ont souvent oui prêcher aux peuples, & en particulier de Michel Mercati, Protonotaire du S. Siége, homme d'une probité reconnue & fort habile, sur-tout dans la Philosophie de Platon, à laquelle il s'appliquoit sans relâche avec Marsile Ficin son ami intime, aussi zélé que lui pour la doctrine de Platon.

Un jour ces deux grands Philosophes s'entretenant de l'immortalité de l'Ame, & si elle demeuroit & existoit après la mort du corps, après avoir beaucoup discouru sur cette matiere, ils se promirent l'un à l'autre, & se donnerent les mains que le premier d'entr'eux qui partiroit de ce monde viendroit donner à l'autre des nouvelles de l'état de l'autre vie.

S'étant ainsi séparés, il arriva quelque tems après, que le même Michel Mercati étant bien éveillé, & étudiant de grand matin les mêmes matieres de Philosophie, il entendit tout d'un coup comme le bruit d'un Cavalier qui venoit en grande hâte à sa porte, & en même tems il entendit la voix de son ami Marsile Ficin, qui lui crioit : Michel, Michel, rien n'est plus vrai que ce qu'on dit de l'autre vie. En même tems Michel ouvrit la fenêtre, & vit Marsile monté sur un cheval blanc, qui se retiroit en courant. Michel lui cria de s'arrêter ; mais il continua sa course jusqu'à ce qu'il ne le vit plus.

Marsile Ficin demeuroit alors à Florence, & y étoit mort à l'heure même qu'il étoit apparu, & avoit parlé à son ami. Celui-ci écrivit aussi-tôt à Florence pour s'informer de la vérité du fait, & on lui répondit, que Marsile étoit décédé au même moment que Michel avoit oui sa voix, & le bruit de son cheval à sa porte. Depuis cette avanture Michel Mercati, quoique fort reglé auparavant dans sa conduite, fut changé en un autre homme, & vécut d'une maniere tout-à-fait exemplaire, & comme un parfait modéle de la vie Chrétienne. On trouve grand nombre de pareils exemples dans Henri Morus, & Josué Grand-ville dans son ouvrage intitulé : le Saducéisme combattu.

En voici un tiré de la vie du B. Joseph de Lionisse Capucin Millionnaire, l. I. p. 64. & suivantes. Un jour qu'il s'entretenoit avec son compagnon des devoirs de la Religion, de la fidélité que Dieu demande de ceux qui s'y sont consacrés, de la récompense qu'il a réservée aux parfaits Religieux, & de la sévere justice qu'il exercera contre les serviteurs infidéles, Frere Joseph lui dit : Je veux que nous nous promettions mutuellement que celui de nous qui mourra le premier, apparoisse à l'autre, si Dieu le permet ainsi, pour l'instruire de ce qui se passe en l'autre, & de l'état où il se trouvera. Je le veux, répartit le saint Compagnon, je vous en donne ma parole : je vous engage aussi la mienne, répliqua le Frere Joseph.

Quelques jours après, le pieux Compagnon fut attaqué d'une maladie qui le réduisit au tombeau. Frere Joseph y fut d'autant plus sensible, qu'il connoissoit mieux que les autres la vertu du faint Religieux ; il ne douta pas que leur accord ne fût exécuté, ni que le mort ne lui apparût, lorfqu'il y penferoit le moins, pour s'acquitter de fa promeffe.

En effet un jour que Frere Jofeph s'étoit retiré dans fa chambre, l'après-midi il vit entrer un jeune Capucin, horriblement défait, d'un vifage pâle & décharné, qui le falua d'une voix grêle & tremblante. Comme à la vûe de ce Spectre Jofeph parut un peu troublé, ne vous effrayez pas, lui dit-il ; je viens ici comme Dieu l'a permis, pour m'acquitter de ma promeffe, & pour vous dire que j'ai le bonheur d'être du nombre des élus par la miféricorde du Seigneur. Mais apprenez qu'il eft encore plus difficile d'être fauvé qu'on ne le croit dans le monde ; que Dieu, dont la fageffe découvre les plus fecrets replis des confciences, pefe exactement toutes les actions qu'on a faites durant la vie, les penfées, les défirs, & les motifs qu'on fe propofe en agiffant ; & qu'autant qu'il eft inexorable à l'égard des pécheurs, autant eft-il bon, indulgent, & riche en miféricorde envers les Ames juftes qui l'ont fervi dans la vie ; à ces mots le Fantôme difparut.

Voici un exemple d'une ame qui vient après fa mort vifiter fon ami, fans en être convenu avec lui[3]. Pierre Gamrate, Evêque de Cracovie, fut transféré à l'Archevêché de Gnefne en 1548. & obtint difpenfe du Pape Paul III. de conferver encore fon Evêché de Cracovie. Ce Prélat après avoir mené une vie déreglée pendant fa jeuneffe, fe mit fur la fin de fa vie à pratiquer plufieurs actions de charité, donnant tous les jours à manger à cent pauvres, à qui il envoyoit des mets de sa table. Et lorsqu'il alloit en voyage, il se faisoit suivre par deux chariots chargés d'habits & de chemises, qu'il faisoit distribuer aux pauvres selon leur besoin.

Un jour qu'il se disposoit à aller à l'Eglise sur le soir, la veille d'une bonne fête, & qu'il étoit demeuré seul dans son cabinet, il vit tout d'un coup paroître en sa présence un Gentilhomme nommé Curosius mort depuis assez long-tems, avec lequel il avoit été autrefois dans sa jeunesse trop uni pour faire le mal.

L'Archevêque Gamrate en fut d'abord effrayé ; mais le mort le rassura, & lui dit qu'il étoit du nombre des bienheureux. Quoi ! lui dit le Prélat, après une vie telle que tu as menée : car tu sais à quels excès nous nous sommes portés toi & moi dans notre jeunesse. Je le sçai, dit le mort ; mais voici ce qui m'a sauvé. Un jour étant en Allemagne, je me trouvai avec un homme qui proféroit des discours blasphématoires & injurieux à la Sainte Vierge. J'en fus irrité, je lui donnai un soufflet ; nous mettons l'épée à la main, je le tue, & de peur d'être arrêté & puni comme homicide, je prens la fuite sans beaucoup réfléchir sur l'action que j'avois faite. A l'heure de ma mort, je me trouvai dans de terribles inquiétudes par le remors de ma vie passée, & je ne m'attendois qu'à une perte certaine, lorsque la Sainte Vierge vint à mon secours, & intercéda si puissamment pour moi auprès de son fils, qu'elle m'obtint le pardon de mes péchés ; & j'ai le bonheur de jouir de la Béatitude.

Pour vous, vous n'avez plus que fix mois à vivre ; & je fuis envoyé pour vous avertir, que Dieu en confidération de vos aumônes, & de votre charité envers les pauvres, veut vous faire miféricorde, & vous attend à pénitence. Profitez du tems, & expiez vos péchés paffés. Après ces mots le mort difparut, & l'Archevêque fondant en larmes, commença à vivre d'une maniere fi Chrétienne, qu'il fut l'édification de tous ceux qui en eurent connoiffance. Il raconta la chofe à fes plus intimes amis, & mourut en 1545. après avoir gouverné l'Eglife de Gnefne pendant environ cinq ans.

La fille de Dumoulin, fameux Jurifconfulte, ayant été inhumainement maffacrée, dans fon logis[4], apparut de nuit à fon mari bien éveillé, & lui déclara par nom & par furnom ceux qui l'avoient tuée elle & fes enfans, le conjurant d'en tirer vengeance.

---

1. ↑ *Biblioth. Cluniac. de miraculis l.* 1. *c.* 7. *pag.* 1290.
2. ↑ *Baronius ad an. Chrifti* 401. *tom.* 5. *Annal.*
3. ↑ *Stephani Damalevini Hiftoria, pag.* 291. *apud Rainald. continuat. Baronii, ad an.* 1545. *t.* 21. *art.* 62.
4. ↑ *Le Loyer, l.* 3. *p.* 46. *&* 47.

CHAPITRE XXXIX.

Extrait des Ouvrages politiques de M. l'Abbé de S. Pierre, tome 4. pag. 57.

ON me dit derniérement à Valogne, qu'un bon Prêtre de la Ville qui apprend à lire aux enfans, nommé M. Bezuel, avoit eu une apparition en plein jour, il y a dix ou douze ans ; comme cela avoit fait d'abord beaucoup de bruit à cauſe de ſa réputation de probité & de ſincérité, j'eus la curioſité de l'entendre conter lui-même ſon avanture. Une Dame de mes parentes qui le connoiſſoit, l'envoya prier à diner hier 7 Janvier 1708. & comme d'un côté je lui marquai du déſir de ſavoir la choſe de lui-même, & que de l'autre c'étoit pour lui une ſorte de diſtinction honorable, d'avoir eu en plein jour une apparition d'un de ſes camarades, il nous la conta avant diner ſans ſe faire prier, & d'une maniére aſſez naïve.

FAIT.

En 1695. nous dit M. Bezuel, étant jeune Ecolier d'environ 15 ans, je fis connoiſſance avec les deux enfans d'Abaquene Procureur, Ecoliers comme moi. L'aîné étoit de mon âge, le cadet avoit dix-huit mois de moins ; il s'appelloit Desfontaines : nous faifions nos promenades & toutes nos parties de plaifir enfemble, & foit que Desfontaines eût plus d'amitié pour moi, foit qu'il fût plus gai, plus complaifant, plus fpirituel que fon frere, je l'aimois auffi davantage.

En 1696. nous promenants tous deux dans le cloître des Capucins, il me conta qu'il avoit lû depuis peu une hiftoire de deux amis qui s'étoient promis, que celui qui mourroit le premier viendroit dire des nouvelles de fon état au vivant ; que le mort revint, & lui dit des chofes furprenantes. Sur cela Desfontaines me dit qu'il avoit une grace à me demander, qu'il me la demandoit inftamment : c'étoit de lui faire une pareille promeffe, & que de fon côté il me la feroit ; je lui dis que je ne voulois point. Il fut plufieurs mois à m'en parler fouvent & très férieufement ; je réfiftois toujours. Enfin vers le mois d'Août 1696. comme il devoit partir pour aller étudier à Caen, il me preffa tant les larmes aux yeux, que j'y confentis : il tira dans le moment deux petits papiers qu'il avoit écrits tout prêts, l'un figné de fon fang, où il me promettoit en cas de mort de me venir dire des nouvelles de fon état, l'autre où je lui promettois pareille chofe. Je me piquai au doigt, il en fortit une goutte de fang, avec lequel je fignai mon nom ; il fut ravi d'avoir mon billet, & en m'embraffant il me fit mille remercimens.

Quelque tems après il partit avec fon frere. Notre féparation nous caufa bien du chagrin : nous nous écrivions de tems en tems de nos nouvelles, & il n'y avoit que fix ſemaines que j'avois reçu de ſes lettres, lorſqu'il m'arriva ce que je m'en vais vous conter.

Le 31 Juillet 1697. un Jeudi, il m'en ſouviendra toute ma vie, feu M. de Sortoville, auprès de qui je logeois & qui avoit eu de la bonté pour moi, me pria d'aller à un pré, près des Cordeliers, & d'aider à preſſer ſes gens qui faiſoient du foin ; je n'y fus pas un quart d'heure, que vers les deux heures & demie je me ſentis tout d'un coup étourdi, & pris d'une foibleſſe : je m'appuyai envain ſur ma fourche à foin, il fallut que je me miſſe ſur un peu de foin, où je fus environ une demi-heure à reprendre mes eſprits. Cela ſe paſſa ; mais comme jamais rien de ſemblable ne m'étoit arrivé, j'en fus ſurpris, & je craignis le commencement d'une maladie : il ne m'en reſta cependant que peu d'impreſſion le reſte du jour ; il eſt vrai que la nuit je dormis moins qu'à l'ordinaire.

Le lendemain à pareille heure, comme je menois au pré M. de S. Simon petit fils de M. de Sortoville, qui avoit alors dix ans, je me trouvai en chemin attaqué d'une pareille foibleſſe ; je m'aſſis ſur une pierre à l'ombre. Cela ſe paſſa, & nous, continuames notre chemin : il ne m'arriva rien de plus ce jour là ; & la nuit je ne dormis guére.

Enfin le lendemain deuxiéme jour d'Août, étant dans le grenier où on ſerroit le foin que l'on apportoit du pré, préciſément à la même heure, je fus pris d'un pareil étourdiſſement & d'une pareille foibleſſe, mais plus grande que les autres : je m'évanouis & perdis connoiſſance ; un des laquais s'en apperçut : on m'a dit qu'on me demanda alors qu'eſt-ce que j'avois, & que je répondis : J'ai vû ce que je n'aurois jamais crû ; mais il ne me souvient ni de la demande ni de la réponse : cela cependant s'accorde à ce qu'il me souvient avoir vû alors comme une personne nue à mi-corps, mais que je ne reconnus cependant point. On m'aida à descendre de l'échelle : je me tenois bien aux échelons ; mais comme je vis Desfontaines mon camarade au bas de l'échelle, la foiblesse me reprit, ma tête s'en alla entre deux échelons, & je perdis encore connoissance : on me descendit, & on me mit sur une grosse poutre, qui servoit de siége dans la grande place des Capucins ; je m'y assis : je n'y vis plus alors M. de Sortoville, ni ses Domestiques, quoique présens ; mais appercevant Desfontaines vers le pied de l'échelle, qui me faisoit signe de venir à lui, je me reculai sur mon siége comme pour lui faire place, & ceux qui me voyoient & que je ne voyois point, quoique j'eusse les yeux ouverts, remarquerent ce mouvement.

Comme il ne venoit point, je me levai pour aller à lui : il s'avança vers moi, me prit le bras gauche de son bras droit, & me conduisit à trente pas de-là dans une rue écartée, me tenant ainsi accroché. Les domestiques croyant que mon étourdissement étoit passé, & que j'allois à quelques nécessités, s'en allerent chacun à leur besogne, excepté un petit laquais qui vint dire à M. de Sortoville que je parlois tout seul. M. de Sortoville crut que j'étois ivre ; il s'approcha, & m'entendit faire quelques questions & quelques réponses qu'il m'a dit depuis.

Je fus là près de trois quarts d'heure à causer avec Desfontaines. Je vous ai promis, me dit-il, que si je mourois avant vous, je viendrois vous le dire. Je me noyai avant-hier à la riviére de Caen, à peu près à cette heure ci : j'étois à la promenade avec tels & tels, il faisoit grand chaud, il nous prit envie de nous baigner, il me vint une foibleſſe dans la riviére, & je tombai au fond. L'Abbé de Menil-Jean mon camarade plongea pour me reprendre, je ſaiſis ſon pied ; mais ſoit qu'il eût peur que ce ne fût un Saumon, par ce que je le ſerrois bien fort, ſoit qu'il voulût promptement remonter ſur l'eau, il ſecoua ſi rudement le jaret, qu'il me donna un grand coup ſur la poitrine, & me jetta au fond de la riviére, qui eſt là fort profonde.

Desfontaines me conta enſuite tout ce qui leur étoit arrivé dans la promenade, & de quoi ils s'étoient entretenus. J'avois beau lui faire des queſtions s'il étoit ſauvé, s'il étoit damné, s'il étoit en purgatoire, ſi j'étois en état de grace, & ſi je le ſuivrois de près, il continua ſon diſcours comme s'il ne m'avoit point entendu, & comme s'il n'eût point voulu m'entendre.

Je m'approchai pluſieurs fois pour l'embraſſer ; mais il me parut que je n'embraſſois rien : je ſentois pourtant bien qu'il me tenoit fortement par le bras, & que lorſque je tâchois de détourner ma tête pour ne le plus voir, parce que je ne le voyois qu'en m'affligeant, il me ſecouoit le bras, comme pour m'obliger à le regarder & à l'écouter.

Il me parut toujours plus grand que je ne l'avois vû, & plus grand même qu'il n'étoit lors de ſa mort, quoiqu'il eût grandi depuis 18 mois que nous ne nous étions vûs : je le vis toujours à mi-corps & nud, la tête nue avec ſes beaux cheveux blonds, & un écriteau blanc entortillé dans ſes cheveux ſur ſon front, ſur lequel il y avoit de l'écriture, où je ne pus lire que ces mots, *In &c.*

C'étoit ſon même ſon de voix : il ne me parut ni gai ni triſte ; mais, dans une ſituation calme & tranquille ; il me pria quand ſon frere ſeroit revenu, de lui dire certaines choſes pour dire à ſon pere & à ſa mere ; il me pria de dire les ſept pſeaumes qu'il avoit eu en pénitence le Dimanche précédent, qu'il n'avoit pas encore récités ; enſuite il me recommanda encore de parler à ſon frere, & puis me dit adieu, s'éloigna de moi en me diſant, *juſques, juſques*, qui étoit le terme ordinaire dont il ſe ſervoit quand nous nous quittions à la promenade pour aller chacun chez nous.

Il me dit que lorſqu'il ſe noyoit, ſon frere en écrivant une traduction, s'étoit repenti de l'avoir laiſſé aller ſans l'accompagner, craignant quelques accidens ; il me peignit ſi bien où il s'étoit noyé, & l'arbre de l'avenue de Louvigni où il avoit écrit quelques mots, que deux ans après me trouvant avec le feu Chevalier de Gotot, un de ceux qui étoient avec lui lorſqu'il ſe noya, je lui marquai l'endroit même, & qu'en comptant les arbres d'un certain côté que Desfontaines m'avoit ſpécifié, j'allois droit à l'arbre, & je trouvois ſon écriture : il me dit auſſi que l'article des ſept pſeaumes étoit vrai, & qu'au ſortir de confeſſion ils s'étoient dit leur pénitence ; ſon frere me dit depuis qu'il étoit vrai qu'à cette heure là il écrivoit ſa verſion, & qu'il ſe reprocha de n'avoir pas accompagné ſon frere.

Comme je paſſai près d'un mois ſans pouvoir faire ce que m'avoit dit Deſſontaines à l'égard de ſon frere, il m'apparut encore deux ſois avant diner, à une maiſon de campagne où j'étois allé dîner à une lieuë d'ici. Je me trouvai mal ; je dis qu'on me laiſſât, que ce n'étoit rien, que j'allois revenir : j'allai dans le coin du jardin. Desfontaines m'ayant apparu, il me fit des reproches de ce que je n'avois pas encore parlé à ſon frere, & m'entretint encore un quart d'heure ſans vouloir répondre à mes queſtions.

En allant le matin à Notre-Dame de la Victoire, il m'apparut encore, mais pour moins de tems, & me preſſa toujours de parler à ſon frere, & me quitta en me diſant toujours *juſques, juſques,* & ſans vouloir répondre à mes queſtions.

C'eſt une choſe remarquable, que j'eus toujours une douleur à l'endroit du bras qu'il m'avoit ſaiſi la premiére fois, juſqu'à ce que j'euſſe parlé à ſon frere ; je fus trois jours que je ne dormois pas de l'étonnement où j'étois. Au ſortir de la premiére converſation, je dis à M. de Varouville mon voiſin & mon camarade d'école, que Desfontaines avoit été noyé, qu'il venoit lui-même de m'apparoître & de me le dire : il s'en alla toujours courant chez les parens pour ſçavoir ſi cela étoit vrai ; on en venoit de recevoir la nouvelle, mais par un mal entendu il comprit que c'étoit l'aîné. Il m'aſſura qu'il avoit lû la lettre de Desfontaines, & il le croyoit ainſi ; je lui ſoutins toujours que cela ne pouvoit pas être, & que Desfontaines lui-même m'étoit apparu : il retourna, revint, & me dit en pleurant, cela n'eſt que trop vrai.

Il ne m'eſt rien arrivé depuis, & voilà mon avanture au naturel : on l'a contée diverſement ; mais je ne l'ai contée que comme je viens de vous le dire. Le feu Chevalier de Gotot m'a dit que Desfontaines eſt auſſi apparu à M. de Menil-Jean. Mais je ne le connois point ; il demeure à vingt lieues d'ici du côté d'Argentan, & je ne puis en rien dire de plus.

Voilà un récit bien ſingulier & bien circonſtancié rapporté par M. l'Abbé de S. Pierre, qui n'eſt nullement crédule, & qui met tout ſon eſprit & toute ſa philoſophie à expliquer les évenemens les plus extraordinaires par des raiſonnemens phyſiques, par le concours des atômes, des corpuſcules, les écoulemens des eſprits inſenſibles & de la tranſpiration. Mais tout cela eſt tiré de ſi loin, & fait une violence ſi ſenſible aux ſujets & à leurs circonſtances, que les plus crédules ne ſauroient s'y rendre.

Il eſt ſurprenant que ces Meſſieurs qui ſe piquent de force d'eſprit, & qui rejettent avec tant de hauteur tout ce qui paroît ſurnaturel, ſoient ſi faciles à admettre des ſyſtêmes philoſophiques beaucoup plus incroyables, que les faits mêmes qu'ils combattent. Ils ſe forment des doutes ſouvent très-mal fondés, & les attaquent par des principes encore plus incertains. Cela s'appelle réfuter une difficulté par une autre, réſoudre un doute par des principes encore plus douteux.

Mais, dira-t-on, d'où vient que tant d'autres perſonnes, qui s'étoient engagées de venir dire des nouvelles de l'immortalité de l'Ame après leur mort, ne ſont pas revenues ? Sénéque parle d'un Philoſophe Stoïcien, nommé Julius Canus, qui ayant été condamné à mort par Jules-Céſar, dit hautement, qu'il alloit apprendre la vérité de cette queſtion qui les partageoit, ſçavoir ſi l'Ame étoit immortelle ou non. Et on ne lit pas qu'il ſoit revenu. La Motte le Vayer étoit convenu avec ſon ami Baranzan Barnabite, que le premier d'entr'eux qui mourroit, avertiroit l'autre de l'état où il ſe trouveroit. Baranzan mourut, & ne revint point.

De ce que les morts reviennent quelquefois, il ſeroit imprudent de conclure qu'ils reviennent toujours. Et de même ce ſeroit mal raiſonner que de dire qu'ils ne reviennent jamais, parce qu'ayant promis de revenir, ils ne ſont pas revenus. Il faudroit pour cela ſuppoſer, qu'il eſt au pouvoir des Ames de revenir & d'apparoître quand elles veulent, & ſi elles veulent ; mais il paroît indubitable au contraire que cela n'eſt point en leur pouvoir, & que ce n'eſt que par une permiſſion très-particuliére de Dieu, que les Ames ſéparées du corps paroiſſent quelquefois aux vivans.

On voit dans l'Hiſtoire du mauvais Riche, que Dieu ne voulut pas lui accorder la grace qu'il lui demandoit de renvoyer ſur la terre quelques-uns de ceux qui étoient avec lui dans l'Enfer. De pareilles raiſons tirées de l'endurciſſement ou de l'incrédulité des mortels, ont pû empêcher de même le retour de Julius Canus, ou de Baranzan. Le retour des Ames & leur apparition n'eſt pas une chose naturelle, ni qui soit du choix des Trépassés. C'est un effet surnaturel & qui tient du miracle.

Saint Augustin[1], dit à ce sujet, que si les morts s'intéressent à ce qui regarde les vivans, & s'il est en leur pouvoir de revenir visiter les vivans, sainte Monique sa Mere qui l'aimoit si tendrement, & qui le suivoit par mer & par terre pendant sa vie, ne manqueroit pas de le visiter toutes les nuits, & de le venir consoler dans ses peines ; car il ne faut pas s'imaginer qu'elle soit devenue moins compatissante depuis qu'elle est devenue bienheureuse : *absit ut facta sit vitâ feliciore crudelis.*

Le Retour des Ames, leurs apparitions, l'exécution des promesses que quelques personnes se sont faites de venir dire à leurs amis des nouvelles de ce qui se passe en l'autre monde, n'est pas en leur pouvoir. Tout cela est entre les mains de Dieu.

---

1. ↑ *Aug. de curâ gerend. pro mortuis,* c. 13. *pag.* 526.

CHAPITRE XL.

Divers ſyſtêmes pour expliquer le retour des Revenans.

La matiére des Revenans ayant fait dans le monde autant de bruit qu'elle en a fait, il n'eſt pas ſurprenant que l'on ait formé tant de divers ſyſtêmes, & qu'on ait propoſé tant de maniéres pour expliquer leur retour & leurs opérations.

Les uns ont crû que c'étoit une réſurrection momentanée cauſée par l'Ame du défunt qui rentroit dans ſon corps, ou par le Démon qui le ranimoit & le faiſoit agir pendant quelque tems, tandis que ſon ſang gardoit ſa conſiſtance & ſa fluidité, & que ſes organes n'étoient point entiérement corrompus & dérangés.

D'autres frappés des ſuites de ce principe & des conſéquences qu'on en pourroit tirer, ont mieux aimé ſuppoſer, que ces Vampires n'étoient pas vraiment morts ; qu'ils conſervoient encore certaines ſemences de vie, & que leurs Ames pouvoient de tems en tems les ranimer & les faire ſortir de leurs tombeaux, pour paroître parmi les hommes ; y prendre quelque nourriture, ſe rafraîchir, y renouveller leur ſuc nourricier & leurs eſprits animaux, en ſuçant le ſang de leurs proches.

On a imprimé depuis peu une Dissertation sur l'incertitude des signes de la mort, & l'abus des enterremens précipités, par Monsieur Jacques Benigne Vinslow, Docteur Régent de la Faculté de Médecine de Paris, traduite & commentée par Jacques Jean Bruhier, Docteur en Médecine à Paris, 1742. *in*-8°. Cet ouvrage peut servir à expliquer, comment des personnes qu'on a crûes mortes & qu'on a enterrées comme telles, se sont néanmoins trouvées vivantes assez long-tems après leurs obséques & leur enterrement. Cela rendra peut-être le Vampirisme moins incroyable.

M. Vinslow, Docteur & Régent de la Faculté de Médecine de Paris, soûtint au mois d'Avril 1740. une Thése, où il demande, si les expériences de Chirurgie sont plus propres que toutes autres à découvrir des marques moins incertaines d'une mort douteuse. Il y soûtint qu'il y a plusieurs rencontres, où les marques de la mort sont très douteuses ; & il produit plusieurs exemples de personnes qu'on a crûes mortes, & qu'on a enterrées comme telles, qui néanmoins se sont ensuite trouvées vivantes.

M. Bruhier Docteur en Médecine a traduit cette Thése en François, & y a fait des additions sçavantes, fort propres à fortifier le sentiment de Monsieur Vinslow. L'ouvrage est très-intéressant pour la matiére dont il traite, & fort agréable à lire, par la maniére dont il est écrit. Je vais en extraire ce qui peut servir à mon sujet. Je m'attacherai principalement aux faits les plus certains & les plus singuliers : car pour les rapporter tous, il faudroit transcrire tout le livre.

On fait que Jean Duns, furnommé Scot ou le Docteur fubtil, eut le malheur d'être enterré vivant à Cologne, & que quand on ouvrit fon tombeau quelque tems après, on trouva qu'il s'étoit rongé le bras[1]. On raconte la même chofe de l'Empereur Zenon, qui fe fit entendre du fond de fon tombeau par des cris réitérés à ceux qui le veilloient. Lancifi célébre Médecin du Pape Clément XI. raconte, qu'à Rome il a été témoin d'une perfonne de diftinction qui étoit encore vivante lorfqu'il écrivoit, qui reprit le mouvement & le fentiment, pendant qu'on chantoit fon fervice à l'Eglife.

Pierre Zacchias, autre célébre Médecin de Rome, dit que dans l'Hôpital du Saint-Efprit, un jeune homme étant attaqué de pefte, tomba dans une fyncope fi entiére, qu'on le crut abfolument mort. Dans le tems qu'on tranfportoit fon cadavre avec beaucoup d'autres au de-là du Tibre, le jeune homme donna quelques fignes de vie. On le reporta à l'Hôpital où il guérit. Deux jours après il tomba dans une pareille fyncope. Pour cette fois il fut réputé mort fans retour : on le mit parmi les autres deftinés à la fépulture ; il revint une feconde fois, & vivoit encore quand Zacchias écrivoit.

On raconte qu'un nommé Guillaume Foxlei âgé de 40 ans[2], s'étant endormi le 27 Avril 1546. demeura plongé dans fon fommeil quatorze jours & quatorze nuits, fans aucune maladie précédente. Il ne pouvoit fe perfuader qu'il eût dormi plus d'une nuit ; il ne fut convaincu de fon long fommeil, que quand on lui fit voir un bâtiment commencé quelques jours avant fon affoupiffement, & qu'il vit achever à son réveil. On dit que sous le Pape Gregoire II. un Ecolier dormit sept ans de suite à Lubec. Lilius Giraldus[3] rapporte qu'un paysan dormit toute l'Automne & l'Hyver entier.

---

1. ↑ Ce fait est plus que douteux Bzovius pour l'avoir avancé d'après quelques autres, fut traité de *Bovius*, c'est-à-dire, gros bœuf. Il vaut donc mieux s'en tenir à ce que Moreri en a pensé, « Les ennemis de Scot ont publié, dit-il, qu'ayant été attaqué d'apoplexie, il fut d'abord enterré, & que quelque tems après cet accident étant passé, il mourut désespéré, se rongeant les mains… Mais on a si bien réfuté cette calomnie autorisée par Paul Jove, Latome & Bzovius, qu'il ne se trouve plus personne qui veuille y ajouter foi. «
2. ↑ *Larrey, dans Henri VIII. Roi d'Angleterre, p.* 536.
3. ↑ *Lilius Giraldus, Hist. Poët. Dialog.* 8.

CHAPITRE XLI.

Divers exemples de perſonnes enterrées encore vivantes.

PLutarque raconte, qu'un homme étant tombé de haut ſur ſon col, on le crut mort, ſans qu'il eût la moindre apparence de bleſſure. Comme on le portoit en terre au bout de trois jours, il reprit tout-à-coup ſes forces & revint à lui. Aſclepiade[1] ayant rencontré un grand convoi d'une perſonne qu'on portoit en terre, obtint de voir & de toucher le mort : il y trouva des ſignes de vie, & par le moyen de quelques remédes il le rappella ſur le champ & le rendit ſain à ſes parens.

Il y a pluſieurs exemples de perſonnes qui ayant été enterrées, ſont revenues enſuite, & ont encore vêcu long-tems en parfaite ſanté. On raconte en particulier[2], qu'une femme d'Orléans enterrée dans le cimetiére avec une bague à ſon doigt, qu'on n'avoit pû tirer en la mettant dans le cercueil ; la nuit ſuivante un Domeſtique attiré par l'eſpoir du gain, ouvrit le tombeau, rompit le cercueil, & ne pouvant arracher la bague, voulut couper le doigt de la perſonne, qui jetta un grand cri : le valet prit la fuite, la femme ſe débarraſſa comme elle put de ſon drap mortuaire, revint chez elle, & ſurvêquit à ſon mari.

M. Benard Maître Chirurgien à Paris attefte, qu'étant avec fon pere à la Paroiffe de Réal, on tira du tombeau, vivant & refpirant, un Religieux de faint François qui y étoit renfermé depuis trois ou quatre jours, & qui s'étoit rongé les mains autour de la ligature qui les lui affujetiffoit ; mais il mourut prefque dans le moment qu'il eut pris l'air.

Plufieurs perfonnes ont parlé de cette femme d'un Confeiller de Cologne[3], qui ayant été enterrée en 1571. avec une bague de prix, le foffoyeur ouvrit le tombeau la nuit fuivante, pour voler la bague. Mais la bonne Dame l'empoigna, & le força de la tirer du cercueil. Il fe dégagea néanmoins de fes mains, & s'enfuit. La reffufcitée alla frapper à la porte de fa maifon ; on crut que c'étoit un Fantôme, & on la laiffa affez long-tems languir à la porte : enfin on lui ouvrit, on la réchauffa, & elle revint en parfaite fanté, & eut depuis trois fils qui furent gens d'Eglife. Cet évenement eft repréfenté fur le fépulcre de la perfonne dans un tableau, où l'Hiftoire eft repréfentée, & de plus écrite en vers Allemands.

On ajoute que cette Dame, pour convaincre ceux du logis que c'étoit elle-même, dit au valet qui vint à la porte, que les chevaux étoient montés au grenier, ce qui fe trouva vrai ; & on voit encore aux fenêtres du grenier de cette maifon des têtes des chevaux en bois en figne de la vérité de la chofe.

François de Civile, Gentilhomme Normand[4] étoit Capitaine de cent hommes dans la ville de Rouen, lorfqu'elle fut affiégée par Charles IX. & avoit alors 26 ans : il fut bleffé à mort à la fin d'un affaut ; & étant tombé dans le foſſé, quelques pionniers le mirent dans une foſſe avec un autre corps, & le couvrirent d'un peu de terre. Il y reſta depuis onze heures du matin juſqu'à ſix heures & demie du ſoir, que ſon valet l'alla déterrer. Ce Domeſtique lui ayant remarqué quelques ſignes de vie, le mit dans un lit, où il demeura cinq jours & cinq nuits ſans parler, ni ſans donner aucun ſigne de ſentiment, mais auſſi ardent de fiévre, qu'il avoit été froid dans la foſſe. La ville ayant été priſe d'aſſaut, les valets d'un Officier de l'Armée victorieuſe, qui devoient loger dans la maiſon où étoit Civile, le jetterent ſur une paillaſſe dans une chambre de derriére, d'où les ennemis de ſon frere le jetterent par la fenêtre ſur un tas de fumier, où il demeura plus de trois fois vingt-quatre heures en chemiſe. Au bout de ce tems, un de ſes parens, ſurpris de le trouver vivant, l'envoya à une lieue de Rouen[5], où il fut traité, & ſe trouva enfin parfaitement guéri.

Dans une grande peſte, qui attaqua la ville de Dijon en 1558. une Dame nommée Nicole Lentillet étant réputée morte de la maladie épidémique, fut jettée dans une grande foſſe, où l'on enterroit les morts. Le lendemain de ſon enterrement au matin elle revint à elle, & fit de vains efforts pour ſortir ; mais ſa foibleſſe & le poids des autres corps dont elle étoit couverte l'en empêcherent. Elle demeura dans cette horrible ſituation pendant quatre jours, que les enterreurs l'en tirerent, & la ramenerent chez elle, où elle ſe rétablit parfaitement.

Une Demoiſelle d'Auſbourg étant tombée[6] en ſyncope, ſon corps fut mis ſous une voûte profonde, ſans être couvert de terre ; mais l'entrée de ce fouterrain fut murée exactement. Quelques années après quelqu'un de la même famille mourut : on ouvrit le caveau, & l'on trouva le corps de la Demoifelle tout à l'entrée de la clôture n'ayant point de doigts à la main droite, qu'elle s'étoit dévorée de défefpoir.

Le 25 de Juillet 1688. mourut à Metz un garçon perruquier d'une attaque d'apoplexie, fur le foir après avoir foupé. Le 28 du même mois on l'entendit encore fe plaindre plufieurs fois. On le déterra ; il fut vifité par les Médecins & Chirurgiens. Le Médecin a foûtenu après qu'il a été ouvert, qu'il n'y avoit que deux heures qu'il étoit mort. Ceci eft tiré d'un manufcrit d'un Bourgeois contemporain à Metz.

---

1. ↑ *Celf. lib. 2. c. 6.*
2. ↑ *Le P. le Clerc ci-devant Procureur des Penfionnaires du Collége de Louis le Grand.*
3. ↑ *Miffon, voyage d'Italie, tom. i. lettre 5. Goulart, des Hift. admirables & mémorables, imprimé à Genéve, en 1678.*
4. ↑ *Miffon, voyage, tom. 3.*
5. ↑ *Goulart, loco citato.*
6. ↑ *M. Graffe, Epître à Guil. Frabri, Centurie 2. obferv. Chirurg. 516.*

CHAPITRE XLII.

Exemples de perſonnes noyées, qui ſont revenue en ſanté.

VOici des exemples de perſonnes noyées[1], & qui ſont revenues pluſieurs jours après qu'on les avoit crûes mortes. Peclin raconte l'hiſtoire d'un Jardinier de Troninghalm en Suede, qui étoit encore vivant & âgé de ſoixante cinq ans, lorſque l'Auteur écrivoit. Cet homme étant ſur la glace pour ſecourir un autre homme qui étoit tombé dans l'eau, la glace ſe rompit ſous lui, & il enfonça dans l'eau à la profondeur de dix-huit aunes ; ſes pieds s'étant attachés au limon, il y demeura pendant ſeize heures avant qu'on le tirât hors de l'eau. En cet état il perdit tout ſentiment, ſi ce n'eſt qu'il crut entendre les cloches qu'on ſonnoit à Stokolm ; il ſentit l'eau qui lui entroit non par la bouche, mais par les oreilles : après l'avoir cherché pendant ſeize heures, on l'accrocha par la tête avec un croc, & on le tira de l'eau ; on le mit dans des draps, on l'approcha du feu, on le frotta, on l'agita, enfin on le fit revenir. Le Roi & la Reine voulurent le voir & l'entendre, & lui firent une penſion.

Une femme dans le même pays après avoir été trois jours dans l'eau, fut de même rappellée à la vie par les mêmes moyens que le Jardinier. Un autre nommé Janas s'étant noyé à l'âge de dix-sept ans, fut tiré de l'eau sept semaines après ; on le réchauffa, & on lui fit revenir les esprits.

Mr. d'Egly de l'Académie Royale des Inscriptions & des Belles-lettres de Paris, raconte qu'un Suisse habile plongeur s'étant enfoncé dans un creux de la riviere où il espéroit trouver de beaux poissons, y demeura environ neuf heures : on le tira de l'eau après l'avoir blessé en plusieurs endroits avec des crocs. Mr. d'Egly voyant que l'eau bouillonnoit sortant de sa bouche, soûtint qu'il n'étoit pas mort. On lui fit rendre de l'eau tant qu'on put pendant trois quarts-d'heures, on l'enveloppa de linges chauds, on le mit dans le lit, on le saigna, & on le sauva.

On en a vû qui sont revenus après avoir été sept semaines dans l'eau, d'autres moins long-tems : par exemple, Gocellin, neveu d'un Archevêque de Cologne, étant tombé dans le Rhin, y demeura quinze heures avant qu'on pût le retrouver. Au bout de ce tems on le porta au tombeau de saint Suitbert, & il revint en santé[2].

Le même S. Suitbert ressuscita encore un autre jeune homme noyé depuis plusieurs heures. Mais l'Auteur qui raconte ces miracles n'est pas d'une grande autorité.

On rapporte plusieurs exemples de personnes noyées, qui ont demeuré pendant quelques jours sous les eaux, & qui ensuite sont revenues en santé. Dans la seconde partie de la *Dissertation sur l'incertitude des signes de la mort, par M. Bruhier Docteur en Médecine, imprimée à Paris en 174.4. pages 102. 103. & suiv*, on montre qu'on en a vû qui ont été 48 heures sous les eaux, d'autres pendant trois jours, d'autres pendant huit jours. Il y ajoûte l'exemple des chryſalides inſectes, qui paſſent tout l'hyver ſans donner le moindre ſigne de vie, & les inſectes aquatiques, qui demeurent tout l'hyver dans le limon ſans mouvement ; ce qui arrive auſſi aux grenouilles, & aux crapaux : les fourmis mêmes, contre l'opinion commune, ſont pendant l'hyver dans un état de mort, qui ne ceſſe qu'au printems. Les hirondelles dans les pays Septentrionnaux s'enfoncent par pelotons dans les lacs & dans les étangs, même dans les rivières, dans la mer, dans le ſable, dans des troux de murailles, dans le creux des arbres, le fond des cavernes pendant que d'autres hirondelles paſſent la mer pour chercher des climats plus chauds & plus tempérés.

Ce qu'on vient de dire des hirondelles, qui ſe trouvent au fond des lacs, des étangs & des rivières, ſe remarque tout communément dans la Siléſie, la Pologne, la Boheme, & la Moravie. On pêche même quelquefois des cicognes comme mortes, qui ont le bec fiché dans l'anus les unes des autres ; on en a vû beaucoup de cette ſorte aux environs de Genéve, & même aux environs de Metz en l'année 1467.

On y peut joindre les cailles & les hérons : on a trouvé des moineaux & des coucoux pendant l'hyver dans des creux d'arbres ſans mouvement & ſans apparence de vie, leſquels étant réchauffés ont repris leurs eſprits & leur vol. On ſait que les hériſſons, la marmotte, les loirs & les ſerpens vivent ſous la terre ſans reſpirer, & que la circulation du ſang ne ſe fait en eux que très-ſoiblement pendant tout l'hyver. On dit même que l'ours dort prefque pendant tout ce tems.

---

1. ↑ Guill. Derham, Extrait. Peclin, c. x. de aêre. & alim. def.
2. ↑ *Vita S. Suitberti apud Surium. I. Martii.*

CHAPITRE XLIII.

Exemples de femmes qu'on a crûes mortes,
& qui sont revenues.

DE fort habiles Médecins prétendent[1], que dans la suffocation de matrice, une femme peut vivre trente jours sans respirer. Je sais qu'une fort honnête femme fut pendant trente-six heures sans donner aucun signe de vie. Tout le monde la croyoit morte ; & on vouloit l'ensévelir : son mari s'y opposa toûjours. Au bout de trente-six heures elle revint, & a vêcu long-tems depuis : elle racontoit qu'elle entendoit fort bien tout ce qu'on disoit d'elle, & sçavoit qu'on vouloit l'ensévelir ; mais son engourdissement étoit tel, qu'elle ne pouvoit le surmonter, & auroit laissé faire tout ce qu'on auroit voulu sans la moindre résistance.

Ceci revient à ce que dit saint Augustin du Prêtre Prétextat, qui dans ses absences d'esprit & ses syncopes entendoit comme de loin ce qu'on disoit, & cependant se seroit laissé brûler & couper les chairs sans opposition & sans aucun sentiment.

Corneille le Bruyn[2] dans ses voyages raconte qu'il vit à Damiette en Egypte un Turc qu'on appelloit l'Enfant mort, parce que sa mere étant grosse de lui, tomba malade, & comme on la crut morte, on l'enterra assez promptement, suivant la coûtume du pays, où l'on ne laisse que peu de tems les morts sans les enterrer, sur-tout en tems de peste. Elle fut mise dans un caveau que ce Turc avoit pour la sépulture de sa famille.

Sur le soir, quelques heures après l'enterrement de cette femme, il vint dans l'esprit du Turc son mari, que l'enfant dont elle étoit enceinte pourroit bien être encore vivant ; il fit donc ouvrir le caveau, & trouva que sa femme s'étoit délivrée, & que son enfant étoit vivant, mais la mere étoit morte. Quelques-uns disoient qu'on avoit entendu crier l'enfant, & que ce fut sur l'avis qu'on en donna au pere, qu'il fit ouvrir le tombeau. Cet homme surnommé l'Enfant mort, vivoit encore en 1677. Le Bruyn croit que la femme étoit morte lorsqu'elle l'enfanta. Mais il n'auroit pas été possible qu'étant morte, elle mit son enfant au monde. On doit se souvenir qu'en Egypte, où ceci est arrivé, les femmes ont une facilité extraordinaire d'accoucher, comme le témoignent les Anciens & les Modernes, & que cette femme étoit simplement enfermée dans un caveau, sans être couverte de terre.

Une femme grosse de Strasbourg réputée morte, fut enterrée dans un souterrain[3]. Au bout de quelque tems ce caveau ayant été ouvert pour y mettre un autre corps, on trouva la femme hors de son cercueil couchée par terre, ayant entre les mains un enfant dont elle s'étoit délivrée, & dont elle tenoit le bras dans la bouche, comme si elle eût voulu le manger.

Une autre femme Espagnole, Epouse de François Arevallos de Suasse[4], étant morte, ou réputée telle dans les derniers mois de sa grossesse, fut mise en terre : son mari qu'on avoit envoyé chercher a la campagne, où il étoit pour affaire, voulut voir sa femme à l'Eglise, & la fit exhumer ; à peine eut-on ouvert le cercueil qu'on ouit le cri d'un enfant, qui faisoit effort pour sortir du sein de sa mere.

On l'en tira vivant, & il a vêcu long-tems depuis sous le nom d'enfant de la terre. On l'a vû depuis Lieutenant Général de la ville de Xerez de la frontiere en Espagne. On pourroit multiplier à l'infini les exemples de personnes enterrées toutes vivantes, & d'autres qui sont revenues comme on les portoit au tombeau, ou qui ont été tirées du tombeau par des cas fortuits.

On peut consulter sur cela le nouvel ouvrage de Messieurs Vinslow & Bruyer, & les Auteurs qui ont traité cette matiere exprès[5]. Ces Messieurs les Médecins tirent de-là une conséquence fort sage & fort judicieuse, qui est qu'on ne doit enterrer les hommes que quand on est bien assuré de leur mort, sur-tout dans les tems de peste, & dans certaines maladies qui font perdre tout-à-coup le mouvement & le sentiment.

---

1. ↑ *Le Clerc, Hist. de la Médecine.*
2. ↑ *Corneille le Bruyn. t. i. pag.* 579.
3. ↑ *Cronstaud, Philosoph. veter. restit.*
4. ↑ *Gaspard Reïes, campus Elysius jucund.*

5. ↑ *Page* 167. *des additions de M. Bruhier.*

CHAPITRE XLIV.

Peut-on faire l'application de ces exemples aux Revenans de Hongrie.

ON peut tirer avantage de ces exemples & de ces raiſonnemens en faveur du Vampiriſme, en diſant que les Revenans de Hongrie, de Moravie, de Pologne, &c. ne ſont pas réellement morts ; qu'ils vivent dans leurs tombeaux, quoique ſans mouvement & ſans reſpiration : le ſang qu'on leur trouve beau & vermeil, la flexibilité de leurs membres, les cris qu'ils pouſſent lorſqu'on leur perce le cœur, ou qu'on leur coupe la tête, prouvent qu'ils vivent encore.

Ce n'eſt pas là la principale difficulté qui m'arrête ; c'eſt de ſavoir, comment ils ſortent de leurs tombeaux : comment ils y rentrent, ſans qu'il paroiſſe qu'ils ont remué la terre, & qu'ils l'ont remiſe en ſon premier état : comment ils paroiſſent revêtus de leurs habits, qu'ils vont, qu'ils viennent, qu'ils mangent. Si cela eſt, pourquoi retourner dans leur tombeaux ? que ne demeurent-ils parmi les vivans ? pourquoi ſucer le ſang de leurs parens ? pourquoi infeſter & fatiguer des perſonnes, qui doivent leur être cheres, & qui ne les ont pas offenſés ? Si tout cela n'eſt qu'imagination de la part de ceux qui ſont moleſtés, d'où vient que ces Vampires ſe trouvent dans leurs tombeaux ſans corruption, pleins de sang, souples & maniables ; qu'on leur trouve les pieds crotés le lendemain du jour qu'ils ont couru & effrayé les gens du voisinage, & qu'on ne remarque rien de pareil dans les autres cadavres enterrés dans le même tems dans le même cimetiere ? D'où vient qu'ils ne reviennent plus, & n'infestent plus, quand on les a brûlés ou empalés ? sera-ce encore l'imagination des vivans & leurs préjugés, qui les rassureront après ces exécutions faites ? D'où vient que ces scènes se renouvellent si souvent dans ces pays, qu'on ne revient point de ces préjugés, & que l'expérience journaliere au lieu de les détruire, ne fait que les augmenter & les fortifier ?

CHAPITRE XLV.

Morts qui mâchent comme des porcs dans leurs tombeaux, & qui dévorent leur propre chair.

C'Eſt une opinion fort répandue dans l'Allemagne, que certains morts mâchent dans leurs tombeaux, & dévorent ce qui ſe trouve autour d'eux ; qu'on les entend même manger comme des porcs, avec un certain cri ſourd & comme grondant & gruniſſant.

Un Auteur Allemand[1] nommé Michel Rauff a compoſé un ouvrage intitulé : *de maſticatione mortuorum in tumulis*, des morts qui mâchent dans leurs tombeaux. Il ſuppoſe comme une choſe prouvée & certaine, qu'il y a certains morts qui ont dévoré les linges, & tout ce qui étoit à portée de leur bouche, & même qui ont dévoré leur propre chair dans leurs tombeaux. Il remarque[2] que quelques endroits d'Allemagne, pour empêcher les morts de mâcher, on leur met ſous le menton dans le cercueil une motte de terre ; qu'ailleurs on leur met dans la bouche une petite piece d'argent & une pierre ; ailleurs on leur ſerre fortement la gorge avec un mouchoir. L'Auteur cite quelques Ecrivains Allemands, qui font mention de cet uſage ridicule ; & il en rapporte pluſieurs autres, qui parlent des morts, qui ont dévoré leur propre chair dans leur sépulchre. Cet ouvrage a été imprimé à Leipsic en 1728. Il parle d'un Auteur nommé Philippe Rehrius, qui imprima en 1679. un traité sur le même titre : *de masticatione mortuorum*.

Il auroit pu y ajoûter le fait de Henri Comte de Salm[3], qui ayant été crû mort, fut inhumé tout vivant : l'on ouit pendant la nuit dans l'Eglise de l'Abbaye de Haute-Seille, où il étoit enterré, de grands cris, & le lendemain son tombeau ayant été ouvert, on le trouva renversé & le visage en bas, au lieu qu'il avoit été enterré sur son dos, & le visage en haut.

Il y a quelques années qu'à Bar-le-Duc un homme ayant été inhumé dans le cimetiere, on ouit du bruit dans sa fosse : le lendemain on le déterra, & on trouva qu'il s'étoit mangé les chairs des bras ; ce que nous avons appris de témoins oculaires. Cet homme avoit bû de l'eau de vie, & avoit été enterré comme mort. Rauff parle d'une femme de Boheme[4] qui en 1355. avoit mangé dans sa fosse la moitié de son linceul sépulchral. Du tems de Luther un homme mort & enterré, & une femme de même, se rongerent les entrailles. Un autre mort en Moravie dévora les linges d'une femme enterrée auprès de lui.

Tout cela est fort possible ; mais que les vrais morts dans leurs tombeaux remuent les mâchoires, & se divertissent à mâcher ce qui se trouve autour d'eux, c'est une imagination puérile, semblable à ce que les anciens Romains disoient de leur *Manducus*, qui étoit une figure grotesque d'homme ayant une bouche énorme, avec des dents proportionnées, que l'on faifoit mouvoir par refforts & craquer les dents les unes contre les autres, comme fi cette figure famélique eût demandé à manger. On en faifoit peur aux enfans, & on les menaçoit des *Manducus* :

> *Tandemque venit ad pulpita noftrum*
> *Exodium, cùm perfonæ pallentis hiatum*
> *In gremio matris faftidit rufticus infans.* [5]

On voit quelques reftes de cet ancien ufage dans certaines proceffions, où l'on porte une efpece de ferpent, qui ouvre & ferme par intervalles une vafte gueule armée de dents, dans laquelle on jette quelques gâteaux, comme pour le raffafier.

---

1. ↑ *Mich. Rauff, alterâ Differt. art.* LVIJ. *page* 98. 99. & *art.* LIX. *pag.* 100.
2. ↑ *De Nummis in ore defunctorum repertis art.* IX. *à Beyermuller, &c.*
3. ↑ *Richer. Senon. tom. 3. fpicileg. Dacherij, pag.* 392.
4. ↑ *Rauff, art.* 42. *pag.* 43.
5. ↑ *Juvenal, Sat.* 3. *v.* 174.

CHAPITRE XLVI.

Exemple ſingulier d'un Revenant de Hongrie.

L'Exemple le plus remarquable que Rauff cite[1] eſt celui d'un nommé Pierre Plogojovits, enterré depuis dix ſemaines dans un village de Hongrie nommé Kiſolova. Cet homme apparut la nuit à quelques-uns des habitans du village pendant leur ſommeil, & leur ſerra tellement le goſier, qu'en 24 heures ils en moururent. Il périt ainſi neuf perſonnes, tant vieilles que jeunes, dans l'eſpace de huit jours.

La veuve du même Plogojovits déclara, que ſon mari depuis ſa mort lui étoit venu demander ſes ſouliers ; ce qui l'effraya tellement, qu'elle quitta le lieu de Kiſolova pour ſe retirer ailleurs.

Ces circonſtances déterminerent les habitans du village à tirer de terre le corps de Plogojovits & à le brûler, pour ſe délivrer de ces infeſtations. Ils s'adreſſerent à l'Officier de l'Empereur, qui commandoit dans le territoire de Gradiſca en Hongrie, & au Curé du même lieu, pour obtenir la permiſſion d'exhumer le corps de Pierre Plogojovits. L'Officier & le Curé firent beaucoup de difficultés d'accorder cette permiſſion ; mais les payſans déclarerent que si on leur refusoit de déterrer le corps de cet homme, qu'ils ne doutoient point qui ne fût un vrai Vampire (c'est ainsi qu'ils appellent les Revenans ou Rédivives) ils seroient obligés d'abandonner le village, & de se retirer où ils pourroient.

L'Officier de l'Empereur qui a écrit cette relation, voyant qu'il ne pouvoit les arrêter, ni par menaces, ni par promesses, se transporta avec le Curé de Gradisca au village de Kisolova, & ayant fait exhumer Pierre Plogojovits, ils trouverent que son corps n'exhaloit aucune mauvaise odeur ; qu'il étoit entier & comme vivant, à l'exception du bout du nez, qui paroissoit un peu flêtri & desséché ; que ses cheveux & sa barbe étoient crûs, & qu'à la place de ses ongles, qui étoient tombés, il lui en étoit venu de nouveaux ; que sous sa premiere peau, qui paroissoit comme morte & blanchâtre, il en paroissoit une nouvelle, saine & de couleur naturelle : ses pieds & ses mains étoient aussi entiers qu'on les pouvoit souhaiter dans un homme bien vivant. Ils remarquerent aussi dans sa bouche du sang tout frais, que ce peuple croyoit que ce Vampire avoit sucé aux hommes qu'il avoit fait mourir.

L'Officier de l'Empereur & le Curé ayant diligemment examiné toutes ces choses, & le peuple qui étoit présent, en ayant conçû une nouvelle indignation, & s'étant de plus en plus persuadé qu'il étoit la vraie cause de la mort de leurs Compatriotes, accoururent aussi-tôt chercher un pieu bien pointu, qu'ils lui enfoncerent dans la poitrine, d'où il sortit quantité de sang frais & vermeil, de même que par le nez & par la bouche ; il rendit aussi quelque chose par la partie de ſon corps que la pudeur ne permet pas de nommer. Enſuite les payſans mirent le corps ſur un bûcher, & le réduiſirent en cendres.

M. Rauff[2] de qui nous tenons ces particularités, cite pluſieurs Auteurs, qui ont écrit ſur la même matiere, & ont rapporté des exemples de ces morts, qui ont mangé dans leurs tombeaux. Il cite en particulier Gabriel Rzaczinoki dans ſon Hiſtoire des Curioſités naturelles du Royaume de Pologne, imprimée en 1721. à Sandomir.

---

1. ↑ *Rauff, art* 12. p. 15.
2. ↑ *Rauff, art. 21. pag.* 14.

CHAPITRE XLVII.

Raisonnement sur cette matiere.

CEs Auteurs ont beaucoup raisonné sur ces événemens. I. Les uns les ont crûs miraculeux. 2. Les autres les ont regardés comme de purs effets d'une imagination vivement frappée, ou d'une forte prévention. 3. D'autres ont crû qu'il n'y avoit en cela rien que de très-naturel & de très-simple, ces personnes n'étant pas mortes, & agissant naturellement sur les autres corps. 4. D'autres ont prétendu, que c'étoit l'ouvrage du Démon même. Entre ceux-ci quelques-uns ont avancé[1], qu'il y avoit certains Démons benins, différens des Démons malfaisans & ennemis des hommes, à qui ils ont attribué des opérations badines & indifférentes, à la distinction des mauvais Démons qui inspirent aux hommes le crime & le péché, les maltraitent, les font mourir, & qui leur causent une infinité de maux. Mais quels plus grands maux peut-on avoir à craindre des vrais Démons & des Esprits les plus malins, que ceux que les Revenans de Hongrie causent aux personnes qu'ils sucent & qu'ils font mourir ? 5. D'autres veulent, que ce ne soient pas les morts qui mangent leurs propres chairs, ou leurs habits, mais ou des serpens, ou des rats, des taupes, des loups cerviers, ou d'autres animaux voraces, ou même ce que les Payens nommoient *Striges*[2], qui font des oifeaux qui dévorent les animaux & les hommes, & en fucent le fang. Quelques-uns ont avancé, que ces exemples fe remarquoient principalement dans les femmes, & fur-tout en tems de pefte ; mais on a des exemples de Revenans de tout fexe, & principalement des hommes ; quoique ceux qui font morts de pefte, de poifon, de rage, d'ivreffe & de maladie épidémique, foient plus fujets à revenir, apparemment parceque leur fang fe coagule plus difficilement, & que quelquefois on en enterre qui ne font pas bien morts, à caufe du danger qu'il y a de les laiffer long-tems fans fépulture, de peur de l'infection qu'ils cauferoient.

On ajoûte que ces Vampires ne font connus que dans certains pays, comme la Hongrie, la Moravie, la Siléfie, ou ces maladies font plus communes, & où les peuples étant mal nourris, font fujets à certaines incommodités caufées ou occafionnées par le climat & la nourriture, & augmentées par le préjugé, l'imagination & la frayeur, capables de produire ou d'accroître les maladies les plus dangereufes, comme l'expérience journaliere ne le prouve que trop. Quant à ce que quelques-uns avancent qu'on entend ces morts manger & mâcher comme des porcs dans leurs tombeaux, cela eft manifeftement fabuleux, & ne peut être fondé que fur des préventions ridicules.

---

1. ↑ *Rudiger, Phyfio. Div. l.* I. *c.* 4. *Theophraft. Paracelf. Georg. Agricola, de anim. fubterran. pag.* 76.

2. ↑ *Ovid. l.* 6. *Vide Delrio, diſquiſit. magic. l.* I. *p.* 6 & *l.* 3. *p.* 355.

CHAPITRE XLVIII.

Les Vampires ou Revenans sont-ils véritablement morts ?

Le sentiment de ceux qui tiennent que tout ce qu'on raconte des Vampires est un pur effet de l'imagination, de la fascination, ou de cette maladie que les Grecs nomment *Phrenesis* ou *Coribantisme*, & qui prétendent par-là expliquer tous les Phénomènes du Vampirisme, ne persuaderont jamais, que ces maladies du cerveau puissent produire des effets aussi réels que ceux que nous avons racontés. Il est impossible, que tout à coup plusieurs personnes croyent voir ce qui n'est point, & qu'elles meurent en si peu de tems d'une maladie de pure imagination. Et qui leur a révélé, qu'un tel Vampire est entier dans son tombeau, qu'il est plein de sang, qu'il y vit en quelque sorte après sa mort ? N'y aura-t-il pas un homme de bon sens dans tout un peuple, qui soit exempt de cette fantaisie, ou qui se soit mis au-dessus des effets de cette fascination, de ces Sympathies & Antipathies, & de cette Magie naturelle ? Et puis qui nous expliquera clairement & distinctement ce que ces grands termes signifient, & la maniére de ces opérations si occultes & si mistérieuses ?

C'est vouloir expliquer une chose obscure & douteuse, par une autre plus incertaine & plus incompréhensible.

Si ces personnes ne croyent rien de tout ce qu'on raconte des Apparitions, du retour, des actions des Vampires, ils perdent bien inutilement leur tems en proposant des systêmes, & formant des raisonnemens pour expliquer ce qui ne subsiste que dans l'imagination de certaines personnes prévenues & frappées ; mais si tout ce qu'on en raconte ou du moins une partie est vrai, ces systêmes & ces raisonnemens ne satisferont pas aisément les esprits qui veulent des preuves d'une autre valeur que celles-là.

Voyons donc si le systême qui veut que ces Vampires ne soient pas vraiment morts, est bien fondé. Il est certain que la mort consiste dans la séparation de l'ame & du corps, & que ni l'un ni l'autre ne périt, ni n'est anéanti par la mort ; que l'ame est immortelle, & que le corps destitué de son ame demeure encore quelque tems en son entier, & ne se corrompt que par parties, quelquefois en peu de jours, & quelquefois dans un plus long espace de tems : quelquefois même il demeure sans corruption pendant plusieurs années, ou même plusieurs siécles, soit par un effet de son bon tempérament, comme dans Hector & dans Alexandre le grand, qui demeurerent plusieurs jours sans corruption[1], ou par le moyen de l'art de l'embaumement, ou enfin par la qualité du terrain où ils sont enterrés, qui a la faculté de desséchér l'humidité radicale, & les principes de la corruption. Je ne m'arrête pas à prouver toutes ces choses qui sont assez connues d'ailleurs.

Quelquefois le corps sans être mort, & sans être abandonné de son ame raisonnable, demeure comme mort & sans mouvement, du moins avec un mouvement si lent, & une respiration si foible, qu'elle est presque imperceptible, comme il arrive dans la pamoison, dans la syncope, dans certaines maladies assez communes aux femmes, dans l'extase ; comme nous l'avons remarqué dans l'exemple de Prétextat Prêtre de Calame : nous avons aussi rapporté plus d'un exemple de personnes tenues pour mortes & enterrées ; j'y puis ajouter celui de M. l'Abbé Salin, Prieur de S. Christophe[2] en Lorraine, qui étant dans le cercueil, & prêt à être porté en terre, fut ressuscité par un de ses amis, qui lui fit avaller un verre de vin de Champagne.

On raconte plusieurs exemples de même nature. On peut voir[3] dans les Causes célébres celui d'une fille qui devint enceinte pendant une longue syncope ou pamoison ; nous en avons déja parlé. Pline cite[4] un grand nombre d'exemples de personnes qu'on a crûes mortes, & qui sont revenues, & ont vêcu encore long-tems. Il parle d'un jeune homme qui s'étant endormi dans une caverne, y demeura quarante ans sans s'éveiller. Nos Historiens[5] parlent des sept dormans, qui dormirent de même pendant cent cinquante années, depuis l'an de Jesus-Christ 253. jusqu'en 403. On dit que le Philosophe Epimenides dormit dans une caverne pendant cinquante-sept ans, ou selon d'autres, pendant quarante-sept ou seulement quarante ans : car les Anciens ne sont pas d'accord sur le nombre d'années. On assûre même, que ce

Philosophe étoit le maître de faire absenter son ame, & de la rappeller quand il vouloit.

On raconte la même chose d'Aristée de Proconése. Je veux bien avouer que cela est fabuleux ; mais on ne peut contester la vérité de plusieurs autres histoires de personnes, qui sont revenues en vie après avoir paru mortes pendant des 3. 4. 5. 6. & 7 jours. Pline reconnoît, qu'il y a plusieurs exemples de personnes mortes, qui ont apparu après avoir été enterrées ; mais il n'en veut point parler, parce que, dit-il, il ne rapporte que des œuvres naturelles, & non des prodiges : *post sepulturam quoque visorum exempla sunt, nisi quòd naturæ opera, non prodigia sectamur.* Nous croyons qu'Hénoch & Elie sont encore vivans ; plusieurs ont crû que saint Jean l'Evangeliste n'étoit pas mort[6], mais qu'il vivoit encore dans son tombeau. Platon & saint Clément d'Alexandrie[7] racontent, que le fils de Zoroastre étoit ressuscité douze jours après sa mort, & lorsque son corps eut été porté sur le bûcher. Phlegon dit[8] qu'un Soldat Syrien de l'armée d'Antiochus, après avoir été tué aux Thermopyles, parut en plein jour au camp des Romains, & parla à plusieurs personnes ; & Plutarque rapporte[9], qu'un nommé Thespesius tombé d'un toît, ressuscita le troisiéme jour après qu'il fut mort de sa chûte.

Saint Paul écrivant aux Corinthiens[10] semble supposer, que quelquefois l'Ame se transporte hors du corps, pour se rendre où elle est en esprit : par exemple, il dit qu'il a été transporté jusqu'au troisiéme Ciel, & y a entendu des choses ineffables ; mais il ajoûte qu'il ne sait, si c'est en corps, ou seulement en esprit, *sive in corpore, sive extra corpus, nescio, Deus scit.* Nous avons déja cité S. Augustin[11] qui parle d'un Prêtre de Calame nommé Prétextat, qui au son de la voix de quelques personnes qui se lamentoient, s'extasoit de telle sorte, qu'il ne respiroit plus, & ne sentoit plus rien, & qu'on lui auroit brûlé & coupé les chairs, sans qu'il s'en fût apperçu ; son ame étoit absente, ou tellement occupée de ces lamentations, que la douleur ne lui étoit plus sensible. Dans la pamoison, dans la syncope, l'ame ne fait plus ses fonctions ordinaires : elle est cependant dans le corps, & continue de l'animer ; mais elle ne s'apperçoit pas de sa propre action.

Un Curé du Diocèse de Constance, nommé Bayer, m'écrit qu'en 1728. ayant été pourvû de la Cure de Rutheim, il fut inquiété un mois après par un spectre, ou un mauvais Génie sous la forme d'un paysan mal-fait, mal vêtu, de mauvaise mine, d'une puanteur insupportable, qui vint frapper à sa porte d'une maniere insolente, & étant entré dans son poële, lui dit qu'il étoit envoyé de la part d'un Officier du Prince de Constance son Evêque, pour certaine commission qui se trouva absolument fausse. Il demanda ensuite à manger. On lui servit de la viande, du pain & du vin. Il prit la viande à deux mains & la dévora avec les os, disant : voyez comme je mange la chair & les os. Faites-en de même. Puis il prit le vase où étoit le vin, & l'avala tout d'un trait ; puis il en demanda d'autre, qu'il but de même. Après cela il se retira sans dire adieu au Curé ; & la servante qui le conduisoit à la porte, lui ayant demandé son nom, il répondit : Je suis né à

Rutſingue, & mon nom eſt George Raulin, ce qui étoit faux. En deſcendant l'eſcalier, il dit en menaçant le Curé en Allemand : Je te ferai voir qui je ſuis.

Il paſſa tout le reſte du jour dans le village, ſe faiſant voir à tout le monde. Vers minuit il revint à la porte du Curé, criant trois fois d'une voix terrible : Monſieur Bayer ; & ajoûtant : je vous apprendrai qui je ſuis. En effet pendant trois ans il revint tous les jours vers quatre heures après midi, & pendant toutes les nuits juſqu'au point du jour.

Il paroiſſoit ſous diverſes formes, tantôt ſous la figure d'un chien barbet, tantôt ſous celle d'un lion, ou d'un autre animal terrible ; tantôt ſous la forme d'un homme, tantôt ſous celle d'une femme ou d'une fille pendant que le Curé étoit à table ou au lit, le ſollicitant à l'impudicité. Quelquefois il faiſoit dans toute la maiſon un fracas, comme d'un Tonnelier qui relie des tonneaux. Quelquefois on auroit dit qu'il vouloit renverſer tout le logis par le grand bruit qu'il y cauſoit. Pour avoir des témoins de tout ceci, le Curé fit ſouvent venir le Marguillier & d'autres perſonnes du Village pour en rendre témoignage. Le Spectre répandoit par tout où il étoit une puanteur inſupportable.

Enfin le Curé eut recours aux Exorciſmes ; mais ils ne produiſirent aucun effet. Et comme on déſeſpéroit preſque d'être délivré de ces véxations, il fut conſeillé ſur la fin de la troiſiéme année de ſe munir d'une branche bénite le jour des Palmes, & d'une épée auſſi bénite à cet effet, & de s'en ſervir contre le Spectre. Il le fit une & deux fois, & depuis ce tems il ne fut plus moleſté. Ceci eſt atteſté par un

Religieux Capucin, témoin de la plûpart de ces choses, le 29 Août 1749.

Je ne garantis pas toutes ces circonstances. Le Lecteur judicieux en tirera les inductions qu'il jugera à propos. Si elles sont vraies, voilà un vrai Revenant, qui boit, qui mange, qui parle, qui donne des marques de sa présence pendant trois ans entiers, sans aucune apparence de Religion. Voici un autre exemple d'un Revenant, qui ne se manifesta que par des faits.

On m'écrit de Constance du 8 Août 1748. que sur la fin de l'année 1746. on entendit comme des soupirs, qui partoient du coin de l'imprimerie du sieur Lahart, un des Conseillers de la ville de Constance. Les garçons de l'imprimerie n'en firent que rire au commencement ; mais l'année suivante 1747. dans les premiers jours de Janvier on entendit plus de bruit qu'auparavant. On frappoit rudement contre la muraille vers le même coin, où l'on avoit d'abord entendu quelques soupirs ; on en vint même jusqu'à donner des soufflets aux imprimeurs, & à jetter leurs chapeaux par terre. Ils eurent recours aux Capucins, qui vinrent avec les Livres propres à exorciser l'Esprit. L'exorcisme achevé, ils s'en retournerent, & le bruit cessa pendant trois jours.

Au bout de ce terme, le bruit recommença plus fort qu'auparavant : l'Esprit jetta les caracteres de l'imprimerie contre les fenêtres. On fit venir de dehors un Exorciste fameux, qui exorcisa l'Esprit pendant huit jours. Un jour l'Esprit donna un soufflet à un jeune garçon, & on vit de nouveau les caracteres de l'imprimerie jettés contre les vitres ; l'Exorciſte étranger n'ayant pû rien faire par ſes exorciſmes, s'en retourna chez lui.

L'Eſprit continua ſon manége, donnant des ſoufflets aux uns, jettant des pierres & d'autres choſes aux autres, enſorte que les Compoſiteurs furent obligés d'abandonner ce coin de l'imprimerie. Ils ſe rangerent au milieu de la chambre, & n'y furent pas plus en repos.

On fit donc venir d'autres Exorciſtes, dont l'un avoit une particule de la vraie Croix, qu'il mit ſur la table. L'Eſprit ne laiſſa pas d'inquiéter à l'ordinaire les ouvriers de l'imprimerie, & de ſouffleter ſi violemment le frere Capucin, qui accompagnoit l'Exorciſte, qu'ils furent tous deux contraints de ſe retirer dans leur Couvent. Il en vint d'autres qui ayant mêlé beaucoup de fable & de cendres dans un ſceau d'eau, bénirent l'eau, & en jetterent par aſperſion dans toute l'imprimerie. Ils répandirent auſſi le ſable & la cendre ſur le pavé, & s'étant munis d'épées, tous les aſſiſtans commencerent à frapper en l'air à droite & à gauche par toute la chambre pour voir s'ils pourroient atteindre le Revenant, & pour remarquer s'il laiſſeroit quelque veſtige de ſes pieds ſur le ſable ou ſur la cendre qui couvroit le pavé. On s'apperçut enfin qu'il s'étoit guindé ſur le haut du fourneau, & on y remarqua ſur les angles des veſtiges de ſes pieds & de ſes mains imprimés ſur la cendre & ſur le ſable béni.

On vint à bout de le dénicher de-là, & bientôt on s'apperçut qu'il s'étoit gliſſé ſous la table, & avoit laiſſé ſur le pavé des marques de ſes pieds & de ſes mains. La grande poussiere qui s'étoit élevée parmi tous ces mouvemens dans la boutique, fit que chacun se dispersa, & qu'on cessa de le poursuivre. Mais le principal Exorciste ayant arraché un aix de l'angle où le bruit s'étoit d'abord fait entendre, trouva dans un trou de la muraille des plumes, trois os enveloppés dans un linge sale, des pieces de verre & une aiguille de tête. Il bénit un feu qu'on alluma, & y fit jetter tout cela. Mais ce Religieux étoit à peine rentré dans son Couvent, qu'un garçon de l'Imprimeur vint lui dire que l'aiguille de tête s'étoit d'elle-même tirée des flâmes jusqu'à trois fois, & qu'un garçon qui tenoit une pincette & qui remettoit cette aiguille au feu, fut violemment frappé sur la joue. Les restes de ce qu'on avoit trouvé ayant été apportés au Couvent des Capucins, y fut brûlé sans aucune résistance. Mais le garçon qui les avoit apportés vit une femme toute nue dans la place publique, & on ouit ce jour-là, & les jours suivans, comme de grands gémissemens dans la place de Constance.

Quelques jours après les infestations recommencerent dans la maison de l'Imprimeur, le Revenant donnant des soufflets, jettant des pierres, & molestant les Domestiques en diverses manieres. Le sieur Lahart maître de la maison reçut une blessure considérable à la tête : deux garçons qui étoient couchés dans le même lit, furent renversés par terre ; de maniere que la maison fut entierement abandonnée pendant la nuit. Un jour de Dimanche une servante emportant quelques linges de la maison, fut attaquée à coups de pierres. Une autre fois deux garçons furent jettés à bas d'une échelle.

Il y avoit dans la ville de Constance un Bourreau qui passoit pour sorcier. Le Religieux qui m'écrit, le soupçonna d'avoir quelque part dans tout ce manége ; il commença à exhorter ceux qui veilloient avec lui dans la maison à mettre leur confiance en Dieu, & à s'affermir dans la foi. Il leur fit entendre à mots couverts, que le Bourreau pourroit bien être de la partie. On passa ainsi la nuit dans la maison, & sur les dix heures du soir un des compagnons de l'Exorciste se jetta à ses pieds fondant en larmes, & lui découvrit que cette même nuit, lui & un de ses compagnons avoient été envoyés pour consulter des Bourreaux dans le Turgau, &. cela par l'ordre du sieur Lahart Imprimeur, dans la maison duquel tout ceci se passoit.

Cet aveu surprit étrangement le bon Pere, & il déclara qu'il ne continueroit point à exorciser, s'ils ne l'assuroient qu'ils n'avoient point parlé aux Bourreaux pour faire cesser l'infestation. Ils protesterent qu'ils ne leur avoient pas parlé. Le P. Capucin fit ramasser tout ce qu'il trouva dans la maison de choses enveloppées & empaquetées, & les rapporta dans son Couvent.

La nuit suivante deux Domestiques essayerent de passer la nuit dans la maison de l'Imprimeur ; mais ils furent renversés de leurs lits & contraints d'aller coucher ailleurs. On fit ensuite venir un paysan du village d'Ahnaustorf qui passoit pour bon Exorciste. Il passa la nuit dans la maison infestée, buvant, chantant & criant. Il reçut des coups de bâton & des soufflets, & fut obligé d'avouer qu'il ne pouvoit rien contre cet Esprit.

La veuve d'un Bourreau se présenta ensuite pour faire les Exorcismes ; elle commença à user de fumigations dans tout le logis, pour en chasser les mauvais Esprits. Mais avant qu'elle les eût achevées, voyant que le maître du logis étoit frappé sur le visage & sur le corps par l'Esprit, elle se sauva dans sa maison sans demander son salaire.

On appella ensuite le Curé de Valburg, qui passoit pour habile Exorciste. Il vint avec quatre autres Curés séculiers, & continua les exorcismes pendant trois jours sans aucun succès. Il se retira dans sa Paroisse, imputant au peu de foi des assistans l'inutilité de ses prieres.

Pendant ce tems un des quatre Prêtres fut frappé d'un couteau, puis d'une fourchette ; mais il n'en fut pas blessé. Le fils du sieur Lahart maître du logis reçut sur la mâchoire un coup d'un cierge Pascal, qui ne lui fit aucun mal ; tout cela n'ayant servi de rien, on fit venir les Bourreaux du voisinage. Deux de ceux qui les alloient quérir, furent bien battus & accablés de pierres. Un autre se sentit la cuisse extrêmement serrée ; ensorte qu'il en fut incommodé assez long-tems. Les Bourreaux ramasserent avec soin tous les paquets & tout ce qu'ils trouverent d'enveloppé dans la maison, & en mirent d'autres en la place ; mais l'Esprit les enleva, & les jetta sur la place publique. Après cela les Bourreaux persuaderent au Sr Lahart de rentrer hardiment avec ses gens dans sa maison. Il le fit ; mais la premiere nuit comme ils étoient à souper, un de ses ouvriers nommé Salomon fut blessé au pied avec grande effusion de sang. On renvoya donc chercher le Bourreau, qui parut fort surpris que la maiſon ne fût pas encore entierement délivrée ; mais lui même dans le moment fut attaqué d'une grêle de pierres, de ſoufflets & d'autres coups, qui le contraignirent de ſe ſauver promptement.

Quelques hérétiques du voiſinage informés de tout ceci, vinrent un jour à la boutique du Libraire, & ayant voulu lire dans une Bible Catholique qui étoit-là, furent bien battus & ſouffletés ; mais ayant pris la Bible Calviniſte, ils n'en ſouffrirent aucun mal. Deux hommes de Conſtance étant entrés dans la boutique du Libraire par pure curioſité, l'un fut auſſi-tôt renverſé par terre, & l'autre ſe ſauva au plus vîte. Un autre y étant entré de même par curioſité, fut puni de ſa préſomption par une quantité d'eau qu'on lui jetta ſur le corps. Une fille d'Auſbourg parente du Sr Lahart Imprimeur en fut chaſſée à grands coups, & pourſuivie juſques dans la maiſon voiſine, où elle entra.

Enfin les infeſtations ceſſerent le 8ᵉ. jour de Février. Ce jour-là le Spectre ouvrit la porte de la boutique, y entra, y fit quelques dérangemens, en ſortit, ferma la porte, & depuis ce tems on n'y a rien entendu.

---

1. ↑ *Homer. de Hectore, Iliad. 24. v. 411. Plutarch. de Alexandro in ejus vitâ.*
2. ↑ *Vers l'an 1680. Il mourut après l'an 1694.*
3. ↑ *Cauſes célebres, t. 8. pag. 585.*
4. ↑ *Plin. Hiſt. natur. lib. 7. c. 52.*
5. ↑ *S. Gregor. Turon. de gloriâ Martyr. c. 95.*

6. ↑ *J'ai traité cette matiére dans une Differt. particul. à la tête de l'Evangile de. S. Jean.*
7. ↑ *Plato, de Republ. lib. 10. Clement Alexandr. lib. 5. ſtromat.*
8. ↑ *Phleg. de mirabil. c. 3.*
9. ↑ *Plutarch. de ferâ Numinis vindictâ.*
10. ↑ I. *Cor* xiij. 2.
11. ↑ *Aug. lib. 14. de Civit. Dei c. 24.*

CHAPITRE XLIX.

Exemple d'un nommé Curma renvoyé au monde.

SAint Auguſtin raconte à ce ſujet[1], qu'un payſan nommé Curma, qui avoit un petit emploi dans le village de Tullié proche d'Hippone, étant tombé malade, fut quelques jours ſans ſentiment & ſans paroles, n'ayant qu'un petit reſte de ſouffle & de reſpiration, qui empêcherent qu'on ne l'enterrât. Au bout de pluſieurs jours il commença à ouvrir les yeux, & envoya demander ce qu'on faiſoit chez un autre payſan du même lieu, nommé Curma comme lui. On lui rapporta, qu'il venoit d'expirer au même inſtant que lui même étoit revenu & reſſuſcité de ſon profond aſſoupiſſement.

Alors il commença à parler, & à raconter ce qu'il avoit vû & oui ; que ce n'étoit pas Curma *le Curial*[2], mais Curma le maréchal, qui devoit être amené : il ajoutoit que parmi ceux qu'il avoit vû traiter en différentes maniéres, il en avoit reconnu quelques-uns de ſa connoiſſance qui étoient décédés, & d'autres Eccléſiaſtiques encore vivans, qui lui avoient conſeillé de venir à Hippone, & de ſe faire batiſer par l'Evêque Auguſtin ; que ſuivant leurs avis, il avoit reçu le Baptême en viſion ; qu'après cela il avoit été introduit dans le Paradis, mais qu'il n'y étoit pas demeuré long-tems, & qu'on lui avoit dit, que s'il y vouloit demeurer, il falloit qu'il se fit baptiser. Il répondit : je le suis ; mais on lui dit qu'il ne l'avoit été qu'en vision, & qu'il falloit aller à Hippone, pour recevoir réellement ce Sacrement. Il y vint dès qu'il fut guéri, & fut baptisé avec les autres Cathécumènes.

Saint Augustin ne fut informé de cette avanture qu'environ deux ans après. Il envoya querir Curma, & apprit de sa bouche ce que je viens de raconter. Or il est certain, que Curma ne vit rien par les yeux corporels de tout ce qui lui fut représenté en vision ; ni la ville d'Hippone, ni l'Evêque Augustin, ni les Ecclésiastiques qui lui conseillerent de se faire baptiser, ni ces personnes vivantes & mortes qu'il vit & qu'il reconnut. On peut donc croire que ce sont-là des effets de la puissance de Dieu, qui se sert du ministére des Anges pour avertir, pour consoler, pour effrayer les mortels, selon la profondeur de ses jugemens.

Saint Augustin demande ensuite, si les morts ont connoissance de ce qui se passe en cette vie ? Il en doute, & montre qu'au moins ils n'en ont aucune connoissance par des voies ordinaires & naturelles. Il remarque qu'on dit que Dieu a retiré du monde, par exemple, Josias[3], afin qu'il ne fût pas témoin des maux qui devoient arriver à sa Nation ; & que nous disons tous les jours, qu'un tel est heureux d'être sorti du monde pour ne pas ressentir les maux qui sont arrivés à sa famille, ou à sa patrie. Or si les morts ne savent pas ce qui se passe en ce monde, comment sont-ils en peine, fi leurs corps font enterrés ou non ? Comment les Saints entendent-ils nos priéres, & pourquoi demandons-nous leur interceffion ?

Il eft donc vrai, que les morts peuvent apprendre ce qui fe paffe fur la terre, ou par le miniftére des Anges, ou par celui des morts qui arrivent en l'autre monde, ou par la révélation de l'Efprit de Dieu, qui leur découvre ce qu'il juge à propos, & ce qu'il eft expédient qu'ils apprennent. Dieu peut auffi quelquefois envoyer des hommes morts depuis long-tems aux hommes vivans, comme il permit que Moïfe & Elie paruffent à la Transfiguration du Seigneur, & comme une infinité de Saints ont apparu aux vivans. L'invocation des Saints a toujours été enfeignée & pratiquée dans l'Eglife, ce qui fuppofe qu'ils entendent nos priéres, qu'ils font touchés de nos befoins, qu'ils peuvent nous aider par leur interceffion. Mais la maniére dont tout cela fe fait n'eft pas diftinctement connue ; ni la raifon, ni la révélation ne nous fourniffent rien de certain fur les moyens dont il plaît à Dieu fe fervir, pour leur découvrir nos befoins.

Lucien dans fon Dialogue intitulé : *Philopfeudès*, ou l'amateur du menfonge, raconte[4] quelque chofe de femblable. Un nommé Eucratès ayant été conduit dans les Enfers, fut préfenté à Pluton, qui fe fâcha contre celui qui le lui préfentoit, lui difant : Celui-là n'a pas encore achevé fa courfe, fon tour n'eft pas encore venu. Qu'on faffe venir Démile : car le fil de fa vie eft achevé. On renvoya donc Eucratès au monde, où il annonça que Démile mourroit bientôt, Démile demeuroit au voifinage déja un peu malade.

Mais un moment après on ouit le bruit de ceux & celles qui pleuroient ſa mort. Lucien ſe raille de tout ce qu'on diſoit ſur cette matiére ; mais il convient que c'étoit l'opinion commune de ſon tems. Il dit au même endroit qu'on a vû un homme retourner à la vie après avoir été tenu pour mort pendant vingt jours.

L'Hiſtoire de Çurma que nous venons de voir, me fait ſouvenir d'une autre preſque ſemblable, rapportée par Plutarque dans ſon livre de l'ame[5] d'un certain Enarque, qui étant mort, reſſuſcita peu après, & raconta que les Démons qui emmenoient ſon ame, furent ſévérement réprimandés par leur Chef, qui leur dit qu'ils s'étoient mépris, & que c'étoit Nicandre, & non Enarque qu'ils devoient emmener. Il les envoya à Nicandre, qui fut auſſi-tôt ſaiſi de la fiévre, & mourut dans la journée. Plutarque tenoit ce récit d'Enarque même, qui pour confirmer ce qu'il avançoit, lui dit : Vous guérirez certainement & bientôt de la maladie dont vous êtes attaqué.

Saint Grégoire le Grand raconte[6] une choſe à peu-près ſemblable à celle que nous venons de voir. Un homme illuſtre & qualifié nommé Etienne, bien connu de S. Grégoire & de Pierre ſon interlocuteur, avoit coutume de lui raconter, qu'étant allé pour affaires à Conſtantinople, il y mourut ; & comme le Médecin qui devoit l'embaumer, ne ſe trouva pas ce jour-là dans la ville, il fallut laiſſer le corps toute la nuit ſans l'enterrer. Pendant cet intervalle Etienne fut conduit devant le juge qui préſidoit aux Enfers, où il vit bien des choſes dont-il avoit entendu parler, mais qu'il ne croyoit point. Comme on l'eut préfenté au juge, celui-ci refufa de le recevoir, difant : Ce n'eft pas celui-là que j'ai ordonné d'amener ici, mais Etienne le Maréchal. En conféquence de cet ordre, l'ame du mort fut auffi-tôt ramenée dans fon corps, & au même inftant Etienne l'ouvrier en fer expira ; ce qui confirma tout ce que le premier racontoit de l'autre vie.

La pefte ravageant la ville de Rome dans le tems que Narsès étoit Gouverneur de l'Italie, un jeune Liburnien berger de profeffion, & d'un caractére bon & tranquille, fut attaqué de la pefte dans la maifon de l'Avocat Valerien fon Maître. Comme on le croyoit prefque mort, il revint à lui tout à coup, & raconta qu'il avoit été tranfporté au Ciel, où il avoit appris les noms de ceux qui devoient mourir de la pefte dans la maifon de fon Maître : les lui ayant nommés, il prédit à Valérien qu'il les furvivroit ; & pour le convaincre qu'il difoit vrai, il lui fit voir, qu'il avoit acquis par infufion la connoiffance de plufieurs fortes de langues : en effet lui qui n'avoit jamais ni fû ni parlé que l'Italien, parla Grec à fon Maître, & d'autres langues à ceux qui les favoient.

Après avoir vécu en cet état pendant deux jours, il tomba dans une efpéce d'accès de rage, & s'étant pris les mains entre les dents, il mourut une feconde fois, & fut fuivi de ceux qu'il avoit nommés. Son Maître qui furvêcut, juftifia pleinement fa prédiction. Les hommes & les femmes extafiés & extafiées demeurent quelquefois pendant plufieurs jours fans aliment, fans refpiration, & fans mouvement du cœur, comme s'ils étoient morts. Thauler fameux contemplatif foûtient, qu'un homme peut demeurer en extafe pendant une femaine, un mois, ou même une année. On a vû une Abbeffe, qui dans l'extafe, où elle tomboit fouvent, perdoit l'ufage des fonctions naturelles, & paffoit trente jours confécutifs en extafe, fans prendre aucune nourriture, & fans avoir aucun fentiment. Les exemples de ces extafes ne font pas rares dans les vies des Saints, quoiqu'elles ne foient pas toutes de même qualité ni de même durée.

Les femmes dans les paffions hyftériques demeurent de même quelquefois plufieurs jours comme mortes, fans voix, fans fentiment, fans pouls. Galien parle d'une femme, qui fut pendant fix jours en cet état. Voyez le Traité de l'incertitude des fignes de la mort, T. 2. p. 404. 407. & fuiv. Quelques-unes paffent dix jours entiers fans mouvement, fans fentiment, fans refpiration, fans prendre aucune nourriture.

On a vû de ces perfonnes qui étoient comme mortes & fans mouvement, qui avoient pourtant l'ufage de l'ouie fort bon, entendoient ce qu'on difoit autour d'elles, faifoient effort pour parler, & pour témoigner qu'elles n'étoient pas mortes, mais qui ne pouvoient ni parler, ni donner aucuns fignes de vie[Z].

Je pourrois ajouter ici une infinité d'extafes de faints perfonnages de tout fexe, qui dans leurs raviffemens en Dieu dans l'oraifon demeuroient immobiles, fans fentiment, prefque fans refpiration, & qui ne fentoient rien de ce que l'on faifoit fur eux, ni autour d'eux.

1. ↑ *Auguft. lib. de curâ pro mortuis, c.* 12. *page* 514.
2. ↑ Curialis, *ce mot fignifie un petit emplo dans un village.*
3. ↑ *IV. Reg.* 18. *& feq.*
4. ↑ *Lucian. in Philopfeud. p.* 830.
5. ↑ *Plutarch. de animâ, apud Eufeb. de præp. Evan. lib.* II. *c.* 18.
6. ↑ *Gregor. Dial. l.* 4. *cap.* 36.
7. ↑ *Incertitude des fignes de la mort, T. 2. pag. 504.* 505. 506. 514.

CHAPITRE L.

Exemples de perſonnes qui s'extaſient quand elles veulent, & qui demeurent ſans aucun ſentiment.

JErôme Cardan dit[1] qu'il tomboit extaſié quand il vouloit : il avoue qu'il ignore ſi, comme le Prêtre Prétextat, il ne ſentiroit pas de grandes bleſſures ; mais il ne ſentoit ni la douleur de la goutte, ni les tiraillemens qu'on lui faiſoit. Il ajoute : le Prêtre de Calame entendoit la voix de ceux qui crioient autour de lui, mais comme de fort loin. Pour moi, dit Cardan, j'entends la voix, mais légerement & ſans comprendre ce que l'on dit. Et quand je veux m'extaſier, je ſens autour du cœur comme une ſéparation de l'ame du reſte de mon corps, & cela ſe communique comme par une petite porte à toute la machine, principalement par la tête & par le cervelet. Alors je n'ai point de ſentiment, ſinon que je ſuis hors de moi-même.

On pourroit rapporter ici ce qu'on raconte des peuples de la Laponie[2], qui lorſqu'ils veulent apprendre ce qui ſe paſſe fort loin du lieu où ils ſont, envoient leurs Démons ou leurs ames par le moyen de certaines cérémonies magiques, & par le ſon d'un tambour ſur lequel on frappe, ou ſur un bouclier peint d'une certaine maniére ; puis tout d'un coup le Lapon tombe en extafe, & demeure comme fans vie & fans mouvement, quelquefois pendant vingt-quatre heures. Mais il faut qu'il demeure pendant tout ce tems quelqu'un auprès de lui pour empêcher qu'on ne le touche, qu'on ne l'appelle, & qu'on ne l'éveille : le mouvement même d'une mouche le réveilleroit, & alors on dit qu'il mourroit auffi-tôt, ou feroit emporté par le Démon. Nous en avons déja parlé ci-devant, dans la Differtation fur les apparitions.

Nous avons auffi remarqué que les ferpens, les vers, les mouches, les efcargots, les marmottes, les loirs demeurent comme morts pendant tout l'Hiver ; qu'on a trouvé dans des blocs de pierre des crapaux, des ferpens & des huitres vivantes qui y étoient enfermés depuis plufieurs années, & peut-être depuis plus d'un fiécle. Le Cardinal de Retz dans fes Mémoires raconte[3], qu'étant à Minorque, le Gouverneur de l'Ifle fit tirer du fond de la mer à force de bras & de cables, des rochers, qui étant rompus à grands coups de maffes, renfermoient des huitres vivantes qu'on lui fervit à table, & qui furent trouvées très-bonnes.

On trouve fur les côtes de Sicile, de Malthe, de Sardaigne, d'Italie, &c. des poiffons nommés Dactiles, ou Dattes, ou Dales, parce qu'ils ont la forme de dattes de palmiers ; ce poiffon s'infinue dans la pierre par un trou, qui n'eft pas plus grand que le trou que fait une aiguille. Lorfqu'il y eft entré, il fe nourrit de la pierre, y groffit de forte qu'il n'en peut plus fortir, à moins que l'on ne caffe la pierre, & qu'on ne l'en tire. Alors on le lave, on le nettoie, & on le fait cuire pour le fervir à table. Il a toute la figure d'une datte de palmier, ou du doigt de la main, d'où lui vient le nom de *Dactylos*, qui en Grec signifie doigt.

Je suppose encore que dans plusieurs personnes la mort est causée par la coagulation du sang, qui se géle & se fige dans leurs veines, comme il arrive dans ceux qui ont mangé de la ciguë, ou qui ont été mordus par certains serpens. Mais il y en a d'autres, dont la mort est causée par une trop grande ébullition de sang, comme dans les maladies aiguës, & dans certains poisons, & même, dit-on, dans certaines espéces de pestes, & quand on est mort d'une mort violente, ou qu'on a été étouffé dans les eaux.

Ces premiers morts ne peuvent revenir à la vie sans un miracle évident ; il faudroit pour cela rétablir la fluidité du sang, & rendre au cœur son mouvement péristaltique. Mais dans le second genre de mort, on peut quelquefois les faire revivre sans miracle, en levant l'empêchement qui retarde le mouvement du cœur, ou qui le suspend, comme nous voyons dans les pendules à qui l'on rend le mouvement en ôtant un corps étranger, un cheveu, un bout de fil, un atôme, un corps presqu'imperceptible qui les arrête.

---

1. ↑ *Hieron. Cardanus, l. 8. de varietate rerum, c.* 34.
2. ↑ *Olaus mag. l. 3. Epitom, Hist. septent. Perecer de variis divinat. generib. pag.* 282.
3. ↑ *Mémoires du Cardinal de Retz, tom.* 3. *l.* 4. *p.* 297.

CHAPITRE LI.

Application de ces Exemples aux Vampires.

En fuppofant ces faits, que je crois inconteftables, ne pourra-t-on pas croire, que les Vampires de Hongrie, de Siléfie & de Moravie, font de ces hommes qui font morts de maladies chaudes, & qui ont confervé dans leurs tombeaux un refte de vie à peu près comme ces animaux dont nous avons parlé, & comme ces oifeaux qui s'enfoncent pendant l'hiver dans les lacs ou les marais de la Pologne & des pays Septentrionnaux ? Ils font fans refpiration & fans mouvement, mais non toutefois fans vie. Ils reprennent leur mouvement & leur activité, lorfqu'au retour du printems le Soleil échauffe les eaux, ou lorfqu'on les approche d'un feu modéré, ou qu'on les apporte dans un poêle échauffé d'une chaleur temperée : alors on les voit revivre & faire leurs fonctions ordinaires, que le froid avoit fufpendues.

Ainfi les Vampires dans leurs tombeaux reprennent la vie après un certain tems, & leur ame ne les abandonne abfolument qu'après l'entiere diffolution & la décompofition des parties de leur corps, & lorfque les organes étant abfolument brifés, corrompus & dérangés, elle ne peut plus faire par leur moyen aucunes fonctions vitales ; d'où vient que les peuples des pays dont nous avons parlé, les empalent, leur coupent la tête, les brûlent, pour ôter à leurs ames toute eſpérance de les animer de nouveau, & de s'en ſervir pour moleſter les vivans.

Pline parlant[1] de l'ame d'Hermotime de Clazoméne, qui s'abſentoit de ſon corps, & racontoit diverſes choſes éloignées, qu'elle diſoit avoir vûes, & qui en effet ne pouvoient être connues que d'une perſonne qui y avoit été préſente, dit que les ennemis d'Hermotime nommés *Cantandes*, brûlerent ce corps, qui ne donnoit preſqu'aucun ſigne de vie, & ôterent ainſi à l'ame le moyen de revenir loger dans ſon étui : *donec cremato corpore interim ſemianimi, remeanti animæ velut vaginam ademerint.*

Origene avoit ſans doute puiſé dans les Anciens ce qu'il enſeigne[2] que les Ames qui de leur nature ſont ſpirituelles, prennent au ſortir de leur corps terreſtre un autre corps ſubtil, d'une forme toute ſemblable au corps groſſier qu'elles viennent de quitter, qui eſt à leur égard comme une eſpéce de fourreau ou d'étui, & que c'eſt avec ce corps ſubtil qu'elles apparoiſſent quelquefois autour de leur tombeau. Il fonde ſon ſentiment ſur ce qui eſt dit dans l'Evangile du Lazare & du mauvais Riche[3], qui ont tous deux des corps, puiſqu'ils ſe parlent, & ſe voient, & que le mauvais Riche demande une goute d'eau pour rafraichir ſa langue.

Je ne défends pas ce raiſonnement d'Origene ; mais ce qu'il dit d'un corps ſubtil, qui a la forme du corps terreſtre dont l'ame étoit revêtue avant ſa mort, eſt tout-à-fait ſemblable au ſentiment des Anciens dont nous avons parlé art. IV.

Que les corps qui ſont morts de maladie violente, ou qui ont été exécutés pleins de ſanté, ou qui ſont ſimplement évanouis, végetent ſous la terre & dans leurs tombeaux ; que leurs barbes, leurs cheveux & leurs ongles croiſſent ; qu'ils rendent du ſang ; qu'ils ſoient ſouples & maniables ; qu'ils ne ſentent point mauvais ; qu'ils rendent des excremens, ou choſes ſemblables, ce n'eſt pas ce qui nous embarraſſe : la végétation du corps humain peut produire tous ces effets ; qu'ils mangent même & qu'ils dévorent ce qui eſt autour d'eux : la rage dont un homme enterré tout vivant eſt tranſporté, lorſqu'il ſe reveille de ſon engourdiſſement, ou de ſa ſyncope, doit naturellement le porter à ces excès de violence. Mais la grande difficulté eſt d'expliquer comment les Vampires ſortent de leurs tombeaux pour venir infeſter les vivans, & comment ils y rentrent : car toutes les relations que nous voyons, ſuppoſent la choſe comme certaine, ſans nous en raconter ni la maniere, ni les circonſtances, qui ſeroient pourtant ce qu'il y auroit de plus intéreſſant dans ce récit.

Comment un corps couvert de quatre ou cinq pieds de terre, n'ayant aucun jeu pour ſe mouvoir & ſe débarraſſer, enveloppé de linges, couvert d'ais, peut-il ſe faire jour & revenir ſur la terre, & y cauſer les effets que l'on en raconte ; & comment après cela retourne-t-il en ſon premier état, & rentre-t-il ſous la terre, où on le trouve ſain, entier, plein de ſang & dans la ſituation d'un corps vivant ? Dira-t-on que ces corps pénétrent les terres sans les ouvrir, comme l'eau & les vapeurs qui entrent dans la terre, ou qui en sortent, sans en déranger sensiblement les parties ? Il seroit à souhaiter que les relations que l'on nous a données du Retour des Vampires, se fussent mieux expliquées sur ce sujet.

En supposant que leurs corps ne bougent de leurs tombeaux, que ce sont seulement leurs Fantômes qui apparoissent aux vivans, qu'elle sera la cause qui produira ces Fantômes, qui les animera ? Sera-ce l'ame de ces défunts, qui ne les a pas encore abandonnés, ou quelque Démon, qui les fera paroitre sous un corps emprunté & fantastique ; & si ce sont des corps fantastiques, comment viennent-ils sucer le sang des vivans ? Nous retombons toujours dans l'embarras, savoir si ces apparitions sont naturelles ou miraculeuses.

Un Prêtre de bon esprit m'a raconté il y a peu de tems, que voyageant dans la Moravie, il fut invité par M. Jeanin Chanoine de la Cathédrale d'Olmuz de l'accompagner à leur village nommé Liebava, où il étoit nommé Commissaire par le Consistoire de l'Evêché, pour informer sur le fait d'un certain fameux Vampire, qui avoit causé beaucoup de désordre dans ce village de Liebava quelques années auparavant.

L'on procéda, l'on ouit des témoins, on observa les regles ordinaires de Droit : les témoins déposerent qu'un certain habitant notable du lieu de Liebava avoit souvent inquiété les vivans dudit lieu pendant la nuit ; qu'il étoit sorti du cimetiere, & avoit paru dans plusieurs maisons il y avoit environ trois ou quatre ans ; que ses visites importunes étoient cessées, parce qu'un étranger Hongrois passant par le village dans le tems de ces bruits, s'étoit vanté de les faire passer, & de faire disparoître le Vampire. Pour satisfaire à sa promesse, il monta sur le clocher de l'Eglise, & observa le moment auquel le Vampire sortoit de son tombeau, laissant auprès de la fosse les linges dans lesquels il étoit enséveli, puis alloit par le village inquiéter les habitans.

Le Hongrois l'ayant donc vû sortir de sa fosse, descend promptement du clocher, enleve les linges du Vampire, & les emporte avec lui sur la tour. Le Vampire étant revenu de faire ses tours, & ne trouvant plus ses habits, crie beaucoup contre le Hongrois, qui lui fait signe du haut de la tour, s'il veut ravoir ses habits, qu'il vienne les chercher : le Vampire se met en devoir de monter au clocher ; mais le Hongrois le renverse de l'échelle, & lui coupe la tête avec une bêche : telle fut la fin de cette tragédie.

Celui qui m'a raconté cette histoire, n'a rien vû, ni lui, ni ce Seigneur qui étoit envoyé pour Commissaire : ils ouirent seulement le rapport des paysans du lieu, gens fort ignorans, fort superstitieux, fort crédules, & infiniment prévenus sur le fait du Vampirisme.

Comme nous tenons tout ce qu'on dit sur ce fait pour vain & frivole, plus il y a d'absurdité & de contradiction dans les différens récits qu'on en fait, plus il y aura de preuves pour nous confirmer dans le jugement que nous en portons.

Mais fuppofant qu'il y ait quelque réalité dans le fait de ces Apparitions des Vampires, les attribuera-t-on à Dieu, aux Anges, aux Ames de ces Revenans, ou au Démon ? Dans cette derniere fuppofition, dira-t-on que le Démon fubtilifera ces corps, & leur donnera la puiffance de pénétrer les terres fans les déranger ; de fe gliffer à travers les fentes & les joints d'une porte, de paffer par le trou d'une ferrure, de s'allonger, de s'appetiffer, de fe réduire à la nature de l'air ou de l'eau pour pénétrer les terres ; enfin de les mettre en l'état où nous croyons que feront les corps des Bienheureux après la réfurrection, & où étoit celui de notre Sauveur après fa réfurrection, qui ne fe laiffoit voir qu'à ceux à qui il jugeoit à propos, & qui fans ouvrir les portes[4] parut tout à coup au milieu de fes Difciples : *Jefus venit januis claufis.*

Mais quand on avoueroit que le Démon pourroit ranimer ces corps, & leur donner le mouvement pour quelque tems, pourroit-il auffi allonger, diminuer, raréfier, fubtilifer les corps de ces Revenans, & leur donner la faculté de pénétrer la terre, les portes, les fenêtres ? Il n'y a nulle apparence qu'il ait reçu de Dieu ce pouvoir, & l'on ne conçoit pas même qu'un corps terreftre, matériel & groffier puiffe être réduit en cet état de fubtilité & de fpiritualité fans détruire la configuration de fes parties, & fans ruiner l'œconomie de fa ftructure ; ce qui feroit contre l'intention du Démon, & mettroit ce corps hors d'état d'apparoître, de fe faire voir, d'agir & de parler, & enfin d'être mis en pieces & brûlé, comme il fe voit & fe pratique communément dans la

Moravie, dans la Pologne, & dans la Siléſie. Ces difficultés ſubſiſtent envers ceux dont nous avons parlé, qui étant excommuniés, ſe levoient de leurs tombeaux, & ſortoient de l'Egliſe à la vûe de tout le monde.

Il faut donc demeurer dans le ſilence ſur cet article, puiſqu'il n'a pas plû à Dieu de nous révéler, ni quelle eſt l'étendue du pouvoir du Démon, ni la maniere dont ces choſes ſe peuvent faire. Il y a même beaucoup d'apparence, que tout ce qu'on en dit n'eſt qu'une illuſion ; & quand il y auroit en cela quelque réalité, nous pourrions bien nous conſoler de notre ignorance à cet égard, puiſqu'il y a tant de choſes naturelles, qui ſe paſſent dans nos corps & autour de nous, dont la cauſe & la maniere nous ſont inconnues.

---

1. ↑ *Plin. Hiſt natur. lib. 7. c. 52.*
2. ↑ *Orig. de Reſurrect. fragment lib. I. p. 35. nov. Edit. Et contra Celſum, lib. 7. pag. 679.*
3. ↑ *Luc. xvj. 22. 23.*
4. ↑ *Joan. xx. 26.*

CHAPITRE LII.

Examen du sentiment qui veut, que le Démon fascine les yeux de ceux à qui les Vampires apparoissent.

CEux qui ont recours à la fascination des sens pour expliquer ce qu'on raconte des Apparitions des Vampires, se jettent dans un plus grand embarras, que ceux qui reconnoissent de bonne foi la réalité de ces événemens : car la fascination consiste ou dans la suspension des sens, qui ne peuvent voir ce qui se passe à leur vûe, comme celle dont furent frappés ceux de Sodôme[1], qui ne pouvoient découvrir la porte de Loth, quoiqu'elle fût devant leurs yeux ; ou celle des Disciples d'Emaüs, dont il est dit[2] que leurs yeux étoient retenus pour ne pas reconnoître Jesus-Christ, qui leur parloit en chemin, & qu'ils ne reconnurent qu'a la fraction du pain : ou elle consiste dans un objet représenté aux sens d'une façon différente de ce qu'il est en lui-même, comme celle des Moabites[3] qui crurent voir les eaux teintes du sang des Israélites, quoiqu'il n'y eût que de simples eaux, sur lesquelles les rayons du Soleil étoient réfléchis, & les faisoient paroître rougeâtres ; ou celle des Soldats Syriens envoyés pour prendre Elisée[4] que ce

Prophéte conduisit jusques dans Samarie, sans qu'ils reconnussent, ni le Prophéte, ni cette ville.

Cette fascination de quelque maniere qu'on la conçoive, est certainement au dessus des forces ordinaires & connues des hommes : par conséquent aucun homme ne peut naturellement la produire ; mais est-elle au-dessus des forces naturelles d'un Ange ou d'un Démon ? C'est ce qui nous est inconnu, & qui nous oblige de suspendre notre jugement sur cette question.

Il y a une autre sorte de fascination, qui consiste en ce que la vûe d'une personne, ou d'une chose, la louange qu'on lui donne, l'envie qu'on lui porte, produisent dans l'objet cerains mauvais effets, contre lesquels les Anciens avoient grand soin de se prémunir, & de précautionner leurs enfans, en leur faisant porter au col des préservatifs, ou amulétes.

On pourroit sur cela apporter un grand nombre de passages des Grecs & des Latins, & j'apprends qu'encore aujourd'hui en plusieurs endroits de la Chrétienté, l'on est dans la persuasion de l'efficace de ces fascinations. Mais il faut avouer trois choses : la premiere, que l'effet de ces fascinations prétendues est très-douteux : la seconde, que quand il seroit certain, il est très-difficile, pour ne pas dire impossible de l'expliquer ; & la troisiéme enfin, qu'il ne peut raisonnablement s'appliquer à la matiere des Apparitions, ni des Vampires.

Si les Vampires ou les Revenans ne sont pas réellement ressuscités, ni leurs corps spiritualisés & subtilisés, comme nous croyons l'avoir prouvé, & si nos sens ne sont pas trompés par la faſcination, comme nous venons de le voir ; je doute qu'il y ait d'autre parti à prendre dans cette queſtion que de nier abſolument le Retour de ces Vampires, ou de croire qu'ils ne ſont qu'endormis, ou engourdis : car s'ils ſont véritablement reſſuſcités, & ſi tout ce qu'on nous raconte de leur Retour eſt véritable ; s'ils parlent, s'ils agiſſent, s'ils raiſonnent, s'ils ſucent le ſang des vivans, ils doivent ſavoir ce qui ſe paſſe en l'autre vie, & ils devroient en inſtruire leurs parens & leurs amis ; ce qu'ils ne font pas. Au contraire ils les traitent en ennemis ; ils les tourmentent, leur ôtent la vie, leur ſucent le ſang, les font périr de langueur.

Si ce ſont des prédeſtinés & des bienheureux, d'où vient qu'ils inquiétent & tourmentent les vivans, leurs plus proches parens, leurs enfans, & cela à propos de rien, & ſimplement pour mal faire ? Si ce ſont des perſonnes à qui il reſte quelque choſe à expier dans le Purgatoire, & qui ayent beſoin des prieres des vivans, que ne s'expliquent-ils ſur leur état ? Si ce ſont des réprouvés & des damnés, que viennent-ils faire ſur la terre ? Peut-on comprendre que Dieu leur permette de venir ainſi ſans raiſon, ſans néceſſité moleſter leurs familles, & leur cauſer la mort ?

Si ces Revenans ſont réellement morts, en quelque état qu'ils ſoient dans l'autre monde, ils jouent un fort mauvais perſonnage, & le ſoutiennent encore plus mal.

1. ↑ *Geneſ. xix ij.*
2. ↑ *Luc. xxiv.* 16.
3. ↑ *III. Reg. iij.* 23.
4. ↑ *IV. Reg. iv.* 19. 20.

CHAPITRE LIII.

Exemples de Reſſuſcités, qui racontent ce qu'ils ont vû dans l'autre vie.

Nous venons de voir que les Vampires ou Revenans ne parlent jamais de l'autre vie, ne demandent ni Meſſes ni prieres, ne donnent aucun avis aux vivans pour les porter à la correction de leurs mœurs, ni pour les amener à une meilleure vie. C'eſt aſſûrément un grand préjugé contre la réalité de leur retour de l'autre monde ; mais leur ſilence ſur cet article peut favoriſer l'opinion, qui veut qu'ils ne ſoient pas véritablement morts.

Il eſt vrai, que nous ne liſons pas non plus que Lazare reſſuſcité par Jeſus-Chriſt[1], ni le Fils de la Veuve de Naïm[2], ni celui de la femme de Sunam reſſuſcité par Eliſée[3], ni cet Iſraélite qui reçut la vie par l'attouchement du corps du même Prophéte Eliſée[4], ayent après leur réſurrection rien découvert aux hommes de l'état des Ames en l'autre monde.

Mais nous voyons dans l'Evangile[5], que le mauvais Riche ayant prié Abraham de lui permettre d'envoyer quelqu'un dans le monde, pour avertir ſes freres de mieux vivre, & prendre garde de ne pas tomber dans le malheureux état où il se trouvoit lui-même, il lui fut répondu : Ils ont la Loi & les Prophétes ; ils peuvent les écouter & suivre leurs instructions. Et comme le mauvais Riche insistoit, en disant : Si quelqu'un revenoit de l'autre vie, ils en seroient plus touchés ; Abraham répondit : s'ils n'ont pas voulu écouter ni Moïse ni les Prophétes, ils n'écouteront pas davantage un homme qui reviendroit de l'autre monde. Le mort ressuscité par saint Stanislas répondit de même à ceux qui lui demandoient des nouvelles de l'autre vie : vous avez la Loi, les Prophétes & l'Evangile ; écoutez-les.

Les Payens décédés qui sont revenus en vie, & quelques Chrétiens qui sont de même retournés au monde par une espece de résurrection, & qui ont vû ce qui se passoit hors de ce monde, ne sont pas demeurés dans le silence ; ils ont raconté au long ce qu'ils ont vû & entendu au sortir de leurs corps.

Nous avons déja touché l'Histoire d'un nommé Eros Armenien, du pays de Pamphilie[6], qui ayant été blessé dans une bataille, fut trouvé dix jours après parmi les morts. On le porta dans sa maison sans connoissance & sans mouvement. Deux jours après, quand on voulut le mettre sur le bûcher pour le brûler, il ressuscita, commença à parler, & à raconter de quelle maniere les hommes étoient jugés après leur mort, & comment les bons étoient récompensés, & les méchans punis & tourmentés.

Il dit que son ame étant séparée du corps, se rendit en grande compagnie dans un lieu agréable, où ils virent comme deux grandes ouvertures, qui donnoient entrée à ceux qui venoient de deſſus la terre, & deux autres ouvertures pour aller au Ciel. Il vit en cet endroit des Juges qui examinoient ceux qui venoient de ce monde, & envoyoient en haut à la droite ceux qui avoient bien vêcu, & renvoyoient en bas à la gauche ceux qui ſe trouvoient coupables de crimes ; chacun d'eux portoit derriere ſoi un écriteau, où étoit marqué ce qu'il avoit fait de bien ou de mal, la cauſe de ſa condamnation, ou de ſon abſolution.

Quand le tour d'Eros fut venu, les Juges lui dirent, qu'il falloit qu'il retournât ſur la terre, pour annoncer aux hommes ce qui ſe paſſoit dans l'autre vie, & qu'il eût à bien obſerver toutes choſes pour en rendre un compte fidéle aux vivans. Il fut donc témoin de l'état malheureux des méchans, qui devoit durer pendant mille ans, & des délices dont jouiſſoient les juſtes ; que tant les bons que les méchans recevoient ou la récompenſe, ou la peine de leurs bonnes ou mauvaiſes actions, dix fois plus grande que n'étoit la meſure de leurs crimes, ou de toutes leurs vertus.

Il remarqua, entr'autres, que les Juges demandoient, où étoit un nommé Andée, homme célébre dans la Pamphilie pour ſes crimes & ſa tyrannie. On leur répondit, qu'il n'étoit pas encore venu, & qu'il ne viendroit pas ; en effet s'étant préſenté à grande peine & par de grands efforts ſur la grande ouverture dont on a parlé, il fut repouſſé & renvoyé en bas avec d'autres ſcélérats comme lui, que l'on tourmentoit de mille manieres différentes, & que l'on repouſſoit toujours avec violence, lorſqu'ils s'efforçoient de remonter.

Il vit de plus les trois Parques, filles de la Néceſſité ou du Deſtin. Ces filles ſont Lachéſis, Clotho & Atropos. Lachéſis aunonçoit les choſes paſſées, Clotho les préſentes, & Atropos les futures. Les Ames étoient obligées de comparoître devant ces trois Déeſſes. Lachéſis jettoit les ſorts en l'air, & chaque Ame ſaiſiſſoit celui qu'elle pouvoit atteindre ; ce qui n'empêchoit pas que chacun ne pût encore choiſir le genre de vie, qui étoit le plus conforme à la juſtice & à la raiſon.

Eros ajoutoit, qu'il avoit remarqué des Ames qui cherchoient à entrer dans des animaux ; par exemple, Orphée en haine du ſexe féminin, qui l'avoit fait mourir, entra dans un cygne, & Thamiris dans un roſſignol. Ajax fils de Telamon choiſit le corps d'un lion, en haine de l'injuſtice des Grecs, qui lui avoient refuſé les armes d'Hector, qu'il prétendoit lui être dûes. Agamemnon par chagrin des traverſes qu'il avoit eſſuyées dans la vie, choiſit le corps de l'aigle. Atalante choiſit la vie des Athlétes, charmée des honneurs dont ils ſont comblés ; Therſite le plus laid des mortels, celle d'un ſinge. Ulyſſe ennuyé des maux qu'il avoit ſoufferts ſur la terre, demanda de vivre en homme privé & ſans embarras. Il eut peine à trouver un ſort pour ce genre de vie ; il le rencontra enfin jetté par terre & négligé, & le ramaſſa avec joie.

Eros aſſuroit auſſi qu'il y avoit des Ames de bêtes, qui entroient dans les corps des hommes ; & au contraire que les Ames des méchans entroient dans des animaux farouches & cruels, & les Ames des hommes justes dans des animaux doux, apprivoisés & domestiques.

Après ces diverses métempsycoses, Lachésis donnoit à chacun son gardien ou son défenseur, qui le conduisoit & le gardoit pendant le cours de sa vie. Eros fut ensuite conduit au fleuve d'oubli, qui ôte la mémoire de toutes choses ; mais on l'empêcha d'en boire : enfin il disoit qu'il ne sauroit dire, comment il étoit revenu en vie.

Platon après avoir rapporté cette fable, comme il l'appelle ou cet apologue, en conclut, que l'Ame est donc immortelle, & que pour arriver à la vie bien-heureuse, nous devons vivre dans la justice, qui nous conduit aux Cieux, où nous jouirons de cette béatitude de mille ans qui nous est promise.

On voit ici 1. Qu'un homme peut vivre assez long-tems sans donner aucun signe de vie, sans manger, sans respirer. 2. Que les Grecs croyoient la métempsycose, la béatitude pour les justes, & les peines de mille ans pour les méchans. 3. Que le destin n'empêchoit pas que l'homme ne pût faire le bien ou le mal. 4. Qu'il avoit un Génie, ou un Ange qui le gardoit & le conduisoit. Ils croyoient un jugement après la mort, & que les Ames des justes étoient reçues dans ce qu'ils appelloient les champs Elisées.

---

1. ↑ *Joan.* 11. 14.
2. ↑ *Luc. vij.* 11. 12.
3. ↑ *IV. Reg. iv.* 25.

4. ↑ *IV. Reg. xiij.* 21.
5. ↑ *Luc. xvj.* 24.
6. ↑ *Plato, lib.* 10. *de Rep. pag.* 614.

CHAPITRE LIV.

Les Traditions des Payens fur l'autre vie viennent des Hébreux & des Egyptiens.

Toutes ces Traditions fe voient clairement dans Homere & dans Virgile, & dans les autres Auteurs Grecs & Latins : elles venoient fans doute originairement des Hébreux, ou plutôt des Egyptiens, dont les Grecs avoient pris leur Religion, qu'ils avoient ajuftéé à leur goût. Les Hébreux parlent des *Réphaïms*[1] des Géans impies *qui gémiffent fous les eaux.* Salomon dit[2] que les méchans defcendront dans l'abîme avec les Réphaïms, Ifaïe décrivant l'arrivée du Roi de Babilone dans les Enfers, dit[3] *que les Géans fe font levés pour venir par honneur au devant de lui, & lui ont dit : Tu as donc été percé de plaies auffi bien que nous ? ton orgueil a été précipité dans l'Enfer ; ton lit fera la pourriture, & ta couverture feront les vers.*

Ezéchiel décrit[4] de même la defcente du Roi d'Affyrie dans les Enfers : *le jour qu'Affuerus eft defcendu dans l'Enfer, j'ai ordonné un deuil genéral, j'ai fermé fur lui l'abîme, j'ai arrêté le cours de fes fleuves. Vous voilà enfin réduit au fond de la terre avec les arbres d'Eden ; vous y dormirez avec tous ceux qui ont été tués par l'épée : là fe trouve Pharaon avec toute fon armée, &c.* Dans l'Evangile[5], *il y a un grand abîme entre le ſein d'Abraham & le ſéjour du mauvais Riche,* & de ceux qui lui reſſemblent.

Les Egyptiens nommoient *Amenthés,* c'eſt-à dire celui qui reçoit & qui donne, ce que les Grecs nommoient *Adès* ou l'Enfer, ou le Royaume d'Adès, de Pluton. Ils croyoient qu'Amenthés recevoit les Ames des hommes lorſqu'ils mouroient, & les leur rendoit lorſqu'ils revenoient au monde ; qu'à la mort de l'homme, ſon Ame paſſe dans les corps de quelqu'autre animal par la métempſycoſe, premiérement dans un animal terreſtre, puis dans un animal aquatique, enſuite dans un oiſeau ; & enfin après avoir animé toutes les ſortes d'animaux, il rentre au bout de trois mille ans dans le corps d'un homme.

C'eſt des Egyptiens qu'Orphée, Homere & les autres Grecs ont pris le ſentiment de l'immortalité de l'Ame, ainſi que l'antre des Nymphes décrit par Homere, qui dit qu'il a deux portes, l'une au Nord, par laquelle les Ames entrent dans le creux, & l'autre au Midi, par où elles ſortent de l'antre des Nymphes.

Un certain Theſpeſius natif de Solos en Cilicie, fort connu de Plutarque[6], ayant paſſé une grande partie de ſa vie dans la débauche, s'étant entierement ruiné, ſe mit pour vivre à exercer toutes ſortes de mauvais métiers, & fit ſi bien qu'il amaſſa quelque choſe ; mais il perdit abſolument ſa réputation. Ayant envoyé conſulter l'Oracle d'Amphiloque, il lui fut répondu, que ſes affaires iroient mieux après ſa mort. Peu de tems après il tomba du haut de sa maison, se rompit le col & mourut. Trois jours après, comme on étoit prêt de faire ses funérailles, il ressuscita, & changea tellement de vie, que l'on ne connoissoit personne en Cilicie ni plus pieux, ni plus homme de bien que lui.

Comme on lui demandoit la raison d'un tel changement, il disoit qu'au moment de sa chûte il ressentit la même chose, qu'un pilote qui est renversé du haut du tillac dans la mer ; qu'après cela son Ame se sentit élevée jusqu'aux Etoiles dont il admira la grandeur immense & l'éclat admirable ; que les Ames sorties du corps se guindent dans l'air, & sont enfermées dans une espece de globe ou de tourbillon enflammé, d'où s'étant échappées, les unes s'élevent en haut avec une rapidité incroyable, les autres pirouétent dans l'air, & sont mues en divers sens, tantôt en haut & tantôt en bas. La plûpart lui paroissoient très-embarrassées, & poussoient des gémissemens & des cris affreux ; les autres en moindre nombre s'élevoient & se réjouissoient avec leurs semblables. Enfin il apprit qu'Adrastée, fille de Jupiter & de la Nécessité, ne laissoit rien impuni, & qu'elle traitoit chacun selon son mérite. Il entre sur tout cela dans un grand détail, & raconte les divers supplices, dont les scélérats sont tourmentés dans l'autre vie.

Il ajoute qu'un homme de sa connoissance lui avoit dit : Vous n'êtes pas mort ; mais par la permission de Dieu votre Ame est venue en ce lieu, & a laissé dans votre corps toutes ses facultés : à la fin il fut renvoyé dans son corps comme par un canal, & poussé comme par un souffle impétueux.

On peut faire fur ce récit deux réflexions : la premiere, fur cette Ame qui quitta fon corps pour trois jours, puis y revint pour continuer à l'animer ; la feconde fur la certitude de l'Oracle, qui promettoit à Thefpefius une vie plus heureufe quand il feroit mort.

Dans la guerre de Sicile[Z] entre Céfar & Pompée, Gabienus Commandant de la flotte de Céfar ayant été pris, fut décapité par ordre de Pompée. Il demeura tout le jour fur le bord de la mer, fa tête ne tenant plus au corps que par un filet. Sur le foir il pria qu'on fit venir Pompée, ou quelqu'un des fiens, parce-qu'il venoit des Enfers, & qu'il avoit des chofes de conféquence à lui communiquer. Pompée y envoya plufieurs de fes amis, auxquels Gabienus déclara que la caufe & le parti de Pompée étoient agréables aux Dieux des Enfers, & qu'il réuffiroit felon fes défirs ; qu'il avoit ordre de lui annoncer cela, & pour preuve de la vérité de ce que je dis, je dois mourir auffitôt ; ce qui arriva. Mais on ne voit pas que le parti de Pompée ait réuffi ; on fait au contraire qu'il fuccomba, & que Céfar fut victorieux. Mais le Dieu des Enfers, c'eft-à-dire le Démon, le trouvoit fort bon pour lui, puifqu'il lui envoyoit tant de malheureufes victimes de la vengeance & de l'ambition.

---

1. ↑ Job. xxvj. 5.

2. ↑ Prov. ix. 18.
3. ↑ Iſa. xiv. 9. & ſeq.
4. ↑ Ezech. xxxj. 15.
5. ↑ Luc. xvj. 26.
6. ↑ *Plutar. dehis quiſerò à Numine puniuntur.*
7. ↑ *Plin. Hiſt. natur. lib. 7. c. 52.*

CHAPITRE LV.

Exemples de Chrétiens reſſuſcités renvoyés au monde. Viſion de Vetin Moine d'Augie.

ON lit dans un ancien ouvrage écrit du tems de ſaint Auguſtin[1], qu'un homme ayant été écraſé dans la ville d'Upzal en Afrique ſous une muraille qui tomba ſur lui, ſa femme courut à l'Egliſe pour invoquer S. Etienne, pendant qu'on diſpoſoit tout pour enterrer l'homme qui paſſoit pour mort. Tout d'un coup on le vit qui ouvroit les yeux, & faiſoit quelque mouvement du corps ; & après un certain tems il ſe leva en ſon ſéant, & raconta que ſon ame ayant quitté ſon corps, avoit rencontré une foule d'autres Ames de morts, dont il connoiſſoit les uns, & non pas les autres ; qu'un jeune homme en habit de Diacre étant entré dans la chambre où il étoit, avoit écarté tous ces morts, & lui avoit dit juſqu'à trois fois : Rendez ce que vous avez reçû. Il comprit enfin qu'il vouloit parler du Symbole, qu'il récita ſur le champ : il récita encore l'oraiſon Dominicale ; puis le Diacre (ſaint Etienne) lui fit le ſigne de la croix ſur le cœur, & lui dit de ſe lever en pleine ſanté.

Un jeune homme[2] Cathécumene, qui étoit mort depuis trois jours, ayant été reſſuſcité par les prieres de S. Martin, racontoit qu'après sa mort il avoit été présenté devant le Tribunal du Souverain Juge qui l'avoit condamné, & envoyé avec une grande troupe dans des lieux ténébreux ; qu'alors deux Anges ayant représenté au Juge que c'étoit un homme pour qui saint Martin avoit intercédé, le Juge ordonna aux Anges de le renvoyer au monde, & de le rendre à Martin ; ce qui fut exécuté. Il fut baptisé, & vécut depuis assez long-tems.

Saint Salvi Evêque d'Albi[3] ayant été attaqué d'une grosse fiévre, passa pour mort. On le lava, on le revêtit, on le mit sur un brancard, & l'on passa la nuit en prieres auprès de lui : le lendemain matin on le vit remuer ; il parut s'éveiller d'un profond sommeil ; il ouvrit les yeux, & levant la main au Ciel, il dit : Ah Seigneur, pourquoi m'avez-vous renvoyé en ce séjour ténébreux ? Il se leva entierement guéri, mais sans vouloi parler.

Quelques jours après il raconta comme deux Anges l'avoient enlevé au Ciel, où il avoit vû la gloire du Paradis, & avoit été renvoyé malgré lui, pour vivre encore sur la terre. Saint Grégoire de Tours prend Dieu à témoin, qu'il avoit appris cette Histoire de la propre bouche de saint Salvi.

Un Moine d'Augie la Riche, nommé Vetin ou Guetin, qui vivoit en 824. étant tombé malade, étoit couché sur son lit les yeux fermés ; mais n'étant pas encore endormi, il vit entrer un Démon sous la forme d'un Clerc d'une horrible difformité, qui lui montrant des instrumens de supplice qu'il tenoit en main, le menaçoit de lui en faire bientôt ressentir les rigoureux effets. En même tems il vit entrer dans sa chambre une multitude de mauvais Esprits, portant des instrumens comme pour lui bâtir un tombeau, ou un cercueil, & l'y enfermer.

Aussitôt il parut des personnages sérieux & d'un air grave en habit Religieux, qui firent sortir ces Démons. Puis Vetin vit un Ange environné de lumiere, qui vint se présenter au pied de son lit, & le conduisit par un chemin très-agréable entre des montagnes d'une hauteur extraordinaire, au pied desquelles couloit un grand fleuve, dans lequel étoit une grande multitude de damnés, qui souffroient des tourmens divers, selon la qualité & l'énormité de leurs crimes. Il y en vit plusieurs de sa connoissance, entr'autres des Prélats, des Prêtres coupables d'incontinence, qui étoient attachés par le dos à des pieux, & brûlés par un feu allumé au dessous d'eux ; les femmes leurs complices souffroient le même tourment vis-à-vis d'eux.

Il y vit aussi un Moine qui s'étoit laissé aller à l'avarice, & qui avoit possédé de l'argent en propre, qui devoit expier son crime dans un cercueil de plomb jusqu'au jour du jugement. Il y remarqua des Abbés, des Evêques & même l'Empereur Charlemagne, qui expioient leurs fautes par le feu ; mais qui en devoient être délivrés dans un certains tems. Il y remarqua aussi la demeure des bien-heureux dans le Ciel, chacun dans son rang & selon ses mérites, L'Ange du Seigneur lui déclara ensuite les crimes qui étoient ses plus communs, & les plus odieux aux yeux de Dieu. Il nomma en particulier la Sodomie comme le crime le plus abominable.

Après l'office de la nuit, l'Abbé vint viſiter le malade, qui lui raconta tout au long toute cette viſion, & l'Abbé la fit écrire auſſi-tôt. Vetin vêcut encore deux jours, & ayant prédit qu'il n'avoit plus que le troiſiéme jour à vivre, il ſe recommanda aux priéres des Réligieux, reçut le ſaint Viatique, & mourut en paix le 31 d'Octobre 824.

---

1. ↑ *Lib.* I. *de miracul. ſancti Stephani, cap.* 4. *pag.* 28. *lib.* 7. *oper. S. Aug. in appendice.*
2. ↑ *Sulpit. Sever. in vitâ S. Martini, n.* 3.
3. ↑ *Gregor, Turon. lib.* 7. *c.* I.

CHAPITRE LVI.

Vision de Bertholde rapportée par Hincmar Archevêque de Reims.

LE fameux Hincmar[1] Archevêque de Reims, dans une lettre circulaire qu'il écrivit aux Evêques ses Suffragans & aux Fidéles de son Diocèse, raconte qu'un homme appellé Bertholde qui étoit de sa connoissance étant tombé malade, & ayant reçû tous ses Sacremens, fut pendant quatre jours sans prendre aucune nourriture. Le quatriéme jour il demeura si foible, qu'à peine lui trouvoit-on un peu de palpitation & de respiration. Sur le minuit il appella sa femme, & lui dit de faire venir promptement son Confesseur.

Le Prêtre n'étoit encore que dans la cour de devant le logis, lorsque Bertholde dit : mettez ici un siége, car le Prêtre va venir. Il entra & dit quelques prieres, auxquelles Bertholde répondit ; puis il lui raconta la vision qu'il avoit eue. Au sortir de ce monde, dit-il, j'ai vû quarante & un Evêques entre lesquels étoit Ebbon, Leopardelle, & Enée, qui étoient couverts de mauvais habits noirs, sales & brûlés par les flammes. Pour eux, ils étoient tantôt brûlés par les flammes, & tantôt gelés d'un froid insupportable. Ebbon lui dit : allez vers mes Clercs & mes amis, & dites-leur d'offrir pour nous le saint Sacrifice. Bertholde obéit, & retournant où il avoit vû les Evêques, il les trouva bien vêtus, rafés, baignés & pleins de joie.

Un peu plus loin il vit le Roi Charles[2], qui étoit comme rongé de vers. Ce Prince le pria d'aller dire à Hincmar de le foulager dans fes maux. Hincmar dit la Meffe pour lui, & le Roi Charles fe trouva foulagé. Il vit enfuite l'Evêque Jeffé (d'Orléans) qui étoit fur un puits, & quatre Démons qui le plongeoient dans la poix bouillante, puis le jettoient dans une eau glacée. On pria pour lui, & il fut foulagé. Il vit enfuite le Comte Othaire, qui étoit de même dans les tourmens. Bertholde pria la femme d'Othaire, fes vaffaux & fes amis, de faire pour lui des prieres & des aumônes, & il fut délivré de fes tourmens. Bertholde reçut après cela la fainte Communion, & commença à fe mieux porter, avec efpérance de vivre encore quatorze ans, comme le lui avoit promis celui qui l'avoit conduit, & qui lui avoit montré ce que nous venons de raconter.

---

1. ↑ *Hincmar. lib.* 2. *pag.* 805.
2. ↑ *Apparemment Charles le chauve, mort en 875.*

CHAPITRE LVII.

Vision de saint Furси.

LA vie de S. Furси[1], qui a été écrite peu après sa mort arrivée vers l'an 653. rapporte plusieurs visions de ce saint Homme. Etant tombé griévement malade, & ne pouvant plus se remuer, il se vit au milieu des ténébres comme soulevé par les mains de trois Anges, qui l'enleverent hors du monde, puis l'y ramenerent, & firent rentrer son ame dans son corps pour y achever ce à quoi Dieu le destinoit. Alors il se trouva au milieu de plusieurs personnes, qui le pleuroient comme mort, & lui raconterent comment la veille tout d'un coup il étoit tombé en défaillance, en sorte qu'on le crut décédé. Il auroit souhaité avoir quelques personnes intelligentes pour leur raconter ce qu'il avoit vû. Mais n'ayant personne auprès de lui que des gens rustiques, il demanda & reçut la Communion du Corps & du Sang du Sauveur, & vécut encore trois jours.

Le Mardi suivant il tomba dans une pareille défaillance au milieu de la nuit : ses pieds devinrent froids, & élévant les mains pour prier, il reçut la mort avec joie ; puis il vit descendre les mêmes trois Anges, qui l'avoient déja conduit. Ils l'éleverent comme la premiére fois ; mais au lieu des chants mélodieux & agréables qu'il avoit ouis, il n'entendit que des hurlemens effroyables des Démons, qui commencerent à combattre contre lui, & à lui lancer des traits enflammés. L'Ange du Seigneur les recevoit fur fon bouclier, & les éteignoit. Le Démon reprocha à Furfi quelques mauvaifes penfées & quelques foibleffes humaines ; mais les Anges le défendirent, difant : s'il n'a point commis de péchés capitaux, il ne périra point.

Le Démon ne pouvant rien lui reprocher qui fût digne de la mort éternelle, il vit deux Saints de fon pays, faint Béan & faint Médan, qui le confolerent, & lui annoncerent les maux dont Dieu devoit punir les hommes, à caufe principalement des péchés des Docteurs qui font dans l'Eglife, & des Princes qui gouvernent les peuples ; les Docteurs pour leur négligence à annoncer la parole de Dieu, & les Princes pour les mauvais exemples qu'ils donnent à leurs peuples. Après quoi ils le renvoyerent dans fon corps.

Il y rentra avec répugnance, & commença à raconter tout ce qu'il avoit vû. On lui verfa de l'eau vive fur le corps, & il fentit une grande chaleur entre les deux épaules. Après cela il fe mit à prêcher par toute l'Hibernie ; & Bede le Vénérable[2] dit, qu'il y avoit dans fon Monaftére un ancien Moine, qui difoit avoir appris d'une perfonne très-grave & très-digne de foi, qu'elle avoit oui raconter ces vifions par faint Furfi lui-même. Ce Saint ne doutoit pas que fon ame ne fût féparée de fon corps, lorfqu'il fut ravi en extafe.

---

1. ↑ *Vita Sti. Furfci, apud Bolland.* 16. *Januarii. pag.* 37. 38. *Item pag.* 47. 78. *fæcul. xj. Bened. pag.* 299.

2. ↑ *Beda, lib.* 3. *Hist. c.* 19.

CHAPITRE LVIII.

Vision d'un Protestant d'York, & autres.

VOici un autre exemple arrivé en 1698. à un Prétendu Réformé[1]. Un Ministre de la Province d'York, du lieu nommé Hipley, & qui s'appelloit Henri Vatz, étant tombé le 15 d'Août en apoplexie, fut mis le 17. dans un cercueil pour être enterré. Mais comme on alloit le mettre dans la fosse, il jetta un grand cri, qui effraya tous les gens du convoi ; on le tira promptement hors du cercueil, & dès-qu'il fut revenu à lui, il raconta plusieurs choses surprenantes, qu'il disoit lui avoir été révélées pendant son extase, qui dura quarante huit heures. Le 24 du même mois, il fit un discours fort touchant à ceux qui l'avoient accompagné le jour qu'on le portoit au tombeau.

On traitera, si l'on veut, tout ce que nous venons de raconter de visions & de contes ; mais on ne peut nier, qu'on ne reconnoisse dans ces résurrections & dans ces récits des hommes revenus après leur mort vraie ou apparente, la créance de l'Eglise sur l'Enfer, sur le Paradis, le Purgatoire, l'efficace des priéres pour les morts, & les apparitions des Anges & des Démons, qui tourmentent les damnés, & les ames à qui il reste quelque chose à expier dans l'autre vie.

On y voit auſſi ce qui a un rapport viſible à la matiére que nous traitons ici, des perſonnes réellement mortes, & d'autres tenues pour mortes, qui reviennent en ſanté, & vivent encore aſſez long-tems. Enfin on y remarque les ſentimens ſur l'état des ames après cette vie, à peu près les mêmes chez les Hébreux, les Egyptiens, les Grecs, les Romains, les Peuples barbares, & les Chrétiens. Si les Revenans de Hongrie ne parlent pas de ce qu'ils ont vû en l'autre vie, c'eſt ou qu'ils ne ſont pas vraiment morts, ou plutôt que tout ce qu'on raconte des Revenans eſt fabuleux & chimérique. J'ajouterai encore ici quelques exemples, qui ſerviront à conſtater la croyance de la primitive Egliſe au ſujet des Apparitions.

Sainte Perpétue, qui ſouffrit le Martyre en Afrique en 202, ou 203. étant en priſon pour la foi, vit ſon frere nommé Dinocrate, qui étoit mort âgé d'environ ſept ans d'un cancer à la joue : elle le vit comme dans un fort grand éloignement ; enſorte qu'ils ne pouvoient s'approcher. Il étoit comme dans un réſervoir d'eau, mais dont les bords étoient plus élevés que lui, enſorte qu'il ne pouvoit atteindre à l'eau dont il paroiſſoit fort altéré. Perpétue en fut très-ſenſiblement touchée, & commença à prier Dieu avec beaucoup de larmes & de gémiſſemens pour ſon ſoulagement. Quelques jours après elle vit en eſprit le même Dinocrate bien vêtu, lavé, & rafraîchi, & l'eau de la piſcine où il étoit, qui ne lui venoit plus que juſqu'au nombril, & au bord une coupe dans laquelle il buvoit, ſans que l'eau en diminuât, & la peau du cancer de ſa joue bien guérie, en forte qu'il n'en reſtoit que la cicatrice. Elle comprit parlà que Dinocrate étoit hors de peine.

Dinocrate étoit-là apparemment[2] pour expier quelques fautes qu'il avoit commiſes depuis ſon Baptême : car Perpetue dit un peu plus haut, qu'il n'y avoit que ſon pere qui fût demeuré dans l'infidélité.

La même ſainte Perpétue étant dans la priſon quelques jours avant ſon Martyre[3], eut une viſion du Diacre Pomponius, qui avoit ſouffert le Martyre quelque tems auparavant, & qui lui dit : Venez, nous vous attendons. Il la mena par un chemin fort tortueux & fort difficile, juſques dans l'amphithéâtre, où elle eut à combattre contre un Egyptien fort laid, accompagné de quelques autres hommes comme lui. Perpétue ſe trouva changée en homme, & commença à combattre nuë, aidée de quelques jeunes hommes fort bien faits, qui étoient venus à ſon ſervice & à ſon ſecours.

Alors elle vit paroître un homme d'une taille extraordinaire, qui cria à haute voix : ſi l'Egyptien remporte la victoire ſur celle-ci, il la tuera de ſon épée ; mais ſi elle le ſurmonte, elle aura pour récompenſe cette branche ornée de pommes d'or. Perpétue commença à le combattre, & l'ayant terraſſé, lui marche ſur la tête. Le peuple lui cria victoire, & Perpétue s'approchant de celui qui tenoit la branche dont on a parlé, il la lui mit en main, & lui dit : La paix ſoit avec vous. Alors Perpétue s'éveilla, & comprit qu'elle auroit à combattre non contre les bêtes, mais contre le Démon.

Sature, un des compagnons du Martyre de sainte Perpétue, eut auſſi une viſion qu'il raconta ainſi. Nous avions ſouffert le Martyre, & nous étions dégagés de cette chair mortelle. Quatre Anges nous porterent vers l'Orient, ſans nous toucher. Nous arrivâmes en un lieu où brilloit une clarté immenſe. Perpétue étoit à mon côté ; je lui dis : Voilà ce que le Seigneur nous promettoit.

Nous entrâmes dans un grand jardin rempli d'arbres & de fleurs ; les quatre Anges qui nous avoient portés, nous mirent entre les mains d'autres Anges, qui nous menerent par un chemin fort ſpatieux dans un lieu, où nous trouvâmes Joconde, Saturnin, & Artaze, qui avoient ſouffert avant nous, & qui nous inviterent à venir ſaluer le Seigneur. Nous les ſuivîmes, & vîmes au milieu de ce lieu le Tout-Puiſſant environné d'une lumiére immenſe, & nous ouimes qu'on diſoit ſans ceſſe autour de lui : Saint, Saint, Saint. On nous éléva vers lui : nous nous arrêtâmes devant ſon Trône, nous lui donnâmes le baiſer, il nous paſſa la main ſur le viſage. Nous ſortîmes, & nous vîmes devant la porte l'Evêque Optat, & le Prêtre Aſpaſe, qui ſe jetterent à nos pieds : nous les relevâmes, nous nous embraſſâmes ; nous reconnûmes en ce lieu pluſieurs de nos freres & quelques Martyrs. Telle fut la viſion de Sature.

Voilà des viſions de toutes ſortes ; de Saints Martyrs, & de Saints Anges. On raconte de S. Exupere Evêque de Toulouſe[4], qu'ayant conçu le deſſein de tranſférer les Reliques de ſaint Saturnin ancien Evêque de cette Egliſe, pour les placer dans une nouvelle Egliſe bâtie en ſon honneur, il avoit peine à se résoudre à tirer ce saint corps du tombeau, craignant de déplaire au Saint, ou de diminuer l'honneur, qui lui étoit dû. Mais dans ce doute il eut une vision, qui lui fit entendre que cette translation ne pouvoit ni nuire au respect qui étoit dû aux cendres du saint Martyr, ni préjudicier à son honneur ; qu'au contraire elle contribueroit au salut des Fidéles & à la plus grande gloire de Dieu.

Quelques jours avant[5] que S. Cyprien Evêque de Carthage souffrit le Martyre en 258. il eut une vision n'étant pas encore entiérement endormi, dans laquelle un jeune homme d'une taille extraordinairement grande sembla le conduire au Prétoire devant le Proconsul assis sur son tribunal. Ce Magistrat ayant apperçu Cyprien, commença à écrire sa sentence, avant qu'il l'eût interrogé à l'ordinaire. Cyprien ne savoit ce que portoit la sentence. Mais le jeune homme dont on a parlé, & qui étoit derriére le juge, fit signe à Cyprien en ouvrant la main & l'étendant en forme d'épée, qu'il étoit condamné à avoir la tête tranchée.

Cyprien comprit aisément ce qu'il vouloit dire par ce signe, & ayant demandé avec beaucoup d'instance qu'on lui accordât un jour de délai pour mettre ordre à ses affaires, le juge lui ayant accordé sa demande, écrivit de nouveau sur ses tablettes, & le jeune homme par le mouvement de sa main lui fit connoître qu'on lui avoit accordé un jour de délai. Ces prédictions furent exactement suivies de l'effet. On en voit beaucoup d'autres dans les ouvrages de S. Cyprien.

Saint Fructueux, Evêque de Tarragone[6], qui souffrit le Martyre en 259. fut vû après sa mort montant au Ciel, avec ses Diacres qui avoient souffert avec lui ; ils apparurent comme étant encore attachés aux pieux après lesquels ils avoient été brûlés. Ils furent vûs par deux Chrétiens qui les montrerent à la femme & à la fille d'Emilien, qui les avoit condamnés. Le Saint se fit voir à Emilien lui-même & aux Chrétiens, qui avoient enlevé leurs cendres, & leur ordonna de les rassembler toutes en un même lieu.

On voit de pareilles apparitions[7] dans les Actes de S. Jacques, de S. Marien Martyrs & de quelques autres, qui souffrirent dans la Numidie en 259. On en remarque de pareilles[8] dans les Actes des saints Montan, Lucius & autres Martyrs d'Afrique en 259. ou 260. & dans ceux de saint Vincent Martyr en Espagne en 304. & dans la vie de S. Théodore Martyr en 306. dont S. Grégoire de Nisse a écrit la passion. Tout le monde sait ce qui arriva à Sebaste en Arménie dans le Martyre des fameux quarante Martyrs dont S. Basile le Grand a écrit l'éloge. L'un des 40. vaincu par l'excès du froid qui étoit extrême, se jetta dans un bain chaud qui étoit préparé là auprès. Alors celui qui les gardoit ayant apperçu des Anges qui apportoient des couronnes aux 39. qui avoient persévéré dans leurs souffrances, se dépouilla, se joignit à eux & se déclara Chrétien.

Tous ces exemples prouvent invinciblement au moins que dans les premiers siécles de l'Eglise, les plus grands & les plus savans Evêques, les Saints Martyrs, & le commun des

Fidéles, étoient très-perfuadés de la poffibilité & de la réalité des apparitions.

---

1. ↑ *Larrey, Hift. de Louis XIV. an* 1698. *p.* 68.
2. ↑ *Aug. l.* i. *de origine animæ.*
3. ↑ *Ibid. pag.* 97.
4. ↑ *Ibid. pag.* 132.
5. ↑ *Acta Martyr. Sincera, p.* 212. *Vita & paffio. S. Cypriani, p.* 268.
6. ↑ *Ibid. p.* 219. & 221.
7. ↑ *Ibid. p.* 226.
8. ↑ *Item, p.* 231. 232. 233. 237.

CHAPITRE LIX.

Conclusion de cette Dissertation.

POur reprendre en peu de mots tout ce que nous avons rapporté dans cette Dissertation, nous y avons montré, qu'une résurrection proprement dite d'une personne morte depuis un tems considérable, & dont le corps étoit ou corrompu, ou puant, ou prêt à se corrompre, comme celui de Pierre enterré depuis trois ans, & ressuscité par saint Stanislas, ou celui de Lazare, qui étoit depuis quatre jours dans le tombeau, & déja sentant une odeur cadavéreuse, qu'une telle résurrection est un ouvrage de la seule toute-puissance de Dieu.

Que des personnes noyées, tombées en syncope, en léthargie, ou extasiées, ou tenues pour mortes, de quelque maniere que ce soit, peuvent être guéries & rappellées à la vie, à leur premiere santé sans aucun miracle, mais par les seules forces de la Médecine, ou par une industrie naturelle, ou par la patience, attendant que la nature se rétablisse d'elle-même en son premier état, que le cœur reprenne son mouvement, & que le sang coule librement de nouveau dans les artères, les veines, & les esprits vitaux & animaux dans les nerfs.

Que les Oupires, ou Vampires, ou Revenans de Moravie, de Hongrie, de Pologne, &c. dont on raconte des choses si extraordinaires, si détaillées, si circonstanciées, revêtues de toutes les formalités capables de les faire croire, & de les prouver même juridiquement par devant les Juges, & dans les Tribunaux les plus séveres & les plus exacts ; que tout ce qu'on dit de leur retour à la vie, de leurs Apparitions, du trouble qu'elles causent dans les villes & dans les campagnes, de la mort qu'ils donnent aux personnes en leur suçant le sang, ou en leur faisant signe de les suivre, que tout cela n'est qu'illusion, & une suite de l'imagination frappée & fortement prévenue. L'on ne peut citer aucun témoin sensé, sérieux, non prévenu, qui puisse témoigner avoir vû, touché, interrogé, senti, examiné de sang froid ces Revenans, qui puisse assurer la réalité de leur retour, & des effets qu'on leur attribue.

Je ne nierai point, que des personnes ne soient mortes de frayeur, s'imaginant voir leurs proches qui les appelloient au tombeau ; que d'autres n'ayent crû ouir frapper à leurs portes, les harceler, les inquiéter, en un mot leur causer des maladies mortelles ; & que ces personnes interrogées juridiquement, n'ayent répondu qu'elles avoient vû & oui ce que leur imagination frappée leur avoit représenté. Mais je demande des témoins non préoccupés, sans frayeur, sans intérêt, sans passion, qui assurent après de sérieuses réflexions, qu'ils ont vû, oui, interrogé ces Vampires, & qu'ils ont été témoins de leurs opérations ; & je suis persuadé qu'on n'en trouvera aucun de cette sorte.

J'ai en main une lettre, qui m'a été écrite de Varsovie le 3 Février 1745. par M. Sliviski, Visiteur de la Province des Prêtres de la Mission de Pologne. Il me mande qu'ayant étudié avec grand soin cette matiere, & s'étant proposé de composer sur ce sujet une Dissertation Théologique & Physique, il avoit ramassé des Mémoires dans cette vûe ; mais que les occupations de Visiteur & de Supérieur de la maison de sa Congrégation de Varsovie ne lui avoient pas permis d'exécuter son projet. Qu'il a depuis recherché inutilement ces Mémoires, qui probablement sont demeurés entre les mains de quelques-uns de ceux à qui il les avoit communiqués. Qu'il y avoit parmi ces Mémoires deux résolutions de Sorbonne, qui défendoient l'une & l'autre de couper la tête, & de sévir contre les corps des prétendus Oupires. Il ajoûte qu'on pourroit trouver ces décisions dans les Registres de Sorbonne, depuis l'an 1700. jusqu'en 1710. Je rapporterai ci-après une décision de Sorbonne sur ce sujet de l'an 1693.

Il dit de plus, qu'en Pologne on est si persuadé de l'existence des Oupires, qu'on regarderoit presque comme Hérétiques ceux qui penseroient autrement. Il y a plusieurs faits sur cette matiere qu'on regarde comme incontestables, & l'on cite pour cela une infinité de témoins. Je me suis, dit-il, donné la peine d'aller jusqu'à la source, & d'examiner ceux qu'on citoit pour témoins oculaires ; il s'est trouvé, qu'il n'y a eu personne qui osât affirmer d'avoir vû les faits dont il s'agissoit, & que ce n'étoient que des rêveries & des imaginations cauſées par la peur, & par des diſcours mal fondés. C'eſt ce que m'écrit ce ſage & judicieux Prêtre.

J'ai encore depuis reçu une autre lettre de Vienne en Autriche écrite le 3 Août 1746 par un Baron Lorrain[1], qui a toujours ſuivi ſon Prince. Il me dit qu'en 1732. ſa Majeſté Impériale, alors ſon Alteſſe Royale de Lorraine, ſe fit donner pluſieurs procès-verbaux ſur des cas arrivés en Moravie : je les ai encore, les ai lûs & relûs, & à dire vrai, je n'y ai pas trouvé l'ombre de vérité, ni même de probabilité de ce qui étoit avancé. Ce ſont cependant ces actes que l'on regarde en ce pays-ci comme l'Evangile.

---

1. ↑ *M. le Baron Touſſaint.*

CHAPITRE LX.

Impoſſibilité morale, que les Revenans ſortent de leurs tombeaux.

J'Ai déja propoſé l'objection formée ſur l'impoſſibilité que ces Vampires ſortent de leurs tombeaux, & y rentrent, ſans qu'il y paroiſſe qu'ils ont remué la terre en ſortant, ou en rentrant ; on n'a jamais pû répondre à cette difficulté, & l'on n'y répondra jamais. Dire que le Démon ſubtiliſe & ſpiritualiſe les corps des Vampires, c'eſt une choſe avancée ſans preuve & ſans vraiſemblance.

La fluidité du ſang, la couleur vermeille, la ſoupleſſe des Vampires ne doivent pas ſurprendre, non plus que les ongles & les cheveux qui leur croiſſent, & leur corps qui demeure ſans corruption. On voit tous les jours des corps qui n'éprouvent point la corruption, & qui conſervent une couleur vermeille après leur mort. Cela ne doit pas paroître étrange dans ceux qui meurent ſans maladie & de mort ſubite, ou de certaines maladies connues aux Médécins, qui n'ôtent pas la fluidité du ſang, ni la ſoupleſſe des membres.

A l'égard de l'accroiſſement des cheveux & des ongles dans les corps qui ne ſont point corrompus, la choſe eſt toute naturelle. Il demeure dans ces corps une certaine circulation lente & imperceptible des humeurs, qui cauſe cet accroiſſement des ongles & des cheveux, de même que nous voyons tous les jours les oignons ordinaires & les cayeux croître & pouſſer, quoique ſans aucune nourriture ni humidité tirée de la terre.

On en peut dire autant des fleurs, & en général de tout ce qui dépend, de la végétation dans les animaux & dans les plantes.

La perſuaſion où ſont les Peuples de la Gréce du retour des Broucolaques, n'eſt pas mieux fondée que celle des Vampires & des Revenans. Ce n'eſt que l'ignorance, la prévention, la terreur des Grecs, qui ont donné naiſſance à cette vaine & ridicule créance, & qui l'ont entretenue juſqu'aujourd'hui. La relation que nous avons rapportée d'après M. Tournefort, témoin oculaire & bon Philoſophe, peut ſuffire pour détromper ceux qui voudroient s'intéreſſer à les ſoutenir.

L'incorruption ou l'incorruptibilité des corps des décédés dans l'excommunication eſt encore moins fondée, que le retour des Vampires, & les vexations des vivans cauſées par les Broucolaques ; l'Antiquité n'a rien cru de ſemblable : les Grecs Schiſmatiques & les Hérétiques ſéparés de l'Egliſe Romaine, qui ſont certainement morts dans l'excommunication, devroient donc, ſuivant ce principe demeurer, ſans corruption, ce qui eſt contre l'expérience & répugne au bon ſens ; & ſi les Grecs prétendent être la vraie Egliſe, tous les Catholiques Romains qui ſont ſéparés de communion d'avec eux, devroient donc demeurer auſſi incorruptibles. Les exemples cités par les Grecs, ou ne prouvent rien, ou prouvent trop. Ces corps qui n'ont pas été corrompus étoient réellement excommuniés ou non ? S'ils n'étoient pas nommément & réellement excommuniés, leur incorruption ne prouve rien ; & quand ils auroient été vraiment & réellement excommuniés, encore faudroit-il prouver, qu'il n'y avoit point d'autre cause de leur incorruption, ce qu'on ne prouvera jamais.

De plus une chose aussi équivoque que l'incorruption ne peut pas être employée en preuve dans une matiere aussi sérieuse que celle-ci. L'on convient que souvent les corps des Saints sont préservés de corruption : cela passe pour certain chez les Grecs comme chez les Latins ; l'on ne peut donc pas conclure que cette même incorruption soit une preuve, qu'une personne est excommuniée.

Enfin cette preuve est univoque & générale, ou seulement particuliere : je veux dire, tous les Excommuniés demeurent sans corruption, ou seulement quelques-uns. On ne peut pas soutenir que tous ceux qui meurent dans l'excommunication sont incorruptibles. Il faudroit pour cela que tous les Latins envers les Grecs, & les Grecs envers les Latins fussent incorruptibles, ce qui n'est pas. Cette preuve est donc frivole, & ne conclut rien. Je me défie beaucoup de toutes ces Histoires que l'on rapporte pour prouver cette prétendue incorruption des personnes excommuniées. Si on les examinoit de près, on y trouveroit sans doute bien du faux.

CHAPITRE LXI.

Ce qu'on raconte des corps des Excommuniés qui ſortent de l'Egliſe, eſt ſujet à de très-grandes difficultés.

Quelque reſpect que j'aye pour ſaint Grégoire le Grand, qui rapporte des exemples de perſonnes mortes excommuniées, qui ſortoient de l'Egliſe à la vûe de tout le monde ; & quelque conſidération que méritent les autres Auteurs que j'ai cités, & qui racontent d'autres faits ſemblables, & même plus incroyables : je ne puis me perſuader, que nous ayons ces Hiſtoires avec toutes leurs circonſtances ; & après les raiſons de douter que j'ai rapportées à la ſuite de ces Hiſtoires, je crois pouvoir dire encore, que Dieu pour inſpirer aux peuples une plus grande terreur des Excommunications, & un plus grand reſpect pour les Sentences & les Cenſures de l'Egliſe, a voulu dans ces occaſions pour des raiſons qui ne nous ſont pas bien connues, faire éclater ſa puiſſance, opérer des miracles à la vûe des Fidéles : car comment expliquer tout cela ſans recourir au miracle ?

Tout ce qu'on dit des perſonnes mortes, qui mâchent ſous la terre dans leurs tombeaux, eſt ſi pitoyable & ſi puérile, qu'il ne mérite pas une réfutation ſérieuſe. Tout le monde convient qu'il n'arrive que trop souvent, qu'on enterre des personnes qui ne sont pas bien mortes. On n'en a que trop d'exemples dans toutes les Histoires anciennes & modernes. La Thèse de M. Vinslow, & les notes que M. Bruyer y a ajoûtées, sont très-propres pour prouver qu'il y a peu de signes certains d'une véritable mort, hors la puanteur & la putréfaction d'un corps au moins commencée. On a une infinité d'exemples de personnes qu'on a crûes mortes, & qui sont revenues, même après avoir été mises en terre. Il y a je ne sçai combien de maladies où le malade demeure long-tems sans parole, sans mouvement, sans respiration sensible. Il y a des noyés qu'on a crû morts, & qu'on a fait revenir en les saignant & les soulageant.

Tout cela est connu, & peut servir a expliquer comment on a pû tirer du tombeau quelques Vampires, qui ont parlé, crié, hurlé, jetté du sang ; tout cela, parce qu'ils n'étoient pas encore morts. On les a fait mourir en les décapitant, en leur perçant le cœur, en les brûlant, & en cela on a eu très-grand tort : car le prétexte qu'on a pris de leur prétendu retour pour inquiéter les vivans, les faire mourir, les maltraiter, n'est pas une raison suffisante pour les traiter comme l'on fait. D'ailleurs leur prétendu retour n'a jamais été prouvé ni constaté d'une maniere qui puisse autoriser personne à user d'une pareille inhumanité, ni à deshonorer, faire mourir ignominieusement sur des accusations vagues, frivoles, non prouvées, des personnes certainement innocentes de la chose dont on les charge.

Car rien n'eſt plus mal fondé que ce qu'on dit des Apparitions, des véxations, des troubles cauſés par les prétendus Vampires & par les Brucolaques. Je ne ſuis pas ſurpris que la Sorbonne ait condamné les exécutions ſanglantes & violentes, que l'on exerce ſur ces ſortes de corps morts ; mais il eſt étonnant que les Puiſſances ſéculieres & les Magiſtrats n'emploient pas leur autorité & la ſéverité des Loix, pour les réprimer.

Les dévouemens magiques, les faſcinations, les évocations dont nous avons parlé, ſont des œuvres de ténébres, des opérations de Satan, ſi elles ont quelque réalité, ce que j'ai peine à croire pour les dévouemens & les évocations des Manes, ou des Ames des perſonnes mortes : car pour les faſcinations ou les illuſions des ſens, il ſemble qu'il eſt malaiſé de n'en pas admettre quelques-unes, comme lorſqu'on croit voir ce qui n'eſt pas, ou qu'on ne voit pas ce qui eſt préſent à nos yeux, ou qu'on croit entendre ce qui ne frappe pas nos oreilles, ou au contraire. Mais dire que le Démon peut donner la mort à une perſonne, parce qu'on a formé ſa ſtatue en cire, ou qu'on lui a donné ſon nom avec quelques cérémonies ſuperſtitieuſes, & qu'on l'a dévouée, enſorte que la perſonne ſe ſente mourir à meſure que la figure de cire ſe conſume ; c'eſt donner au Démon trop de pouvoir, & à la Magie trop d'efficace. Dieu peut, quand il veut lâcher la bride à l'ennemi du genre humain, & lui permettre de nous cauſer le mal, que lui-même ou ſes ſuppôts cherchent à nous faire ; mais il ſeroit ridicule de croire que la Magie puiſſe déterminer le souverain Maître de la nature à permettre au Démon de nous nuire, ou de s'imaginer que le Magicien ait le pouvoir de faire agir contre nous le Démon, indépendamment de Dieu.

L'exemple de ce paysan de Delme, qui donna son enfant au Diable, & à qui le Diable ôta la vie, & puis la lui rendit, est un de ces faits extraordinaires & presqu'incroyables que l'on rencontre quelquefois dans l'Histoire, & que ni la Théologie, ni la Philosophie ne savent comment expliquer. Etoit-ce un Démon qui animoit le corps de cet enfant, ou étoit-ce l'ame de cet enfant qui étoit rentrée dans son corps par la permission de Dieu ? Par quelle autorité le Démon a-t-il pû ôter la vie à cet enfant, puis la lui rendre ? Dieu l'a pû permettre pour punir l'impiété du malheureux Pere, qui s'étoit donné au Démon pour contenter une passion honteuse & criminelle. Et encore comment l'a-t-il pû contenter avec un Démon, qui lui parut sous la forme d'une fille qu'il aimoit ? Dans tout cela je ne vois que ténébres & difficultés, que je laisse à résoudre à de plus habiles & plus hardis que moi.

Extractum ex Epistolâ quâdam è Poloniâ
Parisios missâ 9 Januarij 1693.
CASUS.

QUædam Puella non pridem affligebatur à tali Spiritu, & ex dolore quem sensit expergefacta, clamans auxilium petiit, & dixit, quòd hic Spiritus repræsentaret ei figuram Matris jam pri- dem demortuæ. Hæc Puella perceptibiliter attenuabatur, & macie conficiebatur. Conventum est ad sepulchrum Matris, & inventum est cadaver molle, flexibile, inflatum & rubicundum ; amputato capite, & corde aperto, effluxit ingens copia sanguinis, & Puella convaluit à suâ infirmitate & languore, & benè nunc valet.

Sacerdotes fide digni fuerunt in hâc executione, & viderunt Puellam, quæ eis narravit omnem historiam.

Quaeritur, quid Confessarius facere debeat, & quomodò se gerere, tum erga illos qui faciunt has executiones, quàm erga illos qui petunt aperiri sepulchrum, ad amputandum caput cadaveri, quandò erit tale ut suprà.

Resolutio Doctorum Sorbonæ.

NOs infrà scripti æstimamus, tam hos qui faciunt has executiones, quàm illos qui petunt visitari sepulchra ad eum finem, peccare gravissimè, & quòd Confessarii debeant admonere similes personas, & explicare eis malum, quod faciunt in his occasionbus, & eis denegare absolutionem, si perseverent in perversâ hâc praxi : hoc fundatur in dua- bus rationibus ; una desumitur ex honore debito corporibus defunctorum, alia ex facto particulari, de quo agitur.

Primò magnus semper delatus est honor & respectus corporibus defunctorum, ita ut religioni ducatur eos semper haberi in honore, & velle ut sepulchra eorum sint inviolabilia. *Cod. de sepulchra violato, lib. 9. t.* 19. ubi affignatur poena contra violatores sanctitatis sepulchrorum, diciturque, eos esse Sacrilegos, & procedendum esse contra illos ut tales, quandò audent invertere & asportare aliquid ex monumentis, ubi corpora fidelium requiescunt. *Pergit audacia,* (funt verba Codicis) *ad bufta defunctorum & aggeres confecratos cùm & lapidem hinc movere, & terram evertere, & cefpitem evellere, proximum facrilegio majores noftri femper habuerint. Quibus primò confulentes, ne in piaculum incidat contaminata religio defunctorum, hoc fieri prohibemus pœnâ facrilegii cohibentes.* Major eft audacia, & fecundùm vim Legis totius meretur majorem pœnam, quandò vifitantur fepulchra, non ad illa deftruenda, vel ad auferendum aliquod ornamentum, fed ad amputandum caput defunctorum jacentium in illo fepulchro.

In jure Canonico, qui amputant par- tem unam vel plures corporis defuncti, funt excommunicati ipfo facto ; & Papa Bonifacius VIII. qui fecit hanc legem *c. deteftanda, Excrav. de fepult.* vult, ut abfolutio ejus fit refervata S. Sedi Apoftolicæ, dicitque effe impietatem & crudelitatem fic tractare corpora defunctorum. *Defunctorum corpora fic impiè ac crudeliter non tractentur.*

Verum eft, quòd hoc capitulum loquatur de iis qui in frufta concidunt corpora defunctorum extra Patriam, ut faciliùs ea transferantur ; certum quoque eft, quòd cafus propofitus non habeat prætextum tam favorabilem, & confequenter meretur, ut majori juftitiâ condemnetur. Et certè hujus Canonis motivum non eft aliud, quàm hæc ratio generalis, quòd oporteat refpectum deferre corporibus defunctorum. Et gloffa fic nos docet : *Catholicæ fidei humana natura eft erubefcenda, & ideò étiam poft mortem corpus humanum non recipit æftimationem.*

In authentico *ut defunct. tit. 15. collat. 5.* ſic erat priùs his verbis : *qui enim hominis naturam non érubuit, dignus eſt & pecuniis, & gloriâ, & aliis omnibus condemnari.* Dicitur de illis, qui mortuo injuriam inſerunt. Poſſunt videri ſupra eandem materiam plures alii Canones quos refert Antoni. 3. *part. lib.* 35. *tit.* 12. & *in Canon pœnit.* 8. *tit.* 4. *l.* 7.

Secundò finis intentus in his viſitationibus ſepulchrorum cum executione reddit cauſam pejorem, quia, ut fertur, hoc fit ad vitandam vexationem Dæmonis, & recuperandam ſanitatem ; manducatur panis cum illo ſanguine factus, qui defluit ex cadaveribus, vel dum amputatur caput defuncto in ſepulchro jacenti. Undè ratio præſumendi eſt, quòd hoc fiat per pactum cum Dæmone, & unum maleficium expellitur alio, quia ille panis ſanguine mixtus, ſicut etiam amputatio capitis, naturaliter non poſſunt reſtituere ſanitatem perſonæ morti proximæ, & expellere Dæmonem eam vexantem. Non poteſt etiam dici, quòd tunc fiat à Deo miraculum. Sola narratio eorum, quæ facta ſunt Matri hujus Puellæ, de quâ agitur, ſatis oſtendit, quòd Deus non inſpiravit hunc modum, neque virtutem aliquam ſupernaturalem alligaverit tali modo ad procurandam prædictæ filiæ ſanitatem. Supponendum eſt ergò, eſſe tacitum pactum cum Dæmone, & dicendum eſt, quòd Dæmon ipſemet recedat ad præſentiam talis à ſe inſpirati maleficii.

Gerſon in opuſculo quodam facto contra doctrinam cujuſdam Medici de Montpellier dicit, quòd Facultas Pariſienſis ſic argumenta ſit Seſſ. 4. propoſitio : » omnis obſervatio, cujus effectus expectatur aliter, quàm per rationem naturalem, aut per divinum miraculum, debet rationabiliter reprobari, & de pacto Dæmonum expreſſo vel occulto vehementer haberi ſuſpecta. Sic determinavit ſacra Theologiæ Facultas Univerſit. Pariſ.

Hæc cùm ita ſint, non licet unum maleficium pellere alio. S. Thomas *in* 4. *diſt.* 34. *art.* 3. & Decretum Facultatis Pariſienſis, quod refert in fine operum ſuorum Magiſter Sentent, *art.* 6. quòd licitum ſit, aut etiam permittendum maleficia maleficiis expellere. *Error* undè duæ ſunt ſequelæ ; & damnandam eſſe hanc praxim, cùm ſit ab utroque jure rejecta, & etiam Lege Divinâ, quæ dicit, non eſſe facienda mala, ut eveniant bona. Secundò quòd ſi facto piorum & peritorum Medicorum conſilio non poſſit oſtendi aliqua cauſa naturalis hujus effectûs, neque juvari & ſanari aliquo remedio naturali, relinquenda ſunt omnia Providentiæ Divinæ ; melius eſt enim hæc mala pati cum patientiâ, & etiam exponere ſe morti, quàm offendere Deum. In hâc occaſione poſſet haberi recurſus ad alia media ad defendendum ſe ab hâc vexatione Diaboli ; & hæc ſunt notata in capite *ſi per Sortiarias, 33. q. 2. ſi per Sortiarias atque maleficas, ccculto ſed nunquàm injuſto Dei judicio permittente, & Diabolo præparante,* &. Hortandi ſunt quibus iſta eveniunt, ut corde contrito, & ſpiritu humiliato, Deo & Sacerdoti de omnibus peccatis ſuis puram Confeſſionem faciant, & profuſis lacrymis, & largioribus eleemoſynis, & orationibus, & jejuniis Domino ſatisfaciant, & per Exorciſmos, ac cætera Eccleſiaſticæ medicinæ munia, Miniſtri Eccleſiæ tales, quantùm Dominus annuerit, ſanare procurent. Hæc quoque eſt mens Bartholomæi de Spinâ, Magiſtri quondam ſacri Palatii *in Tract. de Strigibus c.* 33. qui enim in hujuſmodi maleficiis & in aliis curandis obſervarent ea, quæ docet caput, *ſi per Sortiarias* 33. q. 2. facilè per miſericordiam Dei curarentur.

Deliberatum in Sorbonâ 1693.
G. Fromageau.
C. De Precelles.
Thomas Durieraz.
*Alia Reſolutio Doctoris particularis Pariſ.
ad difficultatem propoſitam.*

Videtur quòd non debeat permitti ; ut viſitentur ſepulchra, amputetur caput, aperiatur cor defuncti, excipiatur ſanguis ex illo corpore, fiat panis, manducetur vel potetur, neque aliquid ex præfatis fiat, propter quamcunque cauſam, & ſub qualicunque prætextu ; quia videtur quòd ſint mala & ſuperſtitioſa, quòd fuerint inventa & edocta à Dæmone, & ex ſe nullam habeant virtutem & efficaciam, ad minuendam vel tollendam talem vexationem Dæmonis : ſed ipſemet operatur hos effectus, qui eis attribuuntur, & quos videntur habere, & quód eorum uſus ſupponit aliquod pactum factum cum ipſo, cui adhæretur, ſaltem implicitè, eos ad executionem deducendo. Fortaſſè illi qui ſolent facere has executiones, & qui cognoſcunt ſæpè perſonas vexatas, habent aliquod commercium cum Dæmone ; & Confeſſarii debent ab eis inquirere quâ viâ cognoſcunt tales perſonas eſſe vexatas, & quis eos docuit hoc uti remedio ; tales verò perſonas oportet adducere, ut recurrant ad Deum per frequen- tes orationes, ad implorandum auxilium & interceſſionem B. Virginis, & Sanctorum Angelorum, & aliorum Sanctorum, ut per Confeſſionem factam ſint in ſtatu gratiæ, & ut nihil ſit in eorum conſcientiâ de quo poſſint à Dæmone argui : ut devotè communicent, procurent celebrari Miſſas ad eorum intentionem, ut jejunent, eleemoſynam dent, & alia bona opera faciant. Bonum etiam eſſet uti Exorciſmis, Benedictionibus, & Orationibus ab Eccleſiâ inſtitutis, & quibus utitur ad exorciſandum Diabolum, & ad impediendum ne noceat hominibus. Demùm magnum remedium eſt procurare, ut populus afflictus ſit benè inſtructus, & ſciat Myſteria & veritates Religionis, & omnes obligationes noſtras, ad quas profeſſio Chriſtianitatis nos obligat, & chriſtianè pièque vivant ; quia ubi Deus cognoſcitur, adoratur, & fideliter ſervitur, Dæmon parùm habet poteſtatis, & ſuperſtitiones ibi non habent locum. Videatur Vallenſis *jus Can. lib. 3. tit.* 30. §. 9. *de Parœciis & Parochianis*, ubi, multa & pœna civilis 100. aureorum, & capitalis criminalis ſtatuitur in violantes ſepulchra.

CHAPITRE LXII.

Remarques sur la Dissertation touchant l'Esprit revenu à S. Maur des Fossés.

LA Dissertation suivante sur l'Apparition arrivée à S. Maur près Paris en 1706. m'étoit entiérement inconnue. Un ami qui prenoit quelque part à mon ouvrage sur les Apparitions, me fit demander par lettres, si je trouverois bon qu'on la fit imprimer à la suite de mon écrit ; j'y consentis sans peine, sur le témoignage qu'il me rendit que c'étoit l'ouvrage d'une main habile, & qui méritoit qu'on le préservât de l'oubli où il étoit tombé. J'ai appris depuis qu'elle étoit imprimée au quatriéme tome du Traité des superstitions du R. P. le Brun de l'Oratoire.

Après l'impression, un Religieux habile[1] m'écrit d'Amiens en Picardie, qu'il a remarqué dans cette Dissertation cinq ou six propositions qui lui paroissoient fausses.

1º. Ce que dit l'Auteur, que tous les saints Docteurs conviennent qu'il ne reste aux Démons aucun moyen de nous tromper que la suggestion, que Dieu leur a laissée pour exercer notre vertu.

2°. A l'égard de tous ces prodiges & de ces maléfices si ordinaires, que le Peuple attribue au sortilege & au commerce avec le Démon, il est constant qu'on ne peut les opérer que par la Magie naturelle : c'est le sentiment de la plûpart des Peres de l'Eglise qui en ont parlé.

3°. Toute la part qu'ont les Démons dans les pratiques criminelles de ceux qu'on nomme communément Sorciers, est la suggestion, par laquelle ils les invitent à la recherche abominable de toutes les causes naturelles, qui peuvent nuire au prochain.

4°. Quoique ceux qui ont voulu soûtenir cette erreur populaire du retour des Ames du Purgatoire, ayent fait leurs efforts pour s'appuyer sur différens passages tirés de S. Augustin, de S. Jérôme, de S. Thomas, &c. il est constant que tous ces Peres ne parlent que du retour des ames bienheureuses, pour manifester la gloire de Dieu.

5°. De quoi ne peut-on pas croire l'imagination capable, après une si forte preuve de son pouvoir ? Peut-on douter, que parmi toutes les Apparitions prétendues qu'on raconte, elle n'opére seule toutes celles qui ne viennent pas des Anges & des ames bienheureuses, & qui ne sont pas de la malice des hommes ?

6°. Après avoir suffisamment établi, que toutes les Apparitions qui ne peuvent pas être attribuées à des Anges ou à des ames bienheureuses, ne sont produites que par l'une de ces trois causes : premiérement, la force de l'imagination ; secondement, l'extrême subtilité des sens ; &

troisiément, la dépravation des organes, tels qu'ils sont dans la folie & dans les fiévres chaudes.

Le Religieux qui m'écrit, soûtient que la première proposition est fausse ; que les anciens Peres de l'Eglise attribuent au Démon la plûpart des effets extraordinaires qui se font par certains tons de voix, par des figures, des Fantômes ; que les Exorcistes dans la primitive Eglise chassoient les Démons, de l'aveu même des Payens ; que les Anges & les Démons ont souvent apparu aux hommes ; que personne n'a parlé plus fortement des Apparitions, des Obsessions & du pouvoir du Démon que les anciens Peres ; que l'Eglise a toujours employé les Exorcismes sur les enfans présentés au Baptême, & contre les Obsédés & Possédés du Démon : ajoutez que l'Auteur de la Dissertation ne cite aucun Pere, pour appuyer sa proposition générale[2].

La seconde proposition est encore fausse : car si l'on doit attribuer à la Magie naturelle tout ce qu'on attribue aux Sorciers, il n'est donc plus de Sorciers proprement dits, & l'Eglise se trompe dans les priéres qu'elle fait contr'eux.

La troisiéme proposition est fausse par la même raison.

La quatriéme est encore plus fausse, & absolument contraire à saint Thomas, qui parlant des morts en général qui apparoissent, dit que cela arrive, ou par miracle, ou par une permission toute particuliére de Dieu, ou par l'opération des bons ou des mauvais Anges, I. Partie, q. 89. articl. 8. ad 2.

La cinquiéme propofition eft encore fauffe & contraire aux Peres, au fentiment du commun des Fidéles & aux ufages de l'Eglife. Si toutes les Apparitions qui ne viennent pas des Anges ou des Bienheureux, ou de la malice des hommes, ne viennent que de l'imagination, que deviennent toutes les Apparitions des Démons racontées par les Saints, & arrivées aux Saints ? Que deviennent en particulier les Hiftoires des Saints Solitaires, de S. Antoine, de S. Hilarion[3], &c. Que deviennent les priéres & les cérémonies de l'Eglife contre les Démons, qui obfédent, qui poffédent, qui infeftent qui apparoiffent fouvent dans les Obfeffions, les Poffeffions & infeftations ?

La fixiéme propofition eft fauffe par les mêmes raifons, & par beaucoup d'autres qu'on pourroit ajouter.

Voilà, ajoute le R. P. qui m'écrit, ce qui me fait douter fi la troifiéme Differtation a été ajoutée aux deux autres de votre aveu. J'ai foupçonné que l'Imprimeur de fon chef, ou perfuadé par des gens mal-intentionnés, auroit bien pû l'avoir ajoutée de lui-même, & fans votre participation, quoique fous votre nom : car, me difois-je à moi même, ou le R. P. approuve cette Differtation, ou il ne l'approuve pas ; il paroît qu'il l'approuve, puifqu'il dit qu'elle vient d'une main habile, & qu'il veut la préferver de l'oubli.

Or comment approuve-t-il une Differtation fauffe en elle-même, contraire à lui-même ? Quand il ne l'approuveroit pas, n'eft-ce pas trop que d'unir à fon ouvrage une méchante piéce remplie de menfonges, de déguifemens, de raifonnemens faux & foibles, oppofée à la créance commune, aux usages & aux priéres de l'Eglise, dangereuse par conséquent, & tout-à-fait favorable aux Esprits forts & incrédules, dont le siécle est rempli ? Ne devoit-il pas plutôt la combattre, & en montrer la foiblesse, la fausseté, les dangers ? Voilà, mon R. P. toute ma difficulté.

D'autres personnes m'ont fait dire, qu'ils auroient souhaité que je traitasse la matiére des Apparitions dans le goût de l'Auteur de cette Dissertation, c'est-à-dire, en pur Philosophe, & dans la vûe d'en détruire la créance & la réalité, plutôt que dans le dessein d'appuyer la créance des Apparitions si bien marquées dans les Ecritures de l'Ancien & du Nouveau Testament, dans les Peres, & dans les usages & priéres de l'Eglise. L'Auteur dont nous parlons a cité les Peres, mais en général, & sans en marquer les témoignages & les passages exprès & formels, je ne sçai s'il en fait grand cas, & s'il est fort versé dans leur lecture : cela ne paroit guére par son ouvrage.

Le grand principe sur lequel roule toute cette troisiéme Dissertation, est que depuis la venuë & la mort de Jesus-Christ, tout le pouvoir du Démon est borné à séduire, à inspirer & à persuader le mal ; mais que pour le reste, il est lié comme un lion ou un chien dans sa prison : il peut aboyer, il peut menacer ; mais il ne peut pas mordre, à moins qu'on ne veuille s'approcher de lui, & se livrer à lui, comme l'a dit véritablement saint Augustin[4], *mordere omninò non potest nisi volentem.*

Mais prétendre que Satan ne peut pas nuire, ni à la santé de l'homme & des animaux, ni aux fruits de la terre, ni nous attaquer par ſes ruſes, ſa malice, ſa fureur contre nous, ni tourmenter les perſonnes qu'il obſéde, ou qu'il poſſéde ; que les Magiciens & les Sorciers ne peuvent uſer de ſortiléges & de charmes, pour cauſer aux hommes & aux animaux des maladies mortelles, & la mort même : c'eſt attaquer directement la Foi de l'Egliſe, les ſaintes Ecritures, les Pratiques les plus ſacrées, & les ſenttimens non ſeulement des Saints Peres & des meilleurs Théologiens, mais auſſi les Loix & les Ordonnances des Princes, & les Arrêts des Parlemens les plus reſpectables.

Je ne citerai point ici les exemples tirés de l'Ancien Teſtament, l'Auteur s'étant borné à ce qui s'eſt paſſé depuis la mort & la réſurrection du Sauveur, parce que, dit-il, Jeſus-Chriſt a détruit le Royaume de Satan, & que le Prince du monde eſt déja jugé : *Princeps hujus mundi jam judicatus eſt*[5].

S. Pierre, S. Paul, S. Jean & les Evangéliſtes bien inſtruits des paroles du Fils de Dieu, & du ſens qu'on leur doit donner, nous enſeignent que Satan a demandé les Apôtres de Jeſus-Chriſt, pour les cribler comme on crible le froment[6], c'eſt-à-dire, pour les éprouver par les perſécutions, & les faire renoncer à la Foi. S. Paul ne ſe plaint-il pas *de l'Ange de Satan* qui lui donna des ſoufflets[7] ? Ceux qu'il livra à Satan pour leurs crimes[8] ne ſouffrirent-ils rien dans leurs corps ? Ceux qui communioient indignement, & qui étoient frappés de maladies ou même de mort, ne ſouffroient-ils pas ces châtimens par l'opération du Démon[9] ? L'Apôtre avertit les Corinthiens de ne se pas laisser surprendre par Satan, qui se transfigure quelquefois en Ange de lumiére[10]. Le même Apôtre parlant aux Thessaloniciens, leur dit, que l'Antechrist paroîtra avant le dernier jour[11] *selon l'opération de Satan, par un pouvoir extraordinaire, par des prodiges & des signes trompeurs.* Dans l'Apocalypse, le Démon est l'instrument dont Dien se sert pour punir les mortels, & pour leur faire boire le calice de sa colére. S. Pierre[12] ne nous dit-il pas, que le Démon rode autour de nous comme un lion rugissant, toujours prêt à nous dévorer ; & S. Paul aux Ephésiens[13], *que nous avons à combattre, non contre des hommes de chair & de sang, mais contre les Principautés, & contre les Puissances, contre les Princes du monde, c'est-à-dire, de ce siécle ténébreux, contre les Esprits de malice répandus en l'air ?*

Les Peres des premiers siécles parlent souvent du pouvoir que les Chrétiens exerçoient contre les Démons, contre ceux qui se disoient remplis de l'Esprit de Python, contre les Magiciens & les autres suppôts du Démon, principalement contre les Possédés qui étoient alors assez fréquens, & que l'on a vûs encore de tems en tems dans l'Eglise & hors de l'Eglise ; on a toujours employé contr'eux, & avec succès, les Exorcismes & les autres priéres de l'Eglise. Les Empereurs & les Rois ont employé leur autorité & la rigueur des Loix contre ceux qui se sont dévoués aux Démons, & qui ont usé de sortiléges, de charmes, & des autres moyens que le Démon emploie pour séduire, pour faire périr les hommes, les animaux, ou les fruits de la campagne.

On pourroit ajouter aux remarques du R. P. Dominicain diverſes autres propoſitions tirées du même ouvrage ; par exemple, ce que dit l'Auteur, « que les Anges connoiſſent toutes les choſes d'ici-bas : car ſi c'eſt par le moyen des eſpéces que Dieu leur communique tous les jours, comme le croit S. Auguſtin, il n'y a pas lieu de croire qu'ils ne connoiſſent tous les beſoins des hommes, & qu'ils ne puiſſent pour les conſoler & les fortifier, ſe rendre ſenſibles à eux par la permiſſion de Dieu, ſans en recevoir toujours un ordre exprès «.

Cette propoſition eſt hazardée ; il n'eſt pas certain que les Anges connoiſſent toutes les choſes d'ici-bas. Jeſus-Chriſt dans S. Matthieu xxiv. 36. dit, que les Anges ne ſavent pas le jour de ſon avenement. Il eſt encore plus douteux que les Anges puiſſent apparoître ſans un ordre exprès de Dieu, & que saint Auguſtin l'ait ainſi enſeigné.

Il dit un peu après, » que les Démons ont ſouvent apparu avant J. C. *ſous des figures phantaſtiques, qu'ils prenoient de la même maniére que les prennent les Anges,* c'eſt-à-dire, ſous des corps aëriens qu'ils organiſoient ; au-lieu qu'a préſent, & depuis la venue de Jeſus-Chriſt, les prodiges & les maléfices ſi ordinaires, que le Peuple attribuoit au ſortilége & au commerce avec les Démons, il eſt conſtant, qu'ils ne peuvent être, opérés que par la Magie naturelle, qui eſt la connoiſſance des effets ſecrets par des cauſes naturelles, & pluſieurs par la ſeule ſubtilité de l'art : c'eſt le ſentiment de la plûpart des Peres qui en ont parlé.

Cette propoſition eſt fauſſe, & contraire à la doctrine & à la pratique de l'Egliſe ; & il n'eſt pas vrai que ce ſoit le ſentiment de la plûpart des Peres, il auroit dû en citer quelques-uns[14].

Il dit que le livre de Job & le » Cantique d'Ezéchias ſont remplis de témoignages, que le Saint-Eſprit ſemble nous avoir voulu donner, que nos Ames ne peuvent revenir ſur la terre après notre mort, juſqu'à ce que Dieu en ait fait des Anges. »

Il eſt vrai que les ſaintes Ecritures parlent de la réſurrection & du retour des Ames dans leurs corps comme d'une choſe impoſſible ſelon le cours naturel. L'homme ne peut ni ſe reſſuſciter, ni reſſuſciter ſon ſemblable, ſans un effet de la Toute-Puiſſance de Dieu. Les Ames des Trépaſſés ne peuvent pas non plus apparoître aux vivans ſans l'ordre ou la permiſſion de Dieu. Mais il eſt faux de dire, *que Dieu faſſe de nos Ames des Anges, & qu'alors elles pourront apparoître aux vivans*. Nos Ames ne deviendront jamais Anges ; mais J. C. nous dit qu'après notre mort nos Ames ſeront comme les Anges de Dieu, *Matth.* XXII. 30. c'eſt-à-dire, ſpirituelles, incorporelles, immortelles, & exemptes de toutes les foibleſſes & des beſoins de la vie préſente ; mais il ne dit pas, que nos Ames doivent devenir Anges.

» Il avance que ce qu'a dit J. C. *que les Eſprits n'ont ni chair, ni os*, loin de faire croire que les Eſprits puiſſent revenir, prouve au contraire évidemment qu'ils ne peuvent fans miracle fe rendre fenfibles aux hommes ; puifqu'il faut abfolument une fubftance corporelle & des organes pour fe faire entendre, ce qui ne convient pas aux Ames qui ne peuvent naturellement être foumifes à nos fens «.

Cela n'eft pas plus impoffible, que ce qu'il a dit ci-devant des Apparitions des Anges, puifque nos Ames après la mort du corps *font femblables aux Anges,* felon l'Evangile : il reconnoît lui-même avec S. Jérôme contre Vigilance, que les Saints qui font dans le Ciel apparoiffent quelquefois vifiblement aux hommes.

D'où vient que les animaux ont auffi » bien que nous la mémoire, mais non pas les réflexions qui l'accompagnent, qui ne partent que de l'Ame qu'ils n'ont pas ?

La mémoire n'eft-elle pas la réflexion fur ce que l'on a vû, fait, ou oui ; & dans les animaux la mémoire n'eft-elle pas fuivie de la réflexion[15], puifqu'ils fe vengent de ceux qui leur ont fait du mal, qu'ils évitent ce qui les a incommodés, qu'ils prévoient ce qui peut leur en arriver, s'ils tombent dans les mêmes fautes, &c.

Après avoir parlé de la Palingénéfie naturelle, il conclut : « Ainfi l'on voit combien il y a peu de raifon de les attribuer au retour des Ames, ou aux Démons, comme ont fait quelques ignorans «.

Si ceux qui opérent les merveilles de la Palingénéfie naturelle. & qui admettent le retour naturel des Fantômes dans les cimetieres & dans les champs de bataille, ce que je ne crois point qui arrive naturellement, montroient que ces

Fantômes parlent, agiſſent, ſe meuvent, annoncent l'avenir, & font ce qu'on rapporte du retour des Ames ou des autres Apparitions, ſoit des bons, ſoit des mauvais Anges, on pourroit conclure qu'il n'y a point de raiſon de les attritribuer aux Ames, aux Anges, & aux Démons ; mais 1°. on n'a jamais pû faire paroître le Fantôme d'un homme mort par aucun ſecret de l'art. 2°. Quand on auroit pû ſuſciter ſon ombre, on ne lui auroit jamais inſpiré la penſée, ni le raiſonnement, comme on voit que les Ames, les Anges & les Démons qui apparoiſſent, raiſonnent & agiſſent, comme intelligens & doués de connoiſſance du paſſé, du préſent, & quelquefois de l'avenir.

Il nie que les Ames du Purgatoire reviennent : car ſi elles pouvoient revenir « il n'y auroit perſonne qui ne reçût de pareilles viſites de la part de ſes parens & ſes amis, puiſque toutes les Ames ſeroient dans la même diſpoſition. Il y a bien de l'apparence, dit-il, que Dieu leur accorderoit la même permiſſion ; & ſi elles avoient cette permiſſion, toutes les perſonnes de bon ſens ne comprennent pas pourquoi elles accompagneroient toutes leurs Apparitions de toutes les folies, dont on les circonſtancie dans les Hiſtoires. »

On peut répondre, que le retour des Ames ne peut dépendre ni de leur diſpoſition, ni de leur volonté, mais de la volonté de Dieu, qui accorde cette permiſſion à qui il veut, quand il veut, & comme il veut.

Le mauvais Riche demanda le retour de Lazare au monde[16] pour avertir ſes freres de ne pas tomber dans le même malheur que lui ; mais il ne put l'obtenir. Il y a une infinité d'Ames dans le même cas & dans la même diſpoſition, qui ne peuvent obtenir la permiſſion de revenir, ni par elles-mêmes, ni par d'autres[17].

Si l'on a accompagné certains récits du retour des Ames de quelques circonſtances peu ſérieuſes, cela ne fait rien contre la vérité de la choſe ; pour une relation imprudemment embellie par des circonſtances peu certaines, il y en a mille d'écrites très-ſenſément, très-ſérieuſement, & d'une manière très-conforme à la verité.

Il ſoûtient que toutes les Apparitions qui ne peuvent pas être attribuées à des Anges ou à des Ames bienheureuſes, ne ſont produites que par l'une de ces trois cauſes ; la force de l'imagination, l'extrême ſubtilité des ſens, & la dépravation des organes, tels qu'ils ſont dans la folie & dans les fiévres chaudes.

Cette propoſition eſt téméraire, & a été réfutée ci-devant par le R. P. Richard.

L'Auteur raconte tout ce qu'il a dit de l'Eſprit de S. Maur, en réduiſant le mouvement du lit fait en préſence des trois perſonnes bien éveillées, les cris redoublés d'une perſonne qu'on ne voyoit pas, d'une porte bien vérouillée, des coups redoublés donnés ſur les murailles des vitres pouſſées avec violence en préſence de trois perſonnes ſans qu'on vît l'auteur de ce mouvement ; il réduit tout cela au dérangement de l'imagination, à la ſubtilité de l'air, aux vapeurs cauſées dans le cerveau d'un malade. Que ne nioit-il tous ces faits ? Pourquoi ſe donnoit-il la peine de compoſer avec tant de ſoin une Diſſertation pour expliquer un Phénoméne qui, ſelon lui, n'a ni vérité ni réalité ?

Pour moi, je ſuis bien aiſe d'avertir le Public, que je n'adopte ni n'approuve la Diſſertation de l'Anonyme, que je ne l'ai jamais vûe que depuis l'impreſſion, que je n'en connois point l'Auteur, que je n'y prends nulle part, & n'ai nul intérêt à la défendre. Si la matiére des Apparitions étoit purement philoſophique, & qu'on pût ſans donner atteinte à la religion la réduire en problême, je m'y ferois pris autrement pour la détruire, & j'aurois donné eſſor à mon raiſonnement & à mon imagination.

---

1. ↑ *Lettre du R. P. Richard, Dominicain d'Amiens, au 29 Juill.* 1746.
2. ↑ Voyez à ce ſujet la lettre de M. le Marquis Maffei, qui ſuit.
3. ↑ L'Auteur a prévenu cette objection dès le commencement de ſa Diſſertation.
4. ↑ *Aug. Serm. de temp.* 197.
5. ↑ Joan. xvj. ii.
6. ↑ Luc. xxij. 31.
7. ↑ ii. Cor. xj. 7.
8. ↑ i. Tim. j. 2.
9. ↑ *I. Cor. xj.* 30.
10. ↑ *II. Cor. II.* ii. & xj. 14.
11. ↑ *II. ad Theſſ.* ii.
12. ↑ *I. Pet. v.* 8.
13. ↑ *Epheſ. vj.* 12.
14. ↑ Ils ſont cités dans la Lettre de M. le Marquis Maffei.
15. ↑ L'Auteur, comme on le voit, n'eſt pas Carteſien, puiſqu'il donne aux animaux même de la réflexion. Mais s'ils réfléchiſſent, ils choiſiſſent ; d'où il ſuit conſéquemment qu'ils ſont libres.
16. ↑ *Luc xiij.* 13. 14.
17. ↑ D'où l'Auteur l'a t'il appris ?

CHAPITRE LXIII.

DISSERTATION
d'un Anonyme,
Sur ce qu'on doit penser de l'Apparition des Esprits, à l'occasion de l'aventure arrivée à S. Maur en 1706.

VOus m'avez prévenu, Monsieur, au sujet de l'Esprit de S. Maur qui fait tant de bruit à Paris : car j'étois dans la résolution de vous envoyer un petit détail de cet évenemens, afin que vous me fissiez part de vos réflexions sur une matiére si délicate, & qui intéresse si fort tout le Public. Mais puisque vous avez lû la relation, je ne puis comprendre que vous ayez hésité un moment à vous déterminer sur ce que vous en deviez penser. Ce que vous me faites l'honneur de me dire, que vous avez suspendu votre jugement jusqu'à ce que je vous eusse fait part du mien, m'est trop glorieux pour que je puisse me le persuader, & je trouve plus d'apparence à croire, que c'est un tour que vous me voulez jouer, pour voir de quelle maniére je me tirerai d'un pas si glissant. Cependant je ne puis résister aux priéres ou plutôt aux ordres dont est remplie votre lettre ; & j'aime mieux m'exposer aux plaisanteries des Esprits forts, ou aux reproches des crédules, qu'à la coléres des personnes dont vous me menacez.

Vous demandez si je crois qu'il revienne des Esprits, & si le fait arrivé à S. Maur peut être attribué à quelqu'une de ces substances incorporelles.

Pour répondre à vos deux questions dans le même ordre que vous me les proposez, je vous dirai d'abord, que les anciens Payens reconnoissoient plusieurs sortes d'Esprits, qu'ils nommoient *Lares, Lamies, Larves, Lemures, Genies, Manes*.

Pour nous, sans nous arrêter à la folie de nos Philosophes cabalistes, qui imaginent des Esprits dans tous les Elemens, appellant *Sylphes* ceux qu'ils prétendent habiter dans l'air, *Gnômes* ceux qu'ils feignent être dans la terre, *On- dains* ceux de l'eau, & *Salamandres* ceux du feu ; nous ne reconnoissons que trois sortes d'Esprits créés, savoir les Anges, les Démons, & les Ames que Dieu a unies à nos corps, & qui en sont séparées par la mort.

L'Ecriture sainte parle en trop d'endroits des Apparitions des Anges à Abraham, à Jacob, à Tobie, & à plusieurs autres saints Patriarches & Prophétes, pour que nous en puissions douter. D'ailleurs comme leur nom signifie leur ministére, étant créés de Dieu pour être ses Messagers & les Exécuteurs de ses ordres, il est aisé de croire qu'ils ont souvent apparu visiblement aux hommes, pour leur annoncer les volontés du Tout-Puissant. Presque tous les Théologiens conviennent, que les Anges apparoissent sous des corps aëriens dont ils se revêtissent.

Pour faire comprendre de quelle maniére ils prennent & se pétrissent ces corps pour se rendre visibles aux hommes, & s'en faire entendre, il faut d'abord expliquer comment se fait la vision, qui n'est que le rapport de l'espéce dans l'organe de la vûe. Cette espéce est le rayon de la lumiére rompu & modifié sur un corps, sur lequel formant différens angles, cette lumiére se convertit en couleurs. Car un angle de certaine maniére fait du rouge, un autre du verd, du bleu ou du jaune, & ainsi de toutes les couleurs, comme nous les appercevons dans le verre triangulaire, sur lequel le rayon du Soleil réfléchi forme les différentes couleurs de l'Arc-en-Ciel ; l'espéce visible n'est donc autre chose que le rayon de la lumiére, qui rejaillit depuis l'objet sur lequel il s'est rompu jusques dans l'œil.

Or la lumiére ne tombe, que sur trois sortes d'objets ou de corps, dont les uns sont diaphanes, les autres opaques, & les autres participent des deux qualités, étant en partie diaphanes, & en partie opaques. Lorsque la lumiére tombe sur un corps diaphane qui est rempli d'une infinité de petits pores, comme l'air, elle passe au travers, & ne fait point de réflexion. Lorsque la lumiére tombe sur un corps entiérement opaque, comme est une fleur, ne pouvant le pénétrer, son rayon se réfléchit dessus & retourne de la fleur à l'œil, où elle porte l'espéce, & fait distinguer les couleurs, selon les angles formés par cette réflexion. Si le corps sur lequel tombe la lumiére est en partie opaque & en partie diaphane, comme est le verre, elle passe au travers par le diaphane, c'est-à-dire, par les pores du verre qu'elle pénétre,

& fait reflexion fur les parties opaques, c'eft-à-dire qui ne font pas poreufes. Ainfi l'air eft invifible, parce qu'il eft abfolument pénétré par la lumiére. La fleur renvoie à l'œil une couleur, parce qu'étant impénétrable à la lumiére, elle l'oblige de réfléchir ; & le verre n'eft vifible, que parce qu'il contient quelques parties opaques, qui felon la diverfité des angles que forme le rayon de la lumiére qui donne deffus, réfléchit différentes couleurs.

Voilà la manière dont fe forme la vifion, deforte que l'air étant invifible à caufe de fa grande diaphanéité, un Ange ne peut s'en revêtir & fe faire voir, qu'en épaiffiffant tellement l'air, que de diaphane il le rende opaque, & capable de réfléchir le rayon de la lumiére jufqu'à l'œil de celui qui l'apperçoit. Or comme les Anges ont des connoiffances & des puiffances bien au-delà de ce que nous pouvons imaginer, il ne faut pas s'étonner s'ils peuvent fe former des corps aëriens, qui feront vifibles par l'opacité qu'ils leur donneront. A l'égard des organes néceffaires à ces corps aëriens pour former des fons, & fe faire entendre, fans avoir recours à la difpofition de la matiére, il les faut attribuer entiérement au miracle.

C'eft ainfi que les Anges ont apparu aux faints Patriarches. C'eft ainfi que les Ames glorieufes qui participent à la nature des Anges, fe peuvent revêtir d'un corps aërien pour fe rendre vifibles, & que les Démons mêmes peuvent en épaiffiffant & condenfant l'air, s'en former des corps pour fe rendre vifibles aux hommes par une permiffion toute particuliére de Dieu, & pour accomplir les secrets de sa Providence ; comme on dit qu'ils ont apparu à S. Antoine le solitaire, & à d'autres Saints pour les tenter.

Pardonnez-moi, Monsieur, cette petite digression physique, dont je n'ai pû me dispenser pour faire comprendre la maniére dont les Anges, qui sont des substances purement spirituelles, peuvent tomber sous nos sens charnels.

La seule chose dont les saints Docteurs ne sont point d'accord sur ce sujet, c'est de sçavoir si les Anges apparoissent aux hommes de leur propre mouvement, ou ils ne le peuvent faire que par un ordre exprès de Dieu ? Il me semble que rien ne peut contribuer à décider cette difficulté, que de déterminer la maniére dont les Anges connoissent toutes les choses d'ici-bas : car si c'est par le moyen des espéces que Dieu leur communique tous les jours, comme le croit S. Augustin, il n'y a pas lieu de douter qu'ils ne connoissent tous les besoins des hommes, & qu'ils ne puissent pour les consoler & les fortifier se rendre sensibles à eux par la permission de Dieu, sans en recevoir toujours un ordre exprès : ce qu'on peut conclure de ce que dit S. Ambroise au sujet de l'Apparition des Anges, que leur nature les rend invisibles, & que leur volonté les rend visibles ; *hujus naturæ est non videri, voluntatis, videri*[1].

Pour ce qui est des Démons, il est certain que leur pouvoir étoit bien grand avant la venue de J. C. puisqu'il les nomme lui-même *les Puissances des ténèbres*, & *les Princes du monde*. On ne peut douter qu'ils n'ayent long-tems trompé les hommes par les prodiges qu'ils faifoient opérer à ceux qui fe dévouoient plus particuliérement à eux ; que plufieurs Oracles n'ayent été un effet de leur puiffance & de leurs connoiffances, quoi qu'une partie fe doive attribuer à la fubtilité des hommes ; & qu'ils n'ayent apparu fous des figures phantaftiques, qu'ils prenoient de la même maniére que les prennent les Anges, c'eft-à-dire, fous des corps aëriens qu'ils organifoient. L'Ecriture fainte nous affure même, qu'ils s'emparoient des corps de perfonnes vivantes. Mais J. C. dit trop précifément, qu'il a détruit l'empire des Démons & nous a affranchis de leur tyrannie, pour qu'on puiffe raifonnablement penfer qu'ils ayent encore fur nous la puiffance qu'ils avoient autrefois, jufqu'à opérer des chofes qui paroiffoient miraculeufes ; comme on le raconte de cette Veftale, qui porta de l'eau dans un crible pour prouver fa virginité, & de celle qui avec fa fimple ceinture fit remonter fur le Tibre un bateau qui étoit tellement engravé, que toute la force humaine ne le pouvoit ébranler : prefque tous les Saints Docteurs conviennent, qu'il ne leur refte d'autre moyen de nous tromper, que par la fuggeftion que Dieu leur a voulu laiffer pour exercer notre vertu.

 Je ne m'amuferai point à combattre toutes les impoftures qu'on a publiées des Démons incubes & fuccubes, dont quelques Auteurs ont fali leurs écrits, non plus qu'à répondre aux prétendues Poffeffions des filles de Loudun, & de Marthe Broffier[2], qui ont fait tant de bruit à Paris au commencement du dernier fiécle, parce que plufieurs Savans qui nous ont donné leurs réflexions fur ces aventures, ont aſſez fait voir que les Démons n'y ont eu aucune part ; & la derniére ſur tout eſt parfaitement détruite par le rapport de Mareſcot célébre Médecin, qui fut député par la Faculté de Théologie, pour examiner cette fille qui faiſoit tant de merveilles. Voici ſes propres paroles, qui peuvent ſervir d'une réponſe générale à toutes ces ſortes d'aventures : *à naturâ multa, plura ficta, à Dœmone nulla.* C'eſt-à-dire que le tempérament de Marthe Broſſier qui étoit apparemment fort mélancolique & hypocondriaque, contribuoit beaucoup à ſes Enthouſiaſmes, qu'elle en feignoit encore plus, & que le Démon n'y avoit aucune part.

Si quelques Peres, comme S. Thomas, croyent que les Démons opérent quelquefois des effets ſenſibles, ils ajoutent toujours que ce ne peut être que par une permiſſion toute particuliére de Dieu, pour ſa gloire & le ſalut des Hommes.

A l'égard de tous ces prodiges & de ces maléfices ſi ordinaires, que le Peuple attribue aux Sortileges ou au commerce avec les Démons, il eſt conſtant qu'ils ne peuvent être opérés que par la Magie naturelle qui eſt la connoiſſance des effets ſecrets des cauſes naturelles, & pluſieurs par la ſeule ſubtilité de l'art. C'eſt le ſentiment de la plûpart des Peres de l'Egliſe qui en ont parlé ; & ſans en chercher des témoignages dans les Auteurs du Paganiſme, comme Xenophon, Athénée & Pline, dont les ouvrages ſont remplis d'une infinité de merveilles toutes naturelles, nous voyons de notre tems des effets ſi ſurprenans de la nature, comme ceux de l'aiman, de l'acier, du mercure, que nous les attribuerions aux Sortiléges comme ont fait les Anciens, si nous n'en avions des démonstrations toutes sensibles. Nous voyons aussi des bâteleurs & joueurs de gibeciere faire des choses si extraordinaires, & qui semblent si opposées à la nature, que nous regarderions ces charlatans comme des Magiciens, si nous ne sçavions par expérience, que leur seule adresse jointe à la force de l'habitude leur fait opérer tant de choses, qui nous paroissent merveilleuses.

Toute la part qu'ont les Démons dans les pratiques criminelles de ceux qu'on nomme communément des Sorciers, est la suggestion, par laquelle ils les invitent à la recherche abominable de toutes les causes naturelles qui peuvent nuire au prochain.

Me voici enfin, Monsieur, au point le plus délicat de votre question, qui est de sçavoir si nos Ames peuvent revenir sur la terre, après qu'elles sont séparées de nos corps.

Comme les anciens Philosophes erroient si fort sur la nature des Ames, les uns croyant que ce n'étoit qu'un feu qui nous animoit, les autres un air subtil, & d'autres assurant que ce n'étoit rien autre chose que le bon arrangement de toute la machine du corps, ce qui n'étoit point à admettre, non plus que dans les bêtes ; il ne faut pas s'étonner qu'ils ayent eu des idées si grossiéres sur leur état après la mort.

L'erreur des Grecs, qu'ils ont communiquée aux Romains, & ceux-ci à nos anciens Gaulois, étoit que les Ames dont les corps n'étoient pas solennellement ensévelis par le ministére des Prêtres de la Religion, erroient hors des enfers sans trouver de repos, jusqu'à ce qu'on eût brûlé leurs corps & recueilli leurs cendres. Homére fait apparoître

Patrocle tué par Hector à son mi Achille pendant la nuit, pour lui demander la sépulture, sans laquelle il est privé, dit-il, de la douceur de passer le fleuve Acheron. Il n'y avoit que les Ames de ceux qui avoient été noyés, qu'ils croyoient ne pouvoir revenir après leur mort ; dont l'on trouve une plaisante raison dans Servius interpréte de Virgile, qui dit que la plûpart des Sçavans du tems de Virgile, & Virgile lui-même, croyant que l'Ame n'étoit autre chose qu'un feu qui anime & fait agir le corps ; ils étoient persuadés que le feu étoit entiérement éteint par l'eau, comme si le matériel pouvoit agir sur le spirituel. Virgile explique clairement son sentiment au sujet des Ames dans ces vers :

Igneus est ollis vigor & cœlestis origo.

Et peu a près… *totos inffusa per artus*

Mens agitat molem, & toto se corporemiscet ; pour marquer l'Ame universelle du monde, qu'il croyoit avec la plûpart des Philosophes de son tems.

C'étoit encore une erreur commune parmi les Payens, de croire que les Ames de ceux qui étoient morts avant leur juste âge, qu'ils mettoient à l'extrémité de la croissance, erroient vagabondes jusqu'à ce que le tems fût venu auquel elles devoient naturellement être séparées de leurs corps. Platon plus pénétrant & mieux instruit que les autres, quoique dans l'erreur comme eux, disoit que les Ames des Justes qui avoient suivi la vertu montoient au Ciel, & que celles qui avoient été impies, retenant encore la contagion de la matiére terrestre du corps, erroient sans cesse autour des sépulchres, apparoissant comme des Ombres & des Fantômes.

Pour nous à qui la Religion apprend, que nos Ames sont des substances spirituelles créées de Dieu, & unies pour quelque tems à des corps, nous savons qu'il y a pour elles après la mort trois différens états.

Celles qui jouissent de la béatitude éternelle, toutes abîmées, comme parlent les saints Docteurs, dans la contemplation de la gloire de Dieu, ne laissent pas de s'intéresser encore à ce qui regarde les hommes, dont elles ont éprouvé les miséres ; & comme elles sont parvenues au bonheur des Anges, tous les Ecrivains sacrés leur attribuent le même privilége, de pouvoir sous des corps aëriens se rendre visibles à leurs Freres qui sont encore sur la terre, pour les consoler, & leur apprendre les volontés divines, & ils nous en rapportent plusieurs Apparitions qui sont toujours arrivées par une permission particuliére de Dieu.

Les Ames que l'abomination de leurs crimes a plongées dans ce goufre de tourmens que l'Ecriture appelle Enfer, étant condamnées à y être éternellement retenues, sans pouvoir espérer aucun soulagement, n'ont garde d'avoir la permission de venir parler aux hommes sous des corps phantastiques. L'Ecriture nous marque assez l'impossibilité de ce retour par le discours qu'elle met dans la bouche du mauvais Riche dans l'Enfer, qu'elle introduit parlant à Abraham : il ne demande pas la permission d'aller lui-même avertir ses freres qui sont sur la terre, d'éviter les tourmens qu'il souffre, parce qu'il fait que cela n'est pas possible ;

mais il prie Abraham d'y envoyer le Lazare qui étoit dans la gloire ; & pour marquer en paſſant combien les Apparitions des Ames bien-heureuſes & des Anges ſont rares, Abraham lui répond, que cela ſeroit inutile, puiſque ceux qui ſont ſur la terre ont des Prophétes & une Loi, qu'ils n'ont qu'à ſuivre.

L'Hiſtoire du Chanoine de Reims dans l'onziéme ſiécle, qui au milieu du ſervice ſolennel qu'on faiſoit pour le repos de ſon Ame, parla hautement, & dit qu'il étoit jugé & condamné, a été réfutée par tant[3] de Sçavans, qui ont fait remarquer viſiblement la ſuppoſition de ce fait qui ne ſe trouve dans aucun Auteur contemporain, que je ne penſe pas qu'aucune perſonne éclairée me la puiſſe objecter. Mais quand elle ſeroit auſſi inconteſtable qu'elle eſt apocryphe, il me ſeroit aiſé de répondre, que la converſion de S. Bruno qui a fait gagner tant d'Ames à Dieu, étoit un aſſez grand motif pour donner lieu à la divine Providence de faire un miracle auſſi éclatant.

Il me reſte à examiner ſi les Ames qui ſont dans le Purgatoire, où elles expient le reſte de leurs crimes avant de paſſer au ſéjour bienheureux, peuvent venir converſer avec les hommes, & leur demander des priéres pour leur ſoulagement.

Quoique ceux qui ont voulu ſoutenir cette erreur populaire, ayent fait leurs efforts pour l'appuyer ſur differens paſſages tirés de S. Auguſtin, de S. Jerôme, & de S. Thomas, il eſt conſtant que tous ces Peres ne parlent que du retour des Ames bien-heureuſes pour manifeſter la gloire de Dieu, & que S. Auguſtin dit préciſément, que s'il étoit poſſible que les Ames des morts apparuſſent aux hommes, il n'y auroit point de jour qu'il ne fût viſité de ſa Mere Monique.

Tertullien dans ſon traité de l'Ame ſe moque de ceux de ſon tems qui croyoient les Apparitions. S. Jean Chriſoſtome parlant au ſujet de Lazare, les nie formellement, auſſi bien que le Gloſſateur du Droit Canon Jean Andreas, qui appelle Fantômes de l'imagination malade & vaines Apparitions ce qu'on publie des Ames qu'on croit voir ou entendre. Le ſeptiéme Chapitre de Job & le Cantique du Roi Ezéchias rapporté au Chapitre 38 d'Iſaïe, ſont tous remplis de témoignages que le S. Eſprit ſemble nous avoir voulu donner de cette vérité, que nos Ames ne peuvent revenir ſur la terre après notre mort, juſqu'à ce que Dieu en ait fait des Anges.

Mais pour mieux l'établir encore, il faut répondre aux plus fortes objections de ceux qui la combattent. Ils rapportent le ſentiment des Juifs, qu'ils prétendent prouver par le témoignage de Joſephe & des Rabins ; les paroles de J. C. à ſes Apôtres, lorſqu'il leur apparut après ſa Réſurrection ; l'autorité du Concile[4] Eliberitain ; quelques paſſages de S. Jerôme dans ſon traité contre Vigilance ; des Arrêts rendus en différens Parlemens, par leſquels les baux de pluſieurs maiſons ont été réſolus à cauſe des Eſprits qui y revenoient journellement & tourmentoient les Locataires ; enfin un nombre infini d'exemples qui ſont répandus dans toutes les Hiſtoires.

Pour détruire en peu de mots toutes ces autorités, je dis d'abord, qu'on ne peut pas conclure que les Juifs cruffent le retour des Ames après la mort, de ce que Jofephe affure que l'Efprit que la Pythoniffe fit apparoître à Saül, étoit le véritable efprit de Samüel : car outre que la fainteté de ce Prophète l'avoit mis au nombre des bienheureux, il y a dans cette Apparition des circonftances, qui font que la plûpart des faints Docteurs[5] ont douté, que ce fût l'Efprit de Samuel, croyant que ce pouvoit être un preftige dont la Pythoniffe trompoit Saül, & lui faifoit croire qu'il voyoit ce qu'il avoit envie de voir.

Ce que plufieurs Rabins[6] rapportent des Patriarches, des Prophétes & des Rois qu'ils ont vûs fur la montagne de Garifim, ne prouve pas non plus que les Juifs cruffent que les Ames des morts pouvoient revenir, puifqu'outre que ce n'étoit qu'une vifion procédant de l'efprit extafié qui croyoit voir ce qu'il ne voyoit pas véritablement, tous ceux qui compofoient cette Apparition étoient des perfonnes de la fainteté defquelles les Juifs étoient perfuadés. Ce que dit J. C. à fes Apôtres, que les Efprits n'ont *ni chair, ni os,* loin de faire croire que les Efprits puiffent revenir, prouve au contraire évidemment, qu'ils ne peuvent fans miracle fe rendre fenfibles aux hommes, puifqu'il faut abfolument une fubftance corporelle & des organes pour fe faire entendre ; ce qui ne convient point aux Ames, qui étant des fubftances pures & exemptes de toute matiére, font invifibles, & ne peuvent naturellement être foumifes à nos fens.

Le Concile Provincial Eliberitain tenu en Espagne sous le Pontificat de Sylvestre I. lequel défend d'allumer de jour des cierges dans les cimetiéres des Martyrs, ajoutant pour raison, qu'il ne faut pas inquiéter les esprits des Saints, n'est d'aucune considération ; parce qu'outre que ces paroles sont sujettes à différentes interprétations, & peuvent même avoir été insérees par un Copiste, comme le croyent quelques Sçavans, elles ne regardent que les Martyrs, dont on ne peut pas douter, que les Ames ne soient bienheureuses.

Je réponds la même chose au passage de S. Jérôme ; parce que combattant l'Hérésiarque Vigilance, qui traitoit d'illusions tous les miracles qui se faisoient aux tombeaux des Martyrs, il s'efforce de lui prouver, que les Saints qui sont dans le Ciel prennent toujours part aux miséres des hommes, & leur apparoissent même quelquefois visiblement pour les fortifier & les consoler.

Pour ce qui est des Arrêts qui ont annullé les baux de plusieurs maisons à cause des incommodités que les Esprits y causoient aux Locataires, il suffit d'examiner les moyens & les raisons sur lesquels ils ont été obtenus, pour comprendre ou que les Juges ont été induits en erreur par les préjugés de leur enfance, ou que comme ils sont obligés de déférer aux preuves qui sont produites, souvent même contre leurs propres connoissances, ils ont été trompés par l'imposture ou par la simplicité des témoins.

A l'égard des Apparitions dont toutes les Histoires sont remplies, une des plus fortes qu'on me puisse objecter, & à laquelle je me crois le plus obligé de répondre, est celle qu'on prétend être arrivée à Paris dans le dernier siécle, & dont on cite plus de cinq-cens témoins, qui ont examiné la vérité du fait avec une attention particuliére. Voici l'aventure telle que la rapportent ceux qui ont écrit dans le tems qu'elle s'est passée.

Le Marquis de Rambouillet, frere aîné de Madame la Duchesse de Montauzier, & le Marquis de Précy, aîné de la maison de Nantouillet, tous deux âgés de 25 à 30 ans, étoient intimes amis & alloient à la guerre, comme y vont en France toutes les personnes de qualité. Comme ils s'entretenoient un jour ensemble des affaires de l'autre monde, aprés plusieurs discours qui témoignoient assez qu'ils n'étoient pas trop persuadés de tout ce qui s'en dit, ils se promirent l'un à l'autre, que le premier qui mourroit en viendroit apporter des nouvelles à son compagnon : au bout de trois mois le Marquis de Rambouillet partit pour la Flandre, où la guerre étoit pour lors ; & de Précy arrêté par une grosse fiévre, demeura à Paris. Six semaines après de Précy entendit sur les six heures du matin tirer les rideaux de son lit, & se tournant pour voir qui c'étoit, il apperçut le Marquis de Rambouillet en bufle & en bottes : il sortit de son lit, & voulut sauter à son col, pour lui témoigner la joie qu'il avoit de son retour ; mais Rambouillet reculant quelques pas en arriére, lui dit que ces caresses n'étoient plus de saison ; qu'il ne venoit que pour s'acquitter de la parole qu'il lui avoit donnée ; qu'il avoit été tué la veille en telle occasion ; que tout ce que l'on disoit de l'autre monde étoit très-certain ; qu'il devoit songer à vivre d'une autre maniére ; & qu'il n'avoit point de tems à perdre, parce qu'il feroit tué dans la premiére occafion où il fe trouveroit.

On ne peut exprimer la furprife ou fut le Marquis de Précy à ce difcours : ne pouvant croire ce qu'il entendoit, il fit de nouveaux efforts pour embraffer fon ami qu'il croyoit le vouloir abufer ; mais il n'embraffa que du vent, & Rambouillet voyant qu'il étoit incrédule, lui montra l'endroit où il avoit reçu le coup, qui étoit dans les reins, d'où le fang paroiffoit encore couler. Après cela le Fantôme difparut, & laiffa de Précy dans une frayeur plus aifée à comprendre qu'à décrire ; il appella en même tems fon valet de chambre, & réveilla toute la maifon par fes cris : plufieurs perfonnes accoururent, à qui il conta ce qu'il venoit de voir. Tout le monde attribua cette vifion à l'ardeur de fa fiévre, qui pouvoit altérer fon imagination ; on le pria de fe recoucher, lui remontrant qu'il falloit qu'il eût rêvé ce qu'il difoit. Le Marquis au défefpoir de voir qu'on le prenoit pour un vifionnaire, raconta toutes les circonftances que je viens de dire ; mais il eut beau protefter qu'il avoit vû & entendu fon ami en veillant, on demeura toujours dans la même penfée jufqu'à l'arrivée de la pofte de Flandre, par laquelle on apprit la mort du Marquis de Rambouillet.

Cette premiére circonftance s'étant trouvée véritable & de la maniére que l'avoit dit Précy, ceux à qui il avoit conté l'aventure commencerent à croire qu'il en pouvoit être quelque chofe, parce que Rambouillet ayant été tué précifément la veille du jour qu'il l'avoit dit, il étoit impoffible qu'il l'eût apprit naturellement. Cet évenement s'étant répandu dans Paris, on crut que c'étoit l'effet d'une imagination troublée, ou un conte fait à plaisir, & quoi que pussent dire les personnes qui examinoient la chose sérieusement, il resta toujours dans les esprits un soupçon, qu'il n'y avoit que le tems qui pût dissiper. Cela dépendoit de ce qui arriveroit au Marquis de Précy, lequel étoit menacé de périr à la premiére occasion : ainsi chacun regardoit son sort comme le dénouement de la piéce ; mais il confirma bientôt tout ce dont on doutoit : car dès qu'il fut guéri de sa maladie, les guerres civiles étant survenues, il voulut aller au combat de S. Antoine, quoique son pere & sa mere qui craignoient la Prophétie, dissent tout ce qu'ils purent pour l'en empêcher ; il y fut tué au grand regret de toute sa famille.

En supposant la vérité de toutes les circonstances de ce fait, voici ce que je dirai pour détruire les conséquences qu'on en veut tirer.

Il n'est pas difficile de comprendre que l'imagination du Marquis de Précy échauffée par la fiévre, & troublée par le souvenir de la promesse que le Marquis de Rambouillet & lui s'étoient faite, lui ait représenté le Fantôme de son ami, qu'il sçavoit être aux coups, & à tout moment en danger d'être tué. Les circonstances de la blessure du Marquis de Rambouillet & la prédiction de la mort de Précy qui se trouva accomplie, ont quelque chose de plus grave : cependant ceux qui ont éprouvé quelle est la force des préssentimens, dont les effets sont tous les jours si ordinaires, n'auront pas de peine à concevoir que le

Marquis de Précy, dont l'efprit agité par l'ardeur de fon mal fuivoit fon ami dans tous les hazards de la guerre, & s'attendoit toujours à fe voir annoncer par fon Fantôme ce qui lui devoit arriver à lui même, ait prévû que le Marquis de Rambouillet avoit été tué d'un coup de moufquet dans les reins, & que l'ardeur qu'il fe fentoit lui-même pour fe battre le feroit périr à la premiere occafion. On verra par les paroles de S. Auguftin que je rapporterai dans la fuite, combien ce Docteur de l'Eglife étoit perfuadé de la force de l'imagination, à laquelle il attribue la connoiffance des chofes à venir. J'établirai encore l'autorité des préfentimens par un exemple des plus finguliers.

Une Dame d'efprit que je connois particuliérement, étant à Chartres où elle faifoit fon féjour, fongea la nuit dans fon fommeil qu'elle voyoit le Paradis, qu'elle fe repréfentoit comme une fale magnifique, autour de laquelle étoient en différens dégrés, les Anges, les Efprits bienheureux, & Dieu qui préfidoit au milieu dans un Trône éclatant : elle entendit frapper à la porte de ce lieu plein de délices, & S. Pierre l'ayant ouverte, elle vit paroître deux très-petits enfans, dont l'un étoit vêtu d'une robe blanche, & l'autre étoit tout nud. S. Pierre prit le premier par la main & le conduifit au pied du Trône, & laiffa l'autre à la porte qui pleuroit amérement ; elle fe réveilla en ce moment, & raconta fon rêve à plufieurs perfonnes, qui le trouverent tout-à-fait particulier. Une lettre qu'elle reçut de Paris l'après-midi lui apprit, qu'une de fes filles étoit accouchée de deux enfans qui étoient morts, & dont il n'y en avoit qu'un qui eût reçu le Baptême.

De quoi ne peut-on pas croire l'imagination capable après une fi forte preuve de fon pouvoir ? Peut-on douter que parmi toutes les prétendues Apparitions qu'on raconte, elle n'opére feule toutes celles qui ne viennent pas des Anges & des Ames bienheureufes, ou qui ne font pas l'effet de la malice des hommes ?

Pour expliquer plus au long ce qui a donné lieu aux Fantômes, dont on a publié les Apparitions dans tous les tems, fans me prévaloir du fentiment ridicule des Sceptiques qui doutent de tout, & avancent que nos fens, quelque fains qu'ils foient, ne fçauroient rien imaginer que fauffement ; je remarquerai que les plus fages d'entre les Philofophes foûtiennent, que la mélancolie abondante, la colére, la frénéfie, la fiévre, les fens dépravés ou débilités, foit naturellement, foit par accident, peuvent faire imaginer, voir & entendre beaucoup de chofes qui n'ont nul fondement.

Ariftote dit[Z], qu'en dormant, les fens intérieurs agiffent par le mouvement local des humeurs & du fang, & que cette action defcend quelquefois jufqu'aux organes fenfitifs, de forte qu'au réveil les perfonnes les plus fages penfent voir, les images qu'elles ont fongées.

Plutarque en la vie de Brutus rapporte, que Caffius perfuada à Brutus, qu'un Spectre que ce dernier publioit avoir vû en veillant, étoit un effet de fon imagination ; voici le raifonnement qu'il lui met en la bouche.

» L'esprit de l'homme étant de sa nature extrêmement actif & dans un mouvement continuel, qui produit toujours quelque fantaisie : sur-tout les personnes mélancoliques comme vous, Brutus, sont plus sujettes à se former dans l'imagination des espéces, qui passent souvent jusqu'à leurs sens extérieurs. »

Galien si habile dans la connoissance de tous les ressorts du corps humain, attribue les Spectres à l'extrême subtilité de la vue & de l'ouie.

Ce que j'ai lû dans Cardan semble établir le sentiment de Galien. Il dit qu'étant dans la ville de Milan, le bruit se répandit qu'il y avoit un Ange en l'air qui paroissoit visiblement, & qu'étant accouru sur la place, il le vit lui-même avec plus de deux mille personnes. Comme les plus sçavans étoient dans l'admiration de ce prodige, un habile Jurisconsulte qui survint ayant examiné la chose avec attention, leur fit remarquer sensiblement, que ce qu'ils voyoient n'étoit pas un Ange, mais la figure d'un Ange de pierre qui étoit sur le haut du clocher de S. Gothard, laquelle imprimée dans une nuée épaisse par le moyen d'un rayon de Soleil qui donnoit dessus, se réfléchissoit aux yeux de ceux qui avoient la vûe plus perçante. Si ce fait n'avoit été éclairci sur le champ par un homme exempt de toute prévention, il auroit passé pour constant que c'eût été un véritable Ange, puisqu'il avoit été vû par les plus éclairés de la Ville au nombre de plus de deux mille personnes.

Le célébre du Laurent, dans le traité qu'il a fait de la mélancolie, lui attribue les effets les plus surprenans, dont il rapporte une infinité d'exemples, qui femblent furpaffer le pouvoir de la nature.

Saint Auguftin confulté par Evode Evêque d'Upzal fur le fujet que je traite, lui répond en ces termes : A l'égard des vifions, même de celles où l'on apprend quelque chofe de l'avenir, il n'eft pas poffible d'expliquer comment elles fe font, moins de fçavoir auparavant par où fe fait tout ce qui fe paffe en nous quand, nous penfons : car nous voyons clairement, qu'il s'excite dans notre ame un nombre infini d'images, qui nous repréfentent ce qui a frappé nos yeux ou nos autres fens ; nous l'expérimentons tous les jours & à toute heure. Et peu après il ajoute pour exemple : » Dans le moment que je dicte cette lettre, je vous vois des yeux de mon efprit fans que vous foyez préfent, ni que vous en fachiez rien, & je me repréfente par la connoiffance que j'ai de vous, l'impreffion que mes paroles feront fur votre efprit, fans favoir néanmoins & fans pouvoir comprendre comment tout cela fe paffe en moi. »

Je ne crois pas, Monfieur, que vous me demandiez rien de plus précis que ces paroles de S. Auguftin pour vous perfuader qu'il faut attribuer à la force de l'imagination la plus grande partie des Apparitions, même de celles où l'on apprend des chofes qui femblent ne pouvoir être connues naturellement ; & vous me difpenferez bien d'entreprendre de vous expliquer, comment l'imagination opère toutes ces merveilles, puifque ce S. Docteur avoue, qu'il ne peut pas lui-même le comprendre, quoiqu'il en foit convaincu.

Je vous dirai seulement, que le sang qui circule sans cesse dans nos artères & dans nos veines, s'étant purifié & échauffé dans le cœur, jette des vapeurs délicates qui sont ses parties les plus subtiles, qu'on appelle esprits animaux, lesquelles étant portées dans les cavités du cerveau, mettent en mouvement la petite glande qui est, dit-on, le siége de l'ame, & par ce moyen réveillent & ressuscitent les espéces des choses qu'on a vûes ou entendues autrefois, qui y sont comme ensévelies, & forment le raisonnement intérieur, que nous appellons la pensée. D'où vient que les animaux ont aussi bien que nous la mémoire, mais non pas les réflexions qui l'accompagnent, qui ne partent que de l'ame qu'ils n'ont point.

Si ce que M. Digby sçavant Anglois & Chancelier d'Henriette Reine d'Angleterre, le P. Kircher célébre Jésuite, & le P. Schott de la même Compagnie, Gaffarel & Vallemont publient de l'admirable secret de la Palingénésie ou résurrection des plantes a quelque fondement, on pourroit rendre raison des ombres & des Fantômes, que plusieurs personnes ont assuré avoir vûs dans des cimetiéres.

Voici la maniére dont ces Curieux parviennent à la merveilleuse opération de la Palingénésie.

Ils prennent une fleur, la brûlent & en ramassent toutes les cendres, dont ils tirent les sels par le moyen de la calcination : ils mettent ces sels dans une phiole de verre, où ayant mêlé certaines compositions capables de les mettre en mouvement lorsqu'on les échauffe, toute cette matiére forme une poussiére dont la couleur tire sur le bleu ; de cette pouſſiére excitée par une chaleur douce il s'éleve un tronc, des feuilles & une fleur : en un mot on apperçoit l'Apparition d'une plante, qui ſort du milieu de ſes cendres. Dès que la chaleur ceſſe, tout le ſpectacle s'évanouit, la matiére ſe dérange & ſe précipite dans le fond du vaiſſeau, pour y former un nouveau cahos. Le retour de la chaleur reſſuſcite toujours ce phœnix végétatif caché dans ſes cendres ; & comme la préſence de la chaleur lui donne la vie, ſon abſence lui cauſe la mort.

Le P. Kircher qui tâche de rendre raiſon de cet admirable Phénoméne, dit que la vertu ſéminale de chaque mixte eſt concentrée dans ſes ſels, & que dès-que la chaleur les met en mouvement, ils s'élevent auſſi-tôt, & circulent comme un tourbillon dans le vaiſſeau de verre. Ces ſels dans cette ſuſpenſion qui les met en liberté de s'arranger, prennent la même ſituation & forment la même figure que la nature leur avoit donnée primitivement : conſervant le penchant à devenir ce qu'ils étoient, ils retournent à leur premiére deſtination, & s'allignent comme ils étoient dans la plante vivante. Chaque corpuſcule de ſel rentrant dans la premiére deſtination qu'il tenoit de la nature, ceux qui étoient au pied de la plante, s'y arrangent : de même ceux qui compoſoient le haut de la tige, les branches, les feuilles & les fleurs, reprennent leur premiére place, & forment ainſi une parfaite Apparition de la plante entiére.

On prétend que cette opération a été faite[8] ſur un moineau ; & M. M. de l'Académie Royale d'Angleterre qui en font des expériences, eſpérent parvenir à la faire auſſi ſur les hommes.

Or ſelon le principe du P. Kircher & des plus ſçavans Chymiſtes, qui prétendent que la forme ſubſtantielle des corps réſide dans les ſels, & que ces ſels mis en mouvement par la chaleur forment la même figure que la nature leur avoit donnée, il n'eſt pas difficile de comprendre, que les corps morts étant conſommés dans la terre, les ſels qui s'en exhalent avec les vapeurs par le moyen des fermentations qui ſe font ſi ſouvent dans cet élément, peuvent bien en s'arrangeant ſur la ſurface de la terre, former ces ombres & ces Fantômes qui ont effrayé tant de perſonnes ; ainſi l'on voit aſſez combien il y a peu de raiſon de les attribuer au retour des Ames ou aux Démons, comme ont fait quelques ignorans.

A toutes les autorités par leſquelles j'ai combattu les Apparitions des Ames qui ſont dans le Purgatoire, j'ajouterai encore quelques réflexions toutes naturelles. Si les Ames qui ſont dans le Purgatoire pouvoient revenir ici demander des priéres pour paſſer plutôt au ſéjour de la gloire, il n'y auroit perſonne qui ne reçût de pareilles inſtances de la part de ſes parens & de ſes amis, puiſque toutes les Ames étant dans la même diſpoſition, il y a bien de l'apparence que Dieu leur accorderoit la même permiſſion. D'ailleurs ſi elles avoient cette liberté, toutes les perſonnes de bon ſens ne comprennent pas, pourquoi elles accompagneroient leurs Apparitions de toutes les folies dont on les circonſtancie dans les Hiſtoires, comme de rouler un lit, d'ouvrir des rideaux, de tirer une couverture, de renverſer des meubles & de faire un bruit épouvantable. Enfin ſi ces Apparitions avoient quelque réalité, il eſt moralement impoſſible, que depuis tant de ſiécles il ne s'en trouvât pas quelqu'une ſi bien avérée, qu'on ne pourroit pas en douter.

Après avoir ſuffiſamment établi que toutes les Apparitions qui ne peuvent pas être attribuées à des Anges ou à des Ames bien-heureuſes, ne ſont produites que par l'une de ces trois cauſes, la force de l'imagination, l'extrême ſubtilité des ſens & la dépravation des organes, tels qu'ils ſont dans la folie & dans & fiévre chaude, voyons ce qu'on doit penſer du fait arrivé à S..

Quoique vous ayez déja vû la relation qui en a été faite, je crois, Monſieur, que vous ne me ſaurez pas mauvais gré d'en rapporter ici avec quelque détail les circonſtances les plus particuliéres ; je tâcherai de ne rien omettre de tout ce qu'on a employé pour établir la vérité du fait, & je me ſervirai même le plus que je pourrai des propres termes de l'Auteur, afin qu'on ne m'accuſe pas d'avoir affoibli l'aventure.

M. de S. à qui elle eſt arrivée, eſt un jeune homme de petite ſtature, bien-fait dans ſa taille, âgé de 24 à 25 ans. Après avoir entendu pluſieurs fois, étant couché, donner de grands coups à ſa porte, ſans que ſa ſervante qui y couroit auſſi-tôt, y trouvât perſonne, & tirer les rideaux de ſon lit, quoiqu'il n'y eût que lui dans la chambre, le 22 Mars dernier ſur les onze heures du ſoir étant à contrôler des rôles d'ouvrages dans son cabinet avec trois jeunes garçons qui sont ses domestiques, ils entendirent tous distinctement feuilleter des papiers sur la table : le chat fut soupçonné de cet ouvrage ; mais le sieur de S. ayant pris un flambeau, & cherché avec attention, ne trouva rien. S'étant mis au lit peu après, & ayant envoyé coucher ceux qui étoient avec lui dans sa cuisine qui est à côté de sa chambre, il entendit encore le même bruit dans son cabinet : il se leva pour voir ce que c'étoit, & n'ayant rien trouvé non plus que la premiére fois, il voulut en fermer la porte ; mais il y sentit quelque résistance : il entra donc pour voir d'où pouvoit venir cet obstacle. Il entendit en même tems un bruit en l'air vers le coin, comme d'un grand coup donné sur la muraille, ce qui lui fit faire un cri auquel ses gens accoururent ; il tâcha de les rassurer, quoique effrayé lui-même, & n'ayant rien trouvé, il s'alla recoucher & s'endormit. A peine les garçons avoient éteint la lumiére, que le sieur de S. fut réveillé subitement par une secousse telle que pourroit être celle d'un bateau qui échoueroit contre l'arche d'un pont : il en fut si émû, qu'il appella ses domestiques ; & lorsqu'ils eurent apporté de la lumiére, il fut étrangement surpris de voir son lit déplacé au moins de quatre pieds, & il connut que le choc qu'il avoit senti, étoit celui qu'avoit fait son lit contre la muraille. Ses gens ayant replacé le lit, virent avec autant d'étonnement que de frayeur tous les rideaux s'ouvrit au même tems, & le lit courir vers la cheminée ; le sieur de S. se leva aussi-tôt, & passa le reste de la nuit auprès du feu. Sur les six heures du matin ayant fait une nouvelle tentative pour dormir, il ne fut pas si-tôt couché, que le lit fit encore le même mouvement jusqu'à deux fois, en présence de ses gens qui tenoient les quenouilles du lit, pour l'empêcher de se déplacer : enfin étant obligé de quitter la partie, il s'alla promener jusqu'au dîné, après lequel ayant essayé de reposer, & son lit ayant encore par deux fois changé de place, il envoya querir un homme qui logeoit dans la même maison, tant pour se rassurer avec lui, que pour le rendre témoin d'un fait si surprenant ; mais la secousse qui se passa devant cet homme fut si violente, que le pied gauche du chevet du lit en fut cassé, ce qui le surprit si fort, qu'aux offres qu'on lui fit de lui en faire voir une seconde, il répondit, que ce qu'il avoit vû, avec le bruit effroyable qu'il avoit entendu toute la nuit, étoient suffisans pour le convaincre de la vérité du fait.

Ce fut ainsi que la chose qui étoit demeurée jusques-là entre le sieur de S. & ses domestiques, devint publique. Ce bruit s'étant répandu aussi-tôt, & étant venu aux oreilles d'un très-grand Prince qui venoit d'arriver à S. Maur, son Altesse fut curieuse de s'en éclaircir, & se donna la peine d'examiner avec soin la qualité des faits qui lui furent rapportés. Comme cette aventure étoit le sujet de toutes les conversations, on n'entendit bien-tôt qu'Histoires d'Esprits rapportées par les plus crédules, & que plaisanteries de la part des Esprits forts. Cependant le sieur de S. tâchoit de se rassûrer, pour se mettre la nuit suivante dans son lit, & se rendre digne de la conversation de l'Esprit, qu'il ne doutoit pas qui n'eût quelque chose à lui dire : il dormit jusqu'au lendemain neuf heures du matin, sans avoir senti autre chose que de petits foulevemens, comme fi les matelas s'étoient élevés en l'air, ce qui n'avoit fervi qu'a le bercer & à provoquer le fommeil. Le lendemain fe paffa affez tranquillement ; mais le 26. l'Efprit qui paroiffoit être devenu fage, reprit fon humeur badine, & commença le matin par faire un grand bruit dans la cuifine : on lui auroit pardonné ce jeu, s'il en étoit demeuré là ; mais ce fut bien pis l'après-midi. Le fieur de S. qui avoue qu'il fe fentoit un attrait particulier pour fon cabinet, auquel pourtant il ne laiffoit pas de répugner, y étant entré fur les fix heures, y fit un tour jufqu'au fond, & revenant vers la porte pour rentrer dans fa chambre, fut fort furpris de la voir fe fermer toute feule, & fe barricader avec les deux verroux. En même tems les deux volets d'une grande armoire s'ouvrirent derriére lui, & rendirent fon cabinet un peu obfcur, parce que la fenêtre qui étoit ouverte, fe trouvoit derriére l'un des volets.

Ce fpectacle jetta le fieur de S. dans une frayeur plus aifée à imaginer qu'à décrire ; cependant il lui refta affez de fang froid pour entendre à fon oreille gauche une voix diftincte, qui venoit d'un coin du cabinet, & qui lui fembloit un pied environ au-deffus de fa tête, laquelle lui parla en fort bons termes pendant l'efpace d'un demi-*miferere*, & lui ordonna en le tutoyant de faire certaine chofe, fur quoi elle lui a recommandé le fecret. Ce qu'il a publié, c'eft qu'elle lui a donné quatorze jours pour l'accomplir ; qu'elle lui a commandé d'aller en un endroit, où il trouveroit des gens qui l'inftruiroient fur ce qu'il devoir faire ; & qu'elle l'a menacé de revenir le tourmenter, s'il manquoit à lui obéir : fa converfation finit par un adieu.

Après cela le fieur de S. fe fouvient d'être tombé évanoui fur le bord d'un coffre, dont il a reffenti de la douleur dans le côté. Le grand bruit, & les cris qu'il fit enfuite, firent accourir plufieurs perfonnes, qui ayant fait des efforts inutiles pour ouvrir les portes du cabinet, alloient l'enfoncer avec une hache, lorfqu'ils entendirent le fieur de S. fe traîner vers la porte, qu'il ouvrit avec beaucoup de peine. Dans le défordre où il parut, & hors d'état de parler, on le porta près du feu, & enfuite fur fon lit, où il éprouva toute la compaffion du grand Prince dont j'ai déja parlé, qui accourut au premier bruit de cet évènement. Son Alteffe ayant fait vifiter tous fes coins & recoins de la maifon, où l'on ne trouva perfonne, voulut faire faigner le fieur de S. mais fon Chirurgien ne lui ayant point trouvé de pouls, ne crut pas qu'il le pût fans danger.

Lorfqu'il fut revenu de fon évanouiffement, fon Alteffe qui vouloit découvrir la vérité, l'interrogea fur fon aventure ; mais elle n'apprit que les circonftances dont j'ai parlé, le fieur de S. lui ayant protefté qu'il ne pouvoit fans courir rifque de la vie lui en dire davantage. L'Efprit n'a point fait parler de lui pendant quinze jours ; mais ce terme expiré, foit que fes ordres n'euffent pas été fidelement exécutés, ou qu'il fût bien-aife de venir remercier le fieur de S. de fon exactitude, comme il étoit pendant la nuit couché dans un petit lit près d'une fenêtre de fa chambre, Madame fa Mere dans le grand lit, & un de fes amis dans un fauteuil auprès du feu, ils entendirent tous trois frapper plufieurs fois contre la muraille, & donner un fi grand coup contre la fenêtre, qu'ils crurent toutes les vîtres caffées. Le fieur de S. fe leva dans le moment, & s'en alla dans fon cabinet, pour voir fi cet Efprit importun auroit encore quelque chofe à lui dire ; mais il n'y trouva ni n'entendit rien. C'eft ainfi que finit cette aventure qui a fait tant de bruit, & qui a attiré à S. Maur tant de Curieux.

Faifons préfentement quelques réflexions fur les circonftances les plus fortes & les plus capables de faire impreffion.

Le bruit qui a été entendu plufieurs fois pendant la nuit par le maître, la fervante & les voifins, eft tout-à-fait équivoque ; & les perfonnes les plus prévenues ne fçauroient difconvenir, qu'il a pû être produit par différentes caufes toutes naturelles.

On peut répondre la même chofe aux papiers qu'on a entendu feuilleter, puifqu'un petit vent ou une fouris ont pû les agiter.

Le mouvement du lit a quelque chofe de plus grave, parce qu'on en rapporte plufieurs témoins ; mais j'efpére qu'une réflexion nous difpenfera d'avoir recours à des bras phantaftiques pour l'expliquer.

Repréfentons-nous un lit fous les pieds duquel il y a des roulétes ; une perfonne dont l'imagination eft frappée, ou qui a envie de fe réjouir en effrayant fes domeftiques, eft couchée deffus, & s'agite beaucoup, en fe plaignant qu'elle est tourmentée ! est-il surprenant qu'on voie remuer ce lit, sur-tout le plancher de la chambre étant frotté ? Mais, dit-on, il y a des témoins qui ont même fait des efforts inutiles pour empêcher ce mouvement. Qui sont ces témoins ? Deux sont de jeunes gens aux gages du patient, auxquels la frayeur causoit un tremblement universel, & qui n'étoient pas capables d'examiner les ressorts secrets qui causoient ce mouvement ; & l'autre, qu'on peut regarder comme le plus considérable, a dit depuis à plusieurs personnes, qu'il voudroit pour dix pistoles n'avoir pas assûré qu'il avoit vû ce lit remuer tout seul.

A l'égard de la voix dont on a conservé le secret avec tant de soin, comme il n'y en a aucun témoin, nous n'en saurions juger, que par l'état où l'on trouva dans ce moment celui qui avoit été favorisé de cette prétendue révélation.

Des cris redoublés d'un homme, qui entendant enfoncer la porte de son cabinet, ouvre les verroux qu'il avoit apparemment fermés lui-même, ses yeux égarés, & le désordre extraordinaire qui parut dans toute sa personne, l'auroient fait prendre par les anciens Payens pour une Sibylle pleine de son enthousiasme, & nous doivent paroître plûtôt des suites de quelques mouvemens convulsifs, que de l'entretien d'une substance spirituelle.

Enfin les coups donnés sur la muraille & sur les vitres, & avec une extrême violence pendant la nuit en présence de deux témoins pourroient faire quelque impression, si l'on étoit sûr que le patient, qui étoit couché directement sous la fenêtre dans un petit lit, n'y eût eu aucune part : car des deux témoins qui ont entendu ce bruit, l'un étoit la Mere, & l'autre un ami particulier, qui même faisant réflexion sur ce qu'il a vû & entendu, publie que ce ne peut être que l'effet d'un maléfice.

Quelque bien que vous vouliez à ce pays-ci, je ne crois pas, Monsieur, que ce que je viens de remarquer sur les circonstances de l'aventure, vous engage à croire qu'il a été honoré d'une Apparition Angélique ; je crains bien plûtôt que l'attribuant au dérangement de l'imagination, vous n'accusiez la subtilité de l'air qui y regne d'avoir causé ce désordre. Comme j'ai intérêt que vous ne fassiez pas cette injure au climat de S. Maur, je me trouve obligé d'ajoûter quelque chose à ce que j'ai dit de la personne dont il s'agit, afin de vous en faire connoître le caractére.

Il ne faut pas être fort expert en l'art de la Physionomie, pour remarquer sur son visage que la mélancolie domine dans son tempérament. Cette humeur noire, jointe à la fiévre qui le tourmentoit depuis quelque tems, portoit dans son cerveau des vapeurs, qui pouvoient bien lui faire croire qu'il entendoit tout ce qu'il a publié, outre que l'envie de se donner un divertissement en effrayant ses domestiques, peut bien l'avoir engagé à feindre plusieurs choses, lorsqu'il a vû que l'aventure étoit venue aux oreilles d'un Prince, duquel il appréhendoit que son badinage ne lui fit tort. Ainsi je pense, Monsieur, que vous jugerez comme moi, que le rapport du célébre Médecin Marescot au sujet de la fameuse Marthe Brossier, convient parfaitement à notre mélancolique, & explique bien son aventure : *à naturâ multa, plura ficta, à Dæmone nulla.*

Son tempérament lui a fait imaginer, voir & entendre beaucoup de choses ; il en a feint encore davantage, pour soûtenir ce que son égarement ou son jeu lui avoient fait avancer & aucune sorte d'Esprit n'a eu part à son aventure. Sans m'arrêter à rapporter plusieurs effets de sa mélancolie, je remarquerai seulement, qu'un embarquement qu'il fit l'un des jours gras derniers, partant à dix heures du soir pour faire sur la riviére le tour de la presqu'isle de S. Maur, dans un bateau où il s'étoit empaillé à cause du froid, a paru si singulier au grand Prince dont j'ai parlé, qu'il s'est donné la peine de l'interroger sur les motifs d'un pareil voyage à une heure si indue.

J'ajoûterai, que le discernement de son Altesse lui a fait aisément juger d'où procédoit son aventure, & que la conduite qu'elle a tenue en cette occasion, a bien fait connoître qu'il n'est pas facile de la tromper. Je ne crois pas qu'il me soit permis d'omettre le jugement que M. de S. le Pere, qui est un homme d'un mérite distingué, porta de l'aventure de son fils, lorsqu'il en apprit à Paris les circonstances par une lettre de son Epouse qui étoit à S. Maur : il dit à plusieurs personnes, qu'il étoit persuadé que l'esprit qui agissoit en cette occasion, étoit celui de sa femme & de son fils. L'Auteur de la relation a eu raison de faire ses efforts pour affoiblir un pareil témoignage ; mais je ne sai s'il se flatte d'y avoir réussi, en disant que celui qui l'a rendu est un esprit fort, & qui se fait honneur d'être de l'opinion à la mode sur le fait des Esprits.

Enfin pour fixer votre jugement, & terminer agréablement cette petite Dissertation dans laquelle vous m'avez engagé, je ne sai rien de meilleur, que de vous rapporter les paroles d'une Princesse[9] qui n'est pas moins distinguée à la Cour par la délicatesse de son esprit, que par la grandeur de son rang & par les charmes de sa personne. Comme on s'entretenoit en sa présence de la singularité de l'aventure qui se passoit à S. Maur : pourquoi vous étonner si fort, dit-elle, avec cet air gracieux qui lui est si naturel ? Est-il surprenant que le fils ait commerce avec des Esprits, puisque la Mere voit trois fois toutes les semaines le Pere éternel ? Cette femme est bienheureuse, ajoûta cette spirituelle Princesse ; pour moi je ne demanderois d'autre faveur, que de le voir une seule fois en ma vie.

Riez avec vos amis de cette agréable réflexion ; mais surtout gardez-vous bien, Monsieur, de rendre ma lettre publique : c'est la seule récompense que je vous demande de l'exactitude avec laquelle je vous ai obéi dans une occasion si délicate. Je suis, Monsieur, votre très-humble, &c.

A Saint Maur ce 8 Mai 1706.
FIN.

APPROBATION

J'Ai lû par ordre de Monſeigneur le Chancelier cette Diſſertation ſur ce qu'on doit penſer des Eſprits en général, & de celui de S. Maur en particulier ; & je n'y ai rien trouvé qui en doive empêcher l'impreſſion. Fait à Paris le 17 Octobre 1706. *Signé,*

LA MARQUE TILLADET.

Le Privilége du Roi eſt du 21 Novembre 1706.

1. ↑ *S. Ambroiſe, Com. ſur S. Luc.* I. c. I.
2. ↑ Marthe Broſſier fille d'un Tiſſerand de Romorantin fut produite comme Démoniaque en 1578. Voyez à ce ſujet l'Hiſtoire de M. de Thou livre cxxiii. & le tom v. du Journal de Henri III. Edition de 1744. page 206. &c. L'affaire de Loudun parut ſous Louis XIII. & l'on accuſa le Cardinal de Richelieu d'avoir fait jouer cette Tragédie pour perdre Urbain Grandier Curé de Loudun, pour avoir écrit une Satyre ſanglante contre lui.
3. ↑ *M. de Launay en a fait une Diſſertation particuliére,* de cauſa ſeceſſûs S. Brunonis, *où il réfute ſolidement cette fable. Cependant cet évènement ſe trouve peint dans les beaux Tableaux du petit Cloître des Chartreux de Paris.*
4. ↑ *Concile Eliberit, An.* 305. *ou* 313. *dans le Royaume de Grenade. D'autres ont crû que c'étoit Collioure dans le Rouſſillon, mais à tort.*
5. ↑ Jeſus fils de Sirac Auteur de l'Eccléſiaſtique croit cette Apparition véritable Eccli. xlvj. 23.
6. ↑ Je ne ſçai d'où cet Auteur a pris cette Hiſtoire.
7. ↑ *Ariſtot. traité du ſonge & des veilles.*
8. ↑ *M. l'Abbé de Vallemont en ſon livre des ſingularités de la végétation,* in-12. Paris I. vol.
9. ↑ *Madame la Ducheſſe Mere, fille du feu Roi Louis XIV. & mere de M. le Duc dernier mort, de M. le Comte de Charolois, & de M. le Comte de Clermont.*

LETTRE

DE M. LE MARQUIS MAFFEI,
SUR LA MAGIE.

MON REVEREND PERE,

C'eſt aux bontés de votre Révérence à mon égard, que je dois attribuer la curioſité qu'elle paroît avoir de ſçavoir ce que je penſe au ſujet du livre, que le ſieur Jérôme Tartarotti vient de mettre au jour ſur les *Aſſemblées nocturnes des Sorciers*. J'y réponds avec le plus grand plaiſir ; & je vais vous en dire mon avis dans le plus grand détail, à condition que vous examinerez ce que je vous en écrirai avec votre pénétration ordinaire, & que vous me direz franchement ce que vous y remarquerez de bien ou de mal, & ce qui vous paroîtra mériter votre approbation ou votre cenſure. J'avois déja lû ce livre, & j'en avois fait l'éloge, tant pour la grande érudition que l'Auteur y fait paroître, que parce qu'il y réfute très-ſenſément quelques opinions ridicules, dont on eſt infatué au ſujet des Sorciers & de quelques autres abus auſſi dangereux. Mais, à dire la vérité, j'avoue qu'à cela près, je ſuis très-peu porté à l'approuver ; ſi M. Muratori l'a fait par ſa lettre qui a été vûe de pluſieurs perſonnes, ou bien il n'a pas lû l'Ouvrage en entier, ou nous fommes en cela lui & moi d'un fentiment tout différent. A l'égard du mien, votre Révérence va voir par ce que je lui dirai, qu'il ne s'éloigne point de celui qu'elle a elle même fur cette matiere, tel qu'elle m'a fait la grace de me le marquer par fa lettre.

I. Dans cet Ouvrage on fuppofe d'abord comme un principe certain & indubitable l'exiftence & la réalité de la Magie, & la vérité des effets qu'elle produit, fupérieurs, dit-on, à toutes les forces naturelles : on lui donne le nom de *Magie diabolique* ; & on la définit, *la connoiffance de certaines pratique fuperftitieufes, telles que des paroles, des vers, des caracteres, des images, des fignes ; &c. par le moyen defquelles les Magiciens viennent à tout de leurs deffeins.* Pour moi, je fuis fort porté à croire que toute la fcience des prétendus Magiciens n'aboutit qu'à tromper les autres, & à les tromper peut-être eux-mêmes ; & que cette Magie aujourd'hui tant vantée n'eft autre chofe qu'une pure chimere. Peut-être même feroit-ce fe donner aujourd'hui une peine fort inutile, d'entreprendre de montrer que tout ce qu'on raconte de ces Hipogryphes[1] nocturnes, de ces prétendus voyages au travers des airs, de ces affemblées & de ces feftins des Sorciers, n'eft que vanité & pure imagination ; parce que ces fables détruites n'empêcheront point qu'il n'en refte encore une infinité d'autres, qu'on a débitées & qui fe font répandues fur le même fujet, & qui quoique plus folles & plus ridicules que tout ce que nous lifons d'extravagant dans les Romans, font d'autant plus dangereuſes, qu'elles ſe font croire plus facilement. Ce ſeroit, au ſentiment de bien des gens, faire trop d'honneur à ces ſortes de contes, de s'attacher à les réfuter ſérieuſément ; n'y ayant aujourd'hui perſonne, du moins en Italie, même parmi le peuple, pour peu qu'il ait de ſens commun, qui ne ſe moque de tout ce qui ſe dit du Sabbat, & de ces troupes de Sorciers qui vont la nuit par les airs s'aſſembler dans des lieux écartés pour y danſer. Il eſt vrai que malgré cela pour peu qu'un homme accrédité, ſoit parmi les Sçavans, ſoit parmi les perſonnes conſtituées en dignité, ſoutienne un ſentiment, quel qu'extravagant qu'il ſoit, il trouvera auſſitôt des partiſans : on aura beau écrire ou parler au contraire, il n'en ſera pas moins ſuivi ; & il n'eſt gueres poſſible que les choſes ſoient autrement, tant il y a de têtes & de manieres de penſer différentes. Mais il ne s'agit ici que de l'opinion commune, & de ce que l'on croit le plus univerſellement. Mon deſſein n'eſt point de compoſer un Ouvrage exprès ſur la Magie, ni de m'étendre fort au long ſur cette matiére ; j'expoſerai ſeulement ici en peu de mots les raiſons qui m'obligent à m'en mocquer, & qui me font grandement pencher vers le ſentiment de ceux qui ne la regardent que comme une pure illuſion & une vraie chimere. Je ſuis bien-aiſe d'avertir d'abord, qu'on ne doit pas ſe laiſſer éblouir par la vérité des opérations magiques rapportées dans l'Ancien Teſtament, comme ſi de-là on pouvoit tirer un argument concluant pour prouver la réalité de la prétendue Magie de notre tems.

C'eſt ce que je montrerai clairement dans la ſuite de ce diſcours, où j'eſpere faire voir, que mon opinion à ce ſujet eſt conforme à l'Ecriture, & fondée ſur la tradition des Peres. Parlons donc à préſent des Magiciens modernes.

II. S'il y a quelque réalité dans cet Art auquel on attribue tant de merveilles, il doit être l'effet ou d'un ſçavoir acquis par l'étude, ou de l'impiété de quiconque renonce à ce qu'il doit à Dieu pour ſe donner au Démon & pour l'invoquer. Il ſemble en effet qu'on veuille quelquefois l'attribuer à une connoiſſance acquiſe, puiſque dans le Livre que je combats, on parle ſouvent des *vrais myſteres de l'Art magique*, & qu'on y aſſure que peu de gens *ſont parfaitement inſtruits des principes ſecrets & difficiles de cette ſcience* ; ce qui n'eſt pas ſurprenant, dit-on, puiſque *la vie de l'homme ſuffiroit à peine*, pour lire tous les livres qui en ont traité. On l'appelle quelquefois *la ſcience magique*, ou la *Philoſophie magique* : on en fait remonter l'origine juſqu'au Philoſophe Pythagore ; on regarde *l'ignorance de l'Art Magique, comme une des raiſons du petit nombre de Magiciens qu'on voit de nos jours*. On ne parle que de l'échelle myſtérieuſe renfermée par Orphée dans l'unité, dans les nombres de deux & de douze ; de l'harmonie de la nature, compoſée des parties proportionnelles, qui font l'octave ou la double, & la quinte ou l'une & demie ; de noms étranges & barbares qui ne ſignifient rien, & auxquels on attribue des vertus ſurnaturelles ; du concert des parties inférieures & ſupérieures de cet univers, qui quand on le comprend, fait par le moyen de certaines paroles ou de certaines pierres entretenir commerce avec les subſtances inviſibles ; de nombres & de ſignes, qui répondent aux Eſprits leſquels préſident aux différens jours, ou aux diverſes parties du corps ; de cercles, de triangles & de pentagones, qui ont le pouvoir de lier les Eſprits ; & de pluſieurs autres ſecrets de même nature, fort ridicules, à dire le vrai, maistrès-propres à en impoſer à ceux qui admirent tout ce qu'ils n'entendent point.

III. Mais de quelqu'épaiſſes ténebres, que la nature ſoit pour nous couverte & quoique nous ne connoiſſions que fort imparfaitement les principes & les propriétés eſſentielles des choſes, qui ne voit cependant qu'il ne peut y avoir aucune proportion, aucun rapport, entre des cercles & des triangles que nous traçons, ou de grands mots qui ne ſignifient rien, & les Eſprits immatériels ? Peut-on ne pas concevoir que c'eſt une folie de croire que par le moyen de quelques herbes, de certaines pierres, de certains ſignes ou caracteres, on ſe fera obéir des ſubſtances inviſibles qui nous ſont inconnues ? Que l'homme étudie tant qu'il voudra la prétendue ame du monde, l'harmonie de la nature, le concert & l'influence de toutes les parties qui la compoſent, n'eſt-il pas évident qu'il ne retirera de ſon travail que des termes & des mots, & jamais aucuns effets qui ſoient au deſſus des forces naturelles de l'homme ? Pour ſe convaincre de cette vérité, il ſuffit d'obſerver que les prétendus Magiciens ne ſont & n'ont jamais été rien moins que des gens ſçavans, mais au contraire des hommes fort ignorans & ſans lettres. Eſt-il croyable que tant de gens célebres, anciens & modernes, tant d'hommes fameux & verſés en tout genre de littérature, n'euſſent jamais pû ou voulu ſonder les ſecrets myſteres de cet art & les pénétrer ; & que de tant de Philoſophes dont parle Diogene Laërce, ni Platon, ni Ariſtote, ni aucun autre ne nous en eût pas laiſſé quelque traité ? Il ſeroit inutile de vouloir ſe rejetter ſur ce que le monde en penſoit alors. Ne ſçait-on pas de combien d'erreurs il a été infatué dans tous les tems, & qui pour être communes n'en étoient pas moins des erreurs ? Ne croyoit-on pas généralement autrefois qu'il n'y avoit point d'antipodes ; que ſelon que les poulets ſacrés avoient mangé ou non, il étoit permis ou défendu d'en venir aux mains avec l'ennemi ; que les ſtatues des Dieux avoient parlé, ou changé de ſituation ? Que l'on joigne à tout cela toutes les fourberies & les ſubtilités, que les charlatans mettoient en uſage pour tromper les peuples & leur faire illuſion : après cela ſera-t'on ſurpris qu'ils ayent réuſſi à leur en impoſer & à leur en faire accroire ? Mais qu'on ne s'imagine pas pourtant que tout le monde ait été leur dupe, & que parmi tant de gens crédules & aveugles il ne ſe ſoit pas toujours trouvé des hommes ſenſés & clairvoyans, qui ayent apperçu la vérité.

IV. Pour nous en convaincre, conſidérens ſeulement ce qu'en a penſé un Ancien des plus ſçavans, & l'on peut dire un des plus curieux & des plus attentifs obſervateurs des merveilles de la nature. Je parle de Pline, qui s'exprime ainſi au commencement de ſon trentieme livre[2] : *juſqu'ici j'ai fait voir dans cet ouvrage toutes les fois qu'il a été néceſſaire & que l'occaſion s'en eſt préſentée, combien il y a peu de réalité dans tout ce qui ſe dit de la Magie ; & je continuerai à le faire encore dans la ſuite.* Mais parce que pendant pluſieurs ſiecles cet art de tous le plus trompeur a été en grand crédit chez pluſieurs peuples, je penſe qu'il eſt à propos d'en parler plus au long. Il avoit déja dit ailleurs[3] : *Il n'y a point d'hommes plus habiles que les Magiciens à cacher leurs fourberies* ; & dans ſept à huit autres endroits[4] il s'attache à relever *leurs menſonges, leurs tromperies, la vanité de leur art,* & à s'en mocquer. Mais à quoi l'on doit ſurtout faire attention, c'eſt à un argument invincible qu'il rapporte contre cet art prétendu. Car après avoir fait l'énumération des diverſes eſpeces de Magie que l'on employoit avec différentes ſortes d'inſtrumens, & de pluſieurs maniéres différentes, & dont on ſe promettoit des effets *tout divins*[5], c'eſt-à-dire ſupérieurs à toutes les forces de la nature, même de pouvoir *s'entretenir avec les manes & les ames des morts* ; il ajoûte[6] : *Mais de nos jours l'Empereur Néron a découvert, qu'en tout cela il n'y a que tromperie & que vanité. Jamais Prince, dit-il un peu plus bas*[7], *ne rechercha avec plus d'empreſſement à ſe rendre habile dans aucun autre art ; & comme il étoit le maître du monde, il eſt certain qu'il ne manqua ni de richeſſes, ni de forces, ni d'eſprit, ni d'aucun autre ſecours néceſſaire pour y réuſſir.* Quelle plus forte preuve peut-on avoir de la fauſſeté de cet art, que de voir que Néron y a renoncé ? Suétone nous apprend auſſi[8], que ce Prince employa inutilement des ſacrifices magiques pour *évoquer les manes de sa mere, & pour lui parler.* Pline dit encore[9], que *Tirdate le Mage* (car c'est ainsi que l'on doit lire, & non pas *Tiridate le Grand*, comme porte l'Edition du P. Hardouin ;) s'étant rendu à la Cour de Néron, & *ayant amené plusieurs Mages avec lui, initia ce Prince dans tous les mysteres de la Magie. Cependant, ajoute-t'il, Néron eut beau lui faire présent d'un Royaume ; il ne put obtenir de lui la connoissance de cet art* : *ce qui doit nous convaincre, que cette science détestable n'est que vanité ; ou que s'il s'y rencontre quelqu'ombre de vérité, ses effets réels tiennent moins de l'art Magique, que de l'art d'empoisonner.* Séneque qui de même étoit fort habile, après avoir rapporté une loi des douze Tables, *qui défendoit d'employer les enchantemens pour faire périr les bens de la terre,* y fait ce commentaire[10] : *Nos peres encore grossiers & ignorans s'étoient imaginés, que par le moyen des enchantemens on pouvoit attirer la pluie sur la terre, ou l'empêcher de tomber ; mais aujourd'hui il est si clair que l'un & l'autre est impossible, que pour en être convaincu, il n'est pas nécessaire d'être Philosophe.* Il seroit inutile de rassembler ici une infinité de passages des Anciens, qui prouvent tous la même chose ; on pourra seulement consulter le livre qu'Hipocrate a écrit sur le mal caduc, qui passoit communément pour être un effet de la vengeance des Dieux, & qu'on appelloit pour cette raison *le mal sacré.* On verra comment il s'y moque *des Magiciens & des Charlatans*[11], qui se vantoient de le guérir par leurs enchantemens & leurs expiations ; il y fait voir que par la profeſſion qu'ils faiſoient de pouvoir obſcurcir le ſoleil, faire deſcendre la lune ſur la terre, donner du beau ou du mauvais tems, procurer l'abondance ou la ſtérilité, il ſembloient vouloir attribuer à l'homme plus de pouvoir qu'à la Divinité même, montrant par-là bien moins de religion que *d'impiété, & prouvant qu'ils ne croyoient point de Dieux*[12]. Je ne parle point des fables & des contes inventés par Philoſtrate au ſujet d'Apollonius de Thyane ; ils ont été ſuffiſamment réfutés par les plus excellentes plumes. Mais je ne dois pas oublier d'avertir, que le nom de Magie a été ſouvent pris en bonne part pour une ſcience peu commune, & une eſpece de Philoſophie plus ſublime. C'eſt en ce ſens qu'on doit l'entendre dans cet endroit de Pline, où il dit, [13]quoique d'une maniere aſſez obſcure, que Pythagore, Empédocle, Démocrite & Platon voyagerent beaucoup pour s'en inſtruire. Du reſte on eſt naturellement porté à attribuer à la ſorcellerie tout ce qui paroît nouveau & merveilleux. N'avons nous pas auſſi paſſé pour Magiciens M. Seguier & moi dans l'eſprit de quelques perſonnes, parce que dans nos expériences de l'électricité on nous voyoit allumer ſans peine des chandelles éteintes, en les approchant de l'eau froide ; ce qui paroiſſoit alors inouï, & ce que bien des gens ſoûtiennent encore fermement aujourd'hui ne pouvoir ſe faire que par un pact tacite ? Il eſt vrai que dans les effets de l'électricité il y a quelque choſe de ſi extraordinaire & de ſi merveilleux, qu'on feroit beaucoup plus porté à excuſer les perſonnes qui auroient de la peine à les croire naturels, que ceux qui ont été imaginer des pacts tacites pour des choses, qu'il étoit beaucoup plus facile d'expliquer naturellement.

V. De ce qui vient d'être dit-il résulte évidemmant, qu'il y a de la folie à croire que par la voie de l'étude & du sçavoir on puisse jamais parvenir à aucun de ces effets merveilleux qu'on attribue à la Magie, & que c'est profaner le nom de science, de le donner à une imposture aussi grossiérement imaginée ; reste donc que ces effets prétendus puissent être produits par une vertu diabolique. En effet on lit dans l'Ouvrage en question, que tous les effets de la Magie *doivent s'attribuer à l'opération du Démon ; que c'est en vertu du pact exprès ou tacite qu'il a fait avec lui, que le Magicien opere tous ces prétendus prodiges ; & que c'est en égard aux différens effets de cet art, & aux différentes maniéres dont ils sont produits, que les Auteurs l'ont depuis divisé en plusieurs classes*. Mais je prie d'abord le Lecteur de considérer sérieusement, s'il est croyable que dès qu'il en prendra fantaisie à quelque misérable femmelette ou à quelque malheureux frippon, Dieu dont la sagesse & la bonté sont infinies, veuille jamais permettre que le Démon leur apparoisse, qu'il les instruise, qu'il leur obéisse, & qu'ils fassent pact avec lui. Est-il croyable que pour complaire à un scélérat, il accorde au Démon le pouvoir d'exciter des tempêtes, de ravager par la grêle toute une contrée de faire souffrir les plus grand maux à de petits innocens, & même quelquefois *de donner la mort aux hommes par le moyen de la Magie* ? Croit-on pouvoir ajoûter foi à de pareilles choses sans offenser Dieu, & sans marquer une défiance trop injurieuse de sa toute-puissance ? Il m'est arrivé plusieurs fois, sur-tout lorsque j'étois dans les armées, d'apprendre que quelques misérables s'étoient donnés au Diable, & l'avoient appellé à eux avec les blasphêmes les plus horribles, sans que pour cela il leur fût apparu, ni que leurs tentatives eussent jamais été suivies d'aucun succès. Et certes si pour obtenir ce que promet l'art Magique, il suffisoit de renier Dieu & d'invoquer le Démon, que de gens prendroient bien-tôt cet affreux parti ! Combien d'impies ne voit-on pas tous les jours, pour avoir de l'argent, pour se venger d'une personne, pour satisfaire un desir criminel, se porter sans remords aux plus grands excès. Combien de misérables qui souffrent dans les prisons, aux galeres ou autrement, auroient recours au Démon pour sortir de peine ? Il me seroit aisé de rapporter ici grand nombre d'historiettes fort curieuses de personnes que l'on croyoit généralement ensorcelées, de maisons infestées par des Esprits, ou de chevaux pansés par des Follets, que j'ai vûes moi-même en différens tems & en différens lieux se réduire enfin à rien. Ce que je puis certifier, est que deux Religieux très-sensés, qui avoient exercé l'office d'Inquisiteurs, l'un pendant 24 ans, l'autre pendant 28. m'ont assuré que de différentes accusations de sorcellerie qui leur avoient été déférées, & qui paroissoient bien prouvées, après les avoir examinées avec soin & maturité, ils n'en avoient trouvé aucune qui ne fût pure fourberie. Comment peut-on s'imaginer que le Démon, qui est le pere du mensonge, apprenne aux Magiciens le véritable secret de cet art, & que cet Esprit plein d'orgueil dont il est la source, enseigne à un

Enchanteur le moyen de le forcer à lui obéir ? Dès qu'on veut fe mettre au deffus de quelques vieux préjugés, qui font excufer ceux lefquels dans les fiécles paffés donnoient croyance à ces folies, peut-on ajoûter foi à certaines opinions extravagantes, comme à ce qu'on raconte des Démons incubes & fuccubes, du commerce defquels on veut que naiffent des enfans ? Qui croiroit aujourd'hui qu'Ezzelin fût fils d'un Follet ? Mais fe peut-il rien imaginer de plus étrange, que ce qui fe dit des pacts tacites ? On veut que quand quelqu'un, de quelque pays qu'il foit, & quelque éloigné qu'il puiffe être, aura fait pact avec le Diable, que toutes les fois qu'il dira certaines paroles ou fera certains fignes, il s'enfuivra un certain effet, fi moi qui fuis parfaitement ignorant de cette convention, je viens à dire les mêmes paroles ou à faire les mêmes fignes, le même effet doive s'enfuivre. On veut que qui fait pact avec le Démon, ait droit de l'obliger à produire un certain effet, non-feulement quand il fera lui même, par exemple, certaines figures, mais encore toutes les fois qu'elles feront faites par telle autre perfonne qu'on voudra, en quelque tems, en quelque lieu que ce foit, & quoique l'intention foit toute différente. Certes rien n'eft plus propre que ces opinions à nous humilier, & à nous faire connoître combien l'homme doit peu compter fur les foibles lumieres de fon efprit. De tous les faits extraordinaires qu'on dit avoir été produits par des pacts tacites, plufieurs font abfolument faux, d'autres font arrivés tout autrement qu'on ne les raconte, quelques-uns font vrais, mais très-naturels, & tels que pour les expliquer il n'est nullement besoin de recourir au Démon.

VI. L'évidence de ces raisons semble suffire pour prouver, que tout ce qui se dit aujourd'hui de la Magie n'est que chimere ; mais parce que répondant aux solides difficultés qui lui étoient proposées par M. le Comte Rinaldi Carli, l'Auteur du livre prétend que la nier est une opinion hérétique & condamnée par les Loix, il est à propos d'examiner encore cet article. Pour premiere preuve de sa réalité on rapporte le consentement général de tous les hommes, la tradition de tous les peuples, des histoires & des témoignages à l'infini, de Théologiens, de Philosophes, de Jurisconsultes ; d'où l'on conclut, qu'on ne peut en nier l'existence, *ou la révoquer en doute, sans sapper par les fondemens ce qui s'appelle foi humaine.* Mais le peu que j'ai dit au nombre IV. suffit seul pour prouver combien est faux ce qu'on avance de ce prétendu consentement général. Horace qui passe pour avoir été un des plus sages & des plus éclairés d'entre les Anciens, compte au contraire au nombre des vertus nécessaires à un honnête homme de n'ajouter aucune foi à ce qui se publie de la Magie, & de s'en rire. Son ami se croyant fort vertueux, parce qu'il n'étoit point avare, *Cela ne suffit pas*, dit-il : *êtes-vous exempt de tout autre vice & de tout autre défaut, sans ambition, sans colere, sans crainte de la mort ?* [14] *Vous mocquez vous de tout ce qui se dit des songes, des opérations Magiques, des miracles, des Sorcieres, des Revenans & des prodiges de la Thessalie ?* c'est-à-dire en un mot, de toute espece de Magie.

Quel eſt le but de Lucien dans ſon Dialogue intitulé *Philopſeudès,* ſinon de tourner l'Art Magique en ridicule ; & n'eſt-ce pas auſſi ce qu'il s'eſt propoſé dans cet autre qui a pour titre *l'Ane,* d'où Apulée a tiré ſon *Ane d'or.* Il eſt aiſé de s'appercevoir que dans tout cet Ouvrage, où il parle ſi ſouvent du pouvoir qu'on attribuoit à la Magie, de faire remonter les fleuves vers leur ſource, d'arrêter le cours du ſoleil, d'obſcurcir les étoiles & de contraindre les Dieux mêmes à lui obéir, il n'a eu d'autre vûe que de s'en mocquer ; ce qu'il n'auroit certainement pas fait, s'il l'eût crûe capable de produire, comme on le prétend, des effets ſupérieurs à toutes les forces de la nature. C'eſt donc en badinant & par ironie, qu'il dit qu'on voit s'opérer des prodiges *par le pouvoir invincible de la Magie* [15] *& par la néceſſité aveugle qu'elle impoſe aux Dieux mêmes de lui obéir.* Le pauvre homme penſant devoir être changé en oiſeau, avoit eu la douleur de ſe voir métamorphoſé en âne par la mépriſe d'une femme, qui par empreſſement s'étoit trompée de boëte, & lui avoit donné d'un onguent pour un autre. Les termes les plus ordinaires dont les Anciens ſe ſervoient en parlant de la Magie, étoient ceux de *jeu* & de *badinage* ; ce qui fait bien voir qu'ils n'y reconnoiſſoient rien de réel. S. Cyprien parlant des myſteres des Magiciens, les appelle[16] *des opérations pernicieuſes & badines. Si par leurs preſtiges & par leur badinage,* dit Tertullien[17], *les Charlatans ſemblent operer pluſieurs prodiges* ; & dans ſon Traité de l'Ame il s'écrie[18] : *Que dirons-nous donc de la Magie ? Ce que preſque tout le monde en dit ; que ce n'eſt* que fourberie. Arnobe l'appelle[19] *les jeux de l'Art Magique* ; & fur ces paroles de Minutius Felix[20], *Tous les prodiges qu'ils femblent opérer par leur badinage,* fon Commentateur remarque que ce mot de *badinage* eft en cet endroit le terme propre. Cette maniere de s'exprimer fait voir, quel étoit alors le fentiment commun de tous les gens fages. *Que le Métayer,* dit Columelle[21], *ne fréquente ni les Devins ni les Sorcieres, parce que par leurs vaines fuper-*ftitions les uns & les autres jettent les ignorans dans la dépenfe, & de là les conduifent au crime. Nous apprenons de Suidas[22], qu'on nommoit Magiciens ceux qui fe rempliffoient la tête de vaines imaginations. Ainfi c'eft avec raifon que parlant d'un de ces impofteurs, le Dante à dit[23] : il fçavoit tout le badinage & toutes les fourberies de la Magie. Il n'eft donc pas vrai que jamais on ait crû généralement la réalité de l'Art Magique ; & fi de nos jours on vouloit recueillir les voix des gens de Lettres & les fentimens des plus célebres Académies, je fuis perfuadé que de dix à peine s'en trouverait-il un ou deux qui fuffent convaincus de fon exiftence. Ce ne feroit pas du moins un des fçavans amis de l'Auteur du Livre en queftion, qui ayant été confulté par celui-ci fur cette matiere, lui répond en ces termes : La Magie eft un Art ridicule, qui n'a de réalité que dans la tête d'un fou, lequel s'imagine pouvoir porter le Diable à fatisfaire tous fes défirs. J'ai lû dans quelques catalogues qui nous viennent d'Allemagne, que l'on fe prépare à donner au Public une *Bibliotheque Magique* ; *oder grundliche Nagrichen,* &c. C'eft un vafte recueil de différens écrits tendans tous à prouver la vanité & l'infuffifance de la Magie. On doit obferver, que les Poëtes ont beaucoup contribué à donner la vogue à toutes ces imaginations. Sans cette fource féconde, que devenoient les fictions d'Homere les plus ingénieufes ? On peut en dire autant de l'Ariofte, & de nos autres Poëtes modernes. Au refte on ne doit pas oublier ce que *j*'ai remarqué plus haut en parlant de Pline, que dans les Auteurs anciens le terme de Magie eft fouvent équivoque. Car dans certains pays on donnoit le nom de Mages, ou de Magiciens, à ceux qui faifoient une profeffion particuliere de s'appliquer à l'étude de l'Aftronomie, de la Philofophie, de la Médecine ; dans d'autres, on appelloit ainfi les Philofophes d'une certaine fecte : on peut confulter fur cela la Préface de Diogene Laërce. Platon écrit, qu'en Perfe par le nom de Magie on entendoit *le culte des Dieux*[24]. *Suivant un* grand nombre d'Auteurs, dit Apulée dans fon Apologie[25], les Perfes appellent Mages, ceux à qui nous donnons le nom de Prêtres. S. Jérôme écrivant contre Jovinien, s'exprime ainfi[26] : Eubule qui a écrit l'hiftoire de Mithras en plufieurs volumes, raconte que chez les Perfes on diftingue trois fortes de Mages, dont les premiers font ceux qui font les plus fçavans & les plus éloquens, &c. Malgré cela il ne laiffe pas de fe trouver des gens, qui confondent la chimere de la prétendue Magie diabolique avec la Magie Philofophique, comme l'a fait Corneille Agrippa dans fes Livres *de la Philofophie fecrette*.

VII. Une autre raiſon qu'on apporte, pour prouver la réalité & le pouvoir de l'Art Magique, eſt que les Loix décernent la peine de mort contre les Enchanteurs. *Quelle idée,* dit-on, *pourrions nous avoir des anciens Légiſlateurs, ſi nous les croyons capables d'avoir recours à des peines ſi rigoureuſes pour réprimer une chimere, un Art qui ne produit aucun effet* ? Surquoi il eſt à propos d'obſerver, qu'en ſuppoſant cette erreur univerſellement répandue, il ne ſeroit pas impoſſible que ceux mêmes qui ont fait les Loix s'en fuſſent laiſſé prévenir ; auquel cas on pourroit faire à leurs loix le même Commentaire, que Séneque appliquoit, comme on la vû plus haut, à celle des douze Tables. Mais je vais plus loin. Ce n'eſt pas ici le lieu de parler des peines ſagement décernées dans l'Ecriture contre l'impiété des Cananéens, qui joignoient à l'Idolâtrie la Magie la plus outrée. A l'égard des Loix Grecques, dont les Auteurs nous ont conſervé un ſi grand nombre, je ne me ſouviens point qu'en aucun endroit elles faſſent mention de ce crime, ni qu'elles le ſoumettent à aucune peine. Je puis en dire de-même des Loix Romaines contenues dans le Digeſte. Il eſt vrai que dans le Code de Théodoſe & dans celui de Juſtinien il y a un Titre entier concernant les *Malfaiteurs,* où ſe trouvent beaucoup de Loix qui condamnent à la mort la plus cruelle les Magiciens de toute eſpece ; mais n'eſt-on pas forcé d'avouer, que cette condamnation étoit très-juſte ? Ces miſérables ſe vantoient de pouvoir cauſer à leur fantaiſie des calamités & des mortalités publiques ; dans cette vûe ils tenoient leurs charmes & leurs noirs complots les plus ſecrets qu'il leur étoit poſſible : c'eſt ce qui fait dire à l'Empereur Conſtans[27] : *Que tous les Magiciens, en quelqu'en-droit de l'Empire qu'ils ſe trouvent ſoient regardés comme les ennemis publics du genre humain.* Qu'importe en effet qu'ils ſe vantaſſent fauſſement, & que leurs tentatives fuſſent inutiles ? *Dans les maléfices*, dit la Loi[28], *c'eſt la volonté, non l'événement qui fait le crime.* Auſſi Conſtantin veut-il que l'on faſſe grace à ceux d'entr'eux[29] qui faiſoient profeſſion de guérir les hommes par cette voie, & de conſerver les biens de la terre. Mais ordinairement les vûes de ces ſortes de gens ne tendoient qu'au mal : voilà pourquoi les Loix ordonnent qu'ils ſoient regardés [30]*comme des ennemis Publics*. Le moindre mal dont on pouvoit les accuſer, étoit de faire illuſion au peuple, de ſéduire les ſimples, & de cauſer par là une infinité de troubles & de déſordres. Outre cela, de combien de crimes ne ſe rendoient ils pas coupables dans l'uſage de leurs ſortileges ? C'eſt ce qui porta l'Empereur Valentinien à décerner la peine de mort [31]*contre quiconque travailleroit de nuit par des prieres impies & des ſacrifices déteſtables à des opérations Magiques.* Quelquefois même ils ſe ſervoient adroitement de quelqu'autre voie pour procurer le mal qu'ils vouloient faire ; après quoi ils faiſoient entendre, qu'on devoit l'attribuer au pouvoir de leur Art. Mais à quoi bon tant de raiſons ? N'eſt-il pas certain que le premier pas que faiſoient ceux qui avoient recours à la Magie, étoit de renoncer à Dieu & à Jeſus-Chriſt, & d'invoquer le Démon ? La Magie n'étoit-elle pas regardée comme une eſpece d'Idolâtrie ; & cela n'étoit-il pas ſuffiſant pour rendre ce crime capital ? Falloit-il en faire dépendre la punition de l'évenement ? Honorius ordonna qu'on traitât ces fortes de gens dans toute la rigueur des Loix, [32]*à moins qu'ils ne promiſſent de ſe conformer à l'avenir à ce que la religion Catholique exige, après avoir brûlé eux-mêmes en préſence des Evêques les écrits pernicieux qui ſervoient à entretenir leur erreur.*

VIII. Ce qu'il y a d'admirable, eſt que ſi jamais quelqu'un s'eſt mocqué de la Magie, ce doit être certainement l'Auteur dont il s'agit, puiſ-que tout ſon Livre ne tend qu'à prouver qu'il n'y a point de Sorcieres, & que tout ce que l'on en dit, n'eſt que folie & pure chimere. S'il en eſt ainſi, la queſtion eſt décidée. Mais ce qui a lieu de ſurprendre, eſt qu'en même tems on ſoutienne, qu'à la vérité il n'y a point de Sorcieres, mais qu'il y a des Magiciennes ; que la ſorcellerie n'eſt qu'une chimére, mais que la Magie diabolique eſt très-réelle. N'eſt-ce pas là, comme il ſemble à quelques-uns, nier & affirmer en même tems la même choſe ſous différens noms ? Tibulle n'avoit garde de connoître ces différences, lorſqu'il diſoit : [33]*Comme me l'a promis une Sorciere, dont les opérations Magiques ne trompent jamais.* En traitant dans ce Livre de la *Sorcellerie* & de la *Magie*, on aſſure que *le Démon intervient dans l'une & dans l'autre, & que l'une & l'autre operent des prodiges.* Mais ſi cela eſt, il eſt impoſſible de trouver entr'elles aucune différence. Si l'une & l'autre operent des prodiges, & cela par l'intervention du Démon, leur eſſence eſt donc la même. Après cela n'y a-t'il pas de la contradiction à dire, que le

Magicien agit, & que la Sorciere n'agit pas ; que le premier commande au Diable, & que l'autre lui obéit ; que la Magie eſt fondée ſur des pacts exprès ou tacites, au lieu que dans la Sorcellerie il n'y a rien que d'imaginaire & de chimérique ? Quelle raiſon en rapporte t'on ? Si le Démon eſt toujours prêt à apparoître à quiconque l'invoque & ſe diſpoſe à faire pact avec lui, pourquoi ne ſe montrera-t'il pas auſſitôt à celle que l'Auteur appelle une Sorciere, qu'à celle à qui il lui plaît de donner le nom plus honnête de Magicienne ? S'il eſt ſi diſpoſé à paroître, & à s'attirer le culte & les adorations qui ne ſont dûes qu'à Dieu, que lui importe qu'elles lui viennent de la part d'une perſonne vile ou diſtinguée, de la part d'un ignorant ou d'un homme ſçavant ? La principale différence que l'Auteur admette entre la Sorcellerie & la Magie, eſt que celle-ci *eſt propre des Prêtres, des Médecins & des autres perſonnes qui cultivent les Lettres* ; au lieu que la Sorcellerie eſt un pur fanatiſme, *qui ne convient qu'au peuple & à de pauvres femmelettes* : auſſi *ne tire-t-elle point*, dit-il, *ſon origine de la Philoſophie ni d'aucune autre ſcience, & n'a de fondement que dans des contes populaires.* Pour moi, je penſe que c'eſt bien à tort, qu'on fait ici tant d'honneur à la Magie. J'ai prouvé ci-deſſus en peu de mots par l'autorité de pluſieurs Auteurs anciens, que les hommes les plus ſenſés s'en ſont toujours mocqués, qu'ils ne l'ont regardée que comme un badinage & comme un jeu, & qu'après n'y avoir épargné ni application ni dépenſe, un Empereur Romain n'a jamais pû parvenir à en voir aucun effet. J'ai de même fait obſerver l'équivoque du nom, qui ſouvent a été cauſe qu'on a confondu ces opinions populaires avec la Philofophie & les Sciences les plus fublimes. Mais je crois trouver dans le Livre même de l'Auteur de quoi prouver que l'on ne peut en effet faire cette diftinction, puifqu'il y dit que *les pratiques fuperftitieufes, telles que des figures, des caracteres, des conjurations & des enchantemens, paffant de l'un à l'autre, & venant à la connoiffance de ces malheureufes, operent en vertu du confentement tacite qu'elles donnent à l'opération du Démon.* Voilà donc toute diftinction ôtée. On dit encore que, felon quelques uns, *des clous, des épingles, des os, des charbons, des paquets de cheveux ou de chiffons* trouvés au chevet du lit des enfans, font des indices d'un pact exprès ou tacite, à caufe de la reffemblance qu'ils ont avec les fymboles dont ufent les *vrais Magiciens*. Les Sorcieres & ceux qu'on nomme ici *vrais Magiciens* emploient donc également les mêmes folies : ils mettent également leur confiance dans des pacts imaginaires ; par conféquent on doit ranger les uns & les autres dans la même catégorie.

IX. Il eft à propos d'avertir ici, qu'il n'eft pas auffi nouveau qu'on le croit communément, de faire de la différence entre les Sorcieres & les Magiciens. Il y a près de deux cens ans que Jean Wier, Médecin de profeffion, avoit déja dit la même chofe. Jamais Auteur n'a écrit plus au long fur cette matiére ; on confultera la fixieme édition de fon Livre *De præftigiis Damonum & incantationibus*, publiée à Bâle. Il y prouve qu'on ne doit point condamner à mort les Sorcieres, parce que ce font des folles qui ont le cerveau bleffé ; parce que tous les crimes qu'on leur impute font imaginaires, n'ayant de réalité que dans leur mauvaife volonté, & point du tout dans l'exécution ; enfin parce que felon les regles de la plus faine jurifprudence, la confeffion des chofes impoffibles n'eft d'aucun poids, & ne peut fervir à fonder une condamnation. Il montre comment ces vieilles folles parviennent à s'imaginer avoir eu commerce avec quelque Efprit, ou avoir été portées par les airs. Rien de mieux jufques-là ; mais perfuadé d'ailleurs qu'il y a véritablement des prodiges Magiques[34], & croyant avoir éprouvé lui-même quelque chofe de cette nature, il admet une Magie diabolique, & veut que l'on puniffe févérement les Magiciens. Il dit[35] que ce font fouvent *des hommes fçavans, qui pour acquérir cet art diabolique, ont beaucoup voyagé* ; & qui inftruits[36] *dans la Goëfie & dans la Théurgie*[37] *foit par le Démon ou par les Li- vres,* [38] *fe fervent de termes étranges, de caracteres, d'exorcifmes & d'imprécations,* emploient[39] *les paroles facrées & les noms divins, & ne négligent rien pour fe rendre habiles dans cette noire fcience* ; ce qui les rend dignes de mort[40]. *Mais il y a,* felon lui, *une grande différence entre les Magiciens & les Sorcieres* ; en ce que celles-ci[41] *ne fe fervent ni de livres, ni d'exorcifmes, ni de caracteres, mais ont feulement l'efprit & l'imagination gâtés pat le Démon.* Il appelle Sorcieres celles qui paffent pour faire beaucoup de mal, ou en vertu[42] *de quelque pact imaginaire, ou par leur volonté propre, ou par un inftinct diabolique* ; & qui ayant le cerveau bleffé, confeffent avoir fait beaucoup de choses, quelles n'ont jamais faites ni pû faire. *Les Magiciens*, dit il, [43], *sont portés d'eux mêmes & par leur propre inclination à apprendre cet art défendu, & cherchent des maîtres qui les en instruisent : au contraire les Sorciers ne cherchent ni maîtres, ni instructions ; mais le Diable s'empare de celles* qu'il croit les plus propres à se laisser tromper, à cause ou de leur vieillesse, ou de leur naturel mélancolique, ou de leur pauvreté & de leur misere. Il n'y a personne qui ne voie, & je l'ai déja montré suffisamment, à combien de difficultés & de contradictions toute cette doctrine est sujette ; ce que l'on peut en conclure, est que les Sorciers comme les Magiciens, ont également recours au Démon & mettent leur espérance en lui, sans que les uns ni les autres obtiennent jamais ce qu'ils souhaitent. L'Auteur croit quelquefois rendre plus probable ce qui se dit du pouvoir de la Magie, & en quelque sorte le réduire à rien, en disant que tous les effets prodigieux qu'on lui attribue n'ont rien de réel, & que ce ne sont que des illusions & de vains fantômes ; mais il ne fait pas attention, qu'il y a même du miraculeux à faire paroître ainsi ce qui n'est point. Que les verges des Magiciens de Pharaon ayent été véritablement métamorphosées en serpens, ou qu'elles ayent seulement paru ainsi changées aux yeux de ceux qui étoient présens, l'un & l'autre surpassoit également toutes les forces & toute l'industrie des hommes. Je ne m'amuserai point ici à relever beaucoup d'inutilités qui se trouvent dans cet ouvrage ; par exemple, on ne manque pas d'y rapporter la fable impertinente de la prétendue Magie de Sylvestre II. qui, comme Panvinius l'a fait voir, n'a d'autre fondement sinon que ce Pape étoit fort adonné aux Mathématiques & à la Philosophie.

X. On convient dans le livre nouveau, qu'il peut bien se trouver quelque femme, *qui avec l'aide du Démon soit capable d'opérer beaucoup de choses même préjudiciables aux hommes*, & cela en vertu *d'un pact exprès ou tacite* ; & on ajoûte qu'on ne peut nier que cela se puisse, sans nier absolument la réalité de la Magie. Mais quand bien loin de la nier, on fait au contraire tous ses efforts pour l'établir ; quand on soûtient hautement, qu'il peut se trouver des gens capables avec l'aide du Démon de produire des effets réels, même de nuire aux hommes, comment après cela peut-on nier qu'il y ait des Sorcieres, puisque, selon l'opinion commune, la sorcellerie n'est autre chose que cela ? Que l'on regarde, si l'on veut, comme une fable ce qui se dit de leurs voyages au travers des airs pour se rendre à leurs assemblées nocturnes, qu'y gagnera-t'on, si malgré cela on croit qu'elles ayent le pouvoir de faire mourir les enfans par leurs charmes, d'envoyer le Diable dans le corps du premier venu, & cent autres choses de même nature. On dit que pour rendre les présens qu'il fait plut précieux & plus estimables & pour les faire d'autant plus souhaiter, le Démon les fait acheter fort cher, comme si on ne pouvoit autrement l'exciter à âgir qu'en employant de puissans moyens, & en se servant d'un art tout mystérieux & très-caché, qu'on veut sans doute que les Sorciers ignorent, & qui ne soit connu que des Magiciens. Mais cet art, on prétend que ce n'est que du Diable qu'on peut l'apprendre ; & pour obtenir de lui qu'il l'apprenne, on tient qu'il faut l'invoquer & l'adorer. Or comme il n'y a gueres d'impie, qui s'étant mis en tête d'opérer par ſes charmes quelque choſe d'important, ne ſoit diſpoſé à en venir juſqu'à cet excès affreux, on ne voit pas pourquoi l'un doit venir à bout de ce qu'il ſouhaite, tandis que l'autre ne pourra y réuſſir, ni quelle diſtinction on peut faire entre des ſcélérats & des fous qui ſont préciſément de même eſpece. Je tiens même que ſi l'on accorde la réalité & les forces de la Magie, on ne ſçauroit que très-difficilement refuſer à ceux qui en font profeſſion le pouvoir d'entrer dans les lieux fermés, & de ſe porter par les airs à leurs aſſemblées nocturnes. On dira ſans doute que cela eſt impoſſible, & ſurpaſſe les forces de l'homme ; mais qui peut l'aſſûrer, puiſque nous ignorons juſqu'où s'étend le pouvoir des Anges rebelles ?

Je me ſouviens d'avoir autrefois entendu raiſonner à Rome fort ſenſément ſur la difficulté qu'il y a quelquefois à décider de la vérité d'un miracle fondée ſur ce que nous ignorons juſqu'où s'étend le pouvoir de la nature.

[[44]] Il eſt vrai qu'il ſeroit dangereux de pouſſer ce principe trop loin : il ne faut pas en conclure ſans doute qu'il n'arrive jamais rien que de naturel ; comme ſi l'Auteur ſouverain de toutes choſes ſe fût en quelque ſorte lié les mains, & qu'il ne ſe fût pas réſervé la liberté, pour complaire aux vœux & aux prieres de ſes ſerviteurs, de faire quelquefois des graces qui ſurpaſſent manifeſtement les forces qu'il a accordées à la nature. Il peut ſouvent arriver, que l'on doute ſi un effet eſt naturel ou ſurnaturel ; mais combien auſſi ne voyons nous pas de faits, ſur leſquels toute perſonne ſenſée & raiſonnable ne ſçauroit former le moindre doute, le bons ſens concourant également avec la plus ſaine Philoſophie à nous apprendre, que certaines merveilles ne peuvent arriver que par une vertu ſecrete & toute divine ? Une des preuves des plus certaines qu'on puiſſe en avoir, eſt ſans contredit la guériſon ſubite & durable de certains maux longs & cruels. Je ſçai que des perſonnes ſimples & pieuſes ont quelquefois attribué à miracle des guériſons, qu'on pouvoit fort bien regarder comme des effets purement naturels ; mais que peut-on oppoſer à certains faits extraordinaires arrivés quelquefois à des perſonnes très-ſages & bien éveillées, en préſence de pluſieurs témoins tous également ſenſés & judicieux qui les ont atteſtés, & confirmés par le rapport des Médecins même les plus habiles, qui en ont marqué leur étonnement ? Dans cette ville de Vérone, où je demeure, il eſt arrivé tout récemment un évenement de cette nature, qui a attiré l'admiration de tout le monde ; mais parce que la vérité n'en a pas encore été conſtatée juridiquement, je me diſpenſerai de le rapporter. Il n'en eſt pas de même d'un fait tout ſemblable vérifié il y a dix ans après les recherches les plus exactes. Je parle de la guériſon miraculeuſe de Dame Victoire Buri du Monaſtere de S. Daniel, qui après une fievre chronique de près de cinq ans, après avoir été tourmentée pendant pluſieurs jours d'un point de côté très-vif & de coliques d'eſtomac très-douloureuſes, ayant enfin perdu tout-à-fait la voix, & étant tombée en langueur, reçut le ſaint Viatique le matin du jour que l'on célebre la fête de ſaint Louis de

Gonzague. En cet état s'étant recommandée avec ardeur à l'intercession du Saint, elle sentit en un moment ses forces revenir ; ses douleurs cesserent, & elle commença à crier qu'elle étoit guérie. A ses cris l'Abbesse & les Religieuses accoururent ; elle s'habilla elle-même, monta l'escalier toute seule & sans aide, & alla au chœur avec les autres rendre graces à Dieu de son rétablissement. J'eus la curiosité de vouloir m'informer par moi-même du fait & de ses circonstances ; & après avoir interrogé cette Dame elle même, ceux qui avoient été témoins de sa guérison, & les Médecins qui l'avoient traitée, je demeurai pleinement convaincu de la vérité, moi, dis-je, dont le défaut n'est pas d'être trop crédule, comme il paroît assez par ce que j'écris ici.

Je puis dire encore que me trouvant il y a quatorze ans à Florence, je connus dans cette ville une fille nommée sœur Catherine Biondi du tiers Ordre de S. François, par les prieres de laquelle une Dame fut guérie en un moment & pour toûjours d'une dislocation très-douloureuse. Ce fait fut connu de tout le monde ; & je ne doute point qu'un jour on ne le voie constaté juridiquement. A mon égard je crois avoir obtenu de Dieu plusieurs graces singulieres par les prieres de cette sainte fille, à l'intercession de laquelle je me suis recommandé plusieurs fois depuis sa mort. Le sage & sçavant P. Pellicioni, Abbé de l'Ordre de S. Benoît, son Confesseur, disoit que si l'on connoissoit la vie & l'intérieur de cette petite Sœur, on seroit bientôt délivré de toutes sortes de tentations contre la foi.

En effet, que ces faits particuliers qui demeurent comme enſévelis dans l'oubli, nous apprennent de choſes ! Que de queſtions ſubtiles éclaircies par là en bien peu de tems ! Que les Sçavans qui brillent dans d'autres communions, ne ſe donnent-ils la peine, comme cela leur ſeroit facile, de s'aſſûrer d'un ſeul de ces faits ! Un ſeul ſuffit pour mettre en évidence la vérité des Dogmes Catholiques. Il n'y a pas un article controverſé, pour la deffenſe duquel il ne fallût compoſer un infolio ; au lieu qu'un ſeul de ces faits les décide tous ſur le champ. On n'avance gueres par la diſpute, parce que chacun n'y cherche qu'à faire montre de ſon érudition & de ſon eſprit, & que perſonne ne veut céder ; au lieu que par cette méthode tout devient ſi évident, qu'il ne reſte pas un mot à répondre. Et qui pourroit imaginer, que de tant de miracles vérifiés ſur les lieux en différens pays, & rapportés dans les informations rigoureuſes faites pour la canoniſation des Saints, il n'y en eût pas un ſeul qui fût véritable ? Il faudroit pour cela renoncer à rien croire, & à faire uſage de ſa raiſon. Mais lorſque quelqu'un de ces faits devient ſi notoire qu'il n'y a plus lieu d'en douter, ſi après cela il s'offre quelque difficulté à notre foible eſprit, qui bien loin d'avoir quelque idée de l'infini, n'a même des corps matériels que des connoiſſances très-confuſes, quiconque voudra raiſonner ne ſera-t-il pas obligé de les réſoudre & de les décider tout d'un coup en diſant : *Je n'y entends rien, mais je crois tout.* Ceux auſſi qui par la haute idée qu'ils ont de leurs propres lumieres, ſe moquent de tout ce qui eſt au deſſus d'eux, que peuvent ils oppoſer à des faits, où la divine Providence éclate d'une maniere ſi sensible, non seulement à l'esprit, mais même aux yeux ? A l'égard de ceux qui par la mauvaise éducation qu'ils ont eue, ou par la vie oisive & voluptueuse qu'ils menent, croupissent dans une ignorance grossiere, avec quelle facilité un seul de ces faits bien éclairci ne peut-il pas les instruire de ce qu'il importe le plus de sçavoir, & les éclairer en un moment sur toutes choses ?]

Je reviens à mon sujet. S'il est quelquefois si difficile de décider de la vérité d'un miracle, combien n'y aura-t'il pas plus de difficulté à marquer toutes les propriétés qui conviennent à la nature supérieure & spirituelle, & à lui prescrire des bornes ? A l'égard de la différence des peines que l'Auteur veut qu'on inflige aux Magiciens & aux Sorcieres, prétendant qu'on doit traiter ceux-là à la rigueur, & qu'il faut au contraire user d'indulgence envers celles-ci, je ne vois pas sur quoi elle est fondée. La charité veut sans doute que l'on commence par instruire une vieille folle, qui ayant l'imagination gâtée ou le cœur perverti pour avoir lû ou entendu raconter certaines choses, se condamnera elle-même, en avouant des crimes qu'elle n'aura point commis. Mais si l'on apprend, par exemple, qu'après avoir fait une petite image, un ignorant l'a percée de plusieurs coups à différentes reprises, en murmurant des paroles ridicules, comment distinguera-t'on si c'est à la Sorcellerie ou à la Magie que ce charme doit être attribué ; & par conséquent comment sçaura-t'on, s'il doit être puni doucement ou avec rigueur ? De quelque façon que ce soit, il ne s'ensuivra jamais aucun effet, Comme on l'a souvent éprouvé ; & soit que le charme vienne d'un Magicien ou d'un Sorcier, celui auquel il s'adreffe ne s'en portera pas moins bien : on doit feulement obferver, que quoique fans effet, l'attentat de ces Sorcieres n'en eft pas moins un crime, puifque pour en venir là, il a fallu *qu'elles ayent renoncé à tout ce qu'elles doivent à Dieu, & quelles fe foient rendues efclaves du Démon* ; auffi confeffent-elles que pour faire leurs maléfices, il faut qu'elles *renoncent à Jefus-Chrift & au baptême*. On tient communément, que *les Démons leur apparoroiffent, & qu'ils s'en font adorer* : il n'en eft certainement rien ; mais fi cela étoit, pourquoi les Sorcieres auroient-elles moins de pouvoir que les Magiciens, & fur quel fondement prétendroit-on qu'elles fuffent moins criminelles ?

XI. Venons préfentement au point qui a trompé beaucoup de gens, & qui fait encore aujourd'hui illufion à plufieurs perfonnes. De ce que dans l'Ancien Teftament il eft fouvent parlé de la Magie telle qu'elle étoit alors, on en conclut qu'elle exifte encore, & qu'elle eft toujours aujourd'hui fur le même pied. A cela il eft facile de répondre. Avant la venue du Sauveur, le Démon avoit ce pouvoir ; mais il ne l'a plus, depuis que Jefus-Chrift a confommé par fa mort le grand ouvrage de notre Rédemption. C'eft ce que S. Jean enfeigne clairement dans l'Apocalypfe, lorfqu'il dit[45] : *Je vis un Ange defcendre du Ciel, tenant à fa main la clef du puits de l'abîme & une grande chaîne dont il enchaîna le Dragon, l'ancien Serpent qui eft le Diable & Satan ; & il le lia pour mille ans.* L'Evangélifte s'eft fervi ici du terme de mille ans pour défigner un tems fort long & indéterminé, puisque nous lisons un peu plus bas, que le Démon sera délié à la venue de l'Antechrist[46] : *Et après mille ans*, dit S. Jean, *Satan sera délié & sortira de la prison*. De-là vient qu'au tems de l'Antechrist toutes les merveilles de la Magie se renouvelleront, comme l'Apôtre nous l'apprend, quand il dit que[47] *son arrivée sera marquée par les plus grands miracles que Satan soit capable d'opérer, & par toutes sortes de signes & de prodiges apparens*. Mais jusques là, [48]*le Prince de ce monde*, c'est-à-dire le Démon, *sera chassé dehors*. C'est ce qui a fait dire à S. Pierre, [49]qu'*en montant au Ciel, Jesus-Christ s'est soumis les Anges, les Puissances & les Vertus* ; & à S. Paul, [50]*qu'il s'est enrichi des dépouilles des Principautés & des Puissances*, & que [51]*quand il aura remis le Royaume à Dieu & au Pere, il aura détruit tout le pouvoir des Principautés, des Puissances & des Vertus*. Ces noms divers indiquent les différens Ordres des Esprits réprouvés, comme nous l'apprenons de plusieurs endroits du Nouveau Testament. Or pour comprendre que la force & la puissance dont le Démon a été privé par le Sauveur, est précisément celle dont il avoit joui jusqu'alors, de tromper le monde par des pratiques Magiques, & de se faire par là des Adorateurs, il est à propos d'observer qu'avant la venue de Jesus-Christ, il y avoit trois voies ou trois moyens par où les Esprits réprouvés exerçoient leur pouvoir & leur malice sur les hommes ; 1º. En les tentant, & les portant au mal ; 2º. En s'emparant des corps, & les possédant ; 3º. En secondant les opérations Magiques, & opérant quelquefois des merveilles, pour ravir à Dieu le culte qui lui étoit dû. Aujourd'hui de ces trois fortes de pouvoirs, le Démon n'a certainement pas perdu la premiere par la venue du Sauveur, puifque nous fçavons avec quel acharnement il a toujours continué depuis, & continue encore chaque jour de nous tenter. Il n'a pas non plus été privé de la feconde, puifqu'il fe trouve encore de nos jours des Poffédés, & qu'on ne peut nier que même depuis Jefus-Chrift Dieu n'ait fouvent permis ces fortes de poffeffions pour châtier les hommes, & pour leur fervir d'avertiffement. Refte donc que le Démon ait feulement été abfolument dépouillé de la troifieme, & que ce foit en ce fens qu'on doive entendre ce que dit S. Paul, que le Sauveur *a detruit & anéanti tout le pouvoir des Démons.* Sans cela comment fe vérifieroit ce qui eft dit, *que Satan a été enchaîné ?* De-là vient que depuis la mort du Sauveur tous ces arts Diaboliques n'ayant plus le même fuccès qu'auparavant, [52]*ceux qui jufqu'alors en avoient fait profeffion, porterent leurs livres aux pieds des Apôtres, & les brûlerent en leur préfence.* Car que ces livres traitaffent principalement de la Magie, c'eft ce que nous apprend S. Athanafe, qui fait allufion à cet endroit de l'Ecriture, lorfqu'il dit[53] que *ceux qui s'étoient rendus célèbres par cet art, brûlerent leurs livres.* Ce n'eft pas que même dans les tems les plus reculés on ait manqué de fanfarons & d'impofteurs, qui fe vantoient fauffement de ce qu'ils ne pouvoient pas faire. Auffi lifons-nous dans l'Eccléfiaftique : [54]*Qui aura pitié de l'Enchanteur qu'un Serpent aura mordu ?* Du tems de S. Paul quelques

Exorciftes Juifs couroient le pays[55] effayant inutilement de chaffer les Démons : c'eft ce que firent à Ephefe fept fils d'un des Princes des Prêtres. C'eft ce préjugé qui a fait croire à Jofephe[56], qu'en préfence de Vefpafien & de toute fa fuite, un Juif avoit chaffé les Démons du corps des Poffédés en leur paffant dans le nez un anneau, dans lequel étoit enchâffée une racine enfeignée par Salomon. Dans le récit qu'il fait de cet événement, on voit à la vérité, qu'on obligeoit les Démons à donner quelque figne de leur fortie ; mais qui n'apperçoit pas d'ailleurs que ce qu'il en raconte ne peut venir que d'un homme qui s'eft laiffé tromper, ou qui cherche à tromper les autres ?

XII. De tout ce que j'ai dit il réfulte, que fi dans l'Ancien Teftament il eft fouvent parlé de la vertu Magique & des prodiges opérés par la Magie, il n'en eft fait d'ailleurs aucune mention dans le Nouveau. Il eft vrai que comme le monde ne manqua jamais d'impofteurs, qui chercherent à s'attribuer le nom & la réputation de Magiciens, on trouve deux de ces Séducteurs, nommés dans les Actes des Apôtres. L'un eft Elymas, [57]qui dans l'ifle de Chypre voulut détourner le Proconful Romain de prêter l'oreille à la prédication des Apôtres, & qui pour cela fut puni de l'aveuglement. L'autre eft Simon qui depuis très-long-tems[58] *prêchant dans Samarie qu'il étoit quelque chofe de grand, avoit féduit tout le peuple de cette Ville* au point qu'il y étoit généralement regardé comme une efpéce d'homme Divin, parce que [59]*par l'effet de fa Magie, il avoit depuis longtems fait tourner la tête à tous les*

Habitans ; c'est-à-dire qu'il les avoit séduits & éblouis par ses fourberies, comme cela est souvent arrivé en beaucoup d'autres endroits. Car que du reste il n'eût jamais pû parvenir à opérer aucun prodige, cela se voit évidemment, non-seulement en ce que l'Ecriture n'en parle point, mais aussi en ce que voyant les miracles de S. Philippe, [60]*il en fut si surpris & si rempli d'admiration*, qu'il demanda aussitôt le Baptême, & ne quitta plus depuis la compagnie de cet Apôtre. Mais ayant présenté de l'argent à S. Pierre pour obtenir de lui le don de l'Apostolat, il en fut repris très-vivement, & menacé des châtimens les plus terribles ; à quoi [61]*il ne répondit autre chose, sinon qu'il prioit les Apôtres d'interceder eux-mêmes pour lui auprès du Seigneur, afin que rien de tout cela ne lui arrivât.* Voilà tout ce que nous avons de certain & d'autentique au sujet de Simon le Magicien. Mais dans les tems voisins des Apôtres les Auteurs de livres Apocryphes & d'histoires faites à plaisir profiterent admirablement de la profession de Magicien, que Simon avoit faite pendant long-tems avec tant d'adresse ; & parce que l'art Magique est fécond en merveilles très-propres à rendre un récit agréable & amusant, ils lui attribuerent des prodiges sans fin : entr'autres ils supposerent que dans une espece de dispute publique qu'il eut avec S. Pierre, il s'éleva en l'air, & fut ensuite précipité par les prieres de cet Apôtre. Nous avons une relation apocryphe de cette prétendue dispute de S. Pierre avec Simon le Magicien, qu'on suppose avoir été écrite par un certain Marcel Disciple de S. Pierre ; Sigebert en a fait mention, & fi je ne me trompe, elle a paru imprimée à Florence. Les plus anciens ouvrages apocryphes qui nous reſtent ſont les Récognitions de S. Clement & les *Conſtitutions Apoſtoliques*. Dans le premier on fait dire à Simon, [62]*qu'il peut ſe rendre inviſible, traverſer les précipices les plus affreux, tomber de fort haut ſans ſe bleſſer, lier de ſes propres liens ceux qui l'auront enchaîne, ouvrir les portes fermées, animer les ſtatues, paſſer au travers du feu ſans ſe brûler, changer de figure, ſe métamorphoſer en chevre ou en brebis, voler par l'air &c.* Dans le ſecond on fait dire à S. Pierre, que Simon étant à Rome, & s'étant rendu au Théâtre ſur le midi[63], *ordonna au peuple de ſe retirer & de lui faire place, promettant qu'il alloit voler dans l'air*. On ajoute, qu'en effet il s'éleva dans l'air porté par les Diables, diſant qu'il montoit au Ciel, ce qui fut ſuivi des applaudiſſemens de tout le peuple ; mais que dans le moment S. Pierre obtint par ſes prieres qu'il fût précipité, après lui avoir parlé auparavant comme s'ils euſſent été proche l'un de l'autre. On peut lire toute l'hiſtoire, qui eſt évidemment fauſſe & mal imaginée. Il eſt vrai que ces anciens écrits, & quelques autres de même nature, ont ſervi à tromper quelques-uns des Peres & des Auteurs Eccléſiaſtiques, qui ſans examiner autrement la vérité, ſe ſont laiſſés entraîner au torrent, & ont ſuivi l'opinion publique ; ſur quoi il y auroit bien des choſes à dire, ſi le tems me le permettoit. Comment, par exemple, peut-on croire ſans balancer que S. Jérôme ait jamais écrit, que S. Pierre alla à Rome, non pour planter la foi dans cette

Capitale du monde, & pour y établir le premier ſiege de la Chrétienté, mais [64]*pour y détruire l'Empire de Simon le Magicien* ? N'y a-t'il pas au contraire tout lieu de ſoupçonner, que ce peu de mots a paſſé anciennement d'une note miſe en marge mal à propos juſques dans le texte ? Mais pour me renfermer dans les bornes de mon ſujet, je dis qu'il ſuffit de faire attention à la ſource impure de tant de livres apocryphes publiés ſous des noms ſuppoſés, à la diverſité & à la contrariété qui regne entr'eux par rapport au fait en queſtion, au ſilence enfin des Souverains Pontifes & des autres Ecrivains ſur ce même fait, même des Auteurs profanes qui devoient principalement en parler, pour reſter convaincu que tout ce qu'on en dit, ainſi que tous les autres prodiges attribués à la Magie de Simon, n'eſt qu'une fable fondée uniquement ſur le bruit public. N'y a-t'il pas juſqu'à une ancienne inſcription qu'on croit exiſter encore aujourd'hui, & qui, ſuivant la copie que j'en ai autrefois tirée à Rome, porte : *Sanco Sancto Semoni Deo Fidio*, qui ſur l'équivoque du nom a été appliquée à Simon le Magicien par S. Juſtin, & ſur ſon autorité par quelques autres, ce qui a fait dire au P. Pagi ſur l'année 42. que *S. Juſtin a été trompé ou par la reſſemblance des noms, ou par quelque relation infidelle ?* Mais ce qui doit ſur-tout décider en cette matiere, c'eſt le témoignage d'Origene, qui dit, [65]qu'*à la vérité, Simon put bien tromper quelques-uns des gens de ſon tems par ſa Magie* ; mais que bientôt après il perdit ſon crédit au point qu'il ne croyoit pas que ſur toute la terre il ſe trouvât trente perſonnes de ſa ſecte, & cela seulement dans la Paleſtine, *ſon nom n'ayant jamais été connu ailleurs* ; tant il s'en falloit qu'il eût été à Rome, qu'il y eût opéré des prodiges, & qu'on lui eût élevé des ſtatues dans cette Capitale du monde ! Origene conclut, en diſant qu'où le nom de Simon étoit connu, il ne l'étoit que par les Actes des Apôtres, & que[66] *la vérité des faits fit connoître évidemment, qu'il n'y avoit dans cet homme rien de divin*, c'eſt-à-dire, rien de miraculeux ni d'extraordinaire. En un mot, les Actes des Apôtres ne rapportent de lui aucun prodige, parce que le Sauveur avoit détruit tout le pouvoir de la Magie.

XIII. Pour aſſurer la ſolidité de ce principe, après l'avoir fondé ſur l'Ecriture, je vais encore l'établir avec ma franchiſe ordinaire ſur la Tradition, & faire voir que c'eſt véritablement en ce ſens que doivent s'entendre les paſſages des Peres & des anciens Ecrivains Eccléſiaſtiques. Je commence par S. Ignace Martyr, Evêque, & ſucceſſeur des Apôtres dans la Chaire d'Antioche. Ce Pere dans la premiere des Epîtres qui ſont véritablement de lui, parlant de la naiſſance du Sauveur & de l'étoile qui apparut alors, ajoute : [67]*Parce que tout le pouvoir de la Magie s'évanouit, tous les liens de la malice furent rompus, l'ignorance fut abolie, & l'ancien Royaume de Satan détruit* ; ſurquoi le ſçavant Cotelerius fait cette remarque : [68]*Ce fut auſſi dans ce tems-là que ceſſerent tous les preſtiges de la Magie, comme l'atteſtent tant d'Auteurs célebres*. Tertullien dans le livre qu'il a écrit de l'Idolâtrie, dit, [69]*On ſçait la liaiſon étroite qu'il y a entre la Magie &*

l'Aſtrologie. Dieu permit que cette Science regnât ſur la terre jusqu'au tems de l'Evangile, afin qu'après la naiſſance de Jeſus-Chriſt il ne ſe trouvât plus perſonne, qui entreprît de lire dans le Ciel le bonheur ou le malheur de qui que ce ſoit. Un peu plus bas il ajoute : [70]*C'eſt ainſi que juſqu'au tems de l'Evangile, Dieu toléra ſur la terre cette autre eſpece de Magie qui opere des prodiges, & qui oſa même ſe déclarer rivale des miracles de Moïſe.*

Origene dans ſes livres contre Celſe parlant des trois Mages & de l'étoile qui leur apparut, dit qu'alors le pouvoir de la Magie s'étendoit ſi loin, qu'il n'y avoit point d'art plus puiſſant & plus divin ; mais à la naiſſance du Sauveur [71]*l'Enfer fut déconcerté, les Demons perdirent leur force, tous les charmes furent détruits & toute leur vertu s'évanouit. Les Mages* [72]*voulant donc faire leurs enchantemens & leurs opérations ordinaires, & ne pouvant y réuſſir, en chercherent la raiſon ; & ayant vû paroître au Ciel cette nouvelle étoile, ils conjecturerent que celui-là étoit né qui devoit commander à tous les Eſprits,* ce qui les détermina à partir pour venir l'adorer.

S. Athanaſe, dans ſon Traité de l'Incarnation, enſeigne que le Sauveur [73]*a délivré toutes les créatures des tromperies & des illuſions de Satan, & qu'il s'eſt enrichi, comme dit S. Paul, des dépouilles des Principautés & des Puiſſances. Quand eſt-ce,* dit-il enſuite[74], *que les Oracles ont ceſſé de répondre, tant dans la Grece que dans le reſte du monde, ſi ce n'eſt depuis la venue du Sauveur ſur la terre ? Quand a-t-on commencé à mépriſer l'art Magique &*

ſes préceptes ? n'eſt-ce pas depuis que les hommes ont commencé à jouir de la divine préſence du Verbe ? Autrefois, continue-t'il, [75]*les Démons faiſoient illuſion aux hommes par divers fantômes, & s'attachant aux rivieres ou aux fontaines, aux pierres & au bois, ils attiroient par leurs preſtiges l'admiration des foibles mortels ; mais depuis la venue du Verbe divin, toutes leurs ruſes ſe ſont évanouies.* Un peu plus bas il ajoute : [76]*Mais que dirons-nous de la Magie pour laquelle ils ont tant d'admiration ? Avant l'Incanation du Verbe elle étoit en honneur chez les Egyptiens, les Chaldéens, les Indiens, & ſe faiſoit admirer de ces peuples par des prodiges ; mais depuis que la vérité eſt deſcendue ſur la terre & que le Verbe s'eſt montré aux hommes, ſon pouvoir a été détruit & elle eſt elle-même tombes dans l'oubli.* Dans un autre endroit réfutant les Gentils, qui attribuoient les miracles du Sauveur à la Magie, *Ils l'appellent Magicien,* dit-il ; [77]*mais peut-on dire qu'un Magicien ait détruit toute eſpece de Magie, au lieu de travailler à l'établir ?*

Dans ſon Commentaire ſur Iſaie, S. Jerôme joint cette interprétation à pluſieurs endroits du Prophete, [78]*Depuis la venue du Sauveur, tout cela doit s'entendre dans un ſens allégorique :* car toute l'erreur des eaux d'Egypte, & tous les arts pernicieux, qui faiſoient illuſion aux peuples qui s'en étoient laiſſé infatués, ont été détruits par l'arrivée de Jeſus-Chriſt. Un peu après il ajoute : [79]*Que Memphis ait été auſſi fort adonnée à la Magie, les veſtiges qui ſubſiſtent encore de nos jours de ſes anciennes ſuperſtitions, ne* permettent pas d'en douter. Or ceci nous apprend en peu de mots, qu'à l'approche de la défolation de Babylone, tous les projets des Magiciens & de ceux qui promettoient de dévoiler l'avenir, font une pure folie, & s'en vont en fumée à la venue de Jefus-Chrift. Il dit encore ailleurs, que Jefus-Chrift étant venu au monde, [80]toutes les efpeces de divination & toutes les fourberies de l'Idolâtrie perdirent leur efficace ; en forte que les Mages de l'Orient comprenant qu'il *étoit né un Fils de Dieu qui avoit détruit toute la puiffance de leur art, vinrent à Béthléem.*

Théophile d'Alexandrie, dans fa lettre Pafchale adreffée aux Evêques d'Egypte, & après lui S. Jérôme qui nous a donné une traduction Latine de cette lettre, difent que [81]*Jefus-Chrift par fa venue a détruit tous les preftiges de la Magie.* Ils ajoutent : *Jefus-Chrift par fa préfence ayant détruit l'Idolâtrie, il s'enfuit que la Magie qui eft fa mere, a été détruite de même.* On appelle la Magie mere de l'Idolâtrie, parce qu'elle tranfporte à un autre la confiance & la foumiffion qui n'eft dûe qu'à Dieu. S. Ambroife dit : [82]*Le Magicien s'apperçoit de l'inutilité de fon art, & vous ne comprenez pas encore que le Rédempteur qui vous a été promit eft arrivé !* Je pourrois raffembler ici beaucoup d'autres paffages des Peres, fi j'avois les livres à la main, ou fi le tems me permettoit de les recueillir.

XIV. Mais pourquoi s'amufer à une recherche inutile ? Ce que j'ai dit fuffit pour faire voir que ce fentiment a été celui non pas d'un ou deux des Peres feulement, ce qui ne prouveroit rien, mais de la plus grande partie de ceux d'entr'eux, qui ont parlé de cette matiere ; ce qui ne fait pas le grand nombre. Après cela peu importe, que dans des siecles postérieurs & moins éclairés il se soit répandu mille contes au sujet de la Sorcellerie & des enchantemens, & qu'ils ayent acquis créance dans l'esprit des peuples, à proportion de leur ignorance & de leur grossiereté. On peut lire, si l'on en est curieux, cent histoires de cette nature rapportées par Saxon le Grammairien & par Olaus Magnus. On trouvera aussi dans Lucien & dans Apulée, comment de leur tems même, ceux qui vouloient être portés par les airs ou être métamorphosés en bêtes, commençoient par se dépouiller, se frottant de certaines huiles depuis les pieds jusqu'à la tête ; il se trouvoit encore alors des Imposteurs, qui promettoient comme auparavant d'opérer par le moyen de la Magie toutes sortes de prodiges, & qui continuoient les mêmes extravagances.

Il y a des personnes en assez grand nombre, qui ont une certaine répugnance à refuser d'ajoûter foi à tout ce qui se dit des prodiges de la Magie, comme si c'étoit nier la vérité des miracles, & l'existence du Diable ; & à ce sujet ils ne manquent pas d'alléguer, qu'au nombre des Ordres reçus dans l'Eglise se trouve celui des Exorcistes, & que les Rituels sont remplis de prieres & de bénédictions contre la malice & les embûches du Démon. Mais il ne faut pas confondre ici deux choses fort différentes. Bien-loin que les miracles & les merveilles opérées par la vertu divine doivent nous porter à croire la vérité de ceux que l'on attribue au Démon, ils nous apprennent au contraire que

Dieu s'est réservé ce pouvoir à lui seul. Nous n'éprouvons que trop qu'il y a véritablement des Esprits malins, & qu'ils ne cessent de nous tenter. A l'égard de l'Ordre des Exorcistes, on sçait qu'il a été établi dans l'Eglise des les premiers siécles du Christianisme : les Peres les plus anciens en font mention ; mais nous n'apprenons d'aucun d'eux qu'ils ayent été institués contre la Sorcellerie & autres fourberies de même nature, mais seulement, comme encore aujourd'hui, pour délivrer les Possedés ; [83]*pour chasser les Démons des corps des Possedés*, dit le Manuel de l'Ordination. On ne nie donc pas que pour des raisons qu'il ne nous appartient pas d'examiner, Dieu ne permette quelquefois au Démon de s'emparer de quelqu'un & de le tourmenter ; on nie seulement que l'Esprit de ténébres puisse jamais en venir là pour obéir ou pour complaire à une malheureuse de la lie du peuple. On ne nie pas que pour punir les péchés des hommes le Tout-puissant ne puisse se servir quelquefois en différentes façons du ministere des Esprits malins : car, comme le dit S. Jérome[84], *Dieu fait sentir aux hommes sa colere & sa fureur par le ministere des Anges rebelles* ; mais on nie que cela arrive jamais par la vertu de certaines figures, de certaines paroles, de certains signes que feront des ignorans ou des scélérats, ou bien quelques malheureuses & vieilles folles, ou par aucune autorité qu'ils ayent sur le Démon, Le Souverain Pontife qui gouverne aujourd'hui l'Eglise avec tant de gloire, traite fort au long[85] dans ses excellens Ouvrages des prodiges opérés par le Démon & rapportés dans l'Ancien Testament ; mais il n'y parle nulle part d'aucun effet produit par la Magie ou par la Sorcellerie depuis la venue de Jeſus-Chriſt. Nous avons dans le Rituel Romain des prieres & des oraiſons pour toutes ſortes de beſoins : on y trouve des conjurations & des exorciſmes contre les Démons ; mais par tout où le texte n'en a point été corrompu, il n'y eſt fait aucune mention ni de perſonnes ni de choſes enſorcelées, & s'il y en eſt parlé, ce n'eſt que dans des additions poſtérieures faites par des particuliers. On ſçait au contraire que pluſieurs livres traitant de cette matiére, & contenant des prieres nouvellement compoſées par quelques particuliers, ont été prohibés. Ainſi on a défendu le livre intitulé *Circulus Aureus*, dans lequel on preſcrit les conjurations néceſſaires pour évoquer *les Démons de toute eſpéce, du ciel, de l'enfer, de la terre, du feu, de l'air & de l'eau*, pour détruire toutes ſortes *d'enchantemens, de charmes, de ſorts & de maléfices*, en quelque lieu qu'ils ſoient cachés, même les eût-on avalés, & de quelque matiére qu'ils ſoient compoſés, ſoit mâle ou femelle. *Magicien ou Sorciere* qui les ait faits ou donnés, & nonobſtant *tous pactes & toutes conventions faites entr'eux & le malfaiteur par le moyen de la Magie*. La défenſe que fait l'Egliſe de lire & de garder ces ſortes de livres, ne devroit-elle pas ſuffire pour nous convaincre de la fauſſeté de ce qu'ils ſuppoſent, & pour nous apprendre combien ils ſont contraires à la vraie religion & à la ſaine dévotion ? Il y a trois ans qu'on imprima en cette ville un petit livre, dont l'Auteur n'étoit pourtant pas de Vérone, où l'on promettoit d'enſeigner la maniére *de délivrer les Poſſedés, & de défaire toutes ſortes de maléfices* : On y lit[86] que *ceux sur lesquels on a jetté quelque sort ou maléfice, menent une vie malheureuse qu'on devroit plutôt appeller une longue mort, semblables à un cadavre d'un homme qui vient d'expirer,* &c. Ce n'est pas tout : car *presque tous en meurent* ; & si ce sont des enfans, *ils ne vivent gueres.* Voyez jusqu'où va la puissance, que des personnes simples attribuent, non seulement au Démon, mais aux hommes les plus vils ; qu'elles croyent bonnement entretenir liaison & commerce avec lui. On dit ensuite dans ce livre[87], que *les signes* qui dénotent qu'il y a du maléfice, sont *des écorces, des herbes, des plumes, des os, des clous, des cheveux* ; mais on avertit, que les plumes ne prouvent qu'il y a de la Sorcellerie, *que quand elles sont entrelacées ensemble en forme de cercle, ou à peu près.* Et il faut encore bien prendre garde, si quelque *femmelette* n'a point donné quelque chose à manger, quelques fleurs à sentir, ou si elle n'a point touché l'épaule de la personne maléficiée. Nous avons un excellent préservatif contre ces sortes de simplicités dans le vaste recueil de Dom Martene, intitulé De antiquis Ecclesiæ Ritibus, où l'on voit qu'entre une infinité de prieres, d'oraisons & d'exorcismes usités dans tous les tems & dans tous les pays de la Chrétienté, il ne se trouve pas un seul endroit où il soit parlé de maléfices, de Sorcellerie, de Magie ou d'opérations Magiques. On y fait bien commandement au Démon au nom de Jesus-Christ de sortir & de s'éloigner ; on y implore la protection divine, pour être délivré de son pouvoir, auquel nous naissons tous sujets par la tache que nous avons contractée du péché originel ; on y prie pour que l'eau bénite, le ſel & l'encens ſanctifiés par les prieres de l'Egliſe chaſſent l'ennemi ; pour que nous ne tombions point dans ſes lacs, & que nous n'appréhendions point les attaques des Eſprits immondes ; mais il n'y eſt dit nulle part que les charmes ayent le pouvoir de les faire agir, & on n'y prie Dieu en aucun endroit de nous en délivrer ou de nous en guérir. Il eſt ſi peu vrai que nous devions ajouter foi aux fables qui ſe débitent à ce ſujet, que je me ſouviens parfaitement d'avoir lû il y a long-temps dans d'anciens Caſuiſtes, qu'on doit mettre au nombre des péchés griefs, de croire que l'art Magique puiſſe véritablement opérer les merveilles qu'on en raconte. J'obſerverai à cette occaſion, que j'ignore comment l'Auteur du livre en queſtion a fait la bévûe de citer deux fois certain manuſcrit comme ſe trouvant dans un autre cabinet que le mien, tandis que c'eſt un fait public que je l'achetai autrefois fort cher, ne ſçachant pas qu'il y manquoit la partie la plus importante & la plus curieuſe. On peut voir ce que j'en ai dit dans les opuſcules que j'ai joints à *l'Hiſtoire de la Théologie*[88]. Il ſuffit pour le préſent de ſe rappeller, que dans le fameux Canon *Epiſcopi* rapporté premiérement par Réginon[89] on lit ces paroles remarquables : [90]*Une infinité de gens trompés par ce faux préjugé, croyent que tout cela eſt vrai, & en le croyant s'éloignent de la vraie foi pour donner dans la ſuperſtition des Payens, s'imaginant pouvoir trouver ai leurs que dans Dieu quelque Divinité & quelque vertu ſurnaturelle.*

XV. Par tout ce que j'ai dit jusqu'ici, il paroît combien ce qui se dit communément de cette prétendue Magie est éloigné de la vérité, contraire à toutes les maximes de l'Eglise, & opposé à l'autorité la plus respectable, & quel tort pourroit faire à la saine Doctrine & à la vraie piété, d'entretenir & de favoriser des opinions si extravagantes. On lit dans l'Auteur que je combats : *Que dirons nous des Esprits folets, prodige se notoire & si commun ?* C'est merveille que ce soit un *prodige*, & qu'en même tems il soit *commun*. On ajoute : *Il n'y a point de ville, pour ne pas dire de village, qui ne puisse en fournir plusieurs exemples.* Pour moi, j'ai vû bien du pays, j'ai soixante & quatorze ans bien comptés, je n'ai peut-être porté que trop loin ma curiosité sur cet article ; & j'avoue qu'il ne m'est jamais arrivé de rencontrer aucun prodige de cette espece : je puis même ajoûter, que plusieurs Inquisiteurs très-sensés, après avoir exercé cet emploi pendant fort long-tems, m'ont assûré aussi qu'ils n'en avoient jamais connu. Ce n'est pas que souvent il ne me soit passé par les mains bien des Folets en toutes sortes de formes & de figures différentes ; mais j'ai toujours découvert & fait connoître, que ce n'étoit qu'imagination & rêverie. D'un côté on prétend qu'il y en a parmi eux d'une espece malicieuse, qui sont amoureux des belles filles, & de l'autre on veut qu'au contraire toutes les Sorcieres soient vieilles & laides. Combien ne feroit-il pas à souhaiter, que le peuple fût une bonne fois détrompé de ces folies, qui s'accordent si mal avec la saine doctrine & la vraie piété ! N'est-on pas encore infatué de nos jours de ce qu'on dit des charmes qui rendent invulnérables, des anneaux dans lesquels sont renfermés des Folets, des billets qui guérissent de la fiévre quarte, des paroles qui font deviner le numero auquel le lot doit tomber, du sas qu'on fait tourner pour découvrir un voleur ; de la cabale qui par le moyen de certains vers & de certaines réponses, qu'on suppose faussement renfermer une certaine combinaison de mots, dévoile les choses les plus cachées ? Ne se trouve t'il pas encore des gens assez simples, ou qui ont assez peu de religion, pour acheter quelquefois fort cher toutes ces bagatelles ? Car le monde ne manque point encore aujourd'hui de ces Prophetes dont parle Michée, que [91]*l'argent inspiroit & rendoit sçavans.* N'avons nous pas encore des Calendriers, où l'on marque les jours heureux & malheureux, comme cela s'est fait pendant un tems sous le nom des Egyptiens ? N'empêche-t'on pas d'habiter certaines maisons sous prétexte qu'elles sont infestées, c'est-à-dire, que la nuit on y voit des spectres & qu'on y entend un grand bruit de chaînes, les uns voulant que ce soient les Diables, d'autres que ce soient les Ames des Trépassés qui font tout ce tintamarre ? ce qui est assez surprenant, que ce soient des Ames ou des Diables, & qu'ils n'ayent le pouvoir de se faire sentir que la nuit. Et combien de fois n'a-t'on pas vû arriver des divisions funestes, principalement entre les paysans, sur ce que quelqu'un d'eux en aura accusé d'autres de Sorcellerie ? Mais que dire des Esprits incubes & succubes, dont-on veut, malgré l'impossibilité, soutenir la réalité & l'existence ? M. Muratori, dans l'endroit où il traite de l'imagination, met les contes qu'on en fait au même rang que ce qui fe raconte du Sabat ; & il dit [92]*que ces opinions extravagantes font aujourd'hui fi décréditées, qu'il n'y a plus que le peuple le plus groffier qui s'en laiffe bercer.* Un de mes amis me fit rire l'autre jour, quand parlant de ces prétendus Efprits incubes, il dit que ceux qui les croyoient, n'étoient pas fages de fe marier. Que dirons nous encore des pacts tacites dont l'Auteur fait fi fouvent mention, & dont il fuppofe la réalité ? Ne voit-on pas que cette opinion va à faire du Diable un Dieu ? Car que quelqu'un, par exemple, demeurant à deux ou trois cens lieues de nous, ait fait pact avec le Démon, que toutes les fois qu'on fufpendra un pendule au-deffus d'un verre, il marquera l'heure auffi réguliérement que l'horloge la plus exacte ; felon ce fentiment, cette même merveille arrivera également & au même inftant, non feulement dans cette ville où nous fommes, mais par toute la terre, & elle fe réitérera autant de fois que l'on voudra en faire l'épreuve. Or ceci eft toute autre chofe, que de porter une Sorciere au Sabat au travers des airs, ce que l'Auteur prétend être au deffus des forces du Démon ; c'eft attribuer à cet Efprit de malice une espece de toute-puiffance & d'immenfité. Mais qu'arrivera-t'il, quand quelqu'un aura fait pact avec un Démon pour qu'il y ait du beau tems, tandis qu'un autre aura fait pact de fon côté avec un autre Démon pour qu'il y en ait de mauvais ? Le bon Pere le Brun veut que j'en attribue à des pacts tacites tous les effets qu'on ne peut expliquer naturellement ; fi cela eft, que de pacts tacites il y aura dans le Monde ! Il ajoûte foi aux contes que l'on a faits de la Baguette divinatoire, & à la vertu qu'on lui a attribuée de faire découvrir les voleurs & les meurtriers, quoique toute la France ait reconnu depuis, que le premier Auteur de cette fable étoit un fourbe, qui ayant été appellé à Paris, ne put jamais y faire voir aucun des effets dont il s'étoit vanté. Pour peu qu'on ait d'idée du nombre infini de corpuscules invisibles qui sont répandus dans le monde, de leur écoulement continuel des corps naturels, & des effets cachés & merveilleux qu'ils produisent, en ne sera jamais fort étonné, qu'à une distance médiocre l'eau & les métaux operent sur certaines sortes de bois. Le même Auteur croit encore bonnement ce qui se disoit, que la contagion & la mortalité répandue parmi les bestiaux provenoit de quelque sort ; de même que celui qui assuroit, que son pere & sa mere étoient demeurés impuissans pendant sept ans, ce qui ne cessa que lorsqu'une vieille eut rompu le charme. Il cite à ce sujet un Rituel dont le P. Martene ne parle point, d'où il suit qu'il ne l'a pas reconnu pour autentique. Pour se faire une idée de la crédulité de cet Ecrivain, il suffit de lire l'historiette qu'il rapporte d'un certain Damis. Mais on trouve sur-tout un abregé incomparable de ces merveilles extravagantes dans un petit livre dédié au Cardinal Horace Maffei, intitulé *Compendium Maleficarum,* ou l'*Abregé des Sorcières*, & imprimé à Milan en 1608.

XVI. En un mot il n'est pas peu important de détruire les erreurs populaires, qui attaquent les attribut inaltérables de l'Etre suprême, comme s'il se fût fait une loi de condescendre à tous les désirs impies & bisarres des Esprits malins & des fous qui ont recours à eux, en les secondant, &

permettant les effets merveilleux qu'ils veulent produire. La raiſon & le bon ſens permettent-ils d'imaginer, que le Souverain Maître de toutes choſes, qui pour des raiſons qu'il ne nous eſt pas permis d'examiner, refuſe ſi ſouvent d'exaucer les prieres les plus vives que nous lui faiſons pour nos beſoins, tant publics que particuliers, ſoit ſi prompt à ſe prêter aux déſirs du plus vil & du plus méchant de tous les hommes, en permettant que ce qu'il ſouhaite arrive ? Tant qu'on croira la réalité de la Magie, qu'elle eſt capable d'opérer des prodiges, & que par ſon moyen l'homme peut forcer le Démon à lui obéir, on aura beau prêcher contre la ſuperſtition, l'impiété & la folie des Sorciers ; il ne ſe trouvera toujours que trop de gens qui eſſayeront d'y réuſſir, qui feront pour cela des tentatives, & qui même s'imagineront y avoir en effet réuſſi. Pour déraciner cette peſte, il faut commencer par faire bien entendre aux hommes, que c'eſt inutilement qu'ils ſe rendent coupables de ce crime horrible, que par cette voie on n'obtient jamais rien de ce que l'on ſouhaite, & que tout ce qui ſe débite à ce ſujet n'eſt que fable & que chimere. Il ne ſera pas difficile de perſuader de cette vérité toute perſonne ſenſée, en l'engageant ſeulement à faire attention, s'il eſt poſſible que tous ces miracles prétendu ; ſoient véritables, tandis qu'il eſt avéré que la Magie n'a jamais eu le pouvoir d'enrichir ceux qui en faiſoient profeſſion ; ce qui ſeroit beaucoup plus facile. Comment cet art ſi merveilleux pourroit-il envoyer des maladies à ceux qui ſe portent bien, rendre deux époux impuiſſans, faire devenir inviſible ou invulnérable, tandis qu'il n'a jamais pû faire paſſer dans la bourſe d'un Magicien cent écus, qu'un autre tenoit ferrés dans fon coffre ? Et pourquoi ne fait-on aucun ufage d'un art fi merveilleux dans les armées ? pourquoi eft-il fi peu recherché des Princes & de leurs Miniftres ? Le moyen le plus efficace pour diffiper toutes ces imaginations vaines, feroit de n'en parler jamais, & de les enfévelir dans un filence & dans un oubli éternel. Que dans un pays où de tems immémorial perfonne n'aura jamais été foupçonné de forcellerie, on apprenne qu'il foit arrivé un Religieux pour informer de ce crime, & pour les punir ; auffitôt on verra courir à lui des troupes de filles attaquées des pâles couleurs, & d'hommes hypocondriaques : on y verra porter en foule des enfans attaqués de maladies inconnues ; & on ne manquera pas d'affurer que c'eft l'effet de forts qu'on a jettés fur eux, & même de raconter quand & comment la chofe eft arrivée. C'eft certainement s'y prendre fort mal, foit dans les prédications, foit dans les ouvrages que l'on met au jour contre les Sorcieres, de s'amufer à faire l'hiftoire de tout ce dont fe vantent ces extravagantes, des faits auxquels on prétend qu'elles ont eu part, & de la maniere dont ils font arrivés : on a beau alors déclamer contre elles ; on doit être affuré qu'il ne manque pas de fe trouver auffitôt des gens, qui fe laiffent éblouir par ces prétendues merveilles, qui deviennent épris de ces effets fi extraordinaires & fi prodigieux, qui mettent en œuvre pour y parvenir ces mêmes moyens qu'on vient de leur apprendre, & qui n'oublient rien pour mériter d'être du nombre de cette fociété imaginaire. C'eft donc avec raifon que l'Auteur dit dans fon livre, que le châtiment même ne fert quelquefois qu'à rendre le crime plus commun, & qu'*il n'y a jamais plus de Sorcieres, que dans les lieux où elles font le plus perfécutées*. Je fuis charmé de pouvoir finir par cet éloge, afin que l'on voie d'autant mieux que fi j'ai attaqué ici la Magie, ce n'eft qu'avec des intentions droites.

XVII. L'empreffement avec lequel j'ai écrit cette lettre, m'a fait oublier plufieurs chofes qui pouvoient fort bien y avoir place. La plus grande difficulté qu'on puiffe oppofer pour combattre mon fentiment, eft qu'il fe trouve quelquefois, même parmi les perfonnes d'un certain fçavoir & d'un certain bon fens, des gens qui vous difent : *mais moi j'ai vû ceci & cela ; il m'eft arrivé à moi-même d'éprouver telle & telle chofe*. Sur quoi il eft à propos de faire d'abord attention aux tours merveilleux de certains joueurs de gobelets, qui par leur expérience & par leur adreffe viennent à bout de faire illufion aux perfonnes mêmes les plus clairvoyantes & les plus fenfées. On doit confidérer enfuite, que les effets les plus naturels peuvent quelquefois paroître furpaffer les forces de la nature, lorfqu'on fçait les repréfenter habilement fous un point de vûe favorable. J'ai vû autrefois un Charlatan, qui ayant paffé un clou ou une groffe épingle dans la tête d'un poulet, le clouoit avec cela fur une table, enforte qu'il paroiffoit mort, & étoit crû tel de tous ceux qui étoient préfens ; enfuite le Charlatan ayant ôté le clou, & ayant fait quelques fingeries, le poulet reprenoit la vie & marchoit par la chambre. Tout le fecret confifte en ce que ces oifeaux ont au devant de la tête deux os joints par une future, dans laquelle fi on fait paffer quelque chofe avec adreſſe, on leur cauſe de la douleur, mais ils ne meurent point pour cela. On peut faire entrer dans le gras de la jambe d'un homme des épingles aſſez groſſes ſans bleſſure & ſans douleur, ſinon très-légere, telle que celle d'une piqûre, qui ſe fait ſentir lorſque l'épingle commence à entrer ; ce qui a ſervi quelquefois de paſſetems à des badins. Dans mon jardin qui, grace aux ſoin de M. Seguier, eſt devenu un vrai jardin de Botanique, j'ai une plante nommée *Onagra*, qui monte juſqu'à la hauteur d'un homme, & qui porte de très belles fleurs ; mais elles demeurent fermées pendant tout le jour : elles ne s'ouvrent & n'épanouiſſent que vers le coucher du ſoleil, & cela non pas peu à peu, comme il arrive à celles de toutes les autres plantes de nuit, mais en pouſſant tout d'un coup, & ſe montrant en un moment dans toute leur beauté. Un peu avant que leur calice creve, il ſe gonfle & s'enfle quelque peu. Or ſi quelqu'un profitant de cette derniere particularité peu connue, vouloit perſuader à quelques perſonnes ſimples qu'à l'aide de quelques paroles Magiques il peut, quand il le veut, faire naître en un moment une belle fleur, n'eſt-il pas certain qu'il trouveroit aſſez de gens diſpoſés à le croire ? Il n'y a rien que ne faſſent aujourd'hui les gens du commun, pour trouver le ſecret de ſe rendre invulnérables ; en quoi ils font voir qu'ils attribuent plus de pouvoir à la Magie, que ne lui en accordoient les Anciens, qui la croyoient bien capable de faire le mal, mais non pas de faire le bien. Auſſi quand la plûpart des Juifs attribuoient au Démon les miracles du Sauveur, quelques-uns d'entr'eux plus ſenſés & plus raiſonnables leur demandoient : [93]*Eſt-ce que le*

Démon peut rendre la vûe aux aveugles ? Aujourd'hui on a plus de moyens que jamais d'en faire accroire aux perſonnes ſimples & ignorantes. Seroit-il, par exemple, fort difficile à un homme de ſe faire paſſer pour Magicien, s'il diſoit aux aſſiſtans : je puis à ma volonté faire paſſer la balle de ce piſtolet au travers de cette planche, ou faire ſeulement qu'elle la touche, & qu'elle tombe au pied ſans la percer ? Cependant rien n'eſt plus facile ; il s'agit ſeulement quand on charge le piſtolet, au lieu de chaſſer la bourre immédiatement ſur la balle, comme c'eſt l'uſage de la mettre au contraire à l'embouchure du canon. Après cela, lorſqu'on vient à tirer, ſi l'on hauſſe un peu le bout du piſtolet, la balle qui ne ſera point déplacée, produira l'effet ordinaire ; au contraire ſi on baiſſe le piſtolet, enſorte que la balle coule dans le canon & joigne la bourre qui eſt à l'emboûchure, elle ira donner dans la planche, & tombera à terre ſans la percer. Il me ſemble qu'il ſe trouve quelque choſe de ſemblable dans les *Expériences naturelles* de Redi, que je n'ai pas pour le moment ſous la main. Combien d'autres maniéres ingénieuſes de faire illuſion ne pourrois-je pas rapporter ici ? On pourra conſulter à ce ſujet Jean-Baptiſte Porta & autres. Il ne faudroit pourtant pas mettre au nombre de ces eſpeces de Magie ce que me marquoit un ami en badinant : dans une lettre très polie qu'il m'écrivit il y a deux mois. Une exhalaiſon bruyante s'étant enflammée dans une maiſon, & n'ayant point été apperçue de lui qui étoit dans la place voiſine, non plus que de tout autre endroit, il me mandoit que ceux qui, ſelon le préjugé vulgaire, perſiſtoient à croire que ces ſortes de feux venoient du Ciel & des nuées, étoient néceſſairement obligés d'attribuer cet effet à une vraie Magie. J'ajoûterai encore au ſujet des Phénomènes de l'Electricité, que ceux qui croyent pouvoir les expliquer par le moyen de deux fluides électriques, l'un caché dans les corps, l'autre qui circule autour d'eux, diroient peut-être quelque choſe de moins étonnant & de moins étrange ; s'ils les attribuoient à la Magie. J'ai tâché dans la derniere lettre qui eſt jointe à celle que j'ai écrite ſur les exhalaiſons, de donner quelque explication de ces merveilles, & je l'ai fait du moins ſans être obligé d'inventer de ma tête & ſans fondement deux matiéres électriques univerſelles, qui circulent au dedans des corps & au dehors. Certes les Philoſophes Anciens, qui ont tant raiſonné ſur l'Aiman, ſe ſeroient épargné bien de la peine, s'ils euſſent crû pouvoir attribuer ſes propriétés admirables à un eſprit magnétique qui en ſortît. Mais le plaiſir que je trouverois à raiſonner avec eux, m'engageroit peut-être dans d'autres matiéres : c'eſt pourquoi je finis.

FIN.

APPROBATION.

J'Aɪ lû par ordre de Monſeigneur le Chancelier, *une Lettre de M. le Marquis Maffei ſur la Magie, traduite de* l'*italien en François* ; je n'y ai rien trouvé qui puiffe en empêcher l'impreffion. Fait à Paris ce 27 Juin 1751.

GEINOZ.

PRIVILEGE DU ROI.

LOUIS, par la grace de Dieu, Roi de France & de Navarre : A nos amés & féaux Confeillers, les Gens tenans nos Cours de Parlement, Maîtres des Requêtes ordinaires de notre Hôtel, Grand Confeil, Prévôt de Paris, Baillifs, Sénéchaux, leurs Lieutenans Civils, & autres nos Jufticiers qu'il appartiendra : SALUT. Notre bien-amé JEAN DEBURE l'aîné, Libraire à Paris, ancien Adjoint de fa Communauté, Nous a fait expofer qu'il défireroit faire imprimer & donner au Public des ouvrages qui ont pour titre : *Confidérations fur la caufe Phyfique des tremblemens de terre, par M. Hale, avec la lettre Paftorale de M. l'Evêque de Londres fur la caufe Morale du même Phénoméne. Lettre fur la Magie traduite de l'italien de M. le Marquis Maffei* ; s'il Nous plaifoit de lui accorder nos Lettres de Permiffion pour ce néceffaires. A ces caufes, voulant favorablement traiter l'Expofant, Nous lui avons permis & permettons par ces Préfentes, de faire imprimer ledit ouvrage en un ou plufieurs volumes, & autant de fois que bon lui femblera, & de le faire vendre & débiter par tout notre Royaume, pendant le tems de trois années confécutives, à compter du jour de la date des Préfentes. Faifons défenfes à tous Imprimeurs,

Libraires & autres perfonnes de quelque qualité & condition qu'elles foient, d'en introduire d'impreffion étrangére dans aucun lieu de notre obéiffance ; à la charge que ces Préfentes feront enregiftrées tout au long fur le Regiftre de la Communauté des Imprimeurs & Libraires de Paris, dans trois mois de la date d'icelles ; que l'impreffion defdits ouvrages fera faite dans notre Royaume, & non ailleurs, en bon papier & beaux caracteres, conformément à la feuille imprimée attachée pour modele fous le contre-fcel des Préfentes ; que l'impétrant fe conformera en tout aux Reglemens de la Librairie, & notamment à celui du 10 Avril 1725. qu'avant de les expofer en vente, le manufcrit ou imprimé qui aura fervi de copie à l'impreffion defdits Ouvrages, feront remis dans le même état où l'Approbation y aura été donnée, ès mains de notre très cher & féal Chevalier Chancelier de France le Sieur DELAMOIGNON, & qu'il en fera enfuite remis deux Exemplaires de chacun dans notre Bibliotheque publique, un dans celle de notre Château du Louvre, un dans celle de notredit très-cher & féal Chevalier, Chancelier de France, le Sieur DELAMOIGNON, & un dans celle de notre très-cher & féal Chevalier Garde des fceaux de France, le fieur DEMACHAULT, Commandeur de nos Ordres ; le tout à peine de nullité des Préfentes ; du contenu defquelles vous mandons & enjoignons de faire jouir ledit Expofant & fes ayans caufe pleinement & paifiblement, fans fouffrir qu'il leur foit fait aucun trouble ou empêchement. Voulons qu'a la copie des Préfentes qui fera imprimée tout au long au commencement ou à la fin defdits ouvrages, foi foit ajoutée comme à l'original.

Commandons au premier Huiſſier ou Sergent ſur ce requis de faire pour l'éxécution dicelles tous Actes requis ou néceſſaires, ſans demander autre permiſſion, & nonobſtant Clameur de Haro, Charte Normande, & Lettres à ce contraires ; Car tel eſt notre plaiſir. Donné à Arnouville le vingt-cinquiéme jour du mois de Juin, l'an de grace mil ſept cens cinquante un, & de notre Regne le trente-ſixiéme. Par le Roi en ſon Conſeil.

Signé, SAINSON.

Regiſtré ſur le Regiſtre XII. de la Chambre Royale des Libraires & Imprimeurs de Paris, Numero 623. fol. 426. conformément aux anciens Reglement confirmer pat celui du 28 Février 1723. A Paris le 9 Juin 1751.

LE GRAS, Syndic.

1. ↑ L'Auteur fait ici alluſion à l'Hipogryphe, cheval aîlé de l'invention de l'Arioſte, qui portoit les Paladins au travers des airs.
2. ↑ Magicas vanitates fæpiùs quidem antecedentis operis parte, ubicunque cauſæ locuſque poſcebant, coarguimus, detegemuſque etiamnùm : in paucis tamen digna res eſt, de quâ plura dicantur, vel eo ipſo quòd fraudentiſſima artium plurimùm in toto terrarum orbe, plurimiſque ſeculis valuit.
3. ↑ Ut eſt Magorum ſolertia occultandis fraudibus ſagax. l. 29. c. 3.
4. ↑ l. 26. c. 4. l. 27. c. 8. l. 28. c. 13. l. 29. c. 4. l. 37. c. 9. &c.
5. ↑ Divina promittit ; prætereà umbrarum inferorumque colloquia. l. 30. c. 2.
6. ↑ Quæ omnia ætate noſtrâ Princeps Nero vana, falſaque comperit.
7. ↑ Nemo unquàm ulli artium validiùs favit. Ad hæc non opes ei defuere, non vires, non diſcendi ingenium, allaque, non patiente (*il faut lire* non alia ei parente) mundo. Immenſum, & indubitatum exemplum eſt falſæ artis, quam dereliquit Nero.
8. ↑ Quin & facto per Magos ſacrificio, evocare manes, & exorare tentavit. *Suet. in Ner. c.* 34.

9. ↑ Magos fecum adduxerat, Magicis etiam cœnis eum initiaverat : non tamen, cùm regnum ei daret, hanc abeo recipere artem valuit. Proindè ita perfuafum fit, inteftabilem, irritam, inanem effe ; habentem tamen quafdam veritatis umbras, fed in his veneficas artes pollere, non Magicas. *Plin. l. 30. c. 2.*
10. ↑ Apud nos in duodecim Tabulis cavebatur, ne quis alienos fructus excantaffit. Rudis adhuc antiquitas credebat, & attrahi imbres cantibus, & repelli : quorum nihil poffe fieri ram palam eft, ut hujus rei causâ nullius philofophi Schola in tranda fit. Senec. Nat. Qu. l. 4. c. 7.
11. ↑ Μάγοὶ τε, καὶ καθάρται, καὶ ἄγυρται.
12. ↑ Ἀλλὰ περὶ δυσσεβέιης μᾶλλον, καὶ ὡς οἱ θεοὶ οὐκ εἶπο.
13. ↑ *Plin.* l. 30. c. I.
14. ↑ Somnia, terrores Magicos, miracula, Sagas,
Nocturnos Lemures, portentaque Theffala rides ?
Horat. lib. 2. Ep. 2.
15. ↑ Inexpugnabili Magicæ difciplinæ poteftate, &c. *lib.* 3.
16. ↑ Ad perniciola & ludicra. *Cypr. de Idol.*
17. ↑ Si multa miracula circulatores præftigiis ludunt. *Tertul. Apol. c. 23.*
18. ↑ Quid ergò dicemus Magiam ? quod omnes penè, fallaciam. *Idem de An. c. 57.*
19. ↑ Magicarum artium ludi. *Arn. lib.* I.
20. ↑ Quidquid miraculi ludunt… Ludere hâc in re proprium vocabulum.
21. ↑ Harufpices Sagafque, quæ utraque genera vanâ fuperftitione rudes animos ad impenfas, ac deinceps ad flagitia compellunt, ne admiferit. *Colum. lib.* 1 *c.* 8.
22. ↑ Μάγους ἑκατουν τούς ψευυδώς φαντασίαε περιθέντες ἑαυτοῖς.
23. ↑ Delle Magiche frodi feppe il Givoco. *Dant. Inf. c. 20.*
24. ↑ Ἐστὶ δὲ τοῦτο Θεῶν θεραπεία. Plat. in Alcib. I.
25. ↑ Quod ego apud plurimos lego, Perfarum linguâ Magus eft, qui noftrâ Sacerdos. *Apual. Apol.* I.
26. ↑ Eubulus quoque, qui hiftoriam Mithræ multis voluminibus explicavit, narrat apud Perfas tria genera Magorum, quorum primos, qui fint doctiffimi & éloquentiffimi, &c. *Hier. adv. jov. Tom.* 2. *pag.* 344.
27. ↑ Humani generis inimici credendi funt. *Cod. Th. l.* 9. tit. 16. *l.* 6.
28. ↑ In maleficiis voluntas fpectatur, non exitus. *D. lib.* 48. *tit.* 8. *l.* 14.
29. ↑ *Cod. Th. de Malef. leg.* 3.
30. ↑ Communis hoftem falutis. *Leg.* II.
31. ↑ Ne quis deinceps nocturnis temporibus, aut nefarias preces, aut Magicos apparatùs, aut facrificia funefta celebrare conetur. *Leg.* 7.
32. ↑ Nifi parati fint, codicibus erroris proprii fub oculis Epifcoporum incendio crematis, Catholicæ religionis cultui fidem tradere. *Leg.* 12.

33. ↑ . . . . Ut mihi verax Pocita eſt Magico ſaga miniſterio.
                                                                                                                       Tib. lib. I. *El.* 2.
34. ↑ Pag. 139. & 145.
35. ↑ Pag. 9.
36. ↑ Pag. 144.
37. ↑ La *Goéſie* eſt, dit-on, une eſpece de Magie. On prétend que ceux qui en font profeſſion ſe rendent la nuit auprès des tombeaux, où ils invoquent les Démons, les mauvais Génies, par des lamentations & des gémiſſemens.
A l'égard de la *Théurgie*, les Anciens donnoient ce nom à cette partie de la Magie qu'on a appellée *Magie blanche*. Ce mot de *Théurgie* ſignifie l'art de faire des choſes divines, ou que Dieu ſeul peut faire ; la puiſſance de produire des effets merveilleux & ſurnaturels par des moyens licites, en invoquant le ſecours de Dieu & des Anges. La *Théurgie* diffère de la *Magie naturelle*, qui ſe fait par les puiſſances de la nature ; & de la *Nécromancie*, qui n'opere que par l'invocation des Démons.
38. ↑ Pag. 170.
39. ↑ Pag. 654.
40. ↑ Pag. 749.
41. ↑ Pag. 9.
42. ↑ Pag. 30. de Lam.
43. ↑ Pag. 94.
44. ↑ Ce qui ſuit renfermé entre deux parenthèſes, eſt une longue addition envoyée par l'Auteur à l'imprimeur dans le tems que l'on travailloit à une ſeconde édition de ſa Lettre.
45. ↑ Et vidi Angelum deſcendentem de cælo habentem clavem abyſſi, & catenam magnam in manu ſuâ ; & apprehendit draconem, ſerpentem antiquum, qui eſt Diabolus & Satanas, & ligavit eum per annos mille. *Apoc.* XX. I.
46. ↑ Et cùm conſummati fuerint mille anni, ſolvetur Satanas de carcere ſuo. *Ibid.* v. 7.
47. ↑ Cujus eſt adventus ſecundùm operationem Satanæ in omni virtute, & ſignis, & prodigiis mendacibus. 2. *Theſſal.* II. 9.
48. ↑ Nunc Princeps hujus mundi ejicietur foràs, *Joan* XII. 31.
49. ↑ Profectus in cœlum, ſubjectis ſibi Angelis, & Poteſtutibus, & Virtutibus. I. *Petr.* III. 22.
50. ↑ Exſpolians Principatus, & Poteſtates *Col.* II. 15.
51. ↑ Cùm tradiderit regnum Deo, & Patri, cùm evacuaverit omnem Principatum, & Poteſtatem, & Virtutem. I. *Cor.* XV. 24.

52. ↑ Qui fuerant curiofa fectati, contulerunt libroes, & combufferunt coram omnibus. *Act.* xix. 19.
53. ↑ Τοῦς δὲ Μαγείας θαυμαθέντας τὰς βίόλους κατακαίεν. *Athan. de Incarn.*
54. ↑ Quis miferebitur incantatori à ferpente percuffo ? *Eccli.* xii. 13.
55. ↑ Tentaverunt autem quidam & de circumeuntibus Judæis exorciftis, &c. *Act.* xix. 13.
56. ↑ Jofeph. *Antiq. lib.* 8. *c.* 2.
57. ↑ *Act.* xiii. 6.
58. ↑ Seducens gentem Samariæ, dicens fe effe aliquem magnum. *Ibid.* viii. 9.
59. ↑ Propter quòd multo tempore dementaffet cos. *Ibid.* v. ii.
60. ↑ Videns etiam figna & virtutes maximas fieri, ftupens admirabatur. *Ibid.* v. 13.
61. ↑ Refpondens autem Simon dixit : precamini vos pro me ad Dominion, ut nihil veniat fuper me horum quæ dixiftis. *Ibid.* v. 24.
62. ↑ Poffum enim facere, ut volentibus me comprehendere non appaream, &c. *Recog. lib.* 2. *c.* 9.
63. ↑ Ὡς καὶ ποτεμέσης ἡμέρας προελθὼν εἰς τὸ θέ ατρον αὐτῶν, κελεύσας τοῖς δήμοις ὑρπαγῆσοις κ'αμε ἐν τῷ θεάτρω, ἐπηγγέλλετο πτῆναι δὲ ἀέρος, *Conft. Lit.* 6. *c.* 9.
64. ↑ Ad expugnandum Simonen Magum. *Hieron. de Vir. ill. c.* i.
65. ↑ Ἠθέλησε δὲ καὶ Σίμων ὁ Σαμαρεὺς Μάγος τῇ Μαγεία ὑφέλεσθαι τινὰς, καὶ τότε μὲν ἠπάτησου, &c Τῆς δὲ λοιπῆν οἰκουμένης οὐδαμοῦ το ὄνομα αὐτοῦ, &c Orig. cont. *Celf. l.* I. n. 57.
66. ↑ Καὶ ἡ ἐνέργεια ἐμαρτύρησεν, ὅτε οὐδὲν θεῖον ὁ Σίμων ἦν. *Ibid.*
67. ↑ Ὅθεν ἐλύετο πᾶσα Μαγεῖα, καὶ τὰς δεσμὸς ἡ φανίζετο κακίας, ἄγνεια καθηρεῖτο, παλαιὰ Ἐασιλέια δεφθείρετο. *Ign. Ep. ad Eph.* n. 19.
68. ↑ Nec minùs cognita eft diffolutio Magicorum præftigiorum, utpote teftes nacta illuftres.
69. ↑ Scimus Magiæ & Aftrologiæ inter fe focietatem, &c. Atenim fcientia ifta ufque ad Evangelium fuit concefta, ut Chrifto edito nemo exindè nativ tatem alicujus de cælo interpretetur. *Tertul. de Idol. c.* 9.
70. ↑ Sic & alia fpecies Magiæ, quæ miraculis operatur, etiam adversùs Moyfem æmulata, patientiam Dei traxit ad Evangelium ufque. *Ibid.*
71. ↑ Διὰ τῶν τοῦ οἱ δαίμονες ἠτόνησαν καὶ ὀξηθήσαν, ἐλεγχθείσης αὐτῶν τῆς γοητείας, καὶ καταλυδείσης τῆς ἐνεργείας. *Orig. cont. Celf l.* i. n. 60.
72. ↑ Οἱ τόννον Μάγοι τὰ συνήθη πρώττειν θέλοντες, ἅπερ πρότερον διὰ τίνων ἐπωδων καὶ μαγγανεῖων ἐποίουν, &c.
73. ↑ Καὶ τὰ πάντα πάσης ἀπάτης ηλευθέρ, καὶ ἤλεγξεν, ὡς Παῦλός φησι, ὠπεκδυσώμενος τὰς ἀρχας, καὶ τὰς ἐξουσίας. *Athan. de Incarn.* T. I. p.

87.
74. ↑ Πόπε δὲ τὰ παρ' Ἕλλησι καὶ πανταχοῦ μαντεῖα πέπαυσαι, &c. Πότε δὲ τῆς Μαγείας ἡ τέχνη καὶ τὰ διδασκαλεῖα ἤρξαντο, καταπατεῖσθαι, εἰ μέ ὅτε τὰ θεοφάνια τοῦ λόγου γίγονεν ἐν ἀνθρώποις *ibid. n.* 46.
75. ↑ Καὶ πάλαι μὲν δαίμονες ἐφαντασυσκότουν τοῦς ἀνθρώπους *ibid. n.* 47.
76. ↑ Τί δὲ περὶ τῆς θαυμαζομένης παρ' αὐτοῖς Μαγείας ἄντις εἴποι ; ὅτε πρὶν μὲν ἐπιδημῆσαι τὶν λόγυν, ἴσχυε καὶ ἐνήργει, &c. Διηλέγχθη καὶ αὐτὴ καὶ κατεργήθη παρτελῶν. *ibid.*
77. ↑ Εἰ δὲ Μάγον λέγουσι, πῶς ὄιοντί ἔστιν ὑπὸ Μάγου κατὰ εἶσθαι πᾶσαν τὴν Μαγείαν, καὶ μὴ μᾶλλον συνίστασθαι ?
78. ↑ In adventu Chriſti hæc omnia τροπικῶε intelligenda ſunt ; &c. Quòd ſcilicet omnis error Egyptiacarum aquarum, & artes maleficæ, quibus ſubjectis populis illudebatur, Chriſti ſiccentur adventu. *Hier. in Iſ. c.* 19. *t.* 4. *p.* 204.
79. ↑ Memphim quoque Magicis artibus deditam priſtini uſque ad præſens tempus veſtigia erroris oſtendunt. Et hoc breviter indicatur, quòd Babylonix vaſtitate veniente., &c.
80. ↑ Ita ut divinationes, & univerſa fraus Idololatriæ, quæ deceptum poſſidebat orbem, ſe fractam eſſe ſentiret ; in tantùm ut Magi de Oriente... intelligentes natum Eilium Dei, qui omnem artis eorum deſtruerat poteſtatem, venirent Bethleem. *Ibid. pag.* 290.
81. ↑ Quia Chriſtus Magorum præſtigia ſuo delevit adventu. *Hier. t.* I. *p.* 570. Cùm autem Idololatria Chriſti majeſtate deleta fit, indicat & parentem ſuam artem Magicam ſecum pariter diſſolutam.
82. ↑ Magus ergò intelligit fuas ceſſare artes ; tu non intelligis tua dona veniſſe ! *Ambroſ. in Luc. l.* 2. *c.* 2.
83. ↑ Ad abjiciendos Dæmones de corporibus obſeſſis.
84. ↑ Mittit ſiquidem Dominus in iram & furorem ſuum per Angelos peſſimos. *Hier. ad Eph.* I. 7. *pag.* 574.
85. ↑ *Vid. de Beatif. l.* 4. *P.* I. *c.* 3.
86. ↑ Qui maleficiis obſtricti ſunt, vitam agunt acerbiſſimam, quæ potiùs prolixa mors dicenda eſt : ſimiles recenti cadaveri, &c. *pag.* 53. & 54.
87. ↑ *Pag.* 67. & 75.
88. ↑ *Pag.* 243.
89. ↑ *Lib.* 2. *n.* 364.
90. ↑ Innumera multitudo, hâc falsâ opinione decepta, hæc vera eſſe credunt, & credendo à recta fide deviant, & errore Paganorum involvuntur, cùm aliquid divinitatis aut numinis extra unum Deum arbitrantur. *Cauſ.* 26. *Qu.* 6. *cap.* 12.
91. ↑ In pecuniâ divinabant. *Mich.* III. II.
92. ↑ *Pag.* 127.

93. ↑ Numquid Dæmonium poteſt cæcorum oculos aperire ? *Joan.* x. 21.

LETTRE DU REVEREND PERE

Dom Augustin Calmet, Abbé de Sénones, à M. de Bure l'aîné, Libraire à Paris.

Monsieur,

J'ai reçu le *Traité Hiſtorique & Dogmatique ſur les Apparitions, les Viſions & les Révélations particulieres, avec les Obſervations ſur les Diſſertations du Révérend Pere Dom Calmet, Abbé de Senones, ſur les Apparitions & les Revenans. A Avignon 1751. par M. l'Abbé Lenglet du Frenoy.*

J'ai parcouru cet Ouvrage avec plaiſir. M. Du Frenoy a voulu y mettre à profit ce qu'il avoit écrit il y a cinquante-cinq ans, comme il le dit lui-même, au ſujet des viſions & de la vie de Marie d'Agreda dont on parloit alors, & dont on parle encore à préſent d'une maniére ſi indéciſe. M. Du Frenoy avoit entrepris alors d'examiner la choſe à fond, & d'en faire voir les illuſions ; il eſt encore tems d'en donner ſon ſentiment, puiſque l'Egliſe ne s'eſt point déclarée ſur l'Ouvrage, ſur la vie & ſur les viſions de cette fameuſe Abbeſſe Eſpagnole.

Ce n'est que par occasion qu'il a composé ses Remarques sur mes Dissertations, sur les Apparitions & sur les Vampires. Je n'ai pas lieu de m'en plaindre ; il a gardé envers moi les régles de la politesse & de la bienséance, & je tâcherai de l'imiter dans ce que je dirai pour ma défense. Mais s'il avoit lû la seconde édition de mon Ouvrage fait à Einsidlen en Suisse en 1749. la troisiéme faite en Allemand à Ausbourg en 1750. & la quatriéme à laquelle vous travaillez actuellement, il se seroit épargné la peine de censurer plusieurs passages, que j'ai corrigés, réformés, supprimés ou expliqués moi-même.

Si j'avois voulu grossir mon Ouvrage, j'aurois pû y ajoûter des régles, des remarques & des réflexions, & une infinité de faits. Mais je serois par-là tombé dans l'inconvénient qu'il semble avoir reconnu lui-même, lorsqu'il dit qu'il a peut être mis dans son Ouvrage trop de ces régles & de ces remarques ; & je suis persuadé que c'est en effet ce que l'on lira le moins, & dont on fera le moins d'usage[1]. On sera bien plus frappé des histoires tirées avec affectation de Thomas de Cantimpré & de Cesarius, dont les Ouvrages sont décriés par tout, & qu'on n'ose plus citer sans les exposer à la risée. On ne lira que trop avec plaisir ce qu'il rapporte des Apparitions de Jesus-Christ à S. François d'Assise sur l'Indulgence de la Partioncule, & des particularités de l'établissement des Peres Carmes & de la Confrairie du Scapulaire par Simon Stock, à qui la Sainte Vierge donna elle-même le Scapulaire de l'Ordre. On verra dans son Ouvrage qu'il y a peu d'établissement & de société

Religieuſe, qui ne ſoit fondée ſur quelques viſions & révélations. Il ſembloit même que la choſe étoit néceſſaire pour la propagation de certains Ordres & de certaines Congrégations ; en ſorte qu'on faiſoit *aſſaut de ces ſortes de Révélations*, & que c'étoit à qui en produiroit en plus grand nombre & de plus extraordinaires, pour les accréditer.

Je ne me ſçaurois perſuader qu'il ait rapporté ſérieuſement la prétendue Apparition de S. François à Eraſme. On comprend fort bien que c'eſt là une badinerie d'Eraſme, qui a voulu ſe divertir aux dépens des Peres Cordeliers. Mais on ne peut lire ſans peine la maniére dont il traite pluſieurs Peres de l'Egliſe, comme S. Grégoire le Grand, S. Grégoire de Tours, S. Sulpice Sévére, Pierre le Vénérable Abbé de Cluny, S. Anſelme, le Cardinal Pierre Damien, S. Athanaſe même & S. Ambroiſe[2], par rapport à leur crédulité, & au récit qu'ils nous ont donné de pluſieurs apparitions & viſions, dont on fait peu de cas aujourd'hui ; j'en dis de même de ce qu'il raconte des viſions de ſainte Eliſabeth de Schonaw, de ſainte Hildegrade, de ſainte Gertrude, de ſainte Mecthilde, de ſainte Brigide, de ſainte Catherine de Sienne, &c. à peine fait-il grace à celles de ſainte Théréſe.

N'auroit-il pas mieux valu laiſſer le monde à cet égard comme il eſt[3], que de remuer les cendres de tant de ſaints Perſonnages & de ſaintes Religieuſes, dont la vie eſt en bénédiction dans l'Egliſe, & dont les écrits & les révélations ont ſi peu d'influence ſur le ſalut & ſur les mœurs du commun des Fideles ? De qu'elle utilité pour l'Egliſe que l'on reléve les œuvres des Contemplatifs, des Thaulers, des Ruſbrocs, des Barthelemis de Piſe, de S. Vincent Ferrier, de S. Bernardin de Sienne, de Henri Harphius, de Pierre de Natalibus, de Bernardin de Buſtis, de Ludolphe le Chartreux, & d'autres Auteurs de ce genre, dont les écrits ſont ſi peu lûs & ſi peu connus, dont les ſectateurs ſont en ſi petit nombre, & ont ſi peu de crédit dans le monde & même dans l'Egliſe ?

M. l'Abbé du Frenoy reconnoit les viſions & les révélations qui ſont clairement marquées dans l'Ecriture ; mais n'y a-t-il pas lieu de craindre, que certaine gens n'y appliquent les regles de critique qu'il emploie contre les viſions des Saints & Saintes dont il parle dans ſon Ouvrage, & qu'on ne diſe, par exemple, que Jérémie s'eſt laiſſé aller à ſon humeur chagrine, & Ezéchiel à ſon tempérament cauſtique & mordant, pour prédire des choſes triſtes & déſagréables au peuple Juif[4] ?

On ſçait combien de contradictions les Prophetes ont eſſuyées de la part des Juifs, & qu'en particulier[5] ceux d'Anathon avoient réſolu de faire mourir Jérémie leur compatriote, pour l'empêcher de prophétiſer au nom du Seigneur. A qu'elles perſécutions n'a-t-il pas été expoſé lui & Baruch ſon Diſciple, pour avoir parlé au nom du Seigneur ? Le Roi Joakim fils de Joſias ne jetta-t-il pis au feu le livre de Baruch[6], après l'avoir percé d'un canif en haine des vérités qu'il lui annonçoit ?

Les Juifs alloient quelquefois juſqu'à les inſulter dans leurs maiſons, juſqu'à leur dire[7] : *Ubi eſt verbum Domini ?*

Veniat ; & ailleurs : *formons des deſſeins contre Jérémie ; car les Prêtres ne manqueront point de citer la loi, & les Prophetes ne manqueront point d'alleguer les paroles du Seigneur : venez ; attaquons-le à coups de langue, & n'ayons aucun égard à ſes diſcours.*

Iſaïe n'a point eſſuyé de moindres contradictions, ni de moindres inſultes, les Juifs libertins étant allés juſqu'en ſa maiſon lui dire avec inſolence[8] : *Manda, remanda, expecta, reexpecta modicum i i & medicum ibi* ; comme pour ſe railler de ſes menaces.

Mais tout cela n'a pas prévalû, & ne prévaudra jamais contre la vérité & la parole de Dieu ; la fidéle & exacte exécution des menaces du Seigneur a juſtifié & juſtifiera toujours les prédictions & les viſions des Prophétes. Les portes de l'Enfer ne prévaudront pas contre l'Egliſe Chrétienne, & la parole de Dieu triomphera de la malice de l'Enfer, de l'artifice des hommes corrompus, des libertins, & de toute la ſubtilité des prétendus eſprits forts ; les vraies & réelles viſions, révélations & apparitions porteront toujours en elles-mêmes le caractére de verité, & ſerviront à détruire celles qui ſont fauſſes, & qui viennent de l'eſprit d'erreur & de ſéduction.

Pour venir à préſent à ce qui me regarde en particulier, M. Du Frenoy dit[9] que le Public a été frappé, de ce que, au lieu de faire précéder mes preuves ſur le fait des apparitions, je les ai miſes à la ſuite de ces mêmes apparitions, & que je ne me ſuis pas aſſez étendu ſur l'article de ces preuves.

Je vais rendre compte au Public de ma méthode & de mon deffein. M'étant propofé de prouver la vérité, la réalité, & par conféquent la poffibilité des apparitions, j'en ai rapporté un grand nombre d'exemples authentiques tirés de l'Ancien & du Nouveau Teftament ; ce qui forme une preuve complette de mon fentiment : car la certitude des faits emporte ici la certitude du dogme.

Après cela j'ai rapporté des exemples & des fentimens tirés des Hébreux, des Mufulmans, des Grecs & des Latins, pour affurer la même vérité. Je n'ai garde de mettre en parallele ces témoignages avec ceux de l'Ecriture qui ont précédé. Mon objet en cela a été de montrer, que de tout tems, & parmi toutes les nations policées, le fentiment de l'immortalité de l'ame, de fon exiftence après la mort, de fon retour & de fes apparitions, eft une de ces vérités que la longueur des fiécles n'a pû effacer de l'efprit des peuples.

Je tire la même conféquence des exemples que j'ai rapportés, & dont je ne prétends pas garantir la vérité ni la certitude. J'abandonne volontiers tous les faits qui ne font pas révélés, à la cenfure & à la critique ; je ne tiens pour vrai que ce qui l'eft en effet.

M. Du Frenoy trouve que la preuve que je tire pour l'immortalité de l'ame de l'apparition des Ames après la mort du corps, que cette preuve n'eft pas affez folide ; mais elle eft certainement des plus fenfibles & des plus à portée de la plûpart des hommes : elle fera plus d'impreffion fur eux, que les raifons tirées de la Philofophie & de la Métaphyfique. Je ne prétends pas pour cela donner atteinte aux autres preuves de la même vérité, ni affoiblir un dogme fi effentiel à la Religion.

Il s'étend à prouver[10] que le falut de l'Empereur Trajan n'eft pas une chofe que la Religion Chrétienne puiffe approuver. J'en conviens avec lui ; & il étoit affez inutile de fe mettre en frais pour le démontrer[11].

Il parle du jeune homme de Delme, qui étant tombé en fyncope y demeura quelques jours ; on l'en fit revenir, & il lui en refta une langueur qui le conduifit enfin à la mort au bout de l'année. C'eft ainfi qu'il tourne cette hiftoire.

M. Du Frenoy déguife un peu la chofe ; & quoique je ne croie point que le Diable ait pû rendre la vie à ce jeune homme, cependant les Auteurs originaux & contemporains que j'ai cités, foutiennent que le Démon a eu beaucoup de part à cet évenement[12].

Ce qui m'a principalement détourné de donner des regles & de prefcrire une méthode pour difcerner les vraies des fauffes apparitions, c'eft que je fuis très-perfuadé que la maniére dont elles arrivent, nous eft abfolument inconnue ; qu'elle enferme des difficultés infurmontables ; & qu'à ne confulter que la raifon & les regles de la Philofophie, je ferois plus porté à les croire impoffibles qu'à en affurer la vérité & la poffibilité. Mais je fuis retenu par le refpect des Saintes Ecritures, par le témoignage de toute l'Antiquité & par la tradition de l'Eglife.

Je fuis très-parfaitement, Monfieur, votre très-humble & très-obéiffant ferviteur, D. A. Calmet,

Abbé de Sénones.

PERMISSION
Du Préfident Supérieur Général de la Congrégation de S. Vanne & de S. Hidulphe.

Nous, Dom Sebaftien Guillemin, Préfident & Supérieur Général de la Congrégation de S. Vanne & S. Hidulphe, Ordre de S. Benoît ; fur la communication que le très-Révérend Pere Dom Auguftin Calmet Abbé de Sénones nous a faite du deffein qu'il avoit de donner au Public deux Differtations qu'il a compofées, l'une fur les *Apparitions des Efprits*, l'autre touchant les *Vampires ou Revenans de Hongrie*, perfuadés que rien ne pouvoit fortir de la plume de ce célebre Auteur, que de très-recherché & très-inftructif, avons permis, & par ces préfentes permettons audit très-Révérend Pere Abbé de faire imprimer lesdites Differtations, après néanmoins en avoir obtenu les Approbations & Permiffions ordinaires. Donné en notre Abbaye de S. Manfuy lez-Toul le 18 Janvier 1746. fous le fcel ordinaire de notre Office, de notre Sein manuel, & de celui de notre Chancelier.

D. Sebaftien Guillemin, Préfident.

Par ordonnance du très-R. P. Préfident. D. Jean Magron, Chancelier.

APPROBATION

J'Ai lû par ordre de Monfeigneur le Chancelier un manufcrit qui a pour titre : *Differtations fur les Apparitions des Anges, des Démons & des Efprits, & fur les Revenans & Vampires*. Cette matiére demandoit de la recherche & de la critique : l'Auteur fi connu dans la République des Lettres paroît n'avoir épargné aucun travail pour fe mettre au fait de ce qui concerne le fujet qu'il traite ; fes fages réflexions prouveront également fa judicieufe critique. Elle mettra fans doute le Lecteur à l'abri d'une vaine crédulité, qui porte à tout croire, & d'un Pyrrhonifme dangereux, qui porte à douter de tout.

En Sorbonne, le 16 Décembre 1745. DE MARCILLY.

APPROBATION.

J'Ai lû par ordre de Monseigneur le Chancelier les *Differtations fur les Apparitions des Anges, des Démons, des Efprits & fur les Vampires*, avec des augmentations, par D. Auguftin Calmet ; je n'y ai rien trouvé qui doive en empêcher l'impreffion. Fait à Paris ce 23 Janvier 1751.

GEINOZ.

PRIVILEGE DU ROI.

LOUIS, par la Grace de Dieu, Roi de France & de Navarre, à nos Amés & féaux Conseillers les Gens tenans nos Cours de Parlement, Maîtres des Requêtes ordinaires de notre Hôtel, Grand-Conseil, Prevôt de Paris, Baillifs, Sénéchaux, leurs Lieutenans-Civils & autres nos Justiciers qu'il appartiendra, SALUT. Notre Amé JEAN DE BURE l'aîné, Libraire, ancien Adjoint de sa Communauté, Nous a fait expofer qu'il défireroit faire imprimer & donner au Public un Ouvrage qui a pour titre : *Differtation du Pere Calmet, fur les Apparitions des Anges, des Démons, & des Efprits, & fur certains effets qui paroiffent furnaturels* ; s'il nous plaifoit lui accorder nos Lettres de Privilege fur ce néceffaires. A ces caufes, voulant favorablement traiter l'Expofant, Nous lui avons permis & permettons par ces Préfentes, de faire imprimer ledit Ouvrage en un ou plufieurs volumes, & autant de fois que bon lui femblera, & de le vendre, faire vendre & débiter par tout notre Royaume pendant le tems de ſix années conſécutives, à compter du jour de la datte deſdites Préſentes : Faiſons défenſes à tous Libraires, Imprimeurs & autres perſonnes de quelque qualité & condition qu'elles ſoient, d'en introduire d'impreſſion étrangere dans aucun lieu de notre obéiſſance ; comme auſſi d'imprimer, faire imprimer, vendre, faire vendre, débiter, ni contrefaire ledit Ouvrage, ni d'en faire aucun extrait, ſous quelque prétexte que ce ſoit, d'augmentation, correction, changement ou autres, ſans la permiſſion expreſſe, & par écrit, dudit Expoſant ou de ceux qui auront droit de lui, à peine de confiſcation des Exemplaires contrefaits, de trois mille livres d'amende contre chacun des contrevenans, dont un tiers à Nous, un tiers à l'Hôtel-Dieu de Paris, l'autre tiers audit Expoſant, ou à celui qui aura droit de lui, & de tous dépens, dommages & intérêts ; A la charge que ces Préſentes ſeront enregiſtrées tout au long ſur le Regiſtre de la Communauté des Libraires & Imprimeurs de Paris, dans trois mois de la date d'icelles ; que l'impreſſion deſdits Ouvrages ſera faite dans notre Royaume & non ailleurs, en bon papier, & en beaux caracteres, conformément à la feuille imprimée attachée pour modele ſous le contre-ſcel deſdites Préſentes ; que l'Impétrant ſe conformera en tout aux Reglemens de la Librairie, & notamment à celui du 10 Avril 1725. qu'avant de les expoſer en vente, le manuſcrit qui aura ſervi de copie à l'impreſſion deſdits Ouvrages, ſera remis dans le même état où l'Approbation y aura été donnée, ès mains de notre très-cher & féal Chevalier, le ſieur Dagueſſeau, Chancelier de France, Commandeur de nos Ordres ; & qu'il en ſera enfuite remis deux Exemplaires dans notre Bibliotheque publique, un dans celle de notre Château du Louvre, & un dans celle de notre très-cher & féal Chevalier le fieur Daguesseau Chancelier de France ; le tout à peine de nullité des Préfentes : du contenu defquelles vous mandons & enjoignons de faire jouir ledit Expofant, & fes Ayans caufe, pleinement & paifiblement, fans fouffrir qu'il leur foit fait aucun trouble ou empêchement. Voulons que la copie des Préfentes, qui fera imprimée tout au long au commencement ou à la fin defdits Ouvrages, foit tenue pour duement fignifiée, & qu'aux copies collationnées par l'un de nos amés & féaux Confeillers & Secretaires, foi foit ajoutée comme à l'Original. Commandons au premier notre Huiffier ou sergent fur ce requis, de faire pour l'exécution d'icelles tous actes requis & néceffaires, fans demander autre permiffion, & nonobftant clameur de Haro, Charte Normande, & Lettres à ce contraires ; Car tel eft notre plaifir. Donné à Paris le dix-huitiéme jour du mois de Janvier, l'an de grace mil fept-cens quarante-fix, & de notre Régne le trente-uniéme. Par le Roi en fon Confeil.

SAINSON.

Régiftré fur le Régiftre 12 *de la Chambre Royale des Libraires & Imprimeurs de Paris, N°.* 563. fol. 402. *conformément aux anciens Réglemens, confirmés par celui du* 18 *Février* 1724. *A Paris ce* 22 *Janvier* 1746.

Signé VINCENT, *Syndic.*

1. ↑ Dom Calmet a bien mauvaiſe opinion du Public, de croire qu'il faſſe ſi peu de cas de ce qu'il y a peut-être de meilleur & de plus ſenſé dans ce livre. Les gens ſages en penſent tout autrement que lui.
2. ↑ Ni Grégoire de Tours, ni Sulpice Sévere, ni Pierre le Vénérable ou Pierre Damien, n'ont jamais été mis en parallele avec les Peres de l'Egliſe. A l'égard de ceux-ci, il a toujours été permis, ſans manquer au reſpect qui leur eſt dû, de relever dans leurs écrits certaines foibleſſes, quelquefois même des erreurs, comme l'Egliſe l'a fait en condamnant les Millénaires, &c.
3. ↑ Excellente maxime pour fomenter la crédulité, & nourrir la ſuperſtition.
4. ↑ Quel parallele ! Pourroit-on le faire ſans renoncer au ſens commun ?
5. ↑ Jérémie, XXL. 21.
6. ↑ Jérémie, XXXVI.
7. ↑ Jérémie, XVII. 15.
8. ↑ Iſaï. XXVIII. 10.
9. ↑ Tome 2. pag. 92, & ſuivantes.
10. ↑ Page 55.
11. ↑ Il eſt vrai que ce que Dom Calmet en avoit dit dans ſa premiere édition, qui eſt la ſeule que M. Lenglet a vûe, a été corrigé dans les ſuivantes.
12. ↑ Mauvais fondement ; Auteurs crédules, ou intéreſſés.